Rainbow

변시 모의해설

민사법 사례형

2024년판 머리말

『레인보우 변시 모의해설 민사법 사례형』은 2019년부터 2023년까지 5년간 법학전문대학원협의회 주관 변호사시험 모의고사 사례형 문제 및 해설을 수록한 책입니다. 해가 갈수록 문제가 쌓이다 보니 수험생들이 보아야 할 문제가 너무 많아 모의고사 문제를 모두 풀어보는 것조차 부담이 되기에 이르렀습니다. 이에 도서출판 ㈜학연에서는 기출문제와 최근 5년치 모의고사 문제를 완벽하게 이해하는 것으로 사례형 문제에 어느정도 대비할 수 있을 것으로 판단하여 5년치 문제만 해설한 해설서를 출간하기로 하였습니다. 분량의 방대함에 주눅 들어 지레 겁을 먹고 민사법 사례형 공부를 등한시하는 어리석음을 피하기 위함이기도 합니다. 물론 여력이 남아 그 이전의 문제까지 풀어볼 수 있다면 금상첨화겠지요.

가혹하기 짝이 없는 변호사시험 준비일정을 조금 앞서 거쳐온 사람으로서, 변호사시험을 준비하는 수험생들에게 사례형 문제 대비에 관해 한 가지 조언을 하는 것으로 2025년 대비판 머리말에 대신하고자 합니다. 즉 사례형 문제도 선택형 문제와 마찬가지로 **대법원 판례의 법리를 얼마나 정확하게·많이 알고 있는지 여부가 득점의 핵심 관건**이라는 것입니다. 따라서 선택형 문제를 대비하면서 중요 판례의 법리를 암기해 두면 사례형 문제에도 유용하게 활용할 수 있습니다.

꾸준히 도서출판 (주)학연의 '**Rainbow 변시기출 · 모의해설**'시리즈를 애독해 주신 독자들에게 감사드립니다. 도서출판 (주)학연의 '**Rainbow 변시기출 · 모의해설**'시리즈가 로스쿨생들이 변호사의 길로 나아가는데 미력하나마 도움이 될 수 있기를 기대합니다. 혹여 잘못되거나 명확하지 못한 해설서를 선택하여 시간을 낭비하는 경우가 없었으면 하는 것이 편저자들의 소박한 바람입니다.

변호사시험 수험생들의 건강과 행운을 기원합니다.

2024. 3. 18.

편저자 이태섭, 이종훈, 장원석 씀

목 차

제1부 문제편

제2부 해설편

Rainbow 변시 해설시리즈

변시 모의해설 민사법 사례형

제2부 해설편

Chapter
01 2023년 모의시험

1. 제3차 모의시험 제1문

목 차

제1문의 1

Ⅰ. 〈제1문의1〉 문제1 : 채권자대위소송과 재소금지

1. 문제점

제267조 제2항에 의하여 재소로 금지되기 위해서는 ① 당사자가 동일할 것, ② 소송물인 권리관계가 동일할 것, ③ 권리보호의 이익이 동일할 것, ④ 본안의 종국판결 후의 소취하일 것 등의 요건을 갖추어야 한다. 사안에서 ③④ 요건에는 문제가 없으나, 채무자 乙의 재소가 당사자가 동일하고 소송물이 동일하다고 보아 제267조 2항에 저촉되어 부적법한지 문제된다.

2, 재소금지에 저촉되는지 여부

(1) 당사자가 동일한지 여부

전·후소의 당사자가 다르더라도 한쪽 소의 당사자가 다른 쪽 소의 판결의 효력을 받는 경우에는 재소금지에 저촉된다. 채권자대위소송을 법정소송담당이라 보는 大法院은 『채권자대위소송의 종국판결 후 소취하가 된 때에 피대위자가 소송이 제기 된 사실을 알았을 경우에 있어서는 피대위자에게도 민사소송법 제267조 제2항 소정의 재소금지규정이 적용된다』고 하여 채무자에게도 재소금지의 효과가 미친다는 입장이다(대법 1996.09.20, 93다20177·20184). 이에 대해 기판력으로 인한 후소의 차단과 법원판결의 농락을 방지하려는 재소금지를 같이 취급하는 것은 부당하다고 보아 재소금지에 저촉되지 않는다는 입장도 있다.

(2) 소송물이 동일한지 여부

채권자대위소송의 본질에 관하여 법정소송담당설에 따르는 판례의 입장에 의할 경우 채권자대위소송의 소송물은 피대위채권이므로, 채무자 乙이 제3채무자 丙을 상대로 대위소송의 피대위채권이었던 채무의 이행을 구할 경우, 양 소송의 소송물은 동일하다.

3. 설문의 해결

소송고지에 의해 채권자대위소송이 제기되었음을 알았던 乙이 제기한 소는 재소금지의 효력에 따라 부적법하므로 법원은 소각하 판결을 선고하여야 한다.

Ⅱ. 〈제1문의1〉 문제2 : 채무자에게 미치는 기판력의 범위

1. 문제점

채권자대위소송에서 피보전채권 부존재에 관한 기판력이 채무자에게 미치는지 여부가 문제된다.

2. 전소에 기판력이 발생하는지 여부

기판력의 발생범위가 소송물의 판단범위와 동일하다면 기판력은 본안판결에만 적용되고 소송판결에는 적용이 없다는 견해가 나올 수 있다. 그러나 기판력에는 이미 성립한 판단이 거듭되는 것을 금지하는 소극적 작용과 종전의 판단내용을 기준으로 이에 따라야 한다는 적극적 작용이 있다. 소극적 작용면에서 볼 때 소송요건의 흠을 이유로 부적법 각하하는 소송판결도 본안판결과 같이 모두 반복을 금지하여야 한다는 점에서 구태여 기판력을 부정할 필요가 없다. 따라서 소송판결의 기판력은 주문에서 판단한 소송요건의 부존재에 발생한다. 사안에서 전소의 기판력 발생부분은 "甲의 피보전채권의 부존재"이다.

3. 채권자대위소송의 기판력이 채무자에게 미치는지 여부

이 경우에 권리귀속주체가 기판력을 전면적으로 받는다면 소송담당자의 불성실한 소송수행의 결과 그 자신 고유의 소송수행권이 제한되는 문제가 있으므로 문제되는데, 判例는 채권자대위소송과 관련하여 한때 채무자에게 기판력이 미치지 않는 것으로 보았으나, 그 후 채권자대위소송이 제기된 사실을 어떠한 사유로든 알았을 때에 한하여 채무자에게도 미친다고 판시하여(대법 1975.5.13, 74다1644), 절충설 내지 절차보장설로 바꾸었다.

4. 기판력이 작용하는 범위

이때 채무자에게도 기판력이 미친다는 의미는 채권자대위소송의 소송물인 피대위채권의 존부에 관하여 채무자에게도 기판력이 인정된다는 것이고, 채권자대위소송의 소송요건인 피보전채권의 존부에 관하여 당해 소송의 당사자가 아닌 채무자에게 기판력이 인정된다는 것은 아니다. 따라서 채권자가 채권자대위권을 행사하는 방법으로 제3채무자를 상대로 소송을 제기하였다가 채무자를 대위할 피보전채권이 인정되지 않는다는 이유로 소각하 판결을 받아 확정된 경우 그 판결의 기판력이 채권자가 채무자를 상대로 피보전채권의 이행을 구하는 소송에 미치는 것은 아니다(대법 2014.01.23, 2011다108095).

5. 설문의 해결

법원은 전소 확정판결의 기판력이 후소에 미친다는 이유로 청구기각 판결을 할 수 없다. 따라서 법원의 판단은 타당하지 않다.

Ⅲ. 〈제1문의1〉 문제3 : 제소전화해의 기판력

1. 문제점

제소전 화해에 기판력이 발생하는지, 후소에서 통정허위표시라는 주장은 기판력의 표준시 이전에 존재한 사정으로 실권되는지 살펴본다.

2. 제소전 화해에 기판력이 발생하는지 여부

제소전 화해조서도 확정판결과 같은 효력을 가지는 것으로(제220조), 判例는 기판력에 있어서 소송상 화해의 법리와 다를 바 없다고 하여(대법 1962.05.17, 4294민상1619) 전면적으로 긍정하고 있다. 따라서 제소전화해의 흠은 재심사유에 해당하는 경우에 한하여 준재심의 소에 의한 구제의 길밖에 없으며, 비록 강행법규위배의 경우라 하여도 무효라고 주장할 수 없다(대법 1987.10.13, 86다카2275). 결국 제소전 화해조서 작성시를 기준으로 乙과 丙 사이에 丙에게 이전등기청구권이 존재한다는 것에 기판력이 발생하였다.

3. 후소에 기판력이 작용하는지 여부

乙이 丙 명의의 소유권이전등기의 말소를 구하는 것은 제소전 화해의 기판력에 모순되므로 기판력이 작용한다.

4. 기판력에 저촉되는지 여부

주관적 범위에는 문제가 없고, 부동산에 관한 소유권이전등기가 제소전화해조서의 집행으로 이루어진 것이라면 제소전화해가 이루어지기 전에 제출할 수 있었던 사유에 기한 주장이나 항변은 그 기판력에 의하여 차단되므로 그와 같은 사유를 원인으로 제소전화해의 내용에 반하는 주장을 하는 것은 허용되지 않는다 할 것이다(대법 1994.12.09, 94다17680). 결국『제소전 화해조서는 확정판결과 같은 효력이 있어 당사자 사이에 기판력이 생기는 것이므로 원고가, 피고에게 토지에 관하여 신탁해지를 원인으로 한 소유권이전등기 절차를 이행하기로 한 제소전 화해가 준재심에 의하여 취소되지 않은 이상 그, 제소전 화해에 기하여 마쳐진 소유권이전등기가 원인무효라고 주장하며 말소등기절차의 이행을 청구하는 것은 제소전 화해에 의하여 확정된 소유권이전등기청구권을 부인하는 것이어서 그 기판력에 저촉된다』라고 판시하였다(대법 2002.12.06, 2002다44014).

5. 설문의 해결

후소 법원은 원고 乙 청구를 기각한다.

제1문의 2

1. 문제점

1심에서 병합청구의 태양이 문제되고 이에 따른 항소심의 심판범위를 살펴보고, 항소심에서 예비적 청구를 추가한 것이 적법한지 살펴본다.

2. 1심에서 청구병합의 형태

(1) 선택적 병합의 의의

선택적 병합은 택일관계에 있는 여러 개의 청구 중 어느 하나의 인용을 해제조건으로 하여 심판을 구하는 병합형태이다. 논리적으로 전혀 관계가 없어 순수하게 단순병합으로 구하여야 할 수 개의 청구를 선택적 또는 예비적 청구로 병합하여 청구하는 것은 부적법하여 허용되지 않는다 할 것이고, 원고가 그와 같은 형태로 소를 제기한 경우 법원은 소송지휘권을 행사하여 단순병합 청구로 보정하게 하는 등의 조치를 취하여야 하며, 이러한 조치 없이 본안판결을 하면서 어느 한 청구에 대하여만 심리 판단하여 이를 인용하고 나머지 청구에 대한 심리 판단을 모두 생략하는 내용의 판결을 하더라도 그로 인하여 청구병합 형태가 적법한 선택적 또는 예비적 병합 관계로 바뀔 수는 없다(대법 2008.12.11, 2005다51495).

(2) 설문의 경우

위 각 청구원인은 상호 논리적 관련성이 없어 선택적으로 병합할 수 없는 성질의 청구임에도 제1심법원이 잘못된 청구병합관계를 보정하는 조치를 취함이 없이 하나의 청구원인에 대하여만 심리·판단을 하고 나머지 청구에 대하여는 판단을 한 바 없다고 하더라도 선택적 병합관계가 아닌 단순병합에 해당한다.

3. 항소심의 이심 및 심판범위

(1) 단순병합의 취급

단순병합은 일부판결이 가능하므로 수 개의 청구 중 일부 청구에 대하여만 판단하고 나머지 청구에 대한 판단을 누락한 경우 재판누락에 해당하여 이에 대한 항소가 제기되면 판결이 이루어진 청구 부분만 항소심으로 이심되어 항소심의 심판대상이 되고, 판단이 이루어지지 않은 나머지 청구 부분은 이심되지 않고 제1심에서 추가판결의 대상이 된다(제212조 1항).

(2) 예비적 청구의 추가로 심판대상이 되는지 여부

항소심에서 법원의 석명에 따라 甲이 청구취지를 정리하여 ① 청구를 주위적 청구로 하고, ②③ 청구를 예비적 청구로 추가하는 것은 청구변경에 해당할 것이다. 그러나 위 각 청구는 논리적으로 관련성이 없어 예비적으로 병합할 수 없는 청구이며, 이러한 청구변경신청은 부적법하여 허용될 수 없다. 결국 甲의 청구변경신청에도 불구하고 항소심의 심판대상은 ① 청구 부분으로 한정된다.

4. 설문의 해결

②③ 청구는 1심에서 추가판결의 대상으로 항소심의 심판대상이 아니며, ① 청구는 이유 있다고 인정되므로 항소를 기각하는 판결을 선고한다.

제1문의 3

1. 문제점

선행판결에서 판결 주문이 선고되지 않은 독립당사자참가인에 대하여도 기판력이 발생하는지 문제되고, 이에 따라 후소인 부당이득반환청구에 대한 판단을 살펴본다.

2. 선행판결의 기판력 발생범위

(1) 독립당사자참가의 항소심 심판범위

독립당사자참가 소송의 본안판결에 대하여 일방이 항소한 경우에는 제1심판결 전체의 확정이 차단되고 사건 전부에 관하여 이심의 효력이 생기고, 항소심의 심판대상은 실제 항소를 제기한 자의 항소취지에 나타난 불복범위에 한정하되 세 당사자 사이의 결론의 합일확정 필요성을 고려하여 그 심판범위를 판단해야 한다. 이에 따라 항소심에서 심리·판단을 거쳐 결론을 내릴 때 세 당사자 사이의 결론의 합일확정을 위하여 필요한 경우에는 그 한도에서 항소 또는 부대항소를 제기하지 않은 당사자에게 결과적으로 제1심판결보다 유리한 내용으로 판결이 변경되는 것도 배제할 수는 없다.

(2) 판결 주문이 선고되지 않고 확정된 경우

판결 결론의 합일확정을 위하여 항소 또는 부대항소를 제기한 적이 없는 당사자의 청구에 대한 제1심판결을 취소하거나 변경할 필요가 없다면, 항소 또는 부대항소를 제기한 적이 없는 당사자의 청구가 항소심의 심판대상이 되어 항소심이 그 청구에 관하여 심리·판단해야 하더라도 그 청구에 대한 당부를 반드시 판결 주문에서 선고할 필요가 있는 것은 아니다. 그리고 이와 같이 항소 또는 부대항소를 제기하지 않은 당사자의 청구에 관하여 항소심에서 판결 주문이 선고되지 않고 독립당사자참가소송이 그대로 확정된다면, 취소되거나 변경되지 않은 제1심판결의 주문에 대하여 기판력이 발생한다(대법 2022.07.28, 2020다231928).

3. 후소법원의 판단

(1) 기판력이 작용하는지

선행사건에서 甲의 부당이득반환청구와 이 사건 소에서 甲의 부당이득반환청구는 수량만 감축한 동일한 소송물로서 동일관계로 작용한다.

(2) 기판력에 저촉되는지

甲 주장하는 위 매매계약이 무효라거나 甲이 위 매매계약의 공동매수인이라는 사정은 선행사건의 변론종결전에 주장할 수 있었던 공격방어방법에 지나지 않는다 따라서 . 甲의 이 사건 소는 선행사건 확정판결의 기판력에 저촉된다.

(3) 후소법원의 판단

甲의 청구는 전소 확정판결의 기판력에 반하므로 기각되어야 한다.

제1문의 4

1. 문제점

주위적 청구가 인용된 1심판결에 대해 항소심이 주위적 청구를 기각한다면 예비적 청구를 심판해야 한다. 이때 피고만이 항소한 항소심에서 1심에서 인용된 반대급부보다 적은 금액을 인용하는 것이 불이익변경금지 원칙에 반하는지, 나아가 피고가 상계항변을 한 바도 없음에도 甲의 가액배상금 청구를 공제하는 것이 적법한지 살펴본다.

2. 불이익변경금지 원칙에 위반하는지

(1) 의 의

항소심은 당사자의 불복신청 범위 내에서 제 심 판결의 당부를 판단할 수 있을 뿐이므로 설령, 제1심 판결이 부당하다고 인정되더라도 그 판결을 불복당사자의 불이익으로 변경하는 것은 당사자가 신청한 불복의 한도를 넘어 허용되지 않고, 당사자 일방만이 항소한 경우 항소심은 제1심보다 항소인에게 불리한 판결을 할 수 없다(제415조).

(2) 유·불리의 판단기준

大法院은 『불이익하게 변경된 것인지 여부는 기판력의 범위를 기준으로 하나, 동시이행의 판결에 있어서는 원고가 그 반대급부를 제공하지 아니하고는 판결에 따른 집행을 할 수 없어 비록 피고의 반대급부이행청구에 관하여 기판력이 생기지 아니하더라도 반대급부의 내용이 원고에게 불리하게 변경된 경우에는 불이익변경금지원칙에 반하게 된다』는 입장이다(대법 2005.08.19, 2004다8197·8203). 동시이행판결에 있어서 반대급부분에는 기판력이 생기지 아니하나 강제집행개시의 요건이 불이익하게 변경된 경우에도 불이익변경금지원칙이 적용되어야 한다는 것이다.

(3) 설문의 경우

동시이행 주장을 한 당사자만 항소하였음에도 항소심이 제1심판결에서 인정된 금전채권에 기한 동시이행 주장을 공제 또는 상계 주장으로 바꾸어 인정하면서 그 금전채권의 내용을 항소인에게 불리하게 변경하는 것은 특별한 사정이 없는 한 불이익변경금지 원칙에 반한다(대법 2022.08.25, 2022다211928).

3. 변론주의 위반 여부

민사소송절차에서 권리의 발생·변경·소멸이라는 법률효과의 판단의 요건이 되는 주요사실에 대한 주장·입증에는 변론주의의 원칙이 적용되는바, 상계는 상계적상에 있는 채권을 가진 채권자가 별도로 의사표시를 하여야 하는 것이고(민법 제493조 제1항) 그 의사표시 여부는 원칙적으로 채권자의 자유에 맡겨져 있는 것이므로, 비록 상계의 의사표시가 묵시적으로도 가능하다 하더라도, 다른 의사와 구분되는 별도의 상계 의사를 확인하지 않은 채 이를 인정할 수는 없다(대법 2009.10.29, 2008다51359).

4. 설문의 해결

항소심이 1심에서 인정된 반대급부 5억 원을 4억 원만 인정한 것은 불이익변경금지 원칙에도 위반하고, 상계주장이 없음에도 공제된다고 본 것은 변론주의에도 위반이다.

제1문의 5

Ⅰ. 〈제1문의 5〉 문제 1. : 정관에 의한 대표권제한의 대항요건/ 계약명의신탁에 의한 물권변동의 효력

1. 결론

A법인등기부에 대표권 제한등기가 되어 있거나 A법인이 명의신탁약정을 알고 있는 때에는 A법인의 청구는 인용될 수 있으나, A법인등기부에 대표권 제한등기가 되어 있지 않고, A법인이 명의

신탁약정을 알지 못하거나 A법인의 선의여부가 증명되지 아니한 때에는 A법인의 청구는 인용되지 않는다.

2. 근거

(1) 쟁점

A법인은 X주택의 소유권에 기초하여 乙명의의 소유권이전등기의 말소를 청구하고 있다(제214조). A법인 대표자 甲이 정관에 의한 대표권 제한을 위반하여 乙과 매매계약을 체결한 것이므로 대표권 제한이 등기되지 아니한 경우, 악의의 거래상대방에게 대표권제한을 대항할 수 있는지 및 계약명의 신탁에 따른 물권변동의 효력이 쟁점이다.

(2) A법인등기부에 대표권제한등기가 마쳐진 경우

정관에 의한 대표권제한은 등기하지 아니하면 제3자에게 대항하지 못한다(제60조). 대표권제한등기가 마쳐진 때에는 대표권제한의 효력을 제3자에게 대항할 수 있으므로(제60조의 반대해석) A법인은 대표권제한을 위반한 甲과 乙의 매매계약은 무권대표로서 무효라고 乙에게 대항할 수 있다. A법인의 乙에 대한 말소청구는 인용된다.

(3) A법인등기부에 대표권제한등기가 마쳐지지 아니한 경우

① 대표권제한등기가 마쳐지지 아니한 경우 대표권제한사실을 알고 있는 제3자에게도 대표권 제한의 효력을 주장할 수는 없다(판례).[1] 제60조는 선의의 제3자로 제한하지 않고 있고, 법인을 둘러싼 법률관계를 획일적으로 처리할 필요가 있으며, 대표권제한등기를 강제할 필요가 있기 때문이다.

② 甲은 정관을 위반하여 X주택을 乙에게 매도하는 계약을 체결하였고, 乙이 정관위반사실을 알고 있더라도 甲과 乙의 매매계약은 대표권 범위 내의 행위로서 일응 유효하다.

③ 乙은 丙과의 명의신탁약정에 따라 甲과 매매계약을 체결한 것이므로 매도인 A법인이 乙과 丙 사이의 명의신탁약정을 알았는지에 따라 매매계약 및 물권변동의 효력이 영향을 받는다.

(4) A법인과 乙 사이의 물권변동의 효력

① 대표에 관해서는 대리에 관한 규정이 준용되고(제59조 제2항), 대리인의 인식은 본인의 인식으로 귀속되므로(제116조) A법인 대표자 甲의 선의 및 악의를 기준으로 A법인의 선의 여부를 판단한다.

② A법인이 매매 당시 乙과 丙 사이의 명의신탁약정을 알지 못한 때에는 乙명의의 소유권이전등기는 유효하고(부동산실명법 제4조 제2항 단서) A법인의 乙에 대한 소유권이전등기 말소청구는 인용될 수 없다.

③ A법인이 매매 당시 乙과 丙 사이의 명의신탁약정을 알고 있는 때에는 乙명의의 소유권이전등기는 무효이고, 甲과 乙이 체결한 이 사건 매매계약도 무효이다(판례).[2] A법인은 현재 소유자로서 원인무효인 乙명의의 등기말소를 청구할 수 있다.

---

1) 대법원 1992. 02. 14. 선고 91다24564 판결
2) 대법원 2013. 09. 12. 선고 2010다95185 판결

II. 〈제1문의 5〉 문제 2. : 공동임차인의 대항력취득요건/ 명의신탁약정의 무효로 대항할 수 없는 제3자에 대항력 있는 임차인이 포함되는지/ 명의신탁자가 임대인지위를 승계하는 임차주택 양수인에 해당하는지

1. 쟁점

공동임차인의 대항력 취득요건, 명의신탁약정 무효로 대항할 수 없는 제3자에 대항력 있는 임차인이 포함되는지, 명의신탁자가 소유권을 취득한 경우, 임대인지위를 승계하는 임차주택 양수인에 해당하는지, 목적물반환과 보증금반환 사이의 동시이행관계 등이 쟁점이다.

2. 丙의 지위 및 이 사건 청구의 근거

丙은 乙과 명의신탁약정을 맺은 명의신탁자이고, A법인과 별도의 매매계약을 통해 X 주택의 소유권을 취득한 자로서 소유권에 기한 반환청구로서 이 사건 인도를 청구하고 있다(제213조).

3. 丁과 戊의 주택임차권 대항력 취득여부

① 주택임대차법에 따라 대항력을 취득하기 위해서는 주택을 인도받고, 주민등록을 하여야 하고(주택임대차법 제3조 제1항), 임대인에게는 임대권한이 있어야 한다.

② 주택의 공동임차인 중 1인이 대항력을 갖춘 때에는 그 대항력은 임대차 전체에 미친다(판례).[3] 임차권 자체는 분할이 불가능하기 때문이다. 공동임차인 丁과 戊 중에서 戊만이 대항력의 요건을 갖추었지만, X주택에 관한 丁과 戊의 임차권에는 대항력이 인정된다. 다만, 임대인이 명의수탁자 乙이므로 임대권한이 있는지 문제된다.

③ 계약명의수탁자 乙의 등기가 부동산실명법 제4조 제2항 본문에 따라 원인무효이고, 이를 이유로 말소되었더라도 계약명의수탁자와 임대차계약을 체결하고 대항력의 요건을 갖춘 丁과 戊는 명의수탁자가 물권자임을 기초로 새로운 이해관계를 맺은 자로서 명의신탁약정 및 물권변동의 무효를 대항할 수 없는 부동산실명법 제4조 제3항의 제3자에 해당한다(판례).[4]

④ 공동임차인 丁과 戊에 대한 관계에서는 명의수탁자 乙의 임대권한을 부정할 수 없고, 戊만이 대항력의 요건을 구비하였더라도 丁과 戊는 모두 임차권의 대항력을 주장할 수 있다.

4. 丙이 임대인의 지위를 승계하는지 여부

① 주택임차권의 대항력이 인정되는 경우 임차주택의 양수인은 임대인의 지위를 승계한 것으로 본다(주택임대차법 제3조 제4항). 명의신탁의 대항인 주택에 대항력 있는 임차권이 있는 상태에서 무효인 명의수탁자의 등기가 말소되고, 매도인이 등기명의를 회복한 경우, 매도인이나 매도인으로부터 소유권이전등기를 마친 명의신탁자는 임대인의 지위를 승계한다(판례).[5]

② 명의수탁자 乙의 등기가 말소된 후 등기명의를 회복한 A법인으로부터 소유권이전등기를 마친 명의신탁자 丙은 임대인의 지위를 승계하는 임차주택 양수인에 해당한다.

---

3) 대법원 2021. 10. 28. 선고 2021다238650 판결
4) 대법원 2022. 03. 17. 선고 2021다210720 판결
5) 대법원 2022. 03. 17. 선고 2021다210720 판결

5. 丁과 戊의 주장의 당부

① 임대차가 종료된 경우, 보증금의 반환과 목적물반환 사이에는 동시이행관계가 인정된다(판례).[6] 또한 보증금이 전액 지급되지 아니한 경우, 대항력 있는 임차권은 비록 임대차기간이 만료되더라도 임차권의 대항력은 유지된다(주택임대차법 제4조 제2항).

② 丁과 戊는 보증금의 반환과 동시이행을 주장하고 있는 바 이들 주장은 타당하고, 법원은 상환이행판결을 하여야 한다.

6. 결론

법원은, 丁과 戊는 丙으로부터 2억 원을 지급받음과 동시에 X주택을 丙에게 인도하라는 상환이행판결을 하여야 한다.

6) 대법원 1987. 06. 23. 선고 87다카98 판결

2. 제3차 모의시험 제2문

목 차

제2문의 1

Ⅰ. 〈제2문의 1〉 문제 1. : 공동근저당권의 피담보채권 확정/ 공동근저당권자의 우선변제 한도액의 감액

1. 쟁점

X토지에 관한 A은행의 근저당권 확정시기 및 사유, 공동근저당권자가 어느 근저당물로부터 우선변제를 받은 경우, 다른 근저당권의 우선변제 한도액이 감액되는지 등이 쟁점이다.

2. X토지에 관한 A은행의 근저당권의 확정시기 및 사유

① 공동근저당권자가 어느 근저당권을 실행한 때에는 모든 근저당권의 피담보채권이 경매신청 시에 확정되지만(판례),[1] 공동근저당권자가 어느 근저당물로부터 소극적으로 배당에 참가하여 배당을 받은 때에는 그 근저당권의 피담보채권은 매각대금 완납 시에 확정되지만 다른 근저당물의 근저당권은 별도의 확정사유가 없는 한 확정되지 않는다(판례).[2]

② 근저당물에 대하여 근저당권자 이외의 제3자가 경매를 신청하여 근저당물이 매각되는 때에는 근저당권의 피담보채권은 근저당권이 소멸하는 시기인 매각대금 완납 시에 확정된다(판례).[3]

③ A은행은 Y토지에 관한 공동근저당권자로서 Y토지 매각대금으로부터 배당을 받았지만, 그에 의하여 X토지에 관한 공동근저당권의 피담보채권은 확정되지 않는다. X토지에 관한 B은행의 근저당권실행경매신청에 따라 F가 매각대금을 완납할 당시에 X토지에 관한 A은행의 공동근저당권의 피담보채권은 확정된다. A은행이 2021. 6. 7. 甲에게 추가대출 한 대출금채권은 X토지에 관한 A은행의 근저당권이 확정되기 전에 발생한 채권이므로 X토지 근저당권의 피담보채권에 포함된다.

3. A은행의 우선변제 한도액

① 근저당권자는 채권최고액 범위에서 우선변제를 받을 수 있다. 공동근저당권자가 어느 근저당물로부터 우선변제권을 실현한 때에는 그 범위에서 다른 공동근저당권의 우선변제 한도액은 감액된다(판례).[4]

② X토지에 관한 A은행의 근저당권의 피담보채권은 5억 원이다. 그러나 A은행은 Y토지 매각대금으로부터 2억 원의 우선변제를 받았으므로 그 범위에서 X토지의 채권최고액이 감액된 결과 A은행은 X토지로부터 4억 원의 범위에서 우선변제를 받을 수 있다.

4. 결론

X토지 매각대금 5억 원은 선순위 근저당권자인 A은행에게 4억 원, 후순위 근저당권자인 B은행에게 1억 원이 배당된다.

---

1) 대법원 1996. 03. 08. 선고 95다36596 판결
2) 대법원 2017. 09. 21. 선고 2015다50637 판결
3) 대법원 1999. 09. 21. 선고 99다26085 판결
4) 대법원 2017. 12. 21. 선고 2013다16992 전원합의체 판결

II. 〈제2문의 1〉 문제 2. : 저당권의 효력이 미치는 범위/ 종물요건/ 권원에 의한 부속물의 요건 / 경매에서의 선의취득 가능성/ 경매에서의 담보책임

1. 쟁점

f, g가 근저당권의 효력이 미치는 목적물에 포함되는 종물이나 부합물에 해당하는지, 경매절차 매수인이 f, g를 선의취득에 의하여 취득할 수 있는지, 경매절차 매수인 E가 f, g의 소유권을 취득하지 못하는 경우 경락대금 일부를 반환받을 수 있는지 및 f, g의 반환과 경락대금 반환 사이에 동시이행관계가 인정되는지 등이 쟁점이다.

2. f, g의 소유권 귀속

(1) E가 경매에 의하여 소유권을 취득할 수 있는지

① 저당권의 효력은 저당물에 부합한 물건과 종물에 미친다(제358조). 경매법원이 저당권의 효력이 미치는 부합된 물건과 종물을 경매목적물로 평가하지 않았더라도 경매절차 매수인은 매각대금을 완납함으로써 소유권을 취득한다.

② 종물이 되기 위해서는 주물의 상용에 공하는 독립한 물건으로서 주물소유자가 소유하는 물건이어야 한다(제100조 제1항). 주유소 영업을 위하여 필요한 물건인 주유기는 주유소건물의 종물에 해당한다(판례).[5] 주유기는 독립한 물건이지만 이 사건 경매목적물인 X토지의 종물이 아니므로 경매의 목적물이 아니다. 경매의 목적물이 아닌 물건을 경매목적물로 경매법원이 평가하였더라도 경매절차 매수인은 그 물건의 소유권을 취득할 수 없으므로(판례)[6] 경매절차 매수인 E는 경매에 의하여 f의 소유권을 취득할 수는 없다.

③ 저당권의 효력이 미치는 부합물은 권원에 의한 부속물이 아니어야 한다(제358조 단서, 제256조 단서). 임차인이 주유소 영업을 위하여 임대 목적 토지에 매설한 유류저당조 g는 토지와 일체를 이루는 구성부분이 되었다고 보기 어렵기 때문에 권원에 의한 부속물에 해당하고, 경매절차 매수인 E가 경매에 의하여 g의 소유권을 취득할 수는 없다.

(2) E가 선의취득에 의하여 소유권을 취득할 수 있는지

① 선의취득에 의하여 소유권을 취득하기 위해서는 선의취득의 대상인 동산에 관하여 양도인은 점유자이지만 무권리자여야 하고, 양수인은 양도인과의 유효한 거래행위에 의하여 평온, 공연, 선의, 무과실로 동산의 점유를 취득하여야 한다(제249조).

② 경매상 채무자의 소유에 속하지 아니한 동산이 경매의 목적물로 평가되어 매각된 경우, 경매절차 매수인이 평온, 공연, 선의, 무과실로 동산의 점유를 취득한 때에는 선의취득에 의하여 그 동산의 소유권을 취득할 수 있다(판례).[7]

③ f, g는 경매 당시 임차인 戊의 소유에 속하는 동산이고, 경매목적물로 평가되어 경매가 진행되었으며, 경매절차 매수인 E는 점유를 취득하였으므로 E가 선의, 무과실인 때에는 E는 선의취득에 의하여 f, g의 소유권을 취득한다.

---

5) 대법원 1995. 06. 29. 선고 94다6345 판결
6) 대법원 1974. 12. 12. 선고 73다298 판결; 대법원 1997. 09. 26. 선고 97다10314 판결
7) 대법원 1998. 03. 27. 선고 97다32680 판결

(3) 소결

E가 선의, 무과실인 경우 戊는 E의 선의취득의 반사적 효과로서 f, g의 소유권을 상실하였으므로 戊가 여전히 소유자임을 전제로 반환을 청구하는 것은 허용되지 않는다.

3. E의 가정적 항변의 당부 – E가 악의 혹은 과실이 있어서 소유권을 취득하지 못한 경우

① E가 악의이거나 과실이 있어 선의취득을 하지 못한 경우에는 f, g의 소유자는 경매에도 불구하여 여전히 戊이다. 경매목적물에 포함된 f, g가 경매상 채무자의 소유에 속하지 아니하므로 이는 권리일부가 타인에게 속한 경우의 매도인 담보책임이 인정될 수 있다(제572조, 제578조).

② E는 대금감액을 청구하고 그 범위에서 경락대금 일부의 반환을 청구할 수 있으나, 그 반환의무자는 경매상 채무자 甲이나 배당받은 채권자들이지 경매목적 토지의 임차인 戊라고 할 수는 없다.

③ E가 f, g의 소유자인 戊에게 인도하여야 할 의무와 E가 대금감액청구의 효과로서 경매절차 매수인 甲이나 배당받은 채권자들이 경락대금의 일부를 반환하여야 할 의무는 이행의 상대방을 달리하는 별개의 채무이므로 동시이행관계에 있다고 할 수 없다.

4. 결론

E가 선의취득의 요건을 갖춘 때에는 戊의 청구는 기각될 것이지만, E가 선의취득의 요건을 갖추지 못한 때에는 E의 청구는 인용된다.

제2문의 2

Ⅰ. 〈제2문의 2〉 문제 1. : 선순위혈족상속인의 상속포기 효과/ 유치권소멸청구 요건/ 제3자 변제적 상계 허용 여부/ 유치권의 존속 요건으로서 점유/ 경매절차 매수인에게 유치권으로 대항하기 위한 요건

1. 쟁점

선순위혈족상속인이 상속을 포기한 경우 배우자상속인이 단독상속인이 되는지, 유치권소멸청구 요건, 제3자 변제적 상계가 허용되는지, 유치권의 존속요건으로서 점유, 경매절차 매수인에게 유치권으로 대항하기 위한 요건 등이 쟁점이다.

2. 戊의 청구근거 및 F의 유치권 원용가능성

戊는 경매절차 매수인으로 Y 주택의 소유자이고, Y주택을 현실적으로 점유하고 있는 F를 상대로 소유물반환을 청구하고 있다. F는 유치권자 丁을 간접점유자로 하는 점유매개자이므로 丁의 유치권을 원용할 수 있다. 丁은 변제기가 도래한 공사대금채권을 가지고 있고, F를 점유매개자로 한 간접점유를 하고 있으므로 丁은 유치권을 취득하였다(제320조).

3. 戊의 (1)주장의 당부

① 피상속인 甲의 사망 당시 자녀 A와 B 및 배우자 乙은 공동상속인이 된다.

② 선순위혈족상속인인 자녀들이 모두 상속을 포기한 경우 차순위혈족상속인으로 직계비속이나 직계존속이 있더라도 배우자는 단독상속인이 된다(판례).[8] 현행법은 배우자상속인을 혈족상속인과 구분되는 특별한 상속인으로 보지 않으므로 상속포기자의 상속분이 귀속되는 다른 상속인에 배우자 상속인도 포함된다.

③ 공동상속인인 자녀 A와 B가 상속을 포기하였으므로 배우자 乙만이 상속인이 되고 Y주택은 乙에게 귀속된다. 戊의 (1)주장은 부당하다.

4. 戊의 (2)주장의 당부

① 유치권자는 채무자의 승낙 없이 유치물을 대여하지 못한다(제324조 제2항). 이를 위반한 경우 채무자는 유치권의 소멸을 청구할 수 있다(제324조 제2항). 채무자가 유치목적물의 소유자가 아닌 때에는 소유자의 승낙이 있어야 하고, 소유자도 유치권 소멸을 청구할 수 있다.

② 소유자인 乙의 승낙에 따라 유치권자 丁은 F에게 임대를 한 것이고, 비록 그 후 경매절차에 의하여 Y주택의 소유자가 戊로 변경되었더라도 새로운 소유자의 승낙을 받아야 하는 것은 아니다(판례).[9]

③ 乙이나 戊는 유치권소멸을 청구할 수 없으므로 戊의 (2)주장은 부당하다.

5. 戊의 (3)주장의 당부

① 유치권자 丁은 적법한 임대인으로서 임차인 F로부터 지급받은 차임은 유치목적물인 Y주택의 과실에 해당한다. 丁이 지급받은 차임 5천 4백만 원은 유치권의 피담보채권인 공사대금채권 2억 원의 변제에 충당된다(제323조 제1항).

② 戊가 丁의 乙에 대한 잔존채권을 수동채권으로 하고 戊가 丁에 대하여 가지는 채권을 자동채권으로 하는 상계는 채권의 대립이 없는 이른바 제3자 변제적 상계에 해당하므로 허용되지 않는다(판례).[10]

③ 丁의 피담보채권이 잔존하고 있으므로 戊의 (3)주장은 부당하다.

6. 戊의 (4)주장의 당부

① 丁과 F 사이의 임대차가 해지되었더라도 F는 丁에 대하여 Y주택을 반환하여야 할 의무를 부담하고 있으므로 丁과 F 사이의 점유매개관계는 여전히 유지되고 있다(판례).[11]

② 丁의 간접점유가 유지되고 있으므로 戊의 (4)주장은 부당하다.

7. 戊의 (5)주장의 당부

① 유치권으로 경매절차 매수인에게 대항하기 위해서는 경매개시결정에 의한 압류의 효력이 생길 당시 유치권자가 목적물을 점유하고 피담보채권을 취득하여야 한다(판례).[12)13]

8) 대법원 2023. 03. 23. 자 2020그42 전원합의체 결정
9) 대법원 2019. 08. 14. 선고 2019다205329 판결
10) 대법원 2011. 04. 28. 선고 2010다101394 판결
11) 대법원 2019. 08. 14. 선고 2019다205329 판결

② 丁은 압류의 효력이 발생하기 전에 이미 변제기가 도래한 공사대금채권을 취득하였고 점유를 하고 있었으므로 戊의 (5)주장은 부당하다.

8. 결론

戊의 모든 주장은 부당하다.

II. 〈제2문의 2〉 문제 2. : 관습상 법정지상권의 성립요건

1. 결론

W의 戊에 대한 청구는 기각된다.

2. 논거

(1) 제1차 경매에 의한 戊의 관습상 법정지상권 취득

① 관습상 법정지상권이 인정되기 위해서는 법정된 법정지상권 발생사유 이외의 원인으로 토지와 건물의 소유자가 달라져야 하고, 처분 당시 토지와 건물의 소유자가 동일하여야 하며, 건물 철거 특약 등 관습상 법정지상권을 배제하는 특약이 없어야 한다.

② 강제경매로 인하여 토지와 건물의 소유자가 달라진 때에는 원칙적으로 압류의 효력발생 당시에 소유자가 동일하여야 한다(판례).[14]

③ Y주택이 강제경매로 매각되었고, 압류의 효력이 발생할 당시 X토지와 Y주택은 모두 乙의 소유에 속하고 있었으므로 경매절차 매수인 戊는 매각대금 완납에 의하여 X토지에 관습상 법정지상권을 취득한다.

(2) 제2차 경매에 의한 戊의 관습상 법정지상권 소멸 및 취득

① 제1차 경매로 인한 戊의 관습상 법정지상권은 X토지에 존재하는 K은행의 저당권보다 후순위이다. X토지가 강제경매로 매각됨에 따라 K은행의 저당권은 소멸하고 제1차 경매로 인한 戊의 관습상 법정지상권도 소멸한다.

② 강제경매로 인하여 선행 저당권이 소멸하는 때에는 저당권설정 당시 소유자가 동일하여야 관습상 법정지상권이 발생한다(판례).[15]

③ X토지에 관한 강제경매개시결정의 효력은 2022. 7. 8. 발생하였으나, 매각으로 소멸하는 K은행의 선행저당권설정 당시에는 X토지와 Y주택이 모두 甲의 소유에 속하였으므로 소유자 동일성이 인정된다. X토지 경매절차에 따라 매각대금이 완납될 당시 Y주택소유자 戊는 2차 경매에 관하여 관습상 법정지상권을 당연히 취득한다.

④ 戊는 관습상 법정지상권자로서 정당한 토지점유권원을 가진 자이므로 W의 소유권에 기한 Y건물 철거 및 X토지 인도청구는 허용되지 않는다.

---

12) 대법원 2005. 08. 19. 선고 2005다22688 판결
13) 대법원 2011. 10. 13. 선고 2011다55214 판결
14) 대법원 2012. 10. 18. 선고 2010다52140 전원합의체 판결
15) 대법원 2013. 04. 11. 선고 2009다62059 판결

3. 제3차 모의시험 제3문

목 차

제3문의 1

[문제1의 해설]

Ⅰ. 쟁점 (2점)

갑회사의 중간배당의 요건과 위법한 중간배당의 효과가 문제된다.

Ⅱ. 중간배당의 의의 및 요건 (9점)

1. 중간배당의 의의 (3점)

중간배당이란 영업연도 중간에 이익을 주주에게 반환하는 것으로, 중간배당은 영업연도 중에 1회 실시할 수 있다(462조의3①).[1]

2. 중간배당의 요건 (6점)

(1) 형식요건

영업연도가 1년인 회사가 **정관으로** 중간배당이 가능함을 정하여야 한다(462조의3①).

(2) 절차적 요건

이사회에서 이익배당 결의를 하여야 한다(462조의3①). 중간배당은 재무제표의 승인과 관련이 없으므로, 이익배당을 주주총회가 결정하는 회사의 경우에도 중간배당은 이사회의 결의로써 한다.

(3) 실질요건

배당가능이익이 존재해야 하며, 중간배당시 배당가능이익은 **"직전 결산기"의 재무상태표를 기준으로** 하여 계산한다(462조의3②).

(4) 소결

甲회사는 첫째 요건은 갖추었으나, 이사회결의 대신 주주총회결의로 중간배당을 결정하고, 직진 결산기에 배당가능이익이 없었는데도 중간배당을 하여서 위법한 배당을 하였다.

Ⅲ. 위법한 중간배당의 효과 (22점)

1. 위법배당의 의의 (2점)

위법배당이란 법령·정관에 위반하여 이루어진 이익배당을 말하는데, 위법배당은 배당가능 이익이 없이 배당한 경우(협의의 위법배당)와 기타 위법한 경우(광의의 위법배당)에 따라 해결 법리를 달리한다. 사안에서는 절차적 위법과 실질적 위법이 문제된다.

---

1) 다만 상장회사에 대해서는 자본시장법 제165조의12에 서 분기배당 제도를 두어, 3월/6월/9월 말일을 기준으로 이익배당을 허용하고 있는데, 상장회사는 분기배당 이외에 중간배당을 추가로 할 수 없다.

2. 이사회결의가 아닌 주주총회결의에 의한 중간배당 (5점)

(1) 문제점 (1점)

중간배당은 재무제표의 승인과 관련이 없으므로, 이익배당을 주주총회가 결정하는 회사의 경우에도 중간배당은 **이사회의 결의**로써 한다(462조의3①).

(2) 주주총회의 이익배당여부 (3점)

판례에 의하면, "상법 제361조에서는 주주총회의 권한을 상법과 정관에서 정하는 사항으로 제한하고 있으므로, **아예 정관에도 없는 사항은 주주총회의 권한이 될 수 없다. 즉 정관에도 근거가 없는 사항에 대해서는 주주총회가 결의하더라도 그것은 무효한 결의로서 이사 및 주주에 대하여 아무런 구속력을 가지지 못한다"** 고 한다.[2)]

사안의 경우 이사회결의 사항임에도 甲회사가 정관에 근거도 없이 주주총회결의로 결정하였기 때문에 무효라 할 것이다.[3)]

(3) 소결 (1점)

이사회결의를 거쳐야 했던 甲회사의 중간배당이 정관의 근거도 없이 주주총회결의로 이루어졌다는 위법이 있지만, 이러한 절차적 위법사유만으로는 채권자 A가 배당이익의 반환청구권을 행사하지 못한다.

3. 배당가능이익 없이 이루어진 위법한 중간배당의 효과 (15점)

(1) 회사채권자의 반환청구 (6점)

배당가능이익 없이 이루어진 위법배당은 강행규정 위반으로 무효이므로, 회사는 위법배당을 받은 주주에 대하여 이를 부당이득으로 회사에 반환할 것을 청구할 수 있다(민법741조).

나아가 회사채권자도 직접 주주에 대하여 위법배당액을 **회사에 반환할 것을 청구**할 수 있다고 규정한다(462조③). 채권자는 위법배당 당시의 채권자가 아니라도 무방하다는 것이 통설이다.[4)]

(2) 주주총회결의/이사회결의 무효확인의 소제기 필요 여부 (6점)

1) 문제점

이러한 반환청구를 위해서 **먼저 선결(先決)소송으로써 주주총회결의 무효확인의 소를 제기**해야 하는지 문제된다.

2) 학설

학설은 ① 결의무효확인의 **소의 성질과 상관없이** 회사가 바로 부당이득반환청구를 할 수 있다는 견해도 있지만, ② 주주총회결의 무효확인의 소의 성질에 따라 달라진다는 견해(다수설)가 타당하다.

---

2) 대법원 1991. 5. 28. 90다20084

3) (2) 절차가 위법한 배당의 효과 (2점)이익배당의 절차가 위법한 경우에도 역시 위법배당으로서 그 효력이 부정되지만, 이러한 위법사유만으로는 채권자에게 배당이익의 반환청구권이 인정되지 않는다. 왜냐하면 책임재산에 대한 침해가 없는 이상 채권자가 그 배당의 효력을 다툴 법상의 이익이 없기 때문이다.

4) 중간배당에 관한 상법 제462조의3 제6항은 채권자의 반환청구를 인정하는 제462조 제3항을 제462조의3 제3항의 규정에 위반하여 중간배당을 한 경우(즉 당해 결산기의 결손우려가 있음에도 중간배당을 한 경우)에 준용한다고 규정하고 있으나, 이는 입법착오로 보는 것이 다수설이다. 즉 제462조 제3항은 배당가능이익이 없음에도 불구하고 중간배당을 실시한 경우인 제462조의3 제2항에 준용하여야 옳다.

즉 무효확인의 소를 **확인(確認)의 소로 보면 무효확인의 소를 제기하지 않고도 바로 부당이득반환 청구가 가능하게 된다**.

(3) 소결 (3점)

배당가능이익 없이 중간배당이 주주총회결의로 이루어졌다. 결의무효확인의 소를 확인의 소로 보는 판례의 입장에 따르면 채권자 A는 중간배당을 결정한 주주총회결의 무효확인을 구할 필요 없이 주주에게 배당금의 반환을 청구할 수 있다.

Ⅳ. 결론 (2점)

이사회결의를 거쳐야 했던 甲회사의 중간배당이 정관의 근거도 없이 주주총회결의로 이루어졌다는 위법이 있지만, 이러한 절차적 위법사유만으로는 채권자 A가 배당이익의 반환청구권을 행사하지 못한다. 그러나 채권자 A는 배당가능이익 없이 이루어진 위법배당을 이유로 주주인 乙회사와 丙회사에게 배당금의 반환을 청구할 수 있으며, 이를 위해 임시주주총회결의의 무효확인을 구할 필요는 없다.

[문제2의 해설]

Ⅰ. 쟁점 (2점)

위법배당에 근거해 주주에게 행사하는 부당이득반환청구권의 소멸시효가 문제된다.

Ⅱ. 상사시효 및 그 적용범위 (11점)

1. 상행위로 인한 채권의 소멸시효 (2점)

민법상 채권의 소멸시효는 일반적으로 10년임에 비하여(민법162조①), 상행위로 인한 채권의 소멸시효는 원칙적으로 5년이다(64조). 그 이유는 상인은 다수인을 상대로 반복적으로 거래관계를 맺으므로 법률관계를 보다 신속하게 종결시키고자 함이라는 것이 일반적인 설명이다.

2. 상사시효의 적용범위: 원채권의 변형의 경우 (3점)

상사시효가 적용되기 위해서는 원칙적으로 채권의 발생원인이 상행위이어야 하지만, 판례는 그 채권이 직접 상행위에 의하여 발생할 필요는 없고, 상행위로 생긴 원래 채권의 변형으로서 실질적 동일성을 유지하는 채권도 포함된다고 본다.

한편 판례는 상거래의 무효로 부당이득반환청구권을 행사하는 경우에는 유독 "상거래와 같은 정도로 신속하게 해결할 필요성"이 있는지를 상사시효의 적용요건으로 보고 있다. 판례는 상당히 일관되게 '거래관계의 신속한 해결의 필요성'을 판단기준으로 언급하고 있다.

3. 사안의 부당이득반환청구권 (6점)

판례는 **"이익의 배당이나 중간배당은 회사가 획득한 이익을 내부적으로 주주에게 분배하는 행위로서 회사가 영업으로 또는 영업을 위하여 하는 상행위가 아니므로** 배당금지급청구권은 상법 제64조가 적용되는 상행위로 인한 채권이라고 볼 수 없다. 이에 따라 위법배당에 따른 부당이득반환청구권

역시 근본적으로 상행위에 기초하여 발생한 것이라고 볼 수 없다. 특히 배당가능이익이 없는데도 이익의 배당이나 중간배당이 실시된 경우 **회사나 채권자가 주주로부터 배당금을 회수하는 것은 회사의 자본충실을 도모하고 회사 채권자를 보호하는 데 필수적**이므로, 회수를 위한 부당이득반환청구권 행사를 **신속하게 확정할 필요성이 크다고 볼 수 없다**. 따라서 위법배당에 따른 부당이득반환청구권은 민법 제162조 제1항이 적용되어 10년의 민사소멸시효에 걸린다고 보아야 한다."고 설시하였다.[5]

Ⅲ. 결론 (2점)

판례에 따르면 위법배당에 따른 부당이득반환청구권은 상사시효가 아닌 민사시효에 걸리므로, 피고 乙회사와 丙회사의 시효소멸 주장은 타당하지 않다.

제3문의 2

[문제3의 해설]

Ⅰ. 논점 (4점)

위 양도계약이 상법상 중요한 일부의 영업양도에 해당하여 주주총회 특별결의를 거쳐야 하는지 여부, 양도계약의 무효를 B가 원고로써 무효확인을 구할 적격이 있는지 문제된다.

Ⅱ. 상법상 영업양도의 판단기준 (12점)

1. 영업양도인지 여부에 관한 판단기준 (6점)

(1) 영업양도의 판단기준

상법 374조의'영업의 전부 또는 중요한 일부의 양도'라 함은 일정한 영업목적을 위하여 조직되고 유기적 일체로 기능하는 재산의 전부 또는 중요한 일부를 총체적으로 양도하는 것을 의미하는 것이다.[6]

(2) 중요한 일부 양도의 판단기준

주식회사가 사업목적으로 삼는 영업 중 일부를 양도하는 경우 '영업의 중요한 일부의 양도'에 해당하는지는 양도대상 영업의 자산, 매출액, 수익 등이 전체 영업에서 차지하는 비중, 일부 영업의 양도가 장차 회사의 영업규모, 수익성 등에 미치는 영향 등을 종합적으로 고려하여 판단하여야 한다 (대법원 2014. 10. 15. 선고 2013다38633 판결).

판례는 사업부문의 자산가치가 전체 자산의 약 33.79%에 달하고 사업부문과 관련된 대부분의 자산과 거래처 등을 그대로 인수하여 종전과 동일한 영업을 계속하고 있는 사안에서 영업의 중요한 일부의 양도'에 해당한다고 판시한 바 있다(대법원 2014. 10. 15. 선고 2013다38633 판결).

---

5) 대법원 2021. 6. 24. 2020다208621
6) 대법원 1994. 10. 28. 선고 94다39253 판결

(3) 소결

甲회사는 컴퓨터 조립판매 영업과 관련된 일체의 영업용 재산을 양도하였고, 乙회사는 양도받은 재산을 그대로 이용하여 甲회사와 동일한 영업을 개시하였으므로 위 양도는 영업양도에 해당한다. 甲회사 전체 자산의 3분의 1을 차지하면서 유일하게 흑자를 기록하던 영업이었으므로 관련 판례에 의하면 '영업의 중요한 일부의 양도'에 해당한다고 보아야 한다.

2. 영업양도 무효확인의 소의 원고적격 (6점)

(1) 주주총회 결의 없이 행한 영업양도의 효력

주주총회 결의 없이 행한 영업양도는 상법 374조 위반으로 거래상대방의 선의 악의를 불문하고 절대적으로 무효이다. 이러한 영업양도의 무효에 대해서는 **거래당사자는 무효를 다툴 수 있다**.

(2) 주주의 원고적격

주식회사의 주주는 주식의 소유자로서 회사의 경영에 이해관계를 가지고 있기는 하지만, 직접 회사의 경영에 참여하지 못하고 회사의 영업에 간접적으로 영향을 미칠 수 있을 뿐이다. 그러므로 주주가 회사의 재산관계에 대하여 법률상 이해관계를 가진다고 평가할 수 없고, 주주는 직접 제3자와의 거래관계에 개입하여 회사가 체결한 계약의 무효 확인을 구할 이익이 없다.7)

판례에 의하면 이러한 법리는 회사가 영업의 전부 또는 중요한 일부를 양도하는 계약을 체결하는 경우에도 마찬가지이다(대법원 2022. 6. 9. 선고 2018다228462, 228479 판결).

(3) 소결

甲회사는 위 영업양도를 하면서 주주총회 특별결의를 거쳐야 하는데 이를 흠결하였으므로 위 영업양도는 乙회사의 선·악의를 불문하고 절대적으로 무효이다. 다만 위 영업양도가 무효라고 하더라도 거래당사자인 甲회사와 乙회사만 영업양도의 무효를 다툴 수 있고, 乙 회사의 주주에 불과한 C는 이 사건 양도계약의 무효확인을 구할 원고적격이 없다.

Ⅲ. 결론 (4점)

상법 374조상 영업의 중요한 일부의 양도에 해당하여 甲회사 주주총회의 특별결의를 거쳐야하나, 이를 거치지 않아 무효이므로 B의 주장은 타당하다. 그러나 甲회사의 주주에 불과한 B는 乙회사에 대하여 위 양도계약의 무효확인을 구할 원고적격이 인정되지 않아 양도계약의 무효확인의 소를 제기할 수 없다.

[문제4의 해설]

Ⅰ. 논점 (1점)

乙회사가 상법 42조 제1항에 의한 상호 속용 양수인에 해당하여 甲회사의 채무에 대한 변제 책임을 지는지 여부가 문제된다.

7) 대법원 1979. 2. 13. 선고 78다1117판결

Ⅲ. 상법상 상호속용 영업양수인의 책임 (6점)

1. 상호속용 양수인의 책임 (2점)

(1) 의의

영업양수인이 양도인의 상호를 계속 사용하는 경우에는 양도인의 영업으로 인한 제삼자의 채권에 대하여 양수인도 변제할 책임이 있다(상법 42조 ①).

(2) 영업표지의 경우

양수인에 의하여 속용되는 명칭이 상호 자체가 아닌 옥호 또는 영업표지인 때에도 그것이 영업주체를 나타내는 것으로 사용되는 경우, 양수인은 특별한 사정이 없는 한 상법 제42조 제1항의 유추적용에 의하여 그 채무를 부담한다(대법원 2022. 4. 28. 선고 2021다305659 판결).

(3) 소결

乙회사는 영업을 양수한 이후 甲회사가 사용하던 '토끼와 거북이'라는 영업표지를 계속 사용하고 있으므로 상법 제42조 제1항이 유추적용되어 영업양수인으로 상호속용 양수인의 책임을 진다.

2. 영업상 채권의 범위 (4점)

(1) 영업상 채권의 범위

영업으로 인하여 발생한 채무란 영업상의 활동에 관하여 발생한 모든 채무를 말하는 것이다(대법원 1989. 3. 28. 선고 88다카12100 판결).

(2) 장래발생할 채권

판례에 의하면 상법 제42조 제1항은 **영업양수인이 양도인의 영업자금과 관련한 피보증인의 지위까지 승계하도록 한 것이라고 보기는 어렵고**, 영업양수인이 위 규정에 따라 책임지는 제3자의 채권은 **영업양도 당시 채무의 변제기가 도래할 필요까지는 없다고 하더라도 그 당시까지 발생한 것이어야 하고**, 영업양도 당시로 보아 **가까운 장래에 발생될 것이 확실한 채권이라도 양수인이 책임져야 한다고 볼 수 없다**(대법원 2020. 2. 6. 선고 2019다270217 판결).

(3) 소결

乙회사는 영업을 양수한 이후 甲회사가 사용하던 '토끼와 거북이'라는 영업표지를 계속 사용하고 있으므로 상법 제42조 제1항이 유추적용되어 영업양수인으로 상호속용 양수인의 책임을 진다.

Ⅳ. 결론 (3점)

A의 구상금채권은 상법 제42조 제1항상 영업으로 인한 채권에 해당하지 않으므로 A는 乙 회사를 상대로 대위변제한 5억원에 대하여 구상금을 청구할 수 없다.

제3문의 3

[문제5의 해설]

Ⅰ. 논점 (2점)

약속어음의 만기 변조의 경우 변조 전후 기명날인자의 책임이 甲과 乙의 책임 여부와 관련하여 문제되고, 금액 백지인 백지어음에서 적법한 지급제시가 있었는지 여부와 보충권의 남용시 발행인인 甲회사의 책임이 문제된다.

Ⅱ. 어음의 변조의 의의와 효과 (10점)

1. 어음의 변조의 효과 (5점)

(1) 의의

어음의 변조라 함은 권한 없이 어음의 권리의무의 내용에 영향을 미치는 어음의 문언을 변경하는 것이고, 이는 물적(物的) 항변사유에 해당한다.

(2) 변조 전에 기명날인·서명한 자의 책임

어음의 변조 전에 기명날인, 서명을 한 자는 **'원문언'에 따른 어음상 책임**을 부담한다(어음법 69조).

(3) 변조 후 기명날인/서명자의 책임

① 변조 후에 기명날인하여 어음행위를 한 자는 **'변조후 문언에'** 따른 어음상 책임을 부담한다(어음법 제69조, 77조). 변조자의 변조사실에 대한 선의·악의를 불문하고, 취득자의 선의·악의도 불문한다. ② 나아가 어음을 변조한 다음 배서인으로서 **기명날인 또는 서명**한 경우 **'변조 후의 문언'**에 따라 책임을 진다.

2. 소결

갑은 변조 전에 기명날인한 자로써 **변조 전의 만기 '2020. 11. 11.'가 적용**되며, 만기로부터 3년간 어음상 **주채무자로서 무조건 1차적인 책임**을 진다.

을은 변조 후에 기명날인한 자로써 **변조 후의 만기 '2021. 11. 11.'가 적용**되며, 배서인으로서 지급제기간 내에 적법한 지급제시를 **조건으로 2차적인 책임**을 진다. 따라서 2021. 11. 12. A는 금액을 6억원으로 기재하여 甲회사에 지급제시하였으나, 甲회사는 그 지급을 거절하였는바, 이는 을에 대해서는 적법한 지급제시에 해당한다. 변조 후의 만기에 따른 지급제시기간 내에 적법하게 지급제시가 되었으므로 乙회사는 6억원에 대한 상환책임을 부담한다.

Ⅲ. 백지어음의 부당보충의 항변 (5점)

1. 의의

백지어음은 「어음행위자가 어음요건 중 전부 또는 일부를 보충시킬 의사로 고의로 이를 기재하지 않고 어음에 기명날인하여 어음행위를 한 미완성의 어음」를 말하고, 백지어음이 성립하기 위해서는 백지보충권이 수여되어야 한다(통설).

甲회사가 발행한 위 약속어음은 금액을 백지로 한 어음으로 백지보충권이 수여되었으므로 백지어음에 해당한다.

2. 백지보충권의 남용(부당보충)

(1) 문제의 소재

보충권을 수여받은 자가 스스로 보충하지 아니하고, 제3자에게 보충권의 범위에 대해 기망하여 백지어음을 양도한 경우 이를 취득한 자가 이를 신뢰하여 보충한 경우에도 어음법 제10조가 적용되는지 문제된다.

(2) 학 설

① 부정설도 있지만, ② 통설은 양도인에 의해 부당 보충된 어음을 선의로 양수한 경우와 양도인의 보충범위에 관한 진술을 신뢰하여 스스로 보충을 한 경우 사이에 본질적인 차이는 없다고 보아 이러한 경우에도 어음법 제10조가 적용된다고 한다.

(3) 판 례

① 발행인(백지어음행위자)으로부터 백지보충권을 부여 받은 자의 지시에 의하여 취득자가 보충권의 범위를 넘어 보충한 경우에 **악의 또는 중대한 과실이 없는 이상 취득자는 어음법 제10조에 의하여 보호**받는다.[1] ② 다만, **가장 중요한 어음요건**인 **"어음금액이 백지**인 경우에는 이를 취득할 당시에 보충권의 내용에 관하여 발행인에게 **직접 조회하지 않았다면 특별한 사정이 없는 한 취득자에게 중대한 과실이 있다"**고 판시한 바 있다.[2]

(4) 검토 및 사안의 적용

백지어음의 유통성 보호와 백지어음발행인의 보호를 동시에 꾀하는 판례의 태도가 타당하다. A는 보충권의 내용에 관하여 甲회사에게 직접 조회한 사실이 없으므로 중대한 과실이 인정된다. 다만 A에게 중과실이 있더라도, 발행인인 甲회사는 자신이 원래 수여한 보충권의 범위 안에서는 책임을 부담하므로 원래의 보충하기로 합의한 3억원을 한도로 어음금의 지급 책임을 부담한다.

Ⅳ. 결론 (2점)

A는 甲회사에 적법하게 지급제시를 하였으므로 乙회사는 변조 후의 만기인 2021. 11. 11.에 따라 A에 대하여 6억원의 상환책임을 부담한다.

A는 위 약속어음의 소멸시효 기간 내에 발행인인 甲회사에 대하여 어음금지급을 청구하였으므로 甲회사는 원래 보충권을 부여한 3억원에 대해서는 이를 A에게 지급하여야 한다.

---

1) 대법원 1978. 3. 14, 77다2020 판결.
2) 대법원 1978. 3. 14, 77다2020 판결. 판례는 기본적으로 유추적용설의 입장이지만, 조회의무를 부과하므로 결과에 있어서는 부정설과 동일한 결론에 이른다.

4. 제2차 모의시험 제1문

목 차

2. 논거
(1) 쟁점
(2) 채권자취소권의 일반적인 행사요건
(3) 甲이 丁에게 담보가등기를 설정하는 행위가 사해행위에 해당하는지 여부

[제1문의 7]

I. 〈제1문의 7〉 문제 1. : 채권질권자와 전부채권자 사이의 우열결정기준

1. 결론
2. 논거

II. 〈제1문의 7〉 문제 2. : 임대인지위 승계 및 제3채무자 지위의 승계

1. 결론
2. 논거
(1) 쟁점
(2) 丁이 임대인 지위 및 질권의 제3채무자 지위를 승계하는지
(3) 甲이 丁에게 직접 청구할 수 있는지

제1문의 1

Ⅰ. 〈제1문의 1〉 : 재소금지 요건

1. 문제점

소각하판결이라는 소송판결이 있은 후 소를 취하한 경우에도 특정승계인의 재소가 민사소송법 제267조 제2항에 저촉되는지 문제된다.

2. 재소금지의 의의

(1) 재소금지의 요건

제267조 제2항은 법원 판결의 농락을 방지하기 위해 재소를 금지하는데, 재소로 금지되기 위해서는 ① 당사자가 동일할 것, ② 소송물인 권리관계가 동일할 것, ③ 권리보호의 이익이 동일할 것, ④ 본안의 종국판결 후의 소취하일 것 등의 요건을 갖추어야 한다.

(2) 丙의 재소가 적법한지 여부

설문에서 소송물이 동일한 것에는 문제가 없지만, 大法院은 특정승계인도 당사자 동일에 포함시키면서 새로운 권리보호이익을 인정하고 있고(대법 1981.07.14, 81다64·65), 본안에 대한 종국판결이 있은 뒤이어야 하기 때문에 소각하판결, 소송종료선언 등의 소송판결이 있은 뒤의 취하에는 적용이 없다.

3. 설문의 해결

甲의 채권자인 丙이 위 연체차임채권에 대하여 압류 및 전부명령을 받아 확정되었다면 채권이 양도되어 甲의 청구는 기각되어야 하므로 법원이 소각하판결을 한 것은 위법하나, 소각하판결이 있은 후 甲의 소취하가 있어도 丙의 재소는 적법하다.

제1문의 2

Ⅰ. 〈제1문의 2〉 문제 1 : 통상공동소송의 심판방법

1. 문제점

甲이 乙과 丙을 공동피고로 한 것은 원인 없는 이전등기라는 법률상 원인이 공통된 것이어서 제65조 전문의 요건을 갖추었고 기타 객관적 요건도 문제가 없어 적법하나, 공동소송형태가 필수적 공동소송인지, 아니라면 공동소송인 독립의 원칙에 비추어 乙 자백의 효력이 丙에게 미치는지 살펴본다.

2. 공동소송 형태

공동소송인 간에 법률적으로 합일확정의 필요가 없으나, 이론적 또는 실천적으로 합일확정이 요청되는 경우 판결이 구구해지는 것을 막기 위하여 통상의 공동소송과 구별하여 필수적 공동소송에 관한 특칙인 제67조를 준용하자는 이론이 있으나(이론상 합일확정소송), 원인없이 경료된 최초의 소유권이전등기와 이에 기하여 순차로 경료된 일련의 소유권이전등기의 각 말소를 구하는 소송은 필요적 공동소송이 아니라는 것이 판례의 입장으로 통상공동소송에 해당한다(대법 1987.10.13, 87다카1093).

3.공동소송인 독립의 원칙

(1) 의 의

통상공동소송에 있어서 각 공동소송인은 다른 공동소송인에 의한 제한·간섭을 받지 않고 각자 독립하여 소송수행을 가지며, 상호간에 연합관계나 협력관계가 없는 것을 말한다(제66조).

(2) 내 용

구체적으로 ① 당사자 지위의 독립성이 있고, ② 소송요건의 존부는 각 공동소송인마다 개별심사처리하며, ③ 공동소송인 한 사람의 소송행위는 유리·불리를 가리지 않고 원칙적으로 다른 공동소송인에게 영향을 미치지 않아 소송자료가 불통일되며, ④ 소송진행도 불통일 되어 변론의 분리·일부판결이 가능하며, 공동소송인 중 1인이 상소를 한 경우 상소불가분원칙의 적용도 없고, 1인에게 발생한 소송절차 정지는 다른 공동소송인에게 영향이 없다. ⑤ 공동소송인간에 재판통일이 필요없으며, 판결내용이 공동소송인들 상호간의 공격방법의 차이에 따라 모순되고 구구하게 되어도 상관없다.

(3) 공동소송인 독립의 원칙의 수정논의

제65조 전문의 공동소송에 있어서 판결결과가 구구하게 나오는 것은 바람직하지 않으므로 주장공통, 증거공통을 인정하자는 논의가 있으나, 변론주의와 제66조를 이유로 부정하는 것이 判例의 입장이다.

4. 설문의 해결

(1) 乙에 대한 판결

乙은 계약서를 위조한 사실을 자백하였으므로 변론주의 원칙상 법원의 반대 심증에도 불구하고 甲의 청구를 인용한다.

(2) 丙에 대한 판결

乙의 자백은 丙에게 영향이 없고, 법원이 계약서가 진정하게 작성된 것으로 판단하였으므로 甲의 丙에 대한 청구는 기각된다.

II. 〈제1문의 2〉 문제 2 : 특별수권 있는 소송대리인이 항소하지 않은 경우 이심의 범위

1. 문제점

상소의 특별수권 있는 대리인 A가 수행하여 받은 판결의 효력이 상속인 모두에게 미치는지, 상소의 특별수권 있는 A가 항소하지 않고 일부 상속인이 항소했을 때 이심의 범위가 문제된다.

2. 丙의 사망이 소송에 미치는 영향

(1) 당사자 지위의 당연승계 여부

判例는 『일응 대립당사자구조를 갖추고 적법히 소가 제기되었다가 소송도중 어느 일방의 당사자가 사망함으로 인해서 그 당사자로서의 자격을 상실하게 된 때에는 그 대립당사자구조가 없어져 버린 것이 아니고, 그때부터 그 소송은 그의 지위를 당연히 이어받게 되는 상속인들과의 관계에서 대립당사자구조를 형성하여 존재하게 되는 것이다』라고 판시하여 당연승계긍정설의 입장이다(대법(전) 1995.05.23, 94다28444). 결국 丙이 사망하는 순간 상속인 丁·戊,가 피고의 지위를 당연승계한다.

(2) 절차에 미치는 영향

1) 소송절차가 중단되는지 여부 : 당사자가 소송계속중 사망하였다 하여도 소송대리인이 있으면 절차는 중단되지 않는다(제238조). 소송대리인이 있으면 당사자가 무방비 상태가 되는 것이 아니어서 상속인의 절차권이 보장되기 때문이다. 이때 소송대리인은 수계절차를 밟지 않아도 상속인의 소송대리인이 된다.

2) 1심 판결의 효력이 미치는 당사자 : 소송대리인은 상속인들 전원을 위하여 소송을 수행하게 되는 것이며 그 사건의 판결은 상속인들 전원에 대하여 효력이 있는 것이라 할 것이다.

3. 丁의 항소가 戊에게 효력이 있는지 여부

(1) 상속재산에 대한 공동소송형태

민법 제1006조에 의하면 '상속인이 수인인 때에는 상속재산은 그 공유로 한다'고 하고 있으며, 여러 명의 공유자를 상대로 한 소송은 통상공동소송이라고 본다. 통상공동소송은 공동소송인 독립의 원칙상 소송진행이 불통일된다(제66조).

(2) 이심의 범위

만일 소송대리인이 상소를 하였다면 判例는 『당사자 표시가 잘못되었음에도 망인의 소송상 지위를 당연승계한 정당한 상속인들 모두에게 효력이 미치는 판결에 대하여 그 잘못된 당사자 표시를 신뢰한 망인의 소송대리인이나 상대방 당사자가 그 잘못 기재된 당사자 모두를 상소인 또는 피상소인으로 표시하여 상소를 제기한 경우에는, 상소를 제기한 자의 합리적 의사에 비추어 특별한 사정이 없는 한 정당한 상속인들 모두에게 효력이 미치는 위 판결 전부에 대하여 상소가 제기된 것으로 보는 것이 타당하다』고 판시하였다(대법 2010.12.23, 2007다22859). 그러나 설문은 상속인 丁이 스스로 항소한 사례로서 소송대리인 A가 戊를 위하여 항소하지 않은 이상 항소기간 도과로 확정되어 항소심으로 이심되는 효과는 없다.

4. 설문의 해결

공동상속인인 丁과 戊는 통상공동소송관계에 있으므로 각자 소송행위를 할 수 있으나, 丁의 항소는 戊에 효력이 없으므로 상소제기에 의한 확정차단의 효력은 丁 자신에게만 미친다.

제1문의 3

Ⅰ. 〈제1문의 3〉 문제 1

1. 문제점

1심에서 전부승소한 甲의 항소심에서 추가적 변경이 부대항소로서 적법한지 문제되고, 항소심의 본안판단 결과 1심과 동일한 금액을 인용하는 경우 어떠한 판단을 하여야 하는지 문제된다.

2. 항소심에서 청구변경의 적법성

(1) 청구변경의 요건

청구의 변경은 ① 동종절차와 공통관할이 있을 것, ② 사실심 변론종결 전일 것, ③ 신·구청구 간에 청구기초의 동일성이 있을 것, ④ 절차를 현저히 지연시키지 않을 것을 요한다.

(2) 사안의 경우

사안에서 나머지 요건은 문제가 없고, 원고 甲의 추가적 변경의 신청은 동일한 부동산에 관한 매매계약과 관련된 것으로 양 청구 간에 사실자료가 공통되며, 동일한 생활사실이나 경제적 이익에 관한 분쟁인데 그 해결방법만을 달리하는 경우로서 동일성이 있다고 할 것이다. 나아가 항소심에서 추가적 변경의 경우 피고의 동의를 필요로 하는지 여부가 문제되는데 항소심에서 추가적 변경을 하여도 청구기초가 동일하다면 구청구에 대한 사실심리와 신청구에 대한 사실심리가 대체로 동일하여 실질적으로 제1심에서 심리를 받은 것과 다르지 않으므로 피고의 심급의 이익이 실질적으로 보장되어 피고의 동의가 필요 없다고 할 것이다. 따라서 원고의 항소심에서의 추가적 변경신청은 적법하다.

3. 전부 승소한 원고가 청구의 추가적 변경을 한 경우에 항소이익

(1) 원고 甲의 항소심에서의 청구취지변경의 성질

判例는 일관되게 『원고가 전부 승소하였기 때문에 원고는 항소하지 아니하고 피고만 항소한 사건에서 청구취지를 확장 변경함으로써 그것이 피고에게 불리하게 된 경우에는 그 한도에서 부대항소를 한 취지로 볼 것이다』라고 판시하고 있다(대법 1995.06.30, 94다58261). 부대항소는 상대방의 항소에 편승한 것뿐이지 이에 의하여 항소심절차가 개시되는 것이 아니므로 항소가 아니므로(대법 1980.07.22, 80다982), 항소의 이익이 필요 없고, 따라서 전부 승소한 당사자인 원고도 적법하게 할 수 있다고 본다.

(2) 부대항소의 요건

부대항소는 ① 주된 항소가 적법하게 계속되어야 하며, ② 주된 항소의 피항소인이 항소인을 상대로 제기하여야 하고, ③ 항소심 변론종결 전에 제기하여야 한다. 이때 부대항소장을 제출하지 않고 소변경신청서를 제출해도 상대방에게 불리하게 되는 한도에서 부대항소를 한 것으로 의제하는 것이 判例의 태도(대법 1993.04.27, 92다47878)이므로, 원고의 항소심에서의 소변경은 부대항소로서 적법요건을 구비하였다고 할 것이다.

4. 항소심의 판단

항소심에서 청구변경이 부적법하다는 乙의 주장은 방소항변의 성질을 가지는 것으로 법원은 이에 대하여 직권으로 심리하여, 중간판결이나 종국판결의 이유에서 적법하다는 판단을 할 것이며, 제1심에서 인용한 금액과 항소심에서 인용한 금액이 동일하더라도 인용된 청구가 상이하므로 항소기각 판결을 하여서는 안되며, 1심 판결을 취소하고 부당이득반환청구를 인용하는 판결을 선고하여야 한다.

II. 〈제1문의 3〉 문제 2.

1. 문제점

부대항소인 甲의 동의 없는 乙의 항소취하가 적법한지 문제되고, 이에 대한 甲의 기일지정신청에 대한 법원의 조치를 살펴본다.

2. 甲의 기일지정신청에 대한 법원의 처리

항소취하의 효력을 다투는 경우와 같이 소송 종료 후 그 종료효를 다투며 기일지정신청을 하는 경우가 있다(규칙 제67조). 형식은 소송상의 신청이나 실질은 소송이 아직 종료되지 않고 계속 중이라는 전제하에서 본안판결을 구하는 신청이므로, 반드시 변론을 열어 종국판결로 재판하여야 한다. 항소취하가 적법하면 1심 판결의 확정으로 소송종료선언을 하고, 항소취하가 무효라면 항소심을 속행한다.

3. 乙 항소취하의 적법성

(1) 부대항소인의 동의가 요구되는지 여부

항소취하는 항소인 자신의 항소법원에 제기한 원판결에 대한 불복신청을 철회하는 것을 말하며, 항소는 항소심의 종국판결이 있기 전에 취하할 수 있으며, 소취하의 경우와 달리 피항소인의 동의를 얻을 필요가 없다(제393조). 나아가 부대항소인의 동의가 필요한지와 관련하여 헌법재판소는 『환송 후 항소심에서 항소인이 임의로 항소를 취하하여 결과적으로 부대항소인인 청구인이 항소심 판단을 다시 받지 못하게 되었다고 하더라도 이는 부대항소의 종속성에서 도출되는 당연한 결과이므로 이것 때문에 항소심의 재판을 받을 청구인의 권리가 침해된 것으로 볼 수는 없다(헌재 2005.06.30, 2003헌바117).』고 하였다.

(2) 항소취하의 통지가 있어야 하는지 여부

항소취하는 서면으로 하고, 다만 변론이나 변론준비기일에서는 말로도 할 수 있으며 이는 조서에 기재하여야 한다(제393조 제2항, 제266조 제3항).[1] 상대방이 출석한 변론이나 변론준비기일에 항소취하가 된 경우를 제외하고는 항소취하서부본이나 조서등본을 상대방에게 송달하여야 하는데(제393조 제2항, 제266조 제4항) 이는 상대방에게 소송종료의 사실을 알려 불필요한 소송준비를 하지 않도록 하기 위함이다. 따라서 항소취하는 상대방에게 송달했을 때가 아니라 항소취하서를 제출했을 때 효과가 생긴다.

4. 설문의 해결

항소심 법원은 변론기일을 지정하여 심문한 후 乙의 항소취하가 적법함을 이유로 판결로 소송종료선언을 한다.

제1문의 4

1. 문제점

원고가 피고의 주소를 소장에 허위기재함으로써 허위주소로 송달된 소장부본을 원고와 서로 짠 A가 피고를 모용하여 수행하고 법원으로 하여금 제대로 송달된 것으로 속게 만들어 원고승소판결을 받은 경우, 이러한 판결의 효력과 이에 따른 乙의 소송법상·실체법상 구제책을 검토한다.

2. 편취판결의 효력

(1) 견해의 대립

편취판결의 효력에 대해서 학설의 대립이 있는바, 이에는 ① 판결이 편취되었을 때에 피고의 재판을 받을 권리가 실질적으로 보장된 것이 아니기 때문에 당연무효로 보아야 한다는 무효설과, ② 판결을 편취한 경우에도 판결 자체는 유효하다는 유효설이 대립되고 있다.

(2) 검 토

생각건대 ① 판결이 무효라면 기판력제도를 동요시켜서 법적 안정성을 해할 우려가 있으며, 더구나 ② 판결편취의 경우에 우리 제451조 제1항에서는 당연무효의 판결이 아님을 전제로 하여 재심사유로 규정하고 있으므로 우리 실정법에는 맞지 않는 해석이다. 따라서 유효한 판결로 보는 것이 타당하다고 본다.

3. 乙의 소송법상 구제책

(1) 견해의 대립

1) 학설의 입장 : 위와 같은 사위판결의 상대방에의 판결정본의 송달은 일단 유효하므로 항소기간이

1) 대법 2018.05.30, 2017다21411

진행되어 그 기간이 경료되면 형식적으로 확정된 확정판결이므로 기판력이 있고, 따라서 사위판결은 재심의 소의 제기나 상소의 추완신청 등에 의하여서만 구제될 수 있는 것이라는 입장이다.

2) 判例의 태도 : 본건 사위판결의 경우에 있어서는 판결정본이 제소자가 허위로 표시한 상대방의 허위주소로 보내져서 상대방 아닌 다른 사람이 그를 수령한 것이니 상대방에 대한 판결정본의 송달은 부적법하여 무효이고 상대방은 아직도 판결정본의 송달을 받지 않은 상태에 있는 것으로서 그 판결에 대한 항소기간은 진행을 개시하지 않은 것이라고 보아야 할 것이다. 그렇다면 본건 사위판결은 형식적으로 확정된 확정판결이 아니어서 기판력이 없는 것이라고 할 것이고 민사소송법 제451조 제1항 제11호에 '당사자가 상대방의 주소 또는 거소를 알고 있었음에도 불구하고 허위의 주소나 거소로 하여 소를 제기한때'를 재심사유로 규정하고 있으나 이는 공시송달의 방법에 의하여 상대방에게 판결정본을 송달한 경우를 말하는 것이고 본건 사위 판결에 있어서와 같이 공시송달의 방법에 의하여 송달된 것이 아닌 경우까지 재심사유가 되는 것으로 규정한 취지는 아니라고 할 것이며 따라서 항소설에 따른 본원판결 즉 본 건과 같은 사위판결은 확정판결이 아니어서 기판력이 없다는 본원판결 등은 정당하다고 판시하여 항소설의 입장에 있다(대법 1978.05.09, 75다634).

(2) 검 토

항소설에 의하면 사안의 판결은 확정되지 아니하므로 기판력이 발생하지 않게 된다. 그러나 재심설에 의하면 사안의 판결이 확정되므로 기판력이 발생하게 된다. 생각건대, 判例의 항소설은 ① 법 제451조 제1항 제11호의 명문의 무시로 보이고, ② 어느 때라도 항소를 제기할 수 있어 불안정한 법률상태를 무한정 방치시키는 것이며, ③ 제1심의 정식심리를 생략한 것이어서 심급의 이익을 박탈하는 문제가 있으므로 재심설이 타당하다고 본다.

4. 설문의 해결

부당이득반환청구의 일환으로 乙이 소유권이전등기의 말소청구가 허용되는지와 관련하여, ① 甲의 편취판결에 대해 기판력이 발생한다는 학설의 입장에 의하면 편취판결을 재심으로 취소하여야 乙의 소유권이전등기의 말소 청구가 가능할 것이나, ② 기판력이 부정된다는 判例에 의하면 위 판결에 의거하여 마쳐진 소유권이전등기는 실체적 권리관계에 부합될 수 있는 다른 사정이 없는 한 말소될 처지에 있는 것이어서 피고는 본건 사위 판결에 대하여 항소를 제기한 후 반소로써 말소를 구하거나, 별소로 위 소유권이전등기의 말소를 청구할 수 있다(대법 1995.05.09, 94다41010).

제1문의 5

1. 문제점

설문의 병합형태를 검토하고, 만일 선택적 병합에 해당한다면 항소심의 심판범위가 어떻게 되는지 살펴본다.

2. 설문의 청구병합의 형태

(1) 청구병합의 의의

청구의 병합이란 원고가 하나의 소송절차에서 여러 개의 청구를 하는 경우를 말한다(제253조). 여기에는 병합된 모든 청구의 승소를 바라는 단순병합, 양립할 수 있는 수개의 경합적 청구권에 기해 어느 하나의 인용을 해제조건으로 다른 청구의 심판을 바라는 선택적 병합, 양립할 수 없는 여러 개의 청구를 심판의 순서를 붙여 청구하는 예비적 병합이 있다.

(2) 설문의 병합형태

1) 判例의 입장 : 大法院은 병합의 형태가 선택적 병합인지 예비적 병합인지 여부는 당사자의 의사가 아닌 병합청구의 성질을 기준으로 판단하여야 하고, 항소심에서의 심판 범위도 그러한 병합청구의 성질을 기준으로 결정하여야 한다. 따라서 실질적으로 선택적 병합 관계에 있는 두 청구에 관하여 당사자가 주위적·예비적으로 순위를 붙여 청구하였고, 그에 대하여 제1심법원이 주위적 청구를 기각하고 예비적 청구만을 인용하는 판결을 선고하여 피고만이 항소를 제기한 경우에도, 이를 선택적 병합으로 취급하여야 한다고 하였다(대법 2014.05.29, 2013다96868).

2) 判例에 대한 평석

① 예비적 병합이라는 견해 : 대여금반환청구는 그 행위를 법이 요구하는 적법한 것이고, 불법행위 손해배상청구는 그 행위를 법이 허용하지 않는 위법한 것으로서 서로 양립할 수 없는 관계로 예비적 병합이라는 입장이다.

② 부진정 예비적 병합이라는 견해 : 대상판결은 논리적으로 양립하여 본래 선택적 병합관계에 있는 양 청구에 관하여 당사자가 주위적·예비적으로 순위를 붙여 청구한 이른바 부진정 예비적 병합으로 보는 입장이다. 처분권주의 하에서는 기본적으로 원고의 의사가 병합형태를 결정하므로, 원고가 예비적 병합으로 하고자 하는 목적에 어느 정도의 필요성과 합리성이 인정되면 이를 예비적 병합으로 취급하고, 불합리한 점은 석명권을 적절히 행사하여 해결하면 된다고 한다.

(3) 검토 및 설문의 경우

선택적 병합에서는 하나의 청구권이 목적을 달성함으로써 소멸하게 되면 나머지 청구권 역시 그와 동시에 목적달성을 이유로 함께 소멸하여야 하는데, 계약상 의무의 이행으로 이루어진 법률상 정당한 급부의 원인이 존재하는 금원의 교부가, 동시에 그 금원의 급부자에게 위법하게 손해를 발생시키는 불법행위를 구성하여 양자가 택일관계로 본다는 것은 문제가 있다. 대법원은 구체적 타당성을 감안하여 이를 선택적 병합으로 본 것인데, 순수한 법리적 판단으로는 원심이 바라본 것처럼 예비적 병합으로 보는 것이 타당하다.

3. 항소심의 판단

(1) 예비적 병합으로 볼 경우

예비적 청구에서 일부 패소한 피고만이 항소한 사안에서 주위적 청구는 이심은 되나 심판대상이 아니므로 1심 판결을 취소하고 甲의 예비적 청구를 기각하는 판단을 한다.

(2) 선택적 병합으로 볼 경우

대여금청구를 모두 기각하고 손해배상청구를 일부 인용한 판결에 피고만이 항소하였더라도 대여금 청구와 불법행위에 기한 손해배상 청구 모두 이심되고, 선택적 병합의 성질상 항소심 법원은 대여금 청구도 심판의 대상으로 삼을 수 있다. 항소심에서는 불이익변경금지 원칙상 원고의 부대항소가 없는 한 항소인의 항소취지 범위 내에서 판단하여야 하므로, 대여금청구가 이유 있다고 판단하더라도 불이익변경금지의 원칙상 제1심에서 인용되었던 금액을 초과하여 인용할 수는 없다. 따라서 항소심 법원은 "1. 제1심판결을 취소한다. 2. (선택적으로 병합된 대여금반환청구에 관하여,) 피고는 원고에게 5억 원을 지급하라. 3. 원고의 나머지 청구를 모두 기각한다."와 같이 판결하여야 할 것이다.

제1문의 6

Ⅰ. 〈제1문의 6〉 : 가등기설정행위의 사해성/ 책임재산가액 산정방법

1. 결론

법원은 B의 청구를 기각하여야 한다.

2. 논거

(1) 쟁점

특정한 채권자를 위하여 가등기담보를 설정하는 행위가 사해행위에 해당하는지, 저당권이 설정된 부동산에 우선변제권 있는 임차권이 존재하는 상태에서 가등기를 설정하는 행위가 사해행위에 해당하는지가 쟁점이다.

(2) 채권자취소권의 일반적인 행사요건

채권자취소가 허용되기 위해서는 책임재산에 의해 실현되어야 할 피보전채권이 있어야 하고, 채무자가 채권의 실질적 가치를 침해하는 책임재산 감소행위를 하여야 하며, 채무자 및 수익자에게 사해의사가 있어야 한다.

(3) 甲이 丁에게 담보가등기를 설정하는 행위가 사해행위에 해당하는지 여부

① 특정채권자에 대한 물적 담보제공행위가 사해행위가 되기 위해서는 ㉠ 채무자가 이미 채무초과 상태여야 하고, ㉡ 특정채권자에게 우선변제를 받을 수 있도록 하여 다른 일반채권자의 공동담보를 감소시킬 것을 요건으로 한다(판례).[2] 그러나 담보물이 채무자의 유일한 부동산인 경우에 한정되는 것은 아니다(판례).[3]

② 甲과 乙이 공유하는 X건물에 설정된 A의 저당권은 甲과 乙의 각 지분에 효력이 미치는 공동저당권의 성질을 가진다. 저당물의 책임재산 가액은 저당물의 시가에서 우선변제채권액 공제하여

2) 대법원 2008. 02. 14. 선고 2005다47106 판결
3) 대법원 2008. 02. 14. 선고 2005다47106 판결

산정한다. 공동저당물이 모두 채무자의 소유인 때에는 책임분담에 관한 제368조의 취지를 고려하여 저당물의 가액에 비례하여 안분한 피담보채권액을 우선변제채권액으로 산정한다(판례).4)

③ 사해행위 목적인 부동산에 우선변제권이 인정되는 임차권이 존재하는 경우 임차인의 보증금반환채권도 목적물의 가액에서 공제하여 책임재산 가액을 산정한다. 공동임대인의 보증금반환채무는 불가분채무이므로 공동임대인의 지분이 사해행위 목적물인 때에는 보증금전액을 지분가액에서 공제하여 책임재산 가액을 산정한다(판례).5)

④ 甲이 丁에게 담보가등기를 설정할 당시 甲의 지분 가액은 1억 5천만 원이다. A의 저당권의 피담보채권 2억 원 중에서 공유자 甲과 乙의 지분가액으로 안분한 1억 원 및 대항력과 우선변제권을 취득한 丙의 보증금채권 5천만 원을 공제하여 책임재산 가액을 산정하면 甲의 지분은 책임재산으로서 가치가 없다. 甲이 丁에게 담보가등기를 설정하는 행위는 다른 채권자의 공동담보를 감소시키는 행위라고 할 수 없으므로 사해행위라고 할 수 없다.

제1문의 7

Ⅰ. 〈제1문의 7〉 문제 1. : 채권질권자와 전부채권자 사이의 우열결정기준

1. 결론

법원은 甲의 청구를 인용하여야 한다.

2. 논거

① 채권질권자와 입질채권에 관한 전부명령을 받은 전부채권자 사이의 우열이 쟁점이다.

② 甲은 지명채권인 임대차보증금채권에 관하여 질권을 취득하였고, 질권설정자인 A가 2018. 7. 29. 확정일자 있는 증서로 통지를 하였으므로 제3채무자 乙 및 그 후 보증금채권에 별개의 이해관계를 가진 전부채권자 丙에게 대항할 수 있다(제349조 제1항, 제450조). 丙은 6천만 원의 질권이 설정된 채권을 전부명령에 따라 이전받는다(판례).6)

③ 제3채무자 乙이 전부채권자 丙에게 8천만 원 전액을 변제하였더라도 甲의 질권의 효력이 인정되는 6천만 원의 범위에서는 변제로 대항할 수 없다(판례).7)

④ 채권질권자는 질권의 실행으로서 제3채무자에게 자기의 채권 범위에서 직접 청구할 수 있다(제353조 제2항). 甲의 질권의 효력이 미치는 입질채권은 乙의 丙에 대한 변제에도 불구하여 여전히 존속하고 있으므로 甲은 乙에게 6천만 원의 지급을 청구할 수 있다.

---

4) 대법원 2014. 06. 26. 선고 2012다77891 판결
5) 대법원 2017. 05. 30. 선고 2017다205073 판결
6) 대법원 2022. 03. 31. 선고 2018다21326 판결
7) 대법원 2022. 03. 31. 선고 2018다21326 판결

II. 〈제1문의 7〉 문제 2. : 임대인지위 승계 및 제3채무자 지위의 승계

1. 결론

법원은, 丁이 동시이행의 항변을 하지 않은 경우에는 甲의 청구를 인용하여야 한다.

2. 논거

(1) 쟁점

임차주택 양수인 丁이 임대인의 지위 및 보증금채권 질권의 제3채무자 지위를 승계하는지, 채권질권자가 질권의 실행으로 제3채무자에게 직접 청구할 수 있는지가 쟁점이다.

(2) 丁이 임대인 지위 및 질권의 제3채무자 지위를 승계하는지

① 주택임차인이 대항력을 갖춘 후에 임차주택을 양수한 자는 임대인의 지위를 승계한다(주택임대차법 제3조 제4항). 임대인의 지위를 승계한 임차주택 양수인은 보증금반환채무를 면책적으로 인수한다(판례).[8] 보증금반환채권에 질권을 설정하고 질권의 대항요건이 구비된 후 임차주택이 양도되어 양수인이 임대인의 지위를 승계한 때에는 채권질권의 제3채무자 지위도 보증금반환채무와 함께 양수인에게 승계된다(판례).[9]

② 주택임차인 A는 주택임차권의 대항력을 구비하였으므로 임차주택 양수인 丁은 임대인의 지위를 승계하고, 보증금반환채무를 면책적으로 인수한다. 질권설정자 A는 질권설정 당시의 임대인 乙에게 질권설정 사실을 통지하였으므로 채권질권의 대항요건도 구비하였으므로 보증금반환채무 인수인 丁은 질권의 제3채무자 지위도 승계한다.

(3) 甲이 丁에게 직접 청구할 수 있는지

甲은 질권의 실행으로 제3채무자 丁에 대하여 입질채권인 보증금채권을 직접 청구할 수 있다(제353조 제1항, 제2항). 보증금반환채권은 임대차가 종료될 2022. 6. 14. 발생하였다. 보증금의 반환과 목적물반환 사이에는 동시이행관계가 있으므로 임대인 丁은 甲에 대하여 동시이행의 항변을 할 수 있다. 丁의 동시이행의 항변이 있는 때에는 A가 임차주택을 인도하는 것과 동시에 甲에게 6천만원을 이행하라는 판결을 하여야 하고, 丁이 동시이행의 항변을 하지 아니한 때에는 甲의 청구를 인용하여야 한다.

---

8) 대법원 2005. 09. 09. 선고 2005다23773 판결
9) 대법원 2005. 09. 09. 선고 2005다23773 판결

5. 제2차 모의시험 제2문

목 차

제2문의 1

Ⅰ. 〈제2문의 1〉 문제 1. : 임대인 지위의 승계

1. 결론

丁이 동시이행의 항변을 하지 않은 경우, 甲의 청구는 전부 인용된다.

2. 논거

① 丁이 임대인의 지위를 승계하는지가 쟁점이다.

② 甲은 X주택 임차인으로서 X주택을 인도받고 전입신고를 하였으므로 주택임차권의 대항력을 취득하였다(주택임대차법 제3조 제1항). 대항력의 효과로서 임차주택의 양수인은 임대인의 지위를 승계한다(주택임대차법 제3조 제4항). 주택임대차 기간이 끝난 경우에도 임차인이 보증금을 반환받을 때까지는 임대차관계가 존속되는 것으로 본다(주택임대차법 제4조 제2항).

③ 임대인 乙의 사망으로 공동상속인 A, B, C는 임대인의 지위를 승계하고, 상속재산분할심판에 따른 경매에 의하여 X주택의 소유권을 취득한 丁은 임대할 권리를 종국적으로 이전받은 자이므로 임차주택의 양수인과 마찬가지로 임대인의 지위를 승계하는 임차주택 양수인의 지위를 가진다. 비록 丁이 임대차 기간이 끝난 뒤에 경매로 X주택을 취득하였지만, 임대차관계가 존속되는 것으로 의제되므로 丁은 임대인의 지위를 승계한다.

④ 임대인의 지위를 승계한 자는 보증금반환채무를 면책적으로 인수하고, 종전 임대인은 보증금반환채무를 면한다(판례). 丁은 임대인의 지위를 승계하였으므로 甲에 대한 보증금반환채무를 면책적으로 인수하고 乙의 공동상속인들인 A, B, C는 보증금반환채무를 면한다.

⑤ 임대차가 종료된 경우, 보증금의 반환과 목적물 인도 사이에는 동시이행관계가 인정되므로 임대인 丁은 甲의 보증금반환청구에 대하여 동시이행의 항변을 할 수 있고, 丁의 항변이 있는 때에는 법원은 상환이행판결을 하여야 하나, 丁의 항변이 없는 때에는 법원은 甲의 청구를 전부 인용하여야 한다.

Ⅱ. 〈제2문의 1〉 문제 2. : 금전채무가 공동상속 된 경우 귀속관계

1. 결론

법원은 4천만 원 범위에서 일부 인용하는 판결을 하여야 한다.

2. 논거

① 금전채무에 관한 상속재산분할협의의 효력 및 금전채무가 공동상속재산인 경우 금전채무의 귀속이 쟁점이다.

② 금전채무가 공동상속재산이 된 경우, 금전채무는 법정상속분에 따라 공동상속인에게 분할되어 귀속되고, 별도로 상속재산분할의 대상이 되지 않는다(판례).[1] 가분적 채무에 관하여 공동상속인 중 어느 1인이 단독으로 채무를 부담하기로 하는 공동상속인들의 합의는 상속재산분할협의로서의 효력

1) 대법원 1997. 06. 24. 선고 97다8809 판결

을 가질 수는 없지만, 면책적 채무인수로서의 효력은 가질 수 있다. 그러나 면책적 채무인수로서의 효력이 발생하기 위해서는 채권자의 승낙이 있어야 한다(판례).[2]

③ 乙의 丙에 대한 채무를 A가 상속하기로 협의하였으나, 이는 상속재산분할협의로서 효력을 가질 수 없고, 채권자 丙의 승낙이 없으므로 면책적 채무인수로서의 효력을 가질 수도 없다. B는 자녀로서 그의 법정상속분은 2/7이므로 1억 4천만 원의 채무 중에서 4천만 원의 채무가 B의 채무로 귀속된다. 丙의 B에 대한 청구는 4천만 원 범위에서 일부 인용되어야 한다.

Ⅲ. 〈제2문의 1〉 문제 3. : 공동매도인의 계약금반환채무의 성질/ 분할채무자의 구상권의 요건

1. 결론

A는 B, C에게 구상할 수 없다.

2. 논거

① 공동으로 공유물을 매도한 공유자들의 계약금반환의무의 법적 성질 및 공동매도인 1인이 다른 공동매도인에게 구상권을 행사하기 위한 요건이 쟁점이다.

② 공유자들이 공동으로 공유물을 매매하는 계약을 체결한 후에 그 매매계약이 적법하게 해제된 경우, 공동매도인들이 부담하는 계약금반환의무는 분할채권관계 원칙에 비추어 다른 특별한 사정이 없는 한 분할채무가 된다(판례).[3][4] 戊가 A에게 지급한 계약금 7천만 원은 공유자들의 지분비율에 따라 공동매도인에게 귀속되는 것이므로 戊의 매매계약 해제에 따라 A, B, C는 각자의 지분비율에 따른 계약금반환의무를 부담한다.

③ A가 戊에게 지급한 2천 1백만 원은 그의 계약금반환의무 3천만 원의 채무소멸에 사용될 뿐 다른 공동매도인의 채무소멸에 사용되지 않는다. A는 B, C에게 구상권을 행사할 수 없다.

[참고] 채점기준표에 따른 시범답안

1. 결론

A는 B와 C에게 각 6백만 원을 구상할 수 있다.

2. 논거

① 공동으로 공유물을 매도한 공유자들의 계약금반환의무의 법적 성질 및 공동매도인 1인이 다른 공동매도인에게 구상권을 행사하기 위한 요건이 쟁점이다.

② A, B, C와 戊가 체결한 매매계약이 공동으로 급부할 것을 전제로 하는 매매계약인 때에는 매매계약 해제로 인한 원상회복의무는 불가분채무에 해당한다.

---

2) 대법원 1997. 06. 24. 선고 97다8809 판결

3) 대법원 1993. 09. 14. 선고 91다41316 판결

4) 채점기준표에서는 이 사건 매매계약에 따른 공동매도인들의 채무가 불가분채무임을 전제로 사례를 풀어가고 있다. 그리고 그 근거로 대법원 2020. 07. 09. 선고 2020다208195 판결을 들고 있다. 그러나 위 판결의 사안은 수인의 공유자들이 단순히 부동산을 매매하는 것이 아니라 호텔의 사업권, 유체동산 등을 포함한 사업 일체를 매매 목적물로 삼고 있기 때문에 매매계약상 채무가 불가분채무인 것이다. 사례가 들고 있는 사안에는 오히려 1993. 09. 14. 선고 91다41316 판결이 적용되어야 한다. 공유자들이 공동으로 매매계약을 체결한 경우에 다른 특별한 사정이 없는 한 매매계약 무효로 인한 부당이득반환채무는 분할채무에 해당하므로 사례도 분할채무로 보아야 하고, 불가분채무로 볼 수는 없다.

③ 불가분채무에는 연대채무에 관한 규정이 준용된다(제411조, 제425조). 채무자의 부담부분은 균등한 것으로 추정되지만, 불가분채무자의 수익비율이 다른 때에는 그 비율에 따라 부담부분이 결정된다(판례).5) 연대채무와 마찬가지로 불가분채무에서도 각 불가분채무자가 그의 내부적 부담부분을 초과하는 출재를 하여야 구상권을 취득하는 것이 아니라 출재에 의하여 공동면책이 있으면 구상권을 취득한다(판례).6)

④ A, B, C는 상속분에 따라 계약금을 분배받았으므로 A가 지급한 계약금 2천 1백만 원 중에서 각자의 수익비율에 상응한 구상권이 발생한다. A는 B, C에 대하여 그들의 수익비율에 상응한 6백만 원(2천 1백만 원 × 2/7) 범위에서 구상권을 행사할 수 있다.

제2문의 2

Ⅰ. 〈제2문의 2〉 문제 1. : 저당권등기 말소회복등기 청구의 상대방

1. 결론

C의 청구는 각하된다.

2. 논거

① 저당권등기가 불법으로 말소된 경우, 저당권이 소멸하는지, 저당권자가 말소회복등기를 청구하는 경우 상대방은 누구인지가 쟁점이다.

② 등기는 물권변동의 효력발생요건이지 효력존속요건은 아니므로 물권에 관한 등기가 원인 없이 말소된 경우에도 그 물권의 효력에는 아무런 영향을 미치지 않는다(판례).7)

③ 등기가 불법으로 말소된 권리자는 물권적 청구권에 기한 방해배제청구로서 말소회복등기를 청구할 수 있다. 말소된 원등기가 공동신청으로 된 것인 때에는 말소회복등기도 공동신청에 의하여야 한다. 저당권등기가 불법으로 말소된 후에 소유권이 이전된 경우에는 말소 당시의 소유명의인이 회복등기청구의 상대방이 되고 불법말소 후에 등기상 이해관계를 맺은 제3자는 말소회복등기절차에 승낙하여야 할 의무를 부담한다(판례).8)

④ C명의의 등기가 불법으로 말소될 당시 소유자는 A이고, E는 불법말소 후에 소유권을 취득한 자이므로 A가 말소회복등기청구의 상대방이 되고, E는 말소회복등기절차에의 승낙청구의 상대방이 될 뿐이다. C의 E에 대한 청구는 피고적격이 없는 자에 대한 청구이므로 부적법하여 각하사유가 된다.

Ⅱ. 〈제2문의 2〉 문제 2. : 저당권등기가 불법말소 되고 저당물이 경매된 경우, 저당권자의 부당이득반환청구

1. 결론

C는 B에게 2백만 원, F에게 1천 8백만 원, A에게 3천만 원을 청구할 수 있다.

---

5) 대법원 2020. 07. 09. 선고 2020다208195 판결
6) 대법원 2013. 11. 14. 선고 2013다46023 판결
7) 대법원 1982. 09. 14. 선고 81다카923 판결
8) 대법원 1971. 08. 31. 선고 71다1285 판결; 대법원 1997. 09. 30. 선고 95다39526 판결

2. 논거

① 저당권등기가 불법으로 말소된 후 저당물이 경매된 경우 저당권이 소멸하는지, 저당권자가 배당받은 채권자들에게 부당이득반환을 청구할 수 있는지, 부당이득반환의 범위는 어떠한지가 쟁점이다.

② 저당권등기가 불법으로 말소된 후 저당물이 경매절차에서 매각된 경우, 저당물에 존재하는 저당권은 순위를 불문하고 매각에 의하여 모두 소멸하므로(민사집행법 제91조 제2항) 불법으로 말소된 저당권도 소멸하고, 저당권자는 말소회복등기를 청구할 수 없다(판례).[9]

③ 저당권자는 별도의 배당요구가 없더라도 배당에서 배제될 수 없으므로 저당권자가 배제된 채 이루어진 배당절차에서 배당을 받은 배당채권자들은 정상적인 배당이 이루어졌을 때에 배당받을 수 있는 금액을 초과하여 배당을 받은 금액 범위에서 저당권자에 대하여 부당이득반환의무를 부담한다(판례).[10]

④ 선순위가압류채권자와 후순위저당권자 사이에는 평등배당이 이루어져야 하므로 선순위가압류채권자, 후순위저당권자, 일반채권자가 배당받을 채권자인 경우에는 채권액에 따라 안분배당을 한 후에 순위에 따른 흡수배당을 한다(판례).[11]

⑤ C는 배당에서 배제될 수 없으므로 C의 저당권이 있는 상태에서 배당이 이루어졌다면 1차로 채권액에 따른 안분배당에 의하여 B에게는 8백만 원(8천만 원 × 1/10), F에게는 3천 2백만 원(8천만 원 × 4/10), C에게는 4천만 원(8천만 원 × 5/10)이 배당된다. 그 후 순위에 따라 흡수배당을 하면 B는 8백만 원, F는 2천 2백만 원, C는 5천만 원을 배당받게 된다. 따라서 B는 2백만 원의 초과배당을 받았고, F는 1천 8백만 원의 초과배당을 받았으며, A는 배당을 받을 수 없는 자임에도 3천만 원을 배당받았으므로 그 범위에서 C에 대하여 부당이득반환의무를 부담한다.

제2문의 3

Ⅰ. 〈제2문의 3〉 문제 1. : 전세금채권 양도 후 전세권저당권자의 물상대위권 행사가능성, 보증금채권 담보를 위한 전세권에서 임대인이 전세권저당권자에게 연체차임 공제항변을 할 수 있는지

1. 결론

丙의 甲에 대한 추심금 지급청구는 인용된다.

---

9) 대법원 1998. 10. 02. 선고 98다27197 판결
10) 대법원 1998. 10. 02. 선고 98다27197 판결
11) 대법원 1994. 11. 29. 자 94마417 결정

2. 논거

(1) 쟁점

임대차보증금채권 담보를 위한 전세권설정계약 및 전세권설정등기의 효력, 전세금채권 양도 후 전세권저당권자의 물상대위권 행사가능성, 임대인이 전세권저당권자에게 연체차임 공제항변을 할 수 있는지가 쟁점이다.

(2) 甲과 乙 사이의 전세권설정계약 및 乙명의의 전세권설정등기의 효력

① 임대차계약에 기한 임차보증금반환채권을 담보할 목적으로 전세권설정등기를 마친 경우, 전세권설정계약은 임대차계약과 양립할 수 없는 범위에서 통정허위표시에 해당하여 무효이지만, 임대차보증금채권을 담보할 목적의 범위에서 전세권설정등기는 유효하다(판례).12)

② 甲과 乙 사이에는 임대차관계가 있을 뿐이지 전세권관계가 형성되었다고 볼 수는 없다. 그러나 채권담보를 주된 목적으로 하는 전세권도 허용되는 것이므로 乙명의의 전세권등기는 임대차보증금채권을 담보하는 목적 범위에서 유효하다.

(3) 전세금채권 양도 후 전세권저당권자의 물상대위권 행사 가능성

① 전세권이 존속기간 만료로 소멸한 경우 전세권저당권은 소멸하지만 전세권에 갈음한 전세금반환채권에 대하여 물상대위권을 행사할 수 있다(판례).13) 가치대표물인 채권이 양도된 후에도 현실적인 지급이 이루어지기 전이라면 저당권자는 그 채권을 압류하여 물상대위권을 행사할 수 있다(판례).14)

② 丙은 전세권저당권자로서 乙의 전세금채권에 대하여 물상대위권을 행사할 수 있다. 비록 乙이 전세금채권을 丁에게 양도하였더라도 丁에게 현실적으로 지급이 이루어지지 않았으므로 丙은 전세금채권을 양도하여 물상대위권을 행사할 수 있다.

(4) 甲의 연체차임 공제항변의 당부

① 전세권설정계약이 허위표시로서 무효인 경우에도 전세권설정계약에 의하여 형성된 법률관계를 토대로 새로운 법률상 이해관계를 갖게 된 제3자에 대해서는 그와 같은 사정을 알았을 경우에만 무효를 주장할 수 있다(판례).15)

② 전세권저당권자가 임대차보증금채권 담보 목적의 전세권임을 알지 못한 때에는 전세권저당권자에게는 전세권설정계약의 무효 및 임대차계약의 유효를 주장할 수 없으므로 임대인은 연체차임 등의 공제를 전세권저당권자에게 주장할 수 없다(판례).16)

③ 전세권저당권자 丙은 선의자이므로 임대인 甲은 연체차임의 공제를 대항하지 못한다.

---

12) 대법원 2005. 05. 26. 선고 2003다12311 판결. 채권담보를 주된 목적으로 하는 전세권의 효력이 인정되기 때문에 임대차보증금채권을 담보할 목적의 전세권설정등기도 유효하다. 다만, 임대인은 임차인의 연체차임 등을 보증금에서 공제하겠다는 항변을 할 수 있다.
13) 대법원 1999. 09. 17. 선고 98다31301 판결
14) 대법원 1998. 09. 22. 선고 98다12812 판결
15) 대법원 1998. 09. 04. 선고 98다20981 판결; 대법원 2021. 12. 30. 선고 2018다268538 판결
16) 대법원 2006. 02. 09. 선고 2005다59864 판결

II. 〈제2문의 3〉 문제 2. : 전세권설정자가 전세권자에 대한 채권을 자동채권으로 전세권저당권자에게 상계로 대항할 수 있는지

1. 결론

제1차 대여금채권을 자동채권으로 하는 甲의 상계항변은 타당하나, 제2차 대여금채권을 자동채권으로 하는 상계항변은 부당하다.

2. 논거

① 전세권설정자가 전세권자에 대한 채권을 자동채권으로 한 상계로 전세권저당권자에게 대항할 수 있는지가 쟁점이다.

② 상계가 허용되기 위해서는 동종채권의 대립이 있어야 하고, 자동채권 실현의 장애사유가 없어야 하며, 수동채권에는 상계금지사유가 없어야 한다(제492조). 수동채권이 피압류채권인 경우 제3채무자는 압류 후에 취득한 채권에 의한 상계로는 압류채권자에게 대항할 수 없다(제498조). 이는 피압류채권에 관한 압류채권자의 집행기대 등을 침해하지 않는 범위에서 제3채무자의 상계기대를 보호하려는 취지이다.

③ 물상대위권자가 물상대위에 의하여 압류한 경우, 물상대위권자의 물상대위의 기대는 담보권설정 당시에 발생하는 것이므로 제3채무자의 반대채권이 담보권설정 당시에 이미 발생하였고, 피압류채권의 변제기보다 반대채권의 변제기가 먼저 또는 동시에 도래하는 때에만 상계로 물상대위권자에게 대항할 수 있다(판례).[17]

④ 丙은 물상대위권 행사로 乙의 전세금채권을 압류한 것이고, 甲의 乙에 대한 대여금채권들은 모두 전세권저당권설정 전에 발생하였다. 제1차 대여금채권의 변제기는 전세금반환채권의 변제기보다 먼저 도래하였지만, 제2차 대여금채권의 변제기는 나중에 도래하였으므로 제1차 대여금채권을 자동채권으로 하는 상계항변만이 타당하다.

17) 대법원 2014. 10. 27. 선고 2013다91672 판결

6. 제2차 모의시험 제3문

목 차

제3문 해설

[문제1의 해설]

Ⅰ. 쟁점의 정리 (3점)

주주대표소송의 요건, 감자무효의 판결 선행 여부, 제소청구서 요건구비여부가 문제된다.

Ⅱ. 주주대표소송의 요건

1. 의의 (제403조) (2점)

소수주주가 회사를 위해서 이사의 회사에 대한 책임을 추궁할 수 있도록 마련된 소송이며, 공익권에 해당하며 3자의 소송담당의 성질을 보유한다.

2. 당사자(원고, 피고) 적격 (4점)

원고는 발행주식의 총수의 100분의 1 이상에 해당하는 주식을 가진 주주(제403조 제1항)이고, 피고는 이사 또는 이사였던 자임을 요한다.

3. 이사의 회사에 대한 책임 (제399조) (4점)

(1) 책임의 원인

이사가 고의 또는 과실로 법령 또는 정관에 위반한 행위를 하거나 그 임무를 게을리한 경우에는 그 이사는 회사에 대하여 연대하여 손해를 배상할 책임이 있다(제399조).

설문의 경우 이사 A는 상법상 감자 절차를 전혀 이행하지 않고 감자 처리함으로써 법령을 위반하였고, 이를 이유로 법원의 판결로 이사해임까지 되었으므로 제399조의 책임이 성립한다.

4. 주주의 회사에 대한 소제기 청구 및 회사의 해태 (4점)

주주의 회사에 대한 소제기 청구는 그 이유를 기재한 서면으로 하여야 하고, 회사가 청구를 받은 날로부터 30일내에 소를 제기하지 아니한 때에는 주주가 즉시 회사를 위하여 소를 제기할 수 있다(제403조 제2항, 제3항).

주주B는 2019. 4.경 甲회사에 제소청구서를 보냈고, 甲회사가 30일이 지나도록 소제기를 하지 않고 있다.

Ⅲ. 감자무효의 판결이 선행되어야 하는지 여부 (5점)

1. 쟁점

감자무효의 소는 감자변경등기일로부터 6개월 내에 제기하여야 하는데(제445조), B가 2019. 4. 甲회사에 제소청구서를 보냈을 때는 이미 그 제소기간을 도과한 경우 대표소송은 유지되는지 문제된다.

2. 판례

이사가 주식소각 과정에서 법령을 위반하여 회사에 손해를 끼친 사실이 인정될 때에는 감자무효의 판결이 확정되었는지 여부와 관계없이 상법 제399조 제1항에 따라 회사에 대하여 손해배상책임을 부담한다.[1)]

3. 결론

B가 2019. 4. 甲회사에 제소청구서를 보냈을 때는 이미 감자무효의 소의 제소기간을 도과한 이후이지만, 이와는 상관없이 대표소송은 유지가 된다.

Ⅳ. 제소청구서의 요건 (5점)

1. 쟁점

B는 甲회사에 **제소청구할 당시** 제소청구 이유를 제341조 제4항(자사주취득에 따른 회사에 대한 이사의 손해배상책임)을 적시하였으나, 2019. 6. 20. **대표소송제기**후 위법한 감자절차에 따른 제399조 제1항의 책임원인을 추가한 경우 적법한 추가인지 문제된다.

2. 판례

주주가 **제소청구서에서 주장한 회사의 책임은 상법 제341조 제4항**에 근거한 것인 반면, **사후에 추가한 회사의 책임은 상법 제399조 제1항에 근거**한 것으로서 그 법적 근거가 다르기는 하다. 그러나 각 청구의 기초 사실은 모두 **대표이사인가 자신의 지위를 이용하여 적법한 절차를 거치지 않고 회사로부터 주식대금을 지급받았다**는 것으로 동일하고 단지 이사의 책임에 대한 법적 평가만을 달리하였을 뿐이므로 추가된 청구는 적법하다.[2)]

3. 결론

주주 B가 대표소송제기후 위법한 감자절차에 따른 제399조 제1항의 책임원인을 추가한 것은 적법한 추가이다.

Ⅴ. 결론

주주 B의 대표소송은 감자무효의 소의 확정여부와 무과하며, 당사자적격에 문제가 없고, 제소기간을 준수하였고, 소제기이후 위법한 감자절차에 따른 제399조 제1항의 책임원인을 추가한 것도 적법한 추가이다.

[문제2의 해설]

Ⅰ. 문제의 소재 (3점)

① 이사, 대표이사의 종임으로 결원이 생겼으나 후임이사 및 대표이사가 선임되지 못한 경우 퇴임이사 법리가 적용되는지 여부 및 ② 정관에서 주주총회 성립에 관한 의사정족수를 규정할 수 있는지와 이러한 정관규정이 집중투표제도에도 적용되는지 여부가 문제된다.

---

1) 대법원 2021. 7. 15. 선고 2018다298744 판결
2) 대법원 2021. 7. 15. 선고 2018다298744, 판결

II. C가 제기한 결의부존재확인의 소의 승소 여부

1. 쟁점 (1점)

임시주주총회의 소집통지 및 회의진행은 대표이사의 권한이므로 임기가 만료된 B의 지위와 총회결의 부존재사유가 문제된다.

2. 결의부존재확인의 소의 사유 (2점)

총회의 소집절차나 결의방법에 결의가 존재한다고 볼 수 없을 정도의 중대한 하자가 있는 경우에 확인의 이익이 있는 자는 누구라도 결의부존재확인의 소를 제기할 수 있다(제380조).

3. 퇴임이사 및 일시이사 (3점)

① 법률, 정관에 정한 이사의 원수를 결한 경우에는 임기만료 또는 사임으로 퇴임한 이사가 새로 선임된 이사가 취임할 때까지 이사로서 모든 권리의무가 있으며(제386조 제1항), 이를 퇴임이사라 한다. ② 이러한 법리는 대표이사의 경우에도 동일하게 적용된다(제389조 제3항, 제386조 제1항). ③ 판례에 의하면 **'그 권한은 원칙적으로 본래의 이사, 대표이사와 동일하다.'**고 한다.3)

4. 사안에의 적용 (2점)

대표이사 B의 임기가 만료된 후 주주 C 등이 법원에 일시 대표이사의 직무를 행할 자의 선임을 청구하지 않았던바, B는 상법 제389조 제3항(386조 준용)에 의하여 새로운 대표이사가 취임할 때까지 대표이사의 권리의무를 가지므로, **B가 대표이사로서 2022. 8. 18.자 임시주주총회의소집통지를 하고 의장으로서 주주총회를 진행한 것은 적법하므로 총회결의 부존재사유는 존재하지 않는다**.

III. C가 제기한 결의취소의 소의 승소 여부

1. 결의취소의 소 (2점)

총회의 소집절차 또는 결의방법이 법령 또는 정관에 위반하거나 현저히 불공정한 때에는 **주주, 이사, 감사**가 결의일로부터 2월 내에 결의취소의 소를 제기할 수 있음(376조).

설문에서 주주인 C가 총회결의일로부터 2월내에 소를 제기하였는바, 의사정족수 충족여부가 문제된다.

2. 정관상 주주총회 의사정족수 규정의 유효성 (4점)

甲회사의 정관에는 주주총회 성립에 관한 의사정족수를 규정하고 있는데, 해당 규정의 유효성이 문제된다.

판례에 의하면 "상법 **제368조 제1항**은 주주총회의 성립에 관한 의사정족수를 따로 정하고 있지는 않으나 **보통결의 요건을 정관에서 달리 정할 수 있음을 허용**하고 있으므로, 정관에 의해 의사정족수를 규정하는 것은 가능하다"는 입장이다.4)

---

3) 대법원 1968. 5. 22. 자 68마119 결정
4) 대법원 2017. 1. 12. 선고 2016다217741

3. 이사 집중투표시 정관상 의사정족수 규정의 적용

(1) 집중투표제의 의의 및 요건 (5점)

각 주주는 1주마다 '선임할 이사'의 수와 동일한 수의 의결권을 가지며, 그 의결권은 이사 후보자 1인 또는 수인에게 집중하여 투표하는 방법으로 행사할 수 있는 제도가 '집중투표'이다(제382조의2 제3항).

집중투표를 하기 위해서는 ① 정관에 집중투표를 배제하는 규정이 없어야 하며(opt-out 방식: 제382조의2 제1항), ② 의결권 있는 발행주식총수의 3% 이상을 가진 소수주주가 집중투표의 청구를 해야 한다(제382조의2 제2항).

(2) 집중투표시 정관의 의사정족수 규정이 적용되는지 여부 (4점)

판례는 "주식회사의 정관에서 이사의 선임을 **'발행주식총수의 과반수에 해당하는 주식을 가진 주주의 출석'**과 '그 출석주주의 의결권의 과반수'에 의한다고 규정하는 경우, 이사의 선임을 집중투표의 방법으로 하는 경우에도 **정관에 규정한 의사정족수는 충족**되어야 한다고 설시한바 있다.[5]

4. 사안에의 적용 (1점)

甲회사의 발행주식총수 가운데 47%의 주식(B 42%, C 3%, D 2%)만이 총회에 출석하여 정관에 따른 의사정족수를 충족하지 못하였음에도 결의가 이루어졌으므로 **의사정족수 흠결의 위법이 있는바 이는 결의방법상의 하자로써 총회결의 취소의 소**의 원인이 된다.

Ⅳ. 결론 (3점)

B에 대하여 퇴임이사에 관한 상법 조항의 적용을 배제할 근거가 없으므로, **총회결의가 부존재한다는 C의 주장은 이유 없다**. 그러나 甲회사의 정관에서 요구하는 **의사정족수가 충족되지 못한 상태에서 집중투표를 통한 총회결의**가 이루어졌으므로 절차상 하자가 존재하므로 2022. 9.경 결의취소의 소를 제기하는 경우 주주 C는 승소할 것이다.

[문제3의 해설]

Ⅰ. 쟁점 (1점)

이익배당의 결정권한은 주주총회가 보유하는데 그 예외가 문제된다.

Ⅱ. 이익배당의 결정권한과 예외

1. 이익배당의 원칙 (3점) – 이익배당결의

판례는 주주의 이익배당청구권에 대하여 "동 권리는 **이익잉여금처분계산서가 주주총회에서 승인**(제462조 제2항)됨으로써 **이익배당이 확정**될 때까지는 주주에게 구체적이고 확정적인 배당금지급청구권이 인정되지 아니한다(대법원 2010. 10. 28. 2010다53792).

---

5) 대법원 2017. 1. 12. 선고 2016다217741 판결

2. 예외 (4점)

다만 판례는 "정관에서 회사에 **배당의무를 부과**하면서 ① **배당금의 지급조건이나 배당금액을 산정하는 방식 등을 구체적으로 정하고 있어** ② **그에 따라 개별 주주에게 배당할 금액이 일의적으로 산정**되고,③ **대표이사나 이사회가 경영판단에 따라 배당금 지급 여부나 시기, 배당금액 등을 달리 정할 수 있도록 하는 규정이 없다면**, 예외적으로 '정관에서 정한 지급조건이 갖추어지는 때'에 주주에게 구체적이고 확정적인 배당금지급청구권이 인정될 수 있다"고 판시한바 있다.6)

Ⅲ. 결론 (2점)

甲회사의 정관은 우선주에 관한 배당의무를 명시하면서 **배당금 지급조건 및 배당금액 산정과 관련한 사항을 구체적으로 규정**하고 있으므로, **甲회사의 정기주주총회에서 재무제표가 승인됨으로써 당기순이익이 확정되기만 하면 우선주에 관하여 회사가 지급할 의무가 있는 배당금액이 곧바로 계산되는 상황이다**. 따라서 우선주의 주주인 D에게는 **甲회사의 정기주주총회에서 당기순이익이 포함된 재무제표를 승인하는 결의가 있는 때에 구체적이고 확정적인 이익배당청구권이 인정**되고, 배당가능이익의 범위 내에서 甲회사를 상대로 정관 규정에 따라 계산된 배당금의 지급을 청구할 수 있으므로 승소할 것이다.7)

[문제4의 해설]

Ⅰ. 문제의 소재 (2점)

기능적 영업재산 전부가 순차로 양도된 경우에 최종 양수인이 최초 양도인을 상대로 경업금지 등을 구할 수 있는지 문제된다.

Ⅱ. 영업양도와 경업금지의무 (4점)

1. 의의 및 취지

상법 제41조 제1항은 영업을 양도한 경우에 다른 약정이 없으면 영업양도인은 10년간 동일한 특별시, 광역시, 시, 군과 인접 특별시, 광역시, 시, 군에서 동종영업을 하지 못한다고 규정하고 있는 바 이는 **영업양수인을 보호하기 위함**이다.

2. 영업의 전전양도와 경업금지의무의 승계 여부 (6점)

(1) 쟁점

영업이 전전양도되는 경우 영업양도인의 경업금지의무에 상응해 갖는 양수인의 권리는 재차 영업양도에 의해 새로운 양수인에게 승계되는지 문제된다.

---

6) 대법원 2022. 8. 19. 2020다263574. 이러한 경우 회사는 주주총회에서 이익배당에 관한 결의를 하지 않았다거나 정관과 달리 이익배당을 거부하는 결의를 하였다는 사정을 들어 **주주에게 이익배당금의 지급을 거절할 수 없음**!!

7) **[채점기준표]** 위 판례를 언급하지 않더라도 합리적 해석론을 제시한 답안의 경우에는 점수 부여가능. 예컨대 제3자배정 신주발행을 위해 필요한 정관의 규정이 없어도 정관변경과 같은 요건인 **주주총회 특별결의로 제3자배정을 할 수 있다**는 해석론이 있으므로, 반대로 따로 배당을 위한 총회결의를 하지 않더라도 정관에 이익배당에 관한 사항을 구체적으로 기재했다는 것은 특별결의 요건을 갖추었음에 다름 아니니 주주가 배당금 지급청구를 할 수 있다는 취지로 서술한 경우 등.

(2) 학설

학설 중에는 ① 경업금지의무에 대응하는 양수인의 권리는 영업재산을 이루므로 **영업양도와 더불어 승계**되며, 또한 ② 원래의 양도인에게 승계를 주장하기 위해서는 **민법 제450조 지명채권의 양도 방법에 따라 통지, 승낙의 대항요건을 구비해야 한다**는 견해가 있다.

(3) 판례

판례도 상법 제41조 제1항의 취지가 참작하여 "① 영업양수인의 최초 영업양도인에 대한 경업금지청구권은 **영업재산의 일부로서 영업과 함께** 그 뒤의 영업양수인에게 **전전양도** 되며, 나아가 ② 그에 수반하여 지명채권인 **경업금지청구권의 양도에 관한 통지권한**도 **전전이전된다**"고 설시한 바 있다.8)

Ⅲ. 결론 (3점)

X가 경업금지에 관한 다른 약정 없이 Y1에게 문구점을 양도하고, 그 영업이 Y2를 거쳐 Y3에게 재양도되었으므로, 최종 영업양수인인 Y3는 영업과 함께 Y1이 상법 제41조 제1항을 근거로 취득한 경업금지청구권 및 그에 관한 양도통지권한을 전전양수 받았다. 따라서 **Y3는 최초 영업양도인인 X에게 문구점 양수사실을 주장·입증함으로써 경업금지를 청구할 수 있다**.

[문제5의 해설]

Ⅰ. 문제의 소재 (2점)

보험자의 보험약관의 교부, 설명의무 위반의 효과와 보험계약자의 고지의무 위반의 효과가 문제된다.

Ⅱ. 보험자의 보험약관의 교부, 설명의무 (4점)

1. 의의

보험자는 보험계약을 체결할 때에 보험계약자에게 보험약관을 교부하고 그 약관의 중요한 내용을 설명하여야 한다(제638조의3 제1항).

2. 위반의 효과

보험자가 보험약관의 교부, 설명의무를 위반한 경우 **보험계약자는** 보험계약이 성립한 날부터 3개월 이내에 그 계약을 취소할 수 있다(제638조의3 제2항).

3. 사안의 적용

乙 보험회사는 보험약관을 교부만 했을 뿐 **설명의무는 이행하지 않았으므로**, X는 상해보험계약을 취소할 수 있다.

---

8) 대법원 2022. 11. 30. 2021다227629. 본 사건은 **1심, 2심에서는 경업금지청구권의 양도성을 부정**하였다.

Ⅲ. 보험계약자 및 피보험자의 고지의무 (7점)

1. 의의

보험계약자 또는 피보험자는 보험계약 체결 시에 보험자에 대하여 '중요한 사항'을 고지해야 할 의무를 진다.

2. 중요한 사항

'중요한 사항'이란 보험자가 그 사실을 안다면 그 계약을 체결하지 아니하든가 또는 적어도 동일한 조건으로는 계약을 체결하지 아니하리라고 생각되는 사항을 말하고, 보험자가 서면으로 질문한 사항은 중요한 사항으로 추정되고(제651조의2), 여기의 서면에는 '보험청약서'도 포함될 수 있다.

3. 위반의 효과

보험계약당시에 보험계약자 또는 피보험자가 **고**의 또는 **중**대한 과실로 인하여 **중**요한 사항을 고지하지 **아**니하거나 **부**실의 고지를 한 때에는 보험자는 그 사실을 안 날로부터 1월내에, 계약을 체결한 날로부터 3년내 에 한하여 계약을 해지할 수 있다.

그러나 보험자가 계약당시에 그 사실을 **알았거나 중대한 과실**로 인하여 알지 못한 때에는 그러하지 아니하다(제651조).

4. 사안의 적용

보험청약서상 질문사항에 "피보험자의 암 등 병력사항"이 포함되어 있었으므로 이는 중요한 사항에 해당하여 **X에게 고지의무가 있음**에도 불구하고 X가 이를 고지 하지 않았으므로, 을 **보험회사는 그 사실을 안 날로부터 1월 내에, 계약을 체결한 날로부터 3년 내에 한하여 계약을 해지할 수 있다**.

Ⅳ. 결론 (2점)

X는 乙 보험회사의 보험약관 설명의무 위반으로 보험계약이 성립한 날부터 3개월 이내에 계약을 취소할 수 있고, 乙 보험회사는 X의 고지의무 위반으로 그 사실을 안 날로부터 1월내에, 계약을 체결한 날로부터 3년 내에 계약을 해지할 수 있다.

[보론]
만약 乙보험회사는 X에게 보험약관을 교부하였으나 그 약관의 중요한 사항인 "피보험자의 암 진단 여부 등 병력사항을 회사에 사전에 꼭 알려한다"는 설명하지 아니하여, 보험계약자 측에서 이를 모르고 고지하지 않았다면, 이 경우 보험회사는 고지의무 위반을 이유로 해지할 수 없다(대법원 1996. 4. 12. 96다4893 판결).

7. 제1차 모의시험 제1문

목 차

II. 〈제1문의 5〉 문제 2. : 상계항변과 소멸시효항변의 관계/ 소멸시효가 완성된 차임채권을 자동채권으로 하는 상계가능성/ 소멸시효가 완성된 차임채권이 보증금에서 공제되는지/ 보증금반환과 임대차목적물 인도의 관계

1. 쟁점
2. 미지급차임채무 이행청구의 당부
   (1) 미지급차임채무의 소멸시효 완성 여부
   (2) A의 상계항변으로 시효이익 포기의 효과가 생기는지
   (3) 甲의 상계주장의 당부
   (4) 甲의 공제주장의 당부
   (5) 소결
3. X주택 인도청구의 당부
4. 결론

제1문의 1

1. 문제점

甲 마을이 비법인 사단으로서 당사자능력이 인정되는지 A의 대표권과 관련하여 문제되고, 비법인 사단이 원고가 되어 소를 제기하기 위한 요건으로 사원총회 결의가 있어야 하는지 살펴본다.

2. 甲이 당사자능력이 있는지 여부

(1) 甲 마을의 성격

법인이 아닌 사단이나 재단은 대표자 또는 관리인이 있는 경우에는 그 사단이나 재단의 이름으로 당사자가 될 수 있다(제52조). 동·리의 행정구역 내에 조직된 동·리회는 다른 특별한 사정이 없는 한 그 주민 전부가 구성원이 되어서 다른 지역으로부터 입주하는 사람은 입주와 동시에 당연히 그 회원이 되고 다른 지역으로 이주하는 사람은 이주와 동시에 당연히 회원의 자격을 상실하는 불특정 다수인으로 조직된 영속적 단체로서 비법인 사단으로 보는 것이 판례의 입장이다(대법 2013.10.24, 2011다110685). 따라서 자연부락이 그 부락 주민을 구성원으로 하여 고유목적을 가지고 의사결정기관과 집행기관인 대표자를 두어 독자적인 활동을 하는 사회조직체라면 비법인사단으로서의 권리능력 내지 당사자능력을 가진다(대법 1999.01.29, 98다33512).

(2) A의 대표권이 인정되는지

법인 아닌 사단의 대표자 선출은 사원총회 결의에 의하거나, 사단의 정관에 의하여 대표자를 결정한다. 설문에서 A가 대표자로 선출된 것인지는 불분명하다. 법인의 대표권의 존부는 소송요건으로 직권조사사항에 해당하여 사실심 변론종결시를 기준으로 판단한다. 심리결과 A의 대표권이 인정되면 甲은 당사자능력이 있겠으나, 아니라면 당사자능력이 부정된다.

3. 甲 마을의 소송수행 방법

甲 마을이 당사자능력이 인정된다고 하여도 비법인사단의 총유재산에 관한 소송은 정관에 다른 정함이 있다는 등의 특별한 사정이 없는 한 비법인사단이 그 명의로 사원총회의 결의를 거쳐 하거나, 또는 그 구성원 전원이 당사자가 되어 필수적 공동소송의 형태로 할 수 있을 뿐이며, 비법인사단이 사원총회의 결의 없이 제기한 소송은 소제기에 관한 특별수권을 결하여 부적법하다(대법 2007.07.26, 2006다64573).

4. 설문의 해결

A가 마을의 대표자로 적법하게 선출되었다면 甲 마을은 제52조에 따라 당사자능력이 인정된다. 나아가 甲 마을이 총회를 거쳐 소가 제기되었다면 소제기는 적법하다. 이러한 점들은 사실심 변론종결시를 기준으로 판단한다.

제1문의 2

Ⅰ. <제1문의 2> 문제 1 : 현재이행의 소에 장래이행판결 가부

1. 문제점

사안의 丙의 말소등기청구는 피담보채무를 전액 변제하였음을 주장하므로 현재이행의 소인데, 법원의 심리 결과 잔존채무가 존재한다면 원고의 청구는 기각되어야 하는 것이 원칙이다. 그러나 법원이 이를 장래이행청구로 보아 잔존 채무의 선이행을 조건으로 말소청구를 인용하는 판결의 허용 여부가 처분권주의 원칙과 관련하여 문제된다.

2. 처분권주의와 일부인용

(1) 처분권주의의 의의

처분권주의라 함은 절차의 개시, 심판의 대상, 그리고 절차의 종결에 대하여 당사자에게 주도권을 주어 그의 처분에 맡기는 입장이다. 즉 법원은 당사자가 신청하지 아니한 사항에 대하여는 판결하지 못하는데(제203조), 신청한 사항과 별개의 사항에 대해서나, 신청의 범위를 넘어서 판결하여서는 안 된다.

(2) 일부인용판결의 허용성

법원은 신청한 소송물의 전부를 받아들일 수 없으면 원고의 청구취지의 변경이 없어도 일부 줄여서 받아들이는 일부인용이 가능한데, 원고의 청구를 기각하는 것보다 일부인용하는 것이 원고의 통상의 의사에 맞고 또 응소한 피고의 이익보호나 소송제도의 합리적 운영에도 부합하기 때문이다.

3. 현재의 이행의 소의 경우에 장래의 이행판결가부

判例는 『채무자가 피담보채무 전액을 변제하였다고 하거나, 피담보채무의 일부가 남아 있음을 시인하면서 그 변제와 상환으로 담보목적으로 경료된 소유권이전등기의 회복을 구하고 채권자는 그 소유권이전등기가 담보목적으로 경료된 것임을 다투고 있는 경우, 채무자의 청구 중에는 만약 위 소유권이전등기가 담보목적으로 경료된 것이라면 소송과정에서 밝혀진 잔존 피담보채무의 지급을 조건으로 그 소유권이전등기의 회복을 구한다는 취지까지 포함되어 있는 것으로 해석하여야 할 것이고, 이러한 경우에는 장래 이행의 소로서 미리 청구할 필요가 있다고 보아야 할 것』이라고 판시하여 장래이행판결을 허용하고 있다(대법 1996.11.12, 96다33938).

4. 사안의 해결

법원은 丙의 말소등기청구에 대하여 장래 잔존채무를 이행을 조건으로 인용하는 판결을 할 수 있다.

Ⅱ. <제1문의 2> 문제 2 : 확인의 소의 적법성

1. 문제점

확인의 소라 함은 다툼 있는 권리·법률관계의 존재·부존재의 확정을 요구하는 소이다. 당사자간에 다툼 있는 법률관계를 관념적으로 확정하여 법률적 불안의 제거가 주요 목적이다. 설문에서 타인간의 법률행위의 효력 유무를 확인하기 위한 소가 확인의 소의 대상적격을 갖추었는지, 나아가 이행의 소 제기 중의 선결적 법률관계에 대한 확인의 소가 확인의 이익이 있는지 문제된다.

2. 타인간 권리관계 확인의 적법성

(1) 확인의 소의 대상적격

① 확인의 대상은 권리·법률관계이어야 하기 때문에 사실관계는 허용될 수 없다. 다만, 예외적으로 증서의 진정여부를 확인하는 소송(제250조)은 허용된다. ② 확인의 대상은 현재의 권리·법률관계이어야 하므로 과거의 권리관계 존부나 장래의 권리관계확인도 허용되지 않는다. ③ 원·피고 당사자간의 권리관계만이 아니라 타인간의 권리관계라 하여도 자기의 권리관계에 영향을 미치는 한 확인의 소의 대상적격은 구비된 것이다.

(2) 설문의 경우

대법원도 근저당권자가 근저당권의 피담보채무의 확정을 위하여 스스로 물상보증인을 상대로 확인의 소를 제기하는 것이 부적법하다고 볼 것은 아니며, 물상보증인이 근저당권자의 채권에 대하여 다투고 있을 경우 그 분쟁을 종국적으로 종식시키는 유일한 방법은 근저당권의 피담보채권의 존부에 관한 확인의 소라고 할 것이므로, 근저당권자가 물상보증인을 상대로 제기한 확인의 소는 확인의 이익이 있어 적법하다고 하였다(대법 2004.03.25, 2002다20742).

3. 확인의 소의 보충성에 반하는지

(1) 확인의 이익

확인의 소는 자기의 권리 또는 법적지위가 타인으로부터 부인당하거나 이와 양립하지 않는 주장을 당하게 되는 경우, 즉 ① 자신의 법률상의 지위에, ② 현존하는 불안이 있어야 하고, ③ 불안을 해소시킴에 있어서 확인판결을 받는 것 이외에 유효적절한 수단이 없을 것을 요한다.

(2) 확인의 소의 보충성에 반하는지

학설은 근저당권설정등기말소청구의 경우 선결적 법률관계인 피담보채무의 존부에는 기판력이 발생하지 않으므로 확인의 소의 보충성에 반하지 않는 것으로 보나, 判例는 "근저당권설정자가 근저당권설정계약에 기한 피담보채무가 존재하지 아니함의 확인을 구함과 함께 그 근저당권설정등기의 말소를 구하는 경우에 근저당권설정자로서는 피담보채무가 존재하지 않음을 이유로 근저당권설정등기의 말소를 구하는 것이 분쟁을 유효·적절하게 해결하는 직접적인 수단이 될 것이므로 별도로 근저당권설정계약에 기한 피담보채무가 존재하지 아니함의 확인을 구하는 것은 확인의 이익이 없다."고 하였다(대법 2000.04.11, 2000다5640).

(3) 검 토

피담보채무부존재확인을 구하는 원고가 채무자의 경우라면 확인의 이익을 인정할 수 있지만, 물상보증인의 경우에는 채무 없이 채무만 부담하는 것으로 근저당권설정등기 말소만 구하여도 법적 불안에서 벗어날 수 있으므로 확인의 이익을 부정하는 것이 타당하다.

제1문의 3

Ⅰ. 〈제1문의 3〉 문제 1 : 필수적공동소송에서 후발적 당사자적격 이전시 보정방법

1. 문제점

합유자들이 공동원고가 되어 소유권이전등기절차 이행을 구하는 소는 고유 필수적 공동소송으로서, 합유자 전원에 대하여 판결이 합일적으로 확정되어야 하므로, 공동소송인 중 1인에 소송요건의 흠이 있으면 전 소송이 부적법하게 된다.1) 이하 양수인을 당사자로 삼는 절차를 검토한다.

2. 고유필수적 공동소송의 추가 가부

(1) 의 의

고유 필수적 공동소송에서 공동소송인으로 될 자를 일부 누락한 채 소를 제기하여 당사자적격이 갖추어지지 아니한 경우 제1심 변론종결시까지 원고의 신청에 따라 누락된 원고 또는 피고를 추가할 수 있는데(제68조), 이는 추가적 형태의 임의적 당사자변경이다.

(2) 필수적 공동소송인 일부가 후발적으로 빠진 경우

임의적 당사자 변경은 당사자적격의 승계가 없는 경우로서, 설문과 같이 소송계속 중 분쟁주체인 지위가 승계되는 경우에 피승계인이 물러나고 승계인이 들어섬으로써 생기게 되는 소송승계와 구별된다. 따라서 고유필수적 공동소송에서 후발적으로 당사자적격자의 교환적 변경이 필요한 경우는 공동소송인 추가신청의 대상으로 보기 어려울 것이다.

3. 공동소송참가 가부

(1) 의 의

공동소송참가란 소송의 목적이 당사자 일방과 제3자에 대하여 합일적으로 확정될 경우에 당사자간의 판결의 효력을 받는 제3자가 원고 또는 피고의 공동소송인으로서 참가하는 것을 말한다(제83조).

(2) 丁의 공동소송참가 가부

공동소송참가가 허용되는 경우는 소송의 목적이 한쪽 당사자와 제3자간에 합일적으로 확정될 필요가 있는 경우로서 유사 필수적 공동소송으로 될 경우인데, 고유필수적 공동소송도 합일확정 소송인 점, 그와 같은 소송에서 공동소송인의 일부를 빠뜨렸을 때에 이 제도를 이용으로 누락자를 참가시켜 소를 적법하게 만들 수 있는 점, 항소심에서도 참가가 가능하여 제68조와 차이가 있는 점 등을 고려할 때 허용함이 옳을 것이다. 따라서 丁은 공동소송참가를 통해 소송에 참가할 수 있다(반대견해 있음).

4. 소송승계의 방법

(1) 丁의 지위

丙으로부터 합유지분 1/2을 양수받은 丁은 소유권이전등기청구권의 지분의 1/2도 양수받은 것으로 소송물 승계인에 해당한다

1) 대법 2012.06.14, 2010다105310

(2) 참가승계와 인수승계

대법원은 『공유물분할에 관한 소송계속 중 변론종결일 전에 공유자 중 1인인 갑의 공유지분의 일부가 을 및 병 주식회사 등에게 이전된 사안에서, 변론종결 시까지 민사소송법 제81조에서 정한 승계참가나 민사소송법 제82조에서 정한 소송인수 등의 방식으로 일부 지분권을 이전받은 자가 소송의 당사자가 된다』고 하고 있다.[2] 따라서 설문의 丁은 스스로 참가승계의 방식으로 소송을 이어받을 수 있고(제81조), 甲이나 乙, 丙은 丁을 인수승계로 끌어들일 수 있다(제82조). 이 경우 인수승계를 통해 당사자의 수가 늘어나지만 이것은 소송물이 분할되어 이전된 결과일 뿐 소송물이 추가되는 것은 아니므로 추가적 인수승계에 해당하지 않는다.

5. 설문의 해결

甲이 제68조로 丁을 피고로 추가하는 것은 허용되지 않고, 丁 스스로 제83조의 공동소송참가, 제81조 참가승계, 또는 甲, 乙, 丙은 丁을 상대로 제82조의 인수승계신청을 할 수 있다. 또한 丁이 별소를 제기한 후 법원이 변론병합에 따라 보정하는 것도 허용된다(제141조).

II. 〈제1문의 3〉 문제 2 : 선정의 적법성과 필수적 공동소송의 심리방법

1. 문제점

합유자들이 선정당사자를 선정한 것의 적법성과 스스로 당사자가 된 합유자와의 공동소송형태가 문제되고, 만일 고유필수적 공동소송이라면 일부 공동소송인이 소송상 화해를 한 것이 유효한지 살펴본다.

2. 선정의 적법성

(1) 선정의 적법요건

공동의 이해관계를 가진 다수자가 공동소송인이 되어 소송을 하여야 할 경우에 그 가운데서 모두를 위하여 소송을 수행할 당사자로 선출된 자를 선정당사자라고 하고, 이 경우 선정행위를 하는 다수의 총원을 선정자라고 한다(제53조). 선정당사자제도는 다수당사자소송을 단순화·간소화하는 방편이 되는데, ① 공동소송을 수행할 다수인이 존재하고, ② 이들이 공동의 이해관계가 있으며, ③ 공동의 이해관계가 있는 다수자 중에서 선정할 것이 요구된다.

(2) 설문의 경우`

설문의 甲, 乙, 丙은 합유관계로서 권리를 공통으로 하는 바 다수자 상호간에 공동소송인이 될 관계에 있고, 주요한 공격방어방법을 공통으로 한다. 따라서 공동의 이해관계가 존재하므로 甲을 선정당사자로 선정한 것은 적법하다.

3. 甲의 소송상 화해의 위법성

(1) 甲과 丙의 공동소송관계

일부의 선정자들에 의해 선출된 선정당사자 甲과 스스로 당사자가 된 丙의 소송관계도 원래의

2) 대법 2014.01.29, 2013다78556

소송의 성질에 따라 정해진다. 甲·乙·丙은 합유관계로 동업약정에 따라 동업자 공동으로 토지를 매수하였다면 그 토지는 동업자들을 조합원으로 하는 동업체에서 토지를 매수한 것이므로 그 동업자들은 토지에 대한 소유권이전등기청구권을 준합유하는 관계에 있고, 합유재산에 관한 소는 이른바 고유필요적공동소송이라 할 것이므로 그 매매계약에 기하여 소유권이전등기의 이행을 구하는 소를 제기하려면 동업자들이 공동으로 하지 않으면 안된다(대법 1994.10.25, 93다54064).

(2) 甲과 A의 소송상 화해의 효력

공동소송인 중 한 사람의 소송행위는 전원의 이익을 위해서만 효력을 가진다(제67조 제1항). 즉 공동소송인 중 한 사람의 소송행위 가운데 유리한 것(부인·항변, 응소, 기일출석, 기간준수, 답변서제출)은 전원에 대하여 효력이 생기고, 불리한 것(자백, 화해, 청구의 포기·인낙, 소취하)은 공동소송인 전원이 함께하여야 전원에 대하여 효력이 생기며 그 한 사람이 하여도 효력이 없다.

4. 설문의 해결

甲의 선정은 적법하고, 甲과 A의 소송상 화해는 무효이다.

제1문의 4

1. 문제점

항소심에서 청구변경의 적법성과 항소심에서 택일적으로 병합한 선택적 청구가 이유 있을 때 항소심의 주문이 문제된다.

2. 항소심에서 청구변경의 가부

설문의 청구변경은 동일내용의 급부나 법률관계의 형성을 목적으로 하지만 법률적 구성만 달리하는 경우로서 청구기초 동일성이 있으며, 법률심인 상고심에서는 청구를 변경할 수 없으나, 항소심에서는 상대방의 동의 없이 청구변경이 가능하다. 제1심에서 전부승소하였으나 상대방의 항소가 있는 경우 피항소인인 원고는 항소심에서 청구변경할 수 있고 부대항소로 의제한다(대법 2008.07.24, 2008다18376). 결국 甲의 항소심에서 선택적 병합으로의 청구변경은 적법하다.

3. 항소심의 주문

大法院은 "선택적으로 병합된 수 개의 청구 중 제1심에서 심판되지 아니한 청구를 임의로 선택하여 심판할 수 있다고 할 것이나, 심리한 결과 그 청구가 이유 있다고 인정되고 그 결론이 제1심 판결의 주문과 동일한 경우에도 피고의 항소를 기각하여서는 안되며 제1심판결을 취소한 다음 새로이 청구를 인용하는 주문을 선고하여야 할 것이다."라고 판시하여 항소인용설 입장이다(대법 2021.07.15, 2018다298744).

4. 설문의 해결

항소심은 원판결을 취소하고 손해배상청구를 인용하는 판결을 선고하여야지 단순히 항소를 기각하여서는 안된다.

제1문의 5

Ⅰ. 〈제1문의 5〉 문제 1. : 차임채권의 소멸시효기간/ 압류 및 추심명령에 의하여 피압류채권의 소멸시효가 중단되는지/ 추심채무자의 재판상 청구로 인한 시효중단의 효과가 추심채권자의 추심소송에서 유지되는지

1. 쟁점

차임채권의 소멸시효기간 및 완성시점, 차임채권에 관한 압류 및 추심명령에 의하여 차임채권의 소멸시효가 중단되는지, 추심채무자의 재판상 청구로 인한 시효중단 효과가 추심채권자의 추심의 소에서도 유지되는지 등이 쟁점이다.

2. 차임채권의 소멸시효 완성시점

차임채권은 매달 말일에 지급되는 지분적 채권이므로 3년의 단기소멸시효 대상이고(민법 제163조 제1호), 변제기인 2015. 2. 28.부터 소멸시효가 진행하여 2018. 2. 28. 소멸시효가 완성된다.

3. B의 주위적 재항변의 당부 – 압류 및 추심명령에 의하여 소멸시효가 중단되는지 여부

① B의 압류 및 추심명령에 의하여 B의 甲에 대한 채권의 소멸시효는 중단되지만(민법 제168조 제2호), 피압류채권인 甲의 A에 대한 차임채권에 대하여는 압류로 인한 소멸시효 중단의 효력이 생긴다고 할 수 없다(판례).[3] B의 압류는 B의 甲에 대한 채권을 적극적으로 행사하는 행위이기 때문이다.

② B의 압류 및 추심명령이 제3채무자인 A에게 송달된 때에는 피압류채권인 차임채권에 관하여 소멸시효 중단 사유인 최고의 효력은 인정될 수 있다(판례).[4]

③ 최고에 의한 시효중단의 효력이 인정되기 위해서는 최고 후 6월내에 법정조치를 취하여야 한다(민법 제174조). B의 압류 및 추심명령은 2018. 2. 25. A에게 송달되어 차임채권에 관한 최고의 효력이 발생하였으나, B의 추심의 소는 6월이 경과한 2018. 9. 3. 제기되었으므로 최고로 인한 시효중단의 효력은 생기지 않는다.

④ B의 주위적 재항변은 이유 없다.

---

3) 대법원 2003. 05. 13. 선고 2003다16238 판결
4) 대법원 2003. 05. 13. 선고 2003다16238 판결

4. B의 예비적 재항변의 당부 - 추심채무자의 재판상 청구로 인한 시효중단의 효과가 추심채권자의 추심의 소에서 유지되는지 여부

① 추심채무자 甲의 선행소송은 차임채권의 소멸시효가 완성되기 전인 2018. 1. 13. 제기되었다. 그러나 B의 차임채권에 관한 압류 및 추심명령으로 인하여 선행소송이 각하되었으므로 재판상 청구로 인한 시효중단의 효력은 소급하여 소멸한다(민법 제170조 제1항).

② 甲의 선행소송이 각하된 2018. 5. 24.부터 6월내인 2018. 9. 3. 甲에 갈음하여 당사자적격을 취득한 B의 추심의 소가 제기되었으므로 甲의 선행소송 제기로 인한 시효중단의 효력은 B의 추심소송에서도 그대로 유지된다(판례).[5]

③ B는 추심채권자로서 집행법원의 수권에 따라 피압류채권에 대한 추심권능을 부여받아 일종의 추심기관이므로 추심채무자 甲이 권리주체의 지위에서 한 시효중단의 효력은 B에게도 미친다(판례).[6]

④ 2018. 9. 3. B가 제기한 추심의 소로 인하여 甲의 재판상 청구로 인한 시효중단의 효력은 유지되고, 시효중단의 효과가 B에게 미치므로 B의 재항변은 타당하다.

5. 결론

B의 청구는 전부 인용되어야 한다.

II. 〈제1문의 5〉 문제 2. : 상계항변과 소멸시효항변의 관계/ 소멸시효가 완성된 차임채권을 자동채권으로 하는 상계가능성/ 소멸시효가 완성된 차임채권이 보증금에서 공제되는지/ 보증금반환과 임대차목적물 인도의 관계

1. 쟁점

상계항변과 소멸시효항변의 관계, 보증금반환과 임대차목적 인도 사이에 동시이행관계가 있는지, 임대차 존속 중 소멸시효가 완성된 차임채권을 자동채권으로 한 상계가능성 및 임대차보증금에서의 공제가능성 등이 쟁점이다.

2. 미지급차임채무 이행청구의 당부

(1) 미지급차임채무의 소멸시효 완성 여부

미지급차임채권의 소멸시효기간은 3년이고(민법 제163조 제1호), 각 지급일로부터 순차적으로 소멸시효가 진행하여 2020. 1. 31.이 경과함으로써 소멸시효가 모두 완성되었다.

(2) A의 상계항변으로 시효이익 포기의 효과가 생기는지

① 상계항변은 수동채권이 인정되는 경우 자동채권으로 상계를 한다는 예비적 항변의 성격을 갖는다. 상계항변이 먼저 이루어지고 소멸시효항변이 있었던 경우에는 수동채권에 관하여 시효이익을 포기하려는 효과의사가 있다고 할 수 없다(판례).[7]

② A가 미지급차임채무를 수동채권으로 한 상계를 하였더라도 그 후 미지급차임채무의 소멸시효

---

5) 대법원 2019. 07. 25. 선고 2019다212945 판결
6) 대법원 2019. 07. 25. 선고 판결
7) 대법원 2013. 02. 28. 선고 2011다21556 판결

항변을 한 이상 시효이익을 포기하였다고 할 수는 없고, A의 소멸시효항변은 이유 있으므로 A의 상계는 효력이 없다.

(3) 甲의 상계주장의 당부

① 甲은 A에 대한 미지급차임채권을 자동채권으로 하고, A의 甲에 대한 보증금채권을 수동채권으로 하여 상계를 주장한다.

② 자동채권의 소멸시효가 완성된 후에도 소멸시효 완성 전에 상계할 수 있었던 때에는 상계할 수 있다(민법 제495조). 수동채권인 A의 甲에 대한 보증금채권은 임대차가 종료된 2019. 1. 31. 발생하므로 임대차가 종료될 당시 소멸시효가 완성되지 아니한 2016. 2월분부터 2017. 1월분까지의 미지급차임채권 6천만 원을 자동채권으로 하는 상계는 허용되지만, 2015. 2월분부터 2016. 1월분까지의 미지급차임채권 6천만 원을 자동채권으로 하는 상계는 허용되지 않는다(판례).[8]

(4) 甲의 공제주장의 당부

① 임대차보증금은 임대차가 종료되어 임차인이 목적물을 반환할 때까지 임대차에 관하여 생긴 임차인의 모든 채무를 담보한다(판례).[9]

② 임대차 존속 중에 소멸시효가 완성된 차임채권도 임대차보증금에서 연체차임을 충당하지 않은 임대인의 신뢰와 차임연체 상태에서 임대차관계를 지속해 온 임차인의 묵시적 의사를 감안하면 임대차보증금에서 공제할 수 있다(판례).[10]

③ 2015. 2월분부터 2016. 1월분까지 차임채권은 비록 소멸시효가 완성된 채권이지만, 임대인 甲이 반환하여야 할 보증금에서 공제된다.

(5) 소결

甲의 미지급차임에 관한 청구는 甲의 상계 및 공제주장에 의하여 모두 소멸하였으므로 기각된다.

3. X주택 인도청구의 당부

① 임대차가 종료된 경우, 임대인이 목적물을 반환받을 때까지 생긴 임대차에 관한 모든 채무를 공제한 나머지 보증금반환과 임차인의 목적물반환 사이에는 동시이행관계가 인정된다(판례).[11] 소송상 동시이행항변권이 행사되는 때에는 법원은 상환이행판결을 하여야 한다.

② 甲이 지급받아야 할 미지급차임채무 1억 2천만 원은 모두 甲이 반환하여야 할 보증금 2억 원에서 상계 혹은 공제되므로 나머지 보증금 8천만 원을 반환하여야 할 甲의 채무와 X주택을 인도하여야 할 A의 채무는 동시이행관계에 있고, 그 범위에서 A의 동시이행항변은 타당하다.

4. 결론

법원은, 甲의 미지급차임청구를 기각하고, A는 甲으로부터 8천만 원을 지급받는 것과 동시에 X주택을 甲에게 인도하라는 일부인용판결을 하여야 한다.

---

8) 대법원 2016. 11. 25. 선고 2016다211309 판결
9) 대법원 1988. 01. 19. 선고 87다카1315 전원합의체 판결
10) 대법원 2016. 11. 25. 선고 2016다211309 판결. 차임이 연체되면 장차 임대차관계가 종료되었을 때 보증금으로 충당될 것을 기대하는 임대인의 신뢰와 차임연체 상태에서 임대차관계를 지속해 온 임차인의 묵시적 의사를 감안하면 제495조가 유추될 수 있다는 것이 판례의 논리이다.
11) 대법원 1987. 06. 23. 선고 87다카98 판결

8. 제1차 모의시험 제2문

목 차

제2문의 1

Ⅰ. 〈제2문의 1〉 문제 1. : 배타적 사용, 수익권의 포기/ 권리남용

1. 결론

법원은, 甲의 청구를 기각하여야 한다.

2. 논거

(1) 쟁점

① 甲은 소유권에 기초한 방해배제청구권을 근거로 乙시를 상대로 도로의 철거 등을 청구하고 있다.

② 토지소유자의 배타적 사용, 수익권 포기의 요건 및 효과, 통행로로 사용되는 토지에 대한 인도 청구 등이 권리남용에 해당하는지 등이 쟁점이다.

(2) 乙시의 ①항변의 당부

① 토지소유자가 토지를 일반 공중을 위한 용도로 제공하여 독점적이고 배타적인 사용, 수익권을 포기한 경우에는 토지소유자는 그 토지를 점유, 사용하는 타인을 상대로 토지의 인도 등을 청구할 수는 없다(판례).[1] 배타적 사용, 수익권이 포기된 토지를 경매 등에 의하여 특정승계한 자도 특별한 사정이 없는 한 그러한 부담을 용인하였다고 봄이 타당하므로 독점적인 사용, 수익권을 행사할 수 없다(판례).[2]

② X임야를 임의경매절차에서 매수한 甲이 Y도로부분을 통행로로 제공한 바가 없으며, 그 전의 소유자들도 일반 공중을 위한 용도로 제공하였다고 볼 수는 없다. Y도로는 자연발생적으로 형성되었기 때문이다. 甲이나 그 전 소유자들이 배타적 사용, 수익권을 포기하였음을 전제로 하는 乙시의 ①항변은 부당하다.

(3) 乙시의 ②항변의 당부

① 토지소유권의 행사가 권리남용에 해당하려면 권리행사가 사회질서에 반하는 것이어야 하고, 그 권리행사의 목적이 상대방에게 고통을 주고 손해를 입히려는 데 있을 뿐 권리자에게 아무런 이익이 없어야 한다(판례).[3]

② 어떤 토지가 개설경위를 불문하고 일반 공중의 통행에 공용되는 도로가 되면 소유권 행사는 제약을 받으며, 소유자가 이를 수인하지 아니하고 도로의 철거 등을 청구하는 것은 권리남용에 해당한다(판례).[4]

③ Y도로부분은 1920년 직후부터 도로로 활용되어 일반 공중이 통행하고 있으며, 농어촌도로로 지정되어 乙시가 관리하고 있으므로 甲이 임의경매로 매수하여 취득한 X임야에는 사회적 제약이

---

1) 대법원 2019. 01. 24. 선고 2016다264556 전원합의체 판결
2) 대법원 2019. 01. 24. 선고 2016다264556 전원합의체 판결
3) 대법원 1998. 06. 26. 선고 97다42823 판결
4) 대법원 2021. 10. 14. 선고 2021다242154 판결

있다. 甲이 이러한 사회적 제약을 무시하고 乙 시에 대하여 도로의 철거 등을 청구하는 행위는 사회질서에 반하는 행위이고, 甲이 X임야를 다른 용도로 개발하려는 계획을 세운 것도 아니므로 그 권리행사에 의하여 甲에게 이익이 생기지도 아니한다. 甲의 철거 등 청구는 권리남용에 해당하여 허용되지 않는다. 乙시의 ②항변은 타당하다.

II. 〈제2문의 1〉 문제 2. : 통행방해의 효과/ 불법행위를 원인으로 한 통행방해금지청구

1. 결론

丙의 청구는 인용된다.

2. 논거

① 공로로 통행하는 통행자의 통행을 임의로 방해하는 토지소유자의 행위가 불법행위를 구성하는지, 불법행위의 효과로서 손해배상청구 이외에 통행방해금지청구가 허용되는지가 쟁점이다.

② Y도로는 일반 공중의 통행에 제공된 도로이다. 도로를 통행하는 자에게 관습상 통행권이 인정되지 않더라도 통행의 자유는 민법상 보호되는 법익에 해당한다. 甲이 丙의 통행의 자유를 방해하는 행위는 위법행위로서 민법상 불법행위를 구성한다(판례).[5]

③ 현행법은 불법행위의 효과로서 손해배상청구권만을 인정하고 있다(민법 제750조). 통행의 자유권은 물권에 유사한 권리이므로 통행의 자유가 위법행위로 인하여 침해된 때에는 통행의 자유권을 침해받은 자는 손해배상청구 외에 통행방해행위의 금지도 청구할 수 있다(판례).[6]

④ 甲은 스스로 차단기를 설치하는 등으로 丙의 Y도로에 관한 통행의 자유를 침해하는 행위를 하였으므로 丙은 甲에게 손해배상을 청구하는 외에 통행방해금지를 청구할 수 있다.

제2문의 2

I. 〈제2문의 2〉 문제 1. : 계약의 규범적 해석

1. 결론

甲은 2,000미의 반건조오징어를 구매한 것으로 해석하여야 한다.

2. 논거

① 의사표시의 해석방법 및 계약의 성립여부가 쟁점이다.

② 청약과 승낙에 의하여 계약이 성립하기 위해서는 청약과 승낙이 내용적으로 합치되어야 한다. 청약이란 그에 대응하는 승낙의 의사표시와 결합하여 계약을 성립시키는 계약당사자 일방의 확정적, 구속적 의사표시를 말한다. 청약에는 계약의 내용을 결정할 수 있는 사항이 포함되어야 한다.

---

5) 대법원 2021. 03. 11. 선고 2020다229239 판결; 대법원 2021. 10. 14. 선고 2021다242154 판결
6) 대법원 2021. 03. 11. 선고 2020다229239 판결; 대법원 2021. 10. 14. 선고 2021다242154 판결

③ 乙의 제1제안은 매매목적물의 수량이 확정적이지 아니하므로 청약이라고 볼 수 없고 청약의 유인에 불과하다. 그러나 甲의 제2제안은 매매목적물의 수량과 대금의 확정성이 인정되므로 청약이고, 이에 대한 乙의 동의는 승낙에 해당한다.

④ 甲의 청약의 의사표시는 상대방이 있는 의사표시이므로 특별한 사정이 없는 한 규범적으로 해석되어야 한다. 甲이 표시수단으로 사용한 '축'의 의미가 다의적인 경우, 거래관행 및 신의칙에 기초하여 해석하여야 한다. 거래가 이루어진 어촌지역에서는 1축을 20미를 세는 단위로 사용하고 있으므로 甲의 청약에 포함된 축도 같은 의미로 해석하여야 한다.

⑤ 甲의 청약의 의사표시가 100축 오징어 2000미로 해석되므로 甲과 乙은 위와 같은 내용의 매매계약을 체결한 것으로 보아야 한다.

II. 〈제2문의 2〉 문제 2. : 착오취소의 요건

1. 결론

甲은 착오를 이유로 매매계약을 취소할 수 없다.

2. 근거

① 착오취소의 요건, 특히 甲의 착오가 중요부분의 착오인지 및 甲에게 중대한 과실이 있는지가 쟁점이다.

② 착오를 이유로 의사표시를 취소하기 위해서는 의사표시에 착오가 있어야 하고, 그 착오가 법률행위 내용의 중요부분에 관한 착오여야 하며, 착오에 표의자의 중대한 과실이 없어야 한다(제109조).

③ 甲은 매매목적물의 수량에 관하여 착오에 빠져 의사표시를 하였다. 매매목적물의 수량은 매매계약의 내용을 이루는 사실이므로 甲의 착오는 법률행위 내용의 착오에 해당한다.

④ 중요부분의 착오라고 하기 위해서는 표의자가 의사표시를 통하여 실현하고자 하는 법률효과의 중요한 부분에 관한 착오여야 한다. 중요부분에 해당하는지는 표의자에게 그러한 착오가 없었더라면 그 의사표시를 하지 않으리라고 생각될 정도여야 하는데, 이는 보통 일반인의 기준 및 표의자의 기준에 비추어 모두 중요부분에 해당하여야 한다. 착오로 인하여 표의자가 경제적 불이익을 입은 것이 아니라면 중요부분이라고 할 수 없다(판례).[7]

⑤ 甲의 축의 의미에 관한 착오로 인하여 甲은 자신이 의도한 목적물의 2배를 매수하는 결과가 되었을 뿐만 아니라 그로 인하여 자신이 의도한 매매대금의 2배를 지급하여야 하는 결과가 되는 바, 甲의 착오는 중요부분에 관한 착오에 해당한다.

⑥ 착오취소권의 배제사유로서 중대한 과실이란 표의자의 직업, 행위의 종류, 목적 등에 비추어 보통 요구되는 주의를 현저히 결여하는 것을 말한다(판례).[8] 甲은 건어물 유통업을 하는 자이며, 건어물 유통과정에서 거래의 단위로 사용되는 축의 의미는 누구나 알 수 있는 것이고, 평소에도 축의 의미 차이를 알고 있었다는 점에 비추어 甲의 착오는 통상적 주의를 현저히 결여함에 따른 착오로 보인다.

⑦ 甲에게 중대한 과실이 인정되는 바, 甲의 착오취소는 허용되지 않는다.

---

7) 대법원 1999. 02. 23. 선고 98다47924 판결
8) 대법원 2000. 05. 12. 선고 2000다12259 판결

제2문의 3

Ⅰ. 〈제2문의 3〉 문제 1.

1. 결론

甲의 청구는 기각된다.

2. 논거

① 무효인 가등기 유용의 효력, 유용의 당사자인 종전 소유자의 채권자가 채권자대위에 의하여 본등기 말소를 청구할 수 있는지, 대위채권자가 독자적 지위에서 주장할 수 있는 사유는 대위소송에서 주장할 수 있는지가 쟁점이다.

② 매매예약완결권은 10년의 제척기간의 대상이 된다. 예약완결권이 가등기된 후 10년이 지나도록 예약완결권을 행사하지 아니한 때에는 예약완결권은 제척기간 경과로 소멸하고 가등기는 원인무효의 가등기가 된다. X부동산 소유자 A는 가등기명의자 B에 대하여 소유권에 기한 방해배제청구로서 가등기말소청구권을 가진다.

③ 무효인 가등기도 당사자가 유용의 합의를 하고, 실체관계에 부합되는 사정이 있으면 그 효력이 인정된다(판례).[9] 그러나 유용합의 및 실체관계에 부합되는 사정이 생기기 전에 등기상 이해관계를 맺은 제3자에 대해서는 무효등기 유용은 효력이 없다(판례).[10]

④ A와 B는 무효인 가등기를 이용하여 B에게 다시 매도하기로 합의하였으므로 B명의의 가등기는 실체관계에 부합되는 등기로서 유효하지만, 유용합의 전에 가압류를 한 甲에 대해서는 효력이 없다.

⑤ 甲이 A를 대위하여 B를 상대로 무효등기 유용이 무효임을 전제로 B명의의 본등기말소를 청구하는 경우, 제3채무자 B는 대위채무자 A에게 대항할 수 있는 모든 사유로 대위채권자 甲에게 대항할 수 있다(판례).[11]

⑥ 채권자대위권을 행사하는 채권자는 채무자의 권리를 채무자의 입장에서 행사하는 것이므로 채권자가 독자적으로 주장할 수 있는 재항변사유가 있더라도 채권자대위소송에서 이를 주장하는 것은 허용되지 않는다(판례).[12]

⑦ 甲은 A와 B의 무효등기 유용으로부터 보호되는 등기상 이해관계 있는 제3자이지만, 그와 같은 사정은 甲이 독자적 지위에서 주장할 수 있는 사유에 불과하므로 甲이 A를 대위하여 B를 상대로 말소등기를 청구하는 소송에서 주장할 수 있는 사유에 해당하지 않는다.

⑧ 甲의 이 사건 대위청구는 B의 무효등기 항변으로 기각된다.

Ⅱ. 〈제2문의 3〉 문제 2. : 등기부취득시효의 요건/ 말소회복등기에의 승낙의무

1. 결론

C의 주장은 타당하지 않다.

---

9) 대법원 1986. 12. 09. 선고 86다카716 판결; 대법원 1994. 01. 28. 선고 93다31702 판결
10) 대법원 1986. 12. 09. 선고 86다카716 판결; 대법원 1994. 01. 28. 선고 93다31702 판결
11) 대법원 2009. 05. 28. 선고 2009다4787 판결
12) 대법원 2009. 05. 28. 선고 2009다4787 판결

2. 논거

① 등기부취득시효의 요건, 가압류등기가 불법으로 말소된 후 등기부취득시효에 의하여 소유권을 취득한 자에게 가압류등기 말소회복에의 승낙의무가 인정되는지가 쟁점이다.

② 등기부취득시효가 인정되기 위해서는 부동산의 소유로 등기한 자가 10년간 소유의 의사로 평온, 공연하게 선의이며, 과실 없이 그 부동산을 점유하여야 한다(제245조 제2항).

③ C는 등기명의자인 B로부터 X부동산을 매수하여 그 명의로 소유권이전등기를 마친 후 X부동산을 현재까지 점유하고 있으므로 등기부취득시효의 점유 및 등기에 관한 요건과 시효기간 경과에 관한 요건을 모두 구비하였다.

④ 甲의 가압류등기가 불법으로 말소되었더라도 B명의의 가등기에 기한 본등기가 원인무효라고 할 수는 없고, 나아가 C명의의 소유권이전등기도 적법, 유효한 등기이다. C는 적법, 유효한 등기를 마침으로써 소유권을 취득한 자이고, 사실상태를 권리관계로 높여 보호할 필요가 없으며 소유권에 관한 증명곤란을 구제할 필요도 없으므로 C의 점유는 취득시효의 기초가 되는 점유라고 볼 수 없어 등기부취득시효를 주장할 수는 없다(판례).[13]

⑤ B명의의 본등기에 의하여 甲의 가압류등기가 직권으로 말소되지만, 이는 불법말소에 해당하고 甲은 여전히 가압류권자의 지위를 가진다. A와 B의 무효등기 유용은 등기상 이해관계인 甲에 대해서는 효력이 없기 때문이다. B와 C는 모두 가압류의 부담을 안고 있는 소유권을 취득하였다.

⑥ C의 등기부취득시효 주장이 허용되지 않는 결과, C가 취득시효 완성에 따라 가압류의 부담이 없는 완전한 소유권을 취득하였으므로 甲의 승낙소구에 응하여야 할 의무가 없다는 C의 항변은 부당하다.

Ⅲ. 〈제2문의 3〉 문제 3. : 상속재산분할의 소급효와 보호되는 제3자

1. 결론

乙의 戊에 대한 청구는 인용된다.

2. 논거

① 상속재산분할의 소급효 및 소급효로 침해하지 못하는 제3자의 권리가 쟁점이다.

② 상속재산분할은 상속이 개시된 때에 소급하여 그 효력이 있다(제1015조). 상속재산분할의 소급효를 인정하는 것은 상속개시 당시에 분할된 재산을 피상속인으로부터 승계한 것으로 취급하기 위함이다.

③ 상속재산인 부동산의 분할귀속을 내용으로 하는 상속재산분할심판이 확정된 때에는 민법 제187조에 의하여 상속재산분할심판에 따른 등기 없어도 해당 부동산에 관한 물권변동의 효력이 발생한다(판례).[14]

---

13) 대법원 2022. 07. 28. 선고 2017다204629 판결; 대법원 2016. 10. 27. 선고 2016다224596 판결. 이 판결은 원고가 부동산에 관한 적법·유효한 등기를 마치고 그 소유권을 취득하였음에도, 그때로부터 20년간 위 부동산을 점유하였으므로 점유취득시효가 완성되어 이를 원시취득하였다고 주장하면서, 원고의 소유권 취득 이전부터 존재하던 가압류에 기하여 이루어진 강제집행의 불허를 구하는 사건에서, 원고의 위와 같은 점유는 취득시효의 기초로서의 점유에 해당하지 않는다고 한 사안이다.

14) 대법원 2020. 08. 13. 선고 2019다249312 판결

④ X부동산을 공동상속인인 乙의 소유로 하는 상속재산분할심판이 확정된 2022. 3. 30. X부동산은 乙명의의 상속등기가 마쳐지지 않았더라도 상속이 개시된 2021. 9. 21.부터 乙의 소유로 된다.

⑤ 상속재산분할의 소급효로는 제3자의 권리를 침해하지 못한다(제1015조 단서). 이는 분할의 소급효로 인하여 법률관계 안정이 침해되는 것을 방지하기 위함이다. 보호되는 제3자란 상속재산 분할 전에 새로운 이해관계를 가졌고 등기, 인도 등으로 권리를 취득한 사람이어야 한다. 그러나 상속재산분할심판에 따른 등기가 마쳐지기 전에 상속재산분할의 효력과 양립되지 않은 법률상 이해관계를 갖고 등기를 마친 선의의 제3자도 보호되는 제3자에 포함된다(판례).[15]

⑥ 戊는 상속재산분할심판 확정 전에 丁과 지분매매계약을 체결하였지만, 지분등기를 마치지 않았으므로 상속재산분할심판 확전 전에 이해관계를 맺은 제3자에 해당하지 않는다. 그러나 상속재산분할심판에 따른 乙의 상속등기가 마쳐지기 전에 丁으로부터 지분등기를 마쳤으므로 상속재산분할심판 확정 후의 이해관계인에 포함될 수는 있지만, 상속재산분할심판이 있었음을 알고 있었으므로 보호되는 제3자라고 할 수 없다.

⑦ 乙은 戊에게 상속재산분할의 소급효를 주장할 수 있으므로 乙의 戊에 대한 지분말소등기청구는 인용된다.

15) 대법원 2020. 08. 13. 선고 2019다249312 판결

9. 제1차 모의시험 제3문

목 차

[문제1의 해설]

Ⅰ. 쟁점 (1점)

공동대표권의 행사방법, 단독대표행위의 효력 및 선의의 제3자 보호 그리고 회사의 항변사유가 문제된다.

Ⅱ. 공동대표이사의 단독대표행위의 효력 (7점)

1. 공동대표권의 행사방법

수인의 대표이사가 공동으로 회사를 대표하는 것을 공동대표이사라 하는바, 공동대표이사는 공동으로 대표권을 행사하여야 한다. 따라서 공동대표이사 가운데 1인이 단독으로 대표권을 행사한 경우에는 원칙적으로 회사에 대해 효력이 없다(제389조 제2항).

2. 공동대표권의 위임 가능성

(1) 문제점

① 공동대표이사 상호간에 대표권을 일반적, 포괄적으로 위임하는 것은 본제도의 취지를 무력화시키기 때문에 허용할 수 없다. ② 다만 개별적 사안에 한하여 공동대표권을 위임하는 것이 가능하지 여부에 관하여 견해가 대립한다.

(2) 판례의 태도

판례는 ① "공동대표이사 1인이 그 대표권의 행사를 특정사항에 관하여 개별적으로 다른 공동대표이사에게 위임함은 별론으로 하고 **일반적, 포괄적 위임은 허용되지 않는다**"고 하여 **포괄적 위임은 불가하나 개별적 위임은 가능하다는 듯한 판시를 하였다.** ② 공동대표이사 중 1인의 단독행위와 관련하여 "공동대표이사 중 1인의 대표이사가 다른 대표이사로 하여금 건물의 관리에 관한 대표행위를 단독으로 하도록 용인 내지 방임하였고 **상대방이 그에게 단독으로 회사를 대표할 권한이 있다고 믿은 선의의 제3자**에 해당한다면 이를 회사의 행위로 볼 수 있다"고 하였는바, 이는 단독대표의 가능성에 대한 **'상대방의 신뢰'를 조건으로 하여 개별적 위임이 가능하다**고 보는 듯 해석된다.

(3) 검 토

개별사항에 한하여 대표이사 상호간의 내부적 의사합치가 이루어졌음을 전제로 대외적 표시행위만의 위임을 긍정하더라도 회사의 이익이 근본적으로 침해되는 것은 아니므로 **적극설이 타당**하다고 본다.

B가 A에게 자신의 인감과 명판을 보관시키고 자신의 대표이사로서의 권한을 위임한 것은 대표권의 행사의 포괄적 위임에 해당하므로, 포괄적 위임에 근거한 A의 단독대표행위인 보증계약은 무권한의 대표행위로서 상대방의 선악을 불문하고 무효이다.

Ⅲ. 표현대표이사의 행위와 회사의 책임 (8점)

1. 문제제기

공동대표이사 가운데 1인이 단독으로 대표행위를 한 경우에는 상대방의 선의 여부를 묻지 않고 무효가 되는바, 표현대표이사(제395조)가 성립하는지 문제되는데, 부정하는 견해도 있지만, 거래 안정을 위해 긍정함이 타당하다.

2. 상법 제395조의 적용요건

(1) 표현적 명칭의 사용(외관의 존재)

공동대표이사 중 1인이 '대표이사'라는 명칭 사용한 경우 대표이사라는 명칭은 가장 뚜렷하게 대표권이 있다는 외관을 창출하는 명칭에 해당한다.

(2) 회사의 귀책사유(외관의 부여)

공동대표이사가 '대표이사'라고 하면서 단독대표행위를 한 경우에도 회사가 이를 용인 또는 방임한 경우 회사의 귀책사유를 인정한다(대법원 1992. 10. 27. 92다19033).

(3) 선의의 제3자(외관의 신뢰)

'선의'의 의미에 관하여 ① 선의·무과실설, ② 선의·무중과실설, ③ 단순선의설 등이 대립하지만, 중과실은 악의와 동일시할 수 있는 점에 비추어 '선의·무중과실설'이 타당하다.

판례도 "표현대표이사의 명칭에 대한외관을 믿은 제3자의 신뢰는 보호할 만한 정당한 가치가 있는 것이어야 하므로 중대한 과실이 없어야 한다"고 하여 같은 입장을 취하고 있다.

3. 사안에의 적용

甲회사가 D와 보증계약을 체결함에 있어 甲회사 '대표이사 A'의 명의로 서명을 하였으므로 공동대표이사 중 1인인 A의 단독대표행위는 甲회사가 단독대표의 외관을 창출하는 것을 용인 내지 방임하였다고 볼 수 있다. 따라서 甲회사가 D의 악의, 즉 A가 대표권을 갖고 있지 않음을 알고 있었다는 것을 증명하지 못하는 한, 甲회사는 D의 보증채무이행의 청구를 거절할 수 없다.

Ⅳ. 甲회사가 D의 이행청구를 거절할 수 있는 사유

1. 甲회사의 보증계약과 이사의 자기거래 (7점)

(1) 자기거래의 개념

이사 또는 주요주주 등이 자기 또는 제3자의 계산으로 회사와 거래를 하기 위하여는 미리 이사회에서 해당 거래에 관한 중요사실을 밝히고 이사회의 승인을 받아야 한다. 이 경우 이사회의 승인은 이사 3분의 2 이상의 수로써 하여야 하고, 그 거래의 내용 과 절차는 공정하여야 한다(제398조).

(2) 자기거래의 유형

형식적으로는 회사와 제3자 사이에 이루어지지만 이사 등에게 실질적인 이익이 귀속됨으로써 이해상충을 가져올 수 있는 거래도 포함한다. 전자를 직접거래, 후자를 간접거래 라고 한다.

(3) 이사회 승인 없는 자기거래의 효력

1) 학설과 판례

이사회의 승인을 얻지 않은 경우, 자기거래의 사법적 효력에 관하여 무효설, 유효설, 상대적 무효설 등의 견해가 대립한다. 통설과 판례의 입장인 '상대적 무효설'에 따르면, 회사와 거래상대방 사이에서는 무효이고, 제3자에 대해서는 회사가 이사회의 승인이 없었음에 대한 상대방의 악의, 중과실을 입증하지 못하면 유효하다고 본다.1)

2) 사안에의 적용

A가 D에 대한 자신의 개인채무의 보증을 위하여 甲회사의 명의로 D와 보증계약을 체결한 것은 간접거래에 해당하는데, 이사회 승인이 없는 경우 보증계약은 甲회사와 A 사이에서는 무효이고, D에 대해서는 甲회사가 이사회의 승인이 없었음에 대한 D의 악의 또는 중과실을 입증한다면 甲회사는 D의 보증채무이행의 청구를 거절할 수 있다.

2. 대표권의 남용 (7점)

(1) 의의

외관상으로는 대표이사의 권한 내의 적법한 행위이지만, 주관적으로는 자기 또는 제3자의 이익을 도모하는 행위로서 회사에 손실을 끼치는 행위이다.

(2) 대외적 효력

1) 학설의 대립

① 비진의표시설, ② 권리남용설, ③ 상대적 무효설, ④ 대표권제한설

2) 판 례

판례는 상대방이 대표이사의 진의를 알았거나 알 수 있었을 때에는 회사에 대하여 무효가 된다고 하여 '비진의표시설'의 입장을 취한 것이 다수이지만, 드물게는 '권리남용설'을 취한 것도 있다.2)

(3) 검 토

회사의 이익과 거래안전의 조화를 꾀하는 비진의표시설이 타당하다. 공동대표이사 A는 D에 대한 개인채무를 보증하기 위해서 대표행위를 하였는바, 甲회사는 D의 보증채무의 이행 청구에 대하여 대표권의 남용을 주장할 수 있다.

3. 표현대표이사책임과 상업등기의 적극적 공시력 (3점)

(1) 문제점

공동대표는 등기사항인바(제317조 제2항 제10호), 이를 등기한 경우 등기를 확인하지 않은 제3자에 대해서도 공동대표이사 1인이 단독으로 한 대표행위의 무효를 주장할 수 있다(제37조 제1항). 다만 표현책임을 주장하는 자에 대해서도 무효를 주장할 수 있는지 문제된다.

---

1) 대법원 1984.12.11. 84다카1519, 대법원 2004.3.25. 2003다64688, 대법원2012.12.27. 2011다67651. 악의 또는 중과실의 입증책임은 자기거래의1 무효를 주장하는 회사에 있음.

2) 대법원 1987. 10. 13. 선고 86다카1522 판결.

(2) 학설과 판례

학설은 예외규정설과 이차원설(부정설)이 대립하며, 판례에 의하면 "제395조는 상업등기와는 다른 차원에서 회사의 책임을 인정한 규정으로 보아 표현대표이사책임을 물음에 상업등기 여부는 고려의 대상이 아니다"라고 하여 '이차원설'의 입장이다. 3)

(3) 사안에의 적용

甲회사가 공동대표이사를 A와 B로 등기하였다고 해도 D의 청구에 대하여 이를 사유로 면책을 주장할 수 없다.

V. 결론 (2점)

갑회사가 D의 악의, 즉 A가 대표권을 갖고 있지 않음을 알고 있었거나 중대한 과실로 알지 못하였다는 것을 증명하지 못하는 한, 상법 제395조 표현대표이사책임에 따라 갑 회사는 D의 보증채무 이행의 청구를 거절할 수 없다. 또한 보증계약은 甲회사와 A 사이에서는 무효이고, D에 대해서는 甲회사가 이사회의 승인이 없었음에 대한 D의 악의 또는 중과실을 입증하면 甲회사는 D의 보증채무이행의 청구를 거절할 수 있다. 甲회사는 D의 보증채무의 이행 청구에 대하여 대표권의 남용을 원용할 수 있으나, 甲회사는 D의 청구에 대하여 상업등기의 적극적 공시력을 사유로 면책을 주장할 수 없다.

[문제2의 해설]

Ⅰ. 쟁점 (3점)

전환사채발행 무효의 소의 허부 및 원고적격의 문제로써 타인명의 무효가 문제되며, 무효사유(본안)로써 이사회 결의 하자, 제3자에 대한 실권주배정이 문제된다.

Ⅱ. 전환사채발행 무효의 소의 제기 가부 (10점)

1. 전환사채발행 무효의 소의 허용 여부

(1) 문제점

전환사채의 효력이 이미 발생하였으나 발행절차에 중대한 하자가 있는 경우에 신주발행무효의 소(제429조)를 유추적용하여 전환사채발행의 효력을 다툴 수 있을 것인지 문제된다.

(2) 학 설

① 상법 제516조 제1항이 신주발행유지청구권(제424조)과 통모인수인의 책임(제424조의2)을 준용하는데 반해 신주발행무효의 소에 관한 규정(제429조)을 **준용대상에서 제외**하는 점을 근거로 '부정'하는 견해와 ② 전환사채발행은 **실질적으로 신주발행과 유사**하므로 신주발행무효의 소를 '유추적용'해야 한다는 견해가 있다.

---

3) 대법원1979. 2. 13. 77다2436

(3) 판 례

전환사채는 전환권의 행사에 의하여 장차 주식으로 전환될 수 있는 권리가 부여된 사채로서 이러한 전환사채의 발행은 **주식회사의 물적 기초와 기존 주주들의 이해관계에 영향을 미친다는 점에서 사실상 신주를 발행하는 것과 유사**하므로, 전환사채의 발행의 경우에도 신주발행무효의 소에 관한 상법 제429조가 유추적용된다고 봄이 상당하다.[4]

(4) 결 론

전환사채는 **사실상 신주발행과 유사**하므로 신주발행무효의 소(제429조)를 유추적용함이 타당하다. 또한 제소권자는 주주, 이사 감사(제429조)로 한정된다.

2. 타인명의 주식인수와 원고적격

(1) 회사에 대한 주주권의 행사

타인의 승낙을 얻어 그 타인 명의를 **주주명부**에 기재한 경우 형식주주와 실질주주 중 누가 **'회사에 대하여 주주권을 행사'**할 수 있는지 문제된다.

(2) 학 설

학설은 ① **단체법적 법률관계를 획일적으로 처리**할 필요성을 논거로 명의상의 주식인수인을 주주로 보는 '형식설' ② 법률행위를 한 자에게 효과가 귀속되어야 한다는 **법률행위의 일반원칙을** 논거로 실질적인 주식인수인을 주주로 보는 '실질설'(통설)이 대립된다.

(3) 판 례

① 종래 판례 - 실질설

주식을 인수함에 있어서 타인의 승락을 얻어 단순히 그 명의로 출자하여 주식대금을 납입한 경우에 실제로 주식을 인수하여 그 대금을 납입한 명의 차용인만이 실질상의 주식인수인으로서 주주가 된다고 할 것이요 단순한 명의 대여인은 주주가 될 수 없다.[5]

② 2017년 전합판례

타인명의 주식인수, 명의개서미필주주의 경우에도 회사에 대한 관계에서는 **주주명부상 주주만이 주주로서 의결권 등 주주권을 적법하게 행사할 수 있다**는 입장이다. 즉 (1) 언제든 주주명부에 주주로 기재해 줄 것을 청구하여 주주권을 행사할 수 있는 자가 자기의 명의가 아닌 타인의 명의로 주주명부에 기재를 마치는 것은 **적어도 주주명부상 주주가 회사에 대한 관계에서 주주권을 행사하더라도 이를 허용**하거나 받아들이려는 의사였다고 봄이 합리적이다. (2) 주주명부상 주주가 그 주식을 인수하거나 양수한 사람의 의사에 반하여 주주권을 행사한다 하더라도, 이는 주주권의 행사가 **신의칙에 반한다고 볼 수 없다**.[6] [쭈쭈/허/신]

---

4) 대법원 2004. 6. 25. 선고 2000다37326 판결. 판례는 전환 전의 사채발행의 효력과 전환 후에 신주발행의 효력을 구분하지 않고 일괄하여 전환사채발행의 효력으로 처리한다. 위의 판례는 주식으로 전환된 이후에 제기된 전환사채발행무효의 소가 적법하다한 예이다.

5) 대법원 1980. 9. 19. 자 80마396 결정

6) 대법원 2017. 3. 23. 선고 2015다248342 전원합의체 판결

(4) 검 토

주주권의 귀속과 주주권의 행사를 구별하는 **전합 판례와 형식설이 타당하다.** 실질주주가 아닌 명의주주인 X가 주주권을 행사할 수 있으므로 원고적격을 갖는다.

3. 제소기간

전환사채의 효력발생일 즉 **납입기일 다음날**로부터 6개월 이내에 제기하여야 한다(제429조 준용).[7]

4. 소결

명의주주인 X가 원고로써 전환사채발행 무효의 소를 제기할 수 있으며, 3. 30.에 소를 제기하였으므로 전환사채발행일로부터 **6개월의 제소기간을 준수**하였다.

Ⅲ. 전환사채 발행의 무효원인 (15점)

1. 이사회 결의의 하자와 전환사채 발행의 무효 여부

(1) 이사회 결의의 효력

① 소집권자로 정한 자가 소집하지 않은 경우, 각 이사는 회일 1주간 전에 모든 이사 및 감사에 대하여 통지를 발송하여야 한다(제390조 제3항). 그러나 ② 이사회는 이사 및 감사 전원의 동의가 있는 때에는 제3항의 절차 없이 언제든지 회의할 수 있다(제390조 제4항). [정/각/일/통][8]

설문의 경우 이사 B에 대해 소집통지를 하지 않았으므로 이사회 결의는 무효이다.

(2) 이사회 결의의 하자와 전환사채발행의 효력

1) 학설

학설은 법률관계의 획일적 처리(거래안전)을 근거로 하는 유효설과 이사회 결의에 하자가 있으면 회사에 "발행의 의사"가 존재하지 않는 것으로 보아야 하는 무효설이 대립한다.

2) 판례

신주발행 사안에서 "대표이사가 그 권한에 의해 신주를 발행한 이상 신주발행은 유효하며, 이사회 결의가 없거나 하자가 있다 하더라도 그 이사회 결의는 회사의 내부적 의사결정에 불과하므로 신주발행의 효력에는 영향이 없다"고 판시한바 있다.[9]

2. 실권된 전환사채의 배정과 그 효력

(1) 문제점

주주배정 방식에 따라 기존 주주들에게 지분비율대로 전환사채를 인수할 기회를 부여하였으나, 주주 전부 또는 일부가 인수포기하고(실권주) 제3자가 인수한 경우 주주배정인지 문제된다.

---

7) 설문의 경우 2023. 2. 10. 을이 전환사채 인수대금을 납입하였다고 되어있으나 정확한'납입기일'이 나와 있지는 아니하므로 **2023. 2. 10. 무렵에 전환사채가 효력이 발생했다**고 편의상 본다.

8) 시례 TIP 이사회 소집절차는 통째로 암기한다.

9) 대법원 2007. 2. 22. 선고 2005다77060,77077 판결

(2) 대법원(삼성에버랜드 사안) 다수의견과 소수의견

다수의견(多數意見)은 ① "신주 등의 발행에서 주주 배정방식과 제3자 배정방식을 구별하는 기준은 회사가 신주 등을 발행하는 때에 주주들에게 그들의 지분비율에 따라 신주 등을 **우선적으로 인수할 기회를 부여하였는지 여부에 따라 객관적으로 결정되어야 할 성질**의 것이지, 신주 등의 인수권을 부여받은 주주들이 **실**제로 인수권을 행사함으로써 신주 등을 배정받았는지 여부에 좌우되는 것은 아니다."라고 판시하고 있으며,[10] ② "회사는 이사회 결의로 인수가 없는 부분에 대하여 **자**유로이 이를 제3자에게 처분할 수 있고, 이 경우 **실권된 신주를 제3자에게 발행하는 것에 관하여 정관에 반드시 근거 규정이 있어야 하는 것은 아니다"**라고 판시하여 주주배정방식은 균등한 기회의 제공이라는 객관적인 측면으로 파악하고 있다.

반면에 **소수의견(少數意見)**은 ① "대량의 실권주를 제3자에게 배정하여 발행을 계속할 경우에는 그 실권주를 처음부터 제3자배정방식으로 발행하였을 경우와 마찬가지로 취급하여 **발행가액을 시가로 변경할 의무**가 있다"고 하면서, ② "이와 같이 대량으로 발생한 실권주를 제3자에게 배정하는 것은, 비록 그것이 주주배정방식으로 발행한 결과라고 하더라도, 그 **실질에 있어 당초부터 제3자 배정방식으로 발행하는 것**과 다를 바 없다"고 판시한 바 있다.

(3) 검토

주주배정방식과 주주배정의 결과는 다르므로 대법원 다수의견이 타당하다. 즉 실권된 전환사채의 배정은 주주배정방식이므로 제3자 배정의 요건을 충족하지 않아도 된다.[11]

3. 소결

전환사채발행의 절차에 이사회 결의의 하자가 있지만 전환사채발행의 효력에는 영향이 없으며, 실권 전환사채의 경우에도 주주배정이므로 위법하다고 할 수 없다.

Ⅳ. 결론 (2점)

전환사채발행행의 무효를 주장하는 X는 승소할 수 없을 것이다.

[문제3의 해설]

Ⅰ. 쟁점 (1점)

전환사채의 효력발생일[12]로부터 6개월이 경과한 후인 2023. 8. 30. 을회사의 전환권 행사로 甲회사가 신주를 발행하였는데, 이 경우 주주 B는 2023. 9. 20. 신주발행무효의 소를 제기하면서 '전환사채의 발행의 하자'를 이유로 주장할 수 있는지 문제된다.

---

10) 대법원 2009. 5. 29. 선고 2007도4949 판결.

11) 실권된 전환사채의 배정을 제3자배정으로 보고 그 요건을 충족여부를 검토하여 무효라고 판단하여도 이론상 충분히 가능한 답안형태이다. 제3자배정으로 보고 이러한 경우를 무효라고 판단하는 것에 대하여 '그러한 견해가 없다'고 설명하시분이 계시는데, 다소 의문이다.

12) 설문의 경우 2023. 2. 10. 을이 전환사채 인수대금을 납입하였다고 되어있으나 정확한'납입기일'이 나와 있지는 아니하므로 **2023. 2. 10. 무렵에 전환사채가 효력이 발생했다**고 편의상 본다.

II. 신주발행 무효의 소의 제기가부와 제소기간 (6점)

1. 신주가 발행된 경우 신주발행무효의 소의 제기 가부

(1) 문제점

실제로 전환권 행사에 의하여 신주가 발행된 경우 전환사채 발행 무효의 소를 제기하여야 하는지, 신주발행무효의 소를 제기하여야 하는지, 양자를 모두 제기할 수 있는지 문제된다.

(2) 판 례

① 전환사채 발행일로부터 6월내에 전환사채발행무효의 소가 제기되지 않거나 6월 내에 제기된 전환사채발행무효의 소가 적극적 당사자의 패소로 확정되었다면, 이후에는 더 이상 전환사채 발행의 무효를 주장할 수 없다. ② 다만 전환권의 행사로 인한 신주 발행에 대해서는 상법 제429조를 적용하여 신주발행무효의 소로써 다툴 수 있겠지만, 이때에는 '특별한 사정이 없는 한' **전환사채 발행의 무효라거나 그를 전제로 한 주장은 제기될 수 없고 전환권 행사나 그에 따른 신주 발행에 고유한 무효 사유가 있다면 이를 주장할 수 있을 뿐**이다.[13)][14)]

2. 제소기간

판례에 의하면, "신주발행무효의 소가 허용되는 경우에는 신주발행무효의 소의 제소기간은 **신주 발행일로부터 기산**하여야 하고, 설령 신주발행이 전환사채에 부여된 신주인수권의 행사 결과에 따른 것이라 할지라도 전환사채 발행일부터 기산되는 것은 아니다"고 판시한바 있다.[15)][16)]

설문의 경우 **2023. 8. 30. 을의 전환권 행사시**에 신주의 효력이 발생한다. 그러므로 그로부터 6개월이 도과하기 전인 주주 B의 2023. 9. 20. 신주발행무효의 소는 제소기간을 적법하게 준수한 것이다.

III. 결론 (3점)

판례에 의하면, 신주발행 무효의 소를 제기할 수 있는 것은 전환권 행사나 그에 따른 신주발행에 고유하거나 그에 준하는 무효 사유만 주장할 수 있고, 전환사채 발행이 무효라거나 그를 전제로 한 주장은 제기할 수 없다.

설문의 경우 주주 B의 2023. 9. 20. 신주발행무효의 소는 신주의 효력발생일(2023. 8. 30.)로부터 6개월이 도과하기 전이므로 제소기간은 준수하였으나, 전환사채 발행에 하자가 있다는 이유로 신주발행무효의 소를 제기하는 것은 허용되지 아니한다.

[문제4의 해설]

I. 쟁점 (1점)

갑과 병간의 매매가 확정기매매에 해당하는지 여부 및 그 해제여부가 문제된다.

---

13) 대법원 2022. 11. 17. 선고 2021다205650 판결
14) 대법원 2022. 10. 27. 선고 2021다201054 판결
15) 대법원 2022. 11. 17. 선고 2021다205650 판결
16) 대법원 2022. 10. 27. 선고 2021다201054 판결

II. 확정기매매의 의의 (4점)

1. 의의

상법상 확정기매매란 민법상 정기행위의 일종으로서 매매의 성질 또는 당사자의 의사표시에 의하여 일정한 일시 또는 일정한 기간 내에 이행하지 아니하면 계약의 목적을 달성할 수 없는 매매를 말한다(민법 제545조, 상법 제68조).

2. 효과

상법상 확정기매매에 해당하는 경우에는 이행시기를 경과한 때에는 상대방이 즉시 이행청구를 하지 않는 이상 **해제된 것으로 의제**된다(제68조). 즉 민법상 정기행위는 해제권만이 발생하고 그 해제를 위하여 해제의 의사표시가 있어야 하나, **상법상 확정기매매는 해제의 효력이 발생하는 것이다**.

III. 적용요건 (5점)

1. 상인간의 확정기매매

상인간의 매매에 있어서 매매의 성질 또는 당사자의 의사표시에 의하여 일정한 일시 또는 일정한 기간 내에 이행하지 아니하면 계약의 목적을 달성할 수 없는 매매이어야 한다.

설문의 경우 매도인 丙회사와 매수인 甲회사는 모두 상인이며, 스키복제작에 필요한 원단이라는 것이 객관적으로 드러나므로 위 원단매수계약은 그 **성질에 의하여 확정기매매**에 해당한다.

2. 채무자의 귀책사유

채무자의 귀책사유에 의한 채무불이행임을 요한다. 다만 채무자의 귀책사유가 없어도 된다는 견해도 있다.

3. 채권자의 이행청구가 없을 것

채권자가 즉시 이행청구를 하지 않아야 한다. 여기서 즉시라 함은 **이행기의 직후**를 말한다. 채권자가 즉시 이행청구를 하였다면 계약을 해제할 의사가 없다고 볼 수 있기 때문이다.

IV. 효과 (2점)

적용요건을 충족하는 경우 확정기매매계약은 해제된 것으로 의제된다(제68조). 그 효과로써 민법상 계약해제에 관한 원칙이 적용되어 소급효를 가지며, 당사자는 상대방에 대하여 원상회복의무가 있고, 손해배상청구권도 가지며, 또한 동시이행의 관계도 발생한다.

甲회사가 2022. 8. 31.에 즉시 이행청구를 하지 않은 이상, 위 매매는 2022. 8. 31.의 경과로 별도의 해제의 의사표시가 없어도 해제된 것으로 본다.

V. 사안에의 적용 (3점)

갑과 병간의 매매는 상법상의 확정기매매에 해당하고 이미 해제가 의제되는바, 2022. 9. 15.에 한 甲회사의 인도청구는 효력이 없으므로 丙회사는 인도의무가 없다.

[문제5의 해설]

Ⅰ. 쟁점 (2점)

타인을 피보험자로 하여 가입한 생명보험에서 타인의 서면동의가 필요하는데, E의 서면동의의 유효여부 및 보험계약이 유효한지 여부

Ⅱ. 타인의 생명보험에서 피보험자의 동의 (6점)

1. 타인의 생명보험의 의의 및 취지

제731조 제1항에 따라 타인의 생명보험계약을 체결할 때 **피보험자의 서면동의**를 얻어야 한다.

서면동의를 요구하는 이유는 **보험의 도박화 우려, 피보험자의 생명을 고의로 위협**하는 범죄가 유발될 가능성이 있기 때문이며, 피보험자의 동의는 **보험계약의 효력발생요건으로서 강행규정이므로 흠결시 누구나 그 무효를 주장**할 수 있다.

2. 동의의 방식

동의는 각 보험계약에 대하여 **개별적으로 서면**에 의하여 이루어져야 한다. 단, 서면동의가 보험청약서의 자필 서명만을 의미하는 것은 아니므로, 피보험자로부터 특정한 보험계약에 관하여 서면동의를 할 권한을 구체적, 개별적으로 수여받았음이 분명한 사람이 그 권한 범위 내에서 피보험자를 대리 또는 대행하여 서면동의를 한 경우 에도 그 동의는 유효하다. 17)

Ⅲ. 결론 (2점)

사안에서 C와 E가 친자 사이인 것만으로는 피보험자 E의 구체적, 개별적 서면동의가 있었다고 보기 어렵다. 이 사건 보험계약은 피보험자의 동의를 얻지 못하여 무효이므로, C는 丁회사에 보험금을 청구할 수 없다.

---

17) 대법원 2006. 12. 21. 선고 2006다69141 판결

Chapter 02 2022년 모의시험

1. 제3차 모의시험 제1문

목 차

[제1문의 5]

Ⅰ. 제1문의 5 문제1 : 변제의 사해성, 사해행위 취소의 범위, 수인의 수익자가 있는 경우 가액배상의 범위

1. 쟁점
2. 2021. 3. 7.자 甲의 乙, 丙, 丁에 대한 변제의 사해성
3. A의 사해행위 취소의 범위
4. 乙, 丙, 丁의 A에 대한 가액배상의 범위
5. 결론

Ⅱ. 제1문의 5 문제2

1. 사해행위 취소소송과 중복제소
   (1) 문제점
   (2) 사해행위취소소송의 소송물
2. 사해행위 취소소송과 권리 보호의 이익
   (1) 문제점
   (2) 권리보호이익의 구비여부
3. 설문의 해결

제1문의 1

Ⅰ. 문제 1 : 제소전 원고 사망시 소의 적법여부

1. 문제점

이미 사망한 사람은 당사자능력이 없으며 당사자능력은 소송요건이다. 설문에서 소송대리인 B가 A 명의로 제기한 소가 적법한지 문제된다.

2. 제소전 원고사망의 취급

우리 判例는 『소장이 제1심법원에 접수되기 전에 공동원고의 한사람이 사망한 경우에는 그 원고 명의의 제소는 부적법한 것으로서 그 부분은 각하할 수 밖에 없다』고 하였고(대법 1990.10.26, 90다카21695), 『소 제기 당시 이미 사망한 당사자와 그 상속인이 공동원고로 표시된 손해배상청구의 소가 제기된 경우, 이미 사망한 당사자 명의로 제기된 소 부분은 부적법하여 각하되어야 할 것일 뿐』이고(대법 1979.7.24, 79마173), 『이와 같은 소의 제기로써 그 상속인이 자기 고유의 손해배상청구권뿐만 아니라 이미 사망한 당사자의 손해배상청구권에 대한 자신의 상속분에 대해서까지 함께 권리를 행사한 것으로 볼 수는 없다』고 하였다(대법 2015.8.13, 2015다209002).

3. 소송대리인을 선임한 후 제소전 사망한 경우

大法院은 『당사자가 사망하더라도 소송대리인의 소송대리권은 소멸하지 아니하므로(제95조 제1호), 당사자가 소송대리인에게 소송위임을 한 다음 소 제기 전에 사망하였는데 소송대리인이 당사자가 사망한 것을 모르고 당사자를 원고로 표시하여 소를 제기하였다면 소의 제기는 적법하고, 시효중단 등 소 제기의 효력은 상속인들에게 귀속된다』고 하였다(대법 2016.4.2, 2014다210449).

4. 검 토

이 판례는 본인의 사망이 소송대리권 소멸사유가 아니라는 점(제95조), 당사자 구제의 필요를 이유로 한 것이다. 그러나 소송 절차법은 공익적 필요성에서 획일적·안정적으로 운용되어야 하며, 당사자능력자만이 소를 제기할 수 있다는 점은 소송법의 기본원칙 중의 하나이므로, 이에 충실하게 해석함이 타당하다는 비판이 있다.

Ⅱ. 문제 2 : 판결의 효력이 미치는 자와 절차에 미치는 영향

1. 판결의 효력

(1) 소송절차가 중단되는지 여부

당사자가 소송계속 중 사망하였다 하여도 소송대리인이 있으면 절차는 중단되지 않는다(제238조). 소송대리인이 있으면 당사자가 무방비 상태가 되는 것이 아니어서 상속인의 절차권이 보장되기 때문이다. 이때 소송대리인은 수계절차를 밟지 않아도 상속인의 소송대리인이 된다. 이러한 법리는 소제기 전에 소송대리권을 수여한 상태에서 당사자가 사망한 경우에도 마찬가지로 보는 것이 판례의 태도이다(대법 2016.4.2, 2014다210449).

(2) 판결의 효력이 미치는 당사자

당연승계긍정설에 의하면 당사자가 사망하였으나 그를 위한 소송대리인이 있어 소송절차가 중단되지 아니한 경우에는 그 소송대리인은 상속인들 전원을 위하여 소송을 수행하게 되는 것이며 그 사건의 판결은 상속인들 전원에 대하여 효력이 있는 것이라 할 것이다(대법 2016.4.2, 2014다210449).

2. C의 불복에 대한 조치

(1) 원 칙

이 경우 B가 상소의 특별수권이 없었으므로 심급대리의 원칙상 판결정본이 소송대리인에게 송달되면 B는 대리권을 잃으므로 소송절차가 중단되므로 항소는 상속인 C가 소송수계절차를 밟은 다음에 자기명의로 제기하면 된다(대법 2016.4.2, 2014다210449). 물론 C는 소송무능력자이므로 법정대리인 D가 수계신청과 상소를 제기하여야 한다.

(2) A 명의로 항소한 경우

제243조 2항에 의해 재판이 송달된 뒤에 중단된 소송절차의 수계에 대하여는 그 재판을 한 법원이 결정한다고 하므로, 중단 당시 소송이 계속된 1심법원에 하여야 한다. 만일 A명의로 항소한 후 항소심에서 수계신청을 한 경우라도 判例는 적법한 상속인들이 수계신청을 하여 판결을 송달받아 상고하거나 또는 사실상 송달을 받아 상고장을 제출하고 상고심에서 수계절차를 밟은 경우에도 적법하다고 한다(대법 1963.5.30, 63다123).

3. 설문의 해결

1심 판결은 C에게 미치는 적법·유효한 판결이며, C는 법정대리인 D의 대리행위에 의해 수계신청 후 판결을 송달받아 항소하거나, 사망한 당사자 명의로 항소장 및 항소이유서를 제출하였더라도, 상속인들이 항소심에서 수계신청을 하고 소송대리인의 소송행위를 적법한 것으로 추인하면 하자는 치유되고, 추인은 묵시적으로도 가능하다(대법 2016.4.2, 2014다210449).

제1문의 2

Ⅰ. 제1문의 2 문제1 : 인장도용 주장의 증명책임

1. 문제점

사문서의 진정성립은 거증자 측이 증명하여야 하지만(제357조), 본인 또는 대리인의 서명·날인·무인이 진정한 것임을 증명하는 때에 한하여 진정한 문서로서 추정을 받는다(제358조). 더 나아가 문서의 서명·날인이 틀림없다는 인정까지는 가지 않고 작성명의인의 인영이 그 사람의 인장에 의한 것임이 인정될 때면, 그 날인이 그 사람의 의사에 기한 것이라고 사실상의 추정이 된다는 것이고,

일단 날인의 진정이 추정되면 그 문서 전체의 진정성립까지도 추정된다(대법 2010.7.15, 2009다67276 등). 설문에서 丙은 인영의 동일성을 인정하였으므로 날인사실과 문서전체의 진정성립도 추정되나, 이를 복멸하기 위한 증명책임이 문제된다.

2. 인장도용주장의 증명책임

(1) 1단계 추정의 복멸

大法院은 "인영이 동일할 때 날인행위가 작성명의인의 의사에 기한 것이라는 추정은 사실상 추정이므로, 인영의 진정성립을 다투는 자 丙이 반증을 들어 인영의 진정성립 즉 날인행위가 작성명의인 丙에 의사에 기한 것임에 관하여 법원으로 하여금 의심을 품게 할 수 있는 사정을 입증하면 그 진정성립의 추정은 깨어진다"고 판시하여 1단계 추정은 반증으로 복멸된다고 한다(대법 1997.6.13, 96재다462).

(2) 복멸방법 : 인장도용의 항변

1) 判例의 입장 : 大法院은 "문서에 찍혀진 작성명의인 乙의 인영이 그 인장에 의하여 현출된 인영임이 인정된 경우에는 특단의 사정이 없는 한 그 인영의 성립 즉 작성명의인 丙에 의하여 날인된 것으로 추정되고 일단 그것이 추정되면 민사소송법 제358조에 의하여 그 문서전체의 진정성립이 추정되는 것이므로, 그 문서가 작성명의인 丙의 자격을 모용하여 직원이 작성한 것이라는 것은 그것을 주장하는 자 丙이 적극적으로 입증하여야 하고 이 항변사실을 입증하는 증거의 증명력은 개연성만으로는 부족하다"고 판시하여(대법 1987.12.22, 87다카707), 실무상으로는 이것을 "本證"에 의한 "立證"을 요구하는 것으로 받아들이고 있다.

2) 검 토 : 判例는 이를 간접반증으로 해석하고 있다고 보여진다. 간접반증이란 상대방이 주장하는 사실에 대해 일응의 추정이 생긴 경우에 직접적이 아니라 그 추정의 전제되는 사실과 양립하는 별개의 사실을 증명하여 일응의 추정을 복멸시키는 것을 말한다. 이러한 간접반증은 추정된 날인사실에 대해서는 반증이나, 그 별개의 간접사실인 인장도용 사실에 대해서는 본증이 되므로 법관에 확신을 주어야 한다.

3. 설문의 해결

丙은 인장의 도용을 주장하였으나 이에 대하여 법관이 확신을 갖도록 증명하지 못하였으므로, 갑제1호증의 진정성립 추정은 그대로 유지된다.

II. 제1문의 2 문제2 : 진정성립에 대한 자백철회 가부와 실질적 증거력

1. 문제점

법원 판결의 적법성과 관련하여 첫째, 丙의 자백 철회를 인정하지 아니하고 문서의 진정성립을 인정한 것이 허용되는지 문제되고, 나아가 처분문서의 실질적 증거력을 합리적 이유설시 없이 함부로 배척할 수 있는지 살펴본다.

2. 갑제1호증의 진정성립을 인정한 판단

(1) 문서의 진정성립에 대한 자백의 구속력 인정여부

자백의 대상이 되는 구체적 사실은 주요사실에 한하며, 간접사실과 보조사실에 대해서는 자백이 성립되지 않는다. 다만 判例는 『문서의 성립에 관한 자백은 보조사실에 관한 자백이기는 하나 그 취소에 관하여는 다른 간접사실에 관한 자백취소와는 달리 주요사실의 자백취소와 동일하게 처리하여야 할 것이므로 문서의 진정성립을 인정한 당사자는 자유롭게 이를 철회할 수 없다고 할 것이고, 이는 문서에 찍힌 인영의 진정함을 인정하였다가 나중에 이를 철회하는 경우에도 마찬가지이다』라고 하여 진정성립에 대한 자백의 구속력을 인정한다(대법 2001.4.24, 2001다5654).

(2) 소 결

설문에서 丙이 제1차 변론기일에서 갑제1호증에 대한 진정성립을 인정한 이상, 그러한 진정성립의 자백이 진실에 반하고 착오에 의한 것임을 증명하지 않는 한 제2차 변론기일에서 자유로이 철회할 수는 없다. 따라서 갑제1호증의 진정성립을 인정한 법원의 판단은 타당하다.

3. 처분문서의 실질적 증거력을 배척하는 판단

(1) 실질적 증거력의 의의

어떤 문서가 요증사실을 증명하기에 얼마나 유용한가의 증거가치를 말하는 것으로, 이러한 실질적 증거력의 판단은 법관의 자유심증에 일임되어 있어서 재판상의 자백이 이루어지지 않는다.

(2) 처분문서의 실질적 증거력

증명하고자 하는 법률적 행위가 그 문서 자체에 의하여 이루어진 경우의 문서를 처분문서라고 하는데, '계약서'는 사법상의 의사표시가 포함된 법률행위서로서 처분문서에 해당한다. 처분문서는 그 진정성립이 인정되는 이상 기재 내용대로 법률행위의 존재 및 내용을 인정하여야 한다. 그 문서로서 처분 등 법률행위가 이루어졌기 때문이다. 즉 이 한도에서 자유심증주의가 제한된다. 그러나 이와 같은 처분문서의 증거력은 상대방의 반증에 의하여 부정될 수도 있는 강력한 사실상의 추정이지 반증의 여지가 없는 완전한 증명력으로 볼 것은 아니다(대법 2010.11.11, 2010다56616).

(3) 소 결

처분문서의 진정성립이 인정되면 반증에 의하여 그 기재 내용과 다른 특별한 명시적 또는 묵시적 약정이 있었다는 사실이 인정되지 아니하는 한 법원은 그 문서의 기재 내용에 따른 의사표시의 존재와 내용을 인정하여야 하고, 합리적인 이유 설시도 없이 이를 배척하여서는 아니된다(대법 2000.01.21, 97다1013).

4. 설문의 해결

갑제1호증은 문서로서 진정성립의 자백에 구속력이 인정되므로 丙이 자유로이 철회할 수 없으며, 한편으로는 처분문서이므로 반증이 없는 한 법원은 매매계약의 체결사실을 인정하여야 한다. 따라서 매매계약 체결사실을 인정하지 않고 원고청구를 기각한 법원의 판단에는 채증법칙 위배의 위법이 있다.

제1문의 3

Ⅰ. 제1문의 3 문제1 : 시효중단의 범위 : 민법문제입니다.

1. 명시적 일부청구와 소멸시효 중단

하나의 채권 중 일부에 관해서만 판결을 구한다는 취지를 명백히 하여 소를 제기한 명시적 일부청구의 경우에는 소제기에 의한 소멸시효 중단의 효력이 그 일부에 관하여만 발생하고, 나머지 부분에는 발생하지 않는다. 다만 소장에서 청구의 대상으로 삼은 채권 중 일부만을 청구하면서 소송의 진행경과에 따라 장차 청구금액을 확장할 뜻을 표시하고 해당 소송이 종료될 때까지 실제로 청구금액을 확장한 경우에는 소 제기 당시부터 채권 전부에 관하여 재판상 청구로 인한 시효중단의 효력이 발생하나, 소장에서 청구의 대상으로 삼은 채권 중 일부만을 청구하면서 소송의 진행경과에 따라 장차 청구금액을 확장할 뜻을 표시하였더라도 그 후 채권의 특정 부분을 청구범위에서 명시적으로 제외하였다면, 그 부분에 대하여는 애초부터 소의 제기가 없었던 것과 마찬가지이므로 재판상 청구로 인한 시효중단의 효력이 발생하지 않는다(대법 2021.6.10, 2018다44114).

2. 사안의 해결

설문에서 갑은 최초 청구금액인 2억 원이 일부청구임을 명시하면서 그 안에 보조구 구입비 2천만 원을 포함시켰으나, 이후 청구취지 및 청구원인 변경을 통해 위 2천만 원을 감축하였다가 다시 추가로 소요된 치료비를 포함하여 3억 원으로 증액하였다. 그러나 이미 보조구 구입비 부분을 명시적으로 제외하였던 이상 그 부분에 대해서는 소장 제출 당시 재판상 청구로 인한 시효중단 효력은 발생하지 않았다고 보아야 한다. 따라서 乙의 소멸시효 항변은 타당하다.

Ⅱ. 제1문의 3 문제2 : 선택적 병합의 심판방법

1. 문제점

원고가 예비적 청구를 추가하였는데 병합의 태양이 문제되고, 예비적 청구가 인용된 것에 피고가 항소한 경우 이심의 범위와 항소심의 주문을 살펴본다.

2. 설문의 병합의 태양

(1) 부진정 예비적 병합의 의의

예비적 병합이란 양립되지 않는 수개의 청구를 하면서 제1차적 청구(주위적 청구)가 배척(기각·각하)될 때를 대비하여 제2차적 청구(예비적 청구)에 대하여 심판을 구하는 형태이다. 다만 判例는 주위적 청구원인과 예비적 청구원인이 양립가능한 경우에도 당사자가 심판의 순위를 붙여 청구를 할 합리적인 필요성이 있는 경우에는 예비적 병합이 허용된다고 하여 이를 부진정 예비적 병합이라 한다. i) 본래 선택적 병합으로 제기해야 하는 사건에서 청구의 크기에 차이가 있고 성질에 차이가 있는 경우로써, 주위적 청구가 전부 인용되지 않을 경우에는 주위적 청구에서 인용되지 아니한 수액 범위 내에서의 양립이 가능한 예비적 청구에 대한 판단도 가능하며(대법 2002.9.4, 98다17145), ii) 주위적으로 재산상 손해배상을 청구하면서 그 손해가 인정되지 않을 경우에 예비적으로 같은 액수의 정신적 손해배상을 청구하는 것과 같이 수 개의 청구 사이에 논리적 관계가 밀접하고, 심판의 순위를 붙여 청구를 할 합리적 필요성이 있다고 인정되는 경우에는, 당사자가 붙인 순위에 따라서 당사자가 먼저 구하는 청구를 심리하여 이유가 없으면 다음 청구를 심리하는 단순병합관계에 있는 청구에서도 허용된다(대법 2021.5.7, 2020다292411).

(2) 부진정 예비적 병합인지 여부

청구병합의 태양은 병합청구의 성질에 의하여 판단할 것이지, 당사자의 의사를 기준으로 할 것이 아니다(대법 1966.7.26, 66다933). 설문에서 불법행위 손해배상 청구와 채무불이행에 따른 손해배상 청구는 서로 양립이 가능하며, 청구의 크기도 동일하여 예비적 병합으로 심리할 필요성이 없다. 따라서 선택적 병합으로 본다.

3. 항소심의 판결

(1) 이심의 범위

채무불이행에 따른 손해배상청구가 인용된 것에 피고만이 항소하더라도 선택적 병합의 특성상 또는 상소불가분 원칙상 모든 청구가 이심되고 심판대상이 된다.

(2) 항소심의 주문

大法院은 "선택적으로 병합된 수 개의 청구 중 제1심에서 심판되지 아니한 청구를 임의로 선택하여 심판할 수 있다고 할 것이나, 심리한 결과 그 청구가 이유 있다고 인정되고 그 결론이 제1심 판결의 주문과 동일한 경우에도 피고의 항소를 기각하여서는 안되며 제1심판결을 취소한 다음 새로이 청구를 인용하는 주문을 선고하여야 할 것이다."라고 판시하여 항소인용설 입장이다(대법 2021.7.15, 2018다298744).

4. 설문의 해결

항소심은 1심 판결 전부를 취소하고, 원고의 주위적 청구를 인용하는 판결을 선고한다.

제1문의 4

1. 문제점

근저당권 말소를 민법 제110조 사기와, 변제를 이유로 한 경우 청구의 병합인지, 병합이라면 태양이 문제되고, 2번 청구원인을 철회하고 다시 추가한 것이 제267조 2항의 재소금지에 저촉되는지 살펴본다.

2. 청구병합인지 여부

이 사건 근저당권설정계약이 기망에 의하여 체결되었음을 이유로 이를 취소하고 이에 터잡아 경료된 이 사건 근저당권설정등기의 말소를 구한다는 취지이고(물권적 청구권), 피담보채무의 부존재를 원인으로 한 원고의 이 사건 근저당권설정등기의 말소청구는 피담보채무가 없으니 근저당권 설정계약을 해지하고, 이에 터잡아 원상회복으로서 근저당권설정등기의 말소를 구한다는 취지임이 명백한 바(채권적 청구권), 위 청구들은 각 그 청구원인을 달리하는 별개의 독립된 소송물로서 선택적 병합관계에 있다(대법 1986.9.23, 85다353). 따라서 甲이 패소한 1심 판결에 대해 항소한 경우 모두 이심되고 심판의 대상이 된다.

3. 항소심의 판단

(1) 사기취소에 따른 근저당권설정등기말소청구에 대한 판단

심리 결과 이를 인정할 증거가 없고, 원고 청구를 기각한 제1심판결은 정당하므로, 항소심법원은 항소기각판결을 하여야 한다.

(2) 피담보채무 부존재를 원인으로 한 근저당권설정등기말소청구에 대한 판단

본안에 관하여 종국판결이 있은 뒤에 소를 취하한 사람은 같은 소를 다시 제기하지 못한다(제267조 2항). 설문에서 당사자와 소송물이 동일하며, 피담보채무 부존재를 원인으로 한 근저당권설정등기말소청구는 종국판결인 제1심판결의 선고 후 취하되었다가 다시 제기된 것이고 새로운 권리보호이익을 인정할 여지도 없으므로 재소금지 원칙에 반하는 부적법한 소이다. 따라서 항소심법원은 이 부분 소를 각하하는 판결을 선고하여야 한다.

제1문의 5

Ⅰ. 제1문의 5 문제1 : 변제의 사해성, 사해행위 취소의 범위, 수인의 수익자가 있는 경우 가액배상의 범위

1. 쟁점

채무초과 상태의 채무자 甲이 특정한 채권자들에게 한 변제가 사해행위에 해당하는지, 사해행위 취소의 범위, 수인의 수익자가 있는 경우 가액배상의 범위 등이 쟁점이다.

2. 2021. 3. 7.자 甲의 乙, 丙, 丁에 대한 변제의 사해성

① 사해행위란 책임재산을 감소시켜 채권자가 채권의 충분한 만족을 받을 수 없게 될 결과를 발생시키는 채무자의 재산적 법률행위를 말한다.

② 채무초과 상태의 채무자가 특정채권자에게 채무 본지에 따른 변제를 하는 행위는 원칙적으로 사해행위라고 할 수 없으나, 특정채권자와 통모하여 다른 채권자를 해할 의사로 변제를 한 경우에는 사해행위라고 할 수 있다(판례).[1]

③ 乙, 丙, 丁은 甲이 채무초과 상태임을 알고, 다른 채권자들보다 자신들의 채권을 우선하여 변제받기 위하여 甲을 재촉하여 변제를 받은 것이므로 甲의 변제행위는 사해행위에 해당한다.

1) 대법원 2004.05.28. 선고 2003다60822 판결

3. A의 사해행위 취소의 범위

① 채권자는 자신의 채권액을 초과하여 취소권을 행사할 수 없다(판례). 채무자의 재산처분행위로 인한 공동담보 감소액과 채권자의 사해행위 당시 채권액 중에서 적은 금액의 범위에서 취소가 가능하다.

② 甲의 乙, 丙, 丁에 대한 각 1억 원의 변제행위는 A의 피보전채권액인 5천만 원 범위에서 취소의 대상이 된다.

4. 乙, 丙, 丁의 A에 대한 가액배상의 범위

① 채권자가 각 수익자를 공동피고로 사해행위취소 및 원상회복을 구하는 경우, 각 수익자들의 원상회복의무의 대상인 책임재산 합계액이 채권자의 피보전채권액을 초과하는 때에도 법원은 다른 소송의 결과를 참작할 필요 없이 수익자가 반환하여야 할 가액의 범위 내에서 채권자의 피보전채권액 전액의 반환을 명하여야 한다(판례).[2] 취소채권자와 각 수익자 사이의 사해행위취소 및 원상회복 청구는 별개의 청구로서 서로 영향을 주지 않기 때문이다.

② A는 乙, 丙, 丁에 대하여 각 5천만 원 범위에서 가액배상을 청구할 수 있다.

5. 결론

법원은, A의 청구 중에서 5천만 원 범위에서 乙, 丙, 丁에 대한 甲의 변제를 각 취소하고, 乙, 丙, 丁은 5천만 원을 A에게 각 지급하라는 판결을 하여야 한다.

II. 제1문의 5 문제2

1. 사해행위 취소소송과 중복제소

(1) 문제점

B가 사해행위취소소송을 제기하여 그 소송계속 중에 A가 같은 대상에 대하여 사해행위취소소송을 제기한 것이 중복제소금지의 원칙(제259조)에 저촉되는 것은 아닌지 문제된다.

(2) 사해행위취소소송의 소송물

채권자대위소송의 경우에는 채권자가 채무자의 권리를 대신 행사하는 것이기 때문에 소송물은 채무자의 제3채무자에 대한 권리가 되는데, 채권자취소소송의 경우에는 채권자가 자신의 권리로서 채권자취소권을 행사하는 것이기 때문에 각 채권자의 채권자취소권은 서로 별개의 권리이다. 判例 또한 "채권자취소권의 요건을 갖춘 각 채권자는 고유의 권리로서 채무자의 재산 처분행위를 취소하고 그 원상회복을 구할 수 있는 것이므로 각 채권자가 동시 또는 이시에 채권자취소 및 원상회복 소송을 제기한 경우 이들 소송이 중복제소에 해당하는 것이 아니"라고 판시하였다(대법 2003.7.11, 2003다19558).

---

2) 대법원 2014.10.27. 선고 2014다41575 판결

2. 사해행위 취소소송과 권리 보호의 이익

(1) 문제점

B가 제기한 사해행위취소청구를 인용하는 판결이 선고된 후에 A가 다시 같은 대상에 대하여 사해행위취소소송을 제기한 것이 권리 보호의 이익이 없는 것은 아닌지가 문제된다.

(2) 권리보호이익의 구비여부

判例는 "어느 한 채권자가 동일한 사해행위에 관하여 채권자취소 및 원상회복청구를 하여 승소판결을 받아 그 판결이 확정되었다는 것만으로 그 후에 제기된 다른 채권자의 동일한 청구가 권리보호의 이익이 없어지게 되는 것은 아니"라고 판시하였다(대법 2003.7.11, 2003다19558). 만일 이 경우 A의 소를 권리 보호의 이익이 없다는 이유로 각하해 버리면, B가 확정판결만 받아 놓고 강제집행을 하지 않을 경우, A가 이를 강제할 수 있는 방법이 없어 A로서는 책임재산의 보전이라는 목적을 달성할 수 없게 되는 부당한 결과가 초래될 수 있다.

3. 설문의 해결

A, B는 각 동일한 법률행위의 취소와 원상회복을 청구하고 있지만, A와 B는 각 고유의 권리로서 채권자취소권을 행사하는 것이므로 A의 후소가 중복제소에 해당하는 것은 아니며, B가 제기한 소송에서 원고 승소 판결이 선고되었으나, 그에 기한 가액의 회복이 이루어지지 아니하였으므로 A가 제기한 소가 권리보호의 이익이 없다고 할 수 없다.

2. 제3차 모의시험 제2문

목 차

제2문의 1

Ⅰ. 문제 1. : 반사회적 법률행위의 효력, 반사회적 원인행위로 인한 저당권설정등기가 불법원인급여에 해당하는지

1. 결론

乙의 청구는 기각하고, 甲의 청구는 인용하여야 한다.

2. 이유

① 도박장 개설 위한 대여계약의 효력, 반사회적 행위에 기한 채무를 담보하기 위한 근저당권설정등기가 불법원인급여에 해당하는지가 쟁점이다.

② 甲과 乙의 대여계약의 목적은 도박장 개설을 위한 영업자금 확보이고, 이는 반사회적 동기에 따른 것이다. 동기에 반사회적 요소가 있는 때에는 그 동기가 표시되거나 상대방에게 인식된 경우에 제103조가 적용되어 그 법률행위가 무효로 된다(판례).[1] 甲은 대여의 목적을 乙에게 표시하고 대여계약을 체결하였다. 甲과 乙의 대여계약은 무효이므로 乙의 대여금반환청구는 허용되지 않는다.

③ 불법원인급여물의 반환청구는 허용되지 않는다(민법 제746조). 불법원인급여가 되기 위해서는 종국적 이익을 부여하는 급부여야 한다. 수령자가 취득한 이익이 저당권인 때에는 이를 종국적 이익이라고 볼 수 없다. 수령자가 그 이익을 향수하려면 경매신청 등과 같은 별도의 조치를 취하여야 하기 때문이다(판례).[2]

④ 甲과 乙의 대여계약 및 근저당권설정계약은 반사회적 법률행위로서 무효이나, 乙이 취득한 근저당권은 종국적 이익으로 볼 수 없어 불법원인급여에 해당하지 않고, 甲은 소유권에 기한 물권적 청구를 통하여 저당권설정등기의 말소를 청구할 수 있다.

Ⅱ. 문제 2. : 이의를 보류하지 않은 채권양도 승낙의 효과

1. 결론

丙은 甲에 대하여 양수금의 지급을 청구할 수 없다.

2. 이유

① 채무자 甲이 이의를 보류하지 않고 乙과 丙의 채권양도를 승낙한 경우, 甲이 乙에 대하여 대항할 수 있었던 사유로 丙에게 대항할 수 있는지가 쟁점이다.

② 채권양도에 대하여 채무자가 이의를 보류하지 않고 승낙한 때에는 양도인에게 대항할 수 있는 사유로 양수인에게 대항할 수 없다(민법 제451조 제1항). 제451조 제1항은 양수인의 신뢰를 보호하기 위하여 항변상실의 효과를 발생시키는 규정이다. 채권의 성립, 존속, 행사를 저지하거나 배척하는 사유는 상실되는 항변사유에 해당하지만, 채권양수인이 알고 있거나 중대한 과실로 알지 못한 항변사유는 이의 없는 승낙에도 불구하고 상실되지 않는다(판례).[3]

---

1) 대법원 2001.02.09. 선고 99다38613 판결
2) 대법원 1994.12.22. 선고 93다55234 판결
3) 대법원 1999.08.20. 선고 99다18039 판결

③ 甲과 乙 사이의 대여계약은 반사회적 법률행위로서 무효이고, 제103조에 따른 무효는 절대적 무효이며, 비록 甲이 乙과 丙 사이의 채권양도에 관하여 이의를 유보하지 아니하고 승낙을 하였지만, 丙이 차용금의 목적을 알고 있었으므로 甲은 丙에게 대여계약이 반사회적 법률행위로서 무효라고 주장할 수 있는 바, 丙의 甲에 대한 양수금청구는 허용되지 않는다.

제2문의 2

Ⅰ. 문제 1. : 건물저당권의 효력이 미치는 범위, 건물경매절차 매수인의 토지임차권 취득 대항 가능성

1. 결론

甲의 청구는 타당하고, 丙의 주장은 부당하다.

2. 이유

① 건물저당권의 효력이 건물소유 목적의 토지임차권에 미치는지, 건물경매절차 매수인 丙이 토지임차권 취득을 임대인 甲에게 대항할 수 있는지, 토지임대차가 채무불이행을 원인으로 해지된 경우에도 건물매수청구가 허용되는지가 쟁점이다.

② 건물저당권의 효력은 건물소유권의 종된 권리인 토지임차권에도 미친다(민법 제358조). 건물경매절차 매수인은 다른 특별한 사정이 없는 한 토지임차권이 경매목적물로 평가되었는지와 무관하게 토지임차권도 취득하므로(판례)[4] 丙은 Y건물 소유권을 경매로 취득하면서 동시에 Y건물 유지를 위한 X토지임차권도 취득한다.

③ 임차권의 양도에 임대인의 동의가 필요한 것과 마찬가지로(민법 제629조) 경매로 임차권이 이전되는 때에도 임대인의 동의가 없는 한 경매절차 매수인은 임차권의 취득을 임대인에게 대항할 수 없다. 다만, 토지임차인의 변경이 임대인에 대한 배신행위가 아니라고 인정되는 특별한 사정이 있는 때에는 임대인의 동의가 불필요하고, 그와 같은 특별한 사정은 경락인이 주장·입증하여야 한다(판례).[5]

④ 丙의 X토지임차권 취득이 甲에 대한 배신행위가 아니라고 볼 특별한 사정이 있음을 丙이 주장하고, 증명한 것이 아니므로 丙은 X토지임차권 취득을 甲에게 대항할 수 없다. 丙은 X토지임차인의 지위를 甲에게 주장할 수 없으므로 토지임차인의 건물매수청구권을 행사할 수 없을 뿐만 아니라 A의 채무불이행을 원인으로 X토지임대차가 해지된 경우, 토지임대차가 존속기간 만료로 종료된 것이 아니므로 건물매수청구권을 행사할 수 없다.

4) 대법원 1993.04.13. 선고 92다24950 판결
5) 대법원 1993.04.13. 선고 92다24950 판결

II. 문제 2. : 저당목적물에 타인의 동산이 부합, 부속된 경우, 경매절차 매수인의 소유권 취득 여부

1. 결론

태양광 패널부분은 부합으로 Y건물의 구성부분이 되었으므로 丙은 당연히 소유권을 취득하는 바, 이에 관한 乙의 각 청구는 부당하고, 선의취득 하였다는 丙의 주장도 부당하다. 한편, 축전설비가 경매목적물로 평가되지 아니한 경우 축전설비에 관한 乙의 각 청구는 타당하고, 선의취득 하였다는 丙의 주장은 부당하다.

2. 이유

① 태양광 패널과 축전설비가 Y건물의 부합물 내지 종물로서 저당권의 효력이 미치는지, 저당권의 효력이 미치지 않는다면 경매절차 매수인 丙이 선의취득에 따라 소유권을 취득할 수 있는지가 쟁점이다.

② 저당권의 효력은 저당부동산의 부합물과 종물에도 미친다(민법 제358조). 태양광 패널은 乙이 Y건물에 설치한 시설로서 분리하면 훼손되어 경제적 가치를 상실할 정도로 고착되었으므로 Y건물의 본체적 구성부분을 이루고 있다. 설사 권원을 가진 자가 이를 부착시켰더라도 Y건물소유자의 소유에 속하고 저당권의 효력이 미치므로 경매절차 매수인 丙은 당연히 태양광 패널의 소유권을 취득한다. 여전히 태양광 패널이 乙 소유임을 전제로 하는 반환청구는 허용되지 않고, 丙은 매각대금을 지급하고 이를 취득하였으므로 그 보유에 법률상 원인이 있는 바, 乙의 부당이득반환청구도 허용되지 않는다. 한편, 丙은 경매의 효력으로 소유권을 취득한 것으로 선의취득은 문제되지 않는다.

③ 축전설비는 용이하게 분리하여 다른 건물에도 설치할 수 있는 독립성을 가지므로 Y건물의 구성부분이 되었다고 할 수는 없다. 비록 축전설비가 Y건물의 효용을 증대하는 데에 기여하지만, 부속 당시 Y건물소유자인 A의 소유에 속하지 아니하므로 종물이라고 할 수 없다(민법 제100조 제1항). Y건물저당권의 효력은 축전설비에 미치지 아니하므로 경매절차 매수인 丙은 경매의 효력으로 축전설비의 소유권을 취득할 수 없다(판례).[6] 다만, 경매에 의한 선의취득도 인정되는 바(판례),[7] 축전설비가 경매목적물로 평가되어 경매절차가 진행되었다면 丙은 선의취득에 의하여 축전설비의 소유권을 취득할 수 있다(판례).[8]

④ B은행의 저당권실행 경매 당시 축전설비가 경매목적물로 평가되었는지 분명하지 않다. 축전설비가 경매목적물로 평가되지 아니한 경우에는 乙의 인도 및 부당이득반환청구는 타당하고 丙의 선의취득 주장은 부당하지만, 경매목적물로 평가된 경우에는 乙의 인도 및 부당이득반환청구는 부당하고, 丙의 선의취득 주장은 타당하다.

---

6) 대법원 2008.05.08. 선고 2007다36933·36940 판결
7) 대법원 1998.03.27. 선고 97다32680 판결
8) 대법원 2008.05.08. 선고 2007다36933·36940 판결

제2문의 3

Ⅰ. 〈시범답안〉 : 주택임차인의 보증금 우선변제권의 요건

1. 쟁점

주택임차인의 보증금 우선변제권의 요건, 주택임차인의 대항력의 요건, 전차인의 주민등록에 의하여 임차권의 대항력이 유지되는지, 임대인의 동의 없는 전대차의 효과 등이 쟁점이다.

2. 乙의 보증금에 관한 우선변제권의 요건

① 주택임대차보호법상 대항요건과 임대차계약증서상 확정일자를 부여받은 임차인은 임차주택의 환가대금에서 우선변제권을 가진다(주택임대차보호법 제3조의2 제2항). 우선변제권의 요건으로 주택임차인의 대항요건은 배당요구 종기까지 계속 존속하여야 한다(판례).[9]

② 乙은 2010. 10. 7. 임대차계약 체결에 즈음하여 주택을 인도받고, 전입신고를 한 다음 임대차계약서에 확정일자를 부여받았으므로 2011. 12. 10. 설정된 丁의 근저당권에 우선한다. 다만, 2012. 11. 30. 경 타에 전입하였으므로 乙의 대항력이 유지되는지에 따라 乙의 보증금 우선변제권이 인정되는지가 결정된다.

3. 2012. 11. 30. 乙과 丙의 전대차의 효력

① 대항력 있는 주택임차인도 임차주택을 전대하고자 하는 경우에는 임대인의 동의가 있어야 한다(민법 제629조). 주택임차인이 임대인의 동의 없이 주택을 전대한 경우에도 당해 행위가 임대인에 대한 배신적 행위라고 볼 수 없는 특별한 사정이 있는 경우에는 임대인은 동의 없는 전대차를 이유로 임대차계약을 해지할 수 없고, 전차인은 전대차의 효력을 임대인에게 주장할 수 있다(판례).[10]

② 乙은 甲이 보증금을 반환하지 아니하고 근무지 변경 등의 부득이한 사유로 丙과 전대차계약을 체결하였으므로 비록 甲의 동의가 없었더라도 甲에 대한 배신적 행위가 아니라고 볼 특별한 사정이 있는 때에 해당하는 바, 甲의 2013. 5.경 乙에 대한 임대차해지는 효력이 없고, 전차인 丙은 甲에 대하여 전대차의 효력을 주장할 수 있다.[11]

4. 丙의 인도 및 주민등록에 의하여 乙의 대항력 유지 여부

① 주택임차권 대항력 요건으로서 인도란 점유의 이전을 말한다. 임차인의 점유가 반드시 직접점유에 한정되는 것은 아니며, 적법한 전차인을 점유매개자로 한 간접점유에 의해서도 대항력을 취득할 수 있다.

---

9) 대법원 2002.08.13. 선고 2000다61466 판결

10) 대법원 2007.11.29. 선고 2005다64255 판결

11) 채점기준표에 따라 시범답안을 작성하였다. 필자는 이런 사안적용에 반대한다. 보증금을 반환하지 못하는 경우에도 임차인이 임대인의 동의 없이 자유롭게 전대차를 체결하는 것이 허용된다고 보아서는 안 된다. 임차권의 양도나 전대에 임대인의 동의를 요하는 이유는 임대목적물을 현실적으로 사용, 수익하는 자가 누구인지는 임대인에게 매우 중요한 의미를 가지는 것이기 때문이다. 전대차가 임대인에 대한 배신적 행위가 아니라고 판단한 2005다64255 판결은 임대인이 부도난 회사로서 그 임직원들의 소재를 찾을 길이 없었던 임차인이 생업을 위하여 이사를 가야 할 상황에서 전대차를 체결하여 이사를 간 사안이고, 그 임대차계약에서는 생업을 위하여 이사를 가야 할 상황에서는 전대차가 가능한 것으로 약정된 사안이다. 또한 전대차 후에 임대인이 임대차를 해지하지도 않았던 사안이다. 본 사례의 사실관계와는 상당한 차이가 있는 사안이다.

② 대항력의 요건으로서 주민등록은 임차권을 공시하기 위한 수단이다. 임차인이 타에 주민등록을 이전하였으나 적법한 전차인이 임차인의 주민등록 퇴거일부터 주민등록법상 전입신고기간 내에 전입신고를 마친 때에는 임차권이 충분히 공시될 수 있으므로 임차권의 대항력은 그대로 존속한다(판례).[12]

③ 乙과 丙의 전대차는 甲에 대하여도 효력이 있으므로 丙의 주택점유 및 주민등록에 의하여 乙의 주택임차권의 대항력은 유지되고, 乙은 경매대가로부터 丁에 우선하여 보증금을 반환받을 수 있다.

5. 결론

경매법원은 乙에게 2억 원, 丁에게 8억 원을 배당하여야 한다.

제2문의 4

Ⅰ. 문제 1. : 비밀증서 유언 요건, 증인 결격, 자필증서 유언으로의 전환

1. 결론

A의 유언은 유효하다.

2. 이유

① 비밀증서 유언의 요건, 증인결격, 자필증서 유언으로 전환 등이 쟁점이다.

② 비밀증서 유언으로 효력이 생기기 위해서는 유언자가 필자의 성명을 기입한 증서를 엄봉·날인하고 2인 이상의 증인의 면전에 제출하여 자기의 유언서임을 표시한 후 그 봉서표면에 제출연월일을 기재하고 유언자와 증인이 각자 서명 또는 기명날인하여야 하며, 5일 이내에 공증인 또는 법원서기에게 제출하여 그 봉인상에 확정일자인을 받아야 한다(민법 제1069조).

③ 유언으로 이익을 받을 사람, 그의 배우자와 직계혈족은 유언의 증인이 되지 못한다(제1072조). A의 유언을 통하여 丙이 이익을 받는데, 비밀증서 유언의 증인인 乙은 丙의 직계혈족이므로 증인결격 없는 자가 증인으로 참여한 유언으로 효력이 없다.

④ 비밀증서에 의한 유언이 그 방식에 흠결이 있는 경우에 그 증서가 자필증서의 방식에 적합한 때에는 자필증서에 의한 유언으로 본다(제1071조). A의 유언은 자필증서 유언의 요건을 모두 구비하였다. 자필증서 유언에는 증인이 불필요하므로 A의 유언은 자필증서 유언으로 효력이 있다.

Ⅱ. 문제 2. : 유류분 부족액 산정방법, 유류분반환의 방법과 범위

1. 결론

甲의 乙에 대한 청구는 기각하고, 甲의 丙에 대한 청구는 Y부동산에 관하여 丙은 甲에게 4/22 지분이전등기를 이행하라는 판결을 하여야 한다.

---

12) 대법원 2007.11.29. 선고 2005다64255 판결

2. 근거

① 유류분 부족액 산정방법, 유류분반환의 방법과 범위 등이 쟁점이다.

② 유류분 산정의 기초재산은 피상속인이 상속개시 당시에 가진 재산의 가액에 증여재산의 가액을 가산하고 채무 전액을 공제한 재산이다(민법 제1113조 제1항). 산입될 증여는 상속개시 전 1년간에 행한 것에 한하지만(민법 제1114조), 특별수익으로서의 증여는 상속개시 전 1년 이전의 증여라고 하더라도 가해의 인식을 불문하고 기초재산에 산입된다(판례).[13]

③ 甲의 유류분 산정의 기초재산은 X부동산과 Y부동산이며, 이들 부동산 가액은 상속개시 당시를 기준으로 산정한다(판례).[14] 甲의 유류분은 법정상속분 2/7의 1/2이다. 甲의 유류분은 4억 원이다. 甲은 전혀 상속이익을 받지 못하였으므로 甲의 유류분 부족액 역시 4억 원이다.

④ 유류분반환청구는 1차적으로 유증에 대하여 하여야 하고, 증여를 받은 자는 2차적 반환의무자이다(민법 제1116조). 유류분반환의 방법은 원물반환이 원칙이고, 원물반환이 가능하다면 법원은 유류분권리자가 청구하는 방법에 따라 원물반환을 명하여야 한다(판례).[15] 반환의무자가 공동상속인인 경우에는 증여 또는 유증을 받은 재산가액이 자기의 고유의 유류분액을 초과하는 상속인을 상대로 유류분액을 초과하는 금액의 비율에 따라 반환을 청구할 수 있다(판례).

⑤ 乙은 생전증여를 받은 공동상속인이고, 丙은 유증을 받은 공동상속인이다. 乙의 유류분액은 6억 원인데, 상속개시 당시 乙의 증여재산 가액은 6억 원이므로 乙은 유류분반환의무자라고 할 수 없다. 甲의 乙에 대한 유류분반환청구는 허용되지 않는다.

⑥ 丙의 유류분액은 4억 원이나, 상속개시 당시 丙의 유증재산가액은 22억 원이므로 丙은 유류분반환의무자가 되고, 甲은 유류분 부족액의 비율에 따른 지분이전등기청구가 가능하므로 4/22 지분이전등기청구가 가능하다.

---

13) 대법원 1996.02.09. 선고 95다17885 판결
14) 대법원 1996.02.09. 선고 95다17885 판결; 대법원 2015.11.12. 선고 2010다104768 판결
15) 대법원 2006.05.26. 선고 2005다71949 판결

3. 제3차 모의시험 제3문

목 차

[문제1의 해설]

1. 문제점 (2점)

상행위로 인한 채권의 소멸시효는 5년이고(제64조), 상사시효가 적용되기 위해서는 A와 B 가운데 최소한 한 명은 상인이어야 한다. 회사와 달리 **자연인은 태생(胎生)적 상인이 아니므로** 어느 시점을 기준으로 A가 상인자격을 취득하는지 문제된다.

2. 상인자격의 취득시기 (6점)

(1) 학설

① 기업조직인식시설 - 객관적으로 기업으로서 인식될 수 있는 조직이 갖추어졌을 때에 비로소 상인자격을 취득한다는 견해이다.

② 영업의사 객관적인식가능설 - 거래상대방이 그의 영업의사를 객관적으로 인식할 수 있게 되었을 때 상인자격을 취득한다는 견해이다(통설).

(2) 판례의 태도 - 영업의사 객관적인식가능설

① **영업에 관하여 준비행위를 한 때 상인자격을 취득하며, '준비행위의 성질(性質)로 보아' 영업의사를 상대방이 객관적으로 인식할 수 있으면** 당해 준비행위는 보조적 상행위로서 여기에 상행위에 관한 상법의 규정이 적용된다.[1][2] ② 준비행위의 성질로 보아 영업의사를 알 수 없는 경우에도 상대방도 **행위자의 설명 등에 의하여 그 행위가 영업을 위한 것임을 인식하**였다면, 자금의 차용행위를 한 시점에서 상인자격을 취득한다고 본다(대법원 2012. 4. 13. 선고 2011다 104246 판결).

(3) 검토

상거래에서 거래의 상대방이 객관적으로 상인과 거래한다는 인식을 할 수 있는지가 중요하므로 **판례와 영업의사객관적인식가능설이 타당하다**.

3. 결론 (2점)

A가 인쇄업을 위한 것임을 B에게 설명하였으므로, **차용시점에서 A는 당연상인의 상인자격을 취득(제46조 6호)**하고 차입행위는 보조적 상행위가 된다. B의 대여금채권은 상행위로 인한 채권으로서 5년의 상사시효가 적용된다.

[문제2의 해설]

1. 쟁점 (2점)

우선 C가 상인인지 문제되며, 나아가 A와 공동명의로 사업자등록을 하고 그 공동명의가 사용되었으므로, C의 명의대여자의 책임이 문제된다.

---

1) 대법원 1999. 1. 29. 선고 98다1584 판결.

2) 상법 제47조 제1항은 '상인이 영업을 위하여 하는 행위는 상행위로 본다'고 규정하고 있다. 따라서 논리적으로는 먼저 상인이 된 후에 영업준비행위인 보조적 상행위를 할 수 있는 것으로 보아야 할 것이나 보조적 상행위와 기본적 상행위는 시간적 선후관계가 있는 것이 아니며, 기업을 중심으로 하여 이를 포괄적으로 볼 수 있으므로 보조적 상행위가 기본적 상행위보다 앞설 수 있다.

2. C가 상인인지 여부 (6점)

(1) 상인의 의의 (3점)

상인은 자기명의로 상행위를 함으로써 상거래로 인한 권리의무의 귀속주체가 되는 자를 말한다. 이것은 **당사자의 의사의 해석에 따라** 정해지는 것인데, 누구 명의로 사업자등록이 되어 있는지는 사법적 권리의무의 귀속과 상관이 없으므로 이 판단에 영향을 주지 않는다.[3)]

(2) 소결 (3점)

A는 단순히 C의 명의를 차용하고자 하였을 뿐, C와 공동으로 영업을 하려는 의사는 없었음을 알 수 있고, 이는 C도 마찬가지라고 보인다. 따라서 사업자등록 명의와 상관없이 C는 상인(영업주)이 될 수 없다.

3. 명의대여자 책임 (10점)

(1) 의의 (2점)

타인에게 자기의 성명 또는 상호를 사용하여 영업을 할 것을 허락한 자는 자기를 영업주로 오인하여 거래한 제3자에 대하여 그 타인과 연대하여 변제할 책임이 있다(제24조). 이는 **독일법계의 외관주의법리 또는 영미법계의 금반언의 법리에 근거를 두고 있다.**

(2) 요건 (6점)

1) 외관의 존재

명의대여자의 성명 또는 상호를 사용하는 외관이 존재해야 한다. 여기서 명의차용자가 상인인 이상 명의대여자는 상인이 아니어도 상관없다. C의 명의가 A의 명의와 함께 공동으로 사업자등록이 되고 A와 C의 공동명의로 거래가 이루어졌으므로 성명사용의 외관이 존재한다.

2) 외관의 부여

명의대여자가 그 명의의 사용을 허락해야 한다. 명의사용 허락은 명시적, 묵시적 허락을 묻지 않는다. C는 A가 C의 명의를 공동명의로 사업자등록을 하는 것을 묵인 하였으므로 명의사용의 묵시적 허락이 있다.

3) 외관의 신뢰

제3자(D)가 명의대여 사실에 대해 선의 · 무중과실이어야 하는데 설문에서 이점은 분명하지 않다.

(3) 효과 (2점)

명의대여자는 명의차용자와 연대하여 명의차용자의 영업상 거래로 인한 채무에 대해 연대하여 변제할 책임을 진다. 인쇄업을 영위하는 명의차용자인 A가 D로부터 인쇄기 2대를 매입하여 발생한 대금채무는 거래상 채무로 명위대여자(C)가 연대하여 변제할 책임을 진다.

---

3) 대법원 2008. 12. 11. 선고 2007다66590 판결. 상인은 자기 명의로 상행위를 하는 자를 의미하는데, 여기서 '자기 명의'란 상행위로부터 생기는 권리의무의 귀속주체로 된다는 뜻으로서 실질에 따라 판단하여야 하므로, 행정관청에 대한 인 · 허가 명의나 국세청에 신고한 사업자등록상의 명의와 실제 영업상의 주체가 다를 경우 후자(後者)가 상인이 된다.

4. 결론 (2점)

제3자가 선의 · 무중과실로 C를 영업주로 오인하여 거래하였다면 C의 명의대여자 책임이 성립할 수 있고, 이 경우 C는 D의 채권에 대해서 A와 부진정연대책임을 부담한다.

[문제3의 해설]

1. 쟁점 (2점)

주주의 채권자 D가 주주가 지배하는 회사의 재산으로 채권의 만족을 얻을 수 있는지 여부가 '법인격부인론의 역적용'과 관련하여 문제된다.

2. 법인격부인론의 의의 (3점)

법인격부인론이란 회사의 **법인격을 박탈하지는 않고** 그 법인격이 **남용된 특정한 경우**에 한하여 회사의 법인격을 제한함으로써 **회사와 사원의 인격을 동일시**하여 구체적으로 타당한 해결을 기하려는 이론을 말한다.

3. 법인격부인론의 역적용 (8점)

(1) 문제점

사해설립으로 인하여 채무자가 무자력자가 된 경우 주식회사 경우에는 설립취소의 소도 인정되지 않고(제184조), 사해설립취소의 소(제185조) 역시 인정되지 않는다. 이에 대하여 **법인격부인론의 "역적용(逆適用)"**을 적용할지 여부가 문제된다.

(2) 학설과 판례

1) 학설

① 역적용부정설 : 법인격부인론의 인정근거를 민법 제2조에서 찾으면서, 설립자가 보유한 주식에 대한 강제집행을 하거나, 채권자취소권을 행사하여 취소함으로써 구제받을 수 있으므로 굳이 법인격부인론의 역적용을 인정할 필요가 없다.

② 역적용긍정설 : 법인격부인론의 인정근거를 상법 제169조에서 찾으면서 기존의 사법질서에 명백히 상충되지 않는 이상 법인격부인론을 적극 활용할 수 있다는 견해이다.

2) 판례 - 역적용긍정설

'안건 주식회사'가 채무를 면탈할 목적으로 실질적으로 동일한 '안건 미디어주식회사'를 신설한 사안에 대해, 판례는 "① **신설회사의 설립은 기존회사의 채무면탈이라는 위법한 목적달성을 위하여 회사제도를 남용한 것**이므로, ② **기존회사의 채권자에 대하여 위 두 회사가 별개의 법인격을 갖고 있음을 주장하는 것은 신의성실의 원칙상 허용될 수 없다 할 것이어서 기존회사의 채권자는 위 두 회사 어느 쪽에 대하여서도 채무의 이행을 청구할 수 있다"고 판시한 바 있다.**[4)]

4) 대판 2004. 11. 12, 2002다66892

3) 검토 및 사안의 적용

판례에 의하면 D는 법인격부인론의 역적용을 근거로 (주)선진인쇄를 상대로 인쇄기 매매대금의 지급을 청구할 수 있다.

4. 결론 (2점)

D는 (주)선진인쇄를 상대로 인쇄기 매매대금의 지급을 청구할 수 있다.

[문제4의 해설]

1. 쟁점 (2점)

대표이사 A는 담합에 대해서 관여한 사실이 없는바, A가 회사에 대한 선관주의의무 내지는 감시의무를 위반하였다고 볼 수 있는지가 문제이다.

2. 이사의 감시의무 (8점)

(1) 이사의 감시의무

이사는 이사회를 통하여 다른 이사의 업무집행을 감시할 의무를 진다(제393조 제2항). 나아가 직무담당이사 상호간에는 이사회를 통하지 아니하고도 **상호간의 감시의무**가 인정되는 것으로 본다. 학설과 판례는 **이사회의 감독권이 이사의 감시의무를 포함**하는 개념으로 이해하고 있다.

(2) 이사 및 대표이사의 감시의무 및 위반

1) 이사의 감시의무

주식회사의 이사는 담당업무는 물론 다른 업무담당이사의 업무집행을 감시할 의무가 있으므로 **스스로 법령을 준수**해야 할 뿐 아니라 다른 업무담당이사들도 **법령을 준수하여 업무를 수행하도록 감시·감독하여야 할 의무**를 부담한다.

2) 대표이사의 감시의무

대표이사는 회사의 영업에 관하여 재판상 또는 재판 외의 모든 행위를 할 권한이 있으므로(제389조 제3항, 제209조 제1항), **모든 직원의 직무집행**을 감시할 의무를 부담함은 물론, 이사회의 구성원으로서 다른 대표이사를 비롯한 **업무담당이사의 전반적인 업무집행을 감시할 권한과 책임**이 있다.

3) 감시의무 위반 여부

판례는 "대표이사가 높은 법적 위험이 예상되는 경우임에도 이와 관련된 내부통제시스템을 구축하고 그것이 제대로 작동되도록 하기 위한 노력을 전혀 하지 않거나 의도적으로 외면한 결과 다른 이사 등의 위법한 업무집행을 방지하지 못하였다면, 이는 대표이사로서 **회사 업무전반에 대한 감시의무를 게을리한 것**이라고 할 수 있다"고 판시한바 있다.[5]

3. 이사의 회사에 대한 책임 (3점)

이사가 고의 또는 과실로 **법령 또는 정관에 위반한 행위**를 하거나 그 **임무를 게을리 한 경우**에는 그 이사는 회사에 대하여 연대하여 손해를 배상할 책임이 있다(제399조 제1항).

5) 대법원 2021. 11. 11. 선고 2017다222368 판결

4. 결론 (2점)

대표이사가 이 사건 담합행위를 구체적으로 알지 못하였고 임원들의 행위를 직접 지시하지 않았다는 이유만으로는 그 책임을 면할 수 없고, A가 대표이사로서 마땅히 기울였어야 할 감시의무를 지속적으로 게을리한 결과 회사에 손해가 발생하였다면 A는 이에 대해 배상할 책임이 있다.

[문제5의 해설]

1. 쟁점 (2점)

분식회계의 경우 이사는 회사에 대한 손해배상책임과 제3자에 대한 손해배상책임 두 가지가 모두 발생할 수 있다. 상장회사 주주 C, D, E의 대표소송의 제기여부가 문제되며, 대표이사 B의 제3자인 C, D, E에 대한 책임이 문제된다.

2. 이사의 회사에 대한 손해배상책임 (15점)

(1) 의의

이사가 고의 또는 과실로 **법령 또는 정관에 위반한 행위**를 하거나 그 **임무를 게을리 한 경우**에는 그 이사는 회사에 대하여 연대하여 손해를 배상할 책임이 있다(제399조 제1항). 판례는 **위임계약의 불이행으로 인한 채무불이행책임**이라고 본다.

(2) 분식회계로 인한 이사의 책임

판례는 "결손상태의 회사가 이익이 있는 것으로 분식결산을 하여 이익배당을 한 경우, 회사는 분식회계로 말미암아 지출하지 않아도 될 이익배당금과 법인세 납부액을 지출하였으므로 그만큼의 손해를 입었다"고 보고 있다.[6] B는 **지출하지 않아도 되었을 이익배당금 및 법인세 납부액**에 대해서 손해배상책임을 진다.

(3) 주주의 대표소송 제기여부

1) 대표소송의 의의

회사의 대표기관이 이사와의 정실관계 때문에 그 책임을 추궁하지 않는 경우 소수주주가 회사의 이익을 위해서 이사의 책임을 추궁하는 소를 제기할 수 있는데 이를 '대표소송'이라고 한다(상법 제403조).

2) C, E, D의 원고적격 (3점)

대표소송을 제기하기 위해서 손해발생 시점의 주주일 것을 요구하고 있지 않으므로, C는 물론 손해 발생 이후 주식을 취득하였더라도 D, E의 원고적격에 장애를 가져오지 않는다.

3) 상장회사 특례의 보충성

E의 경우 상장회사의 주주로서 주식보유기간이 2월에 불과한바, 대표소송을 제기하기 위하여 **6개월 요건을 갖추지 못하고 있다**(제542조의6 제6항). 이 경우 비상장회사의 요건을 갖추면 소를 제

6) 대법원 2007. 11. 30. 선고 22006다19603 판결 등 다수

기할 수 있는지에 관하여, 종래에는 판례는 긍정하였는바, 2020년 개정상법은 상장회사의 주주는 '상장회사 특례규정에 따른 소수주주권의 행사'와 '일반규정에 따른 소수주주권'의 행사요건을 **선택적으로 주장**할 수 있도록 하였다(제542조의6 제10항).

(4) 결론

상장회사 주주 C, E, D는 대표이사 B의 분식결산으로 인한 회사에 대한 책임을 대표소송을 통해 추궁할 수 있다.

3. 이사의 제3자에 대한 손해배상책임 (11점)

(1) 의의 (2점)

이사가 고의 또는 중대한 과실로 인하여 그 임무를 해태한 때에는 그 이사는 제3자에 대하여 연대하여 손해를 배상할 책임이 있다. 판례는 주주도 제3자에 포함된다고 한다.

(2) 주주의 직접손해의 경우 (4점)

직접손해에 대해서 제401조의 적용을 긍정하고 있다. 판례도 "주주가 이사의 부실공시로 인하여 정상주가보다 높은 가격에 주식을 매수하였다가 주가가 하락함으로써 직접손해를 입었다면, 이사에 대하여 상법 제401조 제1항에 의하여 손해배상을 청구할 수 있다"고 판시한바 있다.[7]

주주 D의 손해는 2021. 6. 취득 당시 주식의 시세는 분식회계 사실이 알려지지 않아 부당하게 형성된 경우이므로 직접손해에 해당한다. 그러나 2022.6.경 취득한 E는 분식회계로 입은 손해가 없으므로 B를 상대로 손해배상을 청구할 수 없다.

(3) 주주의 간접손해의 경우 (5점)

주주의 간접손해란 **회사재산이 감소하여 주주의 투하자본이 감소되는 손해**를 의미하는데, 이에 대해서 이사의 책임을 인정할 수 있는지 문제된다.

다수설은 대표소송 등으로 주주의 보호에 충분하지 않으므로, 주주의 간접손해 역시 제401조의 손해에 포함되어야 한다고 본다.

판례는 '이사가 회사재산을 횡령하여 회사재산이 감소함으로써 회사가 손해를 입고 결과적으로 **주주의 경제적 이익이 침해되는 손해와 같은 간접적인 손해는 제401조 제1항에서 말하는 손해의 개념에 포함되지 아니**한다'고 본다.[8]

판례에 의하면 분식회계 당시에 이미 2020.1.경 주주의 지위를 취득한 C는 주가의 하락으로 인하여 직접손해를 입은 것이 아니라 **주가하락의 원인이 되는 사정에 의하여 간접손해를 입은 것에 불과**하기 때문에 제401조에 의한 손해배상을 청구할 수 없다.

4. 결론 (2점)

상장회사 주주 C, D, E는 B를 상대로 회사에 대한 손해배상을 청구하는 대표소송을 제기할 수 있다. 또한 ⓐ **주주 C는 간접손해**를 입은 주주이기 때문에 B를 상대로 손해의 배상을 청구할 수 없으나, ⓑ 주주 D는 2021.6.경 취득 당시 주식의 시세는 분식회계 사실이 알려지지 않아 부당하게

7) 대법원 2012. 12. 13. 선고 2010다77743 판결
8) 대법원 2003. 10. 24. 선고 2003다29661 판결

형성된 것이므로 B를 상대로 **직접손해**의 배상을 청구할 수 있다. © 2022.6.경 취득한 주주 E는 **분식회계로 입은 손해가 없으므로** B를 상대로 손해배상을 청구할 수 없다.

[문제6의 해설]

1. 쟁점 (1점)

乙회사가 甲회사의 건설업을 양수함에 있어 주주총회의 특별결의를 거쳐야 하는지, 이를 흠결한 경우 乙회사가 무효를 주장하는 것이 신의칙에 반하지는 문제된다.

2. 영업양도의 의의 (1점)

영업양도란 기능적 재산인 영업재산을 동일성(同一性)을 유지시키면서 일체로서 이전하는 채권계약이라고 한다.[9] 설문의 경우 甲회사의 건설업을 양도하는 것은 **영업의 일부양도**에 해당한다.

3. 乙회사 주주총회 특별결의의 요부 (4점)

(1) 주주총회 특별결의

회사가 회사의 영업에 중대한 영향을 미치는 다른 회사의 영업 전부 또는 일부를 양수할 때에는 주주총회의 특별결의가 있어야 한다(제374조 제1항 제3호).

(2) 중요성의 판단

설문에서 건설업 영업의 시가는 1,000억 원으로서, 乙회사 총자산의 2/3에 해당하므로 **중대한 영향을 미치는 영업양수라고 보는 것**이 타당하다. 따라서 乙회사의 주주총회 특별결의가 요구되는데, 이를 거치지 않았으므로 그 효력이 문제된다.

4. 주주총회 특별결의를 흠결한 건설업 영업양수의 효력 (3점)

(1) 총회결의 흠결시 효력

상법 제374조 제1항 제1호는 주주총회의 특별결의를 얻도록 하여 그 결정에 주주의 의사를 반영하도록 함으로써 주주의 이익을 보호하려는 강행법규(强行法規)이므로, 대표이사가 법률에서 주주총회 승인결의가 요구됨에도 주주총회 승인 없이 거래를 한 경우에는 **상대방 선악 불문하고 해당거래가 무효**라는 것인 판례[10]이다.

(2) 신의칙 위반여부

주식회사가 영업의 전부 또는 중요한 일부를 양도한 후 주주총회의 특별결의가 없었다는 이유를 들어 스스로 그 약정의 무효(無效)를 주장하더라도 주주 전원이 그와 같은 약정에 동의한 것으로 볼 수 있는 등 특별한 사정이 인정되지 않는다면 위와 같은 무효 주장이 신의성실 원칙에 반한다고 할 수는 없다.[11]

---

9) 영업양도는 그 의의와 법적 성질을 그대로 암기한다.
10) 대법원 1998. 3. 27. 선고 97다34709 판결. 송옥렬 (상) 914면.
11) 대법원 2018. 4. 26. 선고 2017다288757 판결

乙회사 주주전원이 건설업 영업양수에 동의하였다는 등의 특별한 사정이 없는 이상, 을회사의 무효주장은 신의칙에 위반되지 않는다.

5. 결론 (1점)

영업양도계약이 무효이므로, 乙회사는 甲회사에게 이미 지급한 500억 원에 대하여 부당이득반환청구를 할 수 있다.

4. 제2차 모의시험 제1문

목 차

제1문의 1

Ⅰ. 제1문의 1 : 상계항변과 기판력

1. 문제점

설문에서 동시이행항변권으로 주장한 채권을 수동채권으로 한 상계항변에도 기판력이 발생하는지 검토하여 후소법원의 판단을 살펴본다.

2. 전소에서 자동채권 존부에 기판력이 발생하였는지 여부

(1) 상계항변을 배척한 경우 기판력의 객관적 범위

제216조 제2항에서 상계로써 대항한 수액의 한도 내에서 기판력이 발생하는 것으로 규정하고 있는데, 그 이유는 상계는 소구채권과 무관계한 반대채권을 가지고 양채권을 대등액에 있어서 소멸시키는 효과를 항변으로 주장하는 것이므로 이에 대해 기판력을 인정하지 않으면 소구채권의 존부에 관한 분쟁이 반대채권의 존부에 관한 분쟁으로 모습을 바꾸어 반복되고, 그 결과 소구채권에 관한 판결이 의미를 잃게 될 염려가 있기 때문이다. 상계항변을 배척한 경우에는 반대채권의 부존재에 대하여 기판력이 발생한다.

(2) 상계항변에 기판력이 발생하기 위한 요건

1) 수동채권에 관한 요건 : 상계 주장에 관한 판단에 기판력이 생기는 것은 수동채권이 소송물로서 심판되는 소구채권이거나 그와 실질적으로 동일하다고 보이는 경우(가령 원고가 상계를 주장하면서 청구이의의 소송을 제기하는 경우 등)로서 상계를 주장한 반대채권과 그 수동채권을 기판력의 관점에서 동일하게 취급하여야 할 필요성이 인정되는 경우를 말한다.

2) 자동채권에 관한 요건 : 상계의 항변은 청구의 존부를 심판함에 있어서 반대채권의 존부를 실질적으로 판단한 경우에만 기판력이 생긴다. 따라서 시기에 늦게 제출되어 각하된 경우(제149조)나 성질상 상계가 허용되지 않거나(민법 제496조, 제492조 제1항 단서), 상계부적상(민법 제492조 제1항 본문)에 해당하여 배척된 경우는 제외된다.

(3) 동시이행항변에 행사된 채권에 대한 상계시 기판력이 발생하는지 여부

만일 상계 주장의 대상이 된 수동채권이 동시이행항변에 행사된 채권일 경우에는 그러한 상계 주장에 대한 판단에는 기판력이 발생하지 않는다고 보아야 할 것이다(대법 2005. 7. 22, 2004다17207). 이와 같이 해석하지 않는다면 동시이행항변이 상대방의 상계의 재항변에 의하여 배척된 경우에 그 동시이행항변에 행사된 채권을 나중에 소송상 행사할 수 없게 되어 법 제216조가 예정하고 있는 것과 달리 동시이행항변에 행사된 채권의 존부나 범위에 관한 판결 이유 중의 판단에 기판력이 미치는 결과가 되기 때문이다.

3. 후소법원 판단의 위법성

甲의 자동채권의 존부에 대해서는 기판력이 발생하지 않았으므로 후소는 적법하고 심리하여야 한다. 나아가 기판력이 발생하였다고 하더라도 청구를 기각한 것은 잘못이고 각하를 하여야 하므로 후소법원의 판단은 위법하다.

제1문의 2

Ⅰ. 제1문의 2 문제1 : 조합의 소송수행 형태 및 확인의 이익

1. 문제점

조합원 중 1인인 甲이 제기한 입찰무효확인의 소가 당사자적격을 갖춘 것이지, 나아가 甲이 승소하여도 원고가 입찰절차에서 낙찰자로 선정되는 것이 아님에도 타인 간의 권리관계에 대한 확인의 소의 대상적격을 갖추었는지 문제된다.

2. 甲이 당사자적격이 있는지 여부

(1) 합유자가 원고인 경우 공동소송 형태

민법상 조합은 계약체로서 당사자능력이 없으므로, 조합원 전원이 공동원고가 되는 고유필수적 공동소송의 형태로 소를 제기하여야 적법하다. 다만 합유재산의 보존행위는 합유재산의 멸실·훼손을 방지하고 그 현상을 유지하기 위하여 하는 사실적·법률적 행위로서 이러한 합유재산의 보존행위를 각 합유자 단독으로 할 수 있도록 한 취지는 그 보존행위가 긴급을 요하는 경우가 많고 다른 합유자에게도 이익이 되는 것이 보통이기 때문에 判例는 통상공동소송으로 본다.

(2) 조합원 중 1인의 입찰무효확인의 소의 경우

민법상 조합인 공동수급체가 경쟁입찰에 참가하였다가 다른 경쟁업체가 낙찰자로 선정된 경우, 그 공동수급체의 구성원 중 1인이 그 낙찰자 선정이 무효임을 주장하며 무효확인의 소를 제기하는 것은 그 공동수급체가 경쟁입찰과 관련하여 갖는 법적 지위 내지 법률상 보호받는 이익이 침해될 우려가 있어 그 현상을 유지하기 위하여 하는 소송행위이므로 이는 합유재산의 보존행위에 해당한다(대법 2013. 11. 28, 2011다80449).

(3) 소 결

이 사건 소의 제기는 합유재산의 보존행위에 해당하므로, 조합의 구성원 중 1인인 甲이 단독으로 이 사건 소를 제기할 수 있으므로 乙의 항변은 부당하다.

3. 확인의 이익이 있는지 여부

(1) 확인의 소의 대상적격

확인의 소에서 오로지 당사자 사이의 권리관계만이 확인의 대상이 될 수 있는 것은 아니고, 당사자 일방과 제3자 사이의 권리관계 또는 제3자 사이의 권리관계에 관하여도 그에 관하여 당사자 사이에 다툼이 있어서 당사자 일방의 권리관계에 불안이나 위험이 초래되고 있고, 다른 일방에 대한 관계에서 그 법률관계를 확정시키는 것이 당사자의 권리관계에 대한 불안이나 위험을 제거할 수 있는 유효·적절한 수단이 되는 경우에는 당사자 일방과 제3자 사이의 권리관계 또는 제3자 사이의 권리관계에 관하여도 확인의 이익이 있다(대법 2013. 11. 28, 2011다80449).

(2) 소 결

사안에서 이 사건 결의의 효력 유무에 따라 이 사건 입찰에 참가한 甲과 A가 구성한 조합의 법적 지위나 법률상 보호되는 이익에 직접 영향을 받게 되므로, 甲으로서는 B가 건축설계계약에 따른 의무

이행을 완료하였다는 등의 특별한 사정이 없는 한, 그에 관한 불안이나 위험을 유효 · 적절하게 제거하기 위하여 이 사건 결의에 대하여 무효확인을 구할 이익이 있고, 이 경우 이 사건 결의가 무효로 확인되면 甲이 이 사건 입찰절차에서 반드시 낙찰자로 선정된다거나 선정될 개연성이 있다는 요건까지 갖추어야 하는 것은 아니므로 乙의 항변을 부당하다.

II. 제1문의 2 문제2 : 부제소합의의 직권판단과 지적의무

1. 직권으로 판단할 수 있는지 여부

(1) 신의칙의 보충적 적용여부

1) 견해의 대립 : ① 일반조항으로의 도피나 남용은 바람직하지 않기에, 다른 법규나 법해석에 의해서 해결할 수 없는 경우에만 예외적으로 적용하자는 견해와, ② 법규나 법해석에 의해 해결이 가능하더라도 신의칙에 의하는 것이 보다 직접적이고 용이하다고 생각되는 경우에는 선택적으로 신의칙을 적용할 수 있다는 견해의 대립이 있다.

2) 검 토 : 생각건대, 신의칙을 선택적으로 적용하더라도 법적 안정성에 반한다고 할 수는 없고 신의칙의 도입취지가 법의 형식적 적용에 의해 생길 수 있는 통념에 반하는 결과의 조정에 있다고 본다면 신의칙의 적용범위가 부당하게 좁아지는 경우 구체적 타당성을 해할 우려가 있기에 선택적 적용설이 타당하다고 본다.

(2) 설문의 경우

부제소특약의 존재는 피고의 항변사항이나, 선택적 적용설에 의하면 법원은 신의칙상 모순거동금지원칙을 적용할 수 있다. 우리 判例도 부제소특약에 위반하여 제기한 소는 권리보호이익이 없고, 또한 신의칙에도 반한다고 하였다(대법 1993. 5. 14, 92다21760). 신의칙은 직권조사사항이므로 피고의 항변이 없는 경우에도 법원은 직권으로 부제소특약이 있음을 이유로 소를 각하할 수 있다. 다만 이러한 각하판결은 甲에게 의외의 재판이 될 수 있으므로 甲의 절차권을 보장하기 위한 조치를 검토한다.

2. 甲의 절차보장을 위한 법원의 조치

(1) 지적의무의 의의

지적의무는 당사자가 간과하였음이 분명하다고 인정되는 법률상의 사항에 관하여 당사자에게 의견을 진술할 기회를 주는 것으로, 법원의 권능인 동시에 의무이다(제136조 제4항). 법원은 당사자가 소송수행 능력의 부족으로 패소하지 않도록 신청·주장·증명에 협력하고 명백히 간과한 법률사항에 대해 의견진술기회를 줄 필요가 있다. 이는 변론주의를 형식적으로 적용하는 데서 발생하는 불합리를 시정해 적정·공평한 재판을 하기 위한 것이다.

(2) 지적의무의 행사요건

1) 당사자가 간과하였음이 분명한 사항일 것 : 이는 통상인의 주의력을 기준으로 당연히 변론에서 i) 고려 또는 ii) 주장되어야 할 사항을 빠뜨린 경우를 이른다고 할 것이다. 나아가 iii) 당사자의 주장이 법률적 관점에서 모순이 있거나 불명료한 점이 있는 경우도 같다. 다만 간과하였음이 분명함을 판단하는 기준은 당사자의 법률지식을 고려해야 하므로, 본인소송의 경우는 변호사소송의 경우와 달리 보아야 할 것이다.

2) 법률상의 사항일 것 : 이는 사실관계에 대한 법률적용사항인 법률적 관점을 뜻한다. 즉 직권조사사항, 당사자의 주장·증명에 의하여 확정된 사실에 대한 법적 평가 내지 법적 개념을 말한다.

3) 재판의 결과에 대해 영향이 있을 것 : 우리 법에는 규정되어 있지 않으나, 독일민소법 제278조 제3항과 같은 해석을 한 것이다. 따라서 판결결과에 영향이 없는 방론은 지적의무의 대상이 되지 아니한다.

3. 설문의 경우

법원이 직권으로 부제소 합의에 위배되었다는 이유로 소가 부적법하다고 판단하기 위해서는 그와 같은 법률적 관점에 대하여 당사자에게 의견을 진술할 기회를 주어야 하고, 부제소 합의를 하게 된 동기 및 경위, 그 합의에 의하여 달성하려는 목적, 당사자의 진정한 의사 등에 관하여도 충분히 심리할 필요가 있다. 법원이 그와 같이 하지 않고 직권으로 부제소 합의를 인정하여 소를 각하하는 것은 예상외의 재판으로 당사자 일방에게 불의의 타격을 가하는 것으로서 석명의무를 위반하여 필요한 심리를 제대로 하지 아니하는 것이어서 위법하다(대법 2013. 11. 28, 2011다80449).

제1문의 3

1. 문제점

丙의 참가승계 후 소를 취하하거나 탈퇴하지 않은 甲과의 공동소송형태를 검토하여, 甲이 제출한 증거가 丙에게 유리하게 활용될 수 있는지 살펴본다.

2. 甲과 丙의 공동소송 형태

참가승계라 함은 소송계속 중 소송의 목적인 권리·의무의 전부나 일부의 승계인이 스스로 종전의 소송에 참가하여 새로운 당사자가 되는 것을 말한다(제81조). 대법원은 2002년 민사소송법 개정 후 피참가인인 원고가 승계참가인의 승계 여부에 대하여 다투지 않고 그 소송절차에서 탈퇴하지도 않은 채 남아있는 경우 원고의 청구와 승계참가인의 청구가 통상공동소송 관계에 있다는 취지로 판단하였으나(대법 2009. 12. 24, 2009다65850), 승계로 인해 중첩된 원고와 승계참가인의 청구 사이에는 양립불가능한 관계에 있으므로 필수적 공동소송에 관한 민사소송법 제67조가 적용되는 것으로 변경되었다(대법 2019. 10. 23, 2012다46170).

3. 필수적 공동소송에서 소송자료의 통일

종래의 통상공동소송으로 보면 공동소송인 독립의 원칙상 증거공통원칙을 인정하지 않는 것이 판례의 입장으로 보여, 甲이 제출한 증거가 丙에게 유리한 효력을 줄 수 없으나, 변경된 필수적 공동소송 입장에 의하면 공동소송인 중 한 사람의 소송행위는 전원의 이익을 위해서만 효력을 가지므로(제67조 제1항), 상대방의 주장사실을 다투거나 증거를 제출하면 공동소송인 모두에게 효력이 있다. 따라서 甲의 증명은 丙에게도 효력이 있다.

제1문의 4

1. 문제점

사해행위취소소송은 형성의 소로서 그 판결이 확정됨으로써 비로소 권리변동의 효력이 생기는 것인데, 반소 청구에 대한 판결이 확정되지 않은 상태에서도 본소 청구의 원인이 된 법률행위가 취소되었음을 전제로 심리하여 판단할 수 있는지 문제된다.

2. 반소에 대한 판단

乙의 반소는 본소의 사실심 계속 중, 청구병합의 요건을 갖추었고, 특별히 소송을 지연시킨다는 사정도 없으며, 반소의 청구원인인 사해행위의 취소 여부는 본소 청구에 대한 방어방법이자, 본소 청구 인용 여부의 선결문제가 되는 것으로 반소관련성도 갖추어 적법하다. 나아가 제1심 법원은 甲과 A 사이의 위 주택매매계약이 사해행위에 해당한다는 심증을 가지게 되었으므로 乙의 청구를 인용하여 매매계약을 취소하고 원상회복으로 甲 명의의 소유권이전등기 말소를 명해야 한다.

3. 본소에 대한 판단

(1) 결 론

甲의 청구를 기각한다.

(2) 이 유

법원이 반소 청구를 이유 있다고 판단하여 사해행위 취소 및 원상회복을 명하는 판결을 선고하는 경우, 비록 반소 청구에 대한 판결이 확정되지 않았다고 하더라도, 원고의 소유권 취득의 원인이 된 법률행위가 취소되었음을 전제로 원고의 본소 청구를 심리하여 판단할 수 있다고 봄이 타당하다. 민법 제406조 제1항도 채권자가 사해행위의 취소와 원상회복을 법원에 청구할 수 있다고 규정함으로써 사해행위취소청구에는 그 취소판결이 미확정인 상태에서도 그 취소의 효력을 전제로 하는 원상회복청구를 병합하여 제기할 수 있도록 허용하고 있다. 이 경우 본소와 반소가 같은 소송절차 내에서 함께 심리, 판단되는 이상, 반소 사해행위 취소 판결의 확정 여부가 본소 청구 판단 시 불확실한 상황이라고 보기 어렵고, 그로 인해 원고에게 소송상 지나친 부담을 지운다거나, 원고의 소송상 지위가 불안정해진다고 볼 수도 없다. 오히려 이로써 반소 사해행위 취소소송의 심리를 무위로 만들지 않고, 소송경제를 도모하며, 본소 청구에 대한 판결과 반소 청구에 대한 판결의 모순 저촉을 피할 수 있기 때문이다(대법 2019. 3. 14, 2018다277785).

제1문의 5

Ⅰ. 결 론

불이익변경금지 원칙상 甲의 상고를 기각한다.

II. 이 유

1. 환송판결의 위법성

(1) 환송판결 기속력의 의의

환송을 받은 법원이 다시 심판을 하는 경우에는 상고법원이 파기의 이유로 삼은 사실상 및 법률상 판단에 기속된다(제436조 2항 후문). 그 근거로 상고심의 법령해석·적용의 통일을 위해 인정된다는 견해도 있으나, 항소심판결에도 인정되는 효력임을 감안하면, 통설처럼 종국적인 분쟁해결과 법적 안정성 및 소송경제의 관점에서 심급제도의 본질에서 유래하는 특수한 효력으로 볼 것이다.

(2) 기속력의 객관적 범위

민사소송법 제436조 제2항에 의하여 환송받은 법원이 기속되는 "상고법원이 파기이유로 한 법률상의 판단"에는 상고법원이 명시적으로 설시한 법률상의 판단뿐 아니라 명시적으로 설시하지 아니하였더라도 파기이유로 한 부분과 논리적·필연적 관계가 있어서 상고법원이 파기이유의 전제로서 당연히 판단하였다고 볼 수 있는 법률상의 판단도 포함되는 것으로 보아야 한다(대법 2012. 3. 29, 2011다106136).

(3) 환송심의 위법성

사안에서 환송판결이 乙과 丙 사이의 위 2015. 3. 3.자 매매계약이 유효한지 여부에 대해서만 판단하였다고 하더라도, 그 판단은 甲이 乙에 대하여 명의신탁 해지에 따른 이전등기청구권을 가지고 이를 피보전채권으로 하여 乙을 대위할 수 있어 소송요건을 구비하였다는 판단을 당연한 논리적 전제로 하고 있다 할 것이므로, 환송판결의 기속력은 원고 甲의 이 사건 청구가 그와 같이 소송요건을 구비한 적법한 것이라는 판단에 대하여도 미친다. 그럼에도 환송 후 원심이, 甲의 丙에 대한 소유권이전등기 말소등기 청구가 소송요건을 구비하지 못한 부적법한 소라고 판단한 것은 환송판결의 기속력에 반하는 것으로서 위법하다.

2. 재상고심의 판단

환송판결의 기속력에 의하면, 甲의 청구는 기각되어야 하는데, 소가하판결을 하였다. 이에 재상고시 판단과 관련하여 환송설, 청구기각설 등이 있으나, 判例는 원고의 이 사건 소를 모두 각하한 원심판결은 결론에 있어서 영향이 없거나 원심판결을 파기한다 하더라도 어차피 청구가 기각될 운명에 있어 원고만이 상고한 이 사건에 있어서 원고에게 더욱 불리한 재판을 할 수 없으므로 원심판결을 유지하기로 한다고 하여 상소기각설의 입장이다(대법 2019. 1. 17, 2018다24349). 이 경우 잘못된 원심판결이 유지되는 문제점이 있으나, 甲의 상소를 인용하여 청구를 기각하는 것은 불이익변경에 해당하므로 상소기각설이 타당하다고 본다. 따라서 대법원은 원고 甲의 상고를 기각해야 한다.

제1문의 6

Ⅰ. 제1문의 6. 문제1 : 부동산상 부담을 매매대금에서 공제하기로 하는 약정의 해석, 이행인수 약정상 채무불이행을 원인으로 매매계약을 해제할 수 있는지

1. 쟁점

甲과 乙이 매매계약과 함께 체결한 저당채무를 매매대금에서 공제하기로 한 약정이 이행인수약정인지, 乙이 이행인수약정에 따른 채무를 이행하지 않음을 이유로 매매계약을 해제할 수 있는지가 쟁점이다.

2. 甲과 乙의 저당채무 공제약정의 법적 성질

① 부동산 매수인이 매매목적물에 관한 근저당권의 피담보채무 등을 인수하는 한편 그 채무액을 매매대금에서 공제하기로 약정한 경우, 매도인과 매수인의 이와 같은 약정은 이행인수로 보아야 한다(판례).1)

② 甲과 乙이 甲이 A에게 부담하는 차용금채무 3억 원을 乙이 인수하는 한편, 그 금액을 매매대금에서 공제하기로 하는 약정은 채권자 A의 승낙이 없으므로 이행인수약정에 해당한다. 乙은 甲에 대하여 甲이 A에 대하여 부담하는 채무를 이행하여 甲을 면책시켜야 할 채무를 부담한다.

3. 乙이 이행인수약정에 따른 채무를 이행하지 않음을 원인으로 한 甲의 해제 가능성

(1) 이행지체를 원인으로 한 계약해제의 일반적 요건

이행지체를 이유로 계약을 해제하기 위해서는 ㉠ 계약상 주된 채무의 위법한 이행지체가 있어야 하고, ㉡ 채권자는 상당한 기간을 정하여 이행을 최고하여야 하며, ㉢ 최고기간이 지나도록 채무자가 이행 혹은 이행제공을 하지 아니하여야 한다(민법 제544조).

(2) 이행인수약정에 따른 채무불이행이 계약해제사유가 되는지 여부

① 매매계약과 함께 체결된 이행인수 약정에 따른 채무는 원칙적으로 매매계약상 주된 채무라고 할 수 없으므로 이행인수 약정에 따른 채무불이행을 원인으로 매매계약을 해제할 수는 없다.

② 매수인이 이행인수 채무를 이행하지 아니함으로써 매매대금의 일부를 지급하지 아니한 것과 동일하게 평가할 수 있는 특별한 사정이 있는 때에는 매매계약상 주된 채무의 불이행이라고 할 수 있으므로 매도인은 계약을 해제할 수 있다(판례).2) 특별한 사정이란 매도인에게 손해가 발생하였거나 손해가 발생할 염려가 있는 경우를 말한다.

③ 乙은 2021. 6. 10.까지 甲의 A에 대한 채무를 이행하기로 약정하였음에도 이를 이행하지 아니하였고, 이로 인하여 A의 근저당권이 실행되었으며, 甲이 스스로 차용금을 모두 변제하는 손해가 발생하였으므로 乙의 채무불이행은 매매대금채무불이행과 동일하게 평가할 수 있고, 매매계약 해제사유가 될 수 있다.

---

1) 대법원 2002.05.10. 선고 2000다18578 판결
2) 대법원 1998.10.27. 선고 98다25184 판결

(3) 甲의 해제권 발생

① 매수인이 인수한 채무를 이행하지 않아 매도인이 대신 그 채무를 변제하였다면 그로 인한 매수인의 구상채무나 인수채무불이행으로 인한 매수인의 손해배상채무는 매수인의 매매대금채무의 변형이므로 매도인의 소유권이전등기의무와 동시이행관계에 있다(판례).3)

② 동시이행항변권부 채무의 이행지체를 이유로 계약을 해제하기 위해서는 상당한 기간을 정한 최고기간 동안에는 반대채무의 변제제공 상태가 유지되어야 한다.

③ 甲은 잔대금지급기일부터 2022. 2. 15.까지 乙에게 인수채무의 이행을 최고하면서 반대채무의 변제제공 상태를 유지하였으므로 乙의 채무불이행은 위법하고 甲은 해제권을 취득한다.

4. 결론

甲은 매매계약을 해제할 수 있다.

II. 제1문의 6. 문제2 : 관할합의의 주관적 범위

1. 문제점

대전지방법원에 토지관할권이 없다는 주장과 관련하여, 甲과 乙 사이의 관할합의의 태양과 乙로부터 물권을 특정승계한 丙에게 관할합의의 효력이 미치는지 살펴본다.

2. 설문의 관할합의의 태양

(1) 관할합의의 요건

합의관할이라 함은 법정관할과 다른 관할을 정하는 당사자 사이의 소송상의 합의에 의하여 생기는 관할을 말한다(제29조). 관할합의가 유효하기 위해서는 ① 제1심의 임의관할에 관한 합의여야 하고, ② 합의의 대상인 법률관계가 특정되어 있을 것, ③ 합의의 방식이 서면일 것, ④ 관할법원이 특정되어 있을 것, ⑤ 합의의 시기는 문제가 되지 않는다.

(2) 합의의 태양

합의의 태양에는 합의에 의하여 정하여진 특정한 법원의 관할권만을 인정하고, 그 밖의 법원의 관할을 배제하는 전속적 합의와 법률의 규정에 의하여 발생하는 법정관할 이외에 다시 별도의 법원에도 병존적으로 관할권을 인정하는 부가적 합의가 있다. 합의의 태양이 불분명한 경우 통설은 경합하는 법정관할법원 중 어느 하나를 특정하거나 또는 그 가운데 어떤 것을 배제하는 합의는 전속적이고, 그렇지 않으면 부가적이라고 해석한다.

(3) 설문의 경우

서울중앙지방법원은 피고의 보통재판적 소재지 관할법원으로 전속적 합의로 보인다. 따라서 경합하는 다른 지방법원의 관할권들은 소멸한다.

---

3) 대법원 2002.05.10. 선고 2000다18578 판결

3. 특정승계인에게 관할합의의 효력이 미치는지 여부

(1) 관할합의의 주관적 범위

소송물을 이루는 권리관계가 물권인 경우에는 당사자가 그 내용을 자유롭게 대세적으로 변경할 수 없고(민법 제185조), 그 합의된 바를 등기부상 공시할 수 없는 것이기 때문에 합의에 구속되지 않으나, 소송물을 이루는 권리관계가 당사자 사이에 그 내용을 자유롭게 정할 수 있는 채권인 경우에는 채권양수인은 변경된 내용의 채권을 양수받았다고 볼 수 있으므로 합의의 효력이 채권양수인에 미친다고 보아야 한다. 判例도 『관할의 합의는 소송법상의 행위로서 합의 당사자 및 그 일반승계인을 제외한 제3자에게 그 효력이 미치지 않는 것이 원칙이지만, 관할에 관한 당사자의 합의로 관할이 변경된다는 것을 실체법적으로 보면, 권리행사의 조건으로서 그 권리관계에 불가분적으로 부착된 실체적 이해의 변경이라 할 수 있으므로, 지명채권과 같이 그 권리관계의 내용을 당사자가 자유롭게 정할 수 있는 경우에는, 당해 권리관계의 특정승계인은 그와 같이 변경된 권리관계를 승계한 것이라고 할 것이어서, 관할합의의 효력은 특정승계인에게도 미친다』고 한다(대법 2006. 3. 2, 2005마902).

(2) 설문의 경우

丙은 乙로부터 물권을 특정승계한 자로서 물권법정주의에 따라 당사자가 자유롭게 변경할 수 없는 것이어서 그 법률관계를 신뢰한 특정승계인을 보호하여야 하므로 승계인 병은 甲과 乙의 관할합의에 구속되지 아니한다.

4. 설문의 해결

甲과 乙의 관할합의는 전속적 관할합의에 해당하지만 그 관할합의는 甲과 乙의 법률관계의 특정승계인인 丙에게는 승계되지 아니하므로 甲의 관할위반의 주장은 타당하지 아니하다.

5. 제2차 모의시험 제2문

목 차

제2문의 1

Ⅰ. 문제 1. : 선이자공제약정의 효력, 이자제한법을 초과하여 지급된 이자의 법적 취급

1. 결론

甲은 7,700만 원을 받을 수 있다.

2. 이유

① 선이자공제약정의 효력, 이자제한법을 초과하여 지급된 이자의 법적 취급 등이 쟁점이다.

② 甲이 대부업자라는 등의 특별한 사정이 없으므로 甲과 A의 대여계약에는 이자제한법이 적용된다.

③ 이자제한법에서는 선이자공제약정의 효력을 부정하는 규정이 없으므로 선이자공제약정은 유효하다. 다만, 선이자로 공제한 이자가 채무자가 실제 수령한 금액을 원본으로 하여 이자제한법상 최고이자율에 따라 계산한 금액을 초과하는 때에는 초과부분은 원본에 충당한 것으로 본다(이자제한법 제3조).

④ 이자제한법상 최고이자율은 연20%이므로 A가 실제 수령한 7천만 원의 6개월간 최고이자는 7백만 원이다(7천만 원 × 0.2 × 1/2). 선이자로 3천만 원이 공제되었으므로 최고이자를 초과하는 2천 3백만 원은 원본 1억 원에 충당된다. 변제기에 甲이 변제받을 수 있는 금액은 7천 7백만 원이다.

Ⅱ. 문제 2. : 친권자의 동의권 행사항법, 친권남용

1. 결론

乙의 취소주장은 타당하다.[1)]

2. 이유

① 미성년자 乙이 그의 부(父) A의 채무를 중첩적으로 인수하는 약정에 B의 동의가 있었는지 및 동의의 효력이 생기는지가 쟁점이다.

② 미성년자의 법률행위는 법정대리인의 동의를 받지 아니하면 취소할 수 있다(민법 제5조). 미성년자의 법정대리인은 친권자이고(민법 제911조), 친권은 부모가 혼인 중인 때에는 부모가 공동으로 행사한다(민법 제909조 제2항). 그러나 부모의 일방이 사실상·법률상 사유로 친권을 행사할 수 없는 경우에는 단독으로 친권을 행사할 수 있다. 법정대리인의 동의는 반드시 명시적이어야 하는 것은 아니고, 미성년자가 법률행위를 할 때에 법정대리인이 동석한 경우에는 묵시적 동의를 인정한다(판례).[2)]

③ 미성년자 乙의 중첩적 채무인수 당시 친권자인 B가 동석하였고, 다른 공동친권자 A는 도피 중으로 친권을 행사할 수 없는 상태이므로 B의 동의는 일응 유효하다.

---

1) 채점기준표에서는 乙의 취소주장이 타당하지 않다고 결론을 내리고 있으나, B의 동의권 행사가 친권의 남용에 해당하여 동의로서의 효력을 가지지 못하므로 乙의 취소주장은 타당하다고 보아야 한다.

2) 대법원 2000. 4. 11. 선고 2000다3095 판결

④ 친권을 행사함에는 자의 복리를 우선적으로 고려하여야 하므로(민법 제912조 제1항), 친권행사의 목적이 오로지 친권자나 제3자의 이익을 도모할 목적인 때에는 친권의 남용에 해당하고, 상대방이 이와 같은 사정을 알았거나 알 수 있었을 때에는 친권행사의 효과는 미성년자에게 미치지 않는다(민법 제107조 제1항 단서 유추).

⑤ 乙의 중첩적 채무인수에 관한 B의 동의는 오로지 공동친권자 A나 채권자 甲의 이익을 위한 것이고, 중첩적 채무인수 과정이 이자제한법을 초과한 이자약정, 甲의 폭행 등이 있었음을 고려할 때 B의 동의는 친권의 남용에 해당하여 乙에게 효력이 없다고 보아야 한다.

Ⅲ. 문제 3. : 중첩적 채무인수의 경우 채무자와 인수인 간 관계, 부진정연대채무자가 다른 부진정연대채무자의 채권으로 상계할 수 있는지

1. 결론

乙의 상계는 효력이 없다.

2. 이유

① 乙과 A가 甲에 대하여 부담하는 채무의 성질, 乙이 A의 채권으로 상계할 수 있는지가 쟁점이다.

② 중첩적 채무인수를 한 경우, 원칙적으로 채무자와 인수인 사이의 관계는 연대채무관계에 있으나, 채무인수인이 채무자의 부탁을 받지 아니하여 채무자와 사이에 주관적 공동관계가 없는 경우에는 부진정연대채무관계에 있다(판례).[3] 乙은 甲과 중첩적 채무인수약정을 하였고, 그 과정에 채무자 A의 부탁이 있는 등의 사정이 없으므로 乙과 A의 甲에 대한 채무는 부진정연대관계에 있다.

③ 연대채무자는 다른 연대채무자의 부담부분 범위에서 다른 연대채무자의 채권으로 상계할 수 있으나(민법 제418조 제2항), 주관적 공동관계가 없는 부진정연대채무에서는 다른 부진정연대채무자의 채권을 가지고 상계할 수 없다(판례).[4] 乙은 다른 부진정연대채무자 A의 손해배상채권으로 상계할 수 없다.

제2문의 2

Ⅰ. 문제 1. : 명의신탁약정 해지를 원인으로 한 소유권이전등기청구권 양도 제한

1. 결론

법원은 丙의 청구를 기각하여야 한다.

2. 이유

① 명의신탁약정 해지를 원인으로 한 소유권이전등기청구권 양도가 제한되는지가 쟁점이다.

3) 대법원 2014.08.20. 선고 2012다97420 판결
4) 대법원 1994.05.27. 선고 93다21521 판결

② 채권은 양도할 수 있고(제449조 제1항), 지명채권의 양도는 양도인이 채무자에게 통지하거나 채무자가 승낙하지 아니하면 채무자 기타 재3자에게 대항하지 못한다(제450조 제1항).

③ 매매 등 법률행위를 원인으로 한 소유권이전등기청구권은 이행과정에 신뢰관계가 따르므로 권리의 성질상 양도가 제한되고 그 양도에 채무자의 승낙이나 동의를 요한다(판례).[5]

④ 이와 같은 법리는 명의신탁자가 부동산에 관한 유효한 명의신탁약정을 해지한 후 이를 원인으로 한 소유권이전등기청구권을 양도한 경우에도 적용된다(판례).[6]

⑤ 명의수탁자 乙은 명의신탁해지를 원인으로 한 소유권이전등기과정에서 명의신탁자 甲으로부터 소유권등기를 유지하는 과정에 지출한 비용 등의 상환을 받는 등 이행과정에 신뢰관계가 따르므로 甲의 丙에 대한 채권양도 통지만으로 丙은 채권양도의 효과를 주장할 수 없다. 乙의 승낙이나 동의가 없는 한 甲의 소유권이전등기청구권은 양도가 제한되는 권리이므로 丙은 채권양수인으로서의 지위를 주장할 수 없다.

II. 문제 2. :

1. 결론

甲의 각 청구는 인용된다.

2. 근거

(1) 쟁점

명의신탁의 유형, 3자간 등기명의신탁자의 실명등기등기방법, 3자간 등기명의신탁자가 명의신탁재산에 근저당권을 설정한 명의수탁자에 대하여 부당이득반환을 청구할 수 있는지가 쟁점이다.

(2) 甲의 (1) 청구의 당부

① 甲은 소유자 丁과 매매계약을 체결하고, 그 등기명의만을 명의수탁자 乙에게 이전하도록 하였으므로 甲과 乙의 명의신탁은 3자간 등기명의신탁에 해당한다. 甲과 乙의 명의신탁약정은 무효이나(부동산실명법 제4조 제1항), 甲과 丁의 매매계약은 부동산실명법에 그 효력을 부정하는 규정이 없으므로 유효하다(판례).[7]

② 명의수탁자 乙명의의 소유권이전등기에 따른 물권변동은 무효이다(부동산실명법 제4조 제2항 본문). 명의신탁자 甲은 매도인 丁에 대한 소유권이전등기청구권을 보전하기 위하여 丁을 대위하여 명의수탁자 乙을 상대로 소유권이전등기말소를 청구하거나 진정한 등기명의 회복을 위한 이전등기를 청구할 수 있다(판례).[8]

(3) 甲의 (2) 청구 당부

① 명의신탁약정의 무효 및 물권변동의 무효로는 제3자에게 대항할 수 없으므로(부동산실명법 제4조 제3항) 명의수탁자 乙의 근저당권설정행위에 따라 A은행은 적법하게 근저당권을 취득한다.

---

5) 대법원 2001.10.09. 선고 2000다51216 판결
6) 대법원 2021.06.03. 선고 2018다280316 판결
7) 대법원 1999.09.17. 선고 99다21738 판결
8) 대법원 2002.11.22. 선고 2002다11496 판결

② 3자간 등기명의신탁에서 명의수탁자가 명의신탁재산을 처분하는 경우, 명의신탁자의 소유권 이전등기청구권은 이행불능이 되고, 명의신탁자가 매도인에 대하여 재차 소유권이전등기를 청구하거나 매매대금의 반환을 청구할 수 없다. 명의신탁자에게는 손해가 발생하고, 명의수탁자는 처분대금 등을 취득한 이익이 생기므로 명의신탁자는 명의수탁자에 대하여 처분대금 상당액의 부당이득반환을 청구할 수 있다(판례).9)

③ 이와 같은 법리는 명의수탁자가 명의신탁재산에 근저당권을 설정한 경우에도 마찬가지로 적용된다. 명의수탁자는 근저당권의 피담보채무액 상당의 이익을 얻었고 명의신탁자는 그에 상응하는 손해를 입었으므로 명의수탁자는 명의신탁자에게 이를 부당이득으로 반환할 의무를 부담한다(판례).10)

④ 甲은 乙을 상대로 피담보채무액 상당액의 부당이득반환을 청구할 수 있다.

제2문의 3

Ⅰ. 문제 1. : 채권자취소권 행사기간

1. 결론

丁의 사해행위 취소권 행사는 제척기간을 경과하지 않았다.

2. 이유

① 채권자취소권을 취소원인을 안 날로부터 1년, 법률행위 있은 날로부터 5년 내에 제기하여야 한다(민법 제406조 제2항).

② 乙의 丙에 대한 증여는 2019. 6. 5. 있었고, 丁의 사해행위 취소소송은 2021. 4. 1. 제기되었으므로 장기 제척기간을 준수하였다.

③ 단기 제척기간 기산점인 취소원인을 안 날이란 채무자가 채권자를 해함을 알면서 사해행위를 하였다는 사실을 알게 된 날을 의미한다. 단순히 채무자의 재산처분행위 사실을 안 것만으로는 취소원인을 알았다고 할 수 없고 그 재산처분행위가 사해행위에 해당한다는 사실까지 알아야 한다(판례).11)

④ 丁이 乙의 증여사실을 안 날은 2020. 2.이나, 丁이 乙의 재산의 공동담보 부족이 생겼다는 사실을 안 것은 2021. 3. 이므로 丁의 사해행위 취소권 행사는 단기 제척기간도 도과하지 않았다.

Ⅱ. 문제 2. : 공동담보물 처분의 사해성 판단방법

1. 결론

乙의 증여는 사해행위에 해당하지 않는다.

---

9) 대법원 2011.09.08. 선고 2009다49193·49209 판결; 대법원 2019.07.25. 선고 2019다203811·203828 판결 (명의신탁부동산이 경매를 원인으로 제3취득자 명의로 이전등기가 마쳐진 경우에도 마찬가지로 적용된다는 판결)

10) 대법원 2021.09.09. 선고 2018다284233 전원합의체 판결. 명의수탁자는 매도인에 대하여 부당이득반환의무나 손해배상의무를 부담하고, 명의신탁자에 대하여 부당이득반환의무를 부담하지 않는다는 대법관 5인의 반대의견이 있다.

11) 대법원 2009.10.29. 선고 2009다47852 판결

2. 근거

(1) 쟁점

채무자가 공동담보로 제공된 부동산을 처분하는 행위가 일반채권자의 공동담보를 감소시키는 사해행위에 해당하는지를 판단하는 방법이 쟁점이다.

(2) 저당물 처분의 사해성 판단방법

채무초과 상태의 채무자가 저당물을 처분하는 경우, 저당물의 시가가 저당권의 피담보채권액을 초과하는 때에는 초과하는 범위에서 사해성이 인정된다. 저당권자가 우선변제를 받을 수 있는 채권액 범위에서 저당물은 일반채권자의 공동담보에 해당하지 않기 때문이다.

(3) 공동저당물 처분의 사해성 판단방법

① 채무초과 상태의 채무자가 공동저당권이 설정된 저당물을 처분한 경우, 그 저당물 가액에서 공제되어야 한 공동저당권의 피담보채권액은, 공동저당물이 모두 채무자 소유인 경우에는 공동저당권의 피담보채권액을 저당물 가액으로 안분한 금액이다(판례).[12]

② 그러나 공동저당물 중 일부는 채무자 소유이고, 나머지는 물상보증인 소유인 경우, 채무자 소유의 저당물에서 공제되어야 하는 우선변제채권액은 공동저당권의 피담보채권액 전액이다(판례).[13] 공동저당물 중 일부가 물상보증인 소유인 경우, 공동저당물의 안분배당에 관한 제368조 제1항이 적용되지 않고 채무자가 제공한 저당물로부터 공동저당권자의 피담보채권이 우선적으로 배당되어야 하기 때문이다.

(4) 사안의 경우

① X부동산에 설정된 甲의 근저당권은 X부동산이 채무자 乙과 물상보증인 丙의 공유이므로 공동저당권의 성질을 가진다.

② 채무자 乙의 지분가액은 7억 5천만 원이고, 채무자 乙의 지분으로부터 甲은행이 우선변제를 받을 피담보채권액은 공동저당권의 피담보채권액 전액인 12억 원이므로 채무자 乙의 지분은 일반채권자의 공동담보로서 기능하지 못한다.

③ 乙이 그의 지분을 丙에게 증여하였더라도 이를 책임재산 감소행위라고 할 수 없으므로 일반채권자 丁을 침해하는 사해행위라고 할 수 없다.

---

12) 대법원 2014.06.26. 선고 2012다77891 판결
13) 대법원 2016.08.18. 선고 2013다90402 판결; 대법원 2013.07.18. 선고 2012다5643 전원합의체 판결

제2문의 4

Ⅰ. 〈시범답안〉 : 소멸시효가 완성된 채권을 자동채권으로 한 상계

1. 결론

甲의 상계주장은 부당하다.

2. 이유

(1) 쟁점

甲의 乙에 대한 대여금채권의 소멸시효 완성 여부, 소멸시효가 완성된 甲의 대여금채권을 자동채권으로 하고, 乙의 유익비상환채권을 수동채권으로 한 상계 허용 여부가 쟁점이다.

(2) 상계의 일반적 요건

① 상계권이 발생하기 위해서는 ㉠ 동종채권의 대립, ㉡ 자동채권 실현에 장애사유가 없을 것, ㉢ 수동채권에는 상계금지사유가 없을 것 등의 요건이 갖추어져야 한다.

② 甲은 乙에 대한 대여금채권을 자동채권으로, 乙의 甲에 대한 유익비상환채권을 수동채권으로 한 상계를 주장하고 있다.

(3) 甲의 乙에 대한 대여금채권의 소멸시효 완성 여부

① 운송업을 영위하는 乙은 상인이며, 상인이 영업을 위하여 하는 행위는 상행위이고(상법 제47조 제1항), 상행위로 인한 채권의 소멸시효기간은 5년이다(상법 제64조).

② 乙의 영업자금 대여행위는 상행위이므로 甲의 乙에 대한 대여금채권은 상사채권으로 변제기인 2013. 8. 7.부터 소멸시효가 진행하여 2018. 8. 7. 소멸시효가 완성한다.

(4) 소멸시효가 완성된 채권을 자동채권으로 한 상계 허용 여부

① 소멸시효가 완성된 채권이라도 그 완성 전에 상계할 수 있었던 것이면 상계할 수 있으므로(민법 제495조) 소멸시효 완성 전에 수동채권이 발생하였어야 한다.

② 乙의 甲에 대한 유익비상환채권은 임차인의 유익비상환채권으로 임대차가 종료된 때에 발생한다(민법 제626조 제2항). 乙이 임대차기간 중에 비용 4천만 원을 지출하였으나, 임대차가 종료된 2020. 10. 24. 당시 객관적 가치 증가액은 2천만 원이므로 乙은 甲에 대하여 유익비상환채권을 임대차 종료시에 취득한다.

③ 甲의 상계자동채권인 대여금채권의 소멸시효가 완성되기 전에는 수동채권인 乙의 甲에 대한 유익비상환채권이 발생하지 아니한 상태이므로 소멸시효 완성 전에 상계할 수 있었던 때에 해당하지 않는다.

④ 甲의 상계는 제495조에 의하더라도 허용되지 않는다.

6. 제2차 모의시험 제3문

목 차

[문제1의 해설]

Ⅰ. 쟁점의 정리 (1점)

① 갑 회사 이사회의 소집절차상의 하자, ② 특별이해관계 있는 이사와 관련하여 결의방법상의 하자가 문제된다.

Ⅱ. 이사회 결의의 유효성 (11점)

1. 이사회의 소집절차상의 하자 (3점) [정/각/일/통]

이사회의 소집권은 원칙적으로 **각 이사**에 있지만, 별도로 **정**할 수도 있다(제390조 제1항). 소집권자는 **회일의 1주간 전**에 모든 **이사와 감사**에 대하여 소집**통지**를 '발송'하여야 한다(동조 제3항). 설문에서 **이사 B에게 소집통지를 하지 않은 소집절차상의 하자**가 존재한다.

2. 이사회의 결의 방법상 하자 (8점)

가. 특별이해관계 있는 이사의 의결권 제한(미/개/정)

(1) 의미

특정한 이사회 결의에 대해 특별한 이해관계가 있는 이사는 의결권을 행사할 수 없다(**제391조 제3항, 제368조 제3항**). 특별이해관계란 이사회결의에 관하여 이사의 지위와 무관한 개인적 이해관계가 있는 경우를 의미한다(개인법설).

(2) 범위

개인법설에 의하면, ① 주식**양**도를 제한하는 경우 양도승인을 청구하는 이사 , ② 이사의 **자**기거래시 이사, ③ 이사의 **경**업금지의무에 대한 승인시 이사 등이 이사회결의와 관련하여 의결권을 행사할 수 없다. [양/자/경]

(3) 정족수의 계산

이사회 결의는 재적이사 과반수 출석(의사정족수)와 출석이사 과반수 찬성(의결정족수)으로 결정된다(제391조 제1항 본문). 특별이해관계 있는 이사는 **'의사정족수'에는 포함**되나, **'의결정족수'에는 산입되지 아니한다**(제391조 제3항, 제371조 제2항).[1)]

(4) 소결

재적이사는 A, B, C이며, 특별이해관계 있는 이사는 B인데, ① '의사정족수'를 계산하는 경우 B를 포함시키므로 재적이사 A, B, C 중 A, C가 출석(2/3)하여 **의사정족수는 문제가 없다**. ② 또한 '의결정족수'를 계산하는 경우 이사 B는 제외되므로 출석이사 A, C가 모두 찬성하여 **의결정족수에도 문제가 없다**.

Ⅲ. 결론 (3점)

갑 회사는 결의방법상의 하자는 없는 반면 이사 B에 대한 소집절차상의 하자로 이사회 결의는 무효이다.[2)]

---

1) 대법원 1991. 5. 28. 선고 90다20084 판결

[문제2의 해설]

Ⅰ. 쟁점의 정리 (2점)

갑회사 정관으로 주식양도를 제한하는 경우 양수인 을회사의 명의개서청구가 부당거절인지, 부당거절이라면 을이 갑회사 주주총회결의에 대해 취소의 소를 제기할 수 있는지 문제된다.

Ⅱ. 정관에 의한 주식양도 및 제한 (10점) - 명의개서 부당거절 여부

1. 주식양도의 제한 (1점)

주식은 자유롭게 양도할 수 있는 것이 원칙이나 정관에 규정을 두어 양도를 제한할 수 있다(제335조 1항).

2. 주식양도의 승인청구 및 승인의제 (7점)

양도인은 회사에 **서면으로** 양도승인을 청구할 수 있다. **회사는** 청구한 날로부터 **1월 이내**에 승인 여부를 서면으로 통지하여야 하는데, 회사가 동 기간 내에 주주에게 거부통지를 하지 아니한 때에는 **이사회의 승인이 있는 것으로 간주한다**(제335조의2 제3항).

한편 **주식양수인도** 회사에 대해 양도의 승인을 서면으로 청구할 수 있고(제335조의7 1항), 제335조의2 제2항 내지 4항은 이 경우에 준용된다(제335조의7 제2항).

3. 소결 (2점)

양수인 을회사가 회사에 대한 승인청구에 대해 회사가 무응답을 하는 경우 양도승인으로 간주되므로 양수인 을의 갑회사에 대한 명의개서청구를 정당하며 **갑회사의 거부는 부당한 거절이다**.

Ⅲ. 명의개서 부당거절과 총회결의 하자 (11점)

1. 원고적격 (2점)

명의개서청구를 부당하게 거절당한 경우 종래 판례는 "주주명부의 기재 없이 주주권의 행사가 가능하다"고 하며, 최근 전합판례도 "명의주주 행사원칙의 예외로써 주주권행사를 인정한다"고 판시한 바 있다. 이 경우 **신의칙(信義則)을 근거**로 한다는 것이 일반적인 견해이다.[3][4]

을은 명의개서가 없이도 갑회사**에 대해 <u>직접</u> 주주권을 행사할 수 있는바,** 주주총회결의 취소(제376조)의 소를 제기할 **원고적격**이 인정된다.

---

2) 양도승인 여부를 결정하기 위한 이사회 소집통지에서 B를 배제한 것이 적법한 것인지 문제된다. 상법 제363조 제7항은 주주총회 소집통지의 경우 의결권 없는 주주에 대한 소집통지를 생략할 수 있도록 규정하고 있는데 그 취지를 유추하여 본다면, **B가 주식양도 승인과 관련하여 특별이해관계를 가진 이사인 경우** 이사회에서 의결권을 행사할 수 <u>없으므로 B에 대한 소집통지를 생략하더라도 이사회 소집절차의 하자가 된다고 할 수 없음</u>. / B의 경우 甲회사 주식 3만주 양도에 관한 승인을 얻어야 원하는 목표를 달성할 수 있는데 이러한 이해관계는 이사로서의 지위에서 당연히 파생되는 이해관계라고 보기는 어렵고, 개인적 이해관계라고 보아야 한다. 따라서 B는 주식양도 승인결의에 관하여 **특별이해관계** 있는 이사라고 할 수 있고 **그에 대한 소집결의를 생략한 것은 문제가 되지 않는다(채점기준표)**.

3) 대법원 1993. 9. 13. 선고 92다40952 판결.

4) 부당거절당한 주주의 지위에 대한 전형적인 문구이다. 암기하도록 한다.

2. 주주총회 결의방법상의 하자 (2점)

갑회사가 을의 의결권행사를 차단하고, **명의주주 B가 의결권을 행사하도록** 하는 점은 **결의방법상의 하자**에 해당하는바, 이는 주주총회결의 취소의 소의 사유(제376조)가 된다.

3. 주주총회 소집절차상의 하자 - 주주명부 면책력 (5점)

① 종래 판례는 '주주명부의 면책력'에 대해 **'절충적인 입장'**이었지만, ② 2017년 전합판결에 의하면 "회사가 실질주주를 알았든 몰랐든 간에 명의주주에게 주주권행사를 허용하면 면책된다"는 '절대설' 입장이다. ③ 다만 **"명의개서 부당거절의 경우에는 회사가 명의주주에게 주주권행사하게 하더라도 면책되지 않는다"**고 봄이 타당하다.

명의개서를 부당하게 거절당한 주주는 **일반 명의주주처럼 취급해야 한다**. 따라서 갑회사는 을회사에게 소집통지를 해야 하며, 이를 결했을 경우 **주주명부의 면책력이 인정되지 아니하는바, 이는 주주총회 소집절차상의 하자**로써 주주총회 결의 취소의 사유(제376조)가 된다.

4. 소결 (2점)

을회사는 명의개서 청구를 부당하게 거절당한 지위에서 갑회사 주주총회 결의에 대하여 소집절차상의 하자 및 결의방법상의 하자를 주장할 수 있다.

Ⅳ. 결론 (2점)

乙회사는 B로부터 주식을 취득한 다음 날인 2022.6.8. 서면으로 甲회사의 승인을 청구하였고, 甲회사 이사회에서는 주식양도의 승인을 거부하는 결의가 이루어졌지만 이러한 사실은 2022.7.8.까지 乙회사에게 통지가 되지 않았는바, 이는 승인청구를 한 날로부터 1월 내에 승인을 거부하는 통지가 없다면 **1월이 경과한 후에는 승인이 의제된다**. 따라서 을회사의 명의개서를 거절한 갑회사의 조치는 **부당거절**에 해당한다. 이에 을회사는 갑회사 주주총회 결의에 대하여 소집절차상의 하자 및 결의방법상의 하자를 주장하여 **주주총회결의 취소의 소**를 제기할 수 있다.

[문제3의 해설]

Ⅰ. 쟁점의 정리 (1점)

을회사가 양도승인청구를 한 지 1월 내에 승인거부통지를 받지 못하였는바, **甲회사에** 주식매수청구권을 행사할 수 있는지 문제된다.

Ⅱ. 양도승인 거부와 주식매수청구권 (7점)

1. 양도승인거부와 주식매수청구

양도인 또는 양수인은 회사에 **서면으로** 양도승인을 청구할 수 있다. **회사는** 청구한 날로부터 **1월 이내**에 승인 여부를 서면으로 통지하여야 하는데, 회사가 동 기간 내에 주주에게 거부통지를 하지 아니한 때에는 **이사회의 승인이 있는 것으로 본다**(제335조의2 제1항, 제3항, 제335조의7).

이에 회사로부터 **승인거부의 통지를 받은 주주**는 통지를 받은 날로부터 **20일내**에 회사에 대하여 ① 양도상대방(매수인)의 지정 또는 ② **주식의 매수를 청구**할 수 있다(동조 제4항).

2. 소결

양수인을 회사는 **양도승인청구를 한 지 1월 내에 승인거부통지를 받지 못**하였고, 또한 이는 **양도승인으로 간주**되므로 주식매수청구권이나 양도상대방 지정청구권을 양수인이 행사할 수는 없다.

Ⅲ. 결론 (2점)

을회사가 양도승인청구를 한 지 1월 내에 승인거부통지를 받지 못하였고, 또한 이는 양도승인 간주로 평가되는바, 주식매수청구권을 행사할 수 없으므로 **甲회사는 응할 의무가 없다.**

[문제4의 해설]

Ⅰ. 쟁점의 정리 (2점)

A의 표현지배인의 성립요건, 어음행위의 표현대리를 주장할 수 있는 상대방의 범위가 문제되며, 표현지배인(무권대리인) B의 어음채무가 문제된다.

Ⅱ. 을의 어음상 권리의 취득

영업주 A의 어음발행은 무권대리로써 무효이므로 수취인 갑은 어음상 권리를 취득하지 못한 **무권리자**이다. 이에 소지인 을은 어음상 권리를 승계취득할 수 없지만 **선의취득(어음법 제16조 제2항)**은 가능하다.

Ⅲ. A의 어음상 채무 - 표현지배인의 성립여부 (7점)

1. 의의

표현지배인 제도란 영업주가 **지배인 아닌 자에게 지배인으로 인정되는 명칭**의 사용을 허락한 때에는 이를 믿은 상대방이 영업주에게 거래상 책임을 추궁할 수 있는 법리이다(제14조). 이는 **외관주의법리**에 근거한다.[5)]

영업주 A는 B가 무권대리인으로서 어음을 발행하였으므로 발행인으로서 **어음상 채무를 원칙상 부담하지 않으나(물적 항변)** B가 표현지배인이라면 **A는 어음상 채무**를 부담하게 된다.

2. 표현지배인의 요건 [존/부/신]

가. 외관존재

(1) 지배인으로 인정될 만한 명칭 - 표현적 명칭

지배인으로 인정될 만한 명칭이란 제14조에 예시(例示)되어 있는 본부장, 지점장뿐만 아니라 그 밖에 **지배인이라고 신뢰될 수 있는 모든 명칭**을 말하며, 지사장이나 영업부장 등의 명칭도 이에 해당

---

5) **지배인이 아닌 자가** 지배인으로 인정될 만한 외관을 가지고 있고, 영업주가 그러한 외관을 명시적 또는 묵시적으로 허락한 귀책사유가 있으며, 거래상대방은 지배인 외관을 신뢰한 경우에는 당해 거래와 관련하여 지배인이 아닌 자가 **표현지배권을 갖게 된다**.

한다. 설문의 경우 B는 **지배인이 아니지만, A가 지배인으로 오인할 만한 명칭을 부여한 사실이 인정된다.**

(2) 영업소의 실질구비 여부

학설은 ① 형식설, ② 실질설이 대립하며, 판례는 **'실질설'**의 입장에서 "제14조의 표현지배인 규정이 적용되기 위해서는 당해 사용인의 근무장소가 ① 상법상의 영업소인 **본점 또는 지점의 실체를 가지고 어느 정도 독립적으로 영업활동을 할 수 있음을 요**하므로, ② **본·지점의 지휘감독 아래 기계적으로 제한된 보조적 사무만을 처리하는 영업소는 상법상의 영업소라고 할 수 없**다"고 판시하였다.[6) [실/독/지/기] B가 근무하는 장소가 영업소이므로 **영업소의 실질을 가진 곳**에서의 거래가 이루어진 사실이 인정된다.

나. 외관부여 및 외관신뢰

영업주의 허락에는 **명시적, 묵시적** 허락도 포함된다. **신뢰의 정도에 관하여** 영업주의 보호와 거래의 안전을 조화시킬 필요가 있다는 점을 고려할 때 **'선의·무중과실설'**이 타당하다. **설문의 경우 A가 묵시적으로 B에게 지배인이라는 직함을 부여한 사실이 인정된다.**

다. 소결

이상의 요건이 충족되는바, A에게는 **상법상의 표현지배인의 책임이 일응 성립**한다.

Ⅳ. 표현지배인과 상대방의 범위 (5점)

1. 쟁 점

판례에 의하는 경우 '민법상의 표현대리'를 적용하는 경우 **어음수표의 직접상대방**만 제3자에 포함시킨다.[7] 다만 '상법상의 표현지배인'의 경우 그 상대방의 범위가 문제된다.

2. 학 설

가. 직접상대방 한정설

대리행위의 직접상대방에게 표현대리가 성립하지 아니하면 그 후의 어음소지인은 무권대리행위의 본인에 대하여 표현책임을 추궁할 수 없다. 대리권의 외관 및 이에 대한 신뢰는 행위 당시의 구체적 사정을 전제로 하는 것이므로 거래의 직접 상대방만이 이러한 사정을 신뢰할 수 있는 것이다.[8]

나. 제3취득자 포함설(다수설)

직접상대방에게 표현대리가 성립하지 아니하더라도 그 후의 어음소지인이 선의이면 표현대리의 성립을 주장할 수 있다. **어음이 전전유통하는 유통증권**이라는 점을 고려하면 직접상대방 이외의 제3자 보호의 필요성이 크다.

---

6) 대법원 1994. 1. 28. 선고 93다47903 판결.
7) 대판 1994. 5. 27. 93다21521
8) 대판 1994. 5. 27. 93다21521**(표현대리의 경우 직접상대방 한정설)** "권한을 넘은 표현대리에 관한 민법 제126조의 규정에서 제3자라 함은 당해 표현행위의 직접 상대방이 된 자만을 지칭하는 것이고, 이는 위 규정을 배서와 같은 어음행위에 적용 또는 유추적용할 경우에 있어서도 마찬가지로 보아야 할 것이며, 약속어음의 배서행위의 직접 상대방은 그 배서에 의하여 어음을 양도받은 피배서인만을 가리키고 그 피배서인으로부터 다시 어음을 취득한 자는 민법 제126조 소정의 제3자에는 해당하지 아니한다."

3. 판 례

① 상법상의 표현대표이사가 적용된 사안에서 '표현대표이사로부터 직접 어음을 취득한 상대방뿐만 아니라 그로부터 이를 배서받은 **제3취득자도 제3자의 범위**에 포함시킨다'고 하여 **'제3취득자포함설'**을 취한다. ② 표현지배인의 경우 직접적인 판례는 없지만 '지배권의 내부적 제한에 대항할 수 있는 제3자의 범위에 **어음을 취득한 제3자를 제3자의 범위에 포함**시키고 있다.'고 하여 **'제3취득자포함설'**을 취한다.

4. 소결

어음이 전전유통하는 유통증권이라는 점을 고려하면 '제3취득자포함설'이 타당하므로 선의의 을은 A에 대하여 **표현지배인의 책임을 근거**로 어음금 1억 원의 지급을 청구할 수 있다,

V. 무권대리인 B의 책임

1. 무권대리인의 책임

무권대리인은 어음소지인에 대하여 어음에 따른 책임을 부담한다(어 제8조 1문, 제77조 제2항). 즉, 무권대리인에게 **대리권이 있었더라면 본인이 부담하였을 어음상 책임**을 무권대리인 스스로 지는 것이다.[9] [18.모의]

그 요건으로 ① 수권의 부존재 ② 무권대리인의 기명날인 또는 서명 ③상대방의 선의, 무과실 등을 요한다.

무권대리인이 어음소지인에 대하여 **어음채무를 이행한 때에는 본인과 동일한 권리**를 갖는다(어 제8조 2문, 제77조 제2항).[10]

2. 표현지배인의 경우 어음법 제8조 책임

통설은 **표현지배인도 본질은 무권대리인 점을 고려하여** 표현지배인 요건이 충족된 경우 본인 뿐 아니라 표현지배인에 대해서도 어음법 제8조에 따른 어음상 책임을 물을 수 있다고 한다.

3. 소결

B는 대리권이 없으면서도 기명날인 하였으므로 乙회사는 B에 대해서도 어음금 1억원의 지급을 청구할 수 있다.

VI. 결론 (3점)

B는 A의 지배인이 아니지만 A의 영업소에서 근무하는 B가 영업주 A의 묵인 하에 지배인 명칭을 사용하였고, B가 근무하는 장소가 영업소이므로 영업소의 실질을 가진 곳에서의 거래가 이루어

9) 민법 제135조는 무권대리의 효과를 지문과 같이 '상대방의 선택에 좇아 계약이행의 책임 또는 손해배상의 책임'으로 규정하고 있지만, 어음법 제8조는 어음상 책임만을 규정하고 있다.

10) 여기서 무권대리인이 취득하는 권리는 '본인의 전자에 대한 어음상 권리이지 본인에 대한 권리'까지 취득한다는 것은 아니다. 그리고 만약 본인이 약속어음의 발행인과 같은 주채무자로서 그의 전자가 없는 경우에는 무권대리인이 어음법 제8조의 책임을 이행하더라도 어떠한 어음상 권리도 취득하지 못한다.

졌다. 그러나 甲회사는 B로부터 A명의의 약속어음을 발행받을 때 B가 지배인이 아님을 알고 있었으므로 **甲회사와 A사이에서 B는 표현지배인이 될 수 없다**. 그러나 제3취득자 포함설에 의하면 甲회사로부터 약속어음을 배서 교부받은 **乙회사는** B가 지배인이 아님을 알지 못하였기 때문에 B가 표현지배인임을 주장하여 약속어음 발행인인 **A에 대해 어음금 1억원의 지급을 청구할 수 있다**(어음법 제78조 제1항, 제28조 제1항).

또한 B는 대리권이 없으면서도 약속어음 발행시에 지배인으로 기명날인 하였으므로 乙회사는 표현지배인인 B에 대해서도 어음금 1억원의 지급을 청구할 수 있다(어음법 제77조 2항, 제8조).

[문제5의 해설]

Ⅰ. 쟁점의 정리 (1점)

을의 배서가 기한후배서인지, 갑의 발행이 무효이어도 을이 배서인으로써 책임을 부담하는지 문제된다.

Ⅱ. 갑의 배서의 기한후 배서여부 (5점)

1. 기한후 배서와 만기후 배서

지급거절증서작성 후 또는 **그 작성기간경과 후**의 배서를 기한후배서라 한다. 기한후배서는 통상의 배서와 같이 배서로서의 유통성을 강력하게 보호받지는 못하고 다만 민법상의 지명채권양도의 효력만을 인정받는 데 그친다(어 제20조 제1항).

기한후배서는 '만기후배서'와 구별되는데, 만기 후라고 하더라도 지급거절증서의 작성기간[11]이 경과하기 전이고 또한 지급거절증서도 작성되지 않은 상태에서 배서가 이루어졌다면 이는 '만기 전의 배서'와 동일한 효력이 있다.

2. 소결

乙회사가 甲회사로부터 약속어음을 배서,교부받은 시점은 만기인 2022.8.2. 이후인 2022.8.3.이다. 만기후에 배서가 이루어졌지만 배서 시점에 이미 지급거절증서가 작성된 상태가 아니고, 지급제시기간인 2022.8.2.~8.4.이 지나지 않은 상태에서의 배서이므로 기한후배서가 아니고 만기 전에 이루어진 배서와 같은 효력이 인정되는 **만기후 배서에 해당한다**.

Ⅲ. 상환청구권의 행사요건 (4점)

1. 실질적 요건

<u>**정**</u>당한 어음의 소지인이 지급제<u>**시**</u>기간 내에 적법하게 지급<u>**제**</u>시 하였음에도 지급이 <u>**거**</u>절되어야 한다(어음법 제77조 제1항 제4호, 제43조).

---

11) 지급거절증서작성기간은 "지급을 할 날에 이은 2거래일"이다(어 제44조 제3항). 예컨대 만기가 8월 14일 일요일이라면 그 다음날은 법정공휴일인 8월 15일이므로 지급을 할 날은 8월 16일이 되고, 지급거절증서기간은 이에 이은 2거래일 즉, 8월 17일, 18일 이틀이다.

2. 형식적 요건

어음소지인은 지급거절증서를 작성하여야 하는데(어음법 제77조 제1항 제4호 제44조 제1항), 지급거절증서는 **지급거절증서 작성기간내**에 작성되어야 한다(어음법 제77조 제1항 제4호, 제44조 제2항, 3항).

3. 소결

乙회사가 지급제시기간인 2022.8.2.~8.4에 A 혹은 B에게 지급제시하여 양자 중 누구로부터라도 어음금 1억원을 지급받지 못하였다면 **지급거절증서 작성기간인 2022.8.2.~8.4.**에 지급거절증서를 작성하여 배서인인 甲회사에 대해 상환청구권을 행사할 수 있다.

Ⅳ. 어음채무 독립의 원칙 (3점)

1. 어음행위독립의 원칙의 의의

어음행위독립의 원칙이란 수개의 어음행위가 연속하는 경우 **선행어음행위가 형식적으로 유효한 이상 실질적으로는 무효라**고 하더라도 후행어음행위는 이와는 무관하게 독립적으로 효력을 발생한다는 원칙을 의미한다(어음법 제77조 제2항, 제7조).

2. 배서에의 적용여부

학설은 ① 동 원칙은 어음채무부담의 측면에 적용되는 것이므로 권리이전행위인 배서에는 적용의 여지가 없다는 '적용부정설'이 있으나, ② 배서에는 **권리이전적 효력**뿐만 아니라 **담보적 효력**도 있으므로 동 원칙은 배서에 적용된다는 '적용긍정설'이 통설이며 타당하다.

판례 또한 "발행행위가 위조되었다 하더라도 어음행위독립의 원칙상 그 뒤에 유효하게 배서한 배서인에 대하여는 상환청구권을 행사할 수 있다"고 하여 긍정설의 입장이다[12].

3. 소결

선행행위인 A의 어음발행이 무권대리행위로서 효력이 없어도 배서를 한 甲회사는 독립하여 배서인으로서 상환의무를 부담한다.

Ⅴ. 결론 (2점)

乙회사는 **지급거절증서 작성기간인 2022.8.2.~8.4.**에 지급거절증서를 작성하여 배서인인 甲회사에 대해 상환청구권을 행사할 수 있다. 선행행위인 A의 어음발행이 무권대리행위로서 효력이 없어도 **배서를 한 甲회사는 독립하여 배서인으로서 상환의무를 부담한다**.

[문제6의 해설]

Ⅰ. 쟁점 (2점)

운송인의 유치권 성립 여부와 피담보채권과 유치목적물간의 개별적 견련성 여부가 문제된다.

12) 대법원 1977. 12. 13, 77다1753 판결.

II. 운송인의 유치권 (11점)

1. 운송인 (1점)

운송인은 육상 또는 호천, 항만에서 물건 또는 여객의 운송을 영업으로 하는 자를 말한다(제125조).

운송계약은 乙회사와 丙회사 사이에 체결되었고, 乙회사는 운송인, 丙회사는 송하인인 동시에 수하인에 해당한다.

2. 운송인의 유치권 성립 여부 (10점)

운송인은 그 요건을 충족하는 이상 일반 상사유치권(제58조), 운송인의 특별상 사유치권(제147조, 제120조) 중에서 어느 것을 선택해서 행사해도 무방하다.

가. 운송인의 일반 상사유치권 성립 여부 (2점)

일반 상사유치권의 경우 ① 채권자와 채무자가 모두 상인이어야 하고, ② 피담보채권의 변제기가 도래하여야 하며, ③ 목적물이 채무자의 소유이어야 하지만, ④ 피담보채권과 유치목적물의 개별적 견련성은 필요하지 않다(제58조).

乙회사가 유치권을 행사하려는 목적물인 강철재는 채무자인 丙회사의 소유가 아니라 丁회사의 소유이므로 일반 상사유치권은 성립하지 않는다.

나. 운송인의 특별상사유치권 성립 여부 (8점)

(1) 운송인의 특별상사유치권 요건 (4점)

운송인은 운송물에 관하여 받을 보수, 운임, 기타 송하인을 위한 체당금이나 선대금에 관한 청구권을 확보하기 위하여 운송물을 유치할 수 있다(제147조, 제120조).

운송인의 특별상사유치권의 경우 운송주선인의 특별상사유치권처럼 유치목적물인 운송물의 소유권이 채무자에게 속함을 요하지 않으나, 운임 등 피담보채권과 유치목적물 사이에 개별적 견련성이 요구된다(제147조, 제120조).[13)]

(2) 피담보채권과 유치목적물간의 개별적 견련성 (4점)

(가) 의의

운송인의 유치권은 피담보채권과 유치목적물간에 **개별적 견련성이 요구**된다. 이는 송하인과 수하인이 반드시 동일인은 아니므로 수하인이 수령할 운송물과 관계가 없는 운송물에 관하여 생긴 채권 기타 송하인에 대한 그 운송물과는 관계가 없는 채권을 담보하기 위하여 그 운송물이 유치됨으로써 수하인이 뜻밖의 손해를 입지 않도록 하기 위하여 피담보채권의 범위를 제한한 것이다.[14)]

---

13) 운임은 특약 또는 관습이 없는 한 상법이 인정하는 예외적인 경우를 제외하고는 운송을 완료함으로써 청구할 수 있는 것이고, 운송의 완료라 함은 운송물을 현실적으로 인도할 필요는 없으나 운송물을 인도할 수 있는 상태를 갖추면 충분하다(대법원 1993. 3. 12. 선고 92다32906 판결).

14) 상법 제147조, 제120조 소정의 운송인의 유치권에 관한 규정의 취지는, 운송실행에 의하여 생긴 운송인의 채권을 유치권행사를 통해 확보하도록 하는 동시에 송하인과 수하인이 반드시 동일인은 아니므로 수하인이 수령할 운송물과 관계가 없는 운송물에 관하여 생긴 채권 기타 송하인에 대한 그 운송물과는 관계가 없는 채권을 담보하기 위하여 그 운송물이 유치됨으로써 수하인이 뜻밖의 손해를 입지 않도록 하기 위하여 피담보채권의 범위를 제한한 것이다(대법원 1993. 3. 12. 선고 92다32906 판결).

(나) 운송물의 일부를 유치한 경우

동일한 기회에 동일한 수하인에게 운송하여 줄 것을 의뢰받은 운송인이 그 운송물의 일부를 유치한 경우 위 운송물 전체에 대한 운임채권은 동일한 법률관계에서 발생한 채권으로서 유치의 목적물과 견련관계가 인정되어 피담보채권의 범위에 속한다.

乙회사는 강철재 100톤을 운송하여 하역을 완료한 것이므로 그 운임청구권이 인정되고, 乙회사가 유치한 강철재 90톤은 운송을 의뢰받은 전체 강철재 190톤 중의 일부이므로 운임채권과 견련관계에 있는 운송물에 해당한다. 동일한 기회에 동일한 수하인에게 운송하여 줄 것을 의뢰받은 운송인이 운송물의 일부를 유치한 경우 **운송물 전체에 대한 운임채권은 동일한 법률관계에서 발생한 채권으로서 유치의 목적물과 견련관계를 인정**하여 피담보채권의 범위에 속한다고 할 수 있다(대법원 1993. 3. 12. 선고 92다32906 판결).

(다) 소결

乙회사는 丙회사에 대한 ① 2020년 9월부터 2021년 10월까지의 운송료채권과 ② 먼저 운송 하역한 강철재 100톤에 대한 운송료채권이 존재한다. 乙회사는 ①의 운송료채권은 유치목적물인 강철재에 대한 개별적 견련성이 인정되지 않아 유치권행사가 불가하나, ②의 운송료채권은 유치목적물인 강철재에 대한 개별적 견련성이 인정되므로 乙회사는 유치권을 행사할 수 있다.

Ⅲ. 결론 (2점)

운송인 乙회사는 강철재 100톤을 운송하여 하역을 완료하였으므로 丙회사에 대한 운송료채권 발생하였다. 운송인 乙회사가 운송료채권을 담보하기 위해 유치한 강철재 90톤은 채무자인 丙회사의 소유가 아닌 丁회사의 소유이지만 동일한 기회에 운송을 의뢰받은 강철재 190톤 중의 일부이므로 운송료채권과 개별적 견련관계에 있어서 乙회사의 유치권행사는 정당하다.

7. 제1차 모의시험 제1문

목 차

제1문의 1

Ⅰ. 제1문의 1 문제 1. : 약관에 의한 관할합의의 해석

1. 문제점

기업이 작성한 보통거래약관 속에 관할합의 조항이 포함되어 남용되는 경우가 있는데, 설문의 약관에 의한 관할합의의 효력과 그 해석방법을 검토하여, 乙의 관할위반 이송신청이 이유 있는지 살펴본다.

2. 합의관할의 의의

(1) 의 의

원래 관할에 관한 규정은 법원간 재판사무의 공평한 분배와 당사자의 편의를 고려한 것으로 당사자 합의에 의하여 법정관할법원과 다른 법원을 관할법원으로 정할 수 있게 하더라도 그것이 법원간의 부담균형을 해할 만큼 빈번한 것도 아니고 당사자편의에 이바지할 수 있으므로 법 제29조에서 관할합의를 허용한다. 甲과 乙 사이의 합의는, ① 제1심법원의 임의관할인 토지관할에 관한 것이고, ② 합의의 대상인 소송이 대출에 관한 소송으로 특정되어 있으며 ③ 합의의 방식이 약관이라는 서면이고 ④ 관할법원이 甲의 관할영업점 소재지 법원으로 특정되었기 때문에 요건을 갖춘 것으로 보인다.

(2) 설문의 관할합의 태양

判例는 경합하는 법정관할법원 중 어느 하나를 특정하거나 또는 그 가운데 어떤 것을 배제하는 합의는 전속적이고, 그렇지 않으면 부가적이라고 해석한다(대법 1963.05.15, 63다111). 계약으로 이행지를 정하지 않았으면 특정물 인도청구 이외의 채무에 대해서는 민법 제467조 2항의 지참채무를 원칙에 따라 채권자인 원고의 주소지, 영업에 관한 채무의 변제는 채권자의 현영업소가 의무이행지가 된다. 따라서 설문의 관할합의는 경합하는 법정관할 중 하나를 합의한 것으로 전속적 관할합의에 해당한다.

3. 약관에 의한 관할합의의 유효성과 해석

(1) 약관상의 관할합의 조항의 문제점

본래 관할합의를 허용하는 것은 당사자의 편의를 고려한 것인데 약관에 의해 이러한 합의가 이루어진다면 먼 거리에 거주하는 고객에게는 소제기 및 응소에 큰 불편을 줄 수 있고, 특히 고객이 제대로 모르게 이루어짐에 비추어 문제가 있다.

(2) 약관에 의한 관할합의의 해석

大法院은 『원심의 판단처럼 상대방의 내부적인 업무조정에 따라 위 약관조항에 의한 전속적 합의관할이 변경된다고 볼 경우에는 당사자 중 일방이 지정하는 법원에 관할권을 인정한다는 관할합의 조항과 다를 바 없는 결과를 초래하게 되고, 사업자가 그 거래상의 지위를 남용하여 사업자의 영업소를 관할하는 지방법원을 전속적 관할로 하는 약관조항을 작성하여 고객과 계약을 체결함으로써 건전한 거래질서를 훼손하는 등 고객에게 부당하게 불이익을 주는 것으로서 무효인 약관조항이라고 볼 수밖에 없을 것이므로, 다른 특별한 사정이 없는 한 위 약관조항에서 말하는 '상대방의 관할 영업점 소재지 법원'은 위 주택분양보증계약이 체결될 당시 이를 관할하던 상대방의 영업점 소재지 법원을 의미하는 것으로 봄이 상당하다.』고 판시하였다(대법 2009.11.13, 2009마1482).

4. 설문의 해결

甲과 乙 사이에는 대구지방법원에 전속적 관할합의가 있는 것으로, 부산지방법원은 토지관할권이 없다. 이에 피고의 이송신청이 있는 바, 변론관할이 성립하지 않으므로 부산지방법원은 대구지방법원으로 제34조 1항에 따라 직권이송하여야 한다.

II. 제1문의 1 문제 2. : 관할합의의 주관적 범위

1. 문제점

甲과 乙 사이에 대구지방법원을 전속적 합의관할로 정해두었는데 특정승계인 丙에게도 합의의 효력이 미치는지 문제된다.

2. 관할합의의 주관적 범위

(1) 관할합의의 주관적 범위

관할의 합의는 당사자간의 소송상 합의이기 때문에 당사자와 그 승계인에 대해서만 미치고 제3자를 구속할 수 없다. 그런데 상속인과 같은 일반승계인에게 미치는 것은 의문이 없으나, 특정승계인일 경우에는 경우를 나누어 보아야 한다.

(2) 특정승계인에게 관할합의의 효력이 미치는지 여부

소송물을 이루는 권리관계가 물권인 경우에는 당사자가 그 내용을 자유롭게 대세적으로 변경할 수 없고(민법 제185조), 그 합의된 바를 등기부상 공시할 수 없는 것이기 때문에 합의에 구속되지 않으나, 소송물을 이루는 권리관계가 당사자 사이에 그 내용을 자유롭게 정할 수 있는 채권인 경우에는 채권양수인은 변경된 내용의 채권을 양수받았다고 볼 수 있으므로 합의의 효력이 채권양수인에 미친다고 보아야 한다. 判例도 "관할의 합의는 소송법상의 행위로서 합의 당사자 및 그 일반승계인을 제외한 제3자에게 그 효력이 미치지 않는 것이 원칙이지만, 관할에 관한 당사자의 합의로 관할이 변경된다는 것을 실체법적으로 보면, 권리행사의 조건으로서 그 권리관계에 불가분적으로 부착된 실체적 이해의 변경이라 할 수 있으므로, 지명채권과 같이 그 권리관계의 내용을 당사자가 자유롭게 정할 수 있는 경우에는, 당해 권리관계의 특정승계인은 그와 같이 변경된 권리관계를 승계한 것이라고 할 것이어서, 관할합의의 효력은 특정승계인에게도 미친다."고 한다(대법 2006.03.02, 2005마902).

3. 설문의 해결

甲 은행과 乙 사이의 대출계약상 약관조항에 근거한 전속적 관할합의는 甲 은행으로부터 대출금 채권을 양수한 丙 유한회사에도 미쳐 서울중앙지방법원은 토지관할권이 없으므로, 乙의 항변은 타당하다.

제1문의 2

Ⅰ. 제1문의 2 문제1. : 건물철거청구에 임차인의 건물매수청구권 행사의 법리

1. 문제점

甲의 乙을 상대로 한 건물철거 및 토지인도청구에 乙이 건물매수청구권을 행사하며 항변한 경우, 수소법원이 乙에게 甲으로부터 건물대금을 지급받음과 상환으로 건물 및 토지를 인도하라는 상환이행판결을 할 수 있는지 문제되며, 나아가 상환이행판결이 불가능하다면 원고에게 청구변경을 행사하도록 석명할 의무가 있는지 검토한다.

2. 상환이행판결의 가부

(1) 견해의 대립

1) 긍정설 : 이를 부정하면 당사자간의 분쟁해결이 없어 별소 제기가 불가피하하므로 소송경제와 분쟁의 1회적 해결에 반하게 된다는 점, 임대인으로서는 전부패소하는 것보다는 상환이행판결이라도 받는 것이 유리하므로 상환이행청구의 의사가 청구자체에 내포되어 있다고 봄이 타당하고, 지상물매수청구권행사의 취지는 상환이행판결을 해달라는 것으로 볼 수 있어 임차인의 의사에도 부합한다는 점, 무조건의 토지인도청구와 상환이행청구는 전부청구와 잔부청구의 관계로 볼 수 있다는 점을 이유로 한다.

2) 부정설 : 명도청구와 철거청구는 청구취지도 상이하고, 강제집행방법에도 차이가 있으며, 그 권원에도 차이가 있음을 들어 상환이행판결은 처분권주의에 위반된다는 견해이다.

(2) 判例의 입장

大法院은 임대차 종료시 임대인의 건물철거와 그 부지인도청구에는 건물매수대금지급과 동시에 건물명도를 구하는 청구가 포함되어 있다고 할 수 없으므로 법원으로서는 매매대금지급과 상환으로 건물명도를 명하는 판결을 할 수 없다고 판시하였다(대법(전) 1995.7.11, 94다34265).

(3) 검 토

상환이행판결의 가능성의 문제는 당사자의 의사, 소송경제 등을 고려하여 판단할 문제이나, 생각건대 지상물의 명도를 명하는 것이 반드시 원고의 의사에 부합한다고 할 수는 없고, 소송경제의 문제는 법원이 석명권을 행사함으로써 어느 정도 해결할 수 있으므로 부정하는 것이 타당하다.

3. 법원이 甲에게 적극적으로 소변경을 석명할 의무가 있는지 여부

判例는 원칙적으로 적극적 석명을 인정하지 않으나, 이 사건에서 "임대인으로서는 통상 지상물철거 등의 청구에서 전부패소하는 것보다는 대금지급과 상환으로 지상물 명도를 명하는 판결이라도 받겠다는 의사를 가질 수도 있다고 봄이 합리적이라 할 것이고, 임차인의 처지에서도 이러한 법원의 석명은 임차인의 항변에 기초한 것으로서 그에 의하여 논리상 예기되는 범위내에 있는 것이므로 그러한 법원의 석명에 의하여 임차인이 특별히 불리하게 되는 것도 아니고, 오히려 법원의 석명에 의하여 지상물 명도와 상환으로 대금지급의 판결을 받게되는 것이 매수청구권을 행사한 임차인의 진의에도 부합한다고 할 수 있다. 또한 이와 같은 경우 법원이 석명하지 아니한 채 토지임대인의 청구를 기각하고 만다면 또다시 지상물 명도청구의 소를 제기하지 않으면 안되게 되어 쌍방 당사자에게 다같이 불리한 결과를 안겨줄 수밖에 없으므로 소송경제상으로도 매우 불리하다고 하지 않을 수 없다"고 하여 예외적으로 적극적 석명의무를 인정하였다(대법(전) 1995.7.11, 94다34265).

4. 사안의 해결

수소법원은 상환이행판결을 내릴 수는 없으나, 석명권은 변론주의의 결함을 시정하고 실질적인 당사자 평등을 이루기 위한 것이므로 적극적 석명이라고 하더라도 제한적으로나마 인정하는 것이 타당하다. 그 인정요건으로는 ① 판결의 승패개연성 ② 당사자의 신청의 법적 구성의 난이도 ③ 종전 소송자료와의 합리적 관련성과 ④ 당사자의 공평한 취급 ⑤ 1회적인 분쟁해결의 발본적 취급 등을 들 수 있다. 설문은 청구취지의 변경이 없으면 패소할 것이 거의 확실한 점, 원고의 소변경이 피고의 매수청구권의 행사로부터 법률상·논리상 예견가능하여 종전 소송자료를 이용할 수 있고 피고의 방어권 행사에 문제가 없는 점 등을 고려할 때 법원의 적극적 석명이 필요한 경우라 하겠다.

II. 제1문의 2 문제2. : 중단간과판결의 효력과 수계신청 법원

1. 문제점

항소심 판결의 효력을 검토하여 상고의 대상적격을 갖춘 것인지, 중단 중에 제기한 상고가 상급심에서 수계신청을 통해서 적법해지는지 살펴본다.

2. 항소심판결의 효력

무효인 판결은 상고의 대상적격이 없다. 항소심판결은 중단을 간과한 판결인데, 판례는 『소송 계속 중 일방 당사자의 사망에 의한 소송절차 중단을 간과하고 변론이 종결되어 판결이 선고된 경우에는 그 판결은 소송에 관여할 수 있는 적법한 수계인의 권한을 배제한 결과가 되는 절차상 위법은 있지만 그 판결이 당연무효라 할 수는 없고, 다만 그 판결은 대리인에 의하여 적법하게 대리되지 않았던 경우와 마찬가지로 보아 대리권흠결을 이유로 상소 또는 재심에 의하여 그 취소를 구할 수 있을 뿐』이라고 판시하여, 위법설과 견해를 같이함을 명백히 하고 종래의 판결들을 폐기하였다(대법(전) 1995.5.23, 94다28444). 따라서 상고의 대상적격은 구비하였다.

3. 수계신청 법원

재판이 송달된 뒤에 중단된 소송절차의 수계에 대하여는 그 재판을 한 법원이 결정하여야 한다(제243조 2항). 그러나 소송 계속 중 어느 일방 당사자의 사망에 의한 소송절차 중단을 간과하고 변론이 종결되어 판결이 선고된 후에는 적법한 상속인들이 수계신청을 하여 판결을 송달받아 상고하거나 또는 사실상 송달을 받아 상고장을 제출하고 상고심에서 수계절차를 밟은 경우에도 적법하다고는 것이 판례의 태도이다(대법(전) 1995.5.23, 94다28444).

4. 설문의 해결

설문에서 사망자에게 판결정본이 송달된 것은 무효이다. 그런데 乙은 丙의 단독상속인으로 상고의 당사자적격은 있으며, 乙이 사실상 송달은 받아 상고하는 것은 법 제396조 1항 단서의 판결정본

송달 전의 상고에 해당하고, 상고제기는 비록 중단 중의 소송행위로서 무효라 할 것이지만, 상고심에서 수계신청을 함으로써 소급하여 적법해진다(대법 1996.02.09, 94다61649).

제1문의 3

Ⅰ. 제1문의 3 문제1. : 특정승계인과 재소금지

1. 문제점

甲이 본안판결 받은 후 소취하하였고, 甲의 특정승계인인 丙의 재소가 민사소송법 제267조 2항에 저촉되어 부적법한지 문제된다.

2. 재소금지의 의의와 요건

(1) 재소금지의 의의

민사소송법 제267조 제2항은 본안에 대한 종국판결이 있은 후에 소를 취하한 자는 동일한 소를 제기하지 못한다고 규정하고 있는 바, 이는 임의의 소취하에 의하여 그때까지의 국가의 노력을 헛수고로 돌아가게한 자에 대한 제재적 취지에서 그가 다시 동일한 분쟁을 문제삼아 소송제도를 농락하는 것과 같은 부당한 사태의 발생을 방지할 목적에서 나온 규정이다(대법 1989.10.10, 88다카18023). 재소로 금지되기 위해서는 ① 당사자가 동일할 것, ② 소송물인 권리관계가 동일할 것, ③ 권리보호의 이익이 동일할 것, ④ 본안의 종국판결 후의 소취하일 것 등의 요건을 갖추어야 한다. 사안에서 특정승계인 丙에게도 재소금지의 효과가 미치는지, 미친다면 새로운 권리보호이익이 있는 경우인지 문제된다.

(2) 재소금지가 특정승계인에게 미치는지 여부

大法院은 "민사소송법 제267조 제2항 소정의 '소를 취하한 자'에는 변론종결 후의 특정승계인을 포함된다"라고 판시하여(대법 1981.07.14, 81다64·65) 승계인은 일반승계인·특정승계인을 가리지 않고 모두 재소금지의 효과를 받는다는 입장인 것으로 보인다.

3. 새로운 권리보호이익이 있는지 여부

새로운 권리보호이익이 있는 한 종국판결을 농락하는 것으로는 볼 수 없으므로, 전·후 양소의 권리보호이익이 동일하여야 한다. 이 점이 중복 소제기금지의 원칙과 구별되는 점이다. 大法院도 "동일한 소라 함은 당사자와 소송물인 권리관계가 동일할 뿐 아니라 소 제기를 필요로 하는 사정 즉 권리보호의 이익도 같아야 하는 것으로 해석되는바, 원고의 전소유자인 소외 1이 피고를 상대한 소론 전소와 본건 소는 소송물인 권리관계는 동일하다 할지라도 위 전소의 취하 후에 본건 토지에 대한 소유권을 양수한 원고는 그 소유권을 침해하고 있는 피고에 대하여 그 배제를 구할 새로운 권리보호의 이익이 있다고 할 것이니 위 전소와 후소인 본건 소는 동일한 소라고 할 수 없으니 피고의 재소금지의 본안전 항변을 배척한 원심의 판단은 정당하다."고 보았다(대법 1981.07.14, 81다64·65).

4. 설문의 해결

丙의 재소는 적법하고 乙의 점유가 권원 없이 이루어진 것으로 판단하고 있으므로 원고의 청구를 인용한다.

II. 제1문의 3 문제2. : 기판력의 작용과 변론종결 후의 승계인

1. 문제점

丙은 전소의 계쟁물을 승계한 자로서, 전소의 기판력을 받아 후소에서 패소해야 하는지 문제된다.

2. 전소에서 기판력의 발생

甲과 乙 사이에 사실심 변론종결시를 기준으로 甲의 소유권의 기한 인도청구권이 부존재한다는 것에 기판력이 발생하였고, 소송물이 되지 아니한 甲토 지소유권의 존부에 관하여는 발생하지 않는다.

3. 후소에 기판력이 작용하는지 여부

기판력은 동일관계, 선결관계, 모순관계에서 작용하는 바, 전소는 甲소유권에 근거한 토지인도청구이고, 후소는 丙소유권에 근거한 토지인도청구로서. 소송물이 달라 작용하지 않는다.

4. 丙이 변론종결 후의 승계인인지 여부

(1) 判例의 입장

토지인도소송의 사실심변론종결후에 그 패소자인 토지소유자로부터 토지를 매수하고 소유권이전등기를 마침으로써 그 소유권을 승계한 제3자의 토지소유권의 존부에 관하여는 위 확정판결의 기판력이 미치지 않는다 할 것이고 또 이 경우, 위 제3자가 가지게 되는 물권적 청구권인 토지인도청구권은 적법하게 승계한 토지소유권의 일반적 효력으로서 발생된 것이고 위 토지인도소송의 소송물인 패소자의 토시인도청구권을 승세함으로써 가지게 된 것이라고는 할 수 없으므로 위 제3자는 위 확정판결의 변론종결후의 승계인에 해당한다고 할 수도 없다(대법 1984.09.25, 84다카148).

(2) 판례에 반대하는 견해

判例는 기판력의 주관적 범위를 객관적 범위와 혼동한 것으로, 이 경우 변론종결후의 승계인으로 보는 것이 타당하다고 한다. ① 패소한 피고로부터 이전 받는 자를 변론종결후의 승계인으로 구성하는 것과 균형을 맞추어야 하며, ② 적격당사자의 변동이 분명한데도 불구하고 독자적인 소유권에 기하여 청구한다는 判例의 입장은 적격승계이론과 맞지 않을 뿐만 아니라 너무 기교적이다. 또한 ③ 변론종결 뒤에 발생한 새로운 사유가 없는 이상, 이 경우에 기판력을 유지함으로써 분쟁의 확산을 막아야 할 것을 논거로 한다(이시윤).[1)]

---

1) 13판 663면. 그러나 이에 대하여 건물명도청구권은 건물의 소유권 외에도 점유권에 기할 수도 있으므로, 건물의 소유권과 이에 기한 건물명도청구권은 계쟁물에 관하여 서로 대응하는 관계라고 볼 수 없으므로, 계쟁물에 관한 당사자적격이 승계된 것이라고 볼 수 없기 때문에 판례의 태도가 정당하다는 견해로, 김홍엽 689면

(3) 검 토

생각건대 기판력은 전후소를 통한 소송물의 동일, 선결관계, 모순관계에 있을 때에 전소판결의 판단과 다른 주장을 허용하지 않는 작용을 하는 것이므로, 기판력의 객관적 범위에 해당하지 아니하는 경우는 전소판결의 변론종결 후에 당사자로부터 계쟁물을 승계한 자가 후소를 제기하더라도 그 후소에 전소판결의 기판력이 미치지 않는다고 보는 판례의 입장이 타당하다.

5. 설문의 해결

丙에게는 전소판결의 기판력이 미치지 않으므로 변론종결후의 승계인이라고 볼 수 없으며, 전소의 기판력이 미치지 않으므로 법원이 丙의 본안에 관한 주장을 모두 인정한다면 丙의 청구를 인용하는 판결을 선고하여야 한다.

제1문의 4

1. 문제점 : 피고경정의 허부

당사자의 동일성이 없는 상태에서 당사자를 변경하는 경우로서, ① 소송계속 중에 소송의 목적인 권리관계의 변동으로 새 사람이 종전 당사자가 하던 소송을 인계인수 받게 되는 소송승계와, ② 당사자적격의 혼동·누락의 경우에 허용되는 임의적 당사자변경의 방법 두 가지가 있다. 설문은 乙과 丙의 동일성이 인정되지 않으므로 제260조 피고결정이 문제되므로 이하 요건을 검토한다.

2. 피고경정의 요건

피고경정을 하기 위해서는 ① 원고가 피고를 잘못 지정한 것이 명백할 것, ② 변경전후 소송물은 동일할 것, ③ 구피고가 본안에 대해 응소한 경우 구피고의 동의가 있을 것, ④ 제1심 변론종결 전에 할 것, ⑤ 원고의 신청이 있을 것을 요한다.

3. 피고를 잘못 지정한 경우의 의미

大法院은 "민사소송법 제260조 제1항 소정의 '피고를 잘못 지정한 것이 명백한 때'라고 함은 청구취지나 청구원인의 기재 내용 자체로 보아 원고가 법률적 평가를 그르치는 등의 이유로 피고의 지정이 잘못된 것이 명백하거나 법인격의 유무에 관하여 착오를 일으킨 것이 명백한 경우 등을 말하고, 피고로 되어야 할 자가 누구인지를 증거조사를 거쳐 사실을 인정하고 그 인정 사실에 터잡아 법률 판단을 해야 인정할 수 있는 경우는 이에 해당하지 않는다(대법 1997.10.17, 97마1632)."고 한다. 이것은 원고가 인식하고 있고 증거로 나타난 사실관계에 비추어 원고가 피고가 되어야 한다고 생각한 자가 사실은 당사자적격이 없는 경우에는 피고경정의 대상이 되지만, 사실심리의 결과 원고가 생각하는 사람과 다른 사람이 원고의 청구에 대한 의무자 등으로 판명된 경우에는 청구를 기각하여야 할 것이므로, 이러한 경우에는 피고경정을 할 수 없다는 것이다.

4. 설문의 해결

설문은 증거조사결과 판명된 사실을 통해 피고를 경정하는 것으로 甲의 경정신청을 기각한다.

제1문의 5

Ⅰ. 문제 1. : 일부청구로 인한 소멸시효중단

1. 결론

법원은 甲의 청구를 인용하여야 한다.

2. 논거

(1) 쟁점

甲의 물품대금채권의 소멸시효기간, 甲의 일부청구로 인한 시효중단의 범위, 청구취지가 확장되지 않은 경우 최고로서 시효중단의 효력을 가지는지 등이 쟁점이다.

(2) 甲의 물품대금채권의 소멸시효 완성시점

甲의 물품대금채권은 상품의 대가에 해당하므로 3년의 소멸시효가 적용되고(민법 제163조 제6호), 변제기인 2014. 4. 30.부터 소멸시효가 진행하여 2017. 4. 30.이 종료됨으로써 소멸시효가 완성한다.

(3) 甲의 2016. 8. 5.자 소 제기에 의한 시효중단 여부

① 가분적 채권의 일부를 청구한 경우, 일부에 관하여만 판결을 구한다는 취지를 명백히 하여 소송을 제기한 경우에는 소멸시효 중단의 효력은 일부에 관하여만 발생한다. 그러나 그 취지로 보아 채권 전부에 관하여 판결을 구하는 것으로 해석된다면 그 채권의 동일성 범위 내에서 그 전부에 관하여 시효중단의 효력이 생긴다(판례).[2)]

② 일부만을 청구하면서 장차 청구금액을 확장할 뜻을 표시하고 소송이 종료될 때까지 실제로 청구금액을 확장한 때에는 소 제기 당시부터 채권 전부에 관하여 판결을 구한 것으로 해석되므로 전부에 관하여 시효중단의 효력이 생기지만, 소송이 종료될 때까지 청구금액을 확장하지 아니한 때에는 나머지 부분에는 재판상 청구로 인한 시효중단의 효력이 생기지 않는다(판례).[3)]

③ 甲의 2016. 8. 5.자 재판상 청구는 청구취지 확장할 뜻을 표시한 일부청구이나, 소송이 종료될 때까지 청구취지를 확장하지 아니하였으므로 나머지 부분인 2,000만 원의 물품대금채권의 소멸시효는 재판상 청구로 인하여 중단되었다고 할 수 없다.

2) 대법원 1992.04.10. 선고 91다43695 판결; 대법원 2006.01.26. 선고 2005다60017·60024 판결
3) 대법원 2020.02.06. 선고 2019다223723 판결

(4) 최고에 의한 시효중단 여부

① 청구취지를 확장할 뜻을 표시한 일부청구에서 소송이 종료될 때까지 청구취지가 확장되지 아니한 경우에도 소송이 계속 중인 동안에는 나머지 채권에 관해서도 최고에 의한 권리행사 상태가 지속되고 있으므로 채권자는 소송이 종료된 때부터 6월내에 민법 제174조에서 정한 조치를 취함으로써 나머지 부분에 대한 소멸시효를 중단시킬 수 있다(판례).[4]

② 甲은 2016. 8. 5.자 제기한 소송이 종료된 2017. 3. 28.부터 6월내인 2017. 8. 10.에 나머지 채권인 2,000만 원의 지급을 구하는 소송을 제기하였으므로 2,000만 원의 물품대금채권은 2016. 8. 5.부터 소멸시효가 중단된 상태이다. 乙의 소멸시효 항변은 이유 없다.

II. 문제 2. : 시효이익포기, 중복최고로 인한 시효중단

1. 결론

법원은 甲의 청구를 기각하여야 한다.

2. 논거

(1) 쟁점

甲의 채권의 소멸시효 완성여부, 乙의 일부변제가 시효이익 포기인지, 甲의 2020. 10. 15.자 최고의 시효중단 효과인정여부, 甲의 2021. 3. 15.자 및 2021. 10. 15.자 재판상 청구로 인한 시효중단여부 등이 쟁점이다.

(2) 甲의 2,000만 원 채권의 소멸시효 완성 및 乙의 시효이익 포기 여부

① 甲의 2016. 8. 5.자 재판상 청구로 인한 소송에서 청구취지가 확장되지 아니하였으므로 甲의 나머지 2,000만 원 채권은 2017. 4. 30. 소멸시효가 완성되었다.

② 乙의 2018. 2. 20.자 500만 원의 변제는 소멸시효 완성 후 일부변제에 해당하고, 이는 수액에 관하여 다툼이 있다는 등의 특별한 사정이 없는 한 시효이익 포기에 해당한다(판례).[5]

③ 채무자가 소멸시효 완성 후에 채권자에 대하여 채무를 승인함으로써 그 시효의 이익을 포기한 경우에는 그때부터 새로이 소멸시효가 진행하므로(판례)[6] 甲의 1,500만 원 채권은 2018. 2. 20.부터 3년의 소멸시효가 다시 진행하고, 2021. 2. 20. 소멸시효가 완성한다.

(3) 甲의 2020. 10. 15.자 최고로 인한 소멸시효 중단 여부

최고는 6월내에 법정조치를 취할 때에만 시효중단의 효력을 가진다(제174조). 甲의 2020. 10. 15.자 최고 후에 6월내인 2021. 3. 15.자 재판상 청구로 인하여 소멸시효는 중단된다. 그러나 甲의 소 취하로 인하여 시효중단의 효과는 소급하여 소멸한다.

(4) 甲의 2021. 7. 15.자 재판상 청구로 인한 소멸시효 중단 여부

① 최고를 여러 번 거듭하다가 재판상 청구를 한 경우에는 재판상 청구를 한 시점을 기준으로 소급

4) 대법원 2020.02.06. 선고 2019다223723 판결
5) 대법원 2001.06.12. 선고 2001다3580 판결
6) 대법원 2009.07.09. 선고 2009다14340 판결

하여 6월 이내에 한 최고 시에 시효중단의 효력이 발생한다(판례).[7]

② 甲의 2021. 7. 15.자 재판상 청구 이전에 甲은 2020. 10. 15.자 최고 및 2021. 3. 15.자 재판상 청구에 의한 최고(민법 제170조 제2항)가 있었다. 2021. 7. 15.로부터 소급하여 6월 이내의 최고는 2021. 3. 15.자 재판상 청구에 의한 최고이나, 甲의 1,500만 원 채권의 소멸시효는 2021. 2. 20. 완성된 상태이므로 甲의 2021. 7. 15.자 재판상 청구로 인한 시효중단의 효과는 발생하지 않는다. 乙의 소멸시효 항변은 이유 있다.

7) 대법원 1983.07.12. 선고 83다카437 판결

8. 제1차 모의시험 제2문

목 차

제2문의 1

Ⅰ. 〈시범답안〉 : 변제충당

1. 결론

법원은. 乙은 甲으로부터 1,000만 원 및 그 금원에 대한 2019. 4. 2.부터 완제일까지 연6%로 계산한 돈을 지급받은 다음, 甲에게 근저당권설정등기의 말소등기절차를 이행하라는 판결을 하여야 한다.

2. 논거

(1) 변제자가 지연손해금에 우선하여 원본에 지정하여 충당할 수 있는지, 원본채무 상호간 법정충당의 방법 등이 쟁점이다.

(2) 甲은 근저당권에 의하여 담보되는 채무가 모두 소멸하였음을 이유로 소유권 혹은 근저당권설정계약에 근거하여 근저당권설정등기의 말소를 청구하고 있으나, 피담보채무가 일부 남아 있는 경우에는 피담보채무 변제를 조건으로 말소등기를 청구하는 취지가 포함되어 있고, 이는 피담보채무에 관한 다툼이 있는 한 미리 청구할 필요가 있다.

(3) 같은 수개의 채권이더라도 비용, 이자 및 원본 사이에는 일방적인 지정은 허용되지 않고, 반드시 비용, 이자, 원본의 순으로 충당되어야 한다(민법 제479조 제1항). 원본보다 먼저 충당되어야 하는 이자에는 지연손해금도 포함된다(판례).[1] 비용, 이자, 원본의 순서에 관한 제479조가 강행규정은 아니므로 묵시적 합의를 포함하여 당사자의 합의에 의하여 순서를 바꿀 수 있다(판례).[2]

(4) 2019. 4. 1. 甲이 乙에게 지급한 5억 원은 甲의 채무 전부를 소멸시키기에 부족하고, 비록 甲이 원본에 먼저 충당해 달라고 하였으나, 乙이 이를 거절하였으므로 변제할 당시 지연손해금 2천만 원에 우선하여 충당된다.

(5) 甲이 변제할 당시 제1채무에 충당할 것인지, 제2채무에 충당할 것인지를 지정하지 아니하였으므로 법정충당에 따라 변제기 도래 여부, 변제이익의 대소, 변제기 도래의 선후 등에 의하여 소멸할 원본채무가 결정된다(민법 제477조). 제1채무는 제2채무보다 이자율이 높을 뿐만 아니라 근저당권에 의하여 담보되므로 제2채무보다 변제이익이 더 크다. 지연손해금에 충당되고 남은 4억 8천만 원은 제1채무에 충당된다.

(6) 제1채무는 1천만 원의 원금채무 및 이에 대한 2019. 4. 2.부터 연6%의 지연손해금이 잔존하고 있으므로 피담보채무 전부 소멸을 원인으로 한 무조건의 근저당권말소를 구하는 甲의 청구는 허용되지 않지만, 잔존하는 피담보채무 소멸을 조건으로 한 甲의 청구는 허용되므로 그 범위에서 일부인용판결을 하여야 한다.

---

1) 대법원 2005.08.19. 선고 2003다22042 판결
2) 대법원 2002.05.10. 선고 2002다12871·12888 판결

제2문의 2

Ⅰ. 문제 1. : 위법하게 취득한 금전이 교부된 경우, 피해자의 부당이득반환청구 가능성

1. 결론

丙은 戊에게 5억 원을 부당이득으로 반환하라고 청구할 수 없다.

2. 근거

(1) 위법하게 취득한 금전이 제3자에게 교부된 경우, 피해자가 제3자에 대하여 부당이득반환을 청구할 수 있는지가 쟁점이다.

(2) 부당이득반환청구권이 성립하기 위해서는, ㉠ 이득, ㉡ 손실, ㉢ 인과관계, ㉣ 법률상 원인의 흠결 등의 요건이 구비되어야 한다(민법 제741조).

(3) 戊는 乙이 丙으로부터 횡령한 금원을 지급받은 이득이 있고, 丙에게는 손실이 있으며, 乙이 횡령한 금전이 그대로 戊에게 교부된 것이므로 인과관계도 인정된다(판례).[3]

(4) 횡령한 금전이 횡령행위자의 채권자에게 변제로 제공된 경우, 변제를 수령한 채권자가 횡령한 금전에 의한 변제임을 알았거나 중대한 과실로 알지 못한 경우에만 법률상 원인을 흠결한 것으로 피해자에 대하여 부당이득반환의무를 부담한다(판례).[4]

(5) 戊가 乙로부터 변제받을 당시 변제로 제공된 금원이 乙이 횡령한 금원이라는 것을 전혀 알지 못하였고, 알지 못한 데에 과실이 없었으므로 戊는 피해자 丙에 대하여 부당이득반환의무를 부담하지 않는다.

Ⅱ. 문제 2. : 부진정연대채무자 1인의 일부변제 및 1인에 대한 면제의 효력, 피용자의 고의 불법행위로 인한 사용자책임에서 과실상계 인정여부

1. 결론

법원은 甲은 丙에게 2억 5,000만 원을 지급하라는 일부인용 판결을 하여야 한다.

2. 논거

(1) 쟁점

甲의 사용자 손해배상책임의 성립, 피용자 乙의 고의적 가해행위로 인한 甲의 사용자책임에서 과실상계 인정여부, 乙의 1억 원 변제로 인한 甲의 면책 여부, 乙에 대한 채무면제가 甲에게 효력이 있는지 등이 쟁점이다.

(2) 甲의 사용자 손해배상책임의 성립

乙은 甲의 피용자이고, 乙의 횡령행위는 불법행위의 일반적 요건을 충족하며, 乙의 행위는 외형상 甲의 사무집행과 관련되어 있고, 甲에게는 달리 면책사유가 없으므로 甲은 乙의 횡령행위로 인한 丙의 손해를 배상할 책임을 부담한다(민법 제756조).

---

3) 대법원 2003.06.13. 선고 2003다8862 판결; 대법원 2008.03.13. 선고 2006다53733·53740 판결
4) 대법원 2003.06.13. 선고 2003다8862 판결; 대법원 2008.03.13. 선고 2006다53733·53740 판결

(3) 甲의 손해배상책임의 범위

① 乙의 횡령행위로 인하여 丙은 5억 원의 손해를 입었다.

② 乙의 횡령행위는 丙의 부주의를 이용한 행위이므로 비록 丙에게 과실이 있더라도 고의적 가해행위자인 乙이 과실상계를 주장하는 것은 신의칙상 허용되지 않는다(판례).[5] 그러나 乙의 사용자 甲은 乙과는 별개의 책임주체이므로 비록 乙의 가해행위가 고의적인 가해행위라고 하더라도 피해자 丙에게 과실이 있다면 과실상계가 인정된다(판례).[6]

③ 丙의 과실비율이 50%이므로 甲은 2억 5천만 원의 손해배상채무를 부담한다.

(4) 乙의 1억 원 변제 및 乙에 대한 채무면제가 甲의 손해배상책임에 미치는 효력

① 甲의 사용자책임이 인정되더라도 가해행위자인 피용자 乙의 손해배상책임은 면책되지 아니하며, 甲과 乙의 손해배상채무는 부진정연대채무관계에 있다.

② 乙은 고의적 가해행위자로서 비록 丙의 과실이 있더라도 과실상계가 인정되지 아니하므로 5억 원의 손해배상채무를 부담한다.

③ 다액의 채무를 부담하는 부진정연대채무자 乙의 1억 원 변제로 먼저 소멸하는 부분은 채권자를 보호하려는 부진정연대채무의 취지에 비추어 乙이 단독으로 부담하는 부분이다(판례).[7] 甲의 손해배상채무는 乙의 1억 원 변제로 인하여 감액되지 않는다.

④ 부진정연대채무에서는 채권의 목적을 달성하는 사유를 제외하고는 채무자 1인에 관하여 생긴 사유는 다른 채무자에게 상대적 효력을 가질 뿐이므로 채권자 丙이 乙의 잔존채무를 면제하였더라도 면제로 인한 채무소멸의 효력은 甲에게 아무런 영향을 주지 않는다(판례).[8]

⑤ 乙의 1억 원 변제 및 乙에 대한 丙의 채무면제는 甲의 손해배상채무에 아무런 효력이 없으므로 甲은 丙에게 2억 5천만 원의 손해배상채무를 부담한다.

제2문의 3

Ⅰ. 문제 1. : 무상주위토지통행권

1. 결론

법원은, 丁의 청구 중 장애물의 철거청구는 인용하고, 인도청구는 기각하는 판결을 하여야 한다.

2. 근거

① 丁은 주위토지통행권을 근거로 통행권 행사에 방해가 되는 장애물의 철거 및 통행로의 인도를 청구하고 있다(제220조, 제214조).

---

5) 대법원 2016.04.12. 선고 2013다31137 판결; 대법원 2000.01.21. 선고 99다50538 판결; 대법원 2014.07.24. 선고 2010다58315 판결
6) 대법원 2002.12.26. 선고 2000다56952 판결
7) 대법원 2018.03.22. 선고 2012다74236 전원합의체 판결
8) 대법원 2006.01.27. 선고 2005다19378 판결

② 丁은 포위된 토지인 X토지의 지상권자로서 주위토지통행권을 행사할 수 있다(제290조, 제220조).

③ 동일인이 소유하는 수필지의 토지 중 일부 필지가 양도됨으로써 포위된 토지가 발생한 때에도 포위된 토지소유자는 일부양도 전의 토지로 통행할 수 있고, 다른 토지에 관해서는 주위토지통행권을 행사할 수 없으므로(판례)9) 丁은 Y토지에 관하여 주위토지통행권을 행사할 수 있다.

④ 양도인이 통행을 허용하지 아니함으로써 포위된 토지소유자가 주위의 토지를 통로로 사용하였더라도 무상의 주위토지통행권을 취득할 수 없게 된다고 할 수는 없으므로(판례)10) 丁이 주위의 丙 소유 토지를 통행하여 공로에 출입하더라도 丁은 Y토지에 관한 주위토지통행권을 행사할 수 있다.

⑤ 丁의 주위토지통행권은 X토지소유권의 확장이므로 통행권 행사에 방해가 되는 시설물의 철거를 청구할 수 있다(판례).11) 그러나 통행권자가 통행지에 관하여 소유자의 점유를 배제할 권능까지 가지는 것은 아니므로 乙을 상대로 통행로의 인도를 청구하는 것은 허용되지 않는다(판례).12)

⑥ 丁의 Y토지에 관한 통행권은 무상이므로(제220조) 임료 상당의 손해를 보상하여야 한다는 乙의 주장은 이유 없다.

II. 문제 2. : 무상주위토지통행권

1. 결론

丁은 Y토지나 Z토지 중에서 손해가 가장 적은 장소로 통행하여야 하므로 戊에 대하여 계속해서 Y토지에 통행할 권리가 있다고 주장할 수는 없다.

2. 이유

① 무상의 주위토지통행권에 관한 제220조가 일부양도의 당사자가 아닌 戊에게 적용되는지가 쟁점이다.

② 인위적 피포위지에 관한 특례를 정한 제220조는 직접 분할자 또는 일부양도의 당사자 사이에만 적용되고 피포위지 또는 통행지의 특정승계인에게는 적용되지 않는다(판례).13) 다만, 통해지의 원소유자가 독점적, 배타적 사용, 수익 권능을 포기하였고, 통행지의 특정승계인이 그와 같은 사정을 알면서 통행지를 취득한 때에는 원소유자와 마찬가지로 무상통행을 수인하여야 한다(판례).14)

③ 戊는 통행지의 특정승계인이고, 통행지의 원소유자 乙이 독점적, 배타적 사용, 수익 권능을 포기하였다고 볼 사정도 없으므로 丁은 戊에 대하여 종전과 같은 통행권을 행사할 수는 없다.15) 丁은 제219조에 따라 손해가 가장 적은 장소로 통행권을 행사하여야 하고, 보상의무를 부담한다.

9) 대법원 2005.03.10. 선고 2004다65589 판결
10) 대법원 1995. 2. 10 선고 94다45869·45876 판결
11) 대법원 1990.11.13. 선고 90다5238 판결
12) 대법원 1993.08.24. 선고 93다25479 판결
13) 대법원 2002.05.31. 선고 2002다9202 판결
14) 대법원 1998. 3. 10 선고 97다47118 판결
15) 채점기준표에서는 마치 戊가 통행권 행사사실을 알고 Y토지를 취득한 때에는 무상통행을 수인할 의무가 있는 것으로 서술하고 있으나, 판례의 태도를 보다 정밀하게 검토할 필요가 있다. 판례는 원소유자가 독점적 배타적 사용, 수익 권능을 포기한 경우에만 그 사실을 알고 특정승계한 자의 무상통행 수인의무를 인정한다. 또한 독점적 배타적 사용, 수익 권능을 포기하였다고 하려면 토지를 일반공중의 편익에 제공하여야 한다. 특정인을 위하여 토지 사용, 수익권을 행사하지 않는 경우에는 독점적 배타적 사용, 수익 권능 포기로 보지 않는다. 사안에서 乙이 丁을 위하여 통행지에 관한 독점적 배타적 사용, 수익권을 행사하지 않더라도 이를 독점적 배타적 사용, 수익 권능의 포기로 볼 수는 없다.

Ⅲ. 문제 3. : 인지청구, 사후피인지자의 상속회복청구, 상속분 상당 가액지급청구

1. B가 상속인 지위를 취득하는 방법

① 생부(生父)와 혼인 외 자녀 사이에는 인지에 의하여 법률상 부자관계가 창설된다. B는 A의 혼인 외의 자이므로 인지가 있어야 상속인으로서 권리를 행사할 수 있다.

② 인지자인 A가 사망한 후에도 사망 사실을 안 날로부터 2년 내에는 검사를 상대로 인지청구를 할 수 있으므로(민법 제863조, 제864조) B는 2022. 9. 1.까지 검사를 상대로 인지청구소송을 제기하여 인지판결을 받음으로써 A의 상속인의 지위를 취득하여야 한다.

2. Y토지에 관한 B의 권리

① B는 출생 시로 소급하여 A의 친생자 지위를 취득하고, Y부동산은 분할 기타 처분되지 아니한 상속부동산이므로 Y부동산은 乙과 B의 공동상속재산으로 각 1/2 비율로 공유하는 부동산이다. 乙은 B의 상속권을 부정하고 단독 상속을 원인으로 상속등기를 마침으로써 B의 상속권을 침해하였으므로 B는 乙을 상대로 1/2 지분이전등기를 청구할 수 있다.

② B의 乙에 대한 지분이전등기청구는 상속회복청구로서 제척기간의 대상이 된다. B는 상속권 침해사실을 안 날로부터 3년, 상속권 침해행위가 있은 날로부터 10년 내에 상속회복청구의 소를 제기하여야 한다. B는 인지판결 확정일에 상속권 침해행위를 알았다고 보아야 하므로 그로부터 3년 내에, 혹은 乙 단독 명의의 상속등기가 마쳐진 2018. 3. 1.로부터 10년이 되는 2028. 3. 1.까지 상속회복의 소를 제기하여야 하고, 어느 기간이든 먼저 도과하면 B의 청구는 허용되지 않는다.

③ B의 乙에 대한 지분이전등기청구는 민사소송사건이므로 민사법원에 제기하여야 한다.

3. X토지에 관한 B의 권리

① 인지의 소급효는 제3자의 권리를 해하지 못하고(민법 제860조 단서), 사후피인지자가 공동상속인이 되는 경우, 다른 공동상속인이 상속재산을 분할하거나 처분한 때에는 상속분 상당액의 가액지급을 청구할 수 있으므로(제1014조) B는 X토지에 관하여 甲을 상대로 지분이전등기를 청구할 수는 없고, 乙을 상대로 상속분 상당액의 가액지급을 청구할 수 있다.

② 상속분 상당액의 가액은 가액청구소송의 사실심 변론 종결 당시를 기준으로 산정하므로 그 당시의 시가를 별도로 산정하여 가액을 산정하여야 한다(판례).[16]

③ B의 乙에 대한 가액청구권도 그 본질은 상속회복청구권이므로 제척기간의 대상이 되고, 인지판결 확정일로부터 3년 내에 혹은 늦어도 2028. 3. 1.까지 가액청구소송을 제기하여야 한다(판례).[17]

④ B의 乙에 대한 가액청구소송은 가사소송사건이므로 가정법원에 제기하여야 한다.

---

16) **대법원 1993.08.24. 선고 93다12 판결**
17) 대법원 2007. 7. 26. 선고 2006므2757,2764 판결

제2문의 4

Ⅰ. 문제 1. : 분묘기지권의 시효취득 및 지료

1. 결론

甲의 이장청구는 부당하고, 지료청구 중에서 2021. 6. 1. 소 제기 의한 소장부본 송달일부터 이장시까지의 지료청구는 타당하다.

2. 논거

① 개정 장사법 시행일 이전에 설치된 분묘에 관해서는 개정 장사법이 적용되지 아니하므로 분묘의 소유자는 분묘기지권을 시효로 취득할 수 있다. 분묘기지권자가 평온, 공연하게 분묘기지를 점유한 때에는 지상권 유사 물권인 분묘기지권을 시효로 취득한다.

② 분묘기지권자인 乙은 분묘기지부분을 사용, 수익할 권리가 있으므로 점유할 권리가 없음을 전제로 한 甲의 이장청구나 분묘기지부분의 인도청구는 허용되지 않는다.

③ 분묘기지권을 시효로 취득하였더라도 분묘기지권자는 토지소유자가 분묘기지에 관한 지료를 청구하면 그 청구한 날부터의 지료를 지급할 의무가 있으므로(판례)[18] 乙은 甲이 지료지급청구소송을 제기하여 그 소장부본이 송달된 날부터의 지료를 지급할 의무가 있다. 甲의 청구는 이 범위에서 타당하다.

Ⅱ. 문제 2. : 제사주재자의 결정

1. 결론

甲의 청구를 기각하여야 한다.

2. 근거

① 甲은 乙이 분묘의 소유자임을 전제로 청구하고 있다.

② 분묘 등의 소유자는 제사용 재산의 승계권자인 제사를 주재하는 자이다(민법 제1008조의3). 제사주재자는 공동상속인들의 협의로 결정하고, 협의가 이루어지지 않은 경우에는 다른 특별한 사정이 없는 한 망인의 장남이 제자주재자가 된다(판례).

③ 공동상속인 乙과 丙의 협의로 제자주재자를 丙으로 한 경우에는 분묘소유자는 丙이 되므로 乙이 분묘의 소유자임을 전제로 한 甲의 청구는 허용되지 않는다.

18) 대법원 2021.04.29. 선고 2017다228007 전원합의체 판결. 종래 분묘기지권 시효취득의 경우에 지료지급의무가 없다는 대법원 1995.02.28. 선고 94다37912 판결은 폐기되었다.

9. 제1차 모의시험 제3문

목 차

[문제1의 해설 (30점)]

1. 문제의 제기 (2점)

을회사 대표이사 B의 보증과 관련하여 ① 대표권의 내부적인 제한, ②대표권의 법률상의 제한, ③ 대표권의 남용 등이 문제된다.

2. B의 대표권 내부적 제한에 위반한 보증행위의 효력 (15점)

(1) 대표권의 제한에 위반한 행위의 의의 (3점)

① 대표이사의 행위가 '중요한 자산의 처분 및 양도' 등에 해당할 경우에는 이사회 결의를 거쳐야 하고(제393조 제1항, 대표권의 법률상 제한), ② 정관이나 이사회 규정 등에서 이사회 결의나 주주총회 결의를 요구하는 경우에는 이를 거쳐야 한다(대표권의 내부적 제한). 설문의 '이사회 규정상 10억 원 이상의 차입 및 보증행위는 이사회 승인을 거칠 것'을 정한 경우 이는 **대표권의 내부적인 제한**에 해당한다.

(2) B의 이사회 승인을 거치지 아니한 보증의 효력 (3점)

대표이사의 이사회 승인을 결한 대외적 거래의 효력에 대하여 '유효설'과 '무효설'이 있지만 통설과 판례는 **'상대적 무효설'**을 취하고 있다. 즉 판례는 "① 이사회결의는 **내**부적인 의사결정절차에 불과하므로 거래상대방은 **제209조 제2항**("대표권의 제한은 선의의 제3자에게 대항하지 못한다")에 의하여 보호받을 수 있다. ② 본조의 '선의'에 대하여 종래 판례는 선의·무과실을 요했으나, 최근 전합에서는 선의·무중과실을 요하는 입장으로 변경되었다. ③ 선의 무중과실에 대한 입증책임은 회사가 부담하므로 **상대방의 악의 또는 중과실을 입증하면 무효**를 주장할 수 있다"[1]라는 입장이다.

(3) 사안의 적용 (9점)

丙회사는 보증계약 체결 시에 B가 乙회사의 이사회 결의를 거치지 아니하였음을 알지 못하였을 뿐 아니라 이사회 결의가 필요하다고 의심할만한 특별한 사정도 없었다. 따라서 乙회사는 대표권의 제한 사실을 들어서 선의의 제3자인 丙회사에게 대항하지 못하고, 丙회사에게 30억 원을 지급할 책임이 있다.

3. 대표권의 법률상 제한에 위반한 보증행위의 효력 (4점)

제393조 제1항에 의하면 **'대규모 자산의 차입'**에 해당하는 경우에도 이사회 승인을 요한다.

이사회 승인을 결한 경우 최근의 전합 판례에 의하면 "제393조 제1항의 **'대규모 재산의 차입 등의 행위'**에 관하여 이사회의 결의를 거치지 않고 거래행위를 한 경우에도 내부적 제한의 경우와 마찬가지로 선의의 제3로써 보호받기 위해서는 **'선의·무중과실'**을 필요로 한다"고 판시하였다.[2]

乙회사는 제393조 제1항의 이사회승인이 없는 보증이라는 사실을 들어서 선의의 제3자인 丙회사에게 대항하지 못하고, 丙회사에게 30억 원을 지급할 책임이 있다.

---

1) 대법원 2021. 2. 18. 선고 2015다45451 전합 판결.
2) 대법원 2021. 2. 18. 선고 2015다45451 전합 판결.

4. B의 대표권을 남용한 보증행위의 효력 (6점)

(1) 문제점

대표권의 남용행위도 객관적으로 대표이사의 권한범위 내의 행위이므로 대외적 관계에서는 유효이다. 다만, 회사입장에서 거래의 효력을 부인할 수 있는 근거가 무엇인지 문제된다.

(2) 대표권 남용의 대외적 효력

1) 학설의 대립 – [비/권/상/대]

학설은 ① 비진의표시설, ② 권리남용설, ③ 상대적 무효설, ④ 대표권제한설 등이 대립한다.

2) 판례

판례는 상대방이 대표이사의 진의를 알았거나 알 수 있었을 때에는 회사에 대하여 무효가 된다고 하여 '비진의표시설'의 입장을 취한 것이 다수[3]이지만, 드물게는 '권리남용설'을 취한 것도 있다.[4]

3) 검토 및 사안의 적용

회사의 이익과 거래안전의 조화를 꾀하는 판례의 '비진의표시설'이 타당하다.

(3) 소결

B의 보증행위는 乙회사의 이익을 위해서 행한 것이 아니고, 30억 원을 차용한 甲회사 대표이사 **A와의 개인적인 친분 때문에** 보증에 대한 대가도 없이 이루어진 것으로 대표권의 남용행위에 해당한다. 거래상대인 丙회사가 B의 내심의 의사를 알았거나 알 수 있었다는 사정은 보이지 않으므로 乙회사는 B의 대표권 남용을 주장하여 丙회사에게 이 사건 보증행위의 무효를 주장할 수 없고, **해당 거래행위는 유효**하다.

5. 사안의 해결 (3점)

乙회사는 甲회사에 대하여 이사회 결의 없는 보증행위 또는 B의 남용행위를 들어서 보증행위의 무효를 주장할 수 없다.

[문제2의 해설 (15점)]

1. 문제의 제기 (2점)

모회사의 소수주주가 자회사의 이사를 상대로 대표소송을 제기할 수 있는지, 즉 **다중대표소송**이 가능한지 문제된다.

2. B의 乙회사에 대한 손해배상책임 여부 (2점)

이사가 고의 또는 과실로 법령 또는 정관에 위반한 행위를 하거나 그 임무를 게을리 한 경우에는 그 이사는 회사에 대하여 연대하여 손해를 배상할 책임이 있다(제399조 제1항).

---

3) 대판 1997. 8. 29. 97다18059.
4) 대판 1987. 10. 13. 86다카1522.

설문의 경우 乙회사 대표이사 B의 丙회사에 대한 보증행위는 **乙회사 이사회 규정**에 위반한 행위일 뿐만 아니라 대표권을 남용한 행위로서 **이사의 회사에 대한 주의의무를 위반**한 것이므로, 제399조에 따라 B는 乙회사가 입은 손해를 배상할 책임이 있다.

3. D의 B에 대한 다중대표소송 제기 여부 (8점)

(1) 다중대표소송의 의의

다중대표소송이란 자회사의 이사의 임무해태 등으로 자회사에 손해가 발생한 경우 모회사의 주주가 그 이사를 상대로 대표소송을 제기하는 것을 말한다.

(2) 요건 및 절차

1) 모회사 자회사 관계

다중대표소송의 제기를 위해서는 다른 회사 발행주식총수의 100분의 50을 초과하는 주식을 가진 회사, 즉 ① **모회사 자회사 관계**가 존재해야 한다(제406조의2 제1항). 다만, 제소 이후 모회사의 지분비율이 50% 이하로 감소하였더라도, 전혀 보유하지 않게 된 경우가 아니라면 제소의 효력에는 영향이 없다(제406조의2 제4항).

2) 원고적격

① 모회사가 비상장회사인 경우에는 다중대표소송을 제기하고자 하는 주주는 해당 **모회사 발행주식총수의 100분의 1(1%) 이상**을 보유하여야 하며(제406조의2 제1항), ② 상장회사의 경우에는 6개월 전부터 계속하여 상장회사 **'발행주식총수의 1만분의 50(0.5%) 이상'**에 해당하는 주식을 보유하여야 한다(제542조의6 제7항).

③ 상장회사 특례의 보충성

다만, 상장회사의 주주라고 하더라도 비상장회사의 소수주주권 행사요건을 갖추었다면 상장회사 특례규정을 적용하여 6개월 보유기간이 요구되지 않는다(제542조의6 제10항).

3) 소결

丁회사는 乙 회사는 모자회사 관계이며, D는 모회사인 丁회사의 주식 1%(1% 이상)를 보유하고 있으므로 비록 丁회사가 상장회사이더라도 6개월 보유기간에 상관없이 대표소송을 제기할 수 있다. 따라서 모회사(丁회사)의 주주인 D는 자회사(乙회사)의 이사인 B를 상대로 다중대표소송을 제기할 수 있다.

4. 사안의 해결 (3점)

B는 乙회사에 대해서 손해배상책임이 있다. 丁회사(모회사)의 주주인 D는 乙회사(자회사)의 이사인 B를 상대로 다중대표소송을 제기할 수 있다.

[문제3의 해설 (15점)]

1. 문제의 제기 (2점)

이사 등에 대한 신용공여금지(제542조의9) 위반 여부 등이 문제된다.[5)]

2. 이사 등에 대한 신용공여 금지 (2점)

(1) 의의

상장회사는 주요주주 및 그 특수관계인, 이사 및 집행임원, 감사를 상대방으로 하거나 그를 위하여 신용공여를 하여서는 아니 된다(제542조의9 제1항). 상법 제398조 이사 등의 자기거래 금지와는 달리 이사회의 승인을 요하는 것이 아니라 원칙적으로 금지된다.

(2) 제542조의9와 제398조의 관계

제542조의9는 이사 등의 **자기거래에 대한 특칙**으로서, 제398조보다 엄격한 제한(이사회 승인과 무관하게 금지)을 두고 있다. 따라서 상장회사의 이사에 대하여 신용공여가 문제된 본 사안에서는 이사의 자기거래(간접거래)로서 제398조가 아닌, 보다 강화된 **특칙 규정인 상법 제542조의9를 적용**하여 해결하여야 한다.

3. 제542조의9 제1항 위반행위의 효력 (8점)

(1) 제542조의9 제1항의 성격

① 상법 제542조의9 제1항 위반행위에 대해 형사처벌이 이루어지는 점에서 본 조항은 **강행규정**에 해당하므로 위 조항에 위반하여 이루어진 신용공여는 허용될 수 없는 것으로서 사법상 무효이고, **누구나 그 무효를 주장할 수 있다**. ② 제542조의9 제1항에 위반하여 이루어진 신용공여는, 상법 제398조가 규율하는 이사의 자기거래와 달리, 이사회의 승인 유무와 관계없이 금지되는 것이므로, **이사회의 사전 승인이나 사후 추인이 있어도 유효로 될 수 없다**.

(2) 제542조의9 제1항 위반의 효력 - 상대적 무효설(판례)

제542조의9 제1항 위반행위의 효력에 대하여 판례는 '상대적 무효설'을 취한다. 즉 제542조의9는 **제1항에서 신용공여를 원칙적으로 금지**하면서도 **제2항에서는 일부 신용공여를 허용**하고 있는바, 본조를 위반한 신용공여라고 하더라도 제3자가 그에 대해 알지 못하였고 알지 못한 데에 **중대한 과실**이 없는 경우에는 그 제3자에 대하여는 무효를 주장할 수 없다(대법원 2021. 4. 29. 선고 2017다261943 판결).

4. 사안의 해결 (3점)

丁회사는 상장회사로서 그 대표이사인 E의 개인적인 차용행위에 대해서 연대보증을 제공하는 행

---

5) **제542조의9(주요주주 등 이해관계자와의 거래)**
① 상장회사는 다음 각 호의 어느 하나에 해당하는 자를 상대방으로 하거나 그를 위하여 신용공여(금전 등 경제적 가치가 있는 재산의 대여, 채무이행의 보증, 자금 지원적 성격의 증권 매입, 그 밖에 거래상의 신용위험이 따르는 직접적·간접적 거래로서 대통령령으로 정하는 거래를 말한다. 이하 이 조에서 같다)를 하여서는 아니 된다.
1. 주요주주 및 그의 특수관계인
2. 이사(제401조의2 제1항 각 호의 어느 하나에 해당하는 자를 포함한다. 이하 이 조에서 같다) 및 집행임원
3. 감사
② 제1항에도 불구하고 다음 각 호의 어느 하나에 해당하는 경우에는 신용공여를 할 수 있다.
1. 복리후생을 위한 이사·집행임원 또는 감사에 대한 금전대여 등으로서 대통령령으로 정하는 신용공여
2. 다른 법령에서 허용하는 신용공여
3. 그 밖에 상장회사의 경영건전성을 해칠 우려가 없는 금전대여 등으로서 대통령령으로 정하는 신용공여

위는 제542조의9 제1항에 의해 금지되는 **신용공여행위로서 원칙적으로는 무효**이나, 거래상대방인 F는 丁회사가 대표이사 E에 대하여 연대보증을 제공하는 것이 제542조의9 제1항에서 금지된다는 사실을 알았거나 알 수 있었다는 사정이 보이지 않는다. 따라서 **丁회사는 E가 신용공여 금지에 위반했다는 사실을 들어서 F에게 주장할 수 없다**.

[문제4의 해설 (30점)]

1. 문제의 제기 (2점)

상호속용에 따른 양수인의 책임 및 현물출자, 제45조의 양도인책임의 존속기간 등이 쟁점이다.

2. B의 (주)경기인쇄에 대한 청구여부 (18점)

제42조가 적용되기 위해서는 ⓐ 영업**양**도에 해당할 것, ⓑ 영업상의 **채**권일 것 ⓒ 상호를 **속**용할 것 등의 요건을 충족하여야 한다. [양/채/인/속/광/선]

(1) 영업양도의 의의

영업양도란 '일정한 영업목적에 의하여 조직화된 유기적 일체로서의 **기능적 재산인 영업재산을 영업의 동일성을 유지하면서 이전하는 것을 목적으로 하는 채권계약**'이다.

(2) 영업양도와 현물출자

영업을 출자하여 주식회사를 설립하고 그 상호를 계속 사용하는 경우에 대하여 (a) 학설은 대립하지만, (b) 판례는 '① 영업의 양도는 아니지만 **출자의 목적이 된 영업의 개념이 동일**하고 ② **법률행위에 의한 영업의 이전이라는 점에서 영업의 양도와 유사**하며, ③ **채권자의 입장에서 볼 때는 외형상의 양도와 출자를 구분하기 어려우므로** 새로 설립된 법인은 "상법 제42조 제1항의 규정의 유추적용에 의하여 출자자의 채무를 변제할 책임이 있다"고 판시하여 제42조**의 입장**이다.[6] [동/법/채]

설문의 경우 A가 인쇄영업 전부를 출자하여 '경기인쇄주식회사'를 설립하는 경우에도 **제42조의 상호속용양수인의 책임이 유추적용**된다.

(3) 상호속용 여부

판례는 '동일한 상호를 사용하는 것 이외에 **상호 전후에 다른 문자를 부가**한 경우에도 **거래통념상 상호의 주요부분이 공통**되면 족하다'고 하여 다소 넓게 상호의 동일성을 인정하고 있다.[7] '경기인쇄'와 '경기인쇄주식회사'는 상호의 동일성이 인정된다.

(4) 영업상 채권 여부

영업상 채권이란 영업상 활동과 관련하여 발생한 채권으로서 거래상 채권을 의미한다. 이에 불법행위로 인한 채권이 포함되는지 여부에 대하여 학설은 부정하는 견해도 있지만, **판례는 이를 인정**한다.[8]

---

6) 대법원 1996. 7. 9. 선고 96다13767 판결
7) 대법원 1995. 8. 22. 선고 95다12231 판결
8) 대법원 1989. 3. 28. 선고 88다카12100판결

(5) 소결

영업상의 채권자인 B는 ⓐ 경기인쇄주식회사에게 5억 원의 채권을 청구할 수 있으며, ⓑ 불법행위에 기한 1천만 원의 치료비도 청구할 수 있다.

3. B의 A에 대한 청구 여부

양도인과 양수인 양자의 책임은 **부진정연대채무의 관계**에 있는 것으로 해석된다. 양도인과 양수인 양자의 책임 가운데 **양도인의 책임**은 ① 양수인이 상호를 계속 사용한 경우에는 **'영업양도'**로부터 **2년**, ② 채무인수를 광고한 경우에는 그 **'광고'로부터 2년**이 경과하면 소멸한다(제45조). 이는 신속한 **구상관계의 종결**과 이러한 채무는 개인채무가 아니라 **기업활동으로 인한 채무**라는 특징 때문이다.

판례는 "영업을 출자하여 주식회사를 설립하고 상호를 계속 사용함으로써 상법 제42조 제1항의 규정이 유추적용되는 경우에는 상법 제45조의 규정도 당연히 유추적용이 된다"고 한다.[9] 따라서 이러한 경우에도 주식회사를 설립한 채무자의 책임은 '회사설립' 후 2년이 경과하면 소멸한다는 것이다.

설문의 경우 현물출자가 2018. 9.경 이루어졌고, B의 A에 대한 청구는 2년이 지난 2020. 11.경에 제기되었으므로, B의 A에 대한 5억 원의 대금청구는 기각될 것이며, 또한 B의 A에 대한 위자료 청구도 현물출자일로부터 2년이 지난 2020. 11.경에 제기되었으므로 B의 청구는 기각될 것이다.

4. 사안의 해결 (3점)

(주)경기인쇄는 B에게 물품대금 5억 원 및 치료비 1천만 원을 지급할 책임이 있지만, A는 B에게 물품대금 5억 원 및 치료비 1천만 원을 지급할 책임이 없다.

[문제5의 해설 (10점)]

1. 문제의 제기 (1점)

책임보험의 보험금청구권의 인정 요건, 제3자의 직접청구권이 문제된다.

2. 보험금청구권의 발생 및 보험자의 보험금 지급의무 (4점)

보험금청구권은 보험료를 지급하고 ⓐ 보험**계**약에서 정한 ⓑ 보험**사**고가 ⓒ 보험**기**간 내에 발생하면 보험금청구권이 성립한다. [계/사/기/면] 책임보험은 피보험자가 보험기간 중의 사고로 제3자에게 손해배상책임을 지는 경우 그 손해를 보상하는 손해보험계약이다.

한편, 보험기간 중 보험사고가 발생한 경우 보험계약이 종료되더라도 보험자는 소멸시효 완성 전까지는 보험금 지급의무를 부담한다.[10]

---

9) 대법원 2009. 9. 10. 선고 2009다38827 판결
10) 정희철, 상법학(하) 455면, 양승규, 보험법, 360면

3. 제3자의 직접청구권 (3점)

(1) 의의 및 취지

피해자인 제3자는 피보험자가 책임을 지는 사고로 입은 손해에 대하여 보험금액을 한도로 보험자에게 직접 보험금을 청구할 수 있다(제724조 제2항).

(2) 법적 성질

1) 학설[11)]

① 손해배상청구권설

피해자보호관점에서 피해자가 원래 피보험자에 대해 청구할 수 있는 권리를 보험자에 대해 행사하는 것이라고 보는 견해이다. 즉 보험자가 피보험자의 손해배상채무를 **병존적으로 인수**한 것으로 본다.

② 보험금청구권설

보험자관점에서 보험자는 제3자에 대한 의무를 인수한바 없으므로 피해자는 피보험자의 보험금지급청구권을 대위행사하는 것에 불과하다는 견해이다.

2) 판례 – 손해배상청구권설

제724조 제2항에 의하여 피해자가 보험자에게 갖는 직접청구권은 보험자가 피보험자의 피해자에 대한 **손해배상채무를 병존적으로 인수**한 것으로서 피해자가 보험자에 대하여 가지는 손해배상청구권이므로 민법 제766조 제1항에 따라 **피해자 또는 그 법정대리인이 그 손해 및 가해자를 안 날로부터 3년**간 이를 행사하지 아니하면 시효로 인하여 소멸한다.[12)13)]

3) 검토 및 사안의 적용

직접청구권은 계약이 아니라 법률에 의해 인정되는 것이므로 **손해배상청구권**으로 보는 견해가 타당하다.

4. 결론 (2점)

A의 손해배상책임이 확정되었으므로 B는 제724조에 의하여 甲손해보험회사를 상대로 1,000만원의 치료비를 직접 청구할 수 있다. B는 손해발생일로부터 3년이 경과하기 전에 보험금을 청구하였으므로 甲손해보험회사는 보험금을 지급할 책임을 진다.

---

11) 실제 시험에서는 학설 이름만 쓴다.

12) 판례는 일관된 입장을 보이지 못하여 손해배상청구권설과 보험금청구권설에 따른 각각의 판례가 있으며, 1990년 이후에는 손해배상청구권설을 취하는 듯한 경향을 보이지만 전원합의체 판결로 정리되어야 할 것으로 보인다.

13) 피보험자의 법률상 책임이 확정되지 아니하여 피해자가 피보험자를 상대로 책임소송을 제기한 뒤 보험자에게 직접청구권을 행사하는 경우에는 **책임소송의 확정시가 안 때**로 되고,[1)] 피보험자의 법률상 책임이 다투어지지 아니하여 피해자가 책임소송을 제기하지 아니하고 보험자를 상대로 직접청구권을 행사하는 경우에는 **피해자가 재산상 손해를 입는 사고를 당한 때가 안 때**로 된다.

Chapter
03 2021년 모의시험

1. 제3차 모의시험 제1문

목 차

(2) 불복하지 않은 부분의 처리
2. 설문 2의 해결

[제1문의 6]

Ⅰ. 저당물 양도의 사해성 판단 기준/ 공동저당물 중에서 채무자의 부동산이 부담하는 피담보채권액

1. 결론
2. 논거
(1) 쟁점
(2) 사해행위 일반적 요건 및 근저당권이 설정된 지분권 증여의 사해성 판단방법
(3) 甲의 지분권이 부담하는 공동근저당권의 피담보채권액

[제1문의 7]

Ⅰ. 문제 1. : 대물변제가 사해행위인지/ 사해행위 후 근저당권이 말소된 경우 원상회복의 방법/ 가액배상액 산정방법

1. 결론
2. 논거
(1) 쟁점
(2) 甲과 乙의 대물변제계약이 사해행위인지
(3) 乙의 원상회복 방법
(4) 가액배상금의 산정
(5) 수익자 乙의 상계항변 가능성

Ⅱ. 문제 2. : 물품대금채권의 소멸시효기간/ 수익자가 독자적 소멸시효 원용권자로서 피보전채권의 소멸시효 완성을 주장할 수 있는지

1. 결론
2. 논거

제1문의 1

Ⅰ. 제1문의1 문제1 : 표시정정과 시효중단

1. 문제점

상속을 포기한 丙을 상대로 소를 제기하였다가 2순위 상속인 丁으로 피고를 바꾸는 방법이 피고경정인지 검토하고, 이에 따라 시효중단의 효력발생시기를 살펴본다.

2. 설문의 피고의 확정

(1) 판례의 입장

원고가 피고의 사망 사실을 모르고 사망자를 피고로 표시하여 소를 제기한 경우에, 청구의 내용과 원인사실, 당해 소송을 통하여 분쟁을 실질적으로 해결하려는 원고의 소제기 목적 내지는 사망사실을 안 이후 원고의 피고표시정정신청 등 여러 사정을 종합하여 볼 때에, 실질적인 피고는 당사자능력이 없어 소송당사자가 될 수 없는 사망자가 아니라 처음부터 사망자의 상속자이고 다만 그 표시에 잘못이 있는 것에 지나지 않는다고 인정되면 사망자의 상속인으로 피고의 표시를 정정할 수 있다 할 것인바, 상속개시 이후 상속의 포기를 통한 상속채무의 순차적 승계 및 그에 따른 상속채무자 확정의 곤란성 등 상속제도의 특성에 비추어 위의 법리는 채권자가 채무자의 사망 이후 그 1순위 상속인의 상속포기 사실을 알지 못하고 1순위 상속인을 상대로 소를 제기한 경우에도 채권자가 의도한 실질적 피고의 동일성에 관한 위 전제요건이 충족되는 한 마찬가지로 적용이 된다(대법 2009. 10. 15, 2009다49964).

(2) 소 결

원고가 의도한 이 사건 소의 실질적인 피고는 상속포기의 소급효로 말미암아 처음부터 상속채무에 관한 법률관계의 당사자가 될 수 없는 1순위 상속인이 아니라 적법한 상속채무자인 2순위 상속인인 피고 丁이라 할 것이다.

3. 피고를 변경하는 방법

(1) 견해의 대립

1) 피고경정설 : ① 민사소송법이 개정됨으로써 이러한 경우 당사자표시정정의 확장해석을 통하지 아니하고 피고경정제도를 통하여 달성할 수 있게 된 점, ② 당사자표시정정의 요건·절차 및 효과에 관하여는 判例의 해석기준 또는 실무해설서에 따라 제도가 운용되고 있는 반면에, 피고경정의 요건·절차 및 효과에 관하여는 민사소송법 제260조, 제261조, 제265조, 민사소송규칙 제66조에서 자세히 규정하고 있음에 비추어 보면 적어도 1990년 개정 민사소송법 이후에는 당사자표시정정은 순수한 의미에서의 오기의 정정에 한하도록 하려는 것이 입법자의 의도로 보이는 점, ③ 피고가 되는 자연인이 실질적으로 변경됨에도 불구하고 이를 당사자표시정정으로서 허용하는 것은 불합리해 보이는 점, ④ 재판상 청구에 의한 소멸시효의 중단시기가 문제되는 경우에 당사자표시정정을 허용하게 되면 뒤늦게 피고로 정정된 후순위 상속인은 실제로 청구를 받지 아니하였음에도 소멸시효가 중단되는 결과를 초래하게 되는 점 등에 비추어 보면, 제260조 피고경정으로 변경하는 것이 타당

하다는 입장이다(서울고법 2005. 04. 20, 2004라693).

2) 표시정정설 : 사망 사실을 모르고 사망자를 피고로 표시하여 소를 제기한 경우에, 청구의 내용과 원인사실, 당해 소송을 통하여 분쟁을 실질적으로 해결하려는 원고의 소제기 목적 내지는 사망 사실을 안 이후의 원고의 피고 표시 정정신청 등 여러 사정을 종합하여 볼 때 실질적인 피고는 처음부터 사망자의 상속자이고 다만 그 표시에 잘못이 있는 것에 지나지 않는다고 인정된다면 사망자의 상속인으로 피고의 표시를 정정할 수 있다는 입장이다(대법 2006. 07. 04, 2005마425).

(2) 검 토

변경 전후 당사자의 동일성이 인정됨을 전제로 진정한 당사자를 확정하는 표시정정의 대상으로서의 성질을 지니는 이상 비록 소송에서 피고의 표시를 바꾸면서 피고경정의 방법을 취하였다 해도 피고표시정정으로서의 법적 성질 및 효과는 잃지 않는다(대법 2009. 10. 15, 2009다49964).

4. 설문의 해결

표시정정은 당사자의 동일성이 유지되는 상태에서 표시를 변경하는 것으로 최초 소제기시의 시효중단의 효과가 유지된다. 이 사건 소의 진정한 당사자로 확정되는 피고 丁이 상속한 이 사건 대여금채무는 그 소멸시효기간이 지나기 전의 이 사건 소의 제기로써 시효의 진행이 중단된 것으로 보아야 할 것이다. 그럼에도 이 사건 대여금채권은 시효로 소멸하였다는 피고 丁의 시효항변은 당사자표시정정에 관한 법리를 오해한 것으로 정당하지 않다(대법 2009. 10. 15, 2009다49964).

제1문의 2

Ⅰ. 제1문의2 문제1 : 소송계속 중 대표권 상실의 효과

1. 문제점

소취하는 법원에 대한 여효적 소송행위로서 소취하에 피고의 동의가 있으면 소송계속이 소급적으로 소멸한다. 다만 甲이 대표권이 소멸한 상태에서 소를 취하한 것이 제63조에 비추어 유효한지 살펴본다.

2. 법정대리권의 소멸통지

(1) 제63조 제1항 본문의 취지

법정대리권 소멸은 이를 통지하지 않으면 대리권소멸의 효과를 주장할 수 없으며, 그 결과 구대리인과 관련한 소송행위는 무효로 되지 아니한다(제63조). 이 경우 상대방이 그 사실을 알았는지의 여부 및 모르는데 과실이 있는가의 여부를 불문한다(대법 1998. 02. 19, 95다52710). 이는 통지 유무에 의하여 자격상실 여부를 획일적으로 처리함으로써 소송절차의 안정과 명확을 기하기 위한 것이다.

(2) 제63조 제1항 단서

위 규정의 입법취지에 비추어 대리권이 소멸하였다고 하더라도 그 통지가 있을 때까지는, 그 대리권이 소멸하지 아니한 것으로 의제되므로, 그 대리인의 소송행위는 모두 유효하게 된다. 따라서 자격상실자가 상대방과 통모하여 권리귀속주체에게 해가 되는 소송행위를 한 경우에도 그 효력을 인정하지 않을 수 없다. 이러한 불합리를 막기 위하여 현행법 제63조 제1항 단서에서 법원에 변경사실이 알려진 뒤에는 상대방에게 통지하지 아니한 시점에서도 구대리인은 소의 취하나 청구의 포기·인낙 등의 소송의 목적을 처분하는 제56조 2항의 소송행위를 하지 못하도록 하였다.

(3) 동조의 적용범위

법정대리인에 관한 법 제63조의 규정은 제97조에서 소송대리인에게도 준용되며, 제63조 제2항에서 『제53조의 규정에 의한 당사자의 변경이 있는 경우에는 민사소송법 제63조 제1항의 규정을 준용한다』고 규정하고 있으며, 제64조에서 법인 등 단체의 대표자와 제52조의 대표자 또는 관리인에게도 준용되므로 사안의 종중대표자에게도 적용된다.

3. 설문의 해결

법원에 乙 종중의 새로운 대표자 丁이 대표자변경신고서를 제출하였으므로, 甲이 한 乙 종중 명의의 소취하는 효력이 없다.

제1문의 3

Ⅰ. 제1문의 3 문제1 : 소장각하명령의 대상

1. 문제점

소장에 피고의 대표자가 잘못 기재된 경우, 이에 대한 보정명령의 적법성과 보정하지 않은 경우 소장각하명령의 대상이 되는지 살펴본다.

2. 보정명령의 적법성 여부

제254조 제1항의 소장심사의 대상은 ① 소장의 필요적 기재사항이 제대로 되어 있는지의 여부, 즉 당사자의 동일성이 제대로 특정되어 있는지, 청구취지나 청구원인이 제대로 기재되어 있는지, 날인 또는 서명이 제대로 되어 있는지와, ② 소장에 인지를 제대로 붙였는지 여부가 심사의 대상이다. 그러나 소송요건의 구비여부나 청구의 당부는 심사대상이 아니다. 법정대리인에 준하는 대표자의 기재는 소장의 필요적 기재사항인데, 대표자의 기재가 잘못된 경우 보정명령의 적법성에 문제가 있으나, 이에 따르지 않는 경우 소장각하명령을 할 수 없다면 적법성 여부를 따지는 것은 무의미하다.

3. 소장각하명령의 위법성

소장에 법정된 필수적 기재사항이 기재되어 있기만 하면 설령 그 표시가 잘못되었다고 하더라도 소장을 각하할 수 없다. 판례도 소장에 일응 대표자의 표시가 되어 있는 이상 설령 그 표시에 잘못이 있다고 하더라도 이를 정정 표시하라는 보정명령을 하고 그에 대한 불응을 이유로 소장을 각하하는 것은 허용되지 아니한다. 이러한 경우에는 오로지 판결로써 소를 각하할 수 있을 뿐이라고 하였다(대법 2013. 09. 09, 2013마1273).

4. 설문의 해결

소장심사시에 재판장이 적절하지 않은 기재사항을 발견하였다고 하더라도 필수적 기재사항이 기재되어 있는 이상, 보정명령에 따르지 않는다고 하여 소장각하명령을 하는 것은 위법하고, 소각하 판결을 하여야 한다.

II. 제1문의 3 문제2 : 형식적 형성의 소의 취급

1. 문제점

공유물분할청구의 소는 공유물의 분할방법에 관하여 공유자간에 협의가 성립되지 아니한 때 판결에 의한 분할을 청구하는 소이다(민법 제269조 제1항). 이러한 공유물분할청구의 소의 종류를 살펴보고 신청과 다른 방식의 분할이 허용되는지 검토한다.

2. 공유물분할청구의 소의 성질

소는 청구의 성질·내용에 의하여 ① 이행의 소, ② 확인의 소, ③ 형성의 소 세 가지로 분류된다. 공유물분할청구의 소는 통상의 형성의 소와 같이 형성요건이 법정되어 있는 것은 아니지만, 공유자간의 기존의 권리관계를 폐기하여 장래의 권리관계를 창설하는 판결을 구하는 것이고, 공유자가 가지는 분할청구권(민법 제268조 제1항)이라는 형성권을 기초로 하는 것이므로 형성의 소라 할 수 있다. 나아가 이 소는 다툼 있는 권리관계를 확정하는 것만을 목적으로 하는 것이 아니고, 법원의 재량에 의해 구체적인 사정에 따라 합목적적으로 처분할 수 있다고 하여야 하므로 비송사건의 실질을 가진다. 따라서 공유물분할의 소는 성질은 비송사건이지만 소송절차를 거쳐 판결에 의해 분할해야 하는 형식적 형성의 소이다.

3. 형식적 형성의 소의 특징

(1) 처분권주의의 배제

형식적 형성의 소에 있어서는 법원은 당사자주장의 범위나 내용에 구속받지 않고 재량대로 판단할 수 있어 처분권주의가 배제되며, 따라서 상소심의 심판범위에 있어서도 불이익변경금지의 원칙도 적용되지 않는다. 大法院도 재판상 공유물의 분할은 현물분할이 원칙이라 하여,[1] 법원의 재량의 한계가 있음을 밝힌 바도 있지만, 공유물의 분할방법은 당사자가 구하는 방법에 구애받지 않고 법원의 재량에 따라 분할하면 된다고 하여 처분권주의가 배제된다고 하였다.[2]

---

1) 대법 2009.09.10, 2009다40219
2) 대법 1997.09.09, 97다18219

(2) 청구취지 기재의 완화

형식적 형성의 소에서는 어떠한 내용의 판결을 할 것인가는 법관의 재량에 맡겨지기 때문에 통상의 소에서와 같이 청구의 취지를 반드시 명확히 할 필요는 없고, 법관의 재량권행사의 기초가 청구의 취지에 나타나 있으면 된다.

(3) 원고청구기각 불가

법률관계를 기초 짓는 요건사실이 존재하지 않고 그에 관한 진위불명이 있을 수 없기 때문에 법원은 청구기각판결을 내릴 수 없다.

4. 설문의 해결

법원이 매각분할을 원하는 원고의 청구에도 불구하고 현물분할과 가격배상의 혼합방법으로 배상을 명한 것은 적법하다. 판례도 공유관계의 발생원인과 공유지분의 비율 및 분할된 경우의 경제적 가치, 분할 방법에 관한 공유자의 희망 등의 사정을 종합적으로 고려하여 당해 공유물을 특정한 자에게 취득시키는 것이 상당하다고 인정되고, 다른 공유자에게는 그 지분의 가격을 취득시키는 것이 공유자 간의 실질적인 공평을 해치지 않는다고 인정되는 특별한 사정이 있는 때에는 공유물을 공유자 중의 1인의 단독소유 또는 수인의 공유로 하되 현물을 소유하게 되는 공유자로 하여금 다른 공유자에 대하여 그 지분의 적정하고도 합리적인 가격을 배상시키는 방법에 의한 분할도 현물분할의 하나로 허용된다고 하였다(대법 2004. 10. 14, 2004다30583).

제1문의 4

Ⅰ. 제1문의 4 문제1 : 선결관계와 모순관계에서 기판력의 작용

1. 문제점

甲이 승소한 말소등기청구소송의 기판력이 乙이 제기한 후소에 작용하는지 문제되고, 각 丙과 丁이 변론종결후의 승계인으로서 乙의 후소가 기판력에 저촉되는지 살펴본다.

2. 기판력이 작용하는지 여부

(1) A소의 기판력의 발생

甲이 제기한 전소에서 甲의 乙에 대한 소유권에 근거한 말소등기청구권이 존재한다는 것에 기판력이 발생하였다.

(2) 丙에 대한 B소에 기판력이 작용하는지 여부

1) 判例의 입장 : 大法院은 『소유권이전등기말소소송의 승소 확정판결에 기하여 소유권이전등기가 말소된 후 순차 제3자 명의로 소유권이전등기가 마쳐졌는데 위 말소된 등기의 명의자가 현재의 등기명의인을 상대로 진정한 등기명의의 회복을 위한 소유권이전등기청구를 하는 경우 현재의 등기

명의인은 위 확정된 전 소송의 사실심 변론종결 후의 승계인으로서 위 확정판결의 기판력은 그와 실질적으로 동일한 소송물인 진정한 등기명의의 회복을 위한 소유권이전등기청구에 모두 미친다』고 판시하였다(대법 2003. 03. 28, 2000다24856).

2) 검 토 : 진정명의회복을 위한 소유권이전등기청구는 말소회복등기와 그 법적 근거와 목적이 동일하고 다만 등기형식이 다를 뿐이며, 이것이 허용된다면 역시 말소등기판결이 무의미하게 된다. 따라서 전소인 말소등기청구와 후소인 진정한 등기명의의 회복을 원인으로 하는 소유권이전등기청구의 소는 강학상 모순관계에 해당한다.

(3) 丁에 대한 C소에 기판력이 작용하는지 여부

乙의 丁에 대한 말소등기청구는 丁의 저당권등기가 원인이 없음을 주장하는 것이고, 이에 대하여 甲의 말소등기청구권존부는 후소의 선결문제로서 심리되어야 할 사항이다. 결국 전소에서 발생한 기판력은 乙의 丁에 대한 소에 선결관계로 작용한다.

3. 기판력에 저촉되는지 여부

(1) 丙과 丁이 변론종결 후의 승계인인지 여부

1) 변론종결 후 승계인의 의의 : 패소당사자가 소송물인 권리관계를 제3자에게 처분함으로써 기판력 있는 판결을 무력화시키는 것을 방지하고 승소원고를 보호하기 위하여, 변론종결한 뒤에 소송물인 권리관계에 관한 지위를 전주로부터 승계한 제3자, 즉 변론종결 후의 승계인에 대해서도 기판력이 미치는 것으로 하고 있다(제218조 제1항). ① 당사자로부터 소송물인 권리·의무 자체를 승계한 자는 당연히 기판력이 미치는 승계인의 범위에 속하며, ② 소송물인 권리의무 자체를 승계한 것은 아니나, 계쟁물에 관한 당사자적격을 당사자로부터 전래적으로 옮겨 받은 자도 승계인에 해당한다 할 것인데, 判例는 소송물인 원고의 청구가 대세적 효력을 갖는 물권적 청구권일 때에는 제218조 제1항의 승계인으로 되지만, 대인적 효력밖에 없는 채권적 청구권일 때에는 승계인이 되지 않는다고 한다(대법 1993. 02. 12, 92다25151).

2) 설문의 경우 : 전소에서 승소한 甲으로부터 丙과 丁은 계쟁물 승계인에 해당하고, 계쟁물 승계인의 경우 전소 원고의 청구가 물권적 청구권이었으므로 제218조 1항의 변론종결후의 승계인에 해당한다.

(2) 새로운 사정변경이 있는지

전소 변론종결 후에 乙이 정당하게 작성된 매매계약서 등 증거를 발견하였다고 하는 것은 새로운 사정변경이라고 볼 수 없고, 변론종결 전에 증거를 제출하지 못한 것에 乙의 귀책사유와 무관하게 실권된다.

4. 설문의 해결

乙의 丙과 丁에 대한 후소는 각각 기판력의 모순관계, 선결관계로서 작용하고, 丙과 丁은 변론종결 후의 승계인에 해당한다. 따라서 乙의 B와 C소는 기판력에 저촉되어 판례의 모순금지설에 의해 기각되어야 한다.

제1문의 5

Ⅰ. 문제의 소재

甲이 병합으로 제기한 청구는 아무런 관련성이 없는데, 선택적 병합으로 적법한지 문제되고, 문제 1에서는 1심 판결이 전부판결인지에 따라 항소심의 심판범위를 살펴보고, 문제 2에서는 전부판결에 대한 일부불복시 이심의 범위와 심판의 범위를 살펴본다.

Ⅱ. 설문의 병합의 태양

1. 청구병합의 의의

청구의 병합이란 원고가 하나의 소송절차에서 여러 개의 청구를 하는 경우를 말한다(제253조). 청구의 객관적 병합의 태양은 ① 아무런 관련성이 없는 여러 개의 청구를 단순히 병렬적으로 심판을 구하는 단순병합과, ② 원고가 여러 개의 택일관계에 있는 청구 중 그 어느 하나가 택일적으로 인용될 것을 해제조건으로 하여 다른 청구에 대해 심판을 구하는 선택적 병합, ③ 양립불가능한 여러 개의 청구에 심판순위를 붙여 제1차적 청구가 인용될 것을 해제조건으로 하여 제2차적 청구에 대하여 심판을 구하는 형태의 예비적 병합이 있다.

2. 설문의 경우

大法院은 병합의 형태가 선택적 병합인지 예비적 병합인지 여부는 당사자의 의사가 아닌 병합청구의 성질을 기준으로 판단한다는 입장이다(대법 2014. 05. 29, 2013다96868). 이에 따르면 논리적으로 전혀 관계가 없어 순수하게 단순병합으로 구하여야 할 수개의 청구를 선택적 또는 예비적 청구로 병합하여 청구하는 것은 부적법하여 허용되지 않는다 할 것이고, 따라서 원고가 그와 같은 형태로 소를 제기한 경우 제1심법원이 본안에 관하여 심리·판단하기 위해서는 소송지휘권을 적절히 행사하여 이를 단순병합 청구로 보정하게 하는 등의 조치를 취하여야 할 것인바, 법원이 이러한 조치를 취함이 없이 본안판결을 하면서 그 중 하나의 청구에 대하여만 심리·판단하여 이를 인용하고 나머지 청구에 대한 심리·판단을 모두 생략하는 내용의 판결을 하였다 하더라도 그로 인하여 청구의 병합 형태가 적법한 선택적 또는 예비적 병합 관계로 바뀔 수는 없다. 결국 각 청구 사이에 택일관계가 없는 설문의 병합은 단순병합으로 보인다.

Ⅲ. 설문 1 : 단순병합에서 항소심의 심판범위

1. 항소심의 심판범위

(1) 이심의 범위

선택적 병합의 경우에 원고승소판결에 있어서는 이유 있는 청구 중 하나를 선택하여 집중판단하여 인용하면 되고, 나머지 청구에 관하여는 심판을 요하지 않는다. 이때 피고의 항소가 있으면 판단하지 않은 나머지 청구도 항소심으로 이심이 되며, 항소심의 심판의 대상이 된다. 그러나 단순병합에 있어서는 설문의 1심 판결에 대하여 피고만이 항소한 경우 제1심법원이 심리·판단하여 인용한 청구만이 항소심으로 이심될 뿐, 나머지 심리·판단하지 않은 청구는 여전히 제1심에 남아 있게 된다. 우리 判例도 위 각 청구원인은 상호 논리적 관련성이 없어 선택적으로 병합할 수 없는 성질의 청구임에도 제1심법원이 잘못된 청구병합관계를 보정하는 조치를 취함이 없이 하나의 청구원인에 대하여만 심리·판단을 하고 나머지 청구에 대하여는 판단을 한 바 없으므로, 위에서 설시한 법리에 따르면 이러한 경우 제1심법원이 심리·판단한 건물매매업무와 관련된 손해배상청구만이 항소심으로 이심되어 항소심의 심판범위가 된다(대법 2008. 12. 11, 2005다51495).

(2) 부동산 임차업무와 관련된 손해배상청구에 대한 판단

부동산 임차업무에 관한 손해배상청구는 재판누락으로 1심에 계속중이므로 추가판결의 대상이 된다.

2. 설문 1의 해결

이 사건 청구병합은 단순병합이므로 제1심 법원이 심리·판단한 ① 청구만이 항소심으로 이심되어 항소심의 심판의 대상이 되며, 판단하지 않은 나머지 청구는 여전히 제1심에 남아 있다고 보아야 한다. 따라서 항소심 법원은 제1심에서 판단하지 않은 ② 청구에 관해 심리·판단할 수 없다.

Ⅳ. 설문 2 : 단순병합에서 이심의 범위와 심판의 범위

1. 일부불복시 항소심의 심판범위

(1) 이심의 범위

상소의 제기에 의해 확정차단 및 이심의 효력은 원칙적으로 상소인의 불복신청의 범위와 관계없이 원재판의 전부에 대하여 불가분적으로 발생한다는 것을 상소불가분 원칙이라 한다. 단순병합의 경우 일부판결에 대해 상소한 때에는 그 부분이 나머지 부분과 분리하여 상소심으로 이심하지만, 전부판결의 경우에는 전부의 청구에 대하여 상소한 경우는 물론 일부의 청구에 대하여만 상소한 경우에도 상소불가분의 원칙에 따라 모든 청구에 관한 소송이 확정이 차단되고 상소심으로 이심한다.

(2) 불복하지 않은 부분의 처리

상소심의 심판은 불복신청의 범위 내에 한하므로 확정차단, 이심의 범위와 심판의 범위는 일치하지 않을 수 있다. 상소인이 불복신청을 하지 아니한 부분에 대해서는 당사자가 변론할 필요도 없고(제407조 제1항), 법원도 이에 관하여 원심의 판단을 변경할 수 없으나(제415조) 그 부분만 독립하여 확정되지는 아니한다. 따라서 당사자 쌍방이 불복하지 않는 부분은 집행력이 생기지 아니하므로 그 부분에 대하여 가집행선고를 할 필요가 생긴다(제406조, 제435조). 判例는 항소심 또는 상고심 판결 선고로 불복하지 않은 부분이 확정된다는 입장이다(대법 1994.12.23, 94다44644).

2. 설문 2의 해결

단순병합된 두 청구에 대해 제1심 법원이 두 청구 모두에 대해 판결을 선고하였고 피고만이 그 일부에 대해 항소를 제기하였지만 상소불가분의 원칙에 따라 두 청구 모두 확정이 차단되고 모두 항소심으로 이심된다. 그러나 당사자 중 누구도 불복하지 않은 ① 청구는 항소심의 심판의 대상이 될 수 없다. 따라서 항소심 법원은 ① 건물매매와 관련된 손해배상청구 부분에 대해 심리·판단할 수 없다.

제1문의 6

Ⅰ. 저당물 양도의 사해성 판단 기준/ 공동저당물 중에서 채무자의 부동산이 부담하는 피담보채권액

1. 결론

법원은 丙의 청구를 기각하여야 한다.

2. 논거

(1) 쟁점

사해행위의 일반적 요건, 근저당권이 설정된 지분권 증여의 사해성 판단방법, 채무자와 물상보증인의 지분권에 공동근저당권이 설정된 경우, 채무자의 지분권이 부담하는 공동근저당권의 피담보채권액 등이 쟁점이다.

(2) 사해행위 일반적 요건 및 근저당권이 설정된 지분권 증여의 사해성 판단방법

1) 채권자취소의 대상이 되는 사해행위가 되기 위해서는, 채무자의 재산행위로서 책임재산을 감소시켜 채권자를 침해하는 행위여야 한다. 채무초과 상태에서 채무자가 그의 유일한 재산인 지분권을 증여한 경우, 그 지분권에 근저당권이 설정된 때에는 지분권의 사해행위 당시 시가가 그 지분권이 부담하여야 할 근저당권의 피담보채권액을 초과하여야 책임재산을 감소시키는 사해행위가 된다(판례).[3] 사해성 판단의 기준이 되는 근저당권의 피담보채권액은 채권최고액이 아니라 실제로 이미 발생하여 있는 채권금액을 말한다(판례).[4]

2) 甲은 채무초과 상태에서 자신의 유일한 재산인 X부동산 중 1/2 지분을 乙에게 증여하였고, 그 증여 당시 X부동산 1/2 지분 가액은 7천 5백만 원이며 甲의 지분이 부담하는 A은행의 근저당권의 피담보채권액은 9천만 원이다. 다만, A은행의 근저당권은 채무자 甲과 물상보증인 乙의 지분권에 설정된 공동근저당권으로서의 실질을 가지므로 甲의 지분이 부담하는 근저당권의 피담보채권액을 얼마로 보아야 하는지가 문제이다.

(3) 甲의 지분권이 부담하는 공동근저당권의 피담보채권액

1) 공동저당물 중 일부는 채무자 소유이고 다른 공동저당물은 물상보증인 소유인 때에는 채무자의 부동산이 부담하는 피담보채권액은 공동저당권의 피담보채권액 전액이다(판례).[5] 채무자와 물상보증인이 공동저당권을 설정한 경우, 공동저당권 행사에서 책임분담에 관한 제368조가 적용되지 않고 채무자의 부동산으로부터 공동저당권자가 먼저 우선변제를 받아야 하기 때문이다.

2) 채무자 甲의 지분권이 부담하여야 할 A은행의 공동근저당권의 피담보채권은 9천만 원이므로

---

3) 대법원 2001.10.09. 선고 2000다42618 판결

4) 대법원 2001.10.09. 선고 2000다42618 판결. 정확하게는 채권최고액 범위 내의 피담보채권액을 의미한다고 이해하여야 한다. 만약 실제 발생하여 있는 채권금액이 채권최고액을 초과하는 때에는 채권최고액 범위에서 우선변제가 가능하므로 근저당권자의 우선변제권이 인정되는 부동산의 가치는 채무자의 책임재산으로 볼 수 없으므로 그 범위에서 사해성이 부정된다.

5) 대법원 2016.08.18. 선고 2013다90402 판결; 대법원 2013.07.18. 선고 2012다5643 전원합의체 판결

甲의 지분권 가액을 초과한다. 甲이 그의 지분권을 乙에게 양도하더라도 책임재산이 감소된 것이라고 할 수 없으므로 사해행위라고 할 수 없다.

제1문의 7

Ⅰ. 문제 1. : 대물변제가 사해행위인지/ 사해행위 후 근저당권이 말소된 경우 원상회복의 방법 / 가액배상액 산정방법

1. 결론

법원은 5천만 원 범위에서 甲과 乙의 대물변제계약을 취소하고, 乙은 丙에게 5천만 원을 지급하라는 판결을 하여야 한다.

2. 논거

(1) 쟁점

甲과 乙의 대물변제계약이 사해행위인지, 사해행위로서 근저당부동산이 양도된 후 근저당권이 말소된 경우 사해행위 취소로 인한 원상회복의 방법, 원물반환만을 청구한 경우에도 가액배상을 명할 수 있는지, 가액산정의 방법, 수익자의 상계주장의 당부 등이 쟁점이다.

(2) 甲과 乙의 대물변제계약이 사해행위인지

甲은 채무초과 상태에서 자신의 유일한 재산인 X부동산을 대물변제로 乙에게 이전하였고, X부동산에 A의 근저당권이 설정되어 있으나, X부동산 가액이 A의 근저당권의 피담보채권액을 초과하고 있으므로 丙의 채권을 침해하는 사해행위에 해당한다.

(3) 乙의 원상회복 방법

사해행위 취소에 따른 원상회복은 원물반환을 원칙으로 하나, 원물반환이 불가능하거나 현저히 곤란한 때에는 가액배상에 의한다. 근저당권이 설정된 부동산이 사해행위로 양도되고 근저당권설정등기가 말소된 경우, 원물반환을 하는 것은 당초 책임재산으로 되지 않은 부분까지 회복하는 결과가 되어 부당하므로 부동산 가액에서 근저당권의 피담보채무액을 공제한 잔액의 한도에서 일부취소 및 가액배상을 청구하여야 한다(판례).[6] 한편, 채권자가 원상회복으로 원물반한만을 청구하였는데, 원물반환이 불가능하거나 현저히 곤란한 경우에는 법원은 청구취지의 변경이 없음에도 가액반환을 명할 수 있다(판례).[7]

사안의 경우, 甲과 乙의 대물변제 후 乙은 A은행의 근저당권의 피담보채무를 변제하고 근저당권설정등기를 말소하였으므로 원물반환이 불가능하고, 비록 丙이 청구취지를 변경하지 않았더라도 법원은 가액배상을 명하여야 한다.

6) 대법원 2001.12.11. 선고 2001다64547 판결
7) 대법원 2001.09.04. 선고 2000다66416 판결

(4) 가액배상금의 산정

가액배상금은 취소채권자의 피보전채권액, 공동담보감소액, 수익자나 전득자의 이득액 중에서 가장 적은 금액으로 산정한다. 한편, 사해행위 당시 목적물에 제3자의 우선변제권이 존재하는 경우에는 제3자의 우선변제채권액은 목적물가액에서 공제하여야 하나, 사해행위 이후에 제3자가 우선변제권을 취득한 때에는 제3자의 우선변제채권액은 목적물가액에서 공제하지 아니한다(판례).[8]

사안의 경우, 丙의 피보전채권액은 5천만 원이고, X부동산의 가액은 1억 5천만 원이지만, 사해행위 당시 A은행의 근저당권의 피담보채권액 8천만 원을 공제하면 공동담보감소액은 7천만 원이므로 법원은 5천만 원의 가액배상을 명하여야 한다.

(5) 수익자 乙의 상계항변 가능성

甲과 乙의 대물변제가 사해행위로서 취소된 경우, 乙의 甲에 대한 채권은 부활하고, 수익자 乙의 채권도 사해행위 취소에 따른 효과를 받는 채권에 해당한다. 그러나 가액배상의무는 수익자 乙이 丙에 대하여 부담하는 채무로서 乙은 甲에 대한 채권자임을 이유로 채무자에 대하여 가지는 자기의 채권과 상계를 주장할 수는 없고, 가액배상에서의 공제를 주장할 수도 없다(판례).[9][10]

II. 문제 2. : 물품대금채권의 소멸시효기간/ 수익자가 독자적 소멸시효 원용권자로서 피보전채권의 소멸시효 완성을 주장할 수 있는지

1. 결론

법원은 丁의 청구를 기각하여야 한다.

2. 논거

丁의 물품대금채권의 소멸시효 기간 및 완성 여부, 乙이 독자적인 소멸시효 원용권자에 해당하는지가 쟁점이다.

丁이 상인이지만, 상인이 공급한 상품의 대가에 해당하는 채권의 소멸시효기간은 3년이며, 변제기인 2017. 3. 30.부터 소멸시효가 진행하여 2020. 3. 30. 소멸시효가 완성한다. 丁의 채권자취소소송은 丁의 채권의 소멸시효가 완성된 후에 제기된 것이다.

소멸시효가 완성된 경우, 그로 인하여 직접 이익을 받는 자는 독자적인 소멸시효 원용권을 가지고, 독자적인 소멸시효 원용권자가 수인인 경우, 각 원용권은 서로 영향을 받지 않는다. 채권자취소소송에서 수익자 乙은 丁의 물품대금채권이 시효로 소멸한 경우 원상회복의 책임에서 벗어나는 독자적인 소멸시효 원용권자에 해당한다(판례).[11] 채무자 甲의 의사와 무관하게 乙은 소멸시효 완성을 주장할 수 있고, 법원은 피보전채권 소멸을 원인으로 丁의 청구를 기각하여야 한다.

---

8) 대법원 2003.12.12. 선고 2003다40286 판결
9) 대법원 2001.02.27. 선고 2000다44348 판결
10) 대법원 2001.06.01. 선고 99다63183 판결
11) 대법원 2007.11.29. 선고 2007다54849 판결

2. 제3차 모의시험 제2문

목 차

제2문의 1

Ⅰ. 문제 1. : 수급인 귀책으로 도급계약이 해제된 경우, 도급인의 공사대금 지급의무

1. 결론

법원은 1억 3천만 원 범위에서 甲의 청구를 일부 인용하여야 한다.

2. 논거

수급인 귀책사유로 도급계약이 해제된 경우 도급인에게 기성고에 따른 공사대금지급의무가 인정되는지 및 기성고에 따른 공사대금을 산정하는 방법 등이 쟁점이다.

甲과 乙이 체결한 건물신축공사계약이 乙의 채무불이행으로 해제되었지만, 이미 완성된 부분이 甲에게 이익이 되고, 원상회복하는 것이 사회적, 경제적 손실을 초래하므로 건물신축공사계약은 미완성부분에 대해서만 실효되고, 도급인 甲은 이미 완성된 부분에 상응하는 공사대금을 지급하여야 한다(판례).[1]

甲이 지급하여야 할 기성공사대금은 乙이 실제로 지출한 공사비를 기준으로 산정할 것이 아니라 기성부분과 미시공부분에 실제로 소요되거나 소요될 공사비를 기초로 산출한 기성고 비율을 약정공사비에 적용하여 산정하여야 한다(판례).[2]

약정공사대금은 3억 원이며, 기성고 비율은 70%이므로 기성공사대금은 2억 1천만 원이다. 乙은 甲으로부터 이미 공사대금 8천만 원을 지급받았으므로 甲은 이를 공제한 잔액 1억 3천만 원을 乙에게 지급하여야 한다.

Ⅱ. 문제 2. : 채권양도와 압류의 우열관계 결정기준, 양도금지특약에 위반한 채권양도의 효력, 양도금지특약의 법적 성격

1. 결론

법원은 丁의 전부금청구를 진부 인용하여야 한다.

2. 논거

동일한 채권에 대한 채권양도와 압류의 우열관계, 양도금지특약에 위반한 채권양도의 효력 및 양도금지특약의 법적 성격 등이 쟁점이다.

丁은 乙의 甲에 대한 공사대금채권에 관한 압류 및 전부채권자이고, 戊는 확정일자부 대항요건을 구비한 채권양수인이다. 이들 상호간 우열관계는 戊의 확정일자부 채권양도 통지가 도달한 일자와 丁이 신청한 압류 및 전부명령이 제3채무자 甲에게 도달한 일자의 선후에 의하여 결정된다(판례).[3] 戊에 대한 채권양도 통지의 도달일이 더 빠르므로 일응 戊가 우선하는 것처럼 보이지만, 乙과 戊의 채권양도가 채권양도금지특약에 위반한 것으로 무효라면 丁의 전부금청구는 허용된다.

---

1) 대법원 1994.11.04. 선고 94다18584 판결
2) 대법원 1995.06.09. 선고 94다29300·29317 판결; 대법원 2017.01.12. 선고 2014다11574 판결
3) 대법원 1994.04.26. 선고 93다24223 전원합의체 판결

甲과 乙 사이의 채권양도금지특약은 선의의 제3자에게 대항하지 못하고(민법 제449조 제2항 단서), 선의의 제3자는 적어도 중대한 과실이 없는 자여야 한다(판례).[4] 양도금지특약은 특약의 당사자 사이에 항변사유를 발생시키는 데에 그치지 않고, 이에 위반하는 채권양도를 무효로 만드는 효력이 있다(판례).[5] 채권양수인 戊는 도급계약서에 명시되어 있는 양도금지특약을 알지 못하였는데, 이는 중대한 과실로 볼 수 있어 乙과 戊의 채권양도는 무효이며, 이는 전부채권자 丁도 주장할 수 있다.

제2문의 2

Ⅰ. 공동근저당권과 누적적 근저당권의 구별, 물상보증인의 변제자대위권, 채무자 부동산의 후순위저당권자에 대하여 물상보증인이 선순위 저당권을 대위할 수 있는지

1. 결론

법원은 乙의 배당액을 0원으로, 甲의 배당액을 1억 원으로 하는 범위에서 甲의 청구를 인용하여야 한다.[6]

2. 논거

(1) 쟁점

丁의 근저당권이 누적적인지 여부, 물상보증인 甲이 채권자 丁을 대위하여 X토지의 1순위 근저당권을 행사할 수 있는지, 물상보증인 甲과 X토지의 후순위근저당권자 乙 사이의 우열관계 등이 쟁점이다.

(2) 丁의 근저당권의 성격

丁은 채무자 丙의 X토지와 물상보증인 甲의 Y토지에 동일한 채권을 담보하기 위한 근저당권을 취득하였다. 丁의 근저당권이 공동근저당권인 경우에는 丁이 Y토지로부터 우선변제권을 실현한 범위에서 X토지의 우선변제권이 제한되지만, 누적적 근저당권인 경우에는 X토지의 우선변제권이 제한되지 않는다(판례).[7] 丁의 피담보채권은 3억 원으로 X토지와 Y토지의 채권최고액 2억 원을 초과하고 있고, X토지와 Y토지에 설정된 丁의 근저당권이 공동근저당권이라는 서술이 없으므로 丁의

4) 대법원 1996.06.28. 선고 96다18281 판결
5) 대법원 1996.06.28. 선고 96다18281 판결; 대법원 2019.12.19. 선고 2016다24284 전원합의체 판결 판례는, 제449조 제2항 본문이 채권양도의 효력을 부정하는 의미로 해석되고, 사적자치 원칙과 계약자유 원칙상 채권자와 채무자 사이의 양도금지특약은 채권의 내용을 형성할 뿐만 아니라 그 속성을 이루는 것이므로 존중되어야 한다는 점을 근거로 한다. 즉, 채권양도금지특약은 제3자에 대해서도 원칙적으로 그 효력이 있으나, 제449조 제2항 단서는 선의, 무중과실의 양수인에 대해서 양도금지특약의 효력을 주장하지 못하도록 함으로써 거래의 안전을 보호하고 있다.
6) 문제에서 甲이 乙을 상대로 제기한 배당이의의 소의 청구취지가 나와 있지 않아서 일부 인용인지 전부 인용인지를 판단할 수 없다. 채점기준표에서는 甲의 청구를 일부 인용하여야 한다고 서술하고 있으나, 이는 오류이다. 甲의 배당이의의 소는 乙을 상대로 제기한 것이므로 甲의 청구는 아마도 乙에 대한 배당액을 삭제하고, 그 금액을 甲에게 배당하는 것으로 배당표를 변경하여 달라는 취지로 추론할 수 있다. 오히려 甲의 청구를 전부 인용한다고 서술하는 것이 타당할 것으로 보인다.
7) 대법원 2020.04.09. 선고 2014다51756·51763 판결

근저당권은 누적적 근저당권으로 보아야 한다. 丁은 Y토지로부터 2억 원을 변제받아 우선변제권이 실현되었더라도 X토지의 매각대금으로부터 최고액 2억 원의 범위에서 잔존하는 피담보채권 전액을 우선변제 받을 수 있다.

(3) 甲의 변제자대위권의 발생

甲은 자신의 Y토지의 협의취득보상금으로 채무자 丙의 채무를 변제하였으므로 丙에 대하여 구상권을 취득하고(민법 제341조), 구상권 범위에서 채권자 丁의 채권 및 담보에 관한 권리를 당연히 취득한다(민법 제481조, 제482조 제1항). 비록 甲의 변제가 일부변제이더라도 甲은 채권자 丁을 대위할 수 있으나(민법 제483조), 채권자 丁과 함께 권리를 행사할 수 있고, 다른 특약이 없는 한 채권자 丁이 甲에 우선한다(판례).8)

(4) 甲이 乙에게 변제자대위권을 주장할 수 있는지 여부

물상보증인 甲은 채무자 부동산의 후순위근저당권자 乙에게 선순위근저당권자 丁을 대위하여 근저당권을 행사할 수 있다. 이 경우 후순위근저당권자 乙은 제3취득자가 아니므로 별도로 대위의 부기등기를 하지 않았더라도 甲은 丁을 대위하여 근저당권을 행사할 수 있다(판례).9)

(5) 사안에의 적용

X토지의 매각대금에 관해서 선순위근저당권자 丁은 2억 원의 한도 내에서 우선변제를 받을 수 있고, 丁의 잔존하는 피담보채권 1억 원이 배당되어야 한다. 한편, 물상보증인 甲은 丁의 근저당권을 대위하여 丁이 배당받은 액을 공제한 잔액인 1억 원 한도 내에서 우선변제를 받을 수 있으므로 후순위근저당권자 乙에게 배당될 금액은 없다. 甲의 배당이의는 이 범위에서 타당하다.

제2문의 3

Ⅰ. 유치권의 성립요건, 유치권으로 경매절차 매수인에게 대항할 수 있는지, 점유상실로 인한 유치권 소멸 및 점유회수의 효과, 지급명령 확정으로 인한 시효기간 연장

1. 결론

법원은 乙은 공사대금을 지급받음과 상환하여 X건물을 인도하라는 상환이행판결을 하여야 한다.

2. 논거

(1) 쟁점

乙이 유치권을 취득하였는지, 유치권으로 경매절차 매수인 甲에게 대항할 수 있는지, 乙의 점유상실로 유치권이 소멸하는지, 점유회수로 유치권이 소급하여 회복되는지, 乙의 공사대금채권의 소멸

8) 대법원 2010.04.08. 선고 2009다80460 판결; 대법원 2017.07.18. 선고 2015다206973 판결
9) 대법원 2013.02.15. 선고 2012다48855 판결

시효가 완성되었는지, 지급명령으로 소멸시효기간이 연정되는지 및 시효기간 연장의 효과가 甲에게 미치는지, 소송상 유치권 항변에 대한 법원의 조치 등이 쟁점이다.

(2) 乙의 유치권 취득 및 甲에 대한 대항가능성

乙은 丙소유의 X건물을 점유하면서 건물의 가치를 증대시키는 1억 원의 공사대금채권을 가지고 있으므로 유치권을 취득하였다. 한편, 乙의 공사대금채권의 변제기는 2013. 5. 15.이고, X건물에 관한 경매는 2013. 11. 5. 개시되었으므로 乙은 유치권으로 경매절차 매수인 甲에게 대항할 수 있다.

(3) 甲의 점유침탈로 인한 유치권의 소멸 여부

乙의 유치권은 점유상실로 소멸한다(민법 제328조). 점유상실의 원인을 불문하므로 甲의 점유침탈로 인하여 乙이 점유를 상실하였더라도 乙의 유치권은 소멸한다. 그러나 乙이 점유회수청구를 통하여 점유를 회수한 때에는 점유권이 소멸되지 아니한 것으로 보므로(민법 제192조 제2항) 乙은 유치권으로 甲에게 대항할 수 있다.

(4) 乙의 채권이 소멸시효 완성으로 소멸하였는지 여부

甲은 유치권의 목적인 부동산의 매수인으로서 독자적으로 피담보채권의 소멸시효를 원용할 수 있다. 乙의 공사대금채권은 3년의 단기소멸시효의 대상이나(민법 제163조 제3호), 지급명령의 확정으로 소멸시효기간이 10년으로 연장된다(판례).[10] 공사대금채권의 소멸시효기간이 연장된 효과는 유치목적물의 제3취득자에게도 미친다(판례).[11] 乙의 공사대금채권은 지급명령이 확정된 2013. 9. 25.부터 10년의 소멸시효가 진행하므로 甲의 인도청구 당시 소멸시효가 완성된 상태라고 할 수 없어 乙의 유치권 항변은 정당하다.

(5) 사안에의 적용

乙은 정당하게 유치권을 취득하였으며, 경매절차 매수인 甲에게 유치권으로 대항할 수 있다. 소송상 유치권 항변이 정당한 때에는 법원은 상환이행판결을 하여야 하므로 법원은 乙이 공사대금을 지급받음과 상환하여 甲에게 X건물을 인도하라는 판결을 하여야 한다.

제2문의 4

Ⅰ. 채권질권의 효력이 입질채권 담보를 위한 근저당권에 미치기 위한 요건 및 무담보채권에 관한 채권질권 설정 후 근저당권이 설정된 경우에도 마찬가지인지

1. 결론

법원은 甲의 청구를 기각하여야 한다.

10) 대법원 2009.09.24. 선고 2009다39530 판결
11) 대법원 2009.09.24. 선고 2009다39530 판결

2. 논거

丙의 丁에 대한 임대차보증금채권에 질권이 설정된 후 丙이 보증금채권 담보를 위하여 근저당권을 취득한 경우, 채권질권의 효력이 근저당권에도 미치는지가 쟁점이다.

甲은 근질권에 기초한 방해배제로서 근저당권등기 말소회복등기를 청구하고 있다. 甲이 근질권을 취득할 당시 丙이 질권의 목적으로 제공한 임대차보증금반환채권은 담보 없는 채권이다. 채권질권이 설정된 후 채권질권설정자 丙이 입질채권인 임대차보증금반환채권을 담보하기 위하여 근저당권을 취득한 경우, 원칙적으로 근저당권도 질권의 목적으로 되지만(저당권의 부종성), 질권설정자가 질권자에게 제공하려는 의사 없이 저당권을 설정받는 등 특별한 사정이 있는 경우에는 저당권은 질권의 목적이 되지 않으며(판례),12) 채권질권의 효력이 저당권에 미치기 위해서는 저당권등기에 질권의 부기등기를 하여야 한다(민법 제348조 유추).

질권설정자 丙이 입질채권을 담보하기 위하여 취득한 근저당권을 질물로 제공하려는 의사가 있다고 볼 수 없고, 나아가 근저당권에 甲명의의 질권의 부기등기가 마쳐지지 아니하였으므로 甲의 채권질권의 효력은 丙이 사후에 취득한 근저당권에는 미치지 않는다. 丙과 乙이 해지를 원인으로 근저당권설정등기를 말소하는 행위는 甲의 근질권을 침해하는 행위에 해당하지 아니하므로 甲은 말소회복등기를 청구할 수 없다.

제2문의 5

Ⅰ. 포괄적 수유자의 상속회복청구권/ 참칭상속인으로부터의 전득자에 대한 청구가 상속회복청구인지/ 제척기간의 기산점/ 제척기간 도과의 효과

1. 결론

법원은 甲의 청구를 각하하여야 한다.

2. 논거

(1) 쟁점

乙의 유언이 포괄유증인지, 포괄수유자 甲의 丁에 대한 진정한 등기명의회복을 위한 이전등기청구가 상속회복청구인지, 상속회복청구의 제척기간 기산점인 상속권 침해행위가 있었던 날의 의미, 제척기간 도과의 경우 법원의 조치 등이 쟁점이다.

(2) 乙의 유언의 효력

乙은 공정증서방식에 따른 유언을 적법하게 하였고, 乙의 유언은 乙의 모든 재산을 甲에게 이전한다는 내용이므로 포괄유증에 해당한다. 유증은 유언자의 사망으로 효력이 생기므로 乙이 사망한 2010. 1. 29. 甲은 이 사건 토지의 소유권을 상속등기가 없더라도 당연히 취득하였다.

---

12) 대법원 2020.04.29. 선고 2016다235411 판결

(3) 甲의 丁에 대한 청구가 상속회복청구인지

포괄수유자인 甲은 상속인과 같은 지위를 가진다(민법 제1078조). 丙이 서류를 위조하여 상속등기를 마치는 행위는 甲의 상속권을 침해하는 행위이다. 진정한 상속인 甲은 상속권을 침해하는 丙에 대하여 상속회복청구를 할 수 있다. 한편, 참칭상속인 丙으로부터 상속재산을 전득한 丁에 대한 甲의 청구도 상속회복청구에 해당하고, 제척기간이 적용된다(판례).[13]

(4) 甲의 丁에 대한 청구가 제척기간을 도과하였는지 여부

1) 상속회복청구는 상속권 침해사실을 안 날로부터 3년, 상속권 침해행위가 있은 날로부터 10년 내에 제기하여야 한다(민법 제999조 제2항). 상속회복청구권의 행사기간은 제척기간이고 그 기간 내에 소를 제기하여야 하는 제소기간이다. 제소기간을 도과하여 소송이 제기된 경우, 법원은 그 소송을 각하하여야 한다.

2) 甲의 丁에 대한 상속회복청구의 장기 제척기간 기산점인 상속권 침해행위가 있은 날이란 상속재산에 관하여 참칭상속인 丙명의로 상속등기가 마쳐진 날을 말하여 전득자 丁에게 소유권이전등기가 마쳐진 날을 말하는 것은 아니다(판례).[14]

3) 丙명의로 상속등기가 마쳐진 날은 2010. 12. 5.이고, 甲의 丁에 대한 이 사건 청구는 2021. 1. 5. 제기된 것이므로 제소기간을 도과하여 제기한 것으로 부적법하다.

---

13) 대법원 1981.01.27. 선고 79다854 전원합의체 판결; 대법원 1989.01.17. 선고 87다카2311 판결
14) 대법원 2006.09.08. 선고 2006다26694 판결

3. 제3차 모의시험 제3문

목 차

[문제 1. 가의 해설]

1. 쟁점의 정리 (1점)

주식청약과 관련하여 C는 주식인수의 의사가 없었고 A도 이를 알고 있었던 경우 민법상 비진의 의사표시로써 무효가 되는지 문제된다.

2. 주식인수의 청약과 비진의의사표시 (7점)

민법상 비진의의사표시는 유효이지만, 상대방이 알거나 알 수 있었던 경우 무효가 된다(민법 제107조).

그러나 주식의 인수 경우 **단체법적인 법률관계를 획일적으로 처리**하기 위해 비진의의사표시에 관한 민법 제107조 제1항 단서의 적용이 배제된다(상법 제302조 제3항). 즉, 진의 아닌 의사표시에 의한 주식청약이고 발기인이 그 사실을 알았거나 알 수 있었다고 하더라도 **주식인수의 청약의 효력이 유지**된다.

3. 결론 (2점)

1만 주에 대한 C의 청약의 의사표시가 비진의의사표시였고, 발기인 대표인 A가 그 사실을 알고 있었다고 하더라도 C의 청약의 효력은 유지되므로 C는 **1만 주에 대한 주식대금을 납입할 의무를 부담**한다.

[문제 1. 나의 해설]

1. 쟁점의 정리 (1점)

주식을 인수한자는 주금납입의무가 있는바 주식인수인 C가 주금을 미납입한 경우 발기인 A와 B의 **자본충실책임중 납입담보책임**이 문제된다.

2. 발기인 A와 B의 납입담보책임 (5점)

(1) 발기인의 자본충실책임의 의의

회사는 발행주식 **인수와 납입**이 없으면 설립되지 않으나, 이를 간과해 **설립등기가 된 경우** 발기인에게 보완할 책임이 있는바, 이는 **상법상 법정책임으로서 무과실책임**이며, 총주주의 동의로도 면제 불가하다(제321조). 이에는 **인수담보책임과 납입담보책임**이 있는바 설문의 경우 납입담보책임이 문제된다.

(2) 법적 성질

학설은 ① 정도를 불문하고 발기인에게 자본충실책임을 물을 수 있다는 견해(설립무효무관계설)가 있지만, ② 자본의 흠결이 현저하면 회사의 설립무효사유가 될 뿐 발기인에게 자본충실책임을 물을 수 없고 자본흠결이 경미한 경우에만 적용된다는 견해(설립무효구제설)가 타당하다.

(3) 소결

설립무효구제설(통설)에 의하면 C가 납입하지 않은 1만주의 흠결은 설립무효사유로 보아야 할 정도로 중대한 정도는 아니므로 **발기인의 납입담보책임에 의해 흠결을 구제**할 수 있다고 보아야 한다.

3. 결론 (1점)

1만 주에 대한 C의 청약의 의사표시가 비진의의사표시였다고 하더라도 **주식인수의 효력은 유지**되므로, 발기인 A와 B는 **1만 주에 대해서 연대하여 납입할 책임**을 진다(상법 제321조 제2항).1)

[문제 2의 해설]

1. 쟁점의 정리 (2점)

甲회사와 D 간의 공장부지매매계약에 관한 사항을 정관에 기재하지 않은 경우 그 계약의 효력이 문제된다.

2. 재산인수의 개념 (3점)

재산인수는 변태설립사항으로서 발기인이 성립후 회사를 위하여 특정인으로부터 일정한 재산을 양수하는 개인법상 계약을 의미한다(제290조 제3호). 설립중의 회사인 甲회사와 D사이의 공장부지 매입에 관한 약정은 재산인수계약에 해당한다.

3. 정관에 기재하지 않은 재산인수계약의 효력 (7점)

(1) 재산인수의 요건

① 설립중회사의 기관 지위에서 행할 것, ② 대차대조표의 자산의 부에 기재될 수 있는 자산일 것, ③ 정관의 기재 등을 요한다.

(2) 정관에 기재하지 않은 경우

재산인수는 변태설립사항으로 정관에 기재를 해야 효력이 발생한다(상법 제290조 제3항). 판례에 따르면 ① 정관에 기재하지 않은 재산인수계약은 당연히 무효이며,2) ② 회사나 상대방 모두 무효를 주장할 수 있다.3)

(3) 소결

설립중의 회사인 甲회사와 D 간의 재산인수계약은 정관에 기재하지 않아 무효이므로, 설립등기 후에 甲회사나 D 모두 상대방에 대하여 무효를 주장할 수 있다.

4. 결론 (3점)

설립중의 회사인 甲회사와 D사이의 공장부지매매계약은 상법상 변태설립사항인 재산인수계약이

---

1) 특별한 약정이 없는 경우 발기인들은 인수한 주식수에 관계없이 평등한 책임을 진다고 볼 것이므로, 만일 A와 B 중 한 명이 자신의 부담부분을 넘어서서 먼저 납입하였다면 다른 발기인에게 대하여 구상권을 행사할 수 있다(민법 제425조).
2) 대법원 1994. 5. 13. 94다323.
3) 대법원 2015. 3. 20. 선고 2013다88829

므로 정관에 기재하지 않으면 당연히 무효이다. 따라서 甲회사 뿐만 아니라 거래 상대방인 D도 그 계약의 무효를 주장할 수 있다.

[문제 3의 해설]

1. 쟁점의 정리 (2점)

신주발행과 관련하여 A는 현물출자, B는 금전출자, C는 당좌수표로 납입을 한 바, 신주배정과 납입의 유효성이 문제된다.

2. A에 대한 주식배정의 적법성 (8점)

(1) 문제점

이사회의 결의로 현물출자에 관한 사항을 결정할 수 있다(제416조 제4호). **주주 아닌 자의 현물출자에 대한 배정 또는 주주가 보유하는 주식수에 비례하지 않은 현물출자에 대한 배정**의 경우 **주주의 신주인수권 침해와 관련하여 정관규정이 필요한지** 문제된다.

(2) 학설

학설은 ① 정관규정 또는 이에 갈음하는 주주총회의 특별결의가 있어야 하고 상법 제418조의 제2항의 경영상의 목적도 구비해야한다는 견해와[4] ② 현물출자의 경우 정관 규정이나 주주총회의 특별결의가 필요하지는 않지만, 상법 제418조 제2항의 경영목적상 요건은 필요하다는 견해 [5]등이 존재한다.

(3) 판례

① 대법원은 "주주의 신주인수권은 주주가 종래 가지고 있던 주식의 수에 비례하여 우선적으로 인수의 배정을 받을 수 있는 권리이지만, **현물출자자에 대하여 발행하는 신주에 대하여는 일반주주의 신주인수권은 미치지 않는다**"고 판시하여 **제1설**의 입장이라고 한다.[6] ② 그러나 최근의 하급심(下級審)의 판례의 경우 "제 3자로부터 현물출자를 받고 그에 대하여 신주를 배정하는 경우 **기존주주의 주식의 가치하락이나 지배권 상실 등의 불이익이 우려**가 있으므로, **현물출자에 의한 신주발행의 경우에도 상법 제418조 제2항의 요건을 갖추어야 한다**는 입장을 취해 종래 대법원 판례와 다른 입장을 취하는 경우가 있다.[7]

(4) 소결

제2설과 최근의 하급심견해가 주주의 신주인수권보호측면에서 타당한 견해이다. 현물출자자 A에 대한 4만주의 배정은 2만주의 범위가 **주주의 신주인수권의 예외**가 되나, 신기술개발을 위하여 정관에 근거하여 배정하는 경우이므로 (어느 견해로 의하든) 상법상 문제가 없다. 또한 법원이 선임한 검사인의 가격평가를 거쳤으므로(상법 제422조), 4만 주에 대한 A의 현물출자는 적법하다.

---

4) 이철송, 회사법강의, 914면
5) 송옥렬. 상법강의, 1142면
6) 대법원 1989. 3. 14. 선고, 88누889 판결.
7) 권오성, 「서울남부지방법원 2010. 11. 26. 선고, 2010가합 3538판결의 천자평석」,

3. B와 C의 인수대금의 납입 유효여부 (6점)

(1) 주금의 납입방법

신주를 인수한 각 주주는 배정받은 주식에 대해서 인수대금을 전액 납입하여야 한다. 설문의 경우 B는 배정받은 1만 주에 인수대금 1억 원을 전액을 납입기일에 현금으로 납입하였으므로 유효하다.

(2) 당좌수표에 의한 납입여부

당좌수표에 의한 납입이 가능한지 문제되는바, 판례에 의하면 "자본충실의 원칙상 당좌수표로 납입한 경우에는 어음이나 수표가 현실적으로 결제되어 현금화되기 전에는 납입이 있었다고 할 수 없다."고 한다.[8]

(3) 소결

설문의 경우 C는 배정받은 1만 주에 인수대금 1억 원에 대해서 액면금액 1억 원의 당좌수표를 교부하였으나, 신주인수대금의 납입기간(2021.6.1. ~ 2021.6.10.) 동안에 당좌수표대금이 **지급되었다**는 사실 등이 없이는 C가 당좌수표를 **교부하였다**는 사실만으로 1억 원이 납입되었다고 볼 수 없다. 수표상 발행일인 2021. 6. 15. 이전에 乙은행에 **지급을 제시**하였다고 하더라도 납입기일에 수표금이 지급된 경우가 아니라면 마찬가지이다.

4. 결론 (3점)

A가 인수한 4만 주에 대한 첨단기계의 현물출자는 적법한 것으로 신주배정이나 주금납입이 상법상 유효하다. B가 인수한 1만 주에 대한 1억 원 현금의 주금납입은 유효하다. C가 인수한 1만 주에 대한 1억 원 금액의 당좌수표의 교부는 그 교부만으로 주금납입의 효력이 있다고 볼 수 없다. 단 甲회사가 **주금납입기일 내에 수표(선일자 당좌수표)를 지급제시하여 수표금을 받았다**면 주금납입의 효력이 있다.[9]

[문제 4의 해설]

1. 쟁점의 제기 (1점)

선일자수표의 유효성과 수표상 발행일 전의 지급제시의 효력 등이 문제된다.

2. 선일자수표의 유효성 및 일람출급성 (12점)

(1) 유효성 여부

선일자수표란 실제 발행일보다 수표상 발행일이 나중의 날짜인 수표를 말한다. 수표요건이 갖추어져 있는지 여부는 수표의 문면으로 판단하므로, **발행일기재가 있는 이상 선일자수표는 유효**하다 (수표법 제28조 제2항).

8) 대법원 1977. 4. 12. 선고 76다943 판결.
9) 설문에서 그러한 사정이 안보이므로 납입이 있었다고 보기 어렵다.

(2) 발행일 이전의 지급제시 여부

일반수표의 경우 발행일자로부터 10일 동안이 지급제시기간이지만(수표법 제29조), 선일자수표의 경우 **기재된 발행일 이전에도 지급제시를 할 수 있는지** 문제된다.

① 통설은 **수표의 일람출급성이 우선**되어 문면상 기재된 발행일 이전에도 지급제시를 할 수 있다는 입장이며, 판례도 "선일자수표는 수료로서의 효력에는 영향이 없으므로 수표소지인은 수표상의 발행일 이전이라도 지급인(은행)에게 제시하여 수표금을 청구할 수 있다"고 한다.[10] ② 이 경우 지급인은 **발행인의 계산으로** 지급할 수 있다. 이때 만약 지급이 거절되면 소지인은 바로 상환청구할 수 있다.

설문의 경우 수표의 문언적, 무인적 성격상 수표소지인 甲회사가 지급인 乙은행에 수표금 청구를 하는 것에는 장애가 없다.

3. 결론 (2점)

甲회사는 乙은행에 대하여 2020. 6. 9.에 수표금 1억 원의 지급을 청구할 수 있고 이에 지급인 乙은행은 발행인 C의 계산으로 위 금원을 지급할 수 있다.

[문제 5. 가의 해설]

1. 쟁점의 정리 (1점)

이 사건 어음에 대한 상사유치권의 성립 여부가 문제된다.

2. 상사유치권의 성립 여부 (12점)

(1) 의의 및 취지

상인간의 상행위로 인한 채권이 변제기에 있는 때에는 채권자는 변제를 받을 때까지 상행위로 인하여 자기가 점유하고 있는 **채무자 소유**의 물건 또는 유가증권을 유치할 수 있다(제58조). 이와 같이 상인에게 인정되는 유치권을 **일반상사유치권**이라 한다.[11]

(2) 요건 [당/피/목/관]

1) 당사자

채권자와 채무자 **쌍방이 모두 '상인'**이어야 한다. 설문의 경우 을회사와 병은행은 회사이므로 상인에 해당한다.

2) 피담보채권

피담보채권은 **'상행위'로 인한 채권**으로서 **'변제기'**에 있는 것이어야 한다. 채권의 변제기가 도래해야 한다. 또한 피담보채권은 채권자와 채무자 모두에게 상행위가 되는 행위(**쌍방적 상행위**)로 인해 발생한 채권이어야 한다(통설).

---

10) 대법원 1985. 5. 28. 선고 84다카2451 판결 참조

11) 실제시험에서는 배점이 높지 않다면(10점 정도), 상사유치권의 의의와 요건을 설시하고, "다른 요건을 문제가 없지만, 유치권 배제특약이 문제된다". 라고 관련 판례를 소개하는 형태로 간단히 서술함이 바람직하다.

설문의 경우 을 회사의 병은행에 대한 대출채무는 **병은행 입장에서는 기본적 상행위, 을 입장에서는 보조적 상행위**로 발생한 채무이다.

3) 유치목적물

① 채권자가 목적물의 점유를 취득하게 된 원인이 일방적 상행위라도 무방하나, 다만 그것이 **채권자의 입장에서는 상행위**가 되어야 한다. ② 채권자는 **채무자 소유의 물건 또는 유가증권**에 대해서만 상사유치권을 행사할 수 있다.[12]

설문의 경우 채권자 병은행이 **을 회사가 소유한 어음**의 점유를 취득하는 행위는 을과 병간의 '어음의 추심위임약정'에 기하는바, 이는 **병의 보조적 상행위에 해당하**므로 동 어음의 취득은 적법하다.

4) 개별적 관련성의 불요

민법의 유치권과의 **가장 큰 차이점**으로서 일반상사유치권의 경우에는 **피담보채권과 목적물 사이의 개별적 관련성을 요하지 아니한다**. 즉, **피담보채권이 유치목적물에 관해 생긴 것일 필요는 없다**. 설문의 경우 **대출채무와 어음 간에는 개별적 관련성이 없는 것**으로 보인다.

3. 결론

본조의 모든 요건이 충족되므로 병은행의 어음에 대한 상사유치권의 주장은 타당하다.

[문제 5. 나의 해설]

1. 쟁점의 정리 (1점)

이 사건 어음에 대한 상사유치권의 배제 특약이 존재하는지가 문제된다.

2. 상사유치권 배제 특약의 존재 여부 (7점)

(1) 배제특약의 여부

상법 제58조 단서는 "그러나 당사자 간에 다른 약정이 있으면 그러하지 아니하다."고 규정하여 상사유치권을 특약으로 배제할 수 있도록 하고 있다. 이러한 상사유치권 배제의 특약은 묵시적 약정에 의해서도 가능하다.

(2) 판례

① 유가증권은 일반적인 동산과 달리 **금전과 비슷하게 취급**되고, 丙은행의 유가증권에 관한 유치권의 행사가 유가증권을 **추심할 의무이행과 강한 충돌을 일으킨다고 보기는 어려운 점**을 고려하면, 乙회사가 丙은행에게 이 사건 어음의 추심을 위임하였다는 사실만으로는 乙회사와 丙은행 간에 상사유치권 배제의 묵시적 약정이 있었다고 보기는 어렵다.

② 여신거래기본약관 제6조의 효력이 유지되고 있는 상황에서 상사유치권 배제의 특약이 있었다고 인정되려면, 당사자 사이에서 이 사건 약관 조항에 우선하는 다른 약정이 있었다는 점이 명확

---

12) 그러나 목적물이 **채무자의 소유여야 한다**는 것은 유치권의 **성립요건**일 뿐 존속요건을 아니므로 일단 유치권이 성립한 후에는 목적물의 소유권이 제3자에게 양도되더라도 채권자는 유치권을 잃지 아니한다.

하게 인정되어야 할 것이나, 약관의 효력을 배제하는 명시적인 약정이 존재하지 않는 상황이라면, **乙회사가 丙은행에게 이 사건 어음의 추심을 의뢰하였다는 사정만으로는 상사유치권 배제에 관한 묵시적 의사합치가 있었다고 인정할 수 없다**.[13)]

3. 결론 (2점)

乙회사의 유치권배제특약의 합병은 받아들여질 수 없다.

13) 대법원 2012. 9. 27. 선고 2012다37176 판결

4. 제2차 모의시험 제1문

목 차

제1문의 1

Ⅰ. 제1문의1 문제1 : 채권자대위소송과 재소금지

1. 문제점

제267조 제2항에 의하여 재소로 금지되기 위해서는 ① 당사자가 동일할 것, ② 소송물인 권리관계가 동일할 것, ③ 권리보호의 이익이 동일할 것, ④ 본안의 종국판결 후의 소취하일 것 등의 요건을 갖추어야 한다. 사안에서 ③④ 요건에는 문제가 없으나, 채무자 乙의 재소가 당사자가 동일하고 소송물이 동일하다고 보아 제267조 2항에 저촉되어 부적법한지 문제된다.

2, 재소금지에 저촉되는지 여부

(1) 소송물이 동일한지 여부

채권자대위소송의 본질에 관하여 법정소송담당설에 따르는 판례의 입장에 의할 경우 채권자대위소송의 소송물은 피대위채권이므로, 채무자 乙이 제3채무자 丙을 상대로 대위소송의 피대위채권이었던 채무의 이행을 구할 경우, 양 소송의 소송물은 동일하다.

(2) 당사자가 동일한지 여부

채권자대위소송을 법정소송담당이라 보더라도 기판력으로 인한 후소의 차단과 법원판결의 농락을 방지하려는 재소금지를 같이 취급하는 것은 부당하다고 보아 재소금지에 저촉되지 않는다는 입장도 있으나, 大法院은 『채권자대위소송의 종국판결 후 소취하가 된 때에 피대위자가 소송이 제기된 사실을 알았을 경우에 있어서는 피대위자에게도 민사소송법 제267조 제2항 소정의 재소금지규정이 적용된다』고 하여 채무자에게도 재소금지의 효과가 미친다는 입장이다(대법 1996.09.20, 93다20177·20184).

3. 설문의 해결

소송고지에 의해 채권자대위소송이 제기되었음을 알았던 乙이 제기한 소는 재소금지의 효력에 따라 부적법하므로 법원은 소각하 판결을 선고하여야 한다.

Ⅱ. 제1문의1 문제2 : 채무자에게 미치는 기판력의 범위

1. 문제점

甲의 후소가 병합청구인지, 이에 따라 피보전채권의 흠결이 있다는 전소판결이 기판력이 후소 전체에 미친다는 乙의 주장의 적법성을 살펴본다.

2. 甲의 乙에 대한 후소의 소송물

구소송물이론에 따라 소송물은 원고가 주장하는 실체법상 권리 또는 법률관계에 의하여 식별되므로, 2020. 1. 1.자 대여금 5.000만 원 청구와 2020. 3. 1.자 대여금 1억 원 청구는 별개의 소송물로서, 이 사건 소송은 2개의 대여금 청구가 단순병합된 형태이다. 따라서 전소의 기판력은 2020. 3. 1.자 대여금 1억 원 청구에는 미칠 여지가 없다.

3. 2020. 1. 1.자 대여금 5,000만 원 청구가 전소의 기판력에 저촉되는지 여부

(1) 전소에 기판력이 발생하는지 여부

1) 소송판결에 대한 기판력 발생여부 : 기판력의 발생범위가 소송물의 판단범위와 동일하다면 기판력은 본안판결에만 적용되고 소송판결에는 적용이 없다는 견해가 나올 수 있다. 그러나 기판력에는 이미 성립한 판단이 거듭되는 것을 금지하는 소극적 작용과 종전의 판단내용을 기준으로 이에 따라야 한다는 적극적 작용이 있다. 소극적 작용면에서 볼 때 소송요건의 흠을 이유로 부적법 각하하는 소송판결도 본안판결과 같이 모두 반복을 금지하여야 한다는 점에서 구태여 기판력을 부정할 필요가 없다. 따라서 소송판결의 기판력은 주문에서 판단한 소송요건의 부존재에 발생한다.

2) 사안의 경우 : 소송판결의 주문은 "이 사건 소를 각하한다"라고 간략하게 표현되므로 기판력이 미치는 사항, 즉 어느 소송요건에 흠이 있는가를 파악하기 위하여서는 판결이유를 참작하여야 한다. 사안에서 전소의 기판력 발생부분은 "甲의 피보전채권의 부존재"이다.

(2) 채권자대위소송의 기판력이 채무자에게 미치는지 여부

이 경우에 권리귀속주체가 기판력을 전면적으로 받는다면 소송담당자의 불성실한 소송수행의 결과 그 자신 고유의 소송수행권이 제한되는 문제가 있으므로 문제되는데, 判例는 채권자대위소송과 관련하여 한때 채무자에게 기판력이 미치지 않는 것으로 보았으나, 그 후 채권자대위소송이 제기된 사실을 어떠한 사유로든 알았을 때에 한하여 채무자에게도 미친다고 판시하여(대법 1975.05.13, 74다1644), 절충설 내지 절차보장설로 바꾸었다.

(3) 기판력이 작용하는 범위

이때 채무자에게도 기판력이 미친다는 의미는 채권자대위소송의 소송물인 피대위채권의 존부에 관하여 채무자에게도 기판력이 인정된다는 것이고, 채권자대위소송의 소송요건인 피보전채권의 존부에 관하여 당해 소송의 당사자가 아닌 채무자에게 기판력이 인정된다는 것은 아니다. 따라서, 채권자가 채권자대위권을 행사하는 방법으로 제3채무자를 상대로 소송을 제기하였다가 채무자를 대위할 피보전채권이 인정되지 않는다는 이유로 소각하 판결을 받아 확정된 경우 그 판결의 기판력이 채권자가 채무자를 상대로 피보전채권의 이행을 구하는 소송에 미치는 것은 아니다(대법 2014.01.23, 2011다108095).

4. 설문의 해결

甲의 대여금 청구 전체가 전소 확정판결의 기판력에 저촉되는 것이라는 乙의 주장은 부당하다.

Ⅲ. 제1문의 1 문제3 : 피대위채권에 대한 전부명령의 효력

1. 문제점

채무자가 채권자대위소송이 제기된 사실을 안 이후 채무자의 다른 채권자가 피대위권리에 대해 전부명령을 받는 것이 허용되는지 문제된다.

2. 채권자대위소송이 제기된 피대위채권에 대한 전부명령의 효력

채권자대위소송이 제기되고 대위채권자가 채무자에게 대위권 행사사실을 통지하거나 채무자가 이를 알게 되면 민법 제405조 제2항에 따라 채무자는 피대위채권을 양도하거나 포기하는 등 채권자의 대위권 행사를 방해하는 처분행위를 할 수 없게 되고 이러한 효력은 제3채무자에게도 그대로 미치는데, 그럼에도 그 이후 대위채권자와 평등한 지위를 가지는 채무자의 다른 채권자가 피대위채권에 대하여 전부명령을 받는 것도 가능하다고 하면, 채권자대위소송의 제기가 채권자의 적법한 권리행사방법 중 하나이고 채무자에게 속한 채권을 추심한다는 점에서 추심소송과 공통점도 있음에도 그것이 무익한 절차에 불과하게 될 뿐만 아니라, 대위채권자가 압류·가압류나 배당요구의 방법을 통하여 채권배당절차에 참여할 기회조차 가지지 못하게 한 채 전부명령을 받은 채권자가 대위채권자를 배제하고 전속적인 만족을 얻는 결과가 되어, 채권자대위권의 실질적 효과를 확보하고자 하는 민법 제405조 제2항의 취지에 반하게 된다. 따라서 채권자대위소송이 제기되고 대위채권자가 채무자에게 대위권 행사사실을 통지하거나 채무자가 이를 알게 된 이후에는 민사집행법 제229조 제5항이 유추적용되어 피대위채권에 대한 전부명령은, 우선권 있는 채권에 기초한 것이라는 등의 특별한 사정이 없는 한, 무효라고 보는 것이 타당하다(대법 2016.08.29, 2015다236547).

3. 설문의 해결

甲이 丙에 대한 채권대위소송 중 채무자 乙에게 소송고지가 되었고 채무자 乙은 甲의 대위권 행사사실을 알았다고 할 것이므로, 그때 민법 제405조 제2항에 따라 乙에 대한 처분권 제한의 효력이 생겼다. 그 이후 이루어진 乙의 丙에 대한 채권을 피압류채권으로 한 丁의 이 사건 전부명령은 무효이고, 그렇다면 이 사건 전부명령에 기한 丙의 丁에 대한 채무는 존재하지 않는다. 결국, 丁의 청구는 이유가 없어 청구기각판결을 선고하여야 한다.

제1문의 2

Ⅰ. 제1문의 2 문제1 : 소송요건과 본안판단의 순서

1. 문제점

A의 대표권의 존부가 소송요건으로서 직권조사사항인지, 소송요건과 본안판단의 순서가 문제된다.

2. 대표권 흠결에 관한 본안전 항변에 대한 판단

대표자가 적법한 대표권을 가지는지 여부는 소송요건으로서 법원의 직권조사사항이며(대법 1989.06.27, 87다카1915·1916), 피고의 항변은 법원의 직권발동을 촉구하는 의미에 그친다. 나아가 직권조사사항에 관하여도 그 사실의 존부가 불명한 경우에는 증명책임의 원칙이 적용되어야 할 것인바, 본안판결을 받는다는 것 자체가 원고에게 유리하다는 점에 비추어 직권조사사항인 소송요건에 대한 증명책임은 원고에게 있다(대법 1997.07.25, 96다39301).

사안에서 甲 종중의 대표자 A가 적법한 대표자인지 여부의 증명책임은 원고에게 있는데 이에 대한 법원의 심리결과 법원이 적법한 대표자인지에 대하여 확신을 갖지 못하였으므로 증명책임의 원칙상 원고가 불이익을 입게 된다. 결국 법원은 부적법한 소이므로 소각하 판결을 선고하여야 한다.

3. 소송요건과 본안판단의 순서

(1) 견해의 대립

1) 본안판결요건설(소송요건심리의 선순위성 긍정설) : 소송요건은 본안판결의 요건이므로 본안판결에 앞서 미리 조사하여야 하고, 따라서 소송요건의 존부에 관한 문제를 남겨 놓고 건너뛰어 원고청구의 기각판결을 함은 허용될 수 없다는 견해로 다수설적 입장이다.

2) 판결선고요건설(소송요건심리의 선순위성 부정설) : 소송요건과 실체법상의 요건은 동일평면의 판결선고요건이므로, 실체법상 이유 없음이 먼저 판명되면 소송요건을 갖추었는가를 가릴 것도 없이 청구기각의 본안판결을 할 수 있다는 견해이다.

3) 절충설 : 소송요건 가운데서 무익한 소송의 배제나 피고의 이익보호를 목적으로 삼는 것과 공적 이익의 확보를 목적으로 한 것을 구별하여, 전자에 해당하는 소송요건은 그 존부를 따질 필요 없이 먼저 청구기각을 할 수 있다는 견해이다.

(2) 判例의 태도

判例는 『본건 중앙토지수용위원회의 수용재결은 행정소송의 대상으로 삼을 수 없다고 할 것임에도 불구하고 원심이 위 피고의 수용재결 취소를 구하는 원고들의 본건 청구를 적법시하여 본안판결을 하였음은 행정소송의 대상에 관한 법리를 오해한 위법을 범하였다고 할 것이니, 본건 소는 부적법하여 각하하기로 한다』라고 하여 본안판결요건설과 같은 태도이다(대법 1983.02.08, 81누420).

(3) 검 토

① 법원에 관한 소송요건에 대해 의문이 있는 경우에 이를 심리하지 않고 원고청구기각을 한다면, 법관의 권한을 박탈하는 결과가 된다. 또한 ② 당사자에 관한 소송요건들을 심리하지 않고 청구기각의 판결을 한다면, 절차보장에 차질을 가져온다. 따라서 소송요건의 존재를 확실히 하고 본안판결을 하여야 한다는 본안판결요건설이 타당하다고 본다. 다만 부제소특약·소의 이익 등 무익한 소송을 배제시킬 목적의 소송요건에 대해서는 그 존부심사를 뒤로 미루어 두고 청구기각의 종국판결로 사건을 종결시켜도 무방하다는 입장이 타당하다고 본다.

4. 설문의 해결

청구가 이유 없는 것이 명백한 경우라 하더라도 청구기각의 본안판결을 할 수는 없다.

Ⅱ. 제1문의2 문제2 : 소송계속 중 사망의 소송법상 효과

1. 문제점

소송대리인이 있어 중단되지 않은 소송에서 일부상속인 C만의 수계신청이 이루어지고 C명의의 판결이 선고된 경우, 이 판결이 누락된 상속인 D에게도 효력이 미치는지, 나아가 C와 D 사이의 공동소송 형태를 검토하여 C 단독의 항소제기 효과가 D에게도 미치는지 살펴본다.

2. 乙사망에 소송에 미치는 영향

(1) 당사자지위의 당연승계여부

1) 학설의 대립 : ① 포괄적 승계가 있으면 당사자의 지위가 법률상 당연히 승계인에게 이전하여 승계인이 새로운 당사자가 된다는 당연승계긍정설(통설)와, ② 당연승계긍정설은 형식적 당사자 개념과는 맞지 않는다고 비판하면서 소송에서 상속인 등 수계인이 수계절차를 밟아서 당사자로 표시되어야 당사자가 변경된다고 보는 당연승계부정설의 대립이 있다.

2) 判例의 태도 : 判例는 『일응 대립당사자구조를 갖추고 적법히 소가 제기되었다가 소송도중 어느 일방의 당사자가 사망함으로 인해서 그 당사자로서의 자격을 상실하게 된 때에는 그 대립당사자구조가 없어져 버린 것이 아니고, 그때부터 그 소송은 그의 지위를 당연히 이어받게 되는 상속인들과의 관계에서 대립당사자구조를 형성하여 존재하게 되는 것이다』라고 판시하여 당연승계긍정설 입장이다(대법(전) 1995.05.23, 94다28444).

3) 검토 및 사안의 경우 : 생각건대 ① 당연승계는 실체법상의 승계원인이 그대로 소송에 반영되어 법률상 당연히 당사자의 교체가 일어나는 것으로 보아야 하는 점, ② 소송절차의 중단이 당사자의 수계신청뿐 아니라 법원의 속행명령에 의해서도 해소되는 점(제244조), ③ 소송대리인이 있는 때에는 소송절차가 중단되지 않고(제238조), 이 경우 소송대리인을 승계인의 대리인으로 보는 점에 비추어, 당연승계긍정설이 타당하다. 사안에서 乙이 사망하는 순간 상속인 A와 B에게 피고의 지위가 당연승계된다고 할 것이다.

(2) 절차에 미치는 영향

1) 소송절차가 중단되는지 여부 : 당사자가 소송계속중 사망하였다 하여도 소송대리인이 있으면 절차는 중단되지 않는다(제238조). 소송대리인이 있으면 당사자가 무방비 상태가 되는 것이 아니어서 상속인의 절차권이 보장되기 때문이다. 이때 소송대리인은 수계절차를 밟지 않아도 상속인의 소송대리인이 된다.

2) 수계신청 효력 : 소송대리인이 있어 중단되지 아니하는 경우라도 수계신청을 못하는 것은 아니다. 다만 이 경우에는 중단을 해소하는 의미가 없고, 당사자표시정정의 효과만이 존재한다. 따라서 사안과 같이 상속인 전원명의로 수계신청을 하지 않았다 하여도 이는 표시정정을 잘못한 것에 불과하고, 피고는 상속인 전원이 된다.

3) 판결의 효력이 미치는 당사자 : 당연승계긍정설에 의하면 당사자가 사망하였으나 그를 위한 소송대리인이 있어 소송절차가 중단되지 아니한 경우에는 그 소송대리인은 상속인들 전원을 위하여 소송을 수행하게 되는 것이며 그 사건의 판결은 상속인들 전원에 대하여 효력이 있는 것이라 할 것이다.

(3) 소 결

사안에서 1심판결은 상속인 C와 D에게 미치며, B는 상소의 특별수권이 없었으므로 심급대리 원칙상 판결정본송달이 된 때에 대리권이 소멸되어 소송절차가 중단되게 되므로 상소기간이 진행되지 아니한다(대법 1996.02.09, 94다61649).

3. D에게도 항소제기 효력이 미치는지 여부

상속재산의 소유관계는 공유관계이고, 공동상속인의 소송수행형태는 『공동상속인들은 그 공동상속재산에 관하여 저마다 지분권을 가지고 있으므로 공동상속인들을 필수적 공동소송인으로 삼아야 할 이유가 없으므로』 통상공동소송으로 보는 것이 타당하다(대법 1964.12.29, 64다1054). 통상공동소송은 공동소송인 독립의 원칙에 의하여(제66조), 소송진행의 독립성이 있으므로 상속인 중 1인의 상소는 다른 공동상속인에게 효력이 미치지 않는다.

Ⅲ. 제1문의2 문제3 : 소각하판결에 대한 항소시 청구기각 가부

1. 문제점

항소법원의 제1심판결의 당부에 대한 심판은 항소 또는 부대항소한 당사자의 불복신청의 한도 안에 국한되며 제1심 판결 중 어느 쪽도 불복하지 아니한 부분에 대해서는 이익으로든 불이익으로든 변경할 수 없는 것을 말한다(제415조). 설문에서 소를 각하한 제1심 판결에 대하여 원고가 항소를 제기한 경우에 항소법원이 소 자체는 적법하지만 청구가 이유 없어 어차피 본안에서 청구기각될 사안이라고 판단한 경우에 어떠한 조치를 취할 것인지가 불이익변경금지의 원칙과 관련하여 문제된다.

2. 견해의 대립

① 청구기각을 하면 불이익변경금지에 저촉되고, 항소기각설은 법원의 판단과 판결의 효력 사이에 괴리가 생기므로, 법 제418조 본문에 따라 소각하의 제1심판결을 취소하고, 제1심으로 환송해야 한다는 견해, ② 소각하판결로서는 원고에게 어떤 이익이 생긴 것이 아니므로 청구기각판결을 해도 불이익변경금지의원칙에 저촉되지 않고, 소각하판결에 대해 원고가 상소하는 것은 본안판결을 요구하는 것이니, 항소법원은 제418조 단서의 요건이 갖추어지면 제1심판결을 취소하고 청구기각을 할 수 있다는 입장, ③ 청구를 기각하면 소각하보다 불이익변경이 되므로, 항소 법원은 최소한 원판결을 유지해야 한다는 견해의 대립이 있다.

3. 判例의 태도

大法院은 "확정 판결의 기판력을 이유로 원고의 청구를 기각하여야 할 것인데도 원고의 소가 부적법하다고 각하한 원심판결에 대하여 원고만이 상고한 경우 불이익변경금지의 원칙상 원고에게 더 불리한 청구기각의 판결을 선고할 수 없으므로 원고의 상고를 기각할 수 밖에 없다"고 하여 상소기각설의 입장이다(대법 1996.10.11, 96다3852; 대법 2001.12.11, 99다56697).

4. 설문의 해결

불이익 변경금지 원칙상 항소심은 청구기각판결을 선고할 수 없고, 丙의 항소를 기각한다(대법 2017.07.18, 2016다35789).

Ⅳ. 제1문의2 문제4 : 시효중단의 효력발생시기

1. 문제점

인수참가인의 소송목적 양수 효력이 부정되어 인수참가인에 대한 소각하 판결이 확정된 날부터 6개월 내이지만 원고의 탈퇴시부터는 6개월이 도과된 상태에서 탈퇴한 원고가 다시 탈퇴 전과 같은 재판상의 청구 등을 한 경우, 탈퇴 전에 원고가 제기한 재판상의 청구로 인하여 발생한 시효중단의 효력이 그대로 유지되는지 문제된다.

2. 판례의 입장

소송목적인 권리를 양도한 원고는 법원이 소송인수 결정을 한 후 피고의 승낙을 받아 소송에서 탈퇴할 수 있는데(제82조 제3항, 제80조), 그 후 법원이 인수참가인의 청구의 당부에 관하여 심리한 결과 인수참가인의 청구를 기각하거나 소를 각하하는 판결을 선고하여 그 판결이 확정된 경우에는 원고가 제기한 최초의 재판상 청구로 인한 시효중단의 효력은 소멸한다. 다만 소송탈퇴는 ① 소취하와는 그 성질이 다르며, ② 탈퇴 후 잔존하는 소송에서 내린 판결은 탈퇴자에 대하여도 그 효력이 미친다(제82조 제3항, 제80조 단서). 이에 비추어 보면 인수참가인의 소송목적 양수 효력이 부정되어 인수참가인에 대한 청구기각 또는 소각하 판결이 확정된 날부터 6개월 내에 탈퇴한 원고가 다시 탈퇴 전과 같은 재판상의 청구 등을 한 때에는, 탈퇴 전에 원고가 제기한 재판상의 청구로 인하여 발생한 시효중단의 효력은 그대로 유지된다(대법 2017.07.18, 2016다35789).

3. 설문의 해결

시효중단 · 기간준수의 효력은 소의 취하 · 각하로 소급하여 소멸한다(민법 제170조). 다만 소의 취하 · 각하에 의하여 소멸되어도 6월 내에 소의 제기, 압류 또는 가압류 · 가처분을 하면 최초의 소제기 시에 중단된 것으로 본다(민법 제170조 2항). 만약 甲의 탈퇴가 소취하와 같다면 6개월이 도과되어 시효중단이 되지 않겠으나, 소송탈퇴와 소취하는 다르면 소각하판결의 효력이 甲에게도 미치므로 탈퇴 전에 원고가 제기한 재판상의 청구로 인하여 발생한 시효중단의 효력은 그대로 유지된다. 따라서 법원의 판단은 부당하다.

제1문의 3

Ⅰ. 문제 1. : 공사대금채권 발생요건으로서 일의 완성의 의미/ 하자가 중요하지 아니하면서 보수에 과다한 비용이 드는 경우의 효과/ 수급인의 하자담보책임의 효과로서 해제권 발생 요건/ 도급인의 상계항변의 당부

1. 결론

甲, 乙, 丙의 ①, ②, ③ 주장은 부당하나, ④주장은 3억 원의 손해배상채권을 자동채권으로 하는 상계항변의 범위에서 타당하다.

2. 논거

(1) ①주장의 당부

甲, 乙, 丙의 공사잔대금채무는 약정에 따라 공사가 완료된 때에 발생한다. 공사가 완료된 때란 예정된 최후 공정이 종료되고 목적물의 주요구조부분이 약정대로 시공되어 사회통념상 일반적으로 요구되는 성능을 갖춘 때를 말한다(판례),[1] 사안의 경우 건물의 일부에 하자가 발생하였으나, 모든 공정이 종료되었고, 주요 구조 부분이 약정대로 시공되었으므로 공사는 완료되었다고 보아야 한다. 비록 하자가 보수되지 아니하였더라도 甲, 乙, 丙의 공사잔대금지급의무는 발생하였으므로 ①주장은 부당하다.

(2) ②주장의 당부

완성된 목적물에 하자가 있는 경우, 수급인은 원칙적으로 하자보수의무를 부담하고(민법 제667조 제1항 본문), 수급인의 하자보수의무와 도급인의 공사대금지급의무 사이에는 동시이행 관계가 인정된다(민법 제667조 제3항). 그러나 하자가 중요하지 아니하면서 보수에 과다한 비용이 드는 경우에는 하자보수청구가 허용되지 않는다(민법 제667조 제1항 단서). 이 사건 건물 일부의 하자로 인한 교환가치 감소액은 3억 원인데 반하여 그 보수비용은 45억 원으로 과다한 비용이 드는 경우에 해당하므로 수급인 A회사의 하자보수의무가 발생하지 않는다. 하자보수와의 동시이행관계를 주장하는 甲, 乙, 丙의 ②주장은 부당하다.

(3) ③주장의 당부

이 사건 건물 일부의 하자는 중요하지 않아 하자로 인하여 계약의 목적을 달성할 수 없을 경우에 해당하지 않고, 건물신축공사계약의 경우 담보책임에 따른 계약해제는 허용되지 아니하므로(민법 제668조) 甲, 乙, 丙의 해제주장은 허용되지 않는다.

(4) ④주장의 당부

하자가 중요하지 아니하면서 보수에 과다한 비용이 드는 경우, 도급인의 하자보수청구는 허용되지 않고 나아가 하자보수에 갈음한 손해배상청구도 허용되지 않는다(판례).[2] 도급인은 하자로 인하여 입은 손해의 배상을 청구할 수 있을 뿐인데, 하자로 인한 통상손해는 하자 없이 시공하였을 경우 목적물의 교환가치와 현재 상태대로의 교화가치와의 차액이다(판례).[3]

甲, 乙, 丙의 하자보수청구가 허용되지 않는 이상 하자보수비 상당액인 45억 원의 손해배상은 하자보수에 갈음한 손해배상으로 허용되지 않으며, 다만, 교환가치 감소액인 3억 원의 손해배상은 하자로 인한 통상손해에 대한 배상으로 허용되는 바, 甲, 乙, 丙의 상계항변은 3억 원의 손해배상채권을 자동채권으로 하는 범위에서만 타당하다.

II. 문제 2. : 조합의 성립요건/ 조합채무에 관한 조합원의 책임 발생 및 그 성질

1. 결론

A회사의 청구는 타당하다.

---

1) 대법원 2006.10.13. 선고 2004다21862 판결
2) 대법원 1997.02.25. 선고 96다45436 판결
3) 대법원 2009.06.25. 선고 2008다18932·18949 판결

2. 논거

甲, 乙, 丙은 상호 출자를 통하여 낡은 건물을 재건축하여 판매하는 사업을 진행하기로 약정하였고, 그에 따라 이 사건 건물신축공사계약을 체결한 것이므로 甲, 乙, 丙의 관계는 조합관계이다(민법 제703조 제1항).

조합이 채무를 부담하는 경우, 조합재산으로 조합채무에 대한 책임을 질뿐만 아니라 조합채무는 동시에 조합원 개인의 채무이기도 하므로 조합원 개인 재산에 의한 책임도 인정된다(민법 제712조). 조합원은 손실부담의 비율에 따라 조합채무에 관한 책임을 지지만, 조합채권자가 조합원의 손실부담의 비율을 알지 못한 때에는 균분하여 책임을 진다. 다만, 조합채무가 조합원 전원을 위하여 상행위가 되는 행위로 인하여 부담하게 된 것이라면 상법 제57조 제1항이 적용되어 각 조합원은 연대책임을 부담하게 된다(판례).[4]

사안의 경우, 甲, 乙, 丙이 A회사에 대하여 부담하는 공사대금채무는 甲, 乙, 丙 전원에게 상행위가 되는 행위로 인하여 부담하는 채무이므로 甲은 연대채무자로서 공사대금 전액에 관하여 책임을 진다. 청구금액의 3분의 1에 대해서만 책임이 있다는 甲의 항변은 부당하다.

4) 대법원 1992.11.27. 선고 92다30405 판결

5. 제2차 모의시험 제2문

목 차

제2문의 1

Ⅰ. 문제 1. : 연대보증인의 일부대위 변제로 인한 변제자대위권의 발생/ 채권자의 잔존채권과 일부대위변제자 상호간 우열관계/ 일부대위변제자 상호간 우열관계

1. 결론

8억 원의 매각대금 중에서 5억 원은 채권자 甲에게 배당되고, 나머지 3억 원 중에서 1억 8천만 원은 丙에게 배당되며, 1억 2천만 원은 丁에게 배당된다.

2. 논거

연대보증인의 일부 변제로 채권자의 근저당권을 대위할 수 있는지, 채권자의 잔존채권과 일부대위변제자 상호간 우열관계, 일부대위변제자 상호간 우열관계 등이 쟁점이다.

연대보증인 丙과 丁은 변제할 정당한 이익이 있는 자로서 일부변제로 인하여 채무자 乙에 대하여 구상권을 취득하고, 구상권을 확보하기 위하여 채권자 甲의 근저당권을 대위행사 할 수 있다(민법 제481조, 제482조 제1항, 제483조).

일부대위의 경우 대위변제자는 채권자와 함께 그 권리를 행사할 수 있는데(민법 제483조), 일부대위변제자와 채권자 사이에 별도의 약정이 없는 한 채권자는 일부대위변제자에 대하여 나머지 채무를 우선하여 변제받을 수 있다(판례).[1] 한편 수인이 시기를 달리하여 일부대위변제를 한 경우 그들은 변제한 가액에 비례하여 변제로 인한 대위권을 행사할 수 있다(판례).[2]

사안의 경우, 丙과 丁은 甲의 근저당권을 행사할 수 있으나, 甲에게 우선변제권이 인정되므로 매각대금 8억 원 중에서 甲의 잔존채권 5억 원이 먼저 배당되고, 丙과 丁은 나머지 3억 원을 변제한 가액의 비례로 배당을 받으므로 丙은 1억 8천만 원, 丁은 1억 2천만 원을 배당받는다.

Ⅱ. 문제 2. : 일부대위변제자와 채권자 사이에 일부대위변제자가 우선하여 변제받기로 하는 특약이 있는 경우, 일부대위변제자를 다시 대위하는 자가 당연히 특약상 권리를 행사할 수 있는지/ 일부대위변제자는 특약상 권리를 다시 대위하는 자에게 이전하여야 할 의무가 있는지

1. 결론

戊의 ①청구는 부당하나, ②청구는 타당하다.

2. 논거

(1) 쟁점

戊가 丙을 대위하여 丙과 甲 사이의 우선회수특약에 따른 권리를 행사할 수 있는지, 丙은 戊에 대하여 甲과 체결한 우선회수특약에 따른 권리를 이전하여야 할 의무가 있는지가 쟁점이다.

---

1) 대법원 2010.04.08. 선고 2009다80460 판결; 대법원 2017. 7. 18. 선고 2015다206973 판결
2) 대법원 2006.02.10. 선고 2004다2762 판결; 대법원 2001.01.19. 선고 2000다37319 판결; 대법원 2014.05.16. 선고 2013다202755 판결

(2) 戊의 甲에 대한 부당이득반환청구구의 당부

乙의 丙에 대한 구상채무를 보증한 戊가 丙에게 보증채무를 이행함에 따라 戊는 乙에 대하여 구상권을 취득하고, 구상권을 확보하기 위하여 丙이 乙에 대하여 가지는 채권 및 담보에 관한 권리를 당연히 행사할 수 있다(민법 제481조, 제482조 제1항). 丙과 甲 사이의 우선회수특약에 따른 권리는 丙이 甲에 대하여 가지는 권리로서 戊가 변제자대위의 대상으로 삼을 채권 및 담보에 관한 권리에 포함되지 않는다(판례).[3] 戊는 별도의 권리승계절차가 없으므로 甲에 대하여 우선회수특약에 따른 권리를 주장할 수 있는 지위에 있지 않다. 채권자 甲이 우선하여 배당변제를 받았더라도 戊에 대한 관계에서 법률상 원인 없는 이득을 얻었다고 할 수 없다. 戊는 甲에 대하여 3억 원의 부당이득반환을 청구할 수 없다.

(3) 戊의 丙에 대한 손해배상청구의 당부

구상보증채무를 이행받은 丙은 구상보증인 戊가 丙의 권리를 행사하여 乙에 대한 구상권을 확보하는데 협력하여야 할 의무가 있고(민법 제485조의 유추), 丙이 채권자 甲과 체결한 우선회수특약은 丙의 일부 대위변제에 부수한 약정으로 丙은 戊를 위하여 우선회수특약에 따른 권리를 이전하여야 할 의무가 있다. 丙이 이를 위반하여 戊가 甲에게 우선회수특약에 따른 권리를 행사할 수 없게 되어 손해를 입은 경우에는 그에 대한 손해배상책임을 진다(판례).[4] 사안의 경우, 丙은 戊에게 우선회수특약에 따른 권리 등의 승계절차를 이행한 바가 없으므로 戊의 丙에 대한 3억 원의 손해배상청구는 타당하다.

제2문의 2

Ⅰ. 문제 1. : 토지거래허가를 배제하는 토지매매의 효력/ 허가구역 지정해제의 효과/ 강행규정 위반으로 인한 무효주장이 신의칙에 반하는지 여부

1. 결론

乙의 甲에 대한 소유권이전등기말소청구는 타당하다.

---

3) 대법원 2017. 7. 18. 선고 2015다206973 판결. 일부대위변제자와 채권자 사이의 우선회수특약에 따른 권리는 일부대위변제자를 대위하는 자가 변제자대위권을 행사할 수 있는 채권 및 담보에 관한 권리라고 할 수 없기 때문에 당연히 대위할 수 있는 것은 아니다. 가령, 일부대위변제자인 보증인을 위하여 채무자의 구상채무를 보증한 구상보증인이 일부대위변제자인 보증인에게 구상채무를 대위변제 한 경우, 구상보증인은 채무자에 대하여 구상권을 취득하고, 이를 확보하기 위해서 일부대위변제자인 보증인이 채무자에 대하여 가지는 권리 및 그 권리를 담보하기 위한 권리를 당연히 행사할 수 있으나, 일부대위변제자와 채권자 사이의 우선회수특약에 따른 권리는 여기에 포함되는 권리가 아니므로 당연히 변제자대위의 대상이 된다고 할 수는 없다.

4) 대법원 2017. 7. 18. 선고 2015다206973 판결.

2. 논거

(1) 쟁점

토지거래허가를 배제하기 위한 토지매매의 효력, 허가구역 지정해제의 효과, 강행규정 위반으로 인한 무효주장이 신의칙에 반하는지 여부 등이 쟁점이다.

(2) 증여 및 매매의 효력

甲과 乙은 매매의 합의를 하였으면서도 증여계약에 따른 소유권이전등기를 하였다. 증여는 통정허위표시로서 무효이고(민법 제108조 제1항), 은닉행위인 매매계약은 그 유효요건을 구비한 때에는 유효하다.

(3) 토지거래허가구역 내 토지에 관한 매매의 효력

X토지는 토지거래허가구역 내의 토지이므로 X토지에 관한 유상거래계약에는 관할관청의 허가가 있어야 하고, 허가받을 것을 전제로 한 토지매매계약은 허가를 받을 때까지 유동적 무효이다(판례).[5] 그러나 甲과 乙은 허가를 배제하기 위하여 이 사건 계약을 체결한 것이므로 甲과 乙의 토지매매계약은 확정적으로 무효이다(판례).[6]

(4) 허가구역 지정해제의 효과

토지매매계약 후 토지거래허가구역지정이 해제된 경우, 유동적 무효 상태인 토지매매계약을 토지거래허가를 받을 필요 없이 확정적으로 유효한 매매계약이 되지만, 확정적 무효 상태인 토지매매계약은 허가구역 지정해제와 관계없이 무효이다.[7] 甲과 乙의 토지매매계약은 허가구역지정해제에도 불구하여 무효이며, 甲명의의 소유권이전등기는 원인무효등기이다.

(5) 乙의 무효주장이 신의칙에 반하는지

乙이 강행규정인 부동산 거래신고 등에 관한 법률을 위반하여 甲과 토지매매계약을 체결한 뒤에 무효를 주장하더라도 甲의 신뢰는 보호가치 있는 신뢰라고 할 수 없으므로 乙의 무효주장이 신의칙에 반하는 것이라고 할 수도 없다. 乙은 현재 X토지의 소유자로서 소유권에 기한 방해배제청구로서 원인무효인 甲등기의 말소를 청구할 수 있다.

Ⅱ. 문제 2. : 토지대금 담보를 위하여 신축건물 보존등기를 매도인 명의로 하는 합의의 성질/ 양도담보의 법적 성질/ 토지대금 담보를 위한 양도담보에 가등기담보법이 적용되는지

1. 결론

甲의 丁에 대한 청구는 부당하다.

---

5) 대법원 1991.12.24. 선고 90다12243 전원합의체 판결
6) 대법원 2010.06.10. 선고 2009다96328 판결. 허가가 필요하지 않은 것에 해당하도록 계약서를 작성하거나 정상적으로 허가를 받을 수 없는 계약을 허가를 받을 수 있도록 계약서를 허위로 작성하는 행위 등이 이에 해당한다.
7) 대법원 1999.06.17. 선고 98다40459 전원합의체 판결

2. 논거

토지잔대금 담보를 위하여 매수인이 신축하는 건물의 보존등기를 매도인 명의로 하는 합의의 성질, 양도담보의 법적 성질, 토지잔대금 담보를 위한 양도담보에 가등기담보법이 적용되는지 등이 쟁점이다.

甲이 토지잔대금 담보를 위하여 신축건물의 소유권보존등기를 토지매도인 乙로 하는 합의는 신축건물을 토지매매대금 담보를 위하여 제공하기로 하는 양도담보합의로서의 성질을 가진다(판례).[8] 신축건물은 甲이 원시취득하나, 乙명의로 소유권보존등기가 마쳐진 때에는 담보목적의 범위에서 소유권이 乙에게 이전한다(판례).[9]

가등기담보법은 피담보채무가 소비대차나 준소비대차상 채무인 경우에 적용되고, 피담보채무가 매매대금채무인 때에는 적용되지 않는다(판례).[10] 甲이 토지잔대금을 지급하였더라도 가등기담보법 제11조에 따라 악의의 양수인 丁에게 말소등기를 청구할 수는 없다.

양도담보는 신탁적 소유권이전의 성질을 가지므로(판례)[11] 대외적 관계에서는 양도담보권자 乙이 소유자의 지위를 가진다. 乙로부터 신축건물의 소유권을 취득한 丁은 乙의 배임행위에 적극적으로 가담하였다는 특별한 사정이 없는 한, 양도담보 사실을 알고 있었더라도 유효하게 소유권을 취득한다. 甲이 신축건물의 소유권이 있음을 전제로 한 丁에 대한 말소등기청구는 허용되지 않는다.

제2문의 3

Ⅰ. 문제 1. : 무권대리의 효력/ 첨부로 인한 보상청구권의 요건/ 선의취득의 요건

1. 결론

丙의 甲에 대한 청구는 모두 부당하다.

2. 논거

(1) 쟁점

乙과 丙이 체결한 자재공급계약이 무권대리인지, 첨부로 인한 보상청구권의 행사요건, 선의취득의 요건 등이 쟁점이다.

(2) 丙의 ①청구의 당부

乙은 甲으로부터 자재공급계약 체결에 관한 대리권을 수여받지 못하였으므로 乙이 甲을 대리하여 丙과 체결한 자재공급계약의 무권대리이고, 甲이 별도로 추인을 한 사정도 보이지 아니하므로 자재

8) 대법원 2002.04.26. 선고 2000다16350 판결
9) 대법원 2002.04.26. 선고 2000다16350 판결
10) 대법원 2001.03.23. 선고 2000다29356·29363 판결
11) 대법원 1995.07.25. 선고 94다46428 판결

공급계약의 효력이 甲에게 미친다고 할 수 없다.

乙은 甲으로부터 어떠한 대리권도 수여받은 적이 없으므로 권한을 넘은 표현대리(민법 제126조)나 대리권 소멸 후의 표현대리(민법 제129조)도 성립하지 않고, 甲이 乙에게 대리권을 수여하였다는 표시를 丙에게 한 바가 없으므로 대리권 수여표시에 의한 표현대리(민법 제125조)도 성립하지 않는다.

丙의 甲에 대한 자재공급대금청구는 허용되지 않는다.

(3) 丙의 ②청구의 당부

丙이 소유권을 유보하고 乙에게 인도한 골재는 자재대금이 완납될 때까지 丙의 소유에 속하나, 甲의 건물에 부합되어 丙은 골재의 소유권을 상실하고, 甲은 골재의 소유권을 취득한다(민법 제256조). 건물 신축의 경우에도 부합의 법리는 적용된다(판례).[12]

부합으로 골재의 소유권을 상실한 丙이 소유권을 취득한 甲에게 민법 제261조에 따라 보상을 청구하기 위해서는 甲의 골재소유권 취득이 법률상 원인이 없어야 한다(판례).[13] 甲과 乙의 공사계약에는 건축자재 소유권 양도합의가 있고, 乙은 丙의 골재를 인도하였으며, 甲은 소유권유보 사실에 관하여 부합 당시 선의, 무과실이었으므로 선의취득 요건을 갖추었다. 甲의 골재 소유권 취득에 법률상 원인이 흠결되었다고 할 수 없는데, 이러한 법리는 수급인 乙이 甲의 무권대리인으로서 골재를 인도받아 신축건물에 부합한 경우에도 적용된다(판례).[14] 丙의 甲에 대한 제261조에 따른 보상청구도 허용되지 않는다.

II. 문제 2. : 피압류채권을 수동채권으로 한 상계가 허용되는지/ 동시이행관계의 확장/ 가분채권 일부에 대한 전부명령이 있는 경우 제3채무자의 상계대항가능성

1. 결론

丁의 청구는 기각된다.

2. 논거

(1) 쟁점

피압류채권을 수동채권으로 한 甲의 상계가 허용되는지, 금전채권 일부에 관한 전부명령이 있는 경우, 제3채무자 甲이 전부채권자 丁에 대하여 상계로 대항할 수 있는지가 쟁점이다.

(2) 甲의 상계가 허용되는지 여부

도급인 甲은 수급인 乙의 물상보증인이고, 乙의 채무를 대위변제하였으므로 乙에게 구상권 5억 원을 취득한다(민법 제341조). 乙의 공사 중단으로 도급계약이 해제되었더라도 乙은 기성고율에 따른 공사대금채권을 취득한다.[15]

乙의 기성고에 따른 공사대금채권 중 3억 원의 채권에 해당하는 부분이 丁의 압류 및 전부의 대

12) 대법원 2009.09.24. 선고 2009다15602 판결
13) 대법원 2018.03.15. 선고 2017다282391 판결
14) 대법원 2009.09.24. 선고 2009다15602 판결; 대법원 2018.03.15. 선고 2017다282391 판결
15) 채점기준표에서는 乙의 기성고에 따른 공사대금채권이 6억 원이라고 하고 있으나, 이는 옳지 않다. 주어진 사실관계에 따르면, "외부 골조공사 60%의 공정만을 이행한 채 중단"한 상태이므로 전체 공정 60%가 이행되었다고 할 수는 없다. 기성고율은 사실관계에서 주어져 있지 않다. 출제오류이다.

상이 되었고, 甲의 乙에 대한 구상금채권은 丁의 압류의 효력이 발생한 후에 발생하였다. 지급금지명령을 받은 제3채무자는 그 후에 취득한 채권에 의한 상계로는 지급금지명령을 신청한 채권자에게 대항하지 못한다(민법 제498조). 甲의 乙에 대한 구상금채권이 丁의 압류 후에 발생하였더라도 그 발생의 기초인 물상보증계약은 지급금지명령 전에 이미 체결되었고, 원활한 공사를 위하여 도급인이 물상보증계약을 체결한 경우, 수급인이 피담보채무를 변제하여 근저당권을 말소하여야 할 의무와 도급인의 공사대금지급의무는 공평의 원칙상 동시이행관계에 있으며, 도급인의 대위변제로 인한 수급인의 구상채무는 근저당권말소의무의 변형채무로서 도급인의 공사대금지급의무와 여전히 동시이행관계에 있으므로(판례)[16] 甲의 乙에 대한 구상채권은 제498조의 그 후에 취득한 채권에 해당하지 않는다(판례).[17] 甲의 상계는 허용된다.

(3) 甲이 상계로 전부채권자 丁에게 대항할 수 있는지 여부

乙의 공사대금채권 중 일부에 관하여 丁의 전부명령이 확정되면, 乙과 丁은 분할채권을 취득한다(판례).[18] 상계로 인하여 소멸할 수동채권은 상계자의 지정이 가능하므로 제3채무자 甲은 丁이 전부명령으로 취득한 채권을 수동채권으로 지정하여 상계할 수 있고, 전부채권자 丁은 전부채무자 乙에게 채권이 있음을 이유로 이의를 할 수 없다(판례).[19] 甲은 乙에 대한 구상금채권 5억 원을 자동채권으로 丁의 전부채권 3억 원 전액을 상계할 수 있다.

16) 대법원 2010.03.25. 선고 2007다35152 판결
17) 대법원 2010.03.25. 선고 2007다35152 판결
18) 채권양도의 경우에 관한 대법원 2002.02.08. 선고 2000다50596 판결; 전부명령의 경우에 관한 대법원 2010.03.25. 선고 2007다35152 판결 참조.
19) 채권양도의 경우에 관한 대법원 2002.02.08. 선고 2000다50596 판결; 전부명령의 경우에 관한 대법원 2010.03.25. 선고 2007다35152 판결 참조.

6. 제3차 모의시험 제3문

목 차

[문제 1. 가의 해설]

Ⅰ. 문제의 소재 (2점)

B의 이행청구에 대하여, 임기가 만료된 대표이사의 대표권유무 및 이사회 결의 없이 중요자산을 처분한 경우 회사의 무효주장여부가 문제된다.

Ⅱ. A의 대표이사로서의 권한 여부 – 퇴임대표이사 (5점)

1. 의의

법률 또는 정관에 정한 대표이사의 원수를 결한 경우에는 임기의 만료 또는 사임으로 인하여 퇴임한 대표이사는 새로 선임된 대표이사가 취임할 때까지 대표이사의 권리의무가 있다(제389조 제3항, 제386조 제1항).

2. 소결

A는 대표이사로서의 임기가 만료되었어도 주주총회에서 새로운 대표이사를 선임할 때까지는 대표이사로서의 권리와 의무를 가지므로 위 부동산 매매계약을 체결할 권한은 가지고 있다.

Ⅲ. 甲회사의 B에 대한 무효 주장여부

1. 이사회 결의 필요여부 (5점)

(1) 이사회의 권한

중요한 자산의 처분 및 양도, 대규모 재산의 차입, 지배인의 선임 또는 해임과 지점의 설치·이전 또는 폐지 등 회사의 업무집행은 이사회의 결의로 한다(제393조 제1항). [중/대/지/지]

(2) 중요한 자산의 양도 인지 여부

판례는 ① "중요한 자산의 처분에 해당하는가 아닌가는 당해 재산의 가액, 총자산에서 차지하는 비율, 회사의 규모, 회사의 영업 또는 재산의 상황, 경영상태, 자산의 보유목적, 회사의 일상적 업무와의 관련성에 따라 **종합적으로 판단**하여야 한다"고 하면서, ② "중요한 자산의 처분에 해당하는 경우에는 이사회가 직접 결의하지 아니한 채 **대표이사에게 일임할 수 없는 것**이므로, 이사회 규정상 이사회 부의사항으로 정해져 있지 아니하더라도 **반드시 이사회의 결의**를 거쳐야 한다"고 판시한바 있다.1)

(3) 소결

A가 처분한 부동산은 자산총액의 25%에 해당하는 것으로 이사회 규정에도 불구하고 **이사회의 승인이 필요한 중요한 자산**에 해당한다. 따라서 A의 처분행위는 **전단적 대표행위**에 해당한다.

2. 주주총회 특별결의 필요 여부 (3점)

판례에 의하면 "상법 총칙상의 영업양도는 아니지만, 영업용 재산의 처분으로 말미암아 회사 영업의 전부 또는 일부를 **양도하거나 폐지하는 것과 같은 결과**를 가져오는 경우에는 주주총회의 특별

1) 대법원 2005. 7. 28. 선고 2005다3649 판결

결의가 필요하다"고 판시한바 있다.[2]

A가 처분한 부동산은 영업에 이용하지 아니하는 부동산으로 **영업용 재산의 처분으로 말미암아 회사 영업의 일부를 양도하거나 폐지하는 결과를 가져오지 않는바**, 주주총회 특별결의가 필요없는 경우에 해당한다.

3. 중요자산의 처분과 전단적 대표행위의 효력 (7점)

(1) 전단적 대표행위의 효력

<u>법률상</u> 요구되는 이사회 결의를 흠결한 경우 판례는 ① 종래 판례의 경우 상대방이 **알았거나 알 수 있으면** 회사가 무효를 주장할 수 있다고 하였는데, ② 최근 전합 판례는 상대방이 **알았거나 중과실로 모른 경우**에는 회사가 무효를 주장할 수 있다고 판시한 바 있다.[3] ③ 다만 증명책임은 무효를 주장하는 회사에 있다고 한다.[4]

(2) 소결

甲회사는 B의 **이사회 흠결에 대한 악의, 중과실**을 입증한다면 위 부동산 매매계약이 무효임을 주장할 수 있다.

Ⅳ. 결론 (3점)

A는 대표이사로서의 임기가 만료되었어도 퇴임대표이사로써 부동산 매매계약을 체결할 권한은 가지고 있다. 그러나 A가 처분한 부동산은 주주총회 특별결의는 필요하지 않으나, 이사회 규정에도 불구하고 **자산총액의 25%**에 해당하는 것으로 **상법 제393조 제1항**에 따라 **이사회의 결의가 필요**한 중요한 자산에 해당한다. 따라서 甲회사는 **B의 이사회 흠결에 대한 악의, 중과실**을 입증한다면 위 부동산 매매계약이 무효임을 주장할 수 있다.

[문제 1. 나의 해설]

Ⅰ. 쟁점 (1점)

D가 甲회사에 명의개서청구와 관련하여 자회사의 모회사주식 취득금지와 위반의 효과가 문제된다.

Ⅱ. 주권발행전 주식양도의 효력 및 대항요건 (4점)

주권이 발행되지 아니한 경우 주식의 양도는 제한되지만 회사 설립후 6월이 경과한 경우 양도는 허용(제335조 제제3항)되며, 통설과 판례에 의하면 지명채권양도 방식에 의한다고 한다.

설문상 갑회사의 주권이 발행되지 않았으나 설립 후 6월이 경과하였으므로 지명채권양도방식으로 주식을 양도할 수 있다. 따라서 C의 병에 대한 주식양도, 병의 D에 대한 주식양도는 일응 허용된다.[5]

---

2) 대법원 1994. 5. 10. 선고 93다47615 판결
3) 대법원 2021. 2. 18. 2015다45451 전원합의체 판결
4) 대법원 1996. 1. 26. 선고 94다42754 판결
5) 설문에서 명확하게 통지나 승낙이 있었는지가 주어지지 않은 문제가 있다.

Ⅲ. 병회사의 주식 취득 허용 여부

1. 자회사의 모회사주식 취득금지(제342조의2) (4점)

다른 회사(자회사)의 발행주식의 총수의 100분의 50을 초과하는 주식을 가진 회사(모회사)의 주식은 원칙적으로 그 다른 회사가 이를 취득할 수 없다(동조 제1항).

2. 판단기준

① 모회사 및 자회사가 **합하여** 또는 ② 자회사가 **단독으로** 다른 회사의 발행주식의 총수의 100분의 50을 초과하는 주식을 가지고 있는 경우 그 다른 회사는 이 법의 적용에 있어 그 모회사의 자회사로 간주한다(동조 제3항).

다만, 주식의 포괄적 교환 · 이전, 회사의 합병 또는 다른 회사의 영업전부의 양수로 인한 때와 회사의 권리를 실행함에 있어 그 목적을 달성하기 위하여 필요한 때에는 예외적 취득이 가능하다.

3. 소결

甲회사(모회사)는 乙회사(자회사) 발행주식총수 60%를 가지고 있으므로 모자관계가 성립한다. 아울러 甲회사와 乙회사가 **합하여** 丙회사의 발행주식총수 60%를 가지고 있으므로 甲회사와 丙회사(손자회사) 사이에 모자관계가 성립한다. **따라서 乙회사와 丙회사는 甲회사의 주식을 취득할 수 없다**. 또한 丙회사는 C의 **자금난 해소를 목적**으로 모회사 주식을 취득한 것이므로 예외적 허용에도 해당하지 않는다.

Ⅲ. 병회사 및 D의 주식취득의 효과 (4점)

1. 학설

(1) 절대적 무효설

강행법규위반, 자본금충실원칙에 위반을 이유로 절대적 무효라고 한다.

(2) 상대적 무효설

원칙적 무효이지만, 거래안전을 고려하여 제3자를 보호한고 한다.

(3) 유효설

단속규정에 불과하므로 유효라고 한다.

2. 소결

본조는 강행법규로써 이를 위반한 경우 **절대적 무효**로 봄이 타당하다. 따라서 병회사가 C로부터 갑회사 주식을 취득한 것은 **무효**이며, 이를 병회사가 D에게 양도한 것도 **무효**이다.[6]

V. 결론 (2점)

丙회사가 C로부터 甲회사 주식을 취득하는 것은 자회사가 모회사의 주식을 취득하는 것이고,

---

6) 설문상 주권(株券)이 발행되지 아니하였으므로 주권의 선의취득은 문제되지 아니한다.

예외사유에 해당하지 않아 취득금지를 위반한 것이다. 이에 취득금지 위반에 대해 '절대적 무효설'에 따르면 D의 취득 역시 무효가 되기 때문에 甲회사는 D의 명의개서를 정당하게 거절할 수 있다.[7)]

[문제 2. 가의 해설]

Ⅰ. 쟁점 정리 (2점)

의결권 있는 이익배당우선주를 발행하기 위한 정관변경 주주총회결의가 유효하게 되었는지 여부, 신주발행무효의 소의 제소원인 등이 문제된다.

Ⅱ. 정관변경을 위한 총회결의의 효력 (10점)

1. 소집절차상의 하자

총회의 소집은 ① 원칙적으로 이사회가 이를 결정한다(제362조). ② 대표이사는 주주총회를 소집할 때에 ③ 주주총회일의 2주 전에 모든 주주에게 서면으로 ④ '통지'를 발송하여야 하며(제363조 제1항), ⑤ 회의의 목적사항도 통지해야 한다(동조 제2항).

설문의 경우 소집통지서에 기재되지 아니한 목적사항에 관하여 결의를 한바 이는 소집절차상의 하자에 해당한다.

2. 결의방법상의 하자 – 정관변경결의 정족수의 충족

정관변경을 위한 주주총회 특별결의를 요하는바, 출석한 주주의 의결권의 3분의2 이상의 수와 발행주식총수의 3분의1 이상의 수에 의한 찬성이 있어야 한다(제434조).

설문의 경우 A와 B 모두가 참석하여 100만개의 의결권이 참석하였고, B는 반대하였으나 **A가 찬성하여 3분의2 이상과 발행주식총수의 3분의1 이상이 찬성**하였기 때문에 정족수의 하자는 없다.

3. 주주총회 결의 취소의 제기여부

총회 소집절차 또는 결의방법이 법령 또는 정관에 위반하거나 현저하게 불공한 때 또는 그 결의의 내용이 정관에 위반한 때에는 **주주, 이사, 감사**는 결의일로부터 2월내에 결의 취소의 소를 제기할 수 있다(제376조 제1항).

설문의 경우 소집통지서에 기재되지 아니한 목적사항에 관한 결의는 취소소송의 대상이 된다.

4. 소결

주주 B는 정관변경 결의일로부터 2월이 지나지 않았다면 정관변경결의에 대해 취소소송을 제기할 수 있으며 승소할 경우 그 판결은 소급하므로 정관변경결의는 소급하여 효력을 잃게 된다. 그러나 제소기간 내에 취소소송을 제기하지 않았다면 정관변경결의는 하자가 있음에도 계속 그 효력을 유지하게 된다.

7) 만약 주권이 발행된 경우였다면 D는 선의취득으로 보호될 가능성이 있음. 상대적 무효설을 따르는 경우에는 丙회사의 취득은 무효이나 D가 선의인 경우에는 D에게 대항하지 못하므로 지명채권양도의 대항요건을 갖춘 D의 명의개서 청구를 거절할 수 없음.

Ⅲ. 이익배당우선주 발행의 무효 (10점)

1. 상법상 종류주식 발행절차 및 하자

상법 제344조 2항은 종류주식을 발행하기 위해서는 정관에 근거규정을 두어야 한다고 하며, 이익배당에 관한 종류주식에 관한 규정인 제344조의 2 1항 역시 정관에 근거규정을 두어야 한다고 규정하고 있다.

설문상 B가 정관변경 결의에 대해 취소소송을 제기하여 취소판결을 받으면 甲회사의 대표이사 C가 의결권 있는 이익배당우선주 발행하기로 하는 이사회 결의에 의하여 D와 E에게 의결권 있는 이익배당우선주를 발행한 것은 정관에 근거 없이 발행된 것이므로 **신주발행은 법령위반의 하자**가 존재하게 된다.

2. 신주발행무효의 소

상법 제429조는 신주발행의 무효는 주주, 이사, 감사에 한하여 신주를 발행한 날로부터 6월내에 이를 주장할 수 있다고 규정한다. 신주발행무효의 소는 형성의 소로서 신주발행무효판결이 내려져야 신주발행의 효력이 부정된다.

Ⅳ. 결론 (3점)

B가 정관변경 결의에 대해 취소소송을 제기하여 승소판결이 확정되면 D와 E에게 의결권 있는 이익배당우선주를 발행한 행위는 **정관에 근거규정이 없는 종류주식의 발행이라는 관점에서 법령위반의 하자**가 있게 된다.

따라서 B는 이러한 하자를 들어 D와 E에게 의결권 있는 이익배당우선주를 발행한 것이 무효임을 주장하여 **신주발행무효의 소**를 제기할 수 있고, 이 소송에서 승소판결이 확정되면 D와 E에게 발행된 의결권 있는 이익배당우선주는 장래를 향하여 무효가 되고, 甲회사는 주식대금 10억원씩을 D와 E 각자에게 반환해야 한다.[8)]

참고판례

주주총회 결의일로부터 2개월이 경과한 후에 제기한 신주발행무효의 소에서 결의취소사유에 해당하는 사유를 들어 결의의 효력을 다툴 수 없다.[9)]

---

8) **채점기준표-** 보론(가점 1-2점) : 사안의 정관변경결의는 의결권 있는 이익배당우선주를 발행하기 위한 정관상의 근거규정을 마련하기 위한 절차일 뿐 의결권 있는 이익배당우선주를 발행하는 절차를 구성하는 것은 아니다. 따라서 신주발행의 효력이 발생하였다고 하더라도 취소원인이 있는 정관변경결의의 효력을 신주발행무효의 소에 의하여만 다툴 수 있다고 볼 것은 아님. B는 정관변경결의 취소소송을 제기하여 승소한 후 신주발행무효의 소를 제기하거나 **적어도 두 소송을 동시에 제기**할 필요성이 있을 것임.

9) 대법원 1995. 2. 28, 94다34579 판결. 이 사안에서의 주주총회결의는 신주발행에 관한 주주총회의 결의가 아니라 신주발행을 위하여 우선하여 정관변경이 필요한 경우 그 정관변경을 위한 주주총회의 결의이기 때문에 정확하게 주주총회의 하자가 신주발행의 절차에 흡수되는 관계는 아니다.

[문제 2. 나의 해설]

Ⅰ. 쟁점 정리 (2점)

자본금 감소가 수반되는 주식병합의 효력이 문제되며, 주식병합으로 인하여 불이익을 입는 D와 E로 구성되는 종류주주총회의 요부 및 결여시 효과가 문제되며, 병합의 효력을 다투는 방법으로써 감자무효의 소 제기여부가 문제된다.

Ⅱ. 주식병합의 효력 (7점)

1. 주식의 병합

여러 개의 주식을 합하여 그보다 적은 수의 주식으로 감소시키는 회사의 행위는 주식병합에 해당한다.[10]

2. 주주총회 결의 필요여부

자본금 감소가 수반되는 주식병합의 경우 **주주총회 특별결의**가 필요하다(제438조 1항). 다만 결손보전을 목적으로 하는 자본금 감소가 수반되는 주식병합이라면 **주주총회 보통결의**로 족하다(**동조 제2항**).[11]

보통주는 2주가 신주 1주로, 우선주 4주가 신주 1주로 하고, 신주의 액면가는 1만원으로 하는 주식병합을 하려면 **자본금 감소가 수반**되므로 제438조 1항에 의하여 **주주총회 특별결의**로 자본금 감소를 결의하여야 한다. 주주 A와 B의 찬성으로 **주주총회 특별결의가 성립**되었으므로 자본금감소를 위한 주주총회 결의는 성립된 것이다.

3. 주주평등원칙 위반여부

주식병합의 경우에도 모든 주주들의 보유주식이 비례적으로 감소해야 한다는 **주주평등원칙**이 적용된다. 다만, **종류주식을 발행**한 경우에도 동 원칙이 적용되는지 문제된다.

상법 제344조 제3항은 회사가 종류주식을 발행하는 때에는 "정관에 다른 정함이 없는 경우"에도 주식의 종류에 따라 '주식병합'으로 인한 주식의 배정에 관하여 '특수하게' 정할 수 있다고 규정하고 있다.[12] **보통주와 우선주의 병합비율을 달리하는 결정 역시 정관에 규정이 없어도 가능하다**고 볼 것이다.

설문의 경우 **보통주와 우선주의 병합비율을 달리하는 것도 주주평등원칙에 반한지 아니한다.**

---

10) 자본금감소의 절차는 ① 주주총회 특별결의 ② 채권자보호절차 ③ 주식에 대한 조치(주권제출공고・통지, 구주제출 및 신주교부, 단주처리) ④ 변경등기 순으로 진행된다.

11) 액면주식을 병합하는 경우 주식병합을 하면서 액면금액을 반비례하여 올리지 않는다면 자본금의 감소가 초래되므로 제438조의 자본금 감소 절차에 따라야 한다.

12) **제344조 [종류주식]** ③ 회사가 종류주식을 발행하는 때에는 **정관에 다른 정함이 없는 경우**에도 주식의 종류에 따라 신주의 인수, **주식의 병합**・분할・소각 또는 회사의 합병・분할로 인한 주식의 배정에 관하여 **특수하게** 정할 수 있다.
제436조 [준용규정] 제344조 제3항에 따라 주식의 종류에 따라 특수하게 정하는 경우와 회사의 분할 또는 분할합병, 주식교환, 주식이전 및 회사의 합병으로 인하여 어느 종류의 주주에게 손해를 미치게 될 경우에는 제435조를 준용한다.

4. 소결

주식병합의 경우 자본이 감소하는 경우 주주총회 특별결의가 필요한바 주주 A와 B의 찬성으로 **주주총회 특별결의가 정족수가 충족된다. 또한 보통주와 우선주의 병합비율을 달리하는 것도 주주평등 원칙에 반한지 아니한다. 따라서 주식병합을 결정한 주주총회결의 자체에는 하자가 없다**.

Ⅲ. 종류주주총회흠결과 주주총회 결의의 하자 (7점)

1. 종류주주총회 개최 필요 여부

회사가 종류주식을 발행한 경우 **'주식의 병합'**으로 인한 주식의 **'배정에 관하여 특수하게'** 정하는 경우 **'어느 종류주식의 주주에게 손해'**를 미치게 될 때에는 주주총회의 결의 외에 그 종류주식의 주주의 총회의 **결의가 있어야 한다**(제436조, 제435조).

보통주 2주를 1주로, 우선주 4주를 1주로 **주식병합**하게 되면 의결권 있는 이익배당우선주의 **회사 지배력이 희석**되고, **이익배당에서도 불이익**을 입게 되므로 의결권 있는 **우선주를 가진 D와 E로 구성된 종류주주총회의 승인결의**까지 얻어야 한다.

2. 종류주주총회결의 없는 주주총회결의의 효력

(1) 쟁점

D와 E로 구성된 종류주주총회의 승인결의가 없었는데 보통주 2주를 신주 1주로, 의결권 있는 이익배당우선주 4주를 신주 1주로 병합하기로 하는 **일반 주주총회 결의가 효력을 갖는 것인지** 문제가 된다.

(2) 학설

학설은 ① 결의불발효설(다수설)과 ② 결의취소사유설 등이 대립한다.

(3) 판례

판례는 "특정 종류주주에게 불리한 내용으로 **정관을 변경**하는 경우 그 불이익을 입는 종류주주총회의 승인이 없는 경우 일반주주총회에 영향을 미치는 것이 아니며, 다만 '정관변경의 효력이 발생하지 않은 것'에 불과하다"는 입장이다.

(4) 소결

판례의 입장을 유추한다면, 주식병합을 결의하는 **주주총회 결의 자체가 하자가 있다고 볼 것은 아니**며, D와 E로 구성된 **종류주주총회의 승인결의는 자본금 감소가 유효하게 이루어지기 위한 또 하나의 요건**이라고 볼 것이다. **따라서 감자무효의 소로써 다투어야 한다**.

Ⅳ. 자본금감소 무효의 소 (2점)

1. 의의

자본금감소절차에 하자가 있는 경우 **단체법(團體法)적 법률관계의 안정성**을 위해 상법이 정한 일정의 소의 방식에 따라서만 하자를 다툴 수 있다. **주식병합**에 의해 자본금이 감소하게 되면 감자

무효의 소에 의한다(제445조).[13]

2. 소의 원인

상법은 무효사유를 규정하고 있지 않은데, ① **주주총회의 결의**에 하자가 있거나, ② **채**권자보호절차를 이행하지 않은 경우 ③ 자본금감소의 방법이 **주주평등의 원칙**에 반하는 경우 등은 자본금감소절차의 중대한 하자라 할 수 있어 감자무효의 소의 원인이 된다고 본다.

3. 효과

자본금 감소 무효의 소에서 원고가 승소하면 그 판결의 효력은 대세효와 소급효가 있다(제446조, 제190조 본문). 자본금감소 무효판결이 내려지면 소급효가 있으므로 주식병합은 소급하여 그 효력을 잃는다.

4. 소결

D와 E는 자신들로 구성된 종류주주총회의 승인결의가 흠결된 상태에서 **일반주주총회 결의만으로는 자본금 감소의 요건을 갖추지 못한 것임을 주장**하여 자본금 감소 무효의 소를 제기하여 자본금 감소의 효력을 다툴 수 있다.

V. 결론 (2점)

갑회사의 자본이 감소하는 주식병합의 경우 **보통주와 우선주의 병합비율을 달리하는 것은 주주평등원칙에 위반되지 않으나, 주식병합으로 손해를 보는 주주들로 구성된 종류주주총회를 결여했는바, 이는 감자무효의 소의 원인이 된다. 따라서** D 또는 E는 주식병합의 하자에 대하여 감자무효의소를 제기하여 다툴 수 있다.

[문제 3의 해설]

Ⅰ. 쟁점 (2점)

임치 또는 임치를 받지 않은 물건에 대한 공중접객업자의 책임이 문제된다.

Ⅱ. 공중접객업자 갑의 책임 (10점)

1. 공중접객업자의 의의

극장, 여관, 음식점, 그 밖의 공중이 이용하는 시설에 의한 거래를 영업으로 하는 자를 공중접객업자라 한다(제151조). 사안에서 甲회사는 커피숍을 영업으로 운영하고 있으므로 공중접객업자이다.

13) 대법원 2009. 12. 24. 선고 2008다15520 판결. 판례는 자본금의 감소가 수반되지 아니하는 주식병합에 대해서도 **감자무효의 소를 유추적용**하여, **주식병합의 변경등기**가 있는 날로부터 6월 내에 주식병합 무효의 소를 제기할 수 있다고 한다.

2. 임치 받은 물건에 대한 공중접객업자의 책임

(1) 의의

공중접객업자는 자기 또는 그 사용인이 고객으로부터 **임치받은 물건**의 보관에 관하여 주의를 게을리 하지 아니하였음을 증명하지 아니하면 그 물건의 멸실 또는 훼손으로 인한 손해를 배상할 책임이 있다(152조1항). 고객의 범위는 공중접객업소의 시설을 이용하는 자를 말하지만 반드시 이용계약이 성립될 필요는 없다.

사안에서 A는 아직 음료를 주문하지 않았어도 고객에 해당한다.

(2) 고가물에 대한 특칙

화폐, 유가증권, 그 밖의 고가물에 대하여는 고객이 그 종류와 가액을 명시하여 임치하지 아니하면 공중접객업자는 그 물건의 멸실 또는 훼손으로 인한 손해를 배상할 책임이 없다(153조).

사안에서 임치한 노트북은 **고가물**이라고 볼 수 있고 이를 고지하였으므로 갑은 고가물책임을 면하지 못한다.

(3) 소결

임치한 노트북은 고가물이라고 고지하였으므로 甲회사는 직원이 물건의 보관에 관하여 주의를 게을리하지 아니하였음을 증명하지 아니하면 노트북 분실로 인한 손해를 배상할 책임이 있다.

3. 임치를 받지 않은 물건에 대한 책임

공중접객업자는 고객으로부터 **임치 받지 아니한 경우**에도 그 시설 내에 휴대한 물건이 자기 또는 그 사용인의 과실로 인하여 멸실 또는 훼손되었을 때에는 그 손해를 배상할 책임이 있다(152조 2항). 즉 **공중접객업자의 과실에 대한 증명책임은 고객**에게 있다.

사안에서 외투는 임치받지 아니한 **휴대물건에 해당**하는바, 공중접객업자의 과실에 대하여 **고객 A가 입증**하여만 손해배상책임을 청구할 수 있다

Ⅲ. 결론 (3점)

A는 임치한 노트북은 고가물이라고 고지하였으므로 甲회사는 직원이 물건의 보관에 관하여 주의를 게을리하지 아니하였음을 증명하지 아니하면 노트북 분실로 인한 손해를 A에게 배상할 책임이 있다. 반면에 외투의 경우 임치하지 아니한 물건이면서 고가물에 해당하지 아니하므로, A가 甲회사 또는 직원의 과실로 분실되었음을 증명한 경우에만 책임을 진다.

7. 제1차 모의시험 제1문

목 차

Ⅲ. 문제 3. : 소멸시효 완성시점/ 시효이익의 포기 요건/ 물상보증인의 소멸시효 원용권 및 채무자의 시효이익 포기의 효력이 물상보증인에게 미치는지

1. 결론
2. 논거
   (1) 쟁점
   (2) A금고 채권의 소멸시효 완성시점
   (3) 甲의 행위가 시효이익 포기에 해당하는지
   (4) 乙의 소멸시효 항변 가능성

Ⅳ. 문제 4. : 채무자의 일반채권자의 소멸시효 주장 가능성 및 그 방법

1. 결론
2. 논거

제1문의 1

Ⅰ. 제1문의1 문제1 : 시효중단의 위한 재소의 소의 이익

1. 문제점

이행의 소는 이행기에 도달한 청구권의 존재를 주장하는 것 자체로 소의 이익이 인정되지만, 이행의 소를 통해 승소확정판결을 받은 원고가 다시 새로운 이행의 소를 제기하는 경우에는 기판력의 본질을 모순금지로 보는 판례의 입장에 의할 때 권리보호자격이 없어 부적법 각하하는 것이 원칙이다. 다만 확정판결에 의한 채권의 소멸시효기간인 10년의 경과가 임박한 경우 시효중단을 위한 재소가 소의 이익이 있는지 문제된다.

2. 소멸시효 중단을 위한 재소의 소의 이익

(1) 적법하다는 입장

종래 대법원은 확정판결에 의한 채권의 소멸시효기간인 10년의 경과가 임박한 경우에는 그 시효중단을 위한 재소는 소의 이익이 있다는 법리를 유지하여 왔다. ① 다른 시효중단사유인 압류·가압류나 승인 등의 경우 이를 1회로 제한하고 있지 않음에도 유독 재판상 청구의 경우만 1회로 제한되어야 한다고 보아야 할 합리적인 근거가 없다. 또한 ② 확정판결에 의한 채무라 하더라도 채무자가 파산이나 회생제도를 통해 이로부터 전부 또는 일부 벗어날 수 있는 이상, 채권자에게는 시효중단을 위한 재소를 허용하는 것이 균형에 맞다는 것을 논거로 한다.[1)]

(2) 부적법하다는 입장

대법원의 소수견해는 ① 채권은 '소멸'을 전제로 하는 한시성을 기본적 성질로 하고 있고, 민법은 만족되지 않은 채권의 소멸도 인정하고 있으므로, 채권이 만족될 때까지 시효소멸을 방지해야 한다는 다수의견은 채권의 본질과 민법 규정에 어긋난다. ② 적법한 재판상 청구만 시효중단사유로 삼은 이상, 승소의 확정판결이 이미 존재한다면 그 기판력 때문에 재판상 청구는 다시 주장할 수 없는 시효중단사유라고 보는 것이 논리적으로도 일관성이 있다. ③ 이미 유효한 압류, 가압류, 가처분이 있다면 이와 동일한 신청을 중복하여 제기하는 것은 부적법하므로 허용되지 않는다. 또한 민법은 제174조에서 최고를 아무리 여러 번 하더라도 시효중단의 효력을 반복적으로 인정하지 않겠다고 단호히 선언하고 있다. 이러한 점에서 시효중단을 위한 재소를 허용하지 않는 것이 민법 제168조에서 정한 다른 시효중단사유와 재판상 청구를 달리 취급하는 것이 아니다. ④ 시효중단을 위한 재소를 허용하여 영구적으로 소멸하지 않는 채권의 존재를 인정하게 되면, 각종 채권추심기관의 난립과 횡행을 부추겨 충분한 변제능력이 없는 경제적 약자가 견뎌야 할 채무의 무게가 더욱 무거워지는 사회적 문제도 따른다며 소의 이익을 부정한다.

3. 설문의 해결

대법원의 다수견해에 의할 때 2008. 6. 20. 확정된 채권의 소멸시효가 임박한 2018. 5. 25. 제기된 丙의 제소는 적법하다.

---

1) 대법(전) 2018.07.19, 2018다22008

II. 제1문의1 문제2 : 시효중단을 위한 후소의 심리범위

1. 문제점

시효중단을 위한 재소가 허용되는 경우, 후소의 심리범위가 문제된다.

2. 기판력의 시적범위와 실권효

기판력은 표준시의 권리관계 존재 여부에 대한 판단에 관하여 발생하므로 이에 반하는 판단이나 주장은 금지된다. 따라서 당사자는 표준시의 권리관계의 존재 여부 판단을 다투기 위해 표준시 이전에 존재하였던 사실에 기한 공격·방어방법을 제출할 수 없다.

3. 시효중단을 위한 후소의 심리범위

확정된 승소판결에는 기판력이 있으므로 당사자는 확정된 판결과 동일한 소송물에 기하여 신소를 제기할 수 없는 것이 원칙이나, 시효중단 등 특별한 사정이 있는 경우에는 예외적으로 신소가 허용되는데, 이러한 경우에 신소의 판결이 전소의 승소확정판결의 내용에 저촉되어서는 아니 되므로, 후소 법원으로서는 그 확정된 권리를 주장할 수 있는 모든 요건이 구비되어 있는지에 관하여 다시 심리할 수 없다.[2)]

4. 설문의 해결

후소의 소의 이익이 인정되더라도 전소의 기판력에 저촉되어서는 안되는 것이므로, 전소인 양수금청구소송에서 양수금채권이 확정되었다면 그 후 전소의 피고를 상대로 소멸시효중단을 위하여 제기된 후소에서는 전소의 채권양도인이 전소 피고에게 채권의 양도사실을 통지하였는지 등 채권양도 대항요건의 구비 여부에 관하여 다시 심리할 수 없다.

III. 제1문의1 문제3 : 소송계속 전 소송능력 흠결의 효과

1. 문제점

소장부본이 송달되어야 소송계속의 효과가 발생한다. 설문에서 원고 甲은 소송계속 전 성년후견개시심판을 받았다면 소송능력의 존부와 소송무능력자의 제소에 대한 법원의 취급이 문제된다.

2. 甲의 소송능력 존부

소송무능력자인 피성년후견인은 민법 제10조 제2항에 따라 취소할 수 없는 법률행위를 할 수 있는 경우를 제외하고는 법정대리인에 의해서만 소송행위를 할 수 있다(제55조 1항).

3. 소송계속 전 소송능력의 상실과 법원의 조치

소송능력 구비여부는 직권조사사항으로서 소송무능력자의 소송행위가 소의 제기인 경우 당연무효로 방치하여 둘 것이 아니라 소각하판결로 명확히 정리하여야 한다. 단, 추인의 여지가 있으므로 보정이 가능하면 보정명령을 하여야 하며, 지연으로 손해의 염려가 있는 때에는 보정을 조건으로 일시적인 소송행위를 할 수 있다(제59조). 법정대리인의 추인이 있으면 甲의 소제기는 소급적으로 유효하게 된다.

---

2) 대법 2018.04.24, 2017다293858

4. 설문의 해결

사안의 경우 변론종결시까지 소송능력을 보정하지 아니하면 법원은 소를 부적법 각하하여야 하며, 甲의 법정대리인의 추인이 있는 경우에는 절차를 속행한다.

제1문의 2

Ⅰ. 제1문의2 문제1 : 공시송달에 의한 판결편취의 효력

1. 문제점

확정판결에 의하여 경료된 이전등기에 대해 말소를 구하는 것은 전소와 모순관계에 해당한다. 이 경우 전소가 공시송달에 의한 편취 판결인 경우에도 기판력이 발생하는지 문제된다.

2. 공시송달에 따른 편취판결의 효력

판결이 편취되었을 때에 피고의 재판을 받을 권리가 실질적으로 보장된 것이 아니기 때문에 당연무효로 보아야 한다는 무효설도 있지만,[3] 판례는 제1심판결 정본이 공시송달의 방법에 의하여 피고에게 송달되었다면 비록 피고의 주소가 허위이거나 그 요건에 미비가 있다 할지라도 그 송달은 유효한 것이므로 항소기간의 도과로 그 판결은 형식적으로 확정되어 기판력이 발생한다고 본다.[4]

3. 甲의 구제책

상대방 주소를 허위로 적어 공시송달에 의한 확정판결을 얻은 경우에 재심사유(제451조 1항 11호)와 추후보완의 요건을 모두 구비한 것이 되는 바 어느 절차에 의할 것인가는 당사자의 자유이다.[5] 재심은 확정판결 후 5년 내에 해야 하는 제한이 있고 상소의 추후보완은 심급의 이익이 상실되나 기간부준수의 사유가 아무리 오래되어도 사유종료 후 2주일 내에는 가능하다.

4. 법원의 판결

기판력의 본질을 반복금지로 보는 입장에서는 甲의 후소는 부적법하여 각하되나, 판례의 모순금지설에 의할 때 甲의 청구를 기각한다.

Ⅱ. 제1문의2 문제2 : 말소등기청구와 진정명의회복을 이유로 한 이전등기청구의 소송물

1. 문제점

말소등기 청구에서 패소한 원고가 재차 진정명의회복을 이유로 한 이전등기를 청구하는 경우 기판력이 작용하는지 문제된다.

---

3) 강현중 784면은 허위주소송달로 인한 자백간주로 편취한 판결만 특히 무효라고 한다.
4) 대법 1994.10.21, 94다27922
5) 대법 2011.12.22, 2011다73540

2. 기판력이 작용하는지 여부

판례는 진정한 등기명의의 회복을 위한 소유권이전등기청구는 이미 자기 앞으로 소유권을 표상하는 등기가 되어 있었거나 법률에 의하여 소유권을 취득한 자가 진정한 등기명의를 회복하기 위한 방법으로 현재의 등기명의인을 상대로 그 등기의 말소를 구하는 것에 갈음하여 허용되는 것인데, 말소등기에 갈음하여 허용되는 진정명의회복을 원인으로 한 소유권이전등기청구권과 무효등기의 말소청구권은 어느 것이나 진정한 소유자의 등기명의를 회복하기 위한 것으로서 실질적으로 그 목적이 동일하고, 두 청구권 모두 소유권에 기한 방해배제청구권으로서 그 법적 근거와 성질이 동일하므로, 비록 전자는 이전등기, 후자는 말소등기의 형식을 취하고 있다고 하더라도 그 소송물은 실질상 동일한 것으로 보아야 하고, 따라서 소유권이전등기말소청구소송에서 패소확정판결을 받았다면 그 기판력은 그 후 제기된 진정명의회복을 원인으로 한 소유권이전등기청구소송에도 미친다고 한다.[6]

3. 법원의 판결

판례의 모순금지설에 의할 때 후소는 기각된다.

제1문의 3

Ⅰ. 제1문의3 문제1 : 피참가인과 참가인간의 공동소송 형태

1. 문제점

甲과 乙간의 소송계속 중 丙의 참가승계가 적법한지, 피참가인 甲이 승계사실을 다투지 않는 경우 甲과 丙 사이의 공동소송 형태가 문제된다.

2. 丙의 참가승계 가부

(1) 참가승계의 의의

참가승계라 함은 소송계속 중 소송의 목적인 권리·의무의 전부나 일부의 승계인이 스스로 종전의 소송에 참가하여 새로운 당사자가 되는 것을 말한다(제81조).

(2) 참가승계의 요건

1) 타인간 소송계속 중 : 참가승계는 사실심 변론종결 전까지 할 수 있으며, 상고심에서는 어차피 제218조 1항에 따라 기판력을 받게 되므로 허용되지 않는다.[7]

2) 소송의 목적인 권리·의무의 승계 : 제218조의 변론종결 후의 승계인은 완성된 기판력을 승계하고, 제81조와 제82조의 소송승계인은 생성 중인 기판력을 확장하는 것으로 양자는 서로 입장을 같이

---

6) 대법(전) 2001.09.20, 99다37894
7) 대법 1995.12.12, 94후487

하는 것으로서 당사자적격의 이전이라는 점에서 양자를 통일적으로 이해하려는 견해로 소송물이 양도된 경우는 당연히 포함되지만, 계쟁물이 양도된 경우는 승계인 보호를 위해 그 범위를 제한한다. 즉 判例는 채권적 청구권에 기한 소송 중 계쟁물을 취득한 자는 여기의 승계인에 포함되지 않지만,[8] 물권적 청구권에 기한 소송 중 계쟁물을 양수한 자는 승계인에 포함시키고 있다.

(3) 사안의 경우

丙은 甲의 乙에 대한 공사대금 채권 중 8억 원에 대하여 채권 압류 및 전부 명령을 받아, 이를 토대로 이 공사대금 청구 소송 계속 중 제3채무자인 乙에 대하여 8억 원의 전부금 지급을 구하면서 승계참가신청을 하였는바, 병의 주장대로라면 전부명령에 의해 공사대금의 채권 중 8억 원은 전부채권자인 丙에게 이전된다고 보아야 하므로 권리의 승계자인 丙의 승계참가 신청은 적법하다 할 것이다.

3. 승계참가 후 피참가인이 다투지 않으면서 탈퇴하지 않는 경우의 소송상태

2002년 민사소송법 개정 후 피참가인인 원고가 승계참가인의 승계 여부에 대하여 다투지 않고 그 소송절차에서 탈퇴하지도 않은 채 남아있는 경우 원고의 청구와 승계참가인의 청구가 통상공동소송 관계에 있다는 취지로 판단하였으나,[9] 이들의 관계가 양립불가능한 관계에 있어 필수적 공동소송에 관한 민사소송법 제67조가 적용된다고 변경되었다.[10]

4. 설문의 해결

권리승계형 승계참가에서 피참가인인 원고가 소송탈퇴·소취하(일부 취하의 의미를 갖는 청구감축 포함) 등을 하지 않아 승계된 부분에 관한 원고의 청구가 그대로 유지되는 경우, 원고의 피고에 대한 채권이 존재하는 경우 승계참가인이 승계 원인으로 주장하는 채권양도나 전부명령에 의하여 채권이 법률상 유효하게 승계되었는지 여부에 따라 원고 또는 승계참가인 중 어느 쪽의 청구는 인용되고 다른 쪽의 청구는 기각되어 두 청구가 모두 인용될 수는 없다. 따라서 권리승계형 승계참가의 경우에도 원고의 청구가 그대로 유지되고 있는 한 독립당사자참가소송이나 예비적·선택적 공동소송과 마찬가지로 필수적 공동소송에 관한 규정을 적용하여 같은 소송 절차에서 두 청구에 대한 판단의 모순, 저촉을 방지하고 이를 합일적으로 확정할 필요성이 있다. 민사소송법 제81조는 승계인이 독립당사자참가에 관한 제79조에 따라 소송에 참가할 것을 정하는데, 제79조는 제2항에서 필수적 공동소송에 관한 특칙인 제67조를 준용하고 있으므로 제81조는 승계참가에 관하여도 필수적 공동소송에 관한 특별규정을 준용할 근거가 된다고 할 수 있다.

II. 제1문의3 문제2 : 상소심에서 필수적 공동소송의 심판방법

1. 문제점

문제1에서 검토한 것처럼 甲과 丙의 공동소송형태는 필수적 공동소송인 바, 필수적 공동소송의

8) 대법 1983.03.22, 80마283; 매매계약의 매수인이 매도인에게 소유권이전등기청구를 한 경우에 소송 도중에 매도인으로부터 목적물에 대해 등기이전을 받은 제3자는 여기의 승계인에 포함되지 아니한다.
9) 대법 2004.07.09, 2002다16729, 대법 2009.12.24, 2009다65850, 대법 2014.10.30, 2011다113455·113462
10) 대법 2019.10.23, 2012다46170

이심의 범위와 이에 따른 甲의 부대항소가 적법한지, 나아가 압류가 경합된 경우 전부명령의 효력을 살펴 항소심은 어떠한 판결을 하여야 하는지 검토한다.

2. 甲의 부대항소의 적법성

(1) 필수적 공동소송의 항소심의 심판방법

원고와 승계참가인 중 한 사람이 항소를 제기하면 모두에 대하여 판결 확정이 차단되고 사건 전부가 항소심으로 이심된다.[11] 이때 항소하지 않은 당사자는 단순한 상소심당사자의 지위에 있다.[12] 이 경우 항소심의 심판대상은 실제 항소를 제기한 자의 항소 취지에 나타난 불복범위로 한정하되 원고, 피고, 승계참가인 사이의 결론의 합일확정의 필요성을 고려하여 그 심판의 범위를 판단하여야 한다. 이에 따라 항소심에서 심리·판단을 거쳐 결론을 내림에 있어 위 세 당사자 사이의 결론의 합일확정을 위하여 필요한 경우에는 그 한도 내에서 항소 또는 부대항소를 제기한 바 없는 당사자에게 결과적으로 제1심판결보다 유리한 내용으로 판결을 변경하는 것도 가능하다.[13]

(2) 甲의 부대항소의 적법성

甲의 청구와 丙의 청구가 통상공동송의 형태라고 본다면, 甲과 乙간의 청구는 甲과 乙이 항소하지 않아 그대로 1심에 남아 있고 항소기간이 도과되어 분리확정되었다 할 것이므로 甲의 부대항소는 부적법하다 할 것이나, 필수적 공동소송이므로 원고 청구 부분을 포함한 제1심판결 전체의 확정이 차단되고 사건 전부에 관하여 이심의 효력이 생긴다. 그러므로 원고가 항소심에서 제기한 부대항소는 적법하다.

3. 압류 경합시 전부명령의 효력

압류가 경합된 상태에서 발부된 전부명령은 효력이 없다.[14] 승계참가인의 압류 및 전부명령 전에 원고의 또 다른 채권자 丁이 원고의 피고에 대한 공사대금 채권에 대하여 가압류를 하였고, 가압류 금액이 5억 원, 전부명령 금액이 8억 원으로 도합 13억 원이어서 피압류 및 전부금액 10억 원을 초과하였다면, 丙의 전부명령은 압류가 경합된 상태에서 발부된 것이어서 무효이다.

4. 본안에서 승계사실이 인정되지 않는 경우의 판단

丙의 참가신청이 적법하다고 할지라도 본안(항소심)에서 심리한 결과 전부명령이 경합으로 무효여서 승계사실이 인정되지 않으면 승계인의 청구를 기각하는 판결을 하면 된다. 사안에서 甲의 부대항소가 적법하고, 가사 甲의 부대항소가 없더라도 甲의 청구와 丙의 청구는 필수적공동소송의 형태여서 丙의 항소로 인하여 甲의 청구 및 丙의 청구 전부 항소심의 심판대상이 된다. 항소심의 심리결과 丙의 승계사실이 인정되지 않고 甲의 乙에 대한 공사대금이 6원이 인정된다면 법원은, "1심판결을 취소한다. 乙은 甲에게 6억 원을 지급하라. 丙의 乙에 대한 청구를 기각한다"는 판결을 선고하여야 한다.

---

11) 대법 2007.12.14, 2007다37776·37783; 대법 2011.02.24, 2009다43355
12) 대법 1981.12.08, 80다577
13) 대법 2007.10.26, 2006다86573·86580; 대법 2011.02.24, 2009다43355
14) 대법 1983.08.23, 83다카450

제1문의 4

1. 문제점

설문의 소장부본은 유치송달이 이루어 진 것인데, 송달의 적법성을 살펴 법 제257조의 무변론원고승소 판결의 요건을 갖추었는지 검토한다.

2. 무변론판결의 요건

법원은 피고가 답변서를 제출하지 아니한 때에는 청구의 원인이 된 사실을 자백한 것으로 보고 변론 없이 판결할 수 있다. 제257조의 요건으로 ① 피고가 소장부본송달은 받은 날로부터 30일 이내에 답변서를 제출하지 아니하거나 자백하는 취지의 답변서를 제출하고 항변을 제출하지 아니할 것, ② 소송요건을 갖추었을 것(제257조 제1항 단서), ③ 원고의 청구가 법률상 이유가 있을 것을 들 수 있다. 한편 원고의 청구가 이유 없음이 명백하면 무변론으로 청구기각판결을 할 수 있는지 문제되나, 소액사건이 아니라면 허용되지 않는다.[15] 다만 자백간주가 성립하기 위해서는 소장부본의 송달이 적법하여야 하므로 근무지에서 유치송달이 허용되는지 살펴본다.

3. 설문의 송달의 위법성

(1) 송달장소

송달은 받을 사람의 주소·거소·영업소 또는 사무소에서 한다(제183조 1항). 영업소 또는 사무소는 그 자신 경영의 개인영업소 또는 사무소만을 뜻하지 그가 경영하는 회사의 공장은 근무장소에 지나지 않아 여기에 해당되지 않는다.[16] 따라서 乙에게 있어 A 법인 사무실의 의미는 근무장소이다(제183조 2항). 법인과 대표는 별도의 인격체이므로, 송달받을 사람이 고용·위임 그 밖에 법률상 행위로 취업하고 있는 다른 사람의 주소에 해당하기 때문이다.

(2) 근무장소에서 유치송달 가부

근무장소에서 송달받을 사람을 만나지 못한 때에는 송달받을 사람의 고용·위임, 그 밖에 법률상 행위로 취업하고 있는 제183조 2항의 다른 사람 또는 그 법정대리인이나 피용자 그 밖의 종업원으로서 사리를 분별할 지능이 있는 사람이 서류의 수령을 거부하지 아니하면 그에게 서류를 교부할 수 있다(제186조 2항). 이는 개정법에서 신설한 것으로서 그 수령을 거부하지 아니하는 경우에 한한다는 점에서 주소 등에서의 보충송달과 다르다. 제186조 3항은 서류를 송달받을 사람 또는 제186조 1항의 규정에 의하여 서류를 넘겨받을 사람이 정당한 사유 없이 송달받기를 거부하는 때에는 송달할 장소에 서류를 놓아두는 유치송달을 허용하나, 근무장소에서 보충송달을 받을 수 있는 사람에게는 유치송달을 할 수 없음이 조문상 명백하다.

4. 설문의 해결

유치송달이 부적법하다면 소장 부본이 乙에게 적법하게 송달되었다고 할 수 없고, 그로부터 30일 내에 답변서가 제출되지 않았다고 하더라도 자백으로 간주할 수 없기 때문에 무변론 판결도 불가능하므로, 법원이 한 무변론 판결은 부적법하다.

---

15) 대법 2017.04.26, 2017다201033
16) 대법 2004.07.21, 2004마535

제1문의 5

Ⅰ. 문제 1. : 물상보증인이 제공한 공동저당물이 먼저 배당되고, 채무자가 제공한 공동저당물이 배당될 경우, 물상보증인의 변제자대위, 물상보증인 부동산의 후순위저당권자의 물상대위, 채무자 부동산의 후순위저당권자의 우열관계

1. 결론

매각대금 1억 2천만 원은 丙에게 1억 원, 丁에게 2천만 원 배당된다.

2. 논거

물상보증인의 변제자대위, 물상보증인 부동산의 후순위저당권자의 물상대위와 채무자 부동산의 후순위저당권과의 우열관계가 쟁점이다.

물상보증인 乙의 Y부동산이 경매로 매각되어 채권자 A금고가 변제를 받은 경우, 물상보증인 乙은 채무자 甲에 대하여 1억 원의 구상권을 취득하고(민법 제341조), 구상권을 확보하기 위하여 A금고를 대위하여 채무자 甲의 X부동산의 A금고의 저당권을 행사할 수 있다. 한편, 乙의 Y부동산의 후순위저당권자 丙은 저당권설정자인 乙이 Y부동산에 갈음하여 취득한 변제자대위권에 대하여 물상대위를 할 수 있다(판례).[17] 채무자 甲의 X부동산 후순위저당권자 丁은 제368조 제2항에 따른 후순위저당권자 대위의 기대가 있으나, 후순위저당권자대위는 공동저당물이 모두 채무자 소유인 경우에 인정되고, 공동저당물 중 일부가 물상보증인 소유인 경우에는 물상보증인의 변제자대위가 우선한다(판례).[18]

X부동산에 후순위저당권자 丁이 있더라도 乙은 구상권 1억 원의 범위에서 A금고의 선순위저당권을 행사할 수 있고, 乙의 Y부동산 후순위저당권자 丙은 乙의 변제자대위권에 대하여 물상대위를 할 수 있으므로 丙은 1억 원을 배당받고, 나머지 매각대금 2천만 원은 후순위저당권자 丁에게 배당된다.

Ⅱ. 문제 2. : 물상대위의 객체인 물상보증인의 구상금채권을 수동채권으로 하는 채무자의 상계가능성

1. 결론

甲의 주장은 부당하다.

2. 논거

물상대위의 객체인 乙의 甲에 대한 구상금채권을 수동채권으로 甲이 상계할 수 있는지가 쟁점이다.

甲은 乙에 대한 대여금채권을 자동채권으로, 乙의 甲에 대한 구상금채권을 수동채권으로 상계를 주장하고 있다. 상계가 허용되기 위해서는 동종의 채권의 대립이 있어야 하고, 자동채권 실현에 장애사유가 없어야 하며, 수동채권에는 상계금지사유가 없어야 한다.

---

17) 대법원 1994.05.10. 선고 93다25417 판결
18) 대법원 1996.03.08. 선고 95다36596 판결

상계의 수동채권에 관하여 제3자의 이해관계가 존재하는 경우, 상계자의 상계의 기대와 제3자의 이해관계를 조정할 필요가 있다. 제498조를 유추하여 기대발생의 선후를 기초로 상계대항 가능성을 판단하여야 한다.

乙의 甲에 대한 구상금채권 및 이를 기초로 하는 변제자대위권은 乙의 Y부동산 후순위저당권자 丙의 물상대위의 객체가 되는 권리이다. 후순위저당권자 丙의 물상대위에 관한 기대는 후순위저당권설정 당시에 이미 발생한 것이고, 채무자 甲의 상계에 관한 기대는 물상보증인 乙의 Y부동산에 경매가 개시되어 수동채권이 발생하는 때에 생기는 것이므로 나중에 발생한 甲의 상계기대를 보호하기 위하여 상계를 허용하는 것은 후순위저당권자가 가지는 물상대위의 기대를 침해하는 것으로 허용되지 않는다(판례).[19]

Ⅲ. 문제 3. : 소멸시효 완성시점/ 시효이익의 포기 요건/ 물상보증인의 소멸시효 원용권 및 채무자의 시효이익 포기의 효력이 물상보증인에게 미치는지

1. 결론

乙의 주장은 타당하다.

2. 논거

(1) 쟁점

A금고의 대여금채권의 소멸시효 완성시점, 甲의 행위가 시효이익의 포기에 해당하는지, 乙의 소멸시효 원용권 및 甲의 시효이익 포기의 효력이 乙에게 미치는지 등이 쟁점이다.

(2) A금고 채권의 소멸시효 완성시점

상인인 A금고의 대여금채권은 상사채권으로 소멸시효기간은 5년이고(상법 제64조), 소멸시효는 권리를 행사할 수 있는 때로부터 진행하므로(민법 제166조 제1항) 변제기인 2014. 1. 5.부터 5년이 경과하는 2019. 1. 5.이 종료함으로써 소멸시효가 완성한다.

(3) 甲의 행위가 시효이익 포기에 해당하는지

시효로 인하여 이익을 받을 채무자 甲이 소멸시효가 완성된 후 A금고의 저당권이 실행되어 배당변제가 이루어질 때까지 경매절차가 진행됨을 알고 있으면서 아무런 이의를 제기하지 아니하였으므로 시효로 인한 법적 이익을 받지 않을 의사로 소멸시효 이익을 묵시적으로 포기한 것으로 보아야 한다(판례).[20]

(4) 乙의 소멸시효 항변 가능성

물상보증인 乙은 저당권의 피담보채권이 시효로 소멸함에 따라 직접 이익을 받는 자에 해당하고, 乙의 소멸시효 원용권은 채무자 甲의 소멸시효 원용권과는 별개의 독자적인 것이다(판례).[21] 甲이 시효이익을 포기하였더라도 이는 상대적 효과만을 가지므로 물상보증인 乙의 소멸시효 원용권에는

19) 대법원 2017.04.26. 선고 2014다221777 판결
20) 대법원 2001.06.12. 선고 2001다3580 판결
21) 대법원 2004.01.16. 선고 2003다30890 판결

영향을 주지 않는다(판례).[22] 乙은 甲의 시효이익 포기에도 불구하고 소멸시효 항변을 유효하게 할 수 있으므로 乙의 주장은 타당하다.

Ⅳ. 문제 4. : 채무자의 일반채권자의 소멸시효 주장가능성 및 그 방법

1. 결론

A금고의 주장은 부당하다.

2. 논거

시효이익을 받을 채무자 甲이 소멸시효가 완성된 채권에 의한 경매절차에서 아무런 이의를 제기하지 아니한 것은 시효이익의 포기로 해석될 수 있다. 그러나 채무자 甲의 일반채권자 戊가 甲을 대위하여 소멸시효를 주장하였고, 그 대위주장이 가능한 경우에는 甲이 비록 아무런 이의를 제기하지 아니하였더라도 묵시적인 시효이익의 포기로 볼 수 없다.

채무자 甲의 일반채권자 戊는 소멸시효가 완성되더라도 직접 이익을 받는 자에 해당하지 않으므로 독자적인 소멸시효 원용권자라고 할 수는 없다(판례).[23] 소멸시효 원용권이 행사상 일신전속적인 권리라고 할 수 없으므로 戊는 자기의 채권을 보전하기 위하여 필요한 범위에서 채무자 甲의 소멸시효 원용권을 적법하게 대위행사 할 수 있다.

戊는 배당절차에서 甲을 대위하여 소멸시효를 주장하였고, A금고가 배당변제를 받은 것은 아니므로 A금고의 주장은 모두 이유 없다.

---

22) 대법원 2010.03.11. 선고 2009다100098 판결
23) 대법원 1997.12.26. 선고 97다22676 판결

8. 제1차 모의시험 제2문

목 차

제2문의 1

Ⅰ. 문제 1. : 취득시효 완성에 의한 지분권 취득의 성질/ 시효기간 중에 설정된 저당권의 소멸 여부/ 압류에 의한 취득시효 중단 여부

1. 결론

丙의 A은행에 대한 청구는 타당하다.

2. 논거

(1) 쟁점

丙이 취득시효 완성을 원인으로 甲의 공유지분권을 취득하였는지, 취득시효 완성에 따른 지분권 취득의 성질 및 취득시효 기간 중에 설정된 지분저당권이 소멸하는지, A은행의 압류로 인하여 취득시효가 중단되는지 등이 쟁점이다.

(2) 丙이 취득시효 완성을 원인으로 甲의 공유지분권을 취득할 수 있는지

丙은 X토지 전부를 매수하여 점유를 개시하였고 매도인 乙에게 다른 공유자인 甲의 지분에 관한 처분권한이 없었더라도 丙이 그와 같은 사정을 알았다고 볼 사정이 없었으므로 丙의 점유는 자주점유이고, 그 점유기간이 현재 20년을 경과하였으므로 丙은 취득시효 완성자로서의 지위를 가진다. 취득시효 완성 당시 진정한 소유자인 甲과 乙이 취득시효 의무자로서 이전등기의무를 부담한다. 丙은 甲으로부터 지분이전등기를 넘겨받음으로써 다른 특별한 사정이 없는 한 취득시효를 원인으로 甲의 지분을 취득한다.

(3) A은행의 압류로 인하여 취득시효가 중단되는지

소멸시효 중단에 관한 규정은 취득시효에 준용된다(민법 제247조 제2항). 준용이란 성질에 반하지 않는 범위에서 적용됨을 의미한다. 소멸시효 중단사유에 해당하는 압류나 가압류는 금전채권을 실현하거나 보전하는 조치로서 점유자의 점유상태의 계속을 파괴하여 취득시효를 중단시키는 소유권의 행사라고 볼 수 없다(판례).[1] A은행의 근저당권실행으로 경매개시결정에 의한 압류의 효력이 생기더라도 丙의 취득시효가 중단된다고 할 수는 없다.

(4) 丙의 취득시효로 인한 지분권취득으로 A은행의 근저당권이 소멸하는지

취득시효로 인한 소유권 취득은 법률규정에 의한 원시취득으로 원소유자의 소유권에 가하여진 각종 제한에 의하여 영향을 받지 아니하는 완전한 소유권을 취득한다(판례).[2] 취득시효 기간 중에 원소유자에 의하여 설정된 각종의 권리나 부담은 시효취득자의 소유권취득의 반사적 효과로서 소멸한다(판례).[3] A은행의 지분근저당권설정등기는 취득시효 기간 중에 설정되었고, 丙은 취득시효 완성을 원인으로 완전한 지분권을 취득하였으므로 A은행의 근저당권은 반사적으로 소멸하여 근저당권설정등기는 원인무효의 등기가 된다. 丙은 정당한 지분권자로서 원인무효인 A은행의 근저당권등기의

1) 대법원 2019.04.03. 선고 2018다296878 판결
2) 대법원 2004.09.24. 선고 2004다31463 판결
3) 대법원 2004.09.24. 선고 2004다31463 판결

말소를 청구할 수 있다.

Ⅱ. 문제 2. : 공유물이 현물로 분할된 경우 지분근저당권이 어떤 영향을 받는지/ 공동근저당권자의 우선변제권

1. 결론

丙의 주장은, A은행이 매각대금 중에서 1/2 지분에 상응하는 매각대금 1억 원을 초과하여 우선변제를 받을 수 없다는 범위에서 타당하다.

2. 논거

甲과 乙의 공유물 현물분할로 인하여 甲의 지분에 설정된 A은행의 근저당권이 어떠한 영향을 받는지, 공동근저당권자의 근저당권실행방법과 우선변제권 인정범위 등이 쟁점이다.

공유물의 현물분할은 지분교환의 실질을 가지고 있으므로 현물분할 전에 지분에 설정된 근저당권은 현물분할에도 불구하고 종전과 마찬가지로 분할된 각 부분의 지분근저당권으로 존속하고, 이 경우 지분근저당권은 공동근저당권이 된다(판례).[4] 甲과 乙이 X토지를 X1, X2토지로 현물분할을 하였더라도 A은행의 지분근저당권은 종전과 마찬가지로 X1, X2토지에 그대로 존속하고 A은행의 지분근저당권은 공동근저당권이 된다.

A은행은 공동근저당권자로서 어느 근저당물을 실행할 것인지를 선택할 수 있다. 어느 근저당물을 먼저 배당하는 경우에는 그 근저당물의 매각대금으로부터 채권 전액을 우선변제 받을 수 있다(민법 제368조 제2항). A은행은 X2토지의 매각대금 중에서 1/2에 상응하는 금액에 한해서 우선변제를 받을 수 있다. X2토지 중 1/2 지분에 A은행의 근저당권이 존재하기 때문이다. A은행이 매각대금 2억 원 전부를 우선변제 받는 것으로 작성된 배당표는 A은행의 X2토지에 설정된 근저당권의 범위를 오해하여 잘못 작성된 것으로 위법하고, 그 범위에서 丙의 주장은 타당하다.[5]

제2문의 2

Ⅰ. 문제 1. : 사해행위취소에 따른 원상회복청구권의 소멸시효/ 가처분에 의한 시효중단

1. 결론

丙의 청구는 타당하다.

---

4) 대법원 2012.03.29. 선고 2011다74932 판결

5) 채점기준표에서는 "丙의 주장이 타당하지 않다."고 결론을 내리고 있는데, 이는 분할 전에 설정된 지분저당권이 분할 후 각 토지에 미치는 범위를 오해하여 내린 결론이다. 채점기준표에서 참고 판례로 제시하는 대법원 2012. 3. 29. 선고 2011다74932 판결은 집합건물이 성립하기 전 집합건물의 대지에 저당권이 설정되었다가 집합건물이 성립한 후 전유부분이 경매가 된 경우를 다루고 있다. 대지에 지분저당권이 설정된 사안이 아니다. 그리하여 대지권의 매각대금 전부로부터 종전 대지저당권자가 우선변제를 받을 수 있다는 것으로 이 사례의 사실관계와 다르다.

2. 논거

사해행위 취소에 따른 원상회복청구권의 소멸시효 및 가처분에 의한 시효중단 여부가 쟁점이다.

사해행위 취소에 따라 발생하는 원상회복청구권은 제406조가 규정하는 채권적 청구권으로 10년의 소멸시효 대상이 되고, 사해행위 취소판결이 확정된 때로부터 소멸시효가 진행한다. 취소채권자 丙의 수익자 甲에 대한 소유권이전등기말소청구권은 1999. 2. 3.부터 소멸시효가 진행하여 2009. 2. 3. 소멸시효가 완성한다.

丙은 甲에 대한 말소등기청구권을 보전하기 위하여 1999. 4. 6. 처분금지 가처분등기를 마쳤으므로 그때 丙의 말소등기청구권의 소멸시효는 중단된다(민법 제168조 제2호). 가압류나 가처분에 의한 소멸시효 중단의 효력은 가압류나 가처분의 효력이 유지되는 동안 계속되므로(판례)[6] 丙의 가처분등기가 말소되었다는 사정이 없는 한 丙의 말소등기청구권의 소멸시효는 여전히 중단된 상태이다. 甲의 소멸시효 완성의 항변은 이유 없다.

II. 문제 2. : 유치권의 성립요건/ 유치권으로 경매절차 매수인에게 대항하기 위한 요건

1. 결론

丁의 A에 대한 청구는 타당하다.

2. 논거

A가 유치권 행사요건을 구비하였는지, A가 유치권으로 경매절차 매수인 丁에게 대항할 수 있는지가 쟁점이다.

유치권을 취득하기 위해서는 타인의 물건이나 유가증권을 적법하게 점유한 자가 변제기가 도래한 목적물에 관한 채권을 가지고 있어야 하고, 유치권배제특약이 없어야 한다. A의 甲에 대한 공사대금채권은 목적물에 관한 채권으로 A는 일응 유치권의 행사요건을 갖추었다고 볼 수 있다.

유치권은 대세적인 물권으로 피담보채권의 채무자가 아닌 제3자에 대해서도 유치권으로 대항할 수 있음이 원칙이나, 유치목적물의 경매절차 매수인에게 유치권으로 대항하기 위해서는 경매개시결정 기입등기에 의한 압류의 효력이 발생할 당시 유치권의 행사요건을 구비하여야 한다(판례).[7] A는 경매개시결정 기입등기가 마쳐진 2015. 4. 18. 이후에 甲과의 계약에 의하여 공사대금채권을 취득하였으므로 경매절차 매수인 丁에게는 유치권으로 대항할 수 없다.

---

6) 대법원 2006.07.04. 선고 2006다32781 판결
7) 대법원 2011.10.13. 선고 2011다55214 판결

제2문의 3

Ⅰ. 문제 1. : 해약금해제의 요건/ 약정계약금 일부의 배액을 제공한 해약금 해제의 효력/ 매도인의 해제금 해제 의사표시 후 매수인이 중도금 지급일 이전에 중도금을 지급함으로써 매도인의 해약금 해제권이 소멸하는지

1. 결론

乙의 2021. 1. 17.자 해제로 甲과 乙의 매매계약은 적법하게 해제되었다.

2. 논거

(1) 쟁점

乙이 약정계약금 중 일부인 1억 원의 배액을 제공하여 한 해제가 해약금에 의한 해제로서 효력이 인정되는지, 乙이 해약금 해제와 약정계약금 배액의 제공의 의사표시 이후에 甲이 중도금을 지급함으로써 乙의 해약금 해제권이 소멸하는지 등이 쟁점이다.

(2) 乙이 2억 원을 제공하면서 한 해제통지의 효력

甲과 乙의 계약금계약은 요물계약으로 약정계약금 전액이 지급되어야 해약금 해제권이 발생한다(판례).[8] 약정계약금의 일부를 지급받은 乙이 해약금 해제를 위해서 지급해야 할 계약금의 배액은 약정계약금을 기준으로 하여야 할 것이고, 실제 교부받은 계약금을 기준으로 할 것은 아니다(판례).[9] 乙이 실제 교부받은 계약금인 1억 원의 배액인 2억 원을 제공하여 한 해제통지는 해약금 해제로서 효력을 가질 수 없다.

(3) 甲의 2021. 1. 15. 중도금 지급으로 乙의 해약금 해제권이 소멸하는지

해약금 수령자인 乙의 해약금 해제가 효력을 가지기 위해서는 당사자 일방이 이행에 착수하기 전에 약정계약금의 배액을 상환하여 해제의 의사표시를 하여야 한다(민법 제565조). 甲이 중도금 지급일 이전인 2021. 1. 15. 중도금을 지급하는 행위도 원칙적으로 이행의 착수가 될 수는 있다. 기한의 이익은 채무자에게 있고(제153조 제1항), 기한 전 변제는 유효하기 때문이다(민법 제468조). 그러나 기한 전에 이행에 착수하지 않기로 합의를 하였거나 매도인이 해약금 해제의 의사표시를 하면서 배액의 수령을 최고하는 경우에는 기한의 이익이 매도인에게도 있으므로 매수인은 기한 전 변제를 통하여 매도인의 해약금 해제권을 소멸시킬 수 없다(판례).[10] 乙이 계약금의 잔금을 지급받은 후 해약금 해제의 의사표시를 하였고, 중도금 지급일 이전인 2021. 1. 17. 반환하겠다는 통지를 하였으므로 甲이 2021. 1. 15. 중도금을 지급하였더라도 乙의 해약금 해제권이 소멸하는 것은 아니다.

(4) 乙의 2021. 1. 17. 해약금 해제의 효력

乙은 해약금 해제권을 보유하면서 2021. 1. 17. 약정계약금의 배액인 4억 원을 제공하면서 해제

8) 대법원 2008.03.13. 선고 2007다73611 판결
9) 대법원 2015.04.23. 선고 2014다231378 판결
10) 대법원 1993.01.19. 선고 92다31323 판결

의 의사표시를 하였다. 계약금 수령자의 배액상환은 상대방이 수령을 거절한다고 하여 변제공탁에까지 나아갈 필요는 없으므로(판례)[11] 乙의 2021. 1. 17.자 해제는 효력이 있다.

II. 문제 2. : 부동산 2중 매매가 반사회적 행위로 되기 위한 요건/ 부동산 2중 매매가 사해행위로 취소의 대상이 되는지

1. 결론

乙과 丙 사이의 X토지 매매계약은 반사회적 법률행위로서 무효라고 할 수 없고, 甲은 乙과 丙 사이의 2중 매매계약을 사해행위로서 취소할 수 없다.

2. 논거

(1) ①부분에 대한 답변

부동산 2중 매매가 반사회적 법률행위로 되기 위해서는 제2매수인에게 그가 의도한 권리취득 자체의 좌절을 정당화할 책임귀속사유가 있어야 한다(판례).[12] 乙과 丙 사이의 2중 매매계약은 매도인 乙의 제안으로 체결되었고, 비록 丙이 이미 매도된 사실을 알고 있었더라도 丙이 乙의 배임행위에 적극적으로 가담하였다고 볼 수 없으므로 반사회적 법률행위라고 할 수 없다(판례).[13]

(2) ②부분에 대한 답변

甲이 乙과 丙의 2중 매매계약을 사해행위로서 취소하기 위해서는 甲이 乙에 대하여 피보전채권을 가지고 있어야 하고, 乙과 丙의 매매가 책임재산을 감소시키는 사해행위여야 하며, 乙과 丙에게 사해의사가 있어야 한다.

甲은 乙에 대하여 매매를 원인으로 한 소유권이전등기청구권을 취득하였으나, 소유권이전등기청구권은 책임재산에 의하여 만족되는 채권이 아닌 특정채권으로 채권자취소권의 피보전채권이 될 수 없고(판례),[14] 乙이 丙에게 소유권이전등기를 마쳐줌에 따라 甲의 乙에 대한 소유권이전등기청구권은 이행불능이 되며, 그로 인하여 발생하는 손해배상청구권은 乙과 丙 사이의 2중 매매계약 체결 이후에 발생한 채권으로 2중 매매에 의하여 그 가치가 침해되는 채권이 될 수 없으므로 마찬가지로 채권자취소권의 피보전채권이 될 수 없다(판례).[15]

甲의 乙에 대한 채권이 채권자취소권의 기초가 되는 채권이 아니므로 甲은 乙과 丙의 2중 매매를 사해행위로서 취소할 수 없다.

---

11) 대법원 1992.05.12. 선고 91다2151 판결
12) 대법원 2009.09.10. 선고 2009다23283 판결
13) 대법원 2016.12.29. 선고 2016다242273 판결
14) 대법원 1999.04.27. 선고 98다56690 판결
15) 대법원 1999.04.27. 선고 98다56690 판결. 손해배상채권이 2중양도행위에 관한 사해행위취소권의 피보전채권이 될 수 없는 이유는 2중양도행위 후 제2양수인에게 소유권이전등기를 마침에 따라 손해배상채권이 발생하는 것이므로 그 손해배상채권이 2중양도행위에 의하여 그 실질적 가치가 침해된 채권이라고 볼 수 없기 때문이다.

9. 제1차 모의시험 제3문

목 차

[문제1의 해설 (15점)][1)]

1. 문제의 소재 (2점)

2019. 6. 23.자 주식양도계약은 이사의 자기거래에 해당하는지, 해당한다면 소규모회사로써 주주총회 승인이 없는 경우 그 효력이 문제된다.

2. 주식양도계약에 대한 회사의 승인여부 (8점)

(1) 자기거래의 의의 (3점)

'이사의 자기거래'란 이사가 자기 또는 제3자의 계산으로 회사와 거래를 하는 것을 말하는데, 이때 이사가 권한을 남용할 우려가 있기 때문에 상법은 이러한 자기거래에 대해 **이사회의 승인**을 거치도록 하였다(제398조).

A는 甲회사의 이사이기 때문에 **제398조 제1호**에 해당하는 자이며, A는 자기의 계산으로 甲회사가 보유하는 자기주식을 양수하였는바, 甲회사와 이사 A사이에 이해상충 가능성이 있는 자기거래에 해당한다.

(2) 자기거래에 대한 회사의 승인여부 (3점)

1) 소규모회사 특례

자기거래에 해당하면 원칙적으로 이사회의 승인을 받아야 하나, 다만, 자본금 총액이 10억 원 미만인 **소규모회사**로써 이사가 1명 또는 2명이어서 이사회가 없는 회사는 **이사회 대신 주주총회의 사전 승인**을 받아야 한다(제383조 제4항, 제1항 단서).

2) 소결

자본금 총액 5억 원의 회사로서 이사회가 없는 甲회사의 경우 이사 A에 대한 주식양도에는 이사회 사전 승인 대신 주주총회의 사전 승인이 필요하나 사안에서 주주총회 사전 승인은 흠결되었다.

(3) 주주총회 승인 결여 여부 (2점)

판례에 따르면 "주식회사에서 주주총회의 의결정족수를 충족하는 주식을 가진 주주들이 동의하거나 승인하였다는 사정만으로 주주총회에서 그러한 내용의 주주총회 결의가 있는 것과 마찬가지라고 볼 수 없다"고 한다.[2)]

따라서 비록 甲회사에 대한 65%의 지분을 가지고 있어서 甲회사 주주총회의 의결정족수를 좌우할 수 있는 乙회사의 승인이 있었으나 이를 가지고 주주총회 결의를 대신할 수 없다.

3. 주주총회 결의 없는 자기거래의 효력 (3점)

① 이사회 승인이 흠결된 자기거래행위는 회사와 이사 간에는 언제나(선·악의를 묻지 않고) 무효이고, 승인 흠결에 대해 선의·무중과실인 제3자에 대해서는 유효하다(상대적 무효설).[3)] ②이사회 승인을

---

1) 채점기준표와 배점기준이 다소 다를 수 있습니다.
2) 대법원 2020. 7. 9. 선고 2019다205398 판결, 대법원 2020. 6. 4. 선고 2016다241515, 241522 판결)
3) 대법원 2004. 3. 25. 선고 2003다64688 판결

갈음하는 주주총회의 승인이 없는 자기거래의 효력에 대해서도 동일한 해석이 가능하다.[4]

설문의 경우 甲회사 이사인 A와 甲회사 사이의 주식양도계약은 주주총회 승인 흠결로 무효이다.

4. 결론 (2점)

2019. 6. 23.자 주식양도계약은 이사의 자기거래로써 주주총회 승인이 없어 무효이며, 이러한 무효주장은 甲회사만 가능하다(판례).

[문제2의 해설 (35점)]

1. 문제점 (3점)

주주총회결의 취소의 소의 원고적격과 관련하여 G의 주주의 지위, 결의취소의 사유로써 소집통지 및 결의방법상의 하자가 문제된다.

2. 총회결의 취소소송과 G의 원고적격 (10점)

(1) 상환주식의 상환권행사 효과

1) 의의

상환주식이란 주식의 발행 시부터 장차 회사 스스로 또는 주주의 청구로 **이익으로써 상환**하여 소멸(소각)할 것이 예정된 주식을 의미한다(제345조 제1항・제3항).

2) 상환권행사와 주주권 상실

판례는 "주주가 상환권을 행사하면 회사는 주식 취득의 대가로 주주에게 상환금을 지급할 의무를 부담하고, 주주는 상환금을 지급받음과 동시에 회사에게 주식을 이전할 의무를 부담한다. 따라서 정관이나 상환주식인수계약 등에서 특별히 정한 바가 없으면 주주가 회사로부터 상환금을 지급받을 때까지는 **상환권을 행사한 이후에도 여전히 주주의 지위에 있다"고 판시한바 있다.**[5]

3) 소결

G는 상환청구권을 행사하였으나 甲회사가 제시한 상환금액에 동의하지 않아 수령을 거절하고 있는 상태이므로 G는 여전히 주주 지위를 보유한다.

(2) 명의개서 부당말소의 효과

전합판례에 의하면 ① 주주권의 일종인 제소권을 행사하기 위해서는 **주주명부상 주주**로 명의개서가 되어 있어야 함이 원칙이다. ② 그러나 예외적으로 **명의개서청구가 부당하게 거절 혹은 지연되는 경우 실질주주**가 주주권을 행사할 수 있다.[6] ③ 나아가 **전원합의체판결의 취지를 고려하여 명의가 부당하게 말소된 경우에는 명의개서 없이 주주권인 제소권의 행사가 가능**하다고 본다.

---

4) 대법원 2020. 7. 9 선고 2019다205398 판결자본금 총액이 10억 원 미만으로 이사가 1명 또는 2명인 회사의 이사가 자기 또는 제3자의 계산으로 회사와 거래를 하기 전에 주주총회에서 해당 거래에 관한 중요사실을 밝히고 주주총회의 승인을 받지 않았다면, 특별한 사정이 없는 한 그 거래는 무효라고 보아야 한다(제383조 제4항, 398조).

5) 대법원 2020. 4. 9. 선고 2017다251564 판결

6) 대법원 2017. 3. 23. 선고 2015다248342 전원합의체판결

(3) 소결

G는 주주로서 주주총회결의 취소소송의 원고적격이 있다(상법 제376조 제1항).

3. 주주총회 결의취소의 사유 (20점)

(1) F에 대한 소집통지의 하자 (12점)

1) F의 주권의 선의취득여부 (제359조, 수표법 제21조)

가. 요건

주권의 선의취득이 인정되려면 ① 주권이 **유**효할 것, ② 주권을 **교**부할 것, ③ 양도인이 **무**권리자일 것, ④ 양수인이 **악**의 중과실이 아닐 것을 요한다. [유/교/무/악]

나. 양도인의 무권리

양도인의 무권리와 관련하여 ① 학설은 (a) 무권리자 한정설과 (b) 무제한설이 대립하나 ② 판례는 "양도인이 무권리인 경우뿐만 아니라 무권대리인 경우에도 선의취득을 인정한다"는 입장이다.[7] 설문상 판례에 따르면 무권대리인인 E는 **주권의 선의취득이 인정되는 무권리자**에 포함된다.

다. 선의, 무과실의 시점

판례에 의하면 "악의 또는 중대한 과실이 있는지는 그에 대한 취득 시기를 기준으로 결정"하여야 하는 것이다.[8]

설문의 경우 주식양도가 이루어진 날로부터 3일 후에 B의 통지를 통해 E가 무권대리인임을 F가 알게 되어도 거래시점에서는 선의였으므로 F의 선의에는 아무런 영향이 없다.

라. 소결

설문의 경우 F는 무권대리인인 E로부터 주권을 유효하게 선의취득하였는바 주주권을 원시취득한 주주의 지위가 인정된다.

2) F에 대한 주주총회 소집통지 흠결

F는 주권을 선의취득한 자임에도 회사가 명의개서청구를 **부당하게 거절**하였는바, 그 구제방법이 문제된다. 통설과 판례는 명의개서를 부당하게 거절당한 자에 대해서는 신의칙에 근거하여 명의주주처럼 취급해야 한다고 한다.[9] 설문의 경우 F는 甲회사로부터 주주총회 소집통지를 받을 권리가 있다.

또한 F는 발행주식총수의 3% 미만의 주식을 보유한 자에 해당하므로 그에 대한 소집통지의 하자는 **주주총회결의 취소의 소의 원인**(제376조)이 된다.

(2) G에 대한 소집통지의 하자 (3점)

G는 상환대금을 받지 못하여 여전히 주주의 지위를 가지고 있고, **명의개서 말소는 부당한 것이므로 명의개서 없이 회사로부터 주주총회 소집통지를 받을 권리가 있음**에도 불구하고 소집통지가 흠결되었다. 따라서 G는 甲회사의 발행주식총수 1% 미만을 가지고 있는 자에 해당하므로 그에 대한

---

7) 대법원 1997. 12. 12. 선고 95다49646 판결
8) 대법원 2018. 7. 12. 2015다251812.
9) 대법원 2020. 4. 29. 선고 2017다251564 판결

소집통지의 하자는 **주주총회결의 취소의 소의 원인**(제376조)이 된다.

(3) D의 의결권행사의 하자 여부 (3점)

총회의 결의에 관하여 특별한 이해관계가 있는 자는 의결권을 행사하지 못하므로(상법 제368조 제3항) 주주 D가 자신을 이사로 선임한 주주총회에서 의결권을 행사한 것이 적법한지 문제된다.

특별이해관계의 의미에 대해 주주의 지위를 떠나 갖는 이해관계로 보는 '개인법설(통설, 판례)'에 의하면 주주 겸 이사의 선임과 해임은 당해 특별이해관계에 해당하지 않는다.

따라서 주주 D는 특별이해관계인이 아니고 따라서 D의 의결권 행사는 적법하다.

(4) 소결 (2점)

F와 G에 대해 각각 소집통지를 하지 않은 것은 소집절차상 하자로 주주총회결의 취소사유에 해당하며, F와 G합산하여 발행주식 총수의 4% 미만의 주식을 보유하고 있으므로 이는 **주주총회결의 취소사유**에 불과하다. 따라서 G는 소집절차의 하자를 이유로 한 주주총회결의 취소소송을 주주총회결의일인 2020.3.30.로부터 2월 이내에 제기하여야 한다.

4. 결론 (2점)

G는 G와 F에 대한 소집절차의 하자를 이유로 한 주주총회결의 취소소송을 주주총회결의일인 2020.3.30.로부터 2월 이내에 제기하여야 한다.

[문제3의 해설 (15점)]

1. 문제의 소제 (1점)

이사 A는 甲회사에 대해 경업금지의무 및 자기거래금지의무의 위반이 문제된다.

2. 이사의 자기거래금지 의무위반 여부 (8점)

(1) 의의 (3점)

'이사 등의 자기거래'란 이사, 주요주주가 자기 또는 제3자의 계산으로 회사와 거래를 하는 것을 말하는데, 이때 이사가 권한을 남용할 우려가 있기 때문에 상법은 이러한 자기거래에 대해 **이사회의 승인**을 거치도록 하였다(제398조). 여기서 주요주주란 의결권있는 발행주식의 10%이상을 보유한 자를 의미한다(제542조의8 제2항 제6호).[10]

설문의 경우 A는 주요주주의 직계비속(제398조 제2호)이면서 동시에 甲회사의 이사(398조 제1호)로서 제398조의 자기거래(이해관계자거래)의 주체가 된다.

(2) 모회사 이사와 자회사간의 거래 (4점)

판례에 의하면 "母회사의 이사가 子회사와 거래를 한 경우 母회사와 子회사는 별개의 법인격을 가지고 있고 거래로 인한 불이익이 子회사에 귀속하므로 母회사 이사와 子회사간의 거래를 母회사 이사와 母회사 사이의 거래와 동일시 할 수 없다"고 판시한바 있다.[11]

10) 비상회사의 경우에도 주요주주의 개념을 인정한다.
11) 대법원 2013. 9. 12. 선고 2011다57869 판결. 母회사는 간접적 영향을 받을 뿐이다.

(3) 소결 (1점)

A는 甲회사(母회사)의 신주를 인수한 것이 아니라 甲회사의 子회사인 乙회사의 신주를 인수하였으므로 A의 신주인수는 甲회사와의 거래가 아니어서 제398조가 적용되는 자기거래에 해당하지 아니한다. 따라서 A가 甲회사 이사회 승인 없이 子회사인 乙회사의 신주를 인수한 것은 자기거래금지규정 위반이 아니다.

3. 이사의 경업금지의무 위반여부 (7점)

(1) 의의 (2점)

이사는 **이사회의 승인**이 없으면 ① 자기 또는 제3자의 계산으로 **회사의 영업부류에 속한 거래**를 하거나, ② **동종영업을 목적으로 하는 다른 회사의 무한책임사원이나 이사**가 되지 못한다(제397조).

(2) 경업금지의무와 경쟁회사의 주주 (4점)

판례는 "이사는 경업 대상 회사의 **이사, 대표이사**가 되는 경우뿐만 아니라 그 회사의 **지배주주가 되어** 그 회사의 **의사결정과 업무집행에 관여**할 수 있게 되는 경우에도 자신이 속한 회사 이사회의 승인을 얻어야 한다"는 입장이다.[12][13]

(3) 소결 (1점)

A는 이사회 승인 없이 甲회사의 동종영업인 백화점 영업을 목적으로 하는 乙회사의 주식을 인수하여 지분율 53%의 **지배주주(최대주주)가 되어 乙회사의 경영상 결정에 실질적으로 관여**하였으므로 판례에 따르면 경업금지규정(상법 제397조 제1항) 위반에 해당한다.

4. 결론 (1점)

이사 A는 甲회사에 대해 경업금지의무를 위반하였으나, 자기거래금지의무의 위반은 없다.

[문제4의 해설 (15점)]

1. 문제의 소재 (2점)

이사해임의 소의 소송요건과 관련하여 상장회사 특례가 문제된다.

2. '이사해임의 소'의 요건 충족 여부 (12점)

(1) 상장회사 특례규정의 요건 충족 여부 (8점)

1) 의의

상장회사의 경우 '이사해임의 소'를 제기하려면 발행주식총수의 **1만 분의 50(0.5%) 및 6개월의**

12) 대법원 2013. 9. 12. 선고 2011다57869 판결

13) 2심법원은 경업 여부가 문제되는 **두 회사가 서로 영업지역을 달리하고 있다는 것 자체만으로 경업관계는 존재하지 않는다고 판단**하여 원고의 주장을 배척하였다. 그런데 대법원은 이사는 경업 대상 회사의 이사, 대표이사가 되는 경우뿐만 아니라 그 회사의 지배주주가 되어 그 회사의 의사결정과 업무집행에 관여할 수 있게 되는 경우에도 자신이 속한 회사 이사회의 승인을 얻어야 하고 **두 회사가 서로 영업지역을 달리하고 있다는 것만으로 경업관계를 부정할 것은 아니라고 하여 2심법원과 다른 입장**을 보였다. 그러나 대법원도 이 사건에서의 광주신세계와 신세계는 **실질적으로 한 회사가 다른 회사의 지점 내지 영업부문으로 운영되고 공동의 이익을 추구하는 관계**에서 거래를 하고 있으므로 두 회사 사이에 이익충돌의 여지가 있다고 볼 수 없기 때문에 경업관계도 존재하지 않는다고 하여 원고의 주장을 배척한 점에서는 2심법원과 결론을 같이하고 있다. → 채점기준표가 판례의 논지를 따르면서 판례의 결론과 다른 점은 다소 의문이다.

계속보유 요건이 필요하다(제542조의6 제3항).

주주 B는 甲회사의 발행주식총수의 3%에 해당하는 주식을 보유하고 있지만, 주식을 양수한 시점은 2021. 1. 15.이고 제소 시점은 2021. 7. 7.이므로 6개월 계속보유요건이 충족되지 아니 된다.

2) 종래판례

대법원은 상법상의 요건을 구비했으나, 구 증권거래법상의 보유기간을 충족하지 못한 소수주주가 주주총회소집을 청구한 사안에서 **"상장회사 특례는 상장회사의 소수주주권 행사를 용이하게 하기 위한 것이므로 증권거래법상 보유기간을 구비하지 못했더라도 상법상의 지주요건을 구비한 이상 주주총회의 소집을 청구할 수 있다"**고 판시한 바 있다.[14]

3) 개정상법

2020년 개정상법의 경우 상장회사의 주주는, 상장회사 특례규정에 따른 소수주주권의 행사와 일반규정에 따른 소수주주권의 행사요건을 **선택적으로 주장**할 수 있도록 하였다(제542조의6 제10항).

4) 소결

제385조 제2항에 따르면 '이사해임의 소'를 제기하기 위해서는 회사의 발행주식총수의 100분의 3 이상을 보유하고 있어야 하는데, B는 甲회사의 발행주식총수의 3%를 보유하고 있으므로 A에 대한 이사해임의 소를 제기할 수 있는 지분요건이 충족된다.

(2) 주주총회에서 이사해임안 부결 여부 (2점)

법문상 이사해임안건이 주주총회에서 부결될 것이 요건인바, 설문의 경우이사해임결의안이 부결되었다.

(3) 1월 이내의 제소기간 준수 여부 (2점)

주주총회결의일로부터 1개월 이내에 제소하여야 한다. 설문의 경우 이사해임결의가 부결된 날은 2021. 6. 10.이므로 1개월이 지나지 아니하였다.

3. 결론 (1점)

주주 B의 A이사해임의 소는 형식적 요건이 충족되어 적법하다.

[문제5의 해설 (20점)]

1. 쟁점 (1점)

① A는 약속어음 발행인(어음의 주채무자)으로서 어음채무를 부담하는지와 매매계약의 해제와 변조라는 항변으로 대항 가능한지 문제된다. ② B는 배서인으로 상환채무를 부담하는지와 변조에 따른 상환채무의 내용이 문제된다.

2. C가 형식적으로 유효한 어음의 적법한 소지인인지 여부 (2점)

C는 B로부터 어음법적 양도방법인 배서를 통해 어음을 취득하여 **적법한 소지인**에 해당된다. 또한

14) 대법원 2004. 12. 10. 선고 2003다41715 판결

A와 B사이의 원인관계인 매매계약의 해제를 C가 과실로 알지 못하여도 **어음행위의 무인성**에 의해 어음의 적법한 취득에는 영향이 없다.

3. A의 C에 대한 어음금 지급의무 (9점)

(1) 어음상 주채무자 A의 책임

약속어음의 발행인은 어음의 주채무자(어음법 제78조 제1항)이므로 **만기로부터 3년간 1차적, 무조건의 책임**을 부담한다. A는 어음상 주채무자로서 C에게 어음상 책임을 부담한다.

(2) 어음의 변조의 항변 여부

1) 의의

변조란 어음행위의 내용 중 기명날인 또는 서명 이외의 부분을 권한 없이 변경하는 것을 의미하며, 기존의 문언을 제거하거나 새로운 문언을 첨가하는 것 모두 포함한다.

2) 변조의 효과

① 변조 전에 기명날인 또는 서명을 한 자의 책임

어음행위자는 변조 전에 기명날인 또는 서명을 한 자는 **원래의 문구에 따라 책임을 진다**(어음법 제69조, 제77조 제1항 제7호). 이러한 변조는 **물적(物的) 항변사유**이므로 변조 전에 기명날인 또는 성명한 자는 누구에게나 대항할 수 있다.

② 변조 후에 기명날인 또는 서명을 한 자의 책임

변조 후에 기명날인 또는 서명을 한 자는 **어음상의 변조된 문구대로** 책임을 진다(어음법 제69조, 제77조 제1항 제7호). 변조한 자 역시 변조 후의 어음에 기명날인 또는 서명을 한 자이므로 언제나 변조 후의 어음문언에 따라 어음상의 책임을 져야한다고 본다.

3) 구체적 항변 사유

가. 지급제시기간경과의 항변 여부

지급제시기간 내 지급제시를 하지 않은 경우라도 어음상 주채무자는 만기로부터 3년이라는 소멸시효기간 내에는 어음상 채무를 부담한다(어음법 제77조 제1항 제8호, 제70조 제1항).[15]

변조 전 만기는 2019. 1. 23.이므로 2019. 12. 26. 기준으로 보면 소멸시효기간이 완성되지 않아 A는 C에 대해 어음채무를 부담한다.

나. 매매계약의 해제의 항변 여부

매매계약의 해제라는 원인관계상 항변은 인적 항변에 불과한 것이므로 어음채무자는 소지인이 채무자를 해할 것을 알고(해의) 어음을 취득한 경우가 아닌 한 대항할 수 없다(어음법 제77조 제1항 제1호, 제17조 단서).

설문의 경우 어음소지인 C는 어음취득 시 A와 B사이 매매계약이 해제된 사실을 과실로 알지 못했을 뿐이고 어음채무자인 A를 해할 것을 알고 어음을 취득한 해의는 없으므로 A는 매매계약 해제를 이유로 어음금지급을 거절할 수 없다.

---

15) 지급제시기간 내 지급제시는 상환청구권 보전을 위해서는 필요하지만, 어음의 주채무자에 대한 어음금청구를 위해서는 필요한 절차가 아님.

다. 어음의 금액변조 항변 여부

어음의 변조 전에 어음행위를 한 자는 변조 전 문구에 따른 어음상 책임을 부담한다. 변조의 항변은 물적 항변으로서 어음소지인의 선·악의를 묻지 않고 대항이 가능하다.

발행인 A는 변조 전 기재한 1억 원의 어음금에 대해서는 지급할 책임이 있으나 어음소지인 C에 대해서는 1억 5천만 원의 어음금을 지급할 책임은 없다.

4) 소결

약속어음 발행인 A는 어음소지인 C에 대해 1억 원의 어음채무를 부담한다.

3. 상환채무자 B의 C에 대한 상환채무 (6점)

1) 어음금액의 변조의 항변

어음의 문구가 변조된 경우에는 그 변조 후에 어음행위를 한 자는 변조된 문구에 따라 책임을 진다(어음법 제77조 제1항 제7호, 제69조). 따라서 B가 금액과 만기를 변조한 후 배서하였으므로 변조된 만기와 금액을 기준으로 한다.

따라서 어음금액을 1억 원에서 1억 5천만 원으로 변조한 후 배서를 한 B는 C에 대해서 변조된 어음금액인 1억5천만 원에 대해 어음상 책임을 부담한다.

2) 상환청구권보전절차의 흠결의 항변

① 상환의무자에 대한 상환청구를 하려면 **적법한 지급제시기간 내(지급을 할 날 또는 이에 이은 2거래일)에 지급제시**를 하여야 한다(어음법 제77조 제3항, 제38조 1항). ② 다만 변조 후 기명날인한 자의 경우 변조된 문구에 따라 책임을 부담하므로 **'변조된 만기'**를 기준으로 지급제시기간의 경과여부를 판단해야 한다.

설문의 경우 C가 변조된 만기(2019. 4. 23.)로부터 2거래일 내인 2019. 4. 25. 지급제시 하였으므로 지급제시기간 내 적법한 지급제시에 해당한 것으로 평가된다. 따라서 어음소지인 C의 배서인 B에 대한 상환청구를 위한 실질적, 형식적 요건이 모두 충족된다.[16]

3) 결론

배서인 B는 어음소지인 C에 대하여 1억 5천만 원의 상환채무를 부담한다.

4. 결론 (2점)

주채무자인 발행인 A(1억 원의 어음채무)와 상환의무자인 배서인 B(1억5천만 원의 어음채무)는 어음소지인 C에 대해 합동하여 책임을 부담한다(어음법 제77조 제1항 제4호, 제47조 제1항).

---

16) 상환청구권의 시효의 기산점은 역시 변조 후 만기인 2019. 4. 23.이므로 2019. 12. 26. 현재 만기로부터 1년이 지나지 않아 시효가 완성되지 아니함.

Chapter
04 2020년 모의시험

1. 제3차 모의시험 제1문

목 차

제1문의 1

Ⅰ. 문제의 소재

甲의 丁에 대한 청구와 관련해서는 우선 피고 丁이 소멸시효 항변 중 특히 이자청구 부분에 대한 소멸시효기간 주장에 법원이 구속되는지, 나아가 사망자 乙을 상대로 한 가압류시 시효가 중단되는지 문제된다. 甲의 丙에 대한 청구와 관련해서는 이들의 공동소송형태를 살펴, 그에 따라 丁의 대여원금이 1억 원이라는 자백과 소멸시효 항변이 丙에게도 영향을 미치는지 살펴본다.

Ⅱ. 甲의 丁에 대한 청구에 대하여

1. 丁 자백의 효과

甲이 주장하는 1억 원의 대여 사실과 이자 약정, 변제기, 乙의 사망과 丁의 단독상속 사실에 관하여 丁이 전부 자백하였으므로, 실제 대여금이 8천 만원이라고 하여도 법원은 자백에 구속되어 일단 丁은 甲에게 금 1억 원 및 이에 대하여 대여일인 2010.01.05.부터 갚는 날까지 연 0.5%의 비율로 계산한 이자 및 지연손해금을 변제할 의무가 있다고 판단하여야 한다.

2. 丁의 소멸시효 항변에 대한 판단

(1) 원금과 지연손해금의 경우

대여금은 민사채무로서 10년의 소멸시효기간이 적용되고, 금전채무에 대한 변제기 이후의 지연손해금은 금전채무의 이행을 지체함으로 인한 손해의 배상으로 지급되는 것이어서 그 소멸시효기간은 원본채권의 그것과 같다(대법 2010.09.09, 2010다28031). 따라서 대여금 원금과 지연손해금은 모두 변제기인 2010.03.04.로부터 10년이 지난 2020.03.04. 자정에 소멸시효가 완성된다.

(2) 이자의 경우

1) 이자채권의 소멸시효 기간 : 乙은 甲에게 이자를 매월 4일에 50만원씩 지급하기로 약정하였으므로, 이는 민법 제163조 제1호 소정의 '1년 이내의 기간으로 정한 금전 또는 물건의 지급을 목적으로 하는 채권'에 해당하여, 3년의 단기소멸시효가 적용된다. 따라서 2010.02.04, 2010.03.04.에 각 지급하여야 할 이자는 각 이자지급일로부터 3년이 지난 2013.02.04, 2013.03.04.에 소멸시효가 완성된다.

2) 소멸시효 기간에 자백이 성립하는지 여부 : 丁은 이자채무의 소멸시효기간이 10년이라고 주장하였고 甲도 이를 다투지 않았으나, 어떤 시효기간이 적용되는지에 관한 주장은 권리의 소멸이라는 법률효과를 발생시키는 요건을 구성하는 사실에 관한 주장이 아니라 단순히 법률의 해석이나 적용에 관한 의견을 표명한 것이다. 이러한 주장에는 변론주의가 적용되지 않으므로 법원이 당사자의 주장에 구속되지 않고 직권으로 판단할 수 있으므로(대법 2017.03.22, 2016다258124), 당사자의 주장과 관계없이 3년의 단기소멸시효가 적용된다.

3. 甲의 시효중단의 재항변에 대한 판단

가압류는 민법 제168조 2호의 시효중단 사유이나 甲의 가압류 신청 후 결정 전에 乙이 사망하였으므로 가압류의 효력이 문제된다. 사망한 사람을 피신청인으로 한 가압류신청은 부적법하고 그 신청에 따른 가압류결정이 내려졌다고 하여도 그 결정은 당연무효로서 그 효력이 상속인에게 미치지 않으며, 이러한 당연 무효의 가압류는 소멸시효의 중단사유에 해당하지 않는다(대법 2006.08.24, 2004다26287·26294). 그러나 당사자 쌍방을 소환하여 심문절차를 거치거나 변론절차를 거침이 없이 채권자 일방만의 신청에 의하여 바로 내려지는 가압류결정의 특성상, 신청 당시 채무자가 생존하고 있었다면 그 결정 직전에 채무자가 사망함으로 인하여 사망한 자를 채무자로 하여 내려졌다고 하더라도 이를 당연무효라고 할 수 없다(대법 1993.07.27, 92다48017).

4. 소 결

사안에서 甲의 가압류신청은 2016.09.25. 있었고, 乙의 사망일은 2016.09.30.이며, 가압류결정은 2016.10.04. 있었는바, 가압류신청 시에는 乙이 생존하였으므로 가압류결정이 乙 사망 후에 있었다 하더라도 위 가압류결정은 무효라고 할 수 없다. 따라서 위 가압류신청에 기하여 가압류결정이 내려지고 집행이 완료된 이상, 가압류를 신청한 2016.09.25.에 시효중단의 효력이 생긴다(대법 2017.04.07, 2016다35451). 결국 丁은 甲에게 이미 시효소멸한 이자를 제외하고, 대여금 1억 원 및 이에 대하여 변제기 다음날인 2010.03.05.부터 갚는 날까지 월 0.5%의 비율로 계산한 지연손해금을 지급할 의무가 있다.

Ⅲ. 甲의 丙에 대한 청구에 관하여

1. 丙과 丁의 공동소송형태

사안에서 丁, 丙은 주채무를 공통의 법률상 원인으로 하므로 공동소송의 요건을 갖추었고, 실체법상 관리처분권을 공동으로 가지거나 소송법상 판결의 효력이 미치는 관계가 아니므로 통상공동소송 관계에 있다. 통상공동소송에서는 공동소송인 독립의 원칙이 적용되어(제66조), 공동소송인 가운데 한 사람의 소송행위는 유불리를 가리지 않고 원칙적으로 다른 공동소송인에게 영향을 미치지 않는다.

2. 공동소송인 독립의 원칙에 따른 丙에 대한 청구부분 판단

丙에 대하여는 소장이 공시송달되었으므로, 자백간주가 성립하지 않고(제150조 3항 단서), 甲이 청구원인 사실을 증명하여야 한다. 한편 공동소송인 독립의 원칙에 의해 대여금이 1억 원이라는 丁의 자백과 시효소멸의 항변은 丙에게 영향을 미치지 않는다. 결국 丙은 甲에게 8,000만 원 및 이에 대하여 대여일인 2010.01.05.부터 갚는 날까지 월 0.5%의 비율로 계산한 지연손해금을 지급할 의무를 부담한다.

Ⅳ. 설문의 해결

수소법원은 丁은 甲에게 1억 원 및 이에 대하여 2010.03.05.부터 갚는 날까지 월 0.5%의 비율로 계산한 돈을 지급하고, 丙은 丁과 연대하여 위 돈 중 8,000만 원 및 이에 대하여 2010.01.05.부터 갚는 날까지 월 0.5%의 비율로 계산한 돈을 지급하라는 판결을 선고하게 된다.

제1문의 2

Ⅰ. 설문 1 : 이행의 소의 당사자적격

1. 문제점

사안의 ①과 ②의 소송은 모두 이행의 소로서, 소송절차상 적법한지 여부는 이행의 소의 당사자적격을 어떻게 판단하는지에 달려 있다. 이하 말소등기청구와 이전등기청구의 당사자적격을 검토한다.

2. 이행의 소에서 피고적격의 판단

(1) 당사자적격의 의의

당사자적격이라 함은 특정의 소송사건에서 정당한 당사자로서 소송을 수행하고 본안판결을 받기에 적합한 자격을 말한다. 당사자적격은 소송요건으로서 법원의 직권조사사항이고 조사결과 그 흠이 발견된 때에는 판결로 소를 각하할 것이다.

(2) 이행의 소에서 당사자적격

이행의 소에서는 당사자적격은 원칙적으로 자기에게 이행청구권이 있음을 주장하는 자가 원고적격을 가지며 그로부터 이행의무자로 주장된 자가 피고적격을 가진다. 즉 주장자체로 피고적격 여부를 판단한다. 따라서 원고적격 피고적격자의 판단에 있어서 실체로 이행청구권자이거나 이행의무자일 것을 요구하지 않는다. 大法院도 원칙적으로 통설과 같이 원칙적으로 주장자체로 당사자적격을 판단한다. 다만 등기말소청구사건에서는 『등기의무자, 즉 등기부상의 형식상 그 등기에 의하여 권리를 상실하거나 기타 불이익을 받을 자(등기명의인이거나 그 포괄승계인)가 아닌 자를 상대로 한 등기의 말소절차이행을 구하는 소는 당사자적격이 없는 자를 상대로 한 부적법한 소』라고 하여 예외를 인정하고 있다.[1)]

3. 설문의 해결

(1) 乙을 상대로 한 말소등기청구

등기상 명의인이 아닌 乙을 상대로 한 말소등기청구는 부적법하다. 따라서 법원은 소각하판결을 한다.

(2) 乙을 상대로 한 이전등기청구

매매계약에 기한 이전등기를 구함에 있어서, 피고가 현재의 등기부상 소유명의자여야 할 필요는 없으므로 적법하다. 피고가 현 소유명의자가 아니라서 그 승소판결로써 원고가 곧바로 집행을 할 수 없다는 점은 소의 적법성과는 무관한 것이다.

Ⅱ. 설문 2 : 예비적 공동소송의 심판방법

1. 문제점

乙과 丁에 대한 甲의 청구가 법률상 양립불가하여 예비적 공동소송으로 적법한지를 검토하고, 설문

---

1) 대법 2009.10.15, 2006다43903

가와 관련해서는 예비적 공동소송의 심판방법에 따라 법원의 주문을 살펴보고, 설문 나에서는 예비적 피고 丁에 대한 청구가 인용된 것에 예비적 피고만이 항소한 경우 주위적 피고 乙에 대한 청구부분도 이심하여 심판의 대상이 되는지 살펴본다.

2. 예비적 공동소송의 적법여부

(1) 예비적 공동소송의 요건

예비적 공동소송은 ① 공동소송의 일반요건을 갖추어야 함은 물론이요, ② 공동소송인 가운데 일부의 청구가 다른 공동소송인의 청구와 법률상 양립할 수 없거나 공동소송인 가운데 일부에 대한 청구가 다른 공동소송인에 대한 청구와 양립할 수 없는 경우이어야 한다(제70조). 사안에서는 제65조 전문의 권리의무의 발생원인이 공통한 경우이므로 주관적 요건은 갖추었고, 객관적 요건과 관련하여 동종절차에서 심리할 수 있으며, 제25조 제2항의 관련재판적도 갖출 수 있는 경우이므로 문제가 없으나, 법률상 양립불가능한 경우인지 여부가 문제되는데 특히 실체법상 양립할 수 없는 경우는 물론 소송법상 양립할 수 없는 경우도 포함되는지 문제된다.

(2) 법률상 양립불가의 의미

判例는 "여기에서 '법률상 양립할 수 없다'는 것은, ① 동일한 사실관계에 대한 법률적인 평가를 달리하여 두 청구 중 어느 한 쪽에 대한 법률효과가 인정되면 다른 쪽에 대한 법률효과가 부정됨으로써 두 청구가 모두 인용될 수는 없는 관계에 있는 경우나, 당사자들 사이의 사실관계 여하에 의하여 또는 청구원인을 구성하는 택일적 사실인정에 의하여 어느 일방의 법률효과를 긍정하거나 부정하고 이로써 다른 일방의 법률효과를 부정하거나 긍정하는 반대의 결과가 되는 경우로서, 두 청구들 사이에서 한 쪽 청구에 대한 판단 이유가 다른 쪽 청구에 대한 판단 이유에 영향을 주어 각 청구에 대한 판단 과정이 필연적으로 상호 결합되어 있는 관계를 의미하며, ② 실체법적으로 서로 양립할 수 없는 경우뿐 아니라 소송법상으로 서로 양립할 수 없는 경우를 포함하는 것으로 봄이 상당하다"고 하여 소송법상 양립불가한 경우도 포함하고 있다.

(3) 사안의 경우

대법 2015.03.20, 2014다75202은 설문과 같은 사안에서 피고들에 대한 청구는 두 청구가 모두 인용될 수 없는 관계에 있거나 한쪽 청구에 대한 판단 이유가 다른 쪽 청구에 대한 판단 이유에 영향을 주어 각 청구에 대한 판단 과정이 필연적으로 상호 결합되어 있는 관계에 있어서 모든 당사자들 사이에 결론의 합일확정을 기할 필요가 인정되므로, 피고들에 대한 청구는 민사소송법 제70조 제1항에서 정한 주관적·예비적 공동소송이라 하였다.

3. 설문 가 : 예비적 공동소송의 심판방법

(1) 필수적 공동소송의 심판절차 준용

1) 소송자료의 통일 : 예비적 공동소송에는 제70조 1항에서 당사자가 소의 취하, 청구의 포기·인낙, 재판상 화해를 할 수 있다는 것 이외에는 필수적 공동소송의 심판절차에 의한다고 규정하고 있다. 따라서 공동소송인 한사람의 소송행위는 전원의 이익을 위해서만 효력이 있고, 상대방의 소송행위는 유불리를 막론하고 전원에게 효력이 발생한다.

2) 소송진행의 통일 : 공동소송인 가운데 1인에게 소송절차를 중단 또는 중지하여야 할 사유가 있는 경우에는 전원에게 효력이 미치고(67조 3항, 70조 1항), 판결의 모순을 막기 위하여 변론의 분리는 허용되지 않고, 일부판결은 불허된다. 나아가 상소기간은 각 공동소송인에게 개별적으로 진행하나, 전원에 대해 만료되기까지는 판결이 확정되지 않고, 또한 1인의 상소로 전원이 이심하게 되며, 합일확정의 요청상 불이익변경금지 원칙이 적용되지 않는다.

(2) 소 결 : 합일확정 있는 판결선고

예비적 공동소송은 제70조 2항에 모든 공동소송인에게 판결을 선고하여야 하며, 필수적 공동소송의 심판방법을 준용하는 결과 합일확정 있는 판결이 선고되어야 한다. 결국 丁에게 대리권이 없었다면 甲의 乙에 대한 청구의 기각 및 丁에 대한 청구의 인용이 결론이다.

4. 설문 나 : 항소심의 심판범위

(1) 항소심으로 이심의 범위

법률상 양립할 수 없는 공동소송인 사이의 분쟁관계를 모순 없이 통일적으로 해결함으로써 재판의 통일을 기하려는 제도의 취지상 비록 원고가 주위적 피고 甲에 대해 패소한 1심 판결에 대하여 항소하지 않았어도 원고의 주위적 피고에 대한 청구도 확정이 차단되고 이심된다.

(2) 항소심의 심판의 대상

① 항소심에서의 변론은 당사자가 제1심 판결의 변경을 청구하는 한도 안에서만 할 수 있도록 규정되어 있으므로 이러한 불이익변경금지의 원칙상 항소의 대상이 되지 아니한 주위적 청구를 주위적 피고에게 불이익하게 변경하는 판결을 할 수 없다는 견해도 있으나(홍준호), ② 통설과 判例는 합일확정 요청상 불이익변경금지 원칙이 적용되지 아니하므로, 원고의 주위적 청구도 항소심의 심리대상이 되고, 심리결과 원고의 주위적 피고에 대한 청구가 이유 있으면 원심판결을 취소하여 원고의 주위적 피고에 대한 청구를 인용하고, 원고의 예비적 피고에 대한 청구를 기각하여야 한다는 입장이다(대법 2011.02.24. 2009다43355).

(3) 소 결

위 사안에서, 비록 甲은 항소하지 않았지만, 甲-乙 간의 법률관계와 甲-丁 간의 법률관계는 일치되도록 판결이 내려져야 한다. 그러므로 항소심의 사실인정에 따라서 甲의 丁에 대한 청구를 기각한다면 비록 甲의 항소가 없었어도 甲의 乙에 대한 청구는 甲에게 유리하게 甲 승소로 변경될 수 있다.

제1문의 3

Ⅰ. 문제 1. : 보증금반환과 목적물반환 사이의 관계/ 채권양도에 대하여 이의를 유보하지 않은 채무자 승낙의 효력/ 공동임대인의 보증금반환채무의 성질

1. 쟁점

보증금채권의 양도성 및 양도의 효과, 보증금반환과 목적물반환 사이에 동시이행관계가 있는지, 채권양도에 대하여 채무자가 이의 없는 승낙을 한 경우의 효과, 공동임대인의 보증금반환채무의 성질 등이 쟁점이다.

2. 보증금반환채권의 양도성 및 양도의 효과

임차권은 임대인의 동의 없이 양도할 수 없으나(제629조), 임대차보증금반환채권은 임차권과 달리 임대인의 동의 여부와 무관하게 양도할 수 있다. 채권이 양도되면 채권은 동일성을 유지하면서 양수인에게 이전되므로 채무자는 양도인에 대하여 대항할 수 있는 사유로 양수인에게 대항할 수 있는 것이 원칙이다. 양수인이 채무자에게 양도채권을 행사하기 위해서는 양도인의 통지나 채무자의 승낙 등 대항요건을 갖추어야 한다.

사안의 경우, 임차인 丙은 2019. 11. 15. 보증금채권을 丁에게 양도하였고, 채무자인 甲과 乙은 채권양도를 승낙하여 대항요건을 갖추었으며, 임대차는 2020. 1. 9. 기간만료로 종료되었으므로 丁의 보증금반환 및 지연손해금 청구는 일응 허용된다.

3. 甲과 乙의 ①항변의 당부

(1) 보증금반환과 목적물반환 사이의 동시이행관계

임대인의 보증금 반환의무는 임대차관계가 종료되는 경우에 그 보증금 중에서 목적물을 반환받을 때까지 생긴 연체차임 등 임차인의 모든 채무를 공제한 나머지 금액에 관하여서만 비로소 이행기에 도달하여 임차인의 목적물반환 의무와 서로 동시이행의 관계에 있다.[2] 동시이행의 항변권을 소송상 행사한 경우에는 법원은 상환급부판결을 하여야 한다.

(2) 채권양도에 대한 채무자의 이의 없는 승낙의 효력

이의를 보류하지 아니하고 승낙을 한 때에는 양도인에게 대항할 수 있는 사유로써 양수인에게 대항하지 못한다(제451조 제1항). 제451조는 채무자의 승낙이라는 사실에 공신력을 주어 양수인을 보호하고 거래의 안전을 꾀하기 위한 규정이다.[3] 채무자가 양도인에게 대항할 수 있는 사유로서 양수인에게 대항할 수 없는 사유란 채권의 성립, 존속, 행사를 저지하거나 배척하는 사유를 말한다.[4] 동시이행의 항변권도 행사를 저지하는 사유로서 상실되는 항변사유에 포함된다. 그러나 제451조 제1항이 승낙에 공신력을 부여하는 취지이므로 양수인은 이의를 보류하지 아니한 승낙을 신뢰한 자이어야 한다. 양수인이 채무자의 항변사유에 대하여 악의이거나 중대한 과실이 있는 경우에는

2) 대법원 1987. 6. 23. 선고 87다카98 판결
3) 대법원 1997. 5. 30. 선고 96다22648 판결
4) 대법원 1994. 4. 29. 선고 93다35551 판결

채무자는 양도인에게 주장할 수 있는 항변사유로 양수인에게 대항할 수 있다.[5]

(3) 사안의 경우

甲과 乙이 보증금반환채권 양도에 관하여 이의를 유보하지 아니하고 승낙을 하였지만, 丙은 보증금채권을 양도하면서 양수인 丁에게 임대차계약에 관하여 자세히 설명하였으므로 丁은 보증금반환채권과 목적물반환 사이에 동시이행 관계가 있음을 알고 있거나 몰랐더라도 중대한 과실이 있다고 보아야 한다. 甲과 乙의 동시이행의 항변은 타당하다.

4. 甲과 乙의 ②항변의 당부

(1) 공동임대인의 보증금반환채무의 성질

수인이 공동으로 향유하는 이익의 대가로서의 성질을 가지는 채무는 불가분채무이다. 공동임대인의 보증금반환채무는 성질상 불가분채무이다.[6] 불가분채무에 관해서는 연대채무에 관한 제413조가 준용되므로 각 불가분채무자는 채무 전부를 각자 이행할 의무가 있다.

(2) 동시이행관계에서 지연손해금이 발생하는지 여부

동시이행관계의 효과로서 임대인이 보증금을 반환하지 않더라도 임차인이 목적물반환의무의 변제제공이 있을 때까지 이행지체책임을 지지 않는다.

(3) 사안의 경우

보증금반환채무는 불가분채무이므로 분할채무임을 전제로 하는 甲과 乙의 항변은 부당하다. 그러나 甲과 乙의 보증금반환의무는 丙의 목적물반환의무와 동시이행관계에 있고, 丙이 X건물을 인도하지 않고 있으므로 지연손해금이 발생하지 않는다. 이 부분의 甲과 乙의 주장은 타당하다.

5. 결론

법원은 甲과 乙은 丙으로부터 X건물을 인도받음과 동시에 공동하여 丁에게 3억 원을 지급하라는 상환급부판결을 하여야 한다.

II. 문제 2. : 공동보증인 상호간 구상권 인정요건 및 구상범위

1. 쟁점

A의 B와 C에 대한 구상권의 근거가 공동보증인 상호간의 구상권인지 변제자대위권인지, 구상권 및 변제자대위권이 인정되기 위한 요건, 연대보증인과 물상보증인의 지위를 겸하는 자는 부담부분 산정시 1인으로 보아야 하는지, 구상권과 변제자대위권의 범위 등이 쟁점이다.

2. A의 B와 C에 대한 구상권의 근거

수인의 공동보증인이 연대보증인인 경우에 어느 보증인이 자기의 부담부분을 넘은 변제를 한 때에는 연대채무의 구상권 규정을 준용한다(제448조 제2항). 한편, 변제할 정당한 이익이 있는 자는 변제로 당연히 채권자를 대위한다(제481조). 채권자를 대위한 자는 자기의 권리에 의하여 구상할 수

5) 대법원 1999. 8. 20. 선고 99다18039 판결
6) 대법원 1998. 12. 8. 선고 98다43137 판결

있는 범위에서 채권 및 그 담보에 관한 권리를 행사할 수 있다(제482조 제1항).

사안의 경우, A는 B와 C와 함께 甲과 乙이 부담하는 보증금반환채무를 연대보증 하였으므로 공동보증인이고, 동시에 변제할 정당한 이익이 있는 자이므로 A는 제448조에 따라 구상권을 행사할 수 있는 지위에 있으며, 동시에 채권자를 대위하여 채권 및 담보에 관한 권리를 행사할 지위에 있다.

3. A의 B와 C에 대한 구상권의 발생

(1) 공동보증인의 구상권 및 변제자대위권의 발생요건

공동보증인이 구상권을 취득하기 위해서는 자기의 부담부분을 넘은 변제를 하여야 하고, 그로 인하여 공동의 면책이 있어야 한다. 한편, 공동보증인이 다른 공동보증인들에게 채권자를 대위하기 위해서는 부담부분을 초과하는 대위변제로 인하여 구상권을 취득하여야 한다.7)

(2) A의 丁에 대한 변제의 효력

주채무자에 대한 채권양도 통지나 주채무자에 의한 승낙이 있으면 보증인에 대하여 별도의 채권양도 통지나 보증인의 승낙이 없다고 하더라도 채권양수인은 보증채권의 취득을 보증인에게 주장할 수 있다.8) 丁을 보증금채권 양수인이며, 채무자 甲과 乙의 승낙으로 대항요건을 구비하였으므로 연대보증인 A, B, C에 대해서 연대보증채권을 취득한 자이다. A의 丁에 대한 연대보증채무 변제는 유효하다.

(3) 소결

A는 유효하게 연대보증채무를 변제하였으며, 그로 인하여 B와 C는 연대보증채무를 면하였으므로 A는 B와 C에 대하여 제448조에 따라 구상권을 취득하며, 동시에 채권자 丁을 대위하여 B와 C에게 연대보증채권을 행사할 수 있다.

4. A의 B와 C에 대한 구상권 범위

(1) 구상권 및 변제자대위권의 범위 일반

공동보증인들의 구상채무는 분할채무이며, 각 공동보증인들의 부담부분 범위에서 구상의무를 부담한다. 한편, 보증인간, 보증인과 물상보증인의 변제자대위의 범위는 다른 특별한 약정이 없는 한 인원수 비례에 의한다(제482조 제2항 제5호).

(2) 연대보증인과 물상보증인의 지위를 겸하는 자의 지위

구상의 범위나 대위의 비율을 정할 때 연대보증인과 물상보증인의 지위를 겸하는 자를 1인으로 보아야 하는지 2인으로 보아야 하는지에 관해서는 견해의 대립이 있다. 판례는 1인으로 보아 구상의 범위나 대위의 비율을 정한다.9)

---

7) 대법원 2010. 6. 10. 선고 2007다61113·61120 판결
8) 대법원 2002. 9. 10. 선고 2002다21509 판결
9) 대법원 2010. 6. 10. 선고 2007다61113·61120 판결

(3) 구체적인 구상범위 및 변제자대위의 범위

공동연대보증인의 구상범위에 관해서는 제425조 제2항이 준용되는 결과 면책한 원금과 면책된 날 이후의 법정이자 및 피할 수 없는 비용 기타 손해배상이 포함된다. 한편, 변제자대위권은 구상권 확보를 위한 것이므로 구상범위에서 채권자를 대위할 수 있다.

(4) 구상채무의 지연손해금

공동연대보증인의 구상채무는 기한의 정함이 없는 채무이므로 이행청구를 받은 때부터 이행지체 책임이 발생하고, 지연손해금은 별도의 약정이 없는 한 법정이율에 의하여 산정한다.

(5) 사안의 경우

A, B, C의 부담부분은 균등하고, A가 B와 C에게 청구할 수 있는 구상범위에는 면책원금에 대한 법정이자가 포함될 수 있으나, A는 B와 C에게 면책원금에 대한 부담부분 비율에 따른 금액 및 그에 대한 지연손해금의 지급을 청구하고 있을 뿐이므로 이를 초과하는 부분은 처분권주의 원칙상 인용될 수 없다. 한편, A와 B, C 사이에는 별도로 지연손해금약정이 없고, 甲, 乙과 丙 사이의 지연손해금약정은 구상권을 행사하는 경우에 적용되는 것이 아니므로 A의 B와 C에 대한 청구 중 월1% 비율로 계산한 지연손해금청구는 연5% 비율로 계산한 지연손해금 청구부분 범위에서만 인용될 수 있다. 또한 지연손해금채무는 A가 B와 C에게 이행을 청구하는 의사가 담긴 소장부본이 송달된 다음 날부터 발생한다. 변제자대위권을 행사하는 때에도 그 범위는 구상범위를 초과할 수 없으므로 구상권을 행사하는 경우와 마찬가지이다.

5. 결론

법원은, B와 C는 각각 1억 원 및 그에 대한 2020. 3. 21.부터 다 갚는 날까지 연5%의 비율로 계산된 지연손해금을 지급하라는 일부인용판결을 하여야 한다.

2. 제3차 모의시험 제2문

목 차

제2문의 1

Ⅰ. 문제 1. : 대표권 제한 정관에 위반한 법인 대표자의 대표행위의 효력

1. 결론

乙법인 등기부에 대표권 제한 정관이 등기된 경우에는 乙법인과 甲의 매매는 무권대표로서 무효이지만, 乙법인 등기부에 대표권 제한 정관이 등기되지 아니한 경우에는 乙법인과 甲의 매매는 유권대표로서 유효이다.

2. 이유

(1) 이 사건 매매계약이 乙법인의 권리능력 및 행위능력 범위 내의 행위인지 여부

법인은 법률의 규정에 좇아 정관으로 정한 목적의 범위 내에서 권리와 의무의 주체가 된다(제34조). 법인은 정관의 목적 범위 내에서 권리능력 및 행위능력을 가지는데, 乙법인은 전통 문화예술품의 수집, 보존, 전시 등을 목적으로 하는 비영리법인으로서 고서화인 김홍도 선생의 산수화 1점을 매수하는 행위는 정관의 목적 범위 내의 행위로서 乙법인의 권리능력 및 행위능력 범위 내의 행위이다.

(2) 이 사건 매매계약이 A의 대표권 범위 내의 행위인지

법인의 대표자는 다른 특별한 사정이 없는 한 법인의 권리능력 및 행위능력 범위 내의 행위에 관한 대표권을 가진다. 그러나 대표권은 정관으로 제한할 수 있고(제41조), 대표자는 정관에 규정한 취지에 위반할 수 없다.

사안의 경우, 乙법인 정관에 법인 명의로 재산을 취득하는 경우 이사회의 심의, 의결을 거쳐야 한다는 규정이 있으며, 이는 대표권 제한 정관으로 A의 행위는 정관에 규정한 취지에 위반한 것으로 무권대표로 되는지 문제된다.

(3) 대표권 제한을 甲에게 대항할 수 있는지 여부

이사의 대표권에 대한 제한은 등기하지 아니하면 제3자에게 대항하지 못한다(제60조). 대표권 제한 정관이 등기되지 아니한 경우 그와 같은 사정을 알고 있는 제3자에게도 대항할 수 없는지에 관해서는 견해의 대립이 있다. 판례는, 제60조가 선의의 제3자로 제한하지 않고 있다는 점, 법인에 관한 다른 등기규정도 선의의 제3자로 제한하지 않고 있다는 점, 법인을 둘러싼 법률관계를 획일적으로 처리해야 할 필요가 있다는 점, 대표권 제한에 관한 등기를 강제하기 위해서는 법인에게 불이익을 부과할 필요가 있다는 점, 대표권남용이론이나 신의칙에 의하여 악의상대방이 보호되는 것을 제한할 수 있다는 점을 근거로 악의의 제3자에 대해서도 대항할 수 없다고 한다.[1)]

사안의 경우, 매매의 상대방인 甲이 乙법인의 대표권 제한 정관을 알고 있었지만, 乙법인의 등기부에 대표권 제한등기가 없었다면 乙법인은 대표권 제한으로 甲에게 대항할 수 없는 결과 甲과 乙의 매매는 유권대표로서 유효하다. 그러나 대표권 제한등기가 있었다면 A의 매매계약 체결행위는 무권대표로서 乙법인이 추인하지 않는 한 효력이 없다.

---

1) 대법원 1992. 2. 14. 선고 91다24564 판결

II. 문제 2. : 매도인 담보책임에 따른 매수인의 해제가능성/ 착오취소가능성

1. 특정물 하자로 인한 해제가능성(제580조)

(1) 해제권의 발생

특정물매매에서 매매목적물의 하자를 원인으로 매수인이 계약을 해제하기 위해서는, ㉠매매 당시에 특정물에 하자가 존재하여야 하고, ㉡매수인은 하자에 관하여 선의, 무과실이어야 하며, ㉢하자로 인하여 매매계약의 목적을 달성할 수 없어야 한다. 매도인의 하자담보책임은 무과실책임이므로 매도인이 하자에 관하여 귀책성이 있어야 하는 것은 아니다.

(2) 해제권의 제척기간

매도인 담보책임에 따른 매수인의 권리는 매수인이 그 사실을 안 날로부터 6월내에 행사하여야 한다(제582조). 이 기간은 제척기간으로 재판 외의 권리행사로도 준수가 가능한 기간이며, 반드시 소송을 제기하여야 하는 기간은 아니다.2)

(3) 사안의 경우

이 사건 매매계약은 단원의 진품임을 전제로 한 계약인데, 위작임이 판명되었으므로 매매목적물에 하자가 존재하는 것으로 보아야 하고, 乙법인의 대표자 A는 한국고미술협의의 감정서를 신뢰하였으므로 과실이 있다고 할 수 없으며, 계약의 목적을 달성할 수 없으므로 乙법인은 제580조에 따라 해제권을 취득한다. 한편, A는 2019. 3. 3. 한국미술품감정평가원으로부터 위작이라는 회신을 받아 하자를 알게 되었으며, 그때로부터 6월 제척기간이 경과하지 아니한 2019. 7. 1. 乙법인은 甲에 대한 해제의 의사표시를 도달시키는 방법으로 위 매매계약의 구속력에서 벗어날 수 있다.

2. 착오취소가능성(제109조)

(1) 착오취소권의 발생

착오를 이유로 취소권이 발생하기 위해서는, ㉠의사표시에 착오가 있어야 하고, ㉡그 착오는 법률행위 내용의 중요부분에 관한 착오여야 하며, ㉢표의자에게 중대한 과실이 없어야 한다. 의사표시를 형성하는 과정에서 동기의 착오가 발생한 경우, 그 착오가 법률행위 내용의 착오로 되기 위해서는 동기를 의사표시의 내용으로 삼을 것을 상대방에게 표시하고 의사표시의 해석상 법률행위의 내용으로 되어 있다고 인정되면 제109조가 적용될 수 있고, 더 나아가 그 동기를 의사표시의 내용으로 삼기로 하는 합의까지 이루어질 필요는 없다.3) 그러나 동기의 착오가 중요한 부분에 관한 것이어야 취소가 가능하다.4)

(2) 착오취소권의 행사

취소권은 추인할 수 있는 날로부터 3년 내에, 법률행위를 한 날로부터 10년 내에 행사하여야 한다(제146조).

---

2) 대법원 1985. 11. 12. 선고 84다카2344 판결
3) 대법원 1998. 2. 10. 선고 97다44737 판결
4) 대법원 1998. 2. 10. 선고 97다44737 판결

(3) 하자담보책임에 따른 해제권과 착오취소권의 관계

하자담보책임에 따른 해제권이 착오취소권의 특별규정이라고 보는 견해가 있으나, 판례는 착오로 인한 취소 제도와 매도인의 하자담보책임 제도는 취지가 서로 다르고, 요건과 효과도 구별된다는 점을 근거로 매매계약 내용의 중요 부분에 착오가 있는 경우 매수인은 매도인의 하자담보책임이 성립하는지와 상관없이 착오를 이유로 매매계약을 취소할 수 있다고 한다.[5]

(4) 사안의 경우

A의 착오는 매수의사를 형성하는 과정에서의 착오이지만, 진품임이 계약의 내용으로 표시되었고, 매매계약의 중요한 부분을 구성하며, A에게 중대한 과실이 있다고 볼 수 없으므로 乙법인의 착오취소권이 발생한다. 乙법인의 취소권의 제척기간이 도과하지 않았으며, 乙법인에게 하자담보책임에 따른 해제권이 인정되더라도 착오취소권이 제한되는 것은 아니므로 乙법인은 착오를 이유로 매매계약을 취소하여 매매계약의 구속력에서 벗어날 수 있다.

Ⅲ. 문제 3. : 동산양도담보의 법적 성격/ 선의취득의 요건

1. 결론

법원은, 丙의 인도청구를 기각하여야 한다.

2. 근거

(1) 쟁점

乙법인과 丙 사이의 합의가 양도담보설정합의인지, 양도담보의 법적 성격, 양도담보제공자의 처분행위로 인하여 상대방이 소유권을 취득하기 위해서는 선의취득의 요건을 갖추어야 하는지가 쟁점이다.

(2) 乙법인과 丙의 합의의 법적 성질

乙법인은 자용금채무의 담보를 위하여 단원신수화를 양도하기로 합의하고, 점유개정의 방법으로 乙법인이 계속 점유하기로 약정하였는데, 이는 양도담보설정의 합의를 한 것으로 해석된다. 양도담보는 신탁적 소유권이전의 성질을 가지며,[6] 양도담보물에 관한 소유권은 양도담보제공자와 양도담보권자 사이에는 양도담보제공자에게 제3자에 대한 관계에서는 양도담보권자에게 귀속된다. 丙은 丁에 대하여 소유권자의 지위를 가지므로 丁이 별도로 소유권취득원인을 가지고 있지 않는 한 소유물반환청구를 할 수 있다.

(3) 丁의 선의취득 인정 여부

양도담보제공자인 乙법인은 대외적 관계에서 소유권자가 아니므로 乙법인으로부터 양도담보목적물인 단원산수화를 매수한 丁은 선의취득의 요건을 갖추었을 때에 소유권을 취득한다. 선의취득이 인정되기 위해서는, 공시수단이 점유인 동산을 점유하는 양도인이 정당한 권리자가 아니어야 하며, 유효한 거래행위에 의하여 양수인이 평온, 공연, 선의, 무과실로 점유개정 이외의 방법으로 동산의

5) 대법원 2018. 9. 13. 선고 2015다78703 판결
6) 대법원 1999. 9. 7. 선고 98다47283 판결

점유를 취득하여야 한다(제249조). 丁은 양도담보 사실을 알 수 없었으므로 선의, 무과실로 단원 산수화를 인도받았으므로 인도받음과 동시에 선의취득에 의하여 소유권을 취득하고, 양도담보권자 丙은 양도담보권을 상실한다.

(4) 사안의 경우

丁의 선의취득이 인정되는 결과 丙이 양도담보권자로서 대외적 소유자임을 전제로 하는 인도 청구는 허용되지 않는다.

제2문의 2

Ⅰ. 문제 1. : 제3자간 등기명의신탁에서 명의신탁자의 소유명의취득방법

1. 결론

甲의 乙과 丙에 대한 청구는 모두 인용된다.

2. 근거

(1) 쟁점

甲과 乙 사이의 명의신탁의 유형, 3자간등기명의신탁에서 명의신탁약정 및 명의신탁등기의 효력, 甲과 丙 사이의 매매계약의 효력 및 甲의 丙에 대한 매매를 원인으로 하는 소유권이전등기청구권의 소멸시효 완성 여부 등이 쟁점이다.

(2) 甲과 乙 사이의 명의신탁의 유형

甲은 丙과 X토지에 관한 매매계약을 체결하고, 1/2 지분에 관하여 乙의 승낙 아래 乙명의로 등기를 하였다. 사실상 소유권을 취득한 甲이 1/2 지분에 관하여 乙명의로 등기한 것이므로 3자간 등기명의신탁에 해당한다.

(3) 甲과 乙의 명의신탁약정 및 乙명의 지분등기의 효력

명의신탁약정은 무효로 한다(부동산실명법 제4조 제1항). 명의신탁약정에 따른 등기로 이루어진 부동산에 관한 물권변동은 무효로 한다(부동산실명법 제4조 제2항 본문). 甲과 乙 사이의 1/2 지분에 관한 명의신탁약정은 무효이고, 위 약정에 기한 乙명의의 1/2 지분이전등기도 무효이며, X토지의 1/2 지분소유자는 매도인 丙이다. 이는 X토지가 X1토지와 X2토지로 분할되었더라도 마찬가지이다.

(4) 甲과 丙의 매매계약의 효력 및 甲의 丙에 대한 소유권이전등기청구권의 소멸시효

부동산실명법은 매도인과 명의신탁자 사이의 매매계약의 효력을 부정하는 규정을 두고 있지 아니하므로 매매계약은 유효하다.[7] 명의신탁자의 매도인에 대한 소유권이전등기청구권은 인정되고,

---

7) 대법원 1999. 9. 17. 선고 99다21738 판결

이는 비록 채권적 청구권이지만 매수인인 명의신탁자가 목적부동산을 인도받아 사용, 수익하고 있는 동안에는 소멸시효가 진행하지 않는다.[8)]

사안의 경우, 甲과 丙 사이의 매매계약은 유효하고, 甲은 X토지에 관한 소유권이전등기청구권을 취득하는데, 甲명의로 등기가 마쳐지지 않은 1/2 지분에 관한 소유권이전등기청구권을 여전히 존속하고 있다. 한편, 매매계약이 체결된 때로부터 10년의 소멸시효기간이 경과하였지만, 甲이 X토지를 사용, 수익하고 있었으므로 甲의 丙에 대한 1/2 지분이전등기청구권의 소멸시효는 진행하지 않는다.

(5) 甲의 실명등기방법

명의신탁자 甲은 명의신탁약정이 무효이므로 명의신탁약정 해지를 원인으로 乙을 상대로 지분이전등기를 청구할 수는 없다. 그러나 甲이 매도인 丙에 대하여 매매계약에 따른 1/2지분이전등기청구권을 가지고 있고, 丙은 X토지의 1/2 지분소유자로서 원인무효인 乙명의의 1/2 지분이전등기말소청구권을 가지고 있으므로 甲은 丙을 대위하여 乙을 상대로 1/2 지분이전등기말소를 청구할 수 있다. 한편, 甲은 丙을 상대로 매매계약을 원인으로 1/2 지분이전등기를 청구할 수 있다.

II. 문제 2. : 3자간등기명의신탁자가 3자간등기명의수탁자를 상대로 처분대금에 관한 부당이득반환을 청구할 수 있는지 여부

1. 결론

甲은 乙에게 수용보상금 1억 원을 반환하라고 청구할 수 있다.

2. 이유

(1) 쟁점

3자간등기명의신탁자가 명의수탁자를 상대로 수용보상금에 관하여 부당이득반환청구를 할 수 있는지가 쟁점이다.

(2) 부당이득반환청구권의 발생

부당이득반환청구권이 성립하기 위해서는 수익자에게 이득이 있어야 하고, 손실자에게 손실이 있어야 하며, 이득과 손실 사이에 인과관계가 있어야 하고, 수익자의 이득보유가 법률상 원인이 없어야 한다(제741조).

3자간등기명의신탁에 따라 명의수탁자가 소유자임을 전제로 새로운 이해관계를 맺은 자에 대해서는 명의신탁의 무효를 대항하지 못하므로(부동산실명법 제4조 제3항) 명의수탁자로부터 협의취득에 따라 소유권을 취득한 자는 정당하게 소유권을 취득하고, 수용보상금은 명의수탁자의 이득이 되며, 그 결과 명의신탁자의 매도인에 대한 소유권이전등기청구권은 이행불능이 되어 소멸하는데, 명의신탁자는 매도인에 대하여 재차 소유권이전등기를 청구하거나 이미 지급한 매매대금의 반환을 청구하는 것은 신의칙상 허용되지 아니하므로 명의신탁자에게 손실이 발생하고, 명의수탁자의 이득

---

8) 대법원 2013. 12. 12. 선고 2013다26647 판결

보유의 법률상 원인이 없으므로 명의신탁자는 명의수탁자에 대하여 수용보상금 등 처분대금에 대하여 부당이득반환을 청구할 수 있다.9)

(3) 사안의 경우

甲은 乙을 상대로 명의신탁약정을 원인으로 수용보상금의 반환을 청구할 수는 없다. 그러나 甲의 丙에 대한 1/2 지분이전등기청구권이 소멸하고, 그 결과 乙이 수용보상금을 취득하는 이익을 얻었으므로 부당이득반환을 원인으로 수용보상금의 반환을 청구할 수 있다.

제2문의 3

Ⅰ. 문제의 해설 : 근저당권설정계약에 대한 사해행위 취소판결의 효력이 근저당부동산 양수인에게 미치는지 여부/ 근저당부동산 양도가 사해행위가 되기 위한 요건/ 사해행위 취소에 따른 원상회복의 방법/ 가액배상금 산정방법/ 가액배상의무의 지연손해금 발생시점

1. 쟁점

근저당권설정계약에 대한 사해행위 취소판결의 효력이 근저당부동산 양수인에게 미치는지, 근저당부동산 양도가 사해행위가 되기 위한 요건, 사해행위 취소에 따른 원상회복의 방법, 가액배상금 산정방법 및 가액배상의무의 지연손해금 발생시점 등이 쟁점이다.

2. 甲과 丙 사이의 2015. 8. 1.자 매매계약이 戊에 대한 관계에서 사해행위가 되는지

사해행위란 책임재산을 감소시켜 채권자가 채권의 충분한 만족을 받을 수 없게 될 결과를 발생시키는 채무자의 재산적 법률행위를 말한다. 채무자가 유일한 재산인 부동산을 매각하여 소비하기 쉬운 금전으로 바꾸는 행위는 원칙적으로 사해행위에 해당한다.10) 근저당권이 설정된 부동산을 양도하는 경우, 양도 당시 근저당부동산의 가액이 근저당권의 피담보채권액을 초과하는 때에는 그 초과한 범위에서 사해행위에 해당한다.11)

사안의 경우, 戊는 甲에 대한 7억 원의 채권이 있고, X부동산은 甲의 유일한 재산으로 이를 丙에게 양도할 당시 X부동산의 시가는 5억 원이나 乙명의의 근저당권 피담보채권액은 2억 원이므로 甲의 丙에 대한 X부동산 양도행위는 戊에 대한 관계에서 사해해위에 해당한다.

3. 丙의 원상회복 방법 및 범위

사해행위 취소에 따른 원상회복은 원물반환이 원칙이고, 원물반환이 불가능하거나 현저히 곤란한 경우에는 가액배상의 방법에 의한다. 근저당권이 설정된 부동산에 관하여 사해행위가 이루어진 후 근저당권설정등기가 말소된 경우 부동산의 가액에서 근저당권의 피담보채무액을 공제한 잔액의

9) 대법원 2011. 9. 8. 선고 2009다49193, 49209 판결
10) 대법원 2015.10.29. 선고 2013다83992 판결; 대법원 1966. 10. 4 선고 66다1535 판결
11) 대법원 2001. 10. 9. 선고 2000다42618 판결

한도 내에서 일부취소와 가액배상을 청구하여야 하고,[12] 근저당권설정행위 등이 사해행위에 해당하여 채권자가 근저당권설정자를 상대로 제기한 사해행위 취소소송에서 채권자의 청구를 인용하는 판결이 선고되었다고 하더라도 사해행위 취소판결의 효력은 해당 부동산의 소유권을 이전받은 자에게 미치지 아니하므로 앞의 법리는 마찬가지로 적용된다.[13] 한편, 가액배상의무 이행의 상대방은 취소채권자이다.[14]

사안의 경우, 丙은 피담보채무 전액을 변제하고 乙명의의 근저당권설정등기를 말소하였으므로 원물반환은 불가능하고, 부동산의 시가 5억 원에서 근저당권의 피담보채권액인 2억 원을 공제한 잔액의 범위에서 가액배상의무를 부담한다.

4. 丙의 지연손해금 발생시점

가액배상의무는 사해행위의 취소를 명하는 판결이 확정된 때에 비로소 발생하므로 그 판결이 확정된 다음날부터 이행지체 책임을 지게 된다.[15] 사안의 경우, 피고 丙이 지연손해금의 발생시점을 소장부본 송달 다음 날이라고 자신에게 불리한 주장을 하였으나, 이에 관한 원고 甲의 원용이 없으므로 선행자백으로서의 효력이 생기지 않으므로 丙의 주장대로 지연손해금을 인용하여야 하는 것은 아니다.

5. 결론

법원은, 丙과 甲 사이 X부동산에 관한 2015. 8. 1.자 매매계약을 3억 원의 범위에서 취소하고, 丙은 戊에게 3억 원 및 위 금원에 대한 판결 확정 다음 날부터 다 갚는 날까지 연5% 비율로 계산한 돈을 지급하라는 일부인용판결을 하여야 한다.

12) 대법원 2001.12.11. 선고 2001다64547 판결
13) 대법원 2018. 6. 28. 선고 2018다214319 판결
14) 대법원 2008. 4. 24. 선고 2007다84352 판결
15) 대법원 2009. 1. 15. 선고 2007다61618 판결

3. 제3차 모의시험 제3문

목 차

[문제 1. 해설]

Ⅰ. 문제의 소재 (3점)

백지어음의 효력, 발행지 백지상태의 지급제시의 효력, 이중무권의 항변이 문제된다.1)

Ⅱ. 백지어음의 의의 (15점)

1. 백지어음의 의의

백지(白地)어음이란 후일 타인으로 하여금 보충시킬 의도로 **일부러 일부 어음요건을 흠결**시키면서 어음이 될 서면에 기명날인 또는 서명을 하여 발행한 미완성의 어음을 말한다.

2. 백지보충권의 존재

(1) 문제의 소재

백지보충권이 존재하는 백지어음인지 여부가 문제된다.

(2) 학설과 판례

학설은 객관설과 주관설 및 백지어음추정설이 대립하지만, 판례는 "① 백지어음추정설의 입장으로써, ② 백지어음이 아니고 **불완전어음으로서 무효라는 점에 관한 입증책임**이 있다"고 판시한 바 있다.2)

(3) 검 토

주관설은 어음거래안전에 반하고, 객관설은 어음행위자의 의사를 무시하므로 구체적 타당성을 기하는 **백지어음추정설(판례)이 타당**하다.

Ⅲ. 백지 보충 전 백지어음의 효력

1. 원칙

① 백지보충 전이라도 완성어음과 **동일한 어음의 양도방식(배서, 교부)**으로 양도할 수 있고, 백지보충권은 백지어음에 화체되어 있으므로 백지어음이 양도되면 보충권도 이전백지어음을 취득한 자는 권리를 행사하는 단계에서 백지를 보충하여 어음상 권리를 행사할 수 있다. ② **그러나 백지어음인 상태로 어음상 권리를 행사할 수 없으므로 지급제시의 효력도 인정되지 아니한다.**

2. 발행지 미보충의 경우

판례는 "발행지 백지어음의 경우 발행지의 보충 없이 지급제시하더라도 **국내어음이면 발행지가 어음상 권리관계에 영향을 주지 않으므로 유효**한 것으로 본다"고 한다.3)

---

1) **[사례 Tip]** 백지어음인지 여부 → 백지어음상의 권리이전→ 백지인 채로 지급제시의 효과(=항변) → 발행지미기재의 항변
2) 대법원 1984. 05. 22. 83다카1585 판결.
3) 대법원 1998. 04. 23. 선고 95다36466 판결

3. 소결

판례에 의하면, 발행지 **미보충 어음도 유효한 어음**으로 보아 **E의 갑에 대한 지급제시는 유효하다고 봄이 타당하다**.

Ⅳ. 갑의 이중무권의 항변 여부 (7점)

1. 의의

이중무권(二重 無權)의 항변이란 어음채무자와 그 후자 및 그 후자와 어음소지인 간의 원인관계가 모두 소멸하였음에도 어음소지인이 어음채무자에게 지급청구를 하는 경우 어음채무자가 그 이행을 거절하는 것을 의미한다.

2. 인정 여부

(1) 학설

이러한 항변을 부정하고 부당이득의 문제로 해결하자는 견해도 있으나,[4]이 경우 어음소지인이 어음에 관하여 **독립적인 이익**을 가지지 않으므로 어음채무자는 **어음금지급을 거절할 수 있다**고 봄이 타당하다(통설).

(2) 판 례 - 긍정설

어음의 배서인이 발행인으로부터 지급받은 어음금 중 일부를 다시 어음 소지인에게 지급한 사안에 대하여 판례는 "어음금청구를 받은 자는 종전의 소지인에 대한 인적 관계로 인한 항변으로써 소지인에게 대항하지 못하지만, 이와 같이 인적 항변을 제한하는 법의 취지는 ① 어음거래의 안전을 위하여 어음취득자의 이익을 보호하기 위한 것이므로 ② 자기에 대한 배서의 원인관계가 흠결됨으로써 어음소지인이 **그 어음을 소지할 정당한 권원이 없어지고, ③ 어음금의 지급을 구할 경제적 이익이 없게 된 경우**에는 **인적항변 절단의 이익을 향유할 지위에 있지 아니하다**고 보아야 할 것이다"라고 판시한 바 있다.[5][6] [안/소/경]

3. 소결

판례에 의하면, **E는 인적 항변 절단의 이익을 향유할 지위에 있지 아니하므로** 갑은 E에게 대항하여 어음금의 지급을 거절할 수 있다.

Ⅴ. 결론 (5점)

발행지 백지어음은 발행지의 보충이 없더라도 **유효한 어음으로 인정되므로 지급제시는 유효**하지만, 어음상 채무자 갑은 연속된 매매계약이 해제되었으므로 **이중무권의 항변을 통하여 E의 어음금 지급을 거절**할 수 있다.

---

4) **[사례 Tip]** 갑이 을에 대해 갖는 항변으로 선의의 병에게 대항 할 수 없고, 을병간의 항변은 후자의 항변으로서 갑이 이를 원용할 수 없으므로 이러한 이중무권의 항변은 항변법리에 의하면 인정되지 않는다.
5) 대법원 2003. 01. 10. 선고 2002다46508 판결.
6) 대법원 1984. 01. 24. 선고 82다카140판결.

[문제 2. 해설]

Ⅰ. 쟁 점 (2점)[7)]

의결권의 대리행사의 여부, 대리권의 포괄위임의 효력, 대리행사를 주주로 제한한 정관 규정의 유효성이 문제된다.

Ⅱ. 의결권 대리행사의 적법성 (5점)

1. 대리행사의 가능성

의결권 행사의 편의를 위한 것이므로 주식회사의 주주는 제368조 제2항에 따라 타인에게 의결권 행사를 위임하거나 대리인을 통하여 행사할 수 있다.

2. 포괄위임의 효력

학설은 대체로 주식회사의 주주는 의결권 행사를 포괄적으로 위임할 수 있다고 한다.

판례도 "① 주식회사에 있어서 주주권의 행사를 위임함에는 구체적이고 개별적인 사항에 국한한다고 해석하여야 할 근거는 없고 주주권행사를 포괄적으로 위임할 수 있다고 하여야 할 것이며 ② 포괄적 위임을 받은 자는 그 위임자나 회사 재산에 불리한 영향을 미칠 사항이라고 하여 그 위임된 주주권행사를 할 수 없는 것이 아니다"고 하여 마치 포괄적인 위임장을 제출하는 것이 가능한 것처럼 판시하고 있으나, 동 판시는 동일한 총회에서의 상이한 의안에 대한 것이다.[8)]

3. 소결

주주 C의 A에 대한 의결권의 대리 행사에 대한 포괄적인 위임이 가능하므로 A의 의결권의 대리 행사는 적법하다.

Ⅲ. 대리인을 주주로 제한한 정관 규정의 효력 (10점)

1. 학 설

학설은 ① '유효설'과 ② '무효설'이 있지만, ③ 대리인의 자격을 제한하는 정관의 규정은 원칙적으로 유효하나 법인 주주의 경우에는 직원, 개인 주주의 경우에는 가족까지 주주의 자격을 가지는 대리인으로 정하는 것은 허용될 수 없다는 '제한적 유효설'이 타당하다.

2. 판 례 – 제한적 유효설

① 대리인의 자격을 주주로 한정하는 취지의 주식회사의 정관 규정은 주주총회가 주주 이외의 제3자에 의하여 교란되는 것을 방지하여 회사이익을 보호하는 취지에서 마련된 것으로서 **합리적인 이유에 의한 상당한 정도의 제한이라고 볼 수 있으므로 이를 무효라고 볼 수는 없다**.[9)]

---

7) **[사례 Tip]** 채점기준표에는 '쟁점'이라고 기재되어 있다. 다만 문제의 소재, 쟁점의 정리, 문제의 제기, 문제점 등의 서술도 가능하다.
8) 대법원 1969. 07. 08. 선고 69다688 판결
9) 대법원 2001. 09. 07. 선고 2001도2917 판결.

② 그런데 위와 같은 정관규정이 있다 하더라도 주주인 국가, 지방공공단체 또는 주식회사 등이 그 소속의 공무원, 직원 또는 피용자 등에게 의결권을 대리행사하도록 하는 때에는 …… **주주인 국가, 지방공공단체 또는 주식회사 소속의 공무원, 직원 또는 피용자 등이 그 주주를 위한 대리인으로서 의결권을 대리행사하는 것은 허용되어야 하고 이를 가리켜 정관 규정에 위반한 무효의 의결권 대리행사라고 할 수는 없다.**[10] [국/공/주/공/직/피]

3. 소결

회사의 이익과 주주의 이익을 모두 고려하는 점에서 **판례와 제한적 유효설이 타당**하다. 따라서 주주 아닌 직원F의 의결권의 대리행사는 **주주총회를 교란할 사정이 없으므로** 적법하다.

Ⅳ. 결론 (3점)

의결권의 대리행사의 경우 포괄위임이 유효하고, 주식회사가 소속 직원에게 의결권 행사를 대리하도록 하는 것도 허용되므로 A와 F의 의결권 대리행사는 적법하다.

[문제 3. 해설]

Ⅰ. 쟁 점 (2점)

주식의 상호소유와 의결권 제한, 상호주의 판단 시점, 명의개서의 요부 등이 문제된다.

Ⅱ. 상호소유 주식의 의의와 의결권 제한 (7점)

1. 상호주의 의의

일방회사가 타방회사의 발행주식총수의 10분의 1을 초과하여 가지고 있는 경우 그 타방회사가 보유한 상대방회사의 주식도 의결권이 없다(제369조 제3항).

최근 판례는 상호주보유제한의 취지에 관하여 "상호주를 통해 **출자 없는 자가 의결권 행사를 함으로써 주주총회결의와 회사의 지배구조가 왜곡되는 것을 방지**하기 위한 것"이라고 판시한바 있다.[11]

2. 상호주의 범위

회사, 모회사 및 자회사 또는 자회사가 다른 회사의 발행주식의 총수의 10분의 1을 초과하는 주식을 가지고 있는 경우 그 다른 회사가 가지고 있는 회사 또는 모회사의 주식은 의결권이 없다(제369조 제3항).[12]

즉 모자회사가 합하여 다른 회사의 주식을 10%초과하여 보유하는 경우 다른 회사는 모회사에 대한 의결권이 제한되고 자회사에 대한 의결권은 제한되지 않는다.

---

10) 대법원 2009. 04. 23. 선고 2005다22701, 22718 판결.
11) 대법원 2009. 01. 30. 선고 2006다31269 판결.
12) **[사례 Tip]** 채점기준표에서는 '조문'을 그대로 기재하였는데, 수험의 전략상 조문을 그대로 쓰는 것보다 조문의 취지를 서술하는 것이 더 바람직하다.

3. 소결

甲, 乙회사는 모자회사로써 병회사 발행주식총수의 10%를 초과하여 보유한바, 제369조의 제3항에 일응 해당되어 보인다.

Ⅲ. 상호소유주식의 판단 (8점)

1. 문제점

상호주관계 즉 참가·피참가관계의 기준시점이 어느 때인지 문제된다.

2. 학설과 판례

학설은 ① 기준일설과 ② 주주총회개최일설이 대립한다.

판례는 상호주관계가 존재하는지 여부는 '기준일'이 아니라 '주주총회일'을 기준으로 실제로 소유하고 있는 주식수를 판단하여야 한다는 입장이다. 즉, "① **기준일제도는 계쟁회사의 주주권을 행사할 자를 확정하기 위한 제도**일 뿐, 상대방회사의 주주를 확정하는 제도가 아니므로, ② **기준일에는 상법 제369조 제3항이 정한 요건에 해당하지 않더라도, 실제로 의결권이 행사되는 주주총회일에 위 요건을 충족하는 경우에는 상법 제369조 제3항이 정하는 상호소유 주식에 해당하여 의결권이 없다**"고 판시한바 있다.[13]

3. 검토

판례에 따르면 기준일제도는 상대방회사의 주주를 확정하는 제도가 아니므로 계쟁회사의 기준일은 상호주판단의 기준이 될 수 없다(주주총회일설).

Ⅳ. 명의개서 요부

1. 문제점

상호주인지 여부에 대한 판단에 주주명부에 명의개시를 경료한 주식만을 기준으로 할 것인지 문제된다.

2. 학설과 판례

학설은 ① 의결권 유무를 판단함에 있어 명의개서가 안 된 주식은 대상이 될 수 없어서 명의개서를 요해야 한다는 견해[14]와 ② 명의개서를 요하지 않고 실질적인 주식취득으로 족하다는 견해가 있다(명의개서불요설).[15]

판례는 '명의개서불요설'의 입장에서 "주식 **상호소유 제한의 목적을 고려할 때**, 실제로 소유하고 있는 주식수를 기준으로 판단하여야 하며 **그에 관하여 주주명부상의 명의개서를 하였는지 여부와는 관계가 없다"고 판시한바 있다.**[16]

---

13) 대법원 2009. 01. 30. 선고 2006다31269 판결
14) 이철송.
15) 송옥렬, 손주찬.
16) 대법원 2009. 01. 30. 선고 2006다31269 판결

3. 소결

상호주규제의 취지가 **출자없는 회사의 지배방지**인데, 이러한 지배력의 행사는 명의개서와 무관하게 행사되므로 '명의개서 불요설'이 타당하다.

V. 결론 (3점)

甲회사의 자회사인 乙회사가 丙회사의 주식을 주주총회일 도래 전에 취득하여 甲과 乙회사가 가진 주식의 수를 합하여 주주총회일에는 丙이 발행주식총수의 10%를 초과하였으므로 명의개서를 하지 아니하였더라도 상호소유주식에 해당하여 의결권이 제한된다. 따라서 丙회사는 甲회사의 주식에 대하여는 의결권을 행사할 수 없다.

[문제 4. 해설]

Ⅰ. 쟁 점 (2점)

정회사가 전기부품부문을 분할하여 무회사에 합병하는 경우 분할전 정회사의 채무에 대하여 무회사가 연대책임을 부담하는지, 무회사의 G에 대한 채무의 소멸시효와 관련하여 그 기간과 기산점이 문제된다.

Ⅱ. 분할 전 회사의 채무에 대한 분할합병회사의 연대책임 (8점)

1. 연대책임 원칙 (4점)

분할회사와 승계회사는 분할 전의 분할회사 채무에 관하여 **연대하여 변제할 책임**이 있다(상법 530조의9 제1항).

2. 연대책임의 배제 가능 (2점)

분할합병의 경우에 분할회사는 분할합병 승인결의로 분할합병에 따른 출자를 받는 분할승계회사가 분할회사의 채무 중에서 **분할합병계약서에 승계하기로 정한 채무에 대한 책임만을 부담하는 것으로 정할 수 있다. 이 경우 분할회사는 분할합병승계회사가 부담하지 아니하는 채무에 대한 책임만을 부담**한다(제530조의 9 제3항).

3. 검토 (2점)

설문의 경우 무회사의 연대책임이 배제되는 특별한 사항이 없으므로 **무회사는 분할 전 회사의 채무에 대해 정회사와 더불어 연대책임을 부담한다.**

Ⅲ. 분할합병회사가 부담하는 연대채무의 성질 및 소멸시효 (15점)

1. 연대채무의 성질 (5점)

판례에 의하면 "① 승계회사가 연대하여 부담하는 채무는 분할합병 전의 분할회사가 채권자에게 부담하는 **채무와 동일한 채무**이므로 ② 승계회사가 채권자에게 부담하는 연대채무의 소멸시효 **기간**

과 기산점도 분할회사가 채권자에게 부담하는 채무와 동일하다고 판시한바 있다.[17]

2. 소멸시효 기간 및 그 기산점 (10점)

(1) 소멸시효의 기간

채권자가 분할합병 전의 회사를 상대로 소를 제기하여 확정판결을 받아 소멸시효 기간이 연장된 뒤 분할합병이 이루어졌다면, 채권자는 **10년으로 연장된 해당 채권의 소멸시효 기간 내에서 분할합병회사를 상대로 연대책임을 물을 수 있다**(민법 제165조 제1항).

(2) 기산점

이 경우 소멸시효의 기산점도 분할합병등기일이 아니라 **이 사건 확정판결이 선고된 날인 2012. 6. 9.**로 보아야 한다.

Ⅳ. 결론 (5점)

G의 청구(2020. 9. 2.)는 이 사건 확정판결이 선고된 2012. 6.9.로부터 소멸시효 기간인 10년 이내에 이루어졌으므로 G의 청구는 인용될 것으로 판단된다.

17) 대법원 2017. 05. 30. 선고 2016다34687 판결

4. 제2차 모의시험 제1문

목 차

[제1문의 5]

Ⅰ. 문제의 해설 : 계약명의수탁자의 명의신탁재산 처분행위가 사해행위인지 여부

1. 결론

2. 이유

(1) 쟁점

(2) 甲과 乙 사이의 관계 및 甲의 X부동산 소유권 취득 여부

(3) 丁의 戊에 대한 채권자취소소송의 적법성

(4) 丁의 이 사건 청구가 채권자취소권의 행사요건을 구비하였는지 여부

제1문의 1

Ⅰ. 제1문의 1 문제 1. 설문 가. : 전소가 부적법한 경우 후소가 중복제소인지

1. 문제점

甲이 이행의 소를 제기하여 소송계속 중 압류 및 추심명령을 받은 채권자 丙이 별소로써 추심의 소를 제기한 경우 丙의 후소가 중복제소에 해당하는지 문제된다. 특히 甲이 원고적격을 잃어서 전소가 부적법한 경우에도 후소가 중복제소가 되는지 문제된다.

2. 중복제소의 의의

(1) 의 의

이미 계속 중인 사건과 동일한 사건에 대하여 당사자는 다시 소를 제기하지 못한다(제259조). 이는 심리의 중복으로 인한 판결의 모순·저촉 방지와 소송경제 측면에서 인정되는 제도이다.

(2) 중복제소의 요건

1) 요 건 : 중복제소가 되려면 ① 전소 소송계속 중 후소의 제기가 있을 것 ② 당사자가 동일할 것 ③ 소송물이 동일할 것을 요한다. 설문에서 전후소의 소송물은 모두 甲의 乙에 대한 매매대금 채권으로 소송물이 동일한 것에는 문제가 없으므로 나머지 요건을 살핀다.

3. 당사자가 동일한지 여부

당사자가 동일과 관련하여 압류 및 추심명령은 채무자가 제3채무자에 대하여 가지는 채권이 압류채권자에게 이전되거나 귀속되는 것은 아니어서 전후소의 당사자는 다르지만, 채무자가 제3채무자를 상대로 제기한 소송이 법원에 계속 중인데 채무자의 채권자가 동일한 소송물에 관하여 채권자대위소송을 제기한 경우도 중복제소에 해당한다는 것이 判例이므로(대법 1981.07.07, 80다2751), 기판력이 미치는 경우에는 실질적으로 동일한 당사자로 본다. 문제는 전소가 부적법한 경우에도 후소가 중복제소에 해당할지 이다.

4. 전소가 부적법한 경우 후소가 중복제소인지 여부

(1) 甲이 당사자적격이 있는지 여부

大法院은 압류 및 추심명령은 압류채권자 丙에게 채무자 甲의 제3채무자 乙에 대한 채권을 추심할 권능만을 부여하는 것일 뿐 채무자 甲의 제3채무자에 대한 채권이 丙에게 이전되거나 귀속되는 것은 아니지만(대법 2010.12.23, 2010다56067), 채권에 대한 압류 및 추심명령이 발령되면 채무자는 그 채권에 대하여 제3채무자를 상대로 이행의 소를 제기할 당사자적격을 상실하고 압류채권자가 제3채무자를 상대로 압류된 채권의 이행을 청구하는 소를 제기할 수 있는 갈음형 소송담당으로 보고 있다(대법 2000.04.11, 99다23888). 설문의 전소의 원고인 채무자 甲은 압류 및 추심명령이 발령되면 당사자적격을 상실하는 것으로 전소는 부적법하다.

(2) 후소가 중복제소인지 여부

1) 중복제소라는 입장 : ① 압류채권자 丙에게는 채무자 甲이 제3채무자들을 상대로 제기한 이행의 소에 민사소송법 제81조, 제79조에 따라 참가할 수 있는 길이 열려 있고, ② 별도로 추심의 소를 제기하는 것을 허용하는 것은 제3채무자에게 이중 응소의 부담을 지우는 결과가 되며, ③ 전소가 원고적격이 없는 사람이 제기한 부적법한 소라고 하더라도 그 소가 계속되어 있는 이상 후소인 이 사건 소는 여전히 중복된 소제기의 금지 원칙에 위배되어 부적법하다는 입장이다.

2) 중복제소가 아니라는 입장 : ① 압류채권자는 채무자가 제3채무자를 상대로 제기한 이행의 소에 민사소송법 제81조, 제79조에 따라 참가할 수도 있으나, 채무자의 이행의 소가 상고심에 계속 중인 경우에는 승계인의 소송참가가 허용되지 아니하고, 압류채권자가 채무자가 제기한 이행의 소에 참가할 의무가 있는 것도 아니며, ② 전소는 당사자적격이 없어 부적법 각하되어야 할 것으로 제3채무자에게 불합리하게 과도한 이중 응소의 부담을 지우고 본안 심리가 중복되어 당사자와 법원의 소송경제에 반한다거나 판결의 모순·저촉의 위험이 크다고 볼 수 없다. 나아가 ③ 압류채권자가 제3채무자를 상대로 제기한 추심의 소를 중복된 소제기에 해당한다는 이유로 각하한 다음 당사자적격이 없는 채무자의 이행의 소가 각하 확정되기를 기다려 다시 압류채권자로 하여금 추심의 소를 제기하도록 하는 것이 소송경제에 반할 뿐 아니라, 이는 압류 및 추심명령이 있는 때에 민사집행법 제238조, 제249조 제1항과 대법원판례에 의하여 압류채권자에게 보장되는 추심의 소를 제기할 수 있는 권리의 행사와 그에 관한 실체 판단을 바로 그 압류 및 추심명령에 의하여 금지되는 채무자의 이행의 소를 이유로 거부하는 셈이어서 부당하다. 따라서 중복제소가 아니라는 입장이다(대법(全) 2013.12.18, 2013다202120 판결의 다수견해).

(3) 검 토

생각건대 중복제소를 금하는 이유는 소송경제에 있는데, 만일 후소를 중복제소로 본다면 전소가 각하된 후 다시 甲이 추심의 소를 제기하도록 하면 오히려 소송경제에 반하고, 상고심에서는 참가승계가 불가하므로 파기환송된 후 참가승계 한다는 것 또한 소송을 지연시키는 사유에 해당한다. 따라서 중복제소가 아니라는 大法院의 다수견해가 타당하다고 본다.

5. 설문의 해결

검토한 바 丙의 추심의 소는 중복제소가 아니므로 법원은 피고들의 본안전항변을 배척하고 본안 심리에 나아가야 한다.

II. 제1문의 1 문제 1. 설문 나. : 소취하 후 시효중단의 효력

1. 법원의 판결

丙의 추심의 소는 인용되어야 한다.

2. 논 거

(1) 甲의 소제기에 따른 시효중단 효력이 추심채권자에게 미치는지 여부

채무자의 제3채무자에 대한 금전채권에 대하여 압류 및 추심명령이 있더라도, 이는 추심채권자

에게 피압류채권을 추심할 권능만을 부여하는 것이고, 이로 인하여 채무자가 제3채무자에게 가지는 채권이 추심채권자에게 이전되거나 귀속되는 것은 아니다. 따라서 채무자가 제3채무자를 상대로 금전채권의 이행을 구하는 소를 제기한 후 채권자가 위 금전채권에 대하여 압류 및 추심명령을 받아 제3채무자를 상대로 추심의 소를 제기한 경우, 채무자가 권리주체의 지위에서 한 시효중단의 효력은 집행법원의 수권에 따라 피압류채권에 대한 추심권능을 부여받아 일종의 추심기관으로서 그 채권을 추심하는 추심채권자에게도 미친다(대법 2019.07.25, 2019다212945). 따라서 甲의 이 사건 소 제기에 따른 시효중단의 효력은 추심채권자인 丙에게도 미친다.

(2) 소 취하와 시효중단효력 소멸시기

시효중단·기간준수의 효력은 소의 취하·각하로 소급하여 소멸한다(민법 제170조). 다만 소의 취하·각하에 의하여 소멸되어도 6월 내에 소의 제기, 압류 또는 가압류·가처분을 하면 최초의 소제기시에 중단된 것으로 본다(민법 제170조 2항). 그러므로 채무자가 제3채무자를 상대로 제기한 금전채권의 이행소송을 취하하였더라도, 위 이행소송의 계속 중에 피압류채권에 대하여 채무자에 갈음하여 당사자적격을 취득한 추심채권자가 위 소 취하로부터 6개월 내에 제3채무자를 상대로 추심의 소를 제기하였다면, 채무자가 제기한 재판상 청구로 인하여 발생한 시효중단의 효력은 추심채권자의 추심소송에서도 그대로 유지된다고 보는 것이 타당하다(대법 2019.07.25, 2019다212945).

(3) 사안의 해결

甲의 乙에 대한 대여사실이 인정되고, 丙이 추심채권자로서 추심의 소를 제기한 이상, 乙은 丙에게 위 대여원리금을 지급할 의무가 있다. 한편 乙은 시효소멸 항변을 하였는데, 위 대여원리금 채무는 다른 사정이 없는 이상, 민사채무로서 그 소멸시효는 변제기로부터 10년이 지난 2020. 3. 4. 완성되는 것이다. 그런데 丙은 "甲은 시효완성 전인 2020. 2. 11. 乙을 상대로 재판상 청구를 하였고, 甲이 2020. 5. 10. 소를 취하하였으나 그 전에 이미 丙이 추심명령을 받아 乙을 상대로 추심의 소를 제기하였으므로, 이는 소 취하로부터 6개월 내에 추심의 소를 제기한 것에 해당한다."는 시효중단의 재항변을 하는 바 양 주장이 모두 인정된다면 원고의 청구를 인용한다.

Ⅲ. 제1문의 1 문제 2. : 대위판결 후 다른 채권자가 받은 채권압류 및 전부명령의 효력

1. 법원의 판결

丁의 청구는 기각되어야 한다.

2. 논 거

(1) 대위판결 후 다른 채권자의 압류 가부

채권자가 자기의 금전채권을 보전하기 위하여 채무자의 금전채권을 대위행사하는 경우 제3채무자로 하여금 채무자에게 지급의무를 이행하도록 청구할 수도 있지만, 직접 대위채권자 자신에게 이행하도록 청구할 수도 있다. 그런데 채권자대위소송에서 제3채무자로 하여금 직접 대위채권자에게 금전의 지급을 명하는 판결이 확정되더라도, 대위의 목적인 권리, 즉 채무자의 제3채무자에 대한 피대위채권이 판결의 집행채권으로서 존재하고 대위채권자는 채무자를 대위하여 피대위채권에 대한 변제를 수령하게 될 뿐 자신의 채권에 대한 변제로서 수령하게 되는 것이 아니므로, 피대위채권이 변제 등으로 소멸하기 전이라면 채무자의 다른 채권자는 이를 압류·가압류할 수 있다.

(2) 대위판결 후 다른 채권자의 전부명령 가부

채권자대위소송이 제기되고 대위채권자가 채무자에게 대위권 행사사실을 통지하거나 채무자가 이를 알게 되면 민법 제405조 제2항에 따라 채무자는 피대위채권을 양도하거나 포기하는 등 채권자의 대위권 행사를 방해하는 처분행위를 할 수 없게 되고 이러한 효력은 제3채무자에게도 그대로 미치는데, 그럼에도 그 이후 대위채권자와 평등한 지위를 가지는 채무자의 다른 채권자가 피대위채권에 대하여 전부명령을 받는 것도 가능하다고 하면, ⅰ) 채권자대위소송의 제기가 채권자의 적법한 권리행사방법 중 하나이고 채무자에게 속한 채권을 추심한다는 점에서 추심소송과 공통점도 있음에도 그것이 무익한 절차에 불과하게 될 뿐만 아니라, ⅱ) 대위채권자가 압류·가압류나 배당요구의 방법을 통하여 채권배당절차에 참여할 기회조차 가지지 못하게 한 채 전부명령을 받은 채권자가 대위채권자를 배제하고 전속적인 만족을 얻는 결과가 되어, 채권자대위권의 실질적 효과를 확보하고자 하는 민법 제405조 제2항의 취지에 반하게 된다. 따라서 채권자대위소송이 제기되고 대위채권자가 채무자에게 대위권 행사사실을 통지하거나 채무자가 이를 알게 된 이후에는 민사집행법 제229조 제5항이 유추적용되어 피대위채권에 대한 전부명령은, 우선권 있는 채권에 기초한 것이라는 등의 특별한 사정이 없는 한, 무효이다(대법원 2016. 8. 29. 선고 2015다236547 판결).

(3) 사안의 해결

丁은 채권자대위권 행사 사실을 채무자가 알게 된 후 비로소 피대위채권에 관하여 채권압류 및 전부명령을 받았으므로, 압류명령은 효력이 있으나 전부명령은 무효이다. 전부명령이 무효인 이상 丁은 위 대여원리금 채권의 전부채권자가 아니므로 丁의 청구는 기각되어야 한다.

제1문의 2

Ⅰ. 제1문의 2 문제 1 : 통상공동소송의 항소심 심판범위

1. 문제점

甲이 乙과 丙을 상대로 한 공동소송의 형태와, 만일 통상공동소송이라면 항소심의 심판범위를 살펴 甲의 乙에 대한 청구까지 심판대상으로 삼은 것이 적법한지 살펴본다.

2. 설문의 공동소송 형태

乙이 피고가 된 것은 甲과 乙간의 매매계약에 따른 것이고, 丙이 피고가 된 것, 역시 甲의 乙에 대한 이전등기청구권을 원인으로 한 것으로 소송의 목적인 권리가 법률상 동일 원인으로 발생한 것으로 제65조의 주관적 요건을 갖추었고, 기타 객관적 요건에도 문제가 없으며, 乙과 丙에게 실체법상 관리처분권이 공동으로 귀속하는 경우도 아니요, 판결의 효력이 미치는 경우도 아니므로 통상공동소송에 해당한다.

3. 통상공동소송의 심판방법

(1) 공동소송인 독립의 원칙

1) 의 의 : 통상공동소송에 있어서 각 공동소송인은 다른 공동소송인에 의한 제한·간섭을 받지 않고 각자 독립하여 소송수행을 가지며, 상호간에 연합관계나 협력관계가 없는 것을 말한다(제66조).

2) 내 용 : 구체적으로 ① 당사자 지위의 독립성이 있고, ② 소송요건의 존부는 각 공동소송인마다 개별 심사처리하며, ③ 공동소송인 한 사람의 소송행위는 유리·불리를 가리지 않고 원칙적으로 다른 공동소송인에게 영향을 미치지 않으며, ④ 공동소송인의 한 사람에 중단사유가 생기면 다른 공동소송인에 영향이 없으며, 변론의 분리·일부판결을 할 수 있고, 공동소송인 중 1인 상소한 경우 상소불가분원칙의 적용이 없다. ⑤ 공동소송인간에 재판통일이 필요 없으며, 판결내용이 공동소송인들 상호간의 공격방법의 차이에 따라 모순되고 구구하게 되어도 상관없다.

(2) 통상공동소송의 상소심 심판범위

통상공동소송 관계의 판결에 대하여 공동소송인 중 일부에 대해서만 불복한 경우에는 그 부분만 상소심으로 이심이 되고 상소심의 심판권한의 범위도 당연히 그 부분에 한정된다. 따라서 불복하지 않은 부분에 대한 1심판결은 항소기간 만료일이 지남으로써 분리 확정되었다고 할 것이다. 그럼에도 불구하고 분리 확정된 피고에 대한 청구까지 항소심에 이심된 것으로 보고 판단한 것은 공동소송 및 항소로 인한 항소심 심판 범위 등에 관한 법리를 오해한 것이다(대법 2012.09.27, 2011다76747).

4. 설문의 해결

항소심 법원이 이미 확정된 乙에 대한 청구까지 항소를 기각한 것은 위법하다.

Ⅱ. 제1문의 2 문제 2 : 보조참가의 적법요건과 지위

1. 문제점

甲이 乙에 보조참가한 것이 적법한지 여부, 피참가인 乙이 명백히 다투지 않는 사실을 보조참가인이 다툴 수 있는지 살펴본다.

2. 甲의 보조참가 적법성

(1) 보조참가의 의의와 요건

보조참가란 타인간의 소송계속 중 소송결과에 대하여 법률상 이해관계가 있는 제3자가 일방 당사자의 승소를 보조하기 위하여 그 소송에 참가하는 경우를 말한다(제71조). 보조참가가 적법하기 위해서는 ① 타인간의 소송이 계속 중이고, ② 소송결과에 이해관계가 있고, ③ 소송절차를 현저히 지연시키지 않을 것과, ④ 일반적인 소송행위의 유효요건을 갖추어야 하며, ⑤ 보충성은 불필요한데, 설문은 소송결과에 이해관계가 있는지 문제된다.

(2) 소송결과에 이해관계가 있는지 여부

피참가인 乙이 승소하게 되면 매수인으로서 甲은 乙로부터 이전등기를 받을 수 있는 유리한 영향을 받는 경우에 해당하여 소송결과에 이해관계가 있다. 나아가 신청의 방식·참가이유의 유무에 대해서는 당사자의 이의가 있는 경우에 조사함이 원칙으로(제73조 1항), 甲의 보조참가는 적법하다.

3. 보조참가인이 피참가인과 어긋나는 소송행위 행사가부

참가인의 행위가 피참가인의 소송행위에 어긋나는 경우에는 그 선후와 상관없이 참가인의 소송행위는 효력을 가지지 아니한다(제76조 제2항). 피참가인에게 유리한 행위라도 효력이 없다. 그러므로 피참가인이 자백, 상소권의 포기 등을 하였다면 이와 반대되는 참가인의 소송행위는 무효이며, 보조참가인이 제기한 항소를 피참가인이 포기·취하할 수 있다. 이때 참가인의 소송행위가 피참가인의 소송행위에 어긋나는 경우라 함은 참가인의 소송행위가 피참가인의 행위와 명백히 적극적으로 배치되는 경우를 말하고 소극적으로만 피참가인의 행위와 불일치하는 때에는 이에 해당하지 않는 것인바, 피참가인인 피고가 원고가 주장하는 사실을 명백히 다투지 아니하여 민사소송법 제150조에 의하여 그 사실을 자백한 것으로 보게 될 경우라도 참가인이 보조참가를 신청하면서 그 사실에 대하여 다투는 것은 피참가인의 행위와 명백히 적극적으로 배치되는 경우라 할 수 없어 그 소송행위의 효력이 있다(대법 2007.11.29, 2007다53310).

4. 설문의 해결

甲의 변제항변은 피참가인에게도 효력이 미치므로, 법원은 丁의 청구를 기각하여야 한다.

제1문의 3

1. 문제점

甲이 승소한 말소등기청구소송의 기판력이 乙이 제기한 후소에 작용하는지 문제되고, 각 丙과 丁이 변론종결후의 승계인으로서 乙의 후소가 기판력에 저촉되는지 살펴본다.

2. 기판력이 작용하는지 여부

(1) 전소의 기판력의 발생

甲이 제기한 전소에서 甲의 乙에 대한 소유권에 근거한 말소등기청구권이 존재한다는 것에 기판력이 발생하였다.

(2) 丙에 대한 후소에 기판력이 작용하는지 여부

1) 判例의 입장 : 大法院은 『소유권이전등기말소소송의 승소 확정판결에 기하여 소유권이전등기가 말소된 후 순차 제3자 명의로 소유권이전등기가 마쳐졌는데 위 말소된 등기의 명의자가 현재의 등기명의인을 상대로 진정한 등기명의의 회복을 위한 소유권이전등기청구를 하는 경우 현재의 등기명의인은 위 확정된 전 소송의 사실심 변론종결 후의 승계인으로서 위 확정판결의 기판력은 그와 실질적으로 동일한 소송물인 진정한 등기명의의 회복을 위한 소유권이전등기청구에 모두 미친다』

고 판시하였다(대법 2003.03.28, 2000다24856).

2) 검 토 : 진정명의회복을 위한 소유권이전등기청구는 말소회복등기와 그 법적 근거와 목적이 동일하고 다만 등기형식이 다를 뿐이며, 이것이 허용된다면 역시 말소등기판결이 무의미하게 된다. 따라서 전소인 말소등기청구와 후소인 진정한 등기명의의 회복을 원인으로 하는 소유권이전등기청구의 소는 강학상 모순관계에 해당한다.

(3) 丁에 대한 청구에 기판력이 작용하는지 여부

乙의 丁에 대한 말소등기청구는 丁의 저당권등기가 원인이 없음을 주장하는 것이고, 이에 대하여 甲의 말소등기청구권존부는 후소의 선결문제로서 심리되어야 할 사항이다. 결국 전소에서 발생한 기판력은 乙의 丁에 대한 소에 선결관계로 작용한다.

3. 기판력에 저촉되는지 여부

(1) 丙과 丁이 변론종결 후의 승계인인지 여부

1) 변론종결 후 승계인의 의의 : 패소당사자가 소송물인 권리관계를 제3자에게 처분함으로써 기판력 있는 판결을 무력화시키는 것을 방지하고 승소원고를 보호하기 위하여, 변론종결한 뒤에 소송물인 권리관계에 관한 지위를 전주로부터 승계한 제3자, 즉 변론종결 후의 승계인에 대해서도 기판력이 미치는 것으로 하고 있다(제218조 제1항). ① 당사자로부터 소송물인 권리·의무 자체를 승계한 자는 당연히 기판력이 미치는 승계인의 범위에 속하며, ② 소송물인 권리의무 자체를 승계한 것은 아니나, 계쟁물에 관한 당사자적격을 당사자로부터 전래적으로 옮겨 받은 자도 승계인에 해당한다 할 것인데, 判例는 소송물인 원고의 청구가 대세적 효력을 갖는 물권적 청구권일 때에는 제218조 제1항의 승계인으로 되지만, 대인적 효력밖에 없는 채권적 청구권일 때에는 승계인이 되지 않는다고 한다(대법 1993.2.12, 92다25151).

2) 설문의 경우 : 전소에서 승소한 甲으로부터 丙과 丁은 계쟁물 승계인에 해당하고, 계쟁물 승계인의 경우 전소 원고의 청구가 물권적 청구권이었으므로 제218조 1항의 변론종결후의 승계인에 해당한다.

(2) 새로운 사정변경이 있는지

전소 변론종결 후에 乙이 새롭게 이전등기청구권이 발생할 새로운 사정변경은 존재하지 않는다.

4. 설문의 해결

乙의 丙과 丁에 대한 후소는 각각 기판력의 모순관계, 선결관계로서 작용하고, 丙과 丁은 변론종결 후의 승계인에 해당한다. 따라서 乙의 후소는 기판력에 저촉되어 판례의 모순금지설에 의해 기각되어야 한다.

제1문의 4

Ⅰ. 문제 1. : 공동근저당권의 확정사유 및 시기

1. 결론

법원은 丙의 청구를 기각하여야 한다.

2. 이유

(1) 쟁점

가등기담보권자에게 방해배제청구권이 인정되는지, 공동근저당권자가 어느 근저당권으로부터 우선변제를 받은 경우, 다른 근저당권이 확정되는지 등이 쟁점이다.

(2) 丙의 청구권 근거

가등기담보권자는 가등기담보목적물에 관하여 저당권자와 마찬가지로 담보물권자의 지위를 가지므로 가등기담보권의 실현을 방해하는 원인무효의 등기에 관하여 말소등기를 청구할 수 있다. X토지의 가등기담보권자 甲의 A농협에 대한 근저당권말소등기청구가 인용되기 위해서는 A농협의 근저당권등기가 원인무효의 등기여야 한다.

(3) A농협의 근저당권의 피담보채권이 확정되는지 여부

근저당권자가 적극적으로 경매를 신청한 때에는 경매신청 시에 근저당권의 피담보채권이 확정되고,[1] 근저당목적물에 제3자가 경매를 신청한 때에는 매각대금 완납 시에 근저당권의 피담보채권이 확정된다.[2] 공동근저당권의 경우, 피담보채권이 동일하므로 공동근저당권자가 어느 근저당권을 실행하여 경매가 개시된 때에는 경매신청 시에 다른 근저당권의 피담보채권도 확정되지만, 공동근저당권자가 제3자가 신청한 경매절차에서 소극적으로 참가하여 우선배당을 받은 때에는 해당 부동산의 근저당권은 매각대금 완납 시에 확정되지만, 나머지 목적 부동산에 관한 근저당권의 피담보채권은 다른 확정사유가 발생하지 아니하는 한 확정되지 아니한다.[3]

사안의 경우, A농협은 Y토지에 관한 후순위 근저당권자인 丁의 경매신청에 따라 그 당시의 피담보채권 전액을 우선배당을 받았으므로 X토지의 근저당권의 피담보채권이 확정되었다고 할 수는 없다.

(4) A농협의 甲에 대한 추가대출금채권이 X토지 근저당권의 피담보채권이 되는지 여부

근저당권은 다수의 불특정채권을 장래의 일정시기에 일정한 한도까지 담보하는 저당권을 말한다. 근저당권의 피담보채권이 확정되기 전에 피담보채권이 모두 소멸하였다고 하더라도 근저당권이 소멸하는 것은 아니다. A농협의 X토지에 관한 근저당권은 포괄근저당권으로 A농협이 甲에게 추가로 대출한 8천만 원 채권도 X토지의 근저당권에 의하여 담보되는 피담보채권이 된다. 다만, 근저당권자가 어느 근저당권으로부터 우선변제를 받은 때에는 다른 근저당권의 우선변제 한도액은 그 범

---

1) 대법원 1993. 3. 12. 선고 92다48567 판결
2) 대법원 1999. 9. 21. 선고 99다26085 판결
3) 대법원 2017. 9. 21. 선고 2015다50637 판결

위에서 감액된다.[4] A농협의 X토지 근저당권의 채권최고액은 4억 9천만 원이고, A농협은 다른 공동근저당권인 Y토지 근저당권으로부터 3억 7천만 원을 우선배당 받았으므로 X토지 근저당권의 채권최고액은 1억 2천만 원으로 감액된다. A농협이 甲에게 추가로 대출해 준 8천만 원 채권 전액은 A농협의 X토지 근저당권에 의하여 우선변제 될 수 있다. A농협의 X토지 근저당권은 여전히 유효하므로 丙의 근저당권말소청구는 허용되지 않는다.

II. 문제 2. : 일부대위변제자의 변제자대위권/ 일부대위변제자와 채권자의 우열관계

1. 결론

A농협, 乙, 丙의 순서로 배당받을 수 있다.

2. 이유

(1) A농협은 X토지의 최선순위 근저당권자이고, A농협의 추가대출금채권 8천만 원 전액은 X토지 근저당권의 피담보채권이며, X토지 근저당권을 통해서 A농협은 1억 2천만 원 범위에서 우선변제를 받을 수 있으므로 채권 전액을 우선변제 받을 수 있다.

(2) 乙은 물상보증인으로서 乙의 Y토지 경매대가로 채권자 A농협의 채권이 변제되었으므로 채무자 甲에게 대하여 구상권을 취득하고, 구상권 범위에서 A농협의 X토지 근저당권에 대하여 변제자대위권을 행사할 수 있다. 다만, A농협의 잔존채권이 있으므로 A농협과의 우열관계가 문제된다. 일부대위변제자는 그 변제한 가액에 비례하여 채권자와 함께 그 권리를 행사할 수 있으나(제483조 제1항), 일부대위변제자가 채권자와 함께 변제자대위권을 행사하는 경우에도 채권자는 일부대위변제자에 대하여 나머지 채무를 우선하여 변제받을 수 있으므로[5] A농협의 잔존채권이 우선하고, 채권최고액과 A농협의 잔존채권액과의 차액 범위에서 乙은 A농협의 X토지 근저당권에 의하여 우선변제를 받는다.

(3) 丙은 A농협의 X토지 근저당권보다 후순위 가등기담보권자이므로 A농협, 乙보다 후순위로 배당을 받는다.

제1문의 5

Ⅰ. 문제의 해설 : 계약명의수탁자의 명의신탁재산 처분행위가 사해행위인지 여부

1. 결론

丁의 청구는 인용된다.

4) 대법원 2017. 12. 21. 선고 2013다16992 전원합의체 판결
5) 대법원 2010. 4. 8. 선고 2009다80460 판결

2. 이유

(1) 쟁점

甲과 乙 사이의 관계, 甲이 X부동산의 소유권을 취득하였는지 여부, 丁의 戊에 대한 사해해위 취소청구소송이 적법한지, 甲과 戊의 매매계약이 丁에 대한 관계에서 사해행위가 되는지 등이 쟁점이다.

(2) 甲과 乙 사이의 관계 및 甲의 X부동산 소유권 취득 여부

甲과 乙의 명의신탁은 매수인을 甲으로 丙과 매매계약을 체결하도록 하는 약정이므로 계약명의신탁에 해당한다. 甲과 乙의 명의신탁약정은 무효이지만(부동산실명법 제4조 제1항), 乙명의의 등기에 따라 부동산물권변동은 매도인 丙이 선의이므로 유효이다(부동산실명법 제4조 제2항 단서).

(3) 丁의 戊에 대한 채권자취소소송의 적법성

채권자취소권은 수익자나 전득자를 상대로 소를 제기하는 방법으로 행사하여야 하고, 취소원인을 안 날로부터 1년, 법률행위가 있은 날로부터 5년 내에 행사하여야 한다(제406조 제2항). 사안의 경우, 丁은 수익자인 戊을 상대로 채권자취소소송을 제기하였고, 丁이 취소원인을 안 날인 2019. 5. 5.부터 1년 이내인 2019. 5. 10. 이 사건 소송을 제기하였으므로 적법하다.

(4) 丁의 이 사건 청구가 채권자취소권의 행사요건을 구비하였는지 여부

① 채권자취소권의 일반적 행사요건

채권자취소권을 행사하기 위해서는 ㉠채무자의 책임재산에 의한 만족이 예정된 채권자의 채권이 사해행위 당시에 존재하여야 하고, ㉡채무자의 재산처분행위가 채권자를 침해하는 사해행위에 해당하여야 하며, ㉢채무자와 수익자 혹은 전득자에게 사해의사가 있어야 한다.

② 계약명의수탁자 甲의 명의신탁재산 처분행위가 사해행위에 해당하는지 여부

매도인인 선의인 계약명의신탁의 경우, 명의수탁자의 등기에 따른 물권변동은 유효하므로(부동산실명법 제4조 제2항 단서) 명의수탁자는 완전한 소유권을 취득하고, 명의수탁자가 명의신탁재산을 처분하는 행위는 명의수탁자의 채권자들이 강제집행의 대상으로 삼을 수 있는 책임재산을 처분하는 행위이므로 사해행위에 해당할 수 있다.6) 채무초과 상태의 채무자가 유일한 재산인 부동산을 매각하여 소비하기 쉬운 금전으로 바꾸는 행위는 원칙적으로 사해행위에 해당한다.7)

사안의 경우, 甲은 채무초과 상태에 있었고, X부동산은 비록 명의신탁재산이지만, 매도인 丙이 명의신탁이 있음을 알지 못한 상태에서 甲명의로 등기가 마쳐진 부동산이므로 甲의 책임재산을 구성하고, 이를 매각하여 소비하기 쉬운 금전으로 바꾸는 행위는 다른 특별한 사정이 없는 한 사해행위에 해당한다.

③ 甲과 戊의 사해의사가 인정되는지

사해의사란 공동담보 부족에 의하여 채권자가 채권변제를 받기 어렵게 될 위험이 생긴다는 사실을 인식하는 것이며, 이러한 인식은 일반채권자에 대한 관계에서 있으면 족하고, 특정의 채권자를

6) 대법원 2008. 9. 25. 선고 2007다74874 판결
7) 대법원 2015.10.29. 선고 2013다83992 판결; 대법원 1966. 10. 4. 선고 66다1535 판결

해한다는 인식이 있어야 하는 것은 아니다.[8] 채무자의 사해의사는 채권자가 증명하여야 하나 채무자가 유일한 재산인 부동산을 처분하는 경우에는 채무자의 사해의사가 추정되고,[9] 수익자의 사해의사는 추정되므로 수익자가 스스로 선의임을 증명하여야 한다.[10]

④ 사안의 경우

丁의 채권은 甲이 戊와 매매계약을 체결할 당시에 이미 존재하고 있었고, 甲과 戊의 매매계약은 사해행위에 해당하며, X부동산은 甲의 유일한 재산으로 甲의 사해의사는 추정되며, 수익자 戊의 사해의사도 추정되고, 이를 번복할 다른 사정은 존재하지 아니하므로 丁은 채권자취소권의 요건을 모두 구비하였다.

8) 대법원 2009. 3. 26. 선고 2007다63102 판결
9) 대법원 2001. 4. 24. 선고 2000다41875 판결
10) 대법원 1997. 5. 23. 선고 95다51908 판결

5. 제2차 모의시험 제2문

목 차

제2문의 1

Ⅰ. 문제 1. : 자주점유 권원이 인정되지 않는 경우 자주점유 추정의 번복 여부/ 취득시효 완성 후 소유자가 변동된 경우 취득시효 대항여부/ 2차 취득시효 인정 여부/ 2차 취득시효 진행 중 등기명의 변동이나 가압류로 취득시효가 중단되는지/ 소수지분권자의 소수지분권 취득할 자에 대한 인도 청구 및 철거청구 가능성 여부

1. 쟁점

甲의 소유권에 기초한 이 사건 청구에 대하여 丙의 취득시효 주장이 가능한지가 문제되는데, 자주점유 권원이 인정되지 않은 경우에도 자주점유 추정이 유지되는지, 1차 취득시효 완성 후 소유자가 변동된 경우 취득시효 대항 가능한지, 취득시효 완성 후 소유자가 변동된 경우 2차 취득시효가 진행하는지, 2차 취득시효 진행 중 소유명의 변동이나 가압류등기로 인하여 취득시효가 중단되는지, 2차 취득시효 완성 후 지분등기가 변동한 경우 2차 취득시효 대항이 가능한지가 쟁점이며, 1/2 지분권을 취득할 자가 공유토지를 배타적으로 점유하면서 건물을 소유하고 있는 경우, 토지소유자가 인도나 철거를 청구할 수 있는지가 쟁점이다.

2. 甲의 청구권의 근거

甲은 현재 X토지의 소유자로서 지상 건물을 소유하면서 X토지 전부를 점유하는 丙을 상대로 소유권에 기초한 반환 및 방해제거로서 X토지 인도 및 Y건물의 철거를 청구하고 있다(제213조, 제214조). 甲의 청구는 丙에게 X토지를 점유할 권리가 인정되는지 여부에 의존한다.

3. 丙이 증여를 원인으로 한 점유권원을 주장할 수 있는지

丙은, 乙이 A로부터 X토지를 증여받은 것이라고 주장하나, 증여로 인한 소유권이전등기가 마쳐지지 않아 현재 토지소유자 甲에게는 증여에 따른 권리를 주장할 수 없을 뿐만 아니라 증여사실이 증명되지 않았으므로 증여를 점유권원으로 주장할 수는 없다.

4. 丙이 취득시효 완성자로서 점유할 권리를 주장할 수 있는지 여부

(1) 丙이 취득시효 완성자로서의 지위를 가지는지 여부

① 점유취득시효의 일반적 요건

점유취득시효가 완성되기 위해서는 점유자의 점유는 평온, 공연한 자주점유여야 하고, 점유기간이 20년을 경과하여야 한다(제245조 제1항).

② 평온, 공연한 자주점유

점유자는 평온, 공연한 자주점유자로 추정된다(제197조 제1항). 자주점유의 추정이 번복되기 위해서는 점유권원의 객관적 성질이나 점유기간 중 발생한 외형적 사실에 의하여 타주점유임이 증명되어야 한다. 점유자가 주장하는 자주점유 권원이 인정되지 않는다고 하더라도 타주점유 권원이 증명된 것은 아니므로 그러한 사정만으로는 자주점유 추정이 번복된다고 할 수 없다.[1)]

---

1) 대법원 2009. 12. 10. 선고 2006다19177 판결

③ 시효기간의 경과

시효기간의 기산점은 원칙적으로 진정하게 점유를 개시한 시점이고, 취득시효가 완성되고 소유자가 변동되었으나 종전 점유자가 계속해서 점유하고 있는 경우 2차 취득시효의 기산점은 소유명의 변동일이다.[2] 한편, 상속에 의해 점유가 개시된 때에는 상속인은 새로운 권원에 의하여 점유를 개시하지 않는 한 피상속인의 점유와 구별되는 상속인 고유의 점유를 주장할 수는 없다.[3]

④ 사안의 경우

乙의 점유는 평온, 공연한 자주점유로 추정되고 비록 자주점유 권원으로 주장한 증여사실이 인정되지 않더라도 추정이 번복되지 않으며, 乙을 상속인 丙의 점유도 마찬가지이다. 乙이 점유를 개시한 1972.경부터 20년이 경과하여 1차 취득시효 완성자의 지위를 가지며, 그 후 소유명의가 B에게 변동된 1993. 5. 1.을 기산점으로 한 2차 취득시효도 2013. 5. 1. 완성하였으므로 2차 취득시효 완성자로서의 지위도 일응 가진다.

(2) 丙이 취득시효 완성의 효과를 甲에게 주장할 수 있는지

① 1차 취득시효 주장가능성

취득시효 완성자는 취득시효 완성 당시 소유자에 대하여 채권적 청구권을 가질 뿐이므로 취득시효 완성 후 소유권을 취득한 제3자에 대해서는 취득시효 완성의 효과를 주장할 수 없다. 丙의 1차 취득시효는 1992. 경에 완성되나, 그 후에 소유권을 취득한 B나 甲에 대해서는 취득시효 완성의 효과를 주장할 수 없다.

② 2차 취득시효가 소유명의변동이나 가압류로 중단되는지 여부

취득시효 중단에는 소멸시효 중단에 관한 규정이 준용된다(제247조 제2항). 소멸시효 중단사유인 가압류는 금전채권의 보전수단에 불과하고 소유권을 행사하는 것은 아니므로 취득시효 중단사유가 될 수는 없고,[4] 취득시효 기간 중에 소유자의 변동이 있더라도 종래의 점유상태의 계속이 파괴되었다고 할 수 없으므로 취득시효 중단사유가 될 수 없는데, 이는 2차 취득시효에서도 마찬가지이다.[5] 丙의 2차 취득시효 진행 중에 丁의 가압류등기가 마쳐졌거나 甲명의로 소유권이 변동되더라도 취득시효는 중단되지 않는다.

③ 2차 취득시효 주장가능성

2차 취득시효 완성자도 2차 취득시효 완성 당시 소유자에 대하여 채권적 청구권을 가진다. 2차 취득시효 완성 후 지분권이 변동된 때에는 지분양수인에 대해서는 2차 취득시효를 주장할 수 없다. 丙의 2차 취득시효는 2013. 5. 1. 완성되고, 그 당시 소유자인 甲과 B는 丙에 대하여 각 1/2 지분 이전등기의무를 부담한다. 甲이 2014. 5. 1. B로부터 1/2 지분을 양수하였으므로 그 범위에서 甲은 취득시효로부터 보호되는 제3자가 되고 丙은 甲이 B로부터 양수한 1/2 지분에 관해서는 취득시효 완성을 대항할 수 없다.

---

2) 대법원 2009. 7. 16. 선고 2007다15172·15189 전원합의체 판결
3) 대법원 1992. 9. 22. 선고 92다22602·22619 판결
4) 대법원 2019. 4. 3. 선고 2018다296878 판결
5) 대법원 2009. 7. 16. 선고 2007다15172·15189 전원합의체 판결

5. 甲이 1/2 지분을 취득할 丙을 상대로 이 사건 청구를 할 수 있는지 여부

丙은 취득시효를 원인으로 X토지의 1/2 지분권을 취득할 지위에 있으므로 甲과 丙 사이에는 공유자간 법률관계가 적용된다. 소수지분권자가 공유토지를 독점적으로 사용, 수익하는 것은 부적법하지만, 소수지분권자가 독점 사용하는 소수지분권자를 상대로 공유토지의 인도를 청구하는 것은 공유자간 이해충돌을 일으키며 독점 사용하는 소수지분권자의 지분에 따른 사용권까지 박탈하는 결과를 초래하므로 보존행위라고 할 수 없다.[6] 그러나 독점 사용을 배제하기 위하여 독점 사용하는 소수지분권자의 건물을 철거하라는 청구는 지분권에 기초한 청구로서 허용된다.[7]

사안의 경우, 丙은 1/2 지분권을 취득할 지위에 있는 자이므로 X토지를 독점 사용할 수 없으나, 甲의 X토지 인도청구는 보존행위의 범위를 벗어나는 것으로 허용되지 않고 Y건물 철거청구는 지분에 기한 청구로서 허용된다.

6. 결론

甲의 X토지 인도청구는 기각되나, Y건물 철거청구는 인용된다.

II. 문제 2. : 취득시효 완성자의 차임 상당 부당이득반환의무/ 선의점유자의 과실취득권

1. 결론

법원은, 丙은 甲에게 2015. 9. 12.부터 Y건물을 철거할 때까지[8] 월 150만 원을 지급하라는 일부인용판결을 하여야 한다.

2. 이유

(1) 취득시효 완성자 丙의 점유할 권리

타인의 토지에 건물을 소유하여 토지를 점유하는 자는 토지에 관한 점유할 권리가 없는 때에는 토지의 차임 상당액의 부당이득반환의무를 부담한다(제741조). 취득시효 완성자는 취득시효 목적물을 점유할 권리가 있다. 그러나 그 점유할 권리는 채권적 권리이므로 취득시효의무자에 대해서만 주장할 수 있다. 甲은 丙의 취득시효가 완성된 후 X토지의 1/2 지분권을 취득하였으므로 丙의 X토지 점유에 따른 이득은 甲이 취득시효 완성 후에 취득한 X토지의 1/2 지분 범위에서 부당이득이 된다.

(2) 丙의 선의점유자로서 과실취득권

선의의 점유자는 과실을 취득한다(제201조 제1항). 점유자는 선의점유자로 추정되고(제197조 제1항), 선의점유자라고 하더라도 본권의 소에서 패소한 때에는 소가 제기된 때로부터 악의점유자로 의제된다(제197조 제2항). 악의로 의제되는 소가 제기된 때란 소송이 계속된 때, 즉 소장 부본이 피고인 점유자에게 송달된 때를 의미한다.[9] 丙은 증여 혹은 취득시효를 믿고 점유한 자이고, 甲의

---

6) 대법원 2020. 5. 21. 선고 2018다287522 전원합의체 판결
7) 대법원 2020. 5. 21. 선고 2018다287522 전원합의체 판결
8) 채점기준표에서는 '인도완료일까지'로 되어 있으나, 인도청구는 기각될 수밖에 없고, 단지 丙은 Y건물을 철거하여 독점 사용을 그만 두어야 하므로 'Y건물 철거 완료일까지'로 판단하여야 한다.
9) 대법원 2016. 12. 29. 선고 2016다242273 판결

丙에 대한 이 사건 소송은 甲의 소유권에 기초한 소송이므로 본권에 관한 소에 해당하므로 이 사건 소송의 소장부본이 丙에게 송달된 때부터 丙은 악의점유자로 의제된다.

(3) 사안의 경우

丙이 악의점유자로 의제되는 2015. 9. 12.부터 丙은 甲의 1/2 지분 범위에서 부당이득반환의무를 부담하는데, 월 차임이 300만 원이므로 월 150만 원의 부당이득반환의무를 부담한다. 한편, 丙은 Y건물소유자로서 X토지를 독점사용하고 있으나 1/2 지분에 관한 취득시효 완성에 따른 권리를 가지고 있으므로 甲에게 인도의무를 부담하지는 않는다. 다만 Y건물 철거를 통해 X토지의 독점사용을 중단하여야 하므로 丙은 Y건물을 철거하여 독점사용을 중단할 때까지 월 150만 원의 부당이득금을 甲에게 지급하여야 한다.

제2문의 2

Ⅰ. 문제의 해설 : 수탁보증인의 사전구상권과 사후구상권의 관계/ 사전구상권, 사후구상권을 자동채권으로 하고 피압류채권을 수동채권으로 한 연대보증인의 상계 대항가능성

1. 사후구상권을 자동채권으로 한 丙의 상계주장의 당부 – (1) 주장의 당부

(1) 상계권의 일반적 요건

丙에게 상계권이 인정되기 위해서는 동종채권의 대립이 있어야 하고, 자동채권은 유효하게 성립하여야 하며 항변권 등 실현의 장애사유가 없어야 하고, 수동채권에는 상계금지사유가 없어야 한다. 丙은 2018. 12. 1.자 연대보증채무 이행으로 乙에게 구상권을 취득하였고(제441조), 연대보증인의 사후구상권은 기한의 정함이 없는 채권으로 그 실현의 장애사유가 없다. 한편, 丁의 압류로 인하여 수동채권인 乙의 丙에 대한 매매대금채권에는 상계금지사유가 존재한다.

(2) 지급금지명령을 받은 채권을 수동채권으로 한 제3채무자 상계대항가능성

지급을 금지하는 명령을 받은 제3채무자는 그 후에 취득한 채권에 의한 상계로 그 명령을 신청한 채권자에게 대항하지 못한다(제498조). 丙의 사후구상권은 2018. 12. 1. 발생하였으나, 乙의 丙에 대한 매매대금채권 압류결정의 효력은 결정서 송달일인 2018. 9. 20. 발생하였으므로 丙은 상계로 압류채권자인 丁에게 대항할 수 없다. 丙의 주장은 부당하다.

2. 사전구상권을 자동채권으로 한 丙의 상계주장의 당부 – (2) 주장의 당부

(1) 사전구상권의 발생

수탁보증인은 주채무의 변제기가 도래한 때에 주채무자에 대하여 사전구상권을 행사할 수 있고(제442조 제1항 제4호), 주채무자는 보증계약 후에 채권자가 주채무자에게 허여한 기한으로 보증인에게 대항하지 못한다(제442조 제2항). 수탁보증인의 사전구상권은 사후구상권과는 발생원인을 달리하는 별개의 권리이므로 사전구상권이 발생한 후 수탁보증인이 출재를 하여 사후구상권을 취득

하였더라도 사전구상권이 소멸한다고 볼 수는 없다.[10]

(2) 사전구상권이 상계의 자동채권이 될 수 있는지 여부

사전구상권에는 주채무자의 면책청구권, 담보제공청구권이 항변권으로 부착되어 있어서 주채무자의 항변권 포기 등 특별한 사정이 없는 한 수탁보증인은 사전구상권을 자동채권으로 하여 주채무자에 대하여 부담하는 채무를 상계로 소멸시킬 수 없다.[11]

(3) 사전구상권을 자동채권으로 한 상계로 압류채권자에게 대항하기 위한 요건

제3채무자가 압류채무자에 대한 사전구상권을 가지고 있는 경우에 상계로써 압류채권자에게 대항하기 위해서는, 압류의 효력 발생 당시 사전구상권에 부착된 담보제공청구의 항변권이 소멸하여 사전구상권과 피압류채권이 상계적상에 있거나, 압류 당시 여전히 사전구상권에 담보제공청구의 항변권이 부착되어 있는 경우에는 제3채무자의 면책행위 등으로 인해 위 항변권을 소멸시켜 사전구상권을 통한 상계가 가능하게 된 때가 피압류채권의 변제기보다 먼저 도래하여야 한다.[12]

(4) 사안의 경우

丙은 乙의 채무 변제기인 2014. 6. 30. 사전구상권을 취득하고, 이는 甲이 乙에게 변제기를 유예하였더라도 마찬가지이다. 그 후 丙이 출재행위를 하여 사후구상권을 취득하였더라도 丙의 사전구상권이 소멸하는 것은 아니다. 丙의 乙에 대한 사전구상권에는 乙의 담보제공청구의 항변권이 부착되어 있으므로 상계의 자동채권이 될 수 없다. 丁의 압류의 효력이 발생한 2018. 9. 20. 당시에 丙의 사전구상권의 항변권이 소멸하지도 않았고, 丙의 출재행위로 丙의 사전구상권에 항변사유가 없어진 때는 2018. 12. 1.이나 피압류채권인 乙의 매매대금채권의 변제기는 2017. 6. 1.이므로 丙은 상계로 丁에게 대항할 수 없다. 丙의 (2) 주장도 부당하다.

제2문의 3

Ⅰ. 한정승인자의 고유채권자가 상속부동산에 근저당권을 취득한 경우, 상속채권자와의 우열/법정단순승인사유로서 상속재산 부정소비

1. 결론

乙은 근저당권자로서 丁과 丙보다 우선하여 배당을 받으며, 甲의 근저당권 설정행위는 상속재산의 부정소비에 해당하여 단순승인으로 의제되는 결과[13] 丁과 丙은 채권액에 따른 안분배당을 받는다.

---

10) 대법원 1992. 9. 25. 선고 91다37553 판결
11) 대법원 2001. 11. 13. 선고 2001다55222 판결
12) 대법원 2019. 2. 14. 선고 2017다274703 판결
13) 채점기준표에서는 한정승인자 甲이 그의 채권자를 위하여 담보권을 설정하는 행위가 부정소비가 아님을 전제로 상속채권자 丁이 상속인의 채권자 丙보다 우선 배당을 받는다고 하고 있다.

2. 이유

(1) 乙과 丁, 丙의 우열관계

상속인은 상속으로 인하여 취득할 재산의 한도에서 피상속인의 채무와 유증을 변제할 것을 조건으로 상속을 승인할 수 있다(제1028조). 한정승인으로 상속채권자는 상속재산으로부터만 변제를 받을 수 있고, 상속인의 일반채권자는 그가 담보권을 취득하였다는 특별한 사정이 없는 한 상속재산에 강제집행을 할 수 없다.14) 한정승인을 한 상속인이 그의 고유채권자를 위하여 상속재산에 근저당권을 설정한 경우, 상속재산에 관하여 상속채권자와 근저당권자의 우열관계에 관해 판례는 근저당권자가 우선한다고 한다.15) 민법은 한정승인자의 상속재산 처분을 직접 제한하는 규정을 두고 있지 않고, 상속채권자를 한정승인자로부터 근저당권을 취득한 자보다 우선하는 규정을 두고 있지 않으므로 민법의 일반 원칙에 따라 판단하여야 한다는 점을 근거로 한다. 乙은 한정승인자인 甲의 채권자이지만, 상속재산인 X부동산에 근저당권을 적법하게 취득한 자이므로 일반채권자인 丁이 비록 상속채권자라고 하더라도 乙이 우선하여 배당을 받는다.

(2) 丁과 丙의 우열관계

상속재산을 처분하는 행위는 법정단순승인사유에 해당하나(제1026조 제1호), 상속인이 상속의 한정승인을 한 후에는 상속재산 처분이 부정소비에 해당하는 때에만 법정단순승인사유가 된다(제1026조 제3호).16) 부정소비란 정당한 사유 없이 상속재산을 써서 없앰으로써 그 재산적 가치를 상실시키는 행위를 의미한다.17) 단순승인에 의하여 상속인은 제한 없이 피상속인의 권리의무를 승계한다(제1025조). 상속인 甲은 한정승인 신고를 마친 후에 상속재산인 X부동산에 자신의 채권자인 乙을 위하여 근저당권을 설정하는 행위를 하였는데, 이는 상속재산의 가치를 감소시켜 상속채권자들에게 불이익을 가하는 행위에 해당하므로 법정단순승인사유인 부정소비에 해당한다. 甲은 상속채무와 상속재산을 제한 없이 승계하므로 상속채권자 丁과 가압류채권자 丙에 대하여 甲은 상속재산 및 고유재산 모두에 의하여 채무와 책임을 부담한다. 丁과 丙은 모두 일반채권자로서 지위가 대등하므로 채권액에 따라 안분하여 배당을 받는다.

---

14) 대법원 2016.05.24. 선고 2015다250574 판결
15) 대법원 2010. 3. 18. 선고 2007다77781 전원합의체 판결
16) 대법원 2004. 3. 12. 선고 2003다63586 판결
17) 대법원 2004. 3. 12. 선고 2003다63586 판결

6. 제2차 모의시험 제3문

목 차

[문제 1. 해설]

Ⅰ. 쟁점 (2점)

A가 발기인대표 甲에게 빌려 준 1억 5천만 원을 반환받지 못한 경우 이를 X회사에 대하여 청구하기 위하여 **설립중의 회사의 법리**를 충족하였는지 여부가 문제된다.

Ⅱ. 설립과정에서 발생한 채무의 귀속 (10점)

1. 설립중의 회사의 의의 (2점)

설립중의 회사란 회사의 설립등기 전 **어느 정도 회사로서의 실체가 완성된 회사**를 말하며, 설립과정에서 발생한 법률관계가 성립 후 회사로 이전되는 관계를 설명하기 위하여 인정된 **강학상의 개념**이다.

2. 설립중의 법률관계의 성립후회사로의 이전 (8점)

(1) 동일성설 (2점)

설립중 발생한 법률관계가 성립후회사로 이전하는 문제를 해결하기 위한 학설(통설)로서 동일성설에 의하면 설립중회사와 성립후회사는 동일하므로 설립중회사에 귀속된 법률관계는 성립후**회사에 별도의 이전행위 없이 귀속**된다. 판례도 이와 같다.

(2) 법률관계 이전 요건 (2점)

① 설립중의 회사의 발기인 **대**표명의로 행할 것, ② 설립**중**의 회사의 창립시기 이후 법률관계를 취득하여야 할 것, ③ 발기인의 **권**한 범위 내 일 것을 요한다. [권/대/중]

사안의 경우 발기인대표 甲은 'X회사 발기인 甲'의 명의로 A로부터 자금을 빌렸으므로 X회사의 설립중의 회사의 명의로 계약을 체결할 것이라는 요건은 충족한다.

(3) 설립중회사의 성립시기 (2점)

학설은 ① **정**관작성시설, ② 발행주식**총**수인수시설 등이 있으나, ③ 통설과 판례로써 정관이 작성되고 발기인이 1주 이상의 주식을 인수한 때 성립된다는 '**발**기인1주이상인수시설'이 타당하다.[1)]
[정/발/총]

통설과 판례에 의하면 계약시기는 주식인수인들이 주식인수대금을 납입한 이후이므로 **'1주 이상 인수 시'라는 요건**도 충족되었다.

(4) 발기인의 권한범위 (2점)

학설은 ① '최협의설' ② 법률상·경제상 필요한 모든 행위를 할 수 있으나 개업준비행위는 제외된다는 '협의설' ③ 거래안전을 위해 개업준비행위도 포함된다는 '광의설'이 있다.

판례는 '광의설' 입장에서 "발기인 대표가 행한 **자동차조립계약**에 대해 설립후회사가 부담해야 한다"고 판시한바 있다.

---

1) 대법원 1998. 05. 12. 선고 97다56020 판결

판례에 따르면 甲이 A로부터 개업준비행위로써 금전차입을 한 행위는 발기인의 권한범위 내에 속한다.

Ⅲ. 결론 (3점)

발기인 대표 갑이 A로부터 금전을 차입한 행위는 설립중회사가 존재하고, 설립중회사 명의로 행하였고, 발기인의 권한범위 내이므로 **설립후회사에 귀속**하는바, X회사는 A에게 1억5천만 원을 부담한다.

[문제 2. 해설]

Ⅰ. 쟁 점 (2점)

2017년 11월 15일 X회사 주식 취득이 자기주식의 취득 요건 및 절차(제341조)를 갖추었는지 여부가 그 유효여부와 관련하여 문제된다.

Ⅱ. 자기주식의 취득 여부 (14점)

1. 의의 (2점)

자기주식 취득이라 함은 회사가 주식을 발행한 이후에 스스로 발행주식을 취득하는 것을 말한다. 자기주식의 취득은 **출자를 환급**하여 **자본금유지 및 충실의 원칙**을 해하며 **주주평등의 원칙**에 반할 수 있기 때문에 상법의 규제를 받는다.

2. 자기주식 취득의 요건 (6점)

(1) 일반적 자기주식취득(제341조)

1) 자기의 명의와 계산 (1점)

회사는 '자기의 명의와 계산'으로 자기주식을 취득할 수 있다(제341조 제1항 본문). '자기의 명의'는 회사가 법률상의 귀속주체가 된다는 의미이며, '자기의 계산'은 판례에 의하면 "① 주식취득을 위한 **자금이 회사의 출연**에 의한 것이고 ② 그 주식취득에 따른 **손익이 회사에 귀속**되는 경우를 말한다"고 판시한바 있다.[2)]

2) 배당가능이익 (2점)

회사는 직전 결산기의 대차대조표상의 **순자산액에서 제462조 제1항 각호의 금액을 뺀 금액(배당가능이익)을 한도로** 자기주식을 취득할 수 있고(제341조 제1항 단서), 결산기에 배당가능이익이 없을 우려가 있으면 자기주식을 취득하여서는 안 된다(제341조 제3항).

3) 주주총회의 결의 (1점)

자기주식취득을 하려는 회사는 미리 주주총회의 결의로 ① 취득할 수 있는 주식의 종류와 수, ② 취득가액 총액의 한도, ③ 1년을 초과하지 않는 범위에서 자기주식을 취득할 수 있는 기간을 정하여야 한다(제341조 제2항).

---

2) 대법원 2003. 05. 16. 선고 2001다44109 판결

4) 자기주식 취득방법 (1점)

상장회사라면 거래소에서 취득(제341조 제1항 1호)하여야 하고, 비상장회사의 경우 주주평등의 원칙(제341조 제2항 2호)에 부합해야 한다.

(2) 특정목적에 의한 자기주식취득(제341조의2) (1점)

특정목적에 의한 자기주식취득은 불가피하게 취득하는 경우로서, 배당가능이익한도, 주주평등 원칙, 주주총회 특별결의 등의 요건이 필요 없다.

(3) 소결

대표이사 甲은 회사의 명의와 회사의 자금으로 乙의 주식을 취득하였으나. 첫째, 배당가능이익의 범위 내인지 여부가 불명확하고, 둘째, 주주총회의 승인을 거치지 않았으며, 셋째, 주주평등의 원칙을 충족하는 방법으로 취득하지 않았으므로 위법한 자기주식취득에 해당한다.

3. 자기주식취득 위반의 효과 (6점)

(1) 학설과 판례

학설은 (a) 거래안전을 고려하는 상대적 무효설, (b) 자기주식취득금지규정을 단속규정으로 보는 유효설, (c) 자기주식취득금지규정을 강행법규로 보는 당연(절대)무효설이 있다.

판례는 '당연무효설'의 입장에서 **"회사 또는 주주나 회사채권자 등에게 생길지도 모르는 중대한 손해를 회피하기 위하여 부득이한 사정이 있다고 하더라도**, 위와 같은 규정에 위반하여 회사가 자기주식을 취득하는 것은 당연히 **무효**"라고 하였다.[3)]

(2) 검토 및 사안의 적용

자본충실에 관한 각종 규정은 **효력규정이므로** 이에 위반한 자기주식취득행위는 상대방의 선악을 불문하고 모두 무효이다(무효설).

Ⅲ. 결론 (4점)

설문의 경우 특정목적 자기주식 취득사유에 해당하지 아니하고, 회사가 제341조의 요건 및 절차를 준수하지 않았으므로 이는 **위법한 자기주식취득**에 해당한다. 따라서 X회사의 주식취득은 다수설과 판례의 **절대적 무효설에 의하면 무효**로 된다.

[문제 3. 해설]

Ⅰ. 쟁 점 (2점)

치킨소스 개발사업과 관련하여 전직대표이사 甲, 이를 저지하지 못한 이사 丙, 대표이사에게 영향력을 행사한 丁의 회사에 대한 책임이 문제된다.

---

3) 대법원 2003. 05. 16. 선고 2001다44109 판결

Ⅱ. X회사의 25억 차입행위의 무효 주장여부 (5점)

1. 쟁점 (1점)

대표이사가 중요한 **자산의 처분 및 대규모 자산의 차입** 등의 경우 이사회 승인을 얻어야 하는데(제393조) 이를 결했으므로 **전단적 대표행위**로서 효력이 문제된다.

2. 이사회의 승인 없는 대표행위의 효력 (3점)

학설은 유효설과 무효설이 대립하지만, 통설은 '상대적 무효설'을 입장이다.

판례도 '상대적 무효설'이 입장으로서 "① **이사회결의 사항은 회사의 내부적 의사결정**에 불과하므로 ② 그 거래 상대방이 그와 같은 이사회결의가 없었음을 **알**았거나 알 수 있었을 경우가 아니라면 그 거래행위는 유효하고, ③ 이 때 거래 상대방이 이사회결의가 없음을 알았거나 알 수 있었던 사정은 이를 주장하는 **회사가 주장·증명**하여야 할 사항에 속한다"라고 판시 한바 있다.[4]

3. 소결 (1점)

甲의 **25억 차입행위**에 대해 회사가 상대방의 악의, 과실을 입증하면 그 무효를 주장할 수 있다.

Ⅲ. 이사 병의 회사에 대한 책임 (10점)

1. 의의 및 근거 (3점)

감시의무란 이사가 다른 이사의 업무집행을 감시하여 회사의 손해를 방지할 의무를 말한다. 이는 이사의 직무집행을 감시할 이사회의 권한(제393조 제2항) 및 이사의 선관주의의무와 충실의무로부터 도출될 수 있다.

2. 성립범위 (3점)

통설과 판례에 의하면 절충설의 입장인바, "평이사(사외이사)는 다른 이사의 업무집행이 위법함을 **알았거나 알 수 있었을 경우**에만 감시의무를 부담한다"고 한다.[5]

3. 감시의무 위반 여부 (2점)

丙이 甲의 업무집행에 대하여 적극적으로 만류의 의사를 표시하고, 이사회를 소집하여 대표이사로 하여금 이사회에 보고할 것을 요구(제390조 제2항, 제3항)하는 등의 조치를 취하지 않았다면 **이사의 감시의무를 위반**한 것으로 판단된다.

4. 결론 - 이사의 회사에 대한 책임 (2점)

이사 丙은 감시의무를 위반하였으므로, 이사로써 선관주의위반에 따른 손해배상의무(제399조)를 X회사에 부담한다.

---

4) 대법원 2009. 03. 26. 선고 2006다47677.
5) 대법원 1985. 06. 25. 선고 84다카1954 판결

Ⅳ. 대표이사 갑의 회사에 대한 책임여부 (14점)

1. 이사의 회사에 대한 책임 인정여부 (5점)

(1) 이사의 법령위반 및 선관주의 의무 위반여부

이사가 고의, 과실로 법령·정관을 위반하거나 임무해태를 하여 회사에 손해를 가한 경우 회사에 대하여 손해배상책임을 부담한다(제399조). 이는 채무불이행책임(판례)으로서 과실책임이다.

(2) 소결

첫째, 사업전망이 어두울 것으로 예상했음에도 불구하고 이사 지위의 연장을 꾀하기 위하여 무모한 결정을 했다는 점에서 이사로서 **선관주의의무를 위반**하였고, 둘째, 자본금 30억의 회사에서 25억원의 대규모 차입하면서 이사회를 결한 것은 제393조 제1항의 **상법을 위반**하였다.6)

2. 경영판단법칙의 적용 여부 (7점)

(1) 의의

이사가 행위 당시 최선의 방법으로 회사이익을 추구하였다면 그로 인한 책임을 부담하지 아니한다는 '경영판단의 법칙'(business judgement rule)이 주장되기도 한다.

(2) 적용요건 [법/수/이/불/통]

경영판단법칙이 적용되기 위해서는 ① 이사의 행위가 **법령에 위반되지 않을**것, ② 합리적으로 이용가능한 범위 내에서 필요한 **정보를 충분히 수집**하고 조사하는 절차를 거칠 것, ③ **회사의 의익에 최대한 부합**한다고 합리적으로 신뢰하여 신의성실에 따라 경영상 판단을 내릴 것, ④ 그 내용이 **현저하게 불합리하지 않을 것,** ⑤ **통상의 이사를 기준으로 하여 합리적으로 인정**될 것 등을 요한다.[법/수/이/불/통]7)

(3) 소결

대표이사 甲은 자신의 책임을 면하기 위하여 경영판단의 원칙을 주장할 수 없는데, 그 이유는 소스개발사업을 결정하면서 자신의 이익을 위하여 대주주 丁의 지시를 중시하고 자신만의 독립적인 판단을 하지 않았고, 통상의 이사를 기준으로 회사의 최대이익을 위한 최선의 선택으로 볼 수 없기 때문이다.

3. 결론 (2점)

갑은 대표이사로서 치킨소스 개발사업의 실패로 인해 X회사에 막대한 손해에 끼쳤으므로 회사에 대해 손해배상책임을 부담한다.

Ⅴ. 업무집행지시자 丁의 회사 책임 (7점)

1. 책임의 의의 (2점)

회사에 대한 **자신의 영향력**을 이용하여 **이사에게 업무집행을 지시**한 자한 자는 **이사로 간주하여**

---

6) 판례에 의하면 법령위반이면 경영판단법칙주장이 제한되는데, 채점기준표에 있는 내용이라서 기술해둔다.
7) 대법원 2007. 10. 11. 선고 2006다33333 판결

이사와 동일하게 회사에 대한 책임을 인정한다(제401조의2 제1항 1호). 이는 지배주주처럼 사실상 업무집행이사에게 영향력을 행사하는 경우 그 자의 경영개입을 방지하여 경영의 투명성 및 책임경영을 유도하기 위한 것이다.

2. 책임의 성립 (3점) [영/지/손]

(1) 영향력의 존재

업무집행을 지시할 수 있는 영향력이 존재하여야 한다. 지배주주처럼 이사임면권을 가진 자는 영향력을 가진다.

(2) 업무집행에 대한 지시

업무집행에 관한 지시가 있어야 하고, 이사 등이 그 지시에 구속되어야 한다.8)

(3) 회사의 손해

업무집행지시자의 지시에 의하여 이사가 위법한 업무집행을 하고 이로 인하여 회사에 손해가 발생하여야 한다.

3. 소결 (2점)

丁은 45%지분의 최대주주로서 이사임면에 영향력을 갖는 자인바, 대표이사 甲에게 치킨소스 개발사업을 지시하였는데, 경영에 관한 전문가인 대표이사 甲이 전망을 어둡게 보는 사업을 강권함으로써 무모한 사업을 시행하도록 하였다. 甲은 자신의 지위를 보전하기 위하여 丁의 지시에 따랐으므로 지시에 대한 구속성이 인정된다. **따라서 丁은 업무집행지시자로서 X회사에 대하여 손해배상책임을 부담한다**(제401조의2 제1항 1호, 제399조).

Ⅵ. 이사해임을 위한 주주총회의 소집 (4점)9)

1. 경영실패와 책임추궁 (2점)

경영실패에 대한 책임은 그로 인하여 회사가 입은 손해배상을 추궁하는 것과 이사직을 강제로 박탈하는 방법이 있다. 이사를 해임하기 위하여 이사회의 결의를 거쳐 주주총회를 소집하여 특별결의로 이사해임결의를 하는 것이다(제385조 제1항).

2. 소결 (2점)

C가 주주총회를 소집하여 갑과 병에 대한 이사해임절차를 밟을 수 있을 것으로 판단된다.

Ⅶ. 결론 (3점)

X회사는 25억원의 차입에 대해 상대방 악의, 과실을 입증하여 무효를 주장할 수 있으며, 병에 대해서는 감시의무위반, 갑에 대해서는 법령위반과 임무해태, 정에 대해서는 업무집행지시자의 책임을 이유로 회사에 대한 책임을 청구할 수 있고, 또한 갑과 병에 대해서는 이사해임결의를 진행할 수 있다.

---

8) 업무집행지시자의 요구에 따르지 않을 경우 이사 지위의 박탈 등 불이익을 입을 것이 확실한 경우 지시에 대한 구속성이 인정된다.
9) 채점기준표에 있는 내용이다.

[문제 4. 해설]

Ⅰ. 쟁 점 (2점)

B가 戊와 치킨소스 공급계약을 체결하면서 'X회사 화성지점 지점장 B'의 명칭을 사용하였으므로 이로부터 戊가 X회사에게 계약상의 책임을 물으려면 B가 X회사의 표현지배인(상법 제14조)인지 여부가 문제된다.

Ⅱ. 표현지배인의 성립 여부 (12점)

1. 표현지배인의 의의 (2점)

표현지배인은 본점 또는 지점의 본부장, 지점장 그 밖에 지배인으로 인정될 만한 명칭을 사용하는 자를 지배인으로 신뢰한 상대방을 보호하기 위하여 영업주에게 책임을 부과하는 제도이다(외관주의).

2. 성립요건 (8점)

(1) 외관의 존재(명칭 부여) (4점)

1) 표현적 명칭

표현지배인으로 인정되기 위해서는 본부장, 지점장, 지배인, 영업부장 등 지배인으로 인정될 만한 명칭이 사용되어야 한다.

B는 지배인에 해당하는 직함인 **'화성지점 지점장'이라는 명칭**을 사용하여 戊와 돈육냉동식품 공급계약을 체결하였으므로 **상법 제14조의 표현적 명칭**을 사용하였다.

2) 영업소의 실질 여부

표현지배인이 활동한 장소는 영업소로서의 실질을 갖추어야 한다고 보는 실질설(통설, 판례)에 의한다. 판례에 의하면 "① 본점 또는 지점의 실체를 가지고 어느 정도 독립적으로 영업활동을 할 수 있는 것임을 요한다. ② 영업장소가 본점 또는 지점의 지휘·감독 아래 제한된 업무만을 보조적으로 처리하는 것이 아니라, ③ 본점 또는 지점으로부터 **독립하여** 독자적으로 일정한 범위 내의 영업활동에 관한 결정을 하고 대외적 거래를 해야 한다"고 판시한 바 있다.[10]

사안에서 거래처와 맺은 돈육냉동식품 공급하기 위하여 냉동창고를 설치하였고 이는 독자적 영업활동을 할 수 있는 **영업소의 실질을 갖추지 않은 경우에 해당한다**.

(2) 외관에 대한 회사의 귀책사유 (2점)

표현적 명칭의 사용에 영업주의 명시적 또는 묵시적 허락이 있어야 한다. 영업주가 그 명칭의 사용을 알지 못한 경우에는 설사 이를 제지하지 못한 점에 과실이 있다고 하더라도 책임을 지지 않는다.[11]

B가 회사 몰래 임의로 사용하였으므로 **회사의 명칭부여에 대한 귀책사유는 존재하지 않는다**.

---

10) 대법원 2000다13320; 대법원 97다6704
11) 대법원 1995. 11. 21. 선고 94다50908 판결

(3) 상대방의 신뢰 (2점)

표현지배인이 성립하기 위해서는 거래상대방에게는 선의 또는 중과실 없어야 하고, 선의라 함은 지배인이 아니라는 사실을 모른 것을 말한다.

3. 효과 (2점)

표현지배인은 본점 또는 지점의 지배인과 동일한 권한이 있는 것으로 의제되는데(제14조 제1항), 이로써 영업주는 상대방에게 표현지배인의 행위에 관한 책임을 부담한다.

Ⅲ. 결론 (6점)

설문의 경우 영업소의 실질을 갖추지 않은 경우에 해당하고, 또한 지점장 명칭부여에 대한 회사의 귀책사유가 없으므로 표현지배인이 성립하지 않는다. 따라서 戊의 X회사에 대한 청구는 인용될 수 없다.

7. 제1차 모의시험 제1문

목 차

2. 丙이 채권질권 실행으로 乙에게 직접 청구할 수 있는지 여부
3. 임대차계약증서가 교부되지 아니하여 질권을 취득하지 못하였다는 乙 항변의 당부
4. 임대인 지위 승계로 乙이 면책된다는 항변의 당부
   (1) 乙과 丁의 임대인 지위승계 특약에 의하여 乙이 면책될 수 있는지 여부
   (2) 주택임대차보호법에 따른 임대인 지위승계로 乙이 면책될 수 있는지 여부
5. 결론

II. 문제 2. : 대항력 갖춘 임차인이 임대차 목적물을 매수한 경우 임대인지위승계 여부, 제3채무자와 질권설정자의 상계합의로 질권자에게 대항할 수 있는지 여부

1. 쟁점
2. 매수인 甲이 임대인의 지위를 승계하는지 여부 – 乙의 1) 항변의 당부
3. 甲과 乙 사이의 상계합의로 丙에게 대항할 수 있는지 여부 – 乙의 2)항변의 당부
4. 결론

제1문의 1

Ⅰ. 제1문의 1 : 법정 토지관할법원과 변론관할 성부

1. 문제점

토지관할이란 소재지를 달리하는 같은 심급의 법원사이에서 재판권을 분담시켜 놓은 것으로, 각급 법원의 설치와 관할구역에 관한 법률과 재판적에 의하여 정해진다. 설문에서 원고의 주소지를 관할하는 부산지방법원에 토지관할권이 있는지, 없다면 피고의 답변서 제출로 변론관할이 성립하는지 살펴, 부산지방법원의 이송결정이 적법한지 검토한다.

2. 설문의 법정 토지관할법원

(1) 보통재판적

모든 소송사건에 토지관할권을 생기게 하는 보통재판적은 피고와 관계 있는 곳을 기준으로 해서 정해 놓았다(제2조). 법인, 그 밖의 사단 또는 재단의 보통재판적은 이들의 주된 사무소 또는 영업소가 있는 곳에 따라 정하고, 사무소와 영업소가 없는 경우에는 주된 업무담당자의 주소에 따라 정한다(제5조 1항). 설문의 피고 乙의 주된 사무소는 경기도 수원시로서 토지관할 법원은 수원지방법원이다.

(2) 특별재판적

1) 의무이행지의 특별재판적 : 재산권에 관한 소를 제기하는 경우에는 거소지 또는 의무이행지의 법원에 제기할 수 있다(제8조). 계약으로 이행지를 정하지 않았으면 특정물 인도청구 이외의 채무에 대해서는 민법 제467조 2항의 지참채무를 원칙에 따라 채권자인 원고의 주소지, 영업에 관한 채무의 변제는 채권자의 현영업소가 의무이행지가 된다. 설문은 영업에 관한 채무의 변제로서 甲의 영업소가 있는 경상남도 양산시 지역을 관할하는 울산지방법원에 토지관할권이 있다.

2) 사무소·영업소가 있는 곳의 특별재판적 : 사무소 또는 영업소가 있는 사람에 대하여 그 사무소 또는 영업소의 업무와 관련이 있는 소를 제기하는 경우에는 그 사무소 또는 영업소가 있는 곳의 법원에 제기할 수 있다(제12조). 설문에서 乙 주식회사의 부산영업소가 있는 부산광역시 강서구 지역을 관할하는 부산지방법원 서부지원도 이 사건의 관할법원이다.

3. 부산지방법원에 변론관할이 성립하는지 여부

설문에서 부산은 재판적이 인정되지 않으므로 부산지방법원에는 토지관할권이 존재하지 않는다. 그런데 乙 주식회사가 관할위반이라고 항변하지 않고 원고의 청구에 대해 원고가 주장하는 사실을 부인하는 답변서를 제출한 점을 들어 제30조 변론관할이 성립하는지 문제되나, 判例는 "변론관할이 생기려면 피고의 본안에 관한 변론이나 변론준비기일에서의 진술은 현실적인 것이어야 하므로 피고의 불출석에 의하여 답변서 등이 법률상 진술 간주되는 경우는 이에 포함되지 아니한다."고 하였다(대법 1980.09.26, 80마403).

4. 설문의 해결

결국 부산지방법원이 민사소송법 제34조 제1항의 규정에 의해 이 사건 소송을 관할법원의 하나인 수원지방법원으로 직권으로 이송결정한 것은 적법하다.

제1문의 2

Ⅰ. 제1문의2 문제1 : 변경의 소의 적법요건

1. 문제점

甲이 제기한 변경의 소는 종전 확정판결의 결론이 위법·부당하다는 등의 사정이 제252조에서 말하는 판결이 확정된 뒤에 사정의 현저한 변경에 해당하는지 문제된다.

2. 변경의 소의 적법요건

변경의 소라 함은 정기금 지급을 명한 판결이 확정된 후에 그 액수산정의 기초가 된 사정이 현저하게 바뀜으로써 당사자 사이의 형평을 크게 침해할 특별한 사정이 생긴 때에 그 판결의 당사자가 장차 지급할 정기금 액수를 바꾸어 달라고 청구하는 소를 말한다(제252조 1항).

(1) 전소의 확정판결의 기판력을 받는 당사자일 것

변경의 소는 같은 당사자사이에 정기금 채권채무관계를 조정하려는 것이므로 확정판결을 받은 당사자와 변경의 소의 당사자는 동일인이어야 한다(제252조 1항 후단). 다만 법률관계가 제3자에게 승계되고 그 제3자에게 기판력이 확장되는 관계인 경우에는 당사자가 될 수 있다.

(2) 정기금지급을 명한 판결일 것

1) 정기금 지급을 명한 판결의 범위 : 정기금의 지급을 명하는 판결이 변경판결의 대상이 된다. 따라서 치료비·일실이익 등의 손해배상판결 뿐만 아니라, 부당이득금·임금·이자지급판결 등도 그 대상이 된다.

2) 일시금배상판결이 난 경우 : 중간이자를 공제하고 일시금배상판결이 났을 때 변경의 소의 대상이 되는지 문제되는데, ① 중간이자를 공제하여 일시금청구를 하여도 법원이 정기금판결을 할 수 있으며 그 반대도 가능하므로 긍정하는 입장이 있으나, ② 법문에 반하며, 당사자가 일시금 판결을 용인하여 상소 등으로 다투지 아니한 점, 일시금의 이행 내지 집행 여하에 따라 변경의 소 허용 여부가 결정된다고 보기 어려우므로 이러한 경우에는 변경의 소가 허용되지 않는다고 본다.

(3) 정기금의 지급을 명하는 판결이 확정되었을 것

가집행선고부 미확정판결에 대하여 변경의 소를 제기할 수 없다. 확정판결과 같은 효력이 있는 청구인낙조서, 화해조서, 조정조서 뿐만 아니라 화해권고결정에서도 변경의 소를 제기할 수 있다고 봄이 타당하다.

(4) 정기금지급을 명한 확정판결의 표준시 이후의 현저한 사정변경주장

정기금지급을 명한 확정판결의 표준시(변론종결시) 이후에 정기금액수 산정의 기초가 된 사정이 현저하게 변경됨으로써 당사자 사이의 형평을 크게 침해할 특별한 사정이 생겼음을 주장하여야 한다. 실제로 변경되었는지 여부는 본안요건에 해당한다.

3. 설문의 해결 : 산정기준 누락이 확정 이후 사정인지 여부

判例는 종전소송에서 원고들이 위와 같이 항소취지를 누락하지 않았다면 항소심에서 정기금 청구 부분에 대해서도 월 5,708,400원을 지급하라는 취지의 판결이 선고되었을 가능성은 있다고 하여도 그러한 사정은 어디까지나 종전소송 판결 확정 전의 사정에 불과한 것이고, 판결 확정 이후의 사정이라고는 볼 수 없다고 하였다(대법 2016.03.10, 2015다243996). 수소법원은 甲의 변경의 소를 각하한다.

II. 제1문의 2. 문제2 : 丙이 원고적격을 갖추었는지 여부

1. 문제점

丙이 제기한 변경의 소에 대해서는 정기금판결의 변경의 소의 소송물을 검토하여 丙이 전소의 기판력을 받는 자여서 원고적격을 갖추었는지 문제된다.

2. 기판력이 작용하는 관계인지 여부

丙의 원고적격과 관련하여 전소의 확정판결의 기판력을 받는 당사자일 것이 요구되는 바, 丙이 변론종결후의 승계인이 되기 위해서는 전소의 기판력이 후소에 작용하는 관계여야 한다. 변경의 소의 소송물에 대하여 ⅰ) 변경된 사실관계를 기초로 하는 별개의 소송물을 대상으로 하는 것이 변경의 소라는 입장도 있으나, ⅱ) 형평의 관념 내지 실체적 정의의 측면에서 전소판결의 기판력을 배제하는 것으로 장래의 예측을 포함하기 때문에 그 소송물은 전소와 동일하다고 보는 입장이 통설이다. 생각건대 변경의 소는 형평의 관념에서 전소판결의 기판력을 배제하는 것으로 장래의 예측을 포함하기 때문에 그 소송물은 전소의 것과 같으며 따라서 기판력이 동일관계로 작용하는 관계에 있다.

3. 丙이 변론종결후의 승계인인지 여부

(1) 변종후 승계인의 의의

패소당사자가 소송물인 권리관계를 제3자에게 처분함으로써 기판력 있는 판결을 무력화시키는 것을 방지하고 승소원고를 보호하기 위하여, 변론종결한 뒤에 소송물인 권리관계에 관한 지위를 전주로부터 승계한 제3자, 즉 변론종결 후의 승계인에 대해서도 기판력이 미치는 것으로 하고 있다(제218조 제1항).

(2) 승계인의 범위

1) 소송물인 권리·의무 자체를 승계한 자 : 당사자로부터 소송물인 권리·의무 자체를 승계한 자는 당연히 기판력이 미치는 승계인의 범위에 속하며, 예컨대 소유권확인판결이 난 소유권의 양수인, 이행판결을 받은 채권의 양수인·채무의 면책적 인수인 등을 말한다. 그러나 상호를 계속사용하는 영

업양수인은 면책적 채무인수인이 아니므로 승계인이 아니며(대법 1979.03.13, 78다2330), 중첩적 채무인수인은 승계인으로 볼 수 없다(대법 2010.01.14, 2009그196). 이 경우 포괄승계·특정승계 등 승계원인을 불문하며 전주가 원고·피고·승소자·패소자이든 불문한다.

2) 계쟁물을 승계한 자 : 소송물인 권리의무 자체를 승계한 것은 아니나, 계쟁물에 관한 당사자적격을 당사자로부터 전래적으로 옮겨 받은 자도 승계인에 해당한다 할 것인데, 判例는 소송물인 원고의 청구가 대세적 효력을 갖는 물권적 청구권일 때에는 제218조 제1항의 승계인으로 되지만, 대인적 효력밖에 없는 채권적 청구권일 때에는 승계인이 되지 않는다고 한다(대법 1993.02.12, 92다25151).

(3) 검 토

설문의 丙은 계쟁물 승계인이지만, 전소원고 甲의 청구가 채권적 청구권에 근거한 것으로 甲은 변론종결후의 승계인에 해당하지 않는다. 判例도 토지의 소유자가 소유권에 기하여 토지의 무단 점유자를 상대로 차임 상당의 부당이득반환을 구하는 소송을 제기하여 무단 점유자가 점유 토지의 인도 시까지 매월 일정 금액의 차임 상당 부당이득을 반환하라는 판결이 확정된 경우, 이러한 소송의 소송물은 채권적 청구권인 부당이득반환청구권이므로, 소송의 변론종결 후에 토지의 소유권을 취득한 사람은 민사소송법 제218조 제1항에 의하여 확정판결의 기판력이 미치는 변론을 종결한 뒤의 승계인에 해당한다고 볼 수 없다고 하였다(대법 2016.06.28, 2014다31721).

4. 사안의 해결

토지의 전 소유자가 제기한 부당이득반환청구소송의 변론종결 후에 토지의 소유권을 취득한 사람에 대해서는 소송에서 내려진 정기금 지급을 명하는 확정판결의 기판력이 미치지 아니하므로, 토지의 새로운 소유자가 토지의 무단 점유자를 상대로 다시 부당이득반환청구의 소를 제기하지 아니하고, 토지의 전 소유자가 앞서 제기한 부당이득반환청구소송에서 내려진 정기금판결에 대하여 변경의 소를 제기하는 것은 부적법하다(대법 2016. 6.28, 2014다31721).

제1문의 3

Ⅰ. 제1문의 3. 문제1 : 장래이행의 소의 적법요건과 선택적 병합 심판방법

1. 문제점

甲이 乙로부터 X 점포를 인도받을 때까지 차임 상당의 금전의 지급을 구하는 것은 장래 이행의 소(제251조)로서 그 적법요건을 살펴보고, 甲이 乙을 상대로 채무불이행을 원인으로 한 손해배상청구와 불법행위를 원인으로 한 손해배상청구의 병합의 태양을 검토하여 법원의 판단을 살펴본다.

2. 장래 이행의 소의 허용 여부

(1) 청구적격

장래이행의 소의 대상인 청구권은, ① 청구기초가 되는 사실상·법률상 관계가 변론종결당시 존재해야 하고, ② 장래의 이행기까지 의무불이행 사유가 계속하여 존속한다는 것을 변론종결당시에 확정적으로 예정할 수 있는 것이어야 한다. 따라서 이러한 책임기간이 불확실하여 변론종결당시에 확정적으로 예정할 수 없는 경우에는 장래이행 소는 부적법하다(대법 1993.03.09, 91다46717; 대법 1993.07.27, 92다13332). 조건부 청구의 경우 장차 조건 달성의 개연성이 있으면 확실·예정된 것으로 취급한다.

(2) 미리 청구할 필요

장래의 이행을 청구하는 소는 「미리 청구할 필요」가 있는 경우에 한하여 제기할 수 있는바, 이는 장래이행의 소에 특유한 권리보호의 요건으로서 이것이 없으면 장래이행의 소는 부적법하여 각하하여야 한다. 어떠한 경우에 그러한 필요가 있는가는 이행의무의 성질이나 의무자의 태도를 고려하여 개별적으로 판단해야 한다. 계속적·반복적 이행청구와 관련하여 현재 이행기가 도래한 부분을 이행하지 않고 있는 때에는 장래 이행기가 도래할 부분도 채무자의 임의이행을 기대할 수 없기 때문에 이행기가 도래한 부분과 함께 미리 청구할 수 있다.

(3) 소 결

甲이 乙을 상대로 X 점포 인도시까지의 차임 상당의 손해배상금의 지급을 구하는 것은 변론종결시에 아직 이행기가 도래하지 않은 권리에 기한 장래이행청구에 해당하는바, 반환을 조건으로 하는 것으로 청구적격을 갖추었고, 乙이 이미 이행기가 도래된 차임을 지급하지 않고 있으므로 장차 도래할 차임부분에 대해서도 미리 청구할 필요가 인정된다.

3. 법원의 판결

(1) 청구병합의 형태

청구의 선택적 병합은 여러 개의 택일적 청구 가운데 하나의 청구가 인용될 것을 해제조건으로 하여 다른 청구에 대한 심판을 구하는 것이다. 선택적 병합의 경우 원고승소 판결을 하는 때에는 병합된 청구 중 이유 있는 청구를 선택하여 인용하는 판단을 하면 되고, 원고패소 판결을 하는 때에는 병합된 청구 전부에 대하여 배척하는 판단을 하여야 한다.

(2) 채무불이행을 원인으로 한 손해배상청구에 대한 판단

임대차계약이 종료되면 임차인의 임대차목적물반환의무와 임대인의 보증금반환의무가 동시에 발생하고 양 채무는 동시이행관계에 있다. 따라서 임대인은 자신의 임대보증금반환의무를 이행하거나 이행제공하여 임차인의 동시이행항변권을 상실시키지 않으면 임차인이 임대차목적물을 반환하지 않더라도 임차인은 이행지체에 빠지지 않으므로, 임차인은 임대인에 대하여 채무불이행을 원인으로 한 손해배상의무를 부담하지 않는다.

(3) 불법행위를 원인으로 한 손해배상청구에 대한 판단

임대차계약의 종료에 의하여 발생한 임차인의 임대차목적물반환의무와 임대인의 연체차임 등을 공제한 나머지 보증금의 반환의무는 동시이행관계에 있으므로, 임대인이 나머지 임대차보증금의 반환의무를 이행하거나 적법하게 이행제공하는 등의 사유로 임차인의 동시이행항변권을 상실시키지 아니한 때에는 임대차계약이 종료된 후에 임차인이 목적물을 계속 점유하더라도 그 점유를 불법점유라고 할 수 없고, 임차인은 이에 대한 손해배상의무를 지지 아니한다(대법 2015.10.29, 2015다32585).

4. 설문의 해결

법원은 甲의 채무불이행을 원인으로 한 손해배상청구와 불법행위를 원인으로 한 손해배상청구를 모두 기각하는 판결을 하여야 한다.

II. 제1문의 3. 문제2 : 확인의 이익과 처분권주의

1. 문제점

반소와 관련해서는 이행의 소를 제기할 수 있는 경우인데도 보증금반환채권존재확인청구를 한 것이 확인의 이익이 있는지 문제되고, 본소와 관련해서는 乙의 동시이행항변이 인정되는 경우 처분권주의와 관련하여 법원의 판단방법이 문제된다.

2. 반소에 관한 판단

(1) 반소의 의의와 요건

반소라 함은 소송계속 중 피고가 원고에 대하여 본소의 소송절차에 병합하여 제기하는 새로운 소를 말한다(제269조). 반소가 적법하기 위해서는 반소요건과 일반 소송요건을 구비하여야 하는데, 반소요건으로는 ① 본소가 사실심에 계속되고 변론종결 전이어야 하고, ② 반소관련성이 있어야 하며, ③ 본소절차를 지연시키지 않아야 하며, ④ 청구병합의 일반요건을 갖추어야 한다.

(2) 반소요건 구비여부

나머지 요건에는 문제가 없고, 반소청구가 본소청구나 본소의 방어방법과 상호관련성이 있어야 한다. 본소의 방어방법과 상호관련된 반소는 그 방어방법이 반소제기 당시에 현실적으로 제출되어야 하며 또 법률상 허용되어야 한다. 따라서 소송법상 실기각하된 항변에 바탕을 둔 반소는 부적법하다. 피고 乙은 원고 甲의 본소에 대해 동시이행 항변을 하였고, 이러한 항변이 부적법한 것이 아니므로 본소 방어방법과 관련되어 반소의 요건은 구비하였다.

(3) 일반소송요건의 구비여부

확인의 소는 권리 또는 법적 지위에 불안 내지 위험이 현존하고, 현존하는 법적 불안이나 위험을 제거하는데 확인판결을 받는 것이 유효·적절한 수단이어야 확인의 소의 확인의 이익이 인정된다. 乙에게 보증금반환청구권이 인정되는 경우 그 지급을 구하는 소를 제기하면 될 것이므로 보증금반환채권의 존재확인청구는 유효·적절한 분쟁해결방법이라고 할 수 없어 확인의 이익이 부정된다. 乙의 반소는 확인의 이익이 부정되어 각하될 것이다.

3. 본소에 관한 판단

(1) 법원의 심판 대상과 범위

처분권주의(제203조)가 적용되는 결과 법원은 당사자가 신청한 사항에 대하여 신청한 범위 내에서 판단하여야 한다. 원고의 소송상 청구에 대하여 법원이 심리해 본 결과 그 중 일부만이 이유 있는 것으로 인정될 경우 법원이 그 일부를 인용하는 판결을 하게 되는데, 일부 인용을 허용하는 이유는 이러한 경우 일부라도 인용하는 것이 원고의 통상적 의사에 부합하는 것으로 볼 수 있고, 응소한 피고의 이익보호나 소송제도의 합리적 운영을 위해서 바람직하기 때문이다. 이러한 경우에는 청구취지를 변경할 필요가 없다. 원고의 단순이행청구에 대하여 피고가 동시이행의 항변을 하고 그 항변이 이유 있는 때에는 원고의 반대의 의사표시가 없는 한 원고의 청구를 전부 기각할 것이 아니라 원고로부터 채무의 이행을 받음과 동시에 피고에게 채무이행을 명하는 판결을 하여야 한다.

(2) 甲의 X 점포 인도청구에 대한 상환이행판결

乙이 동시이행의 항변을 하였고 임대차보증금 지급사실도 인정되는데, 보증금의 지급과 동시이행으로 X 점포의 인도를 명하는 판결은 단순히 X 점포의 인도를 구하는 甲의 청구에 포함되어 있는 것으로 볼 수 있으므로 원고의 반대의 의사표시가 없는 한 동시이행판결은 질적 일부 인용으로서 허용될 것이다.

4. 설문의 해결

법원은 甲의 본소청구에 대해, "피고는 원고로부터 금 100,000,000원을 지급받음과 동시에 원고에게 X 점포를 인도하라. 원고의 나머지 청구를 기각한다."라는 상환이행판결을 하고, 피고의 반소를 각하한다.

제1문의 4

Ⅰ. 제1문의 4 : 예비적 공동소송의 적법여부와 항소심의 심판방법

1. 문제점

丙과 丁에 대한 甲의 청구가 법률상 양립불가하여 예비적 공동소송으로 적법한지와, 예비적 피고 丁에 대한 청구가 인용된 것에 예비적 피고만이 항소한 경우 주위적 피고 丙에 대한 청구부분도 이심하여 심판의 대상이 되는지 살펴본다.

2. 예비적 공동소송의 적법여부

(1) 예비적 공동소송의 요건

예비적 공동소송은 ① <u>공동소송의 일반요건을 갖추어야 함</u>은 물론이요, ② <u>공동소송인 가운데 일부의 청구가 다른 공동소송인의 청구와 법률상 양립할 수 없거나 공동소송인 가운데 일부에 대한</u>

청구가 다른 공동소송인에 대한 청구와 양립할 수 없는 경우이어야 한다(제70조). 사안에서는 제65조 전문의 권리의무의 발생원인이 공통한 경우이므로 주관적 요건은 갖추었고, 객관적 요건과 관련하여 동종절차에서 심리할 수 있으며, 제25조 제2항의 관련재판적도 갖출 수 있는 경우이므로 문제가 없으나, 법률상 양립불가능한 경우인지 여부가 문제되는데 특히 실체법상 양립할 수 없는 경우는 물론 소송법상 양립할 수 없는 경우도 포함되는지 문제된다.

(2) 법률상 양립불가의 의미

判例는 "여기에서 '법률상 양립할 수 없다'는 것은, ① 동일한 사실관계에 대한 법률적인 평가를 달리하여 두 청구 중 어느 한 쪽에 대한 법률효과가 인정되면 다른 쪽에 대한 법률효과가 부정됨으로써 두 청구가 모두 인용될 수는 없는 관계에 있는 경우나, 당사자들 사이의 사실관계 여하에 의하여 또는 청구원인을 구성하는 택일적 사실인정에 의하여 어느 일방의 법률효과를 긍정하거나 부정하고 이로써 다른 일방의 법률효과를 부정하거나 긍정하는 반대의 결과가 되는 경우로서, 두 청구들 사이에서 한 쪽 청구에 대한 판단 이유가 다른 쪽 청구에 대한 판단 이유에 영향을 주어 각 청구에 대한 판단 과정이 필연적으로 상호 결합되어 있는 관계를 의미하며, ② 실체법적으로 서로 양립할 수 없는 경우뿐 아니라 소송법상으로 서로 양립할 수 없는 경우를 포함하는 것으로 봄이 상당하다"고 하여 소송법상 양립불가한 경우도 포함하고 있다.

(3) 사안의 경우

대법 2015.03.20, 2014다75202은 설문과 같은 사안에서 피고들에 대한 청구는 두 청구가 모두 인용될 수 없는 관계에 있거나 한쪽 청구에 대한 판단 이유가 다른 쪽 청구에 대한 판단 이유에 영향을 주어 각 청구에 대한 판단 과정이 필연적으로 상호 결합되어 있는 관계에 있어서 모든 당사자들 사이에 결론의 합일확정을 기할 필요가 인정되므로, 피고들에 대한 청구는 민사소송법 제70조 제1항에서 정한 주관적·예비적 공동소송이라 하였다.

3. 항소심의 심판범위

(1) 항소심으로 이심의 범위

법률상 양립할 수 없는 공동소송인 사이의 분쟁관계를 모순 없이 통일적으로 해결함으로써 재판의 통일을 기하려는 제도의 취지상 비록 원고가 주위적 피고 甲에 대해 패소한 1심 판결에 대하여 항소하지 않았어도 원고의 주위적 피고에 대한 청구도 확정이 차단되고 이심된다.

(2) 항소심의 심판의 대상

① 항소심에서의 변론은 당사자가 제1심 판결의 변경을 청구하는 한도 안에서만 할 수 있도록 규정되어 있으므로 이러한 불이익변경금지의 원칙상 항소의 대상이 되지 아니한 주위적 청구를 주위적 피고에게 불이익하게 변경하는 판결을 할 수 없다는 견해도 있으나(홍준호), ② 통설과 判例는 합일확정 요청상 불이익변경금지 원칙이 적용되지 아니하므로, 원고의 주위적 청구도 항소심의 심리대상이 되고, 심리결과 원고의 주위적 피고에 대한 청구가 이유 있으면 원심판결을 취소하여 원고의 주위적 피고에 대한 청구를 인용하고, 원고의 예비적 피고에 대한 청구를 기각하여야 한다는 입장이다(대법 2011.02.24, 2009다43355).

(3) 항소심 판결의 위법성

예비적 공동소송은 일부판결이 허용되지 않고, 착오로 일부 공동소송인에 대하여서만 일부판결을 하더라도 전부 판결을 한 것으로 취급하여 상소로써 다투어야 하고, 누락된 예비적·선택적 공동소송인은 착오로 인한 일부판결을 시정하기 위하여 상소를 제기할 이익이 있다(대법 2008.03.27, 2005다49430). 따라서 원고는 항소심에 추가판결을 신청할 것이 아니라, 상고를 제기하여야 한다. 이 경우 상고심은 원심을 파기하고 환송하여 주위적 피고에 대한 청구를 판단할 수 있도록 하여야 한다.

제1문의 5

Ⅰ. 문제 1. : 채권질권의 실행방법, 채권질권의 설정방법, 임대인지위승계의 요건

1. 쟁점

채권질권자의 질권실행방법으로 제3채무자에 대한 직접 청구가 허용되는지, 채권질권이 유효하게 성립하기 위해서 채권증서를 교부하여야 하는데, 임대차계약서가 채권증서에 포함되는지, 임대인지위가 임차주택양수인에게 승계되기 위한 요건, 임대차보증금채권에 질권이 설정된 후 임대인지위가 승계된 경우, 종전 임대인은 채권질권의 제3채무자 지위를 면하는지 등이 쟁점이다.

2. 丙이 채권질권 실행으로 乙에게 직접 청구할 수 있는지 여부

질권은 재산권을 목적으로 할 수 있고(제345조), 권리질권의 설정은 법률에 다른 규정이 없으면 그 권리의 양도에 관한 방법에 의하여야 하며(제346조), 지명채권에 대한 질권의 설정은 설정자가 제3채무자에게 통지하거나 제3채무자가 승낙하여야 채무자 기타 제3자에게 대항할 수 있다(제349조). 채권질권자는 민사집행법에 의한 집행방법에 의하여 채권질권을 실행할 수도 있으나(제354조), 제3채무자에 대하여 질권의 목적이 된 채권을 직접 청구할 수 있고(제353조 제1항), 채권의 목적물이 금전인 때에는 질권자는 자기 채권의 한도에서 직접 청구할 수 있다(제353조 제2항).

사안의 경우, 丙과 甲은 甲의 보증금채권에 관하여 질권설정의 합의를 하였고, 제3채무자 乙은 질권설정을 승낙하였으므로 丙은 자신의 채권인 1억 5천만 원의 범위에서 제3채무자 乙에 대하여 보증금채권을 직접 청구할 수 있다.

3. 임대차계약증서가 교부되지 아니하여 질권을 취득하지 못하였다는 乙 항변의 당부

채권을 질권의 목적으로 하는 경우에 채권증서가 있는 때에는 질권의 설정은 그 증서를 질권자에게 교부함으로써 그 효력이 생긴다(제347조). 채권증서의 교부는 채권질권의 효력요건으로 규정되어 있으므로 채권질권의 효력을 주장하는 채권질권자가 채권증서의 교부사실을 증명하여야 한다. 다만, 채권증서가 존재하지 않는 채권의 경우에는 제347조가 적용되지 아니하므로 채권증서가 교부되지 아니하였더라도 채권질권을 취득할 수 있다. 판례는, 제347조가 규정하고 있는 채권증서란 채권의 존재를 증명하기 위하여 채권자에게 제공된 문서로서 특정한 이름이나 형식을 따라야 하는 것은 아니지만, 장차 변제 등으로 채권이 소멸하는 경우에는 민법 제475조에 따라 채무자가 채권자에게 그 반환을 청구할 수 있는 것이어야 한다고 한다.[1] 임대차계약서와 같이 당사자 쌍방의 권리의무관계의 내용을 정한 서면은 계약에 의한 권리의 존속을 표상하기 위한 것이라고 할 수 없으므로 채권증서에 해당하지 않는다고 한다.[2]

사안의 경우, 甲과 乙의 임대차계약서는 채권증서에 해당하지 아니하므로 이를 교부하지 아니하여 丙의 채권질권 취득이 효력이 없다는 乙의 항변은 부당하다.

4. 임대인 지위 승계로 乙이 면책된다는 항변의 당부

(1) 乙과 丁의 임대인 지위승계 특약에 의하여 乙이 면책될 수 있는지 여부

판례는, 임대인이 임대목적물의 양수인과 매매계약을 체결하면서 임대차보증금반환채무를 포함하여 임대인 지위를 승계하기로 하는 특약을 한 경우, 그 인수는 특별한 사정이 없는 한 면책적 채무인수가 아니라 이행인수로 보아야 하고, 면책적 채무인수로 보기 위해서는 임차인의 명시적 혹은 묵시적 승낙이 있어야 하며, 임차인의 묵시적 승낙이 있는지는 임대차보증금의 객관적 회수가능성 등 제반 사정을 고려하여 신중하게 판단하여야 한다고 한다.[3] 한편, 질권설정자는 질권자의 동의 없이 질권의 목적인 권리를 소멸하게 하거나 질권자의 이익을 해하는 변경을 할 수 없다(제352조).

사안의 경우, 임대인 乙이 매수인 丁과 임대인지위승계의 특약을 하더라도 임차인 甲의 명시적 혹은 묵시적 승낙이 없는 한 임대인 乙이 보증금반환채무를 면한다고 할 수 없고, 甲이 승낙을 하더라도 이는 질권자 丙의 이익을 해하는 변경에 해당하므로 임대인 乙은 이를 질권자 丙에게 대항할 수 없다.

(2) 주택임대차보호법에 따른 임대인 지위승계로 乙이 면책될 수 있는지 여부

주택의 인도와 주민등록을 마쳐 대항요건을 갖춘 임대차의 경우 임대주택의 양수인은 임대인의 지위를 승계한 것으로 본다(주택임대차보호법 제3조 제4항). 판례는, 주택임대차보호법에 따른 임대인 지위승계규정은 법률상 당연승계 규정으로 양수인은 임대차보증금반환채무를 면책적으로 인수하고 양도인은 임대차관계에서 탈퇴하여 임차인에 대한 임대차보증금반환채무를 면하게 되는데, 이는 보증금반환채권에 질권을 설정하고 임대인이 질권설정을 승낙한 후 주택이 양도된 경우에도 마찬가지라고 한다.[4]

사안의 경우, 甲은 주택임대차보호법에 따른 대항력을 구비하였고, 그 후 임대인 乙이 임대주택을 丁에게 양도하였으므로 乙은 보증금반환채무를 면하고 이를 보증금반환채권에 관한 질권자 丙에게 대항할 수 있다. 乙의 면책항변은 타당하다.

5. 결론

丙은 채권질권을 적법하게 취득하고, 이를 직접 행사할 수 있으나, 乙의 주택임대차보호법에 따른 면책항변이 타당하므로 丙의 청구는 기각된다.

---

1) 대법원 2013. 8. 22. 선고 2013다32574 판결
2) 대법원 2013. 8. 22. 선고 2013다32574 판결
3) 대법원 2008. 9. 11. 선고 2008다39663 판결
4) 대법원 2018. 6. 19. 선고 2018다201610 판결

II. 문제 2. : 대항력 갖춘 임차인이 임대차 목적물을 매수한 경우 임대인지위승계 여부, 제3채무자와 질권설정자의 상계합의로 질권자에게 대항할 수 있는지 여부

1. 쟁점

대항력을 갖춘 임차인이 임대차목적을 매수한 경우 임차인이 임대인의 지위를 승계하는지 여부, 채권질권의 대항요건이 갖추어진 후 제3채무자와 질권설정자의 상계합의로 질권자에게 대항할 수 있는지가 쟁점이다.

2. 매수인 甲이 임대인의 지위를 승계하는지 여부 – 乙의 1) 항변의 당부

대항력 있는 주택임차권이 있는 경우, 임차주택의 양수인은 임대인의 지위를 승계하고(주택임대차보호법 제3조 제4항), 보증금반환채무를 면책적으로 인수한다. 판례는, 대항력의 효과로서 임차주택의 양수인이 임대인의 지위를 승계하는 것은 임차인을 보호하기 위함이고 임대인의 지위승계를 원하지 아니하는 임차인은 공평의 원칙 및 신의칙에 근거하여 임대차를 해지하고 종전의 임대인에게 보증금의 지급을 청구할 수 있다고 하고,[5] 임대기간 만료 전에 임대인과의 합의로 임대차계약을 해지한 경우 임차주택의 양수인은 임대인의 지위를 승계하지 아니한다고 한다.[6]

사안의 경우, 임차인 甲과 임대인 乙은 임차주택을 매매하면서 종전의 임대차계약을 해지하였으므로 임차인 甲은 임대인의 지위를 승계하지 아니한다. 따라서 임대인 지위가 甲에게 승계되었음을 전제로 乙이 보증금반환채무를 면한다는 乙의 항변은 부당하다.

3. 甲과 乙 사이의 상계합의로 丙에게 대항할 수 있는지 여부 – 乙의 2)항변의 당부

타인에 대한 채무의 담보로 제3채무자에 대한 채권에 대하여 권리질권을 설정한 경우 질권설정자는 질권자의 동의 없이 질권의 목적된 권리를 소멸하게 하거나 질권자의 이익을 해하는 변경을 할 수 없다(제352조). 판례는, 임대차보증금반환채권에 관한 질권이 설정되고 그 대항요건이 구비된 후에 제3채무자가 질권자의 동의 없이 질권설정자에게 채무를 변제하더라도 질권자에게 대항할 수 없고, 질권자의 동의 없이 제3채무자가 질권설정자와 상계합의를 하였더라도 마찬가지로 질권자에게 대항할 수 없다고 한다.[7]

사안의 경우, 乙은 질권설정을 승낙하였으므로 질권자의 동의 없이 입질채권을 임의로 소멸시키는 행위를 하였더라도 이를 질권자 丙에게 대항할 수 없다. 丙은 乙에게 임대차보증금의 반환을 직접 청구할 수 있다.

4. 결론

乙의 항변은 모두 이유 없으므로 丙의 乙에 대한 청구는 인용된다.

---

5) 대법원 1996. 7. 12. 선고 94다37646 판결
6) 대법원 2018. 12. 27. 선고 2016다265689 판결
7) 대법원 2018. 12. 27. 선고 2016다265689 판결

8. 제1차 모의시험 제2문

목 차

제2문의 1

Ⅰ. 문제 1. : 특별조치법에 의한 소유권이전등기의 추정력/ 상속포기자가 상속등기를 한 경우 참칭상속인에 해당하는지/ 상혹회복청구권 제척기간 도과의 효과/ 공유자 1인의 등기말소 청구 가능성

1. 쟁점

C는 乙의 X임야 지분 3/7 중에서 그의 법정상속분인 1/7 지분권자로서 지분권에 기초하여 등기말소를 청구하고 있다. C의 청구가 인용되기 위해서는, 乙이 사망할 당시 乙이 X임야의 3/7 지분권자였어야 하고, 공유자 중 1인이 원인무효 등기 전분의 말소를 청구하는 것이 보존행위여야 한다.

2. 乙이 사망 당시 X임야의 3/7 지분권자인지 여부

(1) 특별조치법에 의한 A명의로의 지분이전등기의 추정력 인정 여부

특별조치법에 의한 등기는 특별조치법에서 정한 보증서나 확인서가 허위 또는 위조된 것이라거나 그 밖의 사유로 적법하게 등기된 것이 아니라는 증명이 없는 한 추정력은 번복되지 않는다.[1)] A는 보증서와 확인서를 위조하여 이 사건 소유권이전등기를 마쳤으므로 乙에게서 A에게로의 지분이전등기의 추정력은 번복된다.

(2) A명의로의 지분이전등기가 실체관계에 부합되는지 여부

① 乙과 B의 상속포기의 효력

상속포기는 상속개시 있음을 안 날로부터 3개월 내에 가정법원에 포기신고를 하는 방법으로 하여야 하고(제1019조, 제1041조), 상속의 포기는 상속개시 된 때에 소급하여 그 효력이 있으며(제1042조), 공동상속인이 상속을 포기한 때에는 그 상속분은 다른 상속인의 상속분 비율로 그 상속인에게 귀속된다(제1043조). 乙과 B의 상속포기는 상속개시 있음을 안 날로부터 3개월 내에 이루어졌으므로 乙과 B의 상속지분은 상속이 개시된 때부터 A에게 귀속된다. A의 특별조치법에 의한 지분이진등기는 일응 실체관계에 부합되는 등기로 볼 수 있다.

② 1996. 5. 22.자 법정상속분에 따른 상속등기명의자 乙이 참칭상속인인지 여부

참칭상속인이란 정당한 상속권이 없음에도 재산상속인임을 신뢰케 하는 외관을 갖추고 있는 자나 상속인이라고 참칭하면서 상속재산의 전부나 일부를 점유함으로써 진정한 상속인의 상속권을 침해하는 자를 말한다.[2)] 乙은 상속포기자로서 상속인이 아님에도 상속등기를 마침으로써 재산상속인의 외관을 갖추었으므로 참칭상속인에 해당한다.[3)]

③ A의 상속회복청구권 제척기간 경과 여부 및 그 효과

상속회복청구권은 그 침해를 안 날부터 3년, 상속권 침해행위가 있은 날로부터 10년을 경과하면

1) 대법원 2010. 2. 25. 선고 2009다98386 판결
2) 대법원 1998. 3. 27. 선고 96다37398 판결
3) 대법원 2012. 5. 24. 선고 2010다33392 판결

소멸한다(제999조 제2항). 상속회복청구권의 제척기간이 경과하면 상속인은 상속인으로서의 지위를 상실하고 그 반사적 효과로서 참칭상속인은 상속개시의 시로부터 소급하여 상속인으로서의 지위를 취득하므로 상속재산은 참칭상속인의 소유로 된다.[4] 乙의 상속권 침해행위는 1996. 5. 22. 있었으며 A는 10년이 경과될 때까지 상속회복청구권을 행사하지 아니하여 X임야는 상속이 개시된 때부터 乙, A, B의 공유로 된다. 2007. 3. 4. 특별조치법에 의한 A명의로의 지분이전등기는 모두 원인무효 등기로서 실체관계에 부합되지 않는다.

(3) 소결

乙은, 2009. 1. 17. 사망 당시 X임야의 3/7 지분권자의 지위를 가지고, 이는 그 자녀인 A, B, C에게 균분 상속되는 결과 C는 X임야의 1/7 지분권자로서의 지위를 가지며, A명의의 X임야 소유권이전등기는 A의 지분권인 3/7지분(甲으로부터 상속받은 2/7지분과 乙로부터 상속받은 1/7지분)[5]을 초과하는 범위에서 원인무효의 등기가 된다.

3. C의 이 사건 청구가 공유물의 보존행위인지 여부

원인무효의 등기에 의하여 지분권을 침해당한 공유자는 공유물에 관한 보존행위로서 원인무효의 등기 전부의 말소를 청구할 수 있다.[6] 원인무효의 등기말소청구는 보존행위에 속하므로 말소청구권자인 지분권자의 지분 범위에서만 등기말소를 청구하여야 하는 것은 아니며, 원인무효의 등기 전부의 말소를 청구할 수 있다. A명의의 단독등기로 인하여 C의 지분권이 침해되고 있으며, A명의의 등기는 3/7 지분권을 초과한 범위에서는 원인무효등기이므로 C는 A의 지분권을 초과하는 등기 전부의 말소를 청구할 수 있다.

4. 결론

C의 이 사건 청구는 전부 인용된다.

II. 문제 2. : 취득시효 완성 후 시효의무자의 공동상속인 중 1인이 증여를 원인으로 소유권을 취득한 경우 점유자가 상속인에게 취득시효를 주장할 수 있는지 여부

1. 결론

丁의 청구는 A의 법정상속분인 2/7 지분범위에서 일부 인용된다.

2. 이유

(1) 丁의 지위

丁은 X임야를 1975. 3. 4.부터 평온, 공연하게 자주점유 하였으므로 20년이 경과하는 시점인 1995. 3. 4. 당시 소유자인 甲에 대하여 점유취득시효 완성에 따른 소유권이전등기청구권을 취득한다.

---

4) 대법원 1998. 3. 27. 선고 96다37398 판결

5) 이 사안에서 B가 참칭상속인인지에 따라 A의 상속지분의 구체적 내용이 달라진다. B가 참칭상속인이라면 본문에서 서술한 것이 A의 지분이나, B가 참칭상속인이 아니라면 A의 B에 대한 상속회복청구권의 제척기간 경과 문제는 생기지 아니하므로 B에게서 A에게로의 지분이전등기는 실체관계에 부합되는 등기가 되고, A의 지분은 5/7(甲으로부터 상속받은 4/7와 乙로부터 상속받은 1/7)가 된다.

6) 대법원 1993. 5. 11. 선고 92다52870 판결

(2) 丁이 A에게 취득시효를 대항할 수 있는지 여부

① 취득시효로 대항할 수 없는 제3자

취득시효 완성자는 채권적 등기청구권을 가지므로 취득시효 완성 후 새로운 이해관계를 맺은 제3자에 대해서는 취득시효로 대항할 수 없다. 취득시효로 대항할 수 없는 제3자는 취득시효 기간 만료 후에 새로운 이해관계를 가지게 된 제3자로서 부동산에 관한 거래의 안전과 등기제도의 기능을 해하지 아니하기 위하여 보호하여야 할 가치가 있는 자에 국한되어야 한다.7) 취득시효 완성 전에 증여 등 소유권변동의 원인관계가 있었더라도 취득시효 완성 후 소유권이전등기를 마친 때에는 새로운 등기명의자는 취득시효로부터 보호되는 제3자에 해당한다.

② 시효의무자의 상속인 중 1인이 증여에 의한 소유권이전등기를 마친 경우

취득시효 완성 후 시효의무자가 사망하고, 시효의무자 사망 전 증여계약을 원인으로 공동상속인 중 1인에게 증여로 인한 소유권이전등기가 마쳐진 경우, 시효의무자가 사망하는 순간 공동상속인인 수증자는 상속인의 지위에서 증여자의 소유권이전등기의무를 법정상속분 범위에서 상속하고, 그 결과 수증자의 증여로 인한 등기청구권 중 그의 법정상속분에 해당하는 지분이전등기청구권은 혼동으로 소멸한다. 한편, 시효의무자의 지위도 공동상속인에게 상속되므로 수증자는 그의 법정상속분 범위에서는 시효의무자의 지위를 가지며, 그의 법정상속분을 벗어난 범위에서는 취득시효로부터 보호되는 제3자의 지위를 가진다.8)

③ 사안의 경우

甲과 A의 증여계약은 丁의 취득시효가 완성되기 전에 체결되었으나, 丁의 취득시효 완성 후 A명의의 소유권이전등기가 마쳐졌으므로 A는 취득시효로 대항할 수 없는 제3자에 해당할 수 있다. 다만, A명의의 소유권이전등기 중에서 A의 법정상속분인 2/7 범위에서는 A의 甲에 대한 증여로 인한 소유권이전등기청구권이 혼동으로 소멸하는 결과 새로운 이해관계인이라고 할 수 없고, 시효의무자인 甲의 상속인으로서 丁에 대해서 지분이전등기의무를 부담한다.

Ⅲ. 문제 3. : 취득시효 완성 후 진정한 소유자의 가처분이 있는 경우, 취득시효 대항가능성

1. 결론

丁의 戊와 D에 대한 청구는 전부 인용된다.

2. 이유

① 쟁점

취득시효 완성 후 가처분이 마쳐진 경우, 점유자가 가처분권리자에게 취득시효로 대항할 수 있는지가 쟁점이다.

② 가처분권리자가 취득시효로부터 보호되는 제3자에 해당하는지

취득시효가 완성되었더라도 점유자는 취득시효 완성 당시 소유자에 대한 채권적 등기청구권을 가지는데 불과하다. 취득시효 완성 후 점유자 명의로 등기를 마치기 전에 가처분등기가 마쳐진 때

7) 대법원 2002. 3. 15. 선고 2000다23341 판결
8) 대법원 2012. 3. 15. 선고 2011다59445 판결

에는 가처분권리자는 취득시효로 대항할 수 없는 제3자에 해당한다. 비록 점유자가 가처분 이후에 취득시효로 인한 소유권이전등기를 마치더라도 가처분의 부담을 인수하므로 가처분권리자가 본안 소송에서 승소판결을 받고 그에 따라 가처분권리자의 소유권이전등기가 마쳐진 때에는 점유자는 가처분권리자에게 대항할 수 없다.[9] 그러나 가처분권리자가 취득시효 완성 당시의 진정한 소유자로서 소유권에 기초한 말소등기청구권 또는 진정명의회복을 위한 이전등기청구권을 보전하기 위하여 처분금지가처분이 마쳐진 때에는 가처분권리자는 시효취득자의 등기가 처분금지가처분에 저촉되는 것이라고 주장하여 시효취득자의 소유권취득의 효력을 부정할 수는 없다.[10]

③ 사안의 경우

丁의 취득시효는 1996. 3. 4. 완성되었다. 戊의 가처분등기는 1997. 3. 2. 마쳐졌으므로 戊는 취득시효 완성 후에 가처분등기를 마친 자이다. 그러나 戊는 취득시효 완성 당시 진정한 소유자로서 丁에 대한 시효의무자로서의 지위를 가지는 자이다. 비록 丁의 등기가 甲의 공동상속인들로부터 마쳐진 등기이기는 하지만 실체관계에 부합되는 등기이므로 戊가 확정판결에 따라 등기를 하고, 그에 따라 丁의 등기가 직권 말소되더라도 丁은 여전히 소유자로서의 지위를 가지며 戊의 등기는 원인무효의 등기가 된다. 戊의 등기가 원인무효이므로 D의 등기도 원인무효이다.

제2문의 2

Ⅰ. 문제 1. : 이행상반행위/ 법정대리권의 남용

1. 결론

甲과 乙의 丙에 대한 청구는 인용된다.

2. 이유

(1) 甲과 乙, B의 각 지위

甲과 乙은 A의 공동상속인으로 X부동산의 각 1/2 지분권자이고, B는 甲과 乙의 친권자이며 B가 丙과 매매계약을 체결할 2016. 6. 30. 당시 甲과 乙은 미성년자이다. B는 甲과 乙의 친권자로서 甲과 乙의 재산에 관한 법률행위에 관한 대리권이 있다(제920조).

(2) B와 丙의 매매계약 체결행위가 이해상반행위(제921조)로서 무효인지

① 이해상반행위의 의미

이해상반행위란 친권자에게 유리하고 미성년자에게 불리하거나 미성년자 일방에게 불리하고 다른 미성년자에게 유리한 행위를 말한다. 제921조는 친권자와 미성년자, 수인의 미성년자 사이의 이해상반행위에 관해서만 친권자의 법정대리권을 제한하고 있다.

9) 대법원 2012. 11. 15. 선고 2010다73475 판결
10) 대법원 2012. 11. 15. 선고 2010다73475 판결

② 이해상반행위 판단방법

이해상반의 유무는 그 행위 자체를 객관적으로 관찰하여 판단하여야 할 것이지 행위의 동기나 연유를 고려하여 판단하여야 할 것은 아니다.[11]

③ 사안의 경우

B와 丙이 체결한 매매는 시가보다 현저히 저렴한 매매이므로 매매 자체를 객관적으로 관찰하면 매수인 丙에게 유리하고 본인 甲과 乙에게 불리한 매매로서 이해상반행위라고 할 수 없다. 비록 B가 사리를 도모하기 위한 목적에서 이 매매를 체결하였더라도 그러한 사정은 이해상반행위 여부를 판단할 때 고려할 수 없다.

(3) 법정대리권 남용으로 무효인지

① 법정대리권 남용으로 무효가 되기 위한 요건

법정대리인인 친권자의 행위가 법정대리권 남용으로 무효가 되기 위해서는, ㉠법정대리인의 행위가 법정대리권을 수여한 법의 취지에 현저히 반한다고 인정되는 사정이 존재하여야 하고[12], ㉡대리행위의 상대방은 법정대리인의 행위가 남용행위에 해당함을 알았거나 알 수 있었어야 한다.[13] 위 요건이 충족되면 제107조 제1항 단서가 유추되어 대리행위는 무효가 된다.

② 사안의 경우

B와 丙이 체결한 매매는 시가의 1/3에도 미치지 못하는 대금으로 체결된 매매이고, B의 사리를 도모할 목적에서 체결한 것이므로 법정대리권을 수여한 법의 취지에 현저히 반한다고 할 수 있고, 그와 같은 사정을 丙이 알고 있었으므로 B와 丙이 체결한 매매는 무효이다.

II. 문제 2. : 법정대리권 남용으로 인한 무효로 선의의 제3자에 대항할 수 있는지

1. 결론

甲과 乙의 丁에 대한 청구는 기각된다.

2. 이유

법정대리권 남용으로 인한 무효의 효과를 선의의 제3자에게 대항할 수 있는지가 쟁점이다.

B가 甲과 乙을 대리하여 丙과 체결한 매매계약은 법정대리권을 남용한 매매로서 丙이 법정대리인 B의 배임적 의도를 알고 있었으므로 무효이다. 법정대리권 남용으로 인한 무효는 제107조 제1항 단서가 유추되어 무효로 된 것인데, 제107조 제2항도 유추되므로 이 무효는 상대적 무효로서 선의의 제3자에게 대항할 수 없다. 즉, 무효인 남용행위에 따라 외형상 형성된 법률관계를 기초로 하여 새로운 법률상 이해관계를 맺은 선의의 제3자에 대하여는 누구도 그와 같은 사정을 들어 대항할 수 없으며 제3자가 악의라는 사실에 관한 주장·증명책임은 무효를 주장하는 자에게 있다.[14]

11) 대법원 2002. 1. 11. 선고 2001다65960 판결
12) 대법원 2009. 1. 30. 선고 2008다73731 판결
13) 대법원 2011. 12. 22. 선고 2011다64669 판결
14) 대법원 2018. 4. 26. 선고 2016다3201 판결

사안의 경우, 丁은 법정대리권 남용행위의 상대방인 丙으로부터 X부동산을 매수한 자인데, 丙은 그간의 사정을 숨긴 채 丁에게 X부동산을 매도하였고, 丁이 악의라고 볼 다른 사정은 없으므로 甲과 乙은 丁에게 B와 丙의 매매가 법정대리권 남용으로 무효임을 주장할 수 없다.

제2문의 3

Ⅰ. 문제 1. : 당사자 확정/ 무권대리에 관한 본인의 묵시적 추인

1. 결론

B의 청구는 기각된다.

2. 이유

(1) 대출계약 및 제1근저당권설정계약의 당사자

타인 명의로 계약을 체결한 경우, 행위자와 상대방의 의사가 일치한 경우에는 그 일치하는 의사대로 당사자를 확정하여야 하고, 행위자와 상대방의 의사가 일치하지 않는 경우에는 계약의 성질, 내용, 체결경위, 계약체결을 전후한 구체적인 제반 사정을 고려하여 상대방이 합리적인 인간이라면 행위자와 명의자 중 누구를 계약당사자로 이해할 것인가에 의하여 당사자를 결정하여야 한다.15)

사안의 경우, B 소유의 Y토지에 관하여 근저당권설정계약을 체결하려는 것이고, B의 서류를 위조하여 계약을 체결하였고, 등기완료 등의 통지는 모두 B에게 이루어진 점에 비추어 이 사건 대출계약 및 근저당권설정계약의 당사자는 B와 A은행으로 보아야 한다.16)

(2) 대출계약 및 제1근저당권설정계약의 효력

甲은 B명의로 대출계약 및 근저당권설정계약을 체결하였고, B로부터 대출계약 및 근저당권설정에 관한 대리권을 수여받지도 않았다. 대리관계 표시 없이 본인 명의로 법률행위를 하고 당사자가 본인으로 확정되는 경우에도 대리행위로 보아 대리의 법리가 적용된다.17) 甲이 체결한 이 사건 근저당권설정계약은 무권대리로서 무효이다.

(3) B의 묵시적 추인으로 각 계약이 소급하여 유효로 되는지 여부

무권대리인이 체결한 계약은 유동적 무효이고(제130조), 본인이 추인하여 계약 당시로 소급하여

15) 대법원 1995. 9. 29. 선고 94다4912 판결; 대법원 2013. 10. 11. 선고 2013다52622 판결; 대법원 2016. 12. 29. 선고 2015다226519 판결

16) 채점기준표에서는 계약의 당사자를 甲과 A은행으로 파악하는 전제에서 이 사건 근저당권설정계약을 무권리자의 처분행위로 파악하였으나, 이는 명백한 오류이다. 甲과 A 은행 지점장의 공모가 있더라도 당사자는 B로 하되, B의 의사와 무관하게 근저당권설정계약을 체결하려는 데에 공모하였다고 해석하여야 하기 때문이다. 사안과 달리 Y토지의 소유명의를 甲으로 이전하고 근저당권설정계약을 체결하였다면 甲과 A은행이 근저당권설정계약의 당사자가 될 수 있을 것이다.

17) 대법원 1963. 5. 9. 선고 63다67 판결; 대법원 1965. 9. 28. 선고 65다1052 판결; 대법원 1987. 6. 23. 선고 86다카1411 판결

유효로 만들 수 있다(제133조). 본인의 추인이 있다고 하기 위해서는 본인이 무권대리행위이가 있었다는 사실을 알고 대리행위의 상대방 혹은 무권대리인에게 추인의 의사표시를 하여야 한다. 추인 방법에는 제한이 없으므로 묵시적 추인도 가능하다. 묵시적 추인이 인정되기 위해서는 자신이 처한 법적 지위를 충분히 이해하고 진의에 기하여 당해 법률행위가 자기에게 귀속된다는 것을 승인하는 것으로 볼 만한 사정이 있어야 한다.18)

사안의 경우, B는 A 은행으로부터 여러 차례 근저당권이 설정된 사실을 통지받아 무권대리행위가 있었음을 알고 있었고, A 은행을 방문하여 대출계약 및 제2순위 근저당권설정계약을 체결하여 받은 대출금으로 제1순위 근저당권의 피담보채무의 이자를 변제하였으므로 묵시적 추인이 인정된다. 甲과 A 은행이 체결한 대출계약 및 제1근저당권설정계약은 계약 당시로 소급하여 그 효력이 인정된다.

II. 문제 2. : 매수인이 이행인수 한 채무를 이행하지 아니하여 발생한 구상채무 혹은 손해배상채무와 매도인의 소유권이전채무 상호간의 관계

1. 결론

B는 C가 구상금채무 혹은 손해배상채무 4억 원의 지급이 있을 때까지 등기이전을 거절하는 동시이행 항변권을 행사할 수 있고, 구상금채무 혹은 손해배상채무의 이행을 지체하는 때에는 이를 이유로 매매계약 자체를 해제할 수 있다.

2. 이유

(1) B와 C가 체결한 중도금채무 인수약정의 성질

매매계약을 체결하는 당사자가 매매목적물에 관한 채무를 매수인이 인수하고 그 채무액을 매매대금에서 공제하기로 약정하는 경우, 그와 같은 약정은 다른 특별한 사정이 없는 한 이행인수 약정으로 해석한다. B와 C는 매매계약과 동시에 A은행에 대하여 B가 부담하고 있는 근저당권의 피담보채무에 관해서 이행인수 약정을 체결한 것이다.

(2) 매수인이 이행인수 약정상 채무를 이행하지 아니한 경우의 효과

매수인은 매매대금 지급채무 이외에 이행인수 약정에 따라 매도인을 면책시켜야 하는 채무도 부담한다. 매수인이 이행인수 약정에 따라 공제한 나머지 매매대금을 지급한 때에는 매매계약상 의무는 이행된 것으로 보아야 하나, 이행인수 약정에 따른 채무를 이행하지 아니하여 매도인이 부득이 대위변제를 한 때에는 매수인은 매도인에 대하여 구상채무나 이행인수 약정불이행에 따른 손해배상채무를 부담한다.19) C는 이행인수 약정에도 불구하고 근저당권의 피담보채무를 변제하지 아니하였고, 근저당권 실행으로 인한 경매를 막기 위해서 B가 부득이 대위변제를 하였으므로 C는 잔대금채무 이외에 B의 대위변제로 인한 구상채무 혹은 손해배상채무를 부담한다.

---

18) 대법원 2003. 12. 26. 선고 2003다49542 판결
19) 대법원 2002. 5. 10. 선고 2000다18578 판결

(3) B가 주장할 수 있는 법적 항변

① 동시이행의 항변

매수인이 부담하는 구상채무 혹은 손해배상채무는 매수인의 매매대금채무의 변형이므로 매도인의 소유권이전채무와 동시이행관계에 있다. B는 C가 부담하는 구상채무의 이행이 있을 때까지 동시이행의 항변으로 등기이전을 거절할 수 있다.

② 계약해제

이행인수 약정을 한 매수인이 인수채무를 이행하지 않더라도 매도인에게 손해가 발생하거나 손해의 염려가 없는 때에는 매도인은 이행인수 약정상 채무를 이행하지 않았음을 이유로 매매계약을 해제할 수 없지만, 매도인이 부득이 이행인수 약정상 채무를 이행하여 매수인이 구상채무나 손해배상채무를 부담하는 때에는 구상채무나 손해배상채무 불이행을 이유로 매매계약을 해제할 수 있다. C는 B에 대하여 구상채무 혹은 손해배상채무를 부담하는 자이므로 B는 상당한 기간을 정하여 그 이행을 최고하고 이행이 없는 때에는 매매계약 자체를 해제할 수 있다.

9. 제1차 모의시험 제3문

목 차

[문제 1. 해설]

Ⅰ. 문제의 소재 (2점)

주권발행전 주식의 양도방법과 그 효력, 주권의 효력발생, 명의개서 부당거절 여부 및 부당거절의 효력이 문제된다.

Ⅱ. 주권발행전 주식 양도의 효력 (10점)

1. 회사성립 후 6월내 주식양도

주권발행 전에 한 주식의 양도는 회사에 대하여 효력이 없다. 즉 ① 당사자 간에서는 효력이 있지만, ② 양수인은 회사에 양수인임을 주장 못하고, ③ 회사도 양수인을 주주하면 아니 된다(**상대효 : 제335조 제3항 본문**).

2. 회사성립 후 6월 경과후 주식양도

회사성립 후 또는 신주의 납입기일 후 6월이 경과한 때에는 주권이 발행되지 않았더라도 **유효하게 주식을 양도**할 수 있다(제335조 제3항 단서). 이 경우 **지명채권양도방법**에 의한다(판례).[1]

3. 주권발행전 주식양도의 하자치유 여부

(1) 하자치유의 문제

주권발행 전의 주식양도가 주식의 효력이 발생한 날(주권제출만료일)로부터 6월 전에 이루어져 무효라고 하더라도 6월의 경과로써 유효하게 되는지 문제된다.

(2) 학설

학설은 ① 동규정이 **사문화**된다는 견해(하자치유부정설)와 ② 6월 경과 후에 재차의 양도계약을 체결하도록 하는 것은 결국 **절차경제**(節次經濟)에 반하는 것이라는 점에서 하자치유를 긍정하는 견해(**하자치유긍정설**)이 있다.

(3) 판례 - 하자치유긍정설

판례는 긍정설의 입장으로 "주식병합이 있어 구주권이 실효되었음에도 주식병합 후 6월이 경과할 때까지 회사가 신주권을 발행하지 않은 경우에는 주권의 교부가 없더라도 **당사자의 의사표시만으로 주식양도의 효력이 생긴다**고 볼 것이다"라고 판시하고 있다.[2][3]

4. 소결

판례에 의하면, 회사성립후 6월경과 전에 주권발행 없이 행해진 주식양도이지만 회사성립후 6월 경과시점에도 주권이 발행되지 않은 경우 **하자가 치유되므로 회사에 대하여도 유효한 주식양도가 된다**.

---

1) 대법원 1996. 06. 25. 선고 96다12726 판결
2) 대법원 2012. 02. 09. 선고 2011다62076 판결
3) 대법원 2014. 07. 24. 선고 2013다55386 판결

Ⅲ. A회사의 정에 대한 주권발행의 효력 및 丁의 교부의무 (8점)

1. 회사의 정에 대한 주권의 교부의 적법성

(1) 주주권을 행사할 자의 확정

주식을 양도하였으나, 양수인이 명의개서를 마치지 못한 경우 **양도인과 양수인 중 누가 회사에 대한 관계에서 주주권을 행사**할 수 있는지 문제된다.

이에 대해 최근의 전합 판례는"주식을 양도하였으나 명의개서를 마치지 못한 경우 회사에 대해 주주권을 행사할 수 있는 자는 **'주주명부상의 주주'**에 한정된다"는 입장이다.4)

(2) 검토

따라서 회사입장에서 명의개서미필주주인 정이 아니라 **주주명부상의 주주인 병에게 주권을 발행해준 조치는 적법한 행위**에 해당한다.

2. 주권자체의 유효여부

(1) 문제점

회사설립이후 1년이 경과한 시점에서 양도인 정에게 **회사가 주권을 발행해준 경우** 주권자체가 유효한지 문제된다.

(2) 학설과 판례

학설은 ① 작성시설, ② 발행시설, ③ 교부시설이 있으며, 판례는 "정당한 주주에게 주권을 교부했을 때 비로소 효력이 발생한다"고 하여'교부시설'의 입장이다.

(3) 검토

판례에 의하면 **정당한 주주인 정**에 대해 회사가 주권을 발행해 주었으므로 주권 자체는 유효이다.5)

3. 정의 병에 대한 주권의 교부의무

丁과 丙과의 관계에서 丁은 주식을 丙에게 양도하였고, 주식양도의 효력으로 丁이 A회사로부터 주권을 교부받은 경우 **丙에게 교부할 의무가 있다. 따라서 丙은 본 주권을 적법하게 점유할 권리가 있다.**

Ⅳ. 명의개서 부당거절의 효력 (7점)

1. 명의개서 부당거절 여부

(1) 의의

명의개서의 부당거절이란 '**주식의 양도가 적법**'하고 '**명의개서청구가 적법**'함에도 불구하고 회사

---

4) 대법원 2017. 03. 23. 선고 2015다248342 전원합의체 판결

5) 채점기준표에 있는 논점인데, 주권을 정당한 주주에게 발행해준 경우이므로 '주권의 효력발생시기'가 논점이 된다는 점이 다소 의문이다.

가 명의개서를 거절하는 것을 말한다.[6)]

(2) 명의개서 청구의 적법성 여부

주권의 점유자는 이를 적법한 소지인으로 추정한다(제336조 제2항). 따라서 사안에서 주권을 점유한 丙은 적법한 소지인으로 추정되므로, 丙의 명의개서 거부를 위하여는 A회사가 丙이 진정한 소지인이 아님을 증명하여야 한다.

(3) 소결

따라서 丙은 주권의 적법한 소지인이므로 A회사가 丙의 명의개서 신청을 거절한 것은 부당거절에 해당한다.

2. 명의개서 부당거절의 효력

(1) 학설

학설은 ① **단체법적 법률관계의 획일적 처리**를 위하여 이를 부정하고자 하는 견해도 있지만, ② 대체로 **신의칙상** 이를 인정하는 긍정설을 취하고 있다.

(2) 판례

판례는 "회사의 대표이사가 정당한 사유 없이 그 명의개서를 거절한 것이라면 회사는 그 명의개서가 없음을 이유로 그 **양도의 효력과 주식양수인의 주주로서의 지위를 부인할 수 없다.**"고 하여 명의개서가 부당거절(不當拒絶)된 경우 주식양수인은 **명의개서가 없이도 주주권을 행사할 수 있다**고 판시하고 있다.[7)8)]

(3) 검토

결론적으로 명의개서 부당거절의 경우 **신의칙(信義則)**에 비추어 **명의개서가 없이도 직접 주주권을 행사할 수 있다**.

A회사의 명의개서 거절은 부당하므로, 丙은 **A회사의 주주로서 명의개서 없이도 A회사의 주주총회에서 의결권을 행사할 수 있다**.

V. 결론 (3점)

1. 丁의 丙에 대한 주식양도는 주권발행 전으로 회사성립 후 6월 경과전 주식양도이나, 그 후 회사가 6개월이 경과하기까지 주권을 발행하지 않았으므로, 판례에 따라 주권발행전 주식양도의 하자가 치유된다.

2. 또한 A회사의 명의개서 거절은 부당하므로 丙은 명의개서 없이도 A회사의 주주총회에서 의결권을 행사할 수 있다.

---

6) 명의개서의 부당거절은 ① 주식의 양도의 적법성과 ② 명의개서청구의 적법성을 개념요소로 한다.
7) 대법원 1993. 09. 13. 선고 92다40952 판결.
8) 명의개서 부당거절의 문제는 2017년 전합 판례를 통해 변경된 부분이 아님에 유의한다. 부당거절의 문제에 대하여 마치 판례의 변경이 있었던 것처럼 **전합 판례의 취지** 운운하는 것은 기본적인 논의에 대해 매우 잘못 이해하는 것이다.

[문제 2. 해설]

Ⅰ. 문제의 소재 (2점)

갑 이사의 자기거래 및 전단적 대표행위에 따른 대외적 거래행위의 효력 여부가 문제된다.

Ⅱ. 이사의 자기거래 (18점)

1. 자기거래의 의의 및 주체

(1) 의의

'이사의 자기거래'란 이사가 자기 또는 제3자의 계산으로 회사와 거래를 하는 것을 의미한다.

(2) 자기거래의 주체

제398조의 주체는 ① 이사 또는 주요주주(동조 1호), ② ①의 배우자 및 직계존비속(동조 2호), ③ ①의 배우자의 직계존비속(동조 3호), ④ ①②③이 단독 또는 공동으로 100분의 50 이상을 가진 회사 및 그 자회사(동조 4호), ⑤ ①②③이 ④와 합쳐서 100분의 50 이상을 가진 회사(동조 5호)이다.

(3) 검토

설문의 경우 **갑은 A회사의 이사**에 해당하며, 상대방회사인 B회사는 이사의 직계비속이 50%이상 지분을 소유한 회사에 해당한다(제398조 제4호).

2. 이사회 승인의 유효 여부

(1) 승인 요건

자기거래가 적법하기 위하여는, ① 미리 중요사실을 밝히고, ② 이사 전원의 3분의 2이상의 승인을 얻어야 하며, ③ 거래의 내용과 절차가 공정할 것이라는 요건이 충족되어야 한다.

(2) 이사회 결의의 적법성 여부

1) 특별이해관계인의 의결권 제한

①이사회 결의에서 특별이해관계인은 이사회에서 의결권을 행사할 수 없다(제391조 제3항, 제368조 3항). ② 이때의 **특별이해관계인**에 해당하는지에 관하여 판례는 특정 이사가 이사 지위와는 상관없이 개인적으로 당해 결의에 이해관계를 갖고 있는 때를 의미한다는 '개인법설'을 취하고 있다.[9]

③ 개인법설에 의하면 **이사의 자기거래**의 경우 당해 이사는 특별이해관계인으로서 **의결권이 제한되며**, ④ 의사정족수에는 포함되지만, 의결정족수에는 포함되지 아니한다(제391조 제3항, 제371조 제2항).

2) 이사회 결의의 유효여부

특별이해관계인 甲을 제외하고 산정하면 乙만이 찬성하였으므로 재적이사 수의 3분의 2 찬성 요건을 충족하지 못하였다. 따라서 B회사에 대한 A회사의 건물 양도는 **유효한 이사회 승인이 없었으므로 무효**이다.

---

9) 대법원 2007. 09. 06. 선고 2007다40000 판결

3. 이사회 승인 없는 자기거래의 대외적 효력

(1) 문제점

제398조에 위반하여 이사회승인 없이 행하여진 자기거래의 효력이 문제된다.

(2) 학 설

학설은 '무효설'과 '유효설'이 있고, 이사회 승인이 없는 자기거래는 회사와 이사 간에는 무효이지만 선의의 제3자에 대하여는 무효를 주장할 수 없다는 '상대적 무효설'이 있다.

(3) 판 례 - 상대적 무효설

대법원은 "상대적 무효설"의 입장에서 ① "대표이사가 이사회의 승인 없이 한 자기거래행위는 **회사와 이사 간에는 무효**이지만, 제3자에 대하여 무효를 주장하기 위해서는 제3자가 이사회의 승인 없음을 알았다는 사실을 **회사가 증명**하여야 한다"고 하며, ② "비록 제3자가 선의였다 하더라도 이를 알지 못한 데 **중대한 과실이 있음을 회사가 증명**한 경우에는 **악의인 경우와 마찬가지로 취급된다**"고 판시한 바 있다.[10][11]

(4) 검 토

거래의 안전과 회사의 이익을 조화시키는 상대적 무효설(통설과 판례)이 타당하다.

사안의 경우 A회사와 B회사 사이의 자기거래는 이사회 승인이 없었으므로 이사회 승인 흠결에 관한 **B회사 대표이사 戊의 선·악의를 묻지 않고 무효이다**.

Ⅲ. 전단적 대표행위의 효력 (8점)

1. 전단적 대표행위 해당 여부

중요한 자산의 처분 및 양도, **대**규모 재산의 차입, **지**배인의 선임 또는 해임과 **지**점의 설치·이전 또는 폐지 등 회사의 업무집행은 이사회의 결의로 한다(법 제393조제1항). [중/대/지/지]

甲의 건물 양도행위는 이사회 승인이 필요함에도 이사회 승인 없는 거래로서 **전단적 대표행위**에 해당한다.

2. 전단적 대표행위의 효력

(1) 학 설

전단적 대표행위의 효력에 관하여 학설은 ① 유효설, ② 무효설, ③ 상대적 무효설로 갈린다.

(2) 판 례

판례는 '상대적 무효설'을 취하고 있다. ① 이사회 결의사항은 회사의 **내부적 의사결정**에 불과하다 할 것이므로, ② 그 거래 상대방이 그와 같은 이사회결의가 없었음을 **알았거나 알 수 있었을 경우**가 아니라면 그 거래행위는 유효하다 할 것이고, ③ 이 경우 거래의 상대방이 이사회의 결의가 없었음

10) 대법원 2004. 03. 25. 2003다64688 판결.

11) 대법원 2012. 12. 27. 선고 2011다67651 판결. **이사와 회사 사이의 거래가 상법 제398조를 위반하였음을 이유로 무효임을 주장할 수 있는 자는 회사에 한정**되고 거래의 상대방이나 제3자는 그 무효를 주장할 이익이 없다.

을 알았거나 알 수 있었음은 **이를 주장하는 회사측이** 주장·입증하여야 한다.12) [내/알/사]

(3) 검토 및 사안의 경우

A회사의 B회사에 대한 양도행위는 이사회 결의 없는 전단적 대표행위에 기한 것이고, B회사의 경우 대표이사인 戊에게 **'과실'은 인정**되므로, **A회사는 B회사의 경과실을 이유로 전단적 대표행위의 무효를 주장할 수 있다.**

Ⅳ. 결론 (2점)

A회사는 B회사에 대하여 이사회 승인 없는 자기거래가 무효임을 이유로 또한 이사회 승인 없는 전단적 대표행위가 무효임을 이유로 건물의 반환을 청구할 수 있다.

[문제 3.의 (1) 해설]

Ⅰ. 쟁점 (2점)

A회사가 주주아닌 제3자 C에게 전환사채를 발행한 경우 주주총회 결의상의 하자가 문제되며. 전환사채발행무효의 소와의 관계도 문제된다.

Ⅱ. 전환사채 발행의 무효사유 존부 (8점)

1. 주주의 전환사채인수권

전환사채의 인수권을 가진 주주는 그 주식의 수에 따라 전환사채를 배정받을 권리가 있다(제513조의2). 그러나 주주이외의 제3자에게 전환사채를 발행할 것을 이사회에서 결정하는 경우에는 제513조의 제3항의 요건을 구비해야 한다(제513조의 제2항 6호).

2. 제3자 배정의 요건

전환사채의 제3자에 대한 배정의 요건은 ① **정**관의 규정 또는 주주총회 **특**별결의(제513조 제3항 선단), ② 정관규정의 **구**체성과 합**리**성(제513조 제3항 후단, 제418조 제2항 단서), ③발행**가**액의 공정성 등을 요한다. [정/특/구/리/가]

설문의 경우 A회사는 신기술 도입을 목적으로 하는바 합리성의 요건은 충족되나. 주주총회 결의 및 발행가액의 공정성 등이 문제된다.

3. 주주총회 소집절차상의 하자

총회의 소집은 **이**사회가 이를 결정하고(제362조), **대**표이사는 주주총회일의 **2**주 전에 모든 주주에게 서면으로 '**통**지'를 발송하여야 하며(제363조 제1항), 회의의 **목**적사항도 통지해야 한다. [이/대/2/통/목]

판례는 **"일부주주에게 소집통지를 하지 아니한 경우는 취소사유, 대다수의 주주에게 소집통지를 하지 아니한 경우는 부존재사유"로 본다.**13)

12) 대법원 2005. 07. 28. 선고 2005다3649 판결
13) 대법원 1993. 01. 26. 선고 92다11008 판결

설문의 경우 60% 주주에게만 소집통지한 행위는 **소집절차상의 하자로써 이는 총회결의 취소사유**(제376조 제1항)에 해당한다.

4. 주주총회 결의내용상의 하자

판례에 의하면"제3자 배정방식의 전환사채 발행의 경우 **시가를 적정하게 반영**하여 발행조건을 정하여야 한다"고 한다.[14)]

설문의 경우 각 전환사채를 2주로 전환하는 것이 타당하지만, **각 전환사채는 20주의 주식으로 전환될 수 있도록 전환비율**을 정한 것은 **시가를 적정하게 반영한지 아니한 불공정한 발행**이다. 이는 **결의내용의 법령위반으로써** 총회 결의 무효사유(제380조)에 해당한다.[15)]

5. 소 결

A회사는 신기술 도입을 목적으로 하는바 합리성의 요건은 충족되나, **60% 주주에게만 소집통지한 총회 결의'소집절차상의** 하자'가 있고, 주주총회 결의내용이 시가를 적정하게 반영한지 아니한 **'법령위반'이 있는바, 이는 위법한 전환사채** 발행에 해당한다.

Ⅲ. 전환사채 발행무효를 다투는 방법 (8점)

1. 전환사채발행무효의 소의 인정여부

(1) 문제점 - 제516조, 제429조

전환사채 발행절차에 하자가 있는 경우에 신주발행무효의 소(제429조)를 유추적용하여 전환사채 발행의 효력을 다툴 수 있을 것인지 문제된다.

(2) 학설

학설은 ① 신주발행무효의 소에 관한 규정(제429조)을 **준용대상에서 제외**하는 점을 근거로 '부정'하는 견해와 ② 전환사채발행은 **실질적으로 신주발행과 유사**하므로 신주발행무효의소를 '유추적용'해야 한다는 견해가 있다.

(3) 판례

전환사채는 전환권의 행사에 의하여 장차 주식으로 전환될 수 있는 권리가 부여된 사채로서 이러한 전환사채의 발행은 **주식회사의 물적 기초와 기존 주주들의 이해관계에 영향을 미친다**는 점에서 **사실상 신주를 발행하는 것과 유사**하므로, 전환사채의 발행의 경우에도 신주발행무효의 소에 관한 상법 제429조가 유추적용된다고 봄이 상당하다.[16)]

---

14) 대법원 2009. 05. 29. 선고, 2007도4949, 전원합의체 판결. 만약 그렇지 않고 제3자에게 시가보다 현저하게 낮은 가액으로 발행한 경우 적정가액 발행 대비 그 차이에 상당한 만큼 회사의 자산을 증가시키지 못하게 될 경우 이를 이사의 임무위배행위에 해당한다고 본다.

15) 채점기준표 - 전환비율에 현저한 불공정의 존재에 대하여 '결의내용의 법령위반을 유추하여' 주주총회 결의 무효사유에 해당할 수 있다(제380조)라고 기술되어 있다.

16) 대법원 2004. 06. 25. 2000다37326 판결. 판례는 전환 전의 사채발행의 효력과 전환 후에 신주발행의 효력을 구분하지 않고 일괄하여 **전환사채발행의 효력**으로 처리한다. 위의 판례는 주식으로 전환된 이후에 제기된 전환사채발행무효의소가 적법하다한 예이다.

(4) 결론

전환사채는 사실상 신주발행과 유사하므로 신주발행무효의 소(제429조)를 유추적용함이 타당하다. 따라서 A회사의 주주, 이사, 감사는 전환사채발행일로부터 6개월 내에 소로써 **주주총회 결의하자와 불공정한 발행을 이유**로 전환사채발행의 무효를 다툴 수 있다.

2. 주주총회결의 하자의 소송제기 여부

전환사채발행의 효력이 발생한 후에는 그 전한사채발행을 결의한 주주총회의 결의에 대한 소는 허용되지 않고 전환사채발행무효의 소에 의하여만 그 하자를 다툴 수 있다(흡수설)[17]

설문의 경우 전환사채를 결의한 주주총회결의에 **소집절차상의 하자와 결의내용의 법령위반의 하자**가 있는바, 이미 전환사채의 효력이 발생했으므로 A회사의 주주는 전환사채 발생무효의 소로만 이를 다툴 수 있다(흡수설).[18]

Ⅳ. 결론 (2점)

A회사의 주주는 주주 아닌 C에 대해 전환사채를 발행한 것에 대하여 주주총회결의에 **소집절차상의 하자와 결의내용의 법령위반의 하자를 이유로** 전환사채 발생무효의 소를 제기하여 다툴 수 있다.

[문제 3.의 (2) 해설]

Ⅰ. 쟁점 (2점)

甲이 전환사채를 제3자에게 저가발행한 경우 A회사가 갑에 대해 의무위반을 이유로 해임결의 및 손해배상을 청구할 수 있는지 문제되며, 불공정한 가액으로 인수한 C회사에 대하여 차액지급청구가 가능한지(제516조제1항, 제424조의2) 문제된다.

Ⅱ. A회사의 대표이사 甲에 대한 권리 (8점)

1. A회사의 甲이사의 해임

정당한 사유를 불문하고 **주주총회 특별결의**를 거쳐서 언제든지 이사에 대하여 해임이 가능하다(제385조 본문).

2. A회사의 甲에 대한 손해배상청구

(1) 의의

이사가 고의 또는 과실로 법령 또는 정관에 위반한 행위를 하거나 그 임무를 게을리 한 경우에는 그 이사는 회사에 대하여 연대하여 손해를 배상할 책임이 있다(제399조 제1항).

---

17) 대법원 1993. 05. 27. 선고 92누14908 판결. 회사합병에 있어서 합병등기에 의하여 합병의 효력이 발생한 후에는 합병무효의 소를 제기하는 외에 **합병결의무효확인청구만을 독립된 소로서 구할 수 없다**.

18) 설문의 경우 **경미한** 총회결의하자에 대하여 총회결의 취소소송의 **"제소기간의 문제"**가 제기되는바 이에 대하여 채점기준표에 언급이 없어서 다소 아쉬운 면이 있다.

(2) 법적성질

상법이 민법과 별도의 책임을 규정한 취지는 이사의 지위에 비추어 민법과는 다른 특수한 책임을 인정한 것이라고 보는 법정책임설도 있으나, 통설과 판례는 **위임계약의 불이행으로 인한 채무불이행책임**이라고 본다.

(3) 책임의 원인

1) 고의 또는 과실에 의한 의무위반 - 임무해태

판례는 "회사와 이사는 위임관계에 있는바(민법 제681조), ① 신주발행에 있어서 주주배정의 경우 이사는 **액면가 이상의 가액으로 자유롭게 발행**하면 족하지만, ② 제3자배정의 경우 **시가를 적정하게 발행하여 발행**해야 하며, **시가보다 현저한 저가로 발행**한 경우 적정가액 발행 대비 그 차이에 상당한 만큼 회사의 자산을 증가시키지 못하게 되는바 이는 **이사의 임무해태**에 해당한다"고 한다.[19]

또한 판례는 전환사채·신주인수권부사채에 대하여도 모두사채권자의 전환권 또는 신주인수권의 행사에 의하여 신주발행이 이루어지고 사채권자의 지위가 주주로 변경된다는 점에서 **잠재적 주식으로서의 성질**을 가진다는 이유로 신주·전환사채·신주인수권의 행사에 동일한 법리를 적용한다.[20]

2) 손해발생

판례는 회사법상 **공정한 발행가액과 실제 발행가액과의 차액**에 발행 전환사채의 수를 곱하여 산출된 액수만큼 **회사가 손해를 입은 것**으로 본다.[21]

설문의 경우 A회사는 전환사채에 대하여 20주의 주식으로 전환될 수 있도록 전환비율을 정하였다. 그러나 A회사의 자산과 수익을 기초로 산정한다면 각 전환사채를 2주로 전환하는 것이 타당하므로 위 **전환사채는 현저한 저가 발행에 해당한다**.

3. 검토 및 사안의 경우

A회사는 주주총회 특별결의를 거쳐 甲을 이사직에서 해임할 수 있으며, 전환사채의 저가발행을 이유로 甲을 상대로 손해배상을 청구할 수 있다.

Ⅲ. A회사의 C에 대한 권리 (8점)

1. C의 통모인수인으로서의 책임(제516조, 제424조의2)

(1) 의의

이사와 통모하여 현저하게 불공정한 발행가액으로 전환사채를 인수한 자는 회사에 대하여 공정한 발행가액과의 차액에 상당한 금액을 지급할 의무가 있다.

(2) 요건

① 전환사채 인수인 C회사와 A회사 이사와의 통모, ② 현저하게 불공정한 가액을 요한다.

---

19) 대법원 2009. 05. 29. 선고 2007도4949 전원합의체 판결
20) 대법원 2009. 05. 29. 선고 2007도4949 전원합의체 판결
21) 대법원 2009. 05. 29. 선고 2007도4949 전원합의체 판결

(3) 검토 및 사안의 경우

A회사의 대표이사 甲과 C회사의 대표이사의 통모가 있었다면 C회사는 공정한 발행가액과의 차액에 해당하는 금액을 회사에 지급해야 한다.

2. 추궁수단

A회사가 만약 C회사에 손해배상에 관한 책임을 청구하지 아니하면, A회사의 소수주주는 대표소송을 통해 C에 대해 책임을 청구할 수 있다(제424조의2 제2항, 제403조).

Ⅳ. 결론 (2점)

甲이 전환사채를 제3자에게 저가발행한 경우 A회사가 갑에 대해 의무위반을 이유로 해임결의 및 손해배상을 청구할 수 있으며, 통모인수인 C회사에 대하여 차액지급청구가 가능하며, A회사가 이를 해태하는 경우 소수주주에 의한 대표소송으로 책임추궁이 가능하다.

Chapter
05 2019년 모의시험

1. 제3차 모의시험 제1문

목 차

II. 문제 2. : 사해행위 취소로 인한 원물반환판결 확정 후 원물반환이 불능으로 된 경우 취소채권자의 대상청구가 허용되는지 여부

1. 결론
2. 논거

III. 문제 3. : 가액배상의무를 부담하는 수익자가 채무자에 대한 채권을 자동채권으로 한 상계로 취소채권자에게 대항할 수 있는지 여부

1. 결론
2. 이유

IV. 문제 4. : 가액배상의무를 부담하는 수익자가 취소채권자에 대한 채권을 집행채권으로 하여 취소채권자의 수익자에 대한 가액배상청구권을 강제집행 할 수 있는지 여부

1. 결론
2. 논거

제1문의 1

Ⅰ. 제1문의 1 : 선택적 병합의 심판방법

1. 문제점

설문의 병합의 태양이 살펴 만일 선택적 병합이라면, 문제 1에서는 원고패소 판결을 하면서 병합된 청구 중 어느 하나를 판단하지 아니한 경우 항소심의 심판범위가 문제되고, 문제 2에서는 선택적 병합으로 할 사건을 예비적 병합으로 추가한 경우 피고만이 인용된 예비적 청구에 대하여만 항소한 경우 항소심의 심판범위가 문제된다.

2. 설문의 병합의 태양

(1) 청구병합의 의의

청구의 병합이란 원고가 하나의 소송절차에서 여러 개의 청구를 하는 경우를 말한다(제253조). 여기에는 병합된 모든 청구의 승소를 바라는 단순병합, 양립할 수 있는 수개의 경합적 청구권에 기해 어느 하나의 인용을 해제조건으로 다른 청구의 심판을 바라는 선택적 병합, 양립할 수 없는 여러 개의 청구를 심판의 순서를 붙여 청구하는 예비적 병합이 있다.

(2) 설문의 병합형태

1) 判例의 입장 : 大法院은 병합의 형태가 선택적 병합인지 예비적 병합인지 여부는 당사자의 의사가 아닌 병합청구의 성질을 기준으로 판단하여야 하고, 논리적으로 양립할 수 있는 수 개의 청구라 하더라도 당사자가 심판의 순위를 붙여 청구를 할 합리적 필요성이 있는 경우에는 당사자가 붙인 순위에 따라서 당사자가 먼저 구하는 청구를 심리하여 이유가 없으면, 다음 청구를 심리하여야 한다고 한다(대법 2002. 02. 08. 2001다17633). 이때 합리적 필요성이라는 청구의 성질에 차이가 있고 금액에 차이가 있어야 한다.

2) 소 결 : 불법행위에 기한 손해배상청구와 채무불이행에 기한 손해배상청구는 심판의 순위를 붙여 청구할 합리적 필요성이 있는 경우라고 볼 수 없고, 그 청구 모두가 동일한 목적을 달성하기 위한 것으로서 어느 하나의 채권이 변제로 소멸한다면 나머지 채권도 그 목적 달성을 이유로 동시에 소멸하는 관계에 있으므로 선택적 병합 관계에 있다(대법 2018. 02. 28. 2013다26425).

3. 문제 1 : 위법한 일부판결에 대한 구제책과 항소심의 심판범위

(1) 구제책

선택적 병합의 경우에는 수개의 청구가 하나의 소송절차에 불가분적으로 결합되어 있기 때문에 선택적 청구 중 하나만을 기각하는 일부판결은 선택적 병합의 성질에 반하는 것으로서 법률상 허용되지 않는다. 따라서 제1심법원이 원고의 이 사건 선택적 청구 중 불법행위 손해배상청구만 기각하고 채무불이행 손해배상청구에 대하여는 아무런 판단을 하지 아니한 조치는 위법한 것이고, 원고가 이와 같이 위법한 제1심판결에 대하여 항소한 이상 원고의 이 사건 선택적 청구 전부가 항소심인 원심으로 이심된다.

(2) 항소심의 심판범위

1) 판단누락을 이유로 항소한 경우 : 선택적으로 병합된 모든 청구가 이심되고 심판의 대상이 된다.

2) 기각부분에만 불복하여 항소한 경우 : 이에 대하여 判例는 "원고는 제1심판결에 불복하여 항소장을 제출하면서 그 항소취지로 위 1993. 8. 25.자 증여해제를 원인으로 한 소유권이전등기청구만을 구하였고 원심의 변론종결에 이르기까지 위 1986. 02. 26.자 양도합의를 원인으로 한 소유권이전등기청구에 관하여 제1심판결의 변경을 구하는 아무런 준비서면의 제출이나 구두진술도 하지 않았음을 알 수 있는바, 사정이 이와 같다면 제1심판결에 대한 원고의 불복 범위는 위 1993. 08. 25.자 증여해제를 원인으로 한 소유권이전등기청구에 관한 부분에 한정되어 있다고 봄이 상당하고, 따라서 위 1986. 02. 26.자 양도합의를 원인으로 한 소유권이전등기청구에 관한 부분은 원심에서의 심판의 범위에 포함되지 않는다고 할 것"이라 하여 제1심에서 기각된 부분만 심판대상으로 보고 있다(대법 1998. 07. 24. 96다99).

(3) 설문의 해결

甲이 판단누락을 이유로 항소하였다면 항소심 심리결과 불법행위에 기한 손해배상청구가 이유 없다는 심증을 얻었다면, 채무불이행에 기한 청구에 관하여 심리, 판단하여야 한다. 그러나 채무불이행 손해배상청구에 대해 제1심판결의 변경을 구하는 아무런 진술을 하지 않았다면 항소심의 심판범위는 불법행위 손해배상청구에 국한되어 항소를 기각하여야 한다.

4. 문제 2 : 선택적 병합을 예비적 병합으로 제기한 경우의 항소심의 심판범위

(1) 제1심이 예비적 병합으로 심판한 경우의 병합형태

대법원은 항소심에서의 심판 범위도 그러한 병합청구의 성질을 기준으로 결정하여야 한다. 따라서 실질적으로 선택적 병합 관계에 있는 두 청구에 관하여 당사자가 주위적·예비적으로 순위를 붙여 청구하였고, 그에 대하여 제1심법원이 주위적 청구를 기각하고 예비적 청구만을 인용하는 판결을 선고하여 피고만이 항소를 제기한 경우에도, 이를 선택적 병합으로 취급하여야 한다고 하였다(대법 2014. 05. 29. 2013다96868).

(2) 설문의 해결

선택적 병합의 경우 원고승소 판결을 함에 있어서 이유 있는 청구 중 하나를 선택하여 집중판단하면 되고 나머지 청구에 대하여는 심판을 요하지 않는다. 단일 청구를 하다가 항소심에서 선택적 병합청구로 바꾼 경우에도 마찬가지다. 사안은 선택적 병합으로 할 사건을 합리적 이유도 없이 예비적 병합으로 추가한 것이므로 비록 乙이 인용된 예비적 청구에 대하여만 항소를 제기한 경우에도 항소심 법원은 두 청구 모두 심판하여야 하고, 불법행위에 기한 청구가 이유 있다고 판단하는 경우에는 원심판결을 전부 취소하고 불법행위에 기한 청구 부분을 인용하는 판결을 선고하여야 하며, 나머지 청구에 대하여는 심판을 요하지 않는다.

제1문의 2

Ⅰ. 제1문의 2 : 제소전 피고사망의 법리

1. 문제점

제소 전에 이미 사망했음에도 불구하고 이를 모르고 사망자를 피고로 표시하여 제소한 경우, 당사자가 누구로 확정되는지 살펴 설문 1에서는 상속인으로 보정하는 방법이 문제되고, 설문 2에서는 보정방법에 따른 시효중단을 효력 발생시기가 문제된다.

2. 당사자의 확정

(1) 당사자 확정의 기준

제소전 사망했음에도 원고가 이를 모르고 사망자를 피고로 표시하여 소를 제기한 경우 표시설에 의하면 사망자가 당사자가 되고, 의사설에 의하면 상속인이 당사자가 되며, 행위설에 의하면 상속인이 당사자로서 소송수행한 경우에는 상속인이 당사자가 되고, 규범분류설에 의하면 소송개시시에는 피상속인이나 상속인이 분쟁주체로서 소송에 관여한 이후에는 상속인이 당사자가 된다.

(2) 소의 적법여부

표시설에 의하면 사망자가 당사자이기 때문에 당사자가 실재하지 않는 소송으로 되어 부적법하게 되며, 법원은 판결로 소를 각하하지 않으면 안 되는 것이 원칙이다. 이에 대해 다른 학설은 甲과 상속인 丙간의 2당대립구조를 갖춘 소송으로 적법하다고 본다.

3. 설문 1 : 보정방법

(1) 견해의 대립

1) **피고경정설** : ① 민사소송법이 개정됨으로써 이러한 경우 당사자표시정정의 확장해석을 통하지 아니하고 피고경정제도를 통하여 달성할 수 있게 된 점, ② 당사자표시정정의 요건·절차 및 효과에 관하여는 判例의 해석기준 또는 실무해설서에 따라 제도가 운용되고 있는 반면에, 피고경정의 요건·절차 및 효과에 관하여는 민사소송법 제260조, 제261조, 제265조, 민사소송규칙 제66조에서 자세히 규정하고 있음에 비추어 보면 적어도 1990년 개정 민사소송법 이후에는 당사자표시정정은 순수한 의미에서의 오기의 정정에 한하도록 하려는 것이 입법자의 의도로 보이는 점, ③ 피고가 되는 자연인이 실질적으로 변경됨에도 불구하고 이를 당사자표시정정으로서 허용하는 것은 불합리해 보이는 점, ④ 재판상 청구에 의한 소멸시효의 중단시기가 문제되는 경우에 당사자표시정정을 허용하게 되면 뒤늦게 피고로 정정된 후순위 상속인은 실제로 청구를 받지 아니하였음에도 소멸시효가 중단되는 결과를 초래하게 되는 점 등에 비추어 보면, 제260조 피고경정으로 변경하는 것이 타당하다는 입장이다(서울고법 2005. 04. 20. 2004라693).

2) **표시정정설** : 사망 사실을 모르고 사망자를 피고로 표시하여 소를 제기한 경우에, 청구의 내용과 원인사실, 당해 소송을 통하여 분쟁을 실질적으로 해결하려는 원고의 소제기 목적 내지는 사망사실을 안 이후의 원고의 피고 표시 정정신청 등 여러 사정을 종합하여 볼 때 실질적인 피고는 처음부터 사망자의 상속자이고 다만 그 표시에 잘못이 있는 것에 지나지 않는다고 인정된다면 사망자의 상속인으로 피고의 표시를 정정할 수 있다는 입장이다(대법 2006. 07. 04. 2005마425).

(2) 검토 및 설문의 해결

당사자확정에 관하여 표시설에 의하면 피상속인이 당사자로 확정되는 것이고, 상속인은 피상속인과 동일성이 인정되지 않으므로 표시정정으로 당사자를 보정하는 것은 무리라고 할 것이다. 그러나 大法院은 종전의 의사설적 입장을 유지하여 표시정정으로 보정한다는 입장이다. 나아가 判例는 변경 전후 당사자의 동일성이 인정됨을 전제로 진정한 당사자를 확정하는 표시정정의 대상으로서의 성질을 지니는 이상 비록 소송에서 피고의 표시를 바꾸면서 피고경정의 방법을 취하였다 해도 피고표시정정으로서의 법적 성질 및 효과는 잃지 않는다고 본다(대법 2009. 10. 15. 2009다49964).

4. 설문 2 : 시효중단의 효력발생시기

(1) 甲 채권의 소멸시효 기간

甲의 물품대금 채권은 상사채권이지만 이 채권은 '상인이 판매한 상품의 대가' 이므로 상법 제64조 단서와 민법 제163조 제6호의 규정에 의해 그 소멸시효 기간은 3년이다. 그리고 甲은 2015. 12. 31. 그 대금을 받기로 약정했으므로 그 채권의 변제기는 2015. 12. 31.이다. 그렇다면 甲의 채권은 2015. 12. 31.부터 3년이 지난 2019. 01. 01. 소멸시효의 완성으로 소멸하게 된다.

(2) 시효중단의 시기

상속인으로 당사자를 변경하는 방법으로 표시정정은 종전 소송상태의 승계를 전제로 하기 때문에 당초의 소제기시에 시효중단의 효과가 유지된다. 이에 비해 피고경정은 제1심 변론종결시까지 허용되고, 시효중단·기간준수의 효과도 제265조에 의해 경정신청시부터 발생한다는 점에서 표시정정과 구별된다. 甲은 그 소멸시효 완성 이전인 2018. 12. 26. 이 사건 소를 제기했고, 乙이 그 전에 사망한 사실을 알고 2019. 03. 20. 피고를 乙의 상속인인 丙으로 바꿔달라는 피고경정 신청서를 법원에 제출했는바, 만일 피고를 변경하는 방법이 피고경정이라면 이미 소멸시효가 완성된 것이다. 그러나 判例는 표시정정으로 보정한다는 입장으로서 甲이 乙을 피고로 해서 소를 제기한 2018. 12. 26.에 乙의 상속인 丙에 대해서도 청구채권의 소멸시효 중단의 효력이 생기는 것으로 된다.

(3) 설문의 해결

甲의 丙에 대한 매매대금청구권은 이미 사망한 乙을 피고로 하여 소를 제기한 2018. 12. 26.에 시효가 중단되었다.

제1문의 3

Ⅰ. 제1문의 3 문제 1 : 추후보완 항소의 적법여부

1. 문제점

항소가 적법하기 위해서는 ① 항소가 허용된 재판에 불복이 있어서, ② 항소의 당사자적격을 가진 자가, ③ 항소기간 내에 법정방식에 따라 제기하여야 한다. 그리고 ④ 항소이익이 있어야 하며,

⑤ 불상소합의, 상소권 포기 등의 항소장애사유가 없어야 한다. 설문은 항소기간의 준수여부가 문제되는데, 丙은 소가 제기된 사실 및 2019. 05. 10.에 판결정본이 송달된 사실 등을 2019. 06. 10. 알게 된 丙이 2019. 06. 17. 제기한 항소가 추후보완항소로서 적법한지 문제된다.

2. 추후보완의 요건

(1) 추후보완의 의의

당사자가 책임을 질 수 없는 사유로 말미암아 불변기간을 지킬 수 없어, 하여야 할 행위를 할 수 없었던 경우에 그 사유가 없어진 날부터 2주 이내에 게을리 한 소송행위를 보완할 수 있는 것을 말한다(제173조).

(2) 추후보완의 요건

1) 추후보완의 대상은 불변기간으로 정해진 것 : 불변기간이 아닌 나머지 기간은 늘이거나 줄일 수 있는 것이 원칙으로(제172조 1항·3항) 추후보완의 대상이 되지 않는다.

2) 불귀책사유 : 불변기간의 도과가 당사자가 책임질 수 없는 사유로 말미암은 경우, 즉 귀책사유가 없는 경우여야 한다. 이것은 불가항력에만 한하는 것이 아니고 일반인의 주의와 능력을 다하여도 피할 수 없었던 사유를 말한다.

(3) 소 결

무권대리인이 소송을 수행하고 판결정본을 송달받은 경우, 당사자는 과실 없이 소송계속 사실 및 그 판결정본의 송달 사실을 몰랐던 것이라는 이유로 그 당사자의 추완항소는 적법하다(대법 1996. 05. 31. 94다55774). 설문에서 乙이 丙에 대한 소송서류를 수령(제186조 1항)한 후 이를 丙에게 전달하지 않아 丙이 소송계속사실을 알지 못하였고 판결정본이 송달된 사실도 몰랐으므로, 이로 인해 항소기간을 지키지 못한 것은 丙에게 책임을 돌릴 수 없는 경우에 해당될 것이다.

3. 추후보완의 절차

(1) 추후보완의 기간

추후보완은 당사자가 불변기간을 준수할 수 없었던 사유가 종료한 후 2주일 내에 해야 한다. 다만 외국에 있는 당사자의 추후보완기간은 30일이다(제173조). 판결의 송달을 과실없이 알지 못한 경우에는 당사자나 소송대리인이 판결이 있었던 것을 안 때 그 사유가 종료하였다고 볼 수 있다.

(2) 추후보완의 방식

추후보완사유가 있는 사람은 불변기간을 지키지 못한 소송행위를 관할하는 법원에 그 소송행위의 방식대로 하면 된다. 따라서 항소를 추후보완하려면 항소장을 제1심 법원에 제출하면 된다. 당사자가 항소를 제기하면서 추후보완항소라는 취지의 문언을 기재하지 아니하였더라도 그 전체적인 취지에 비추어 항소를 추후보완한다는 주장이 있는 것으로 볼 수 있는 경우에는 추후보완사유에 대하여 심리·판단하여야 하고, 증거에 의하여 항소기간의 경과가 당사자가 책임질 수 없는 것으로 말미암은 것으로 인정되는 이상, 그 항소는 처음부터 추후보완에 의하여 제기된 항소라고 보아야 한다(대법 2008. 02. 28. 2007다41560).

4. 설문의 해결

丙의 2016. 06. 17. 원심에 제출한 항소장은 추후보완 항소로 적법하다.

II. 제1문의 3 문제 2 : 판결편취에 대한 구제책과 소송승계

1. 丙에 대한 인용판결에 丙의 조치

(1) 문제점

허위주소 송달형 판결편취의 경우 판결의 효력 및 이에 대한 구제책이 문제된다.

(2) 자백간주에 따른 판결편취의 효력

편취판결의 효력에 대해 무효설과 유효설의 대립이 있는데, ① 판결이 무효라면 기판력제도를 동요시켜서 법적 안정성을 해할 우려가 있으며, 더구나 ② 판결편취의 경우에 우리 제451조 제1항에서는 당연무효의 판결이 아님을 전제로 하여 재심사유로 규정하고 있으므로 우리 실정법에는 맞지 않는 해석이다. 따라서 유효한 판결로 보는 것이 타당하다고 본다.

(3) 허위주소송달에 따른 판결편취에 대한 구제책

1) 判例의 입장 : 判例는 『그러한 송달은 무효이며 따라서 아직 판결은 그 정본이 송달되지 아니한 상태의 판결이므로 아직 항소기간이 진행되지 않은 미확정판결이 되며 피고는 어느 때나 항소를 제기할 수 있다』고 한다(대법(全) 1978. 05. 09. 75다634). 나아가 그 판결에 기하여 소유권이전등기까지 된 경우는 항소에 의한 판결취소 없이 바로 별소로써 그 말소를 구할 수 있다는 입장이다(대법 1995. 05. 09. 94다41010).

2) 학설의 입장 : 이에 대해 判例의 입장은 ① 제451조 1항 11호 명문의 무시이고, ② 어느 때라도 항소가 가능하게 되어 법률상태가 불안정하게 되며, ③ 심급의 이익을 박탈된다는 점에서 부당하고, 추후보완 상소 또는 제451조 1항 11호 재심사유에 해당한다고 보는 것이 학설의 입장이다.

(4) 소 결

재심의 소 또는 추완항소를 통해 판결의 효력을 다툴 수 있는 것으로 보는 견해에 따를 경우 丙은 이러한 사유를 안 날(2019. 7. 29.)부터 30일 이내(제456조 제1항)에 재심의 소를 제기하거나, 2주 이내에 추완항소를 제기할 수 있다(제173조 1항). 判例의 입장에 따를 경우 丙은 제1심 판결에 대하여 항소를 제기할 수 있다.

2. 乙에 대한 인용판결에 丙의 조치

(1) 문제점

제1심 판결정본이 송달된 후에 乙이 사망하였으므로 乙에 대한 甲의 청구의 내용을 이루는 X 토지의 5분의 3 지분에 관한 소유권이전등기절차이행의무를 丙이 상속하게 되는데, 이러한 실체법상 포괄승계사유의 발생이 소송상으로 어떠한 영향을 미치는지, 나아가 丙의 소송수계신청 법원이 어디인지 문제된다.

(2) 乙의 사망이 소송에 미치는 영향

1) 당연승계 여부 : 判例는 『일응 대립당사자구조를 갖추고 적법히 소가 제기되었다가 소송도중 어느 일방의 당사자가 사망함으로 인해서 그 당사자로서의 자격을 상실하게 된 때에는 그 대립당사자구조가 없어져 버린 것이 아니고, 그때부터 그 소송은 그의 지위를 당연히 이어받게 되는 상속인들과의 관계에서 대립당사자구조를 형성하여 존재하게 되는 것이다』라고 판시하여 당연승계긍정설 입장이다(대법(전) 1995. 05. 23. 94다28444).

2) 절차에 미치는 영향 : 소송계속중 당사자가 사망하면 상속인이 없거나, 상속될 수 없는 소송물이 아닌 한 원칙적으로 소송절차는 중단된다(제233조). 중단이라 함은 당사자에게 소송수행할 수 없는 사유가 발생하였을 경우에 새로운 소송수행자가 나타나 소송에 관여할 수 없을 때에 법률상 당연히 절차의 진행이 정지되는 것으로 쌍방심문주의를 관철시키기 위한 제도이다. 다만 판결의 선고는 소송절차가 중단된 중에도 할 수 있다(제247조 1항).

3) 소 결 : 乙의 사망시 피고의 지위는 丙에게 당연승계되고, 절차가 중단되나, 중단 중에도 판결은 선고할 수 있다.

(3) 중단된 절차의 속행방법

1) 중단의 해소방법 : 소송절차의 중단은 당사자 측의 수계신청과 법원의 속행명령에 의하여 해소되고 이에 따라 소송절차의 진행이 재개된다. 중단사유가 있는 당사자 측의 새로운 소송수행자뿐만 아니라 상대방 당사자의 신청에 의해서도 소송수계가 이루어진다(제241조). 甲의 乙에 대한 청구 부분은 乙의 사망에 의해 소송절차가 중단되고, 이에 관한 소송절차의 중단을 해소하기 위해서는 丙의 소송수계가 필요하다.

2) 수계신청 법원 : 재판이 송달된 뒤에 중단된 소송절차의 수계에 대하여는 그 재판을 한 법원이 결정하여야 한다(제243조 2항). 이에 따라 중단 당시 소송이 계속된 1심 법원에 하여야 한다는 것이 학설의 입장이다. 그러나 判例는 수계신청을 하여야 할 법원에 관해서 소송 계속 중 어느 일방 당사자의 사망에 의한 소송절차 중단을 간과하고 변론이 종결되어 판결이 선고된 후에는 적법한 상속인들이 수계신청을 하여 판결을 송달받아 상고하거나 또는 사실상 송달을 받아 상고장을 제출하고 상고심에서 수계절차를 밟은 경우에도 적법하다고 한다(대법 1963. 05. 30. 63다123). 나아가 判例는 소송절차 중단 중에 제기된 상소는 원칙적으로 부적법하다고 할 것이지만, 이러한 경우에도 상소법원에 수계신청을 하여 그 흠을 치유시킬 수 있다고 한다(대법 1996. 02. 09. 94다61649).

(4) 소 결

학설에 의하면 丙은 피상속인인 乙에 대한 甲의 청구 부분에 대해서는 제1심 법원에 소송수계를 신청하고 소송수계허가결정이 송달된 때부터 항소기간이 새로이 진행하므로(제247조 2항), 원심에 항소장을 제출하여야 한다(제243조 2항). 이에 대해 判例는 丙이 乙명의로 항소를 제기하고 항소심에서 수계신청을 하여도 적법하다는 입장이다.

제1문의 4

Ⅰ. 문제 1. : 사해행위 취소로 인한 원물반환판결 확정 후 원물반환이 불능으로 된 경우 가액배상청구 가능성

1. 결론

법원은 B의 청구를 각하하여야 한다.

2. 논거

사해행위 취소소송에서 원물반환판결이 확정된 후 원물반환이 불능으로 된 경우, 취소채권자가 다시 가액반환을 청구할 수 있는지가 쟁점이다.

판례는, 사해행위 취소에 따른 원상회복청구권은 사실심 변론 종결 당시 채권자의 선택에 따라 원물반환과 가액배상 중 어느 하나로 확정되며, 원물반환판결이 확정되었다면 그 후 원물반환의 목적을 달성할 수 없게 되었더라도 다시 원상회복청구권을 행사할 수는 없으므로 취소채권자의 가액배상청구는 권리보호의 이익이 없다고 한다.1)

사안의 경우, B는 원상회복으로 A의 저당권설정등기 말소를 명하는 판결을 받았고 그 판결이 확정되었으므로 다시 B가 원상회복청구로서 가액배상을 청구하는 것은 권리보호의 이익이 없는 부적법한 청구이다.

Ⅱ. 문제 2. : 사해행위 취소로 인한 원물반환판결 확정 후 원물반환이 불능으로 된 경우 취소채권자의 대상청구가 허용되는지 여부

1. 결론

법원은, B의 청구를 전부 인용하여야 한다.

2. 논거

사해행위 취소로 인한 원물반환판결 확정 후 원물반환이 불능으로 된 경우, 취소채권자가 수익자를 상대로 불능으로 인하여 받은 이익에 대하여 대상청구권을 행사할 수 있는지가 쟁점이다.

대상청구권이란 이행을 불능하게 하는 사정으로 채무자가 이행의 목적물에 갈음하는 이익을 취득한 경우, 채권자가 기존의 채권관계를 유지하기 위하여 채무자에게 이행에 갈음하는 이익을 청구하는 권리를 말한다. 대상청구권을 인정하는 명문의 규정은 없으나, 판례는 이를 인정하고 있다.

대상청구권이 인정되기 위해서는 ㉠물건 또는 권리이전을 목적으로 하는 청구권이 존재할 것, ㉡그 청구권이 후발적으로 불능이 되었을 것, ㉢채무자가 불능으로 인하여 급부에 갈음하는 이익이나 이익에 대한 청구권을 취득하였을 것, ㉣불능인 급부와 채무자가 취득한 대상 사이에 동일성이 있을 것 등의 요건을 갖추어야 한다.

판례는, 사해행위 취소로 인한 원물반환으로서 근저당권설정등기말소판결이 확정된 후 근저당목적물이 경매로 매각되어 수익자인 근저당권자의 등기가 말소된 경우, 취소채권자는 대상청구권을

---

1) 대법원 2006. 12. 07, 선고 2004다54978 판결

행사하여 수익자인 근저당권자가 경매절차에서 지급받은 배당금의 반환을 청구할 수 있다고 한다.[2)]

사안의 경우, B는 수익자 A를 상대로 저당권설정등기의 말소를 명하는 판결을 받고 그 판결이 확정되었으므로 A는 B에 대하여 저당권설정등기 말소의무를 부담하는데, 저당물의 경매로 저당권설정등기가 말소되어 A의 B에 대한 저당권설정등기 말소의무는 후발적으로 불능으로 되고, 그에 갈음하여 A는 배당금을 지급받았으므로 B는 대상청구권을 행사하여 그 배당금의 지급을 청구할 수 있다.

Ⅲ. 문제 3. : 가액배상의무를 부담하는 수익자가 채무자에 대한 채권을 자동채권으로 한 상계로 취소채권자에게 대항할 수 있는지 여부

1. 결론

E는 상계로 D에게 대항할 수 없다.

2. 이유

대물변제가 사해행위로서 취소된 경우 수익자의 기존 채권이 부활하는지, 수익자가 채무자에 대한 채권을 자동채권으로 하여 가액배상의무 이행을 청구하는 취소채권자에게 상계로 대항할 수 있는지가 쟁점이다.

상계가 허용되기 위해서는, ㉠동종의 채권이 대립하여야 하고, ㉡자동채권은 변제기가 도래하는 등으로 그 실현에 장애가 없어야 하고, ㉢수동채권에는 약정이나 법률규정에 의한 상계금지사유가 없어야 한다(제492조).

사해행위 취소와 원상회복은 모든 채권자의 이익을 위하여 그 효력이 있다(제407조). 판례는, 대물변제가 사해행위로서 취소된 경우, 수익자의 기존 채권은 부활하고, 사해행위 취소와 원상회복의 효력을 받는 채권자에 수익자도 포함된다고 한다.[3)] 그러나 수익자가 동시에 채무자에 대한 채권자인 경우, 수익자가 부담하는 가액배상의무 중에서 자기 채권에 대한 안분액의 분배를 청구하거나 상계 등을 주장하여 안분액의 반환을 거절하도록 하는 것은 다른 채권자의 이익을 무시하는 결과가 되어 허용되지 않는다고 한다.[4)]

사안의 경우, 대물변제를 받은 수익자 E는 D의 사해행위 취소에 따라 채무자 C에 대한 기존 2억 원의 채권을 회복하지만 E가 C에 대한 2억 원의 채권을 자동채권으로 하여 D에게 상계로 대항하는 것은 채권의 대립이 없을 뿐만 아니라 E에게만 우선변제권을 부여하는 것으로 부당하므로 허용되지 않는다.

Ⅳ. 문제 4. : 가액배상의무를 부담하는 수익자가 취소채권자에 대한 채권을 집행채권으로 하여 취소채권자의 수익자에 대한 가액배상청구권을 강제집행 할 수 있는지 여부

1. 결론

법원은, E의 압류 및 전부명령 신청을 인용하는 결정을 하여야 한다.

---

2) 대법원 2012. 06. 28, 선고 2010다71431 판결
3) 대법원 2003. 06. 27, 선고 2003다15907 판결
4) 대법원 2001. 02. 27, 선고 2000다44348 판결

2. 논거

가액배상의무를 부담하는 수익자가 취소채권자에 대해 판결금 채권을 가진 경우, 그 판결금 채권을 집행채권으로 하여 취소채권자가 수익자에 대하여 가진 가액배상채권에 압류 및 전부명령을 신청할 수 있는지가 쟁점이다.

판례는, 사해행위 취소로 인한 원상회복을 가액배상으로 하는 경우에 그 이행의 상대방은 채권자이어야 하고,[5] 수익자의 취소채권자에 대한 가액배상의무는 수익자가 채무자에 대해 가지는 채권을 자동채권으로 한 상계로 소멸되지 않지만,[6] 수익자가 취소채권자에 대해 별개 채권을 가지고 있는 경우 그 채권을 집행채권으로 하여 취소채권자가 수익자에 대하여 가지는 가액배상청구권에 강제집행을 하는 것은 허용된다고 한다. 또한 집행채권자와 제3채무자가 동일인이라고 하더라도 이를 압류하는 것이 금지되어 있는 것은 아니라고 한다.[7]

사안의 경우, 가액배상의무자 E는 가액배상채권자 D에 대하여 별개의 판결금 채권을 가지고 있고, 이를 집행채권으로 하여 D의 E에 대한 가액반환채권에 대해 압류 및 전부명령을 신청하였는데, 이와 같은 강제집행은 허용되는 것이므로 법원은 E의 신청을 인용하여야 한다.

5) 대법원 2008. 04. 24, 선고 2007다84352 판결
6) 대법원 2001. 06. 01, 선고 99다63183 판결
7) 대법원 2017. 08. 21. 자 2017마499 결정

2. 제3차 모의시험 제2문

목 차

제2문의 1

Ⅰ. 문제 1. : 매매계약의 이행으로 목적물을 인도받은 매수인이 목적물을 임대한 후 매매계약이 해제된 경우의 법률관계

1. 쟁점

이행지체를 원인으로 하는 해제의 요건, 해제로부터 보호되는 제3자의 의미, 보증금반환과의 동시이행항변 혹은 유치권항변의 허용 여부 등이 쟁점이다.

2. 甲의 丙에 대한 인도청구의 법적 근거

甲은 乙과의 매매계약을 해제하고, 乙로부터 X건물을 임차하여 점유하고 있는 丙에 대하여 인도를 청구하고 있다. 甲은 현재 X건물의 소유자로서 X건물을 점유하고 있는 丙을 상대로 소유물반환을 청구하고 있다(제213조). 丙이 점유할 권리를 가지는지에 따라 甲의 청구가 허용되는지 좌우된다.

3. 甲의 乙에 대한 해제의 효력

이행지체를 원인으로 해제권을 취득하기 위해서는, ㉠당사자 일방의 책임 있는 사유로 인한 이행지체가 있어야 하고, ㉡채권자는 상당한 기간을 정한 이행최고를 하여야 하며, ㉢최고기간이 지나도록 채무자는 이행 혹은 이행제공을 하지 않아야 한다(제544조).

사안의 경우, 甲은 소유권이전등기에 필요한 서류를 제공하여 乙을 이행지체에 빠지게 하였으며, 기한을 연장하여 독촉을 함으로써 상당한 기간을 정한 최고를 하였음에도 乙이 잔금을 지급하지 아니하였으므로 甲의 2018. 06. 01.자 해제는 적법하고, 해제로 인하여 甲과 乙의 매매계약은 소급하여 그 효력을 상실하였다(제548조 제1항).

4. 丙이 해제로부터 보호되는 제548조 제1항 단서의 제3자에 해당하는지 여부[1)]

해제로는 제3자의 권리를 해하지 못한다(제548조 제1항 단서). 판례는, 해제로부터 보호되는 제3자란 해제의 의사표시가 있기 이전에 해제된 계약에서 생긴 법률효과를 기초로 하여 새로운 권리를 취득한 자로서 등기나 인도 등을 마침으로써 완전한 권리를 취득한 자를 말한다고 한다.[2)] 매매계약의 이행으로 매매목적물을 인도받은 매수인으로부터 그 매매계약이 해제되기 전에 매매목적물을 인도받고 주택임대차보호법 소정의 대항요건을 갖춘 임차인도 계약해제로부터 권리를 침해받지 않을 제3자에 해당한다고 한다.[3)]

사안의 경우, 매수인 乙은 매매계약의 이행으로 목적물을 인도받은 자로서 임대권한을 가진 자에 해당하고 乙과 임대차계약을 체결하여 목적물을 인도받은 丙은 매매계약의 효력이 유지되는 때에는 매도인 甲에게도 점유할 권리를 주장할 수 있다. 그러나 매매계약이 해제되고 그 효력이 소급적

1) 채점기준표에서는 丙의 점유할 권리의 근거로서 매수인 乙이 적법한 임대권한이 있는지를 별도 쟁점으로 파악하고 있으나, 매매계약이 적법하게 해제된 본 사례에서는 丙이 해제로부터 보호되는 제3자에 해당하는지를 판단하는 근거로 작용할 뿐이다. 시범답안에서는 채점기준표에서 별도 쟁점으로 나누어져 있는 乙의 임대권한과 丙이 해제로부터 보호되는 제3자에 해당하는지를 합쳐서 서술하였다.
2) 대법원 1997. 12. 26, 선고 96다44860 판결
3) 대법원 2008. 04. 10, 선고 2007다38908·38915 판결; 대법원 2009. 01. 30, 선고 2008다65617 판결

으로 소멸하였으므로 丙이 해제로부터 보호되는 제3자에 해당하지 않는 한 점유할 권리를 甲에게 주장할 수 없다. 丙은 상가건물인 X건물을 인도받았으나 사업자등록을 하지 아니하여 상가임대차 보호법상 대항요건을 갖추지 못하였으므로 해제로부터 보호되는 제3자에 해당하지 않는다.

5. 보증금을 돌려주면 인도하겠다는 丙의 항변의 당부

丙의 주장은 보증금의 반환과 동시이행의 항변 혹은 보증금반환채권을 피담보채권으로 하는 유치권항변에 해당한다.

丙은 乙과 임대차계약을 체결하였고, 대항력을 갖추지 못하였으므로 甲이 乙과의 매매계약을 해제하고 목적물을 사용, 수익권을 종국적으로 반환받더라도 임대인의 지위를 승계하지 아니한다. 甲의 丙에 대한 목적물반환청구는 임대인으로서의 청구가 아니므로 丙은 보증금의 반환과 동시이행을 주장할 수 없다.

한편, 유치권이 인정되기 위해서는 타인의 물건을 적법하게 점유한 자가 변제기가 도래한 목적물에 관하여 생긴 채권을 가지고 있어야 하며, 유치권을 배제하는 특약이 없어야 한다(제320조). 판례는, 임차인의 보증금반환채권은 목적물에 관하여 생긴 채권에 해당하지 아니한다고 한다.[4] 丙이 보증금 반환채권을 피담보채권으로 하는 유치권의 항변도 이유 없다.

6. 결론

법원은 甲의 청구를 인용하여야 한다.

II. 문제 2. : 임차인의 비용지출 후 목적물의 소유자가 변동한 경우, 임차인의 신소유자에 대한 비용상환청구 혹은 부당이득반환청구의 당부

1. 쟁점

임차인의 비용상환청구의 요건 및 상대방, 임차인이 임대인의 지위를 승계하지 아니한 목적물의 신소유자에 대하여 유익비 상당의 부당이득반환청구가 허용되는지가 쟁점이다.

2. 丙의 丁에 대한 유익비상환청구의 당부

(1) 제626조에 기초한 유익비상환청구의 당부

임차인이 유익비를 지출한 경우에는 임대인은 임대차 종료 시에 그 가액의 증가가 현존한 때에 한하여 임차인의 지출한 금액이나 그 증가액을 상환하여야 한다(제626조). 유익비상환의무자는 임대차가 종료할 당시의 임대인이다. 임차인이 비용을 지출한 후에 임대목적물의 소유자가 변동된 때에는 새로운 소유자가 임대인의 지위를 승계하였다면 새로운 소유자가 비용상환의무를 부담한다. 판례는, 임대목적물의 소유권이 변동한 때에 임차권의 대항력이 있거나[5] 목적물의 신소유자와 임대인이 임대인 지위를 승계하기로 약정한 때에는[6] 목적물의 신소유자가 임대인의 지위를 승계한다고 한다.

---

4) 대법원 1976. 05. 11, 선고 75다1305 판결
5) 대법원 1987. 03. 10, 선고 86다카1114 판결
6) 대법원 1998. 09. 02. 자 98마100 결정

사안의 경우, 丙은 사업자등록을 하지 아니하였으므로 상가임차권의 대항력을 취득하였다고 할 수 없고, 임대인 乙과 매수인 丁 사이에 임대인지위를 승계한다는 특약이 있다는 사정도 없으므로 丁은 임대인의 지위를 승계하지 않는다. 丙은 임대인인 乙에 대하여 유익비상환을 청구할 수 있을 뿐 丁에게는 유익비상환을 청구할 수 없다.

(2) 제203조에 기초한 유익비상환청구의 당부

점유자가 점유물을 개량하기 위하여 지출한 금액 기타 유익비에 관하여는 그 가액의 증가가 현존한 경우에 한하여 회복자의 선택에 좇아 그 지출금액이나 증가액의 상환을 청구할 수 있다(제203조 제2항). 판례는, 점유자의 유익비상환청구권은 점유자가 계약관계 등 적법하게 점유할 권리를 가지지 않아 소유자의 소유물반환청구에 응하여야 할 의무가 있는 경우에 성립되는 것으로서 점유자가 유익비를 지출할 당시 계약관계 등 적법한 점유의 권원을 가진 경우에는 그 지출비용의 상환에 관하여는 그 계약관계를 규율하는 법조항이나 법리에 따른 비용상환청구권을 행사할 수 있을 뿐, 제203조 제2항에 따른 지출비용의 상환을 구할 수는 없다고 한다.[7)]

사안의 경우, 丙은 乙과의 임대차계약에 따라 비용을 지출한 것이므로 丁에 대하여 제203조 제2항에 따른 유익비상환을 청구할 수 없다.

3. 丙의 丁에 대한 유익비 상당 부당이득반환청구의 당부

법률상 원인 없이 타인의 재산 또는 노무로 인하여 이익을 얻고 이로 인하여 타인에게 손해를 가한 자는 그 이익을 반환하여야 한다(제741조). 판례는, 계약에 따른 급부가 제3자의 이득으로 된 경우 계약상 급부를 한 일방이 상대방에 대한 계약상 채권을 청구하는 것 이외에 제3자에 대한 부당이득반환을 청구하는 것은 허용되지 않는다고 한다.[8)]

사안의 경우, 임차인 丙은 임대인 乙에 대하여 제626조에 따른 유익비상환청구권을 행사할 수 있고, 丙이 계약에 따른 권리를 제3자인 丁에 대한 부당이득반환청구권으로 실현하는 것은 스스로 부담하여야 할 계약상 위험을 부당하게 제3자에게 전가시키는 것으로 계약법의 대원리에 반하므로 丙의 丁에 대한 부당이득반환청구도 허용되지 않는다.

4. 결론

丙의 주장은 모두 부당하다.

Ⅲ. 문제 3. : 대항력 있는 상가임차권과 근저당권의 우열, 임차인의 유익비상환청구권을 피담보채권으로 하는 유치권으로 경매절차 매수인에게 대항할 수 있는지, 제3자 변제적 상계가 허용되는지

1. 쟁점

임의경매절차 매수인 戊가 상가임차권의 부담을 인수하는지, 상가임차인 丙이 유익비상환청구권을 피담보채권으로 하는 유치권으로 경매절차 매수인 戊에게 대항할 수 있는지, 유치권자가 유치목적

7) 대법원 2003. 07. 25, 선고 2001다64752 판결
8) 대법원 2002. 08. 23, 선고 99다66564·66571 판결

물을 사용, 수익하는 경우 소유자에 대하여 부당이득반환의무를 부담하는지, 제3자 변제적 상계가 허용되는지가 쟁점이다.

2. 丙의 주위적 항변의 당부 – 戊가 상가임차권의 부담을 인수하는지 여부

지상권·지역권·전세권 및 등기된 임차권은 저당권·압류채권·가압류채권에 대항할 수 없는 경우에는 매각으로 소멸된다(민사집행법 제91조 제3항). 상가임차권은 상가건물의 인도를 받고, 사업자등록을 한 때에 그 다음 날로부터 대항력을 취득한다.

사안의 경우, 丙의 상가임차권의 대항력 취득시기보다 A은행의 근저당권설정등기일이 빠르므로 丙의 상가임차권은 매각으로 소멸하고, 경매절차 매수인 戊은 상가임차권의 부담을 인수하지 않는다.

3. 丙의 예비적 항변의 당부 – 丙의 유치권 항변이 허용되는지

(1) 丙이 유치권을 취득하는지 여부

丙의 상가임차권은 매각으로 소멸하였으므로 丙은 그 당시 임대인인 乙에 대하여 유익비상환청구권을 취득하고 이를 행사할 수 있다. 임차인의 유익비상환청구권은 목적물에 관하여 생긴 채권으로 유치권의 피담보채권이 될 수 있고, 丙의 점유는 불법행위로 개시된 점유가 아니므로 丙은 적법하게 유치권을 취득하였다.

(2) 丙이 유치권으로 경매절차 매수인 戊에게 대항할 수 있는지 여부

유치권은 물권이므로 유치권자는 피담보채권의 채무자가 아닌 제3자에게도 유치권으로 대항할 수 있다. 판례는, 유치권자가 경매절차 매수인에게 유치권으로 대항하기 위해서는 경매개시결정등기가 되기 전에 유치권의 행사요건을 구비하면 족하고, 근저당권설정 후에 유치권을 취득하였더라도 경매절차 매수인에게 유치권으로 대항할 수 있다고 한다.[9)]

사안의 경우, 丙이 A은행의 근저당권설정 후에 X건물을 임차하여 유익비를 지출하고 유익비상환청구권을 취득하였으므로 경매절차 매수인 戊에 대하여 유치권으로 대항할 수 있다.

4. 戊의 재항변의 당부 – 상계항변의 당부

(1) 상계의 일반적 요건

상계가 허용되기 위해서는, ㉠동종 채권이 대립하고 있어야 하고, ㉡자동채권은 변제기가 도래하는 등 그 실현에 아무런 장애사유가 없어야 하며, ㉢수동채권에는 약정이나 법률규정에 의한 상계금지사유가 없어야 한다.

(2) 戊의 丙에 대한 임료상당액의 부당이득반환채권의 발생 여부

유치권자는 소유자의 승낙 없이 유치물의 사용을 하지 못하지만 보존에 필요한 사용은 그러하지 아니하다(제324조 제2항). 판례는, 유치권자의 사용이 적법하더라도 사용에 따른 이익은 부당이득으로 유치물의 소유자에게 반환되어야 한다고 한다.[10)]

---

9) 대법원 2014. 04. 10, 선고 2010다84932 판결; 대법원 2014. 12. 11, 선고 2014다53462 판결
10) 대법원 2009. 09. 24, 선고 2009다40684 판결

사안의 경우, 丙이 보존을 위하여 사용하는 것이 적법하더라도 그로 인한 임료 상당의 사용이익을 戊에게 부당이득으로 반환하여야 한다.

(3) 丙에 대한 유익비상환의무자 및 제3자 변제적 상계의 허용 여부

판례는, 경매절차 매수인이 유치권의 부담을 인수하더라도 피담보채무까지 인수하는 것은 아니라고 하고,[11] 유치목적물의 소유자가 유치권자에 대하여 가지는 임료 상당의 부당이득반환채권을 자동채권으로 하고, 유치권자가 제3자에 대하여 가지는 유치권의 피담보채권을 수동채권으로 하는 상계는 허용되지 않는다고 한다.[12] 이를 인정하는 것은 상대방이 제3자로부터 채무의 본지에 따른 현실적 급부를 받을 이익을 침해하고 상대방의 다른 채권자들보다 상계자만 상대방이 제3자에 대하여 가진 채권으로부터 독점적인 만족을 얻게 되는 불합리한 결과를 초래하는 것으로 부당하기 때문이다.

사안의 경우, 戊는 丙에 대하여 임료 100만 원 상당의 부당이득반환채권을 취득하지만, 이를 자동채권으로 하고 丙이 乙에 대하여 가지는 유익비상환채권을 수동채권으로 하는 상계로 대항할 수는 없다.

5. 결론

丙의 주위적 항변은 부당하고, 예비적 항변을 타당하며, 戊의 상계 재항변은 부당하다.

제2문의 2

Ⅰ. 취득시효 완성 후 명의신탁이 해지된 경우의 법률관계

1. 결론

법원은, 甲의 청구를 인용하여야 한다.

2. 근거

점유취득시효 완성 후 명의신탁이 해지되어 명의신탁자에게 소유명의가 회복된 경우, 점유자가 명의신탁자에게 취득시효로 대항할 수 있는지가 쟁점이다.

甲은 현재 X토지의 소유자로서 소유권에 기초하여 X토지의 인도를 청구하고 있다(제213조). 점유자 乙이 취득시효 완성자로서 점유할 권리를 가진다면 甲의 청구는 허용되지 않을 것이다.

점유취득시효가 완성되기 위해서는 평온, 공연한 자주점유가 20년간 계속되어야 한다(제245조 제1항). 점유자는 평온, 공연한 자주점유자로 추정되므로(제197조 제1항) 乙은 점유를 개시한 1995. 5. 25.부터 20년이 경과하는 시점인 2015. 5. 25. 취득시효 완성자로서의 지위를 가진다.

---

11) 대법원 1996. 08. 23, 선고 95다8713 판결

12) 대법원 2011. 04. 28, 선고 2010다101394 판결

취득시효완성자는 취득시효 완성 당시 소유자에 대하여 소유권이전등기청구권을 가지며, 점유할 권리를 주장할 수 있으나, 이들 권리는 채권적 성질을 가지는 것이므로 취득시효 완성 후 소유권을 취득한 제3자에 대해서는 대항할 수 없다.[13] 판례는, 명의신탁 부동산에 점유취득시효가 완성된 후 명의신탁이 해지되어 명의신탁자나 새로운 명의수탁자에게 소유권이전등기가 마쳐진 경우 그 명의신탁자나 새로운 명의수탁자는 취득시효 완성 후에 소유권을 취득한 자에 해당하여 점유자는 그에 대하여 취득시효를 주장할 수 없다고 한다.[14]

사안의 경우, 甲종중이 丙에게 명의신탁을 한 부동산을 乙이 점유하여 점유취득시효가 완성된 후 甲이 丙과의 명의신탁을 해지하고 소유권이전등기를 마침으로써 대외적으로 완전한 소유권을 취득한 바 甲은 취득시효 완성 후 소유권취득자로서 점유자 乙은 甲에게 취득시효로 대항할 수 없다. 乙에게는 점유할 권리가 인정되지 아니하므로 甲의 인도청구는 인용되어야 한다.

제2문의 3

Ⅰ. 매도인이 악의인 계약명의신탁에서 명의수탁자의 임의처분이 매도인에 대하여 불법행위를 구성하는지

1. 결론

법원은, 丙의 청구를 기각하여야 한다.

2. 근거

매도인이 악의인 계약명의신탁에서 소유권이전등기를 마친 명의수탁자가 제3자에게 임의로 처분한 경우, 매도인이 명의수탁자를 상대로 소유권침해를 원인으로 불법행위 손해배상청구를 할 수 있는지가 쟁점이다.

고의나 과실로 인한 위법행위로 타인에게 손해를 가한 자는 그 손해를 배상할 책임이 있다(제750조). 명의신탁약정은 무효로 하고(부동산실명법 제4조 제1항), 명의신탁약정에 따른 등기로 이루어진 부동산물권변동은 무효로 한다. 다만 부동산에 관한 물권을 취득하기 위한 계약에서 명의수탁자가 어느 한쪽 당사자가 되고 상대방 당사자는 명의신탁약정이 있다는 사실을 알지 못한 경우에는 그러하지 아니하다(부동산실명법 제4조 제2항). 명의신탁약정의 무효 및 물권변동의 무효는 제3자에게 대항하지 못한다(부동산실명법 제4조 제3항).

매도인이 악의인 계약명의신탁에서 명의수탁자 명의의 소유권이전등기는 부동산실명법 제4조 제2항 본문에 따라 무효이므로 명의신탁부동산은 여전히 매도인의 소유에 속한다. 명의수탁자가 명의신탁부동산을 제3자에게 임의로 처분하면 제3자는 부동산실명법 제4조 제3항에 따라 선의, 악의를 불문하고 소유권을 취득하고 그 결과 매도인은 소유권을 상실한다.

13) 대법원 1991. 04. 09 선고 89다카1305 판결
14) 대법원 1995. 05. 09 선고 94다22484 판결; 대법원 2000. 08. 22, 선고 2000다21987 판결

판례는, 매도인이 악의인 계약명의신탁에서 명의수탁자의 임의처분은 매도인의 소유권을 침해하는 위법행위로서 불법행위를 구성할 수 있으나, 매도인이 이미 매매대금을 모두 지급받은 때에는 그 부동산에 관한 소유권명의를 회복하기 전까지 신의칙 내지 동시이행의 항변으로 매매대금반환채무 이행을 거절할 수 있으므로 특별한 사정이 없는 한 손해가 있다고 할 수 없다고 한다.15)

사안의 경우, 매도인 丙은 매매대금을 지급받았으므로 명의수탁자 乙의 임의처분으로 어떠한 손해가 있다고 할 수 없으므로 손해의 발생을 전제로 하는 丙의 불법행위 손해배상청구는 허용되지 않는다.

15) 대법원 2013. 09. 12, 선고 2010다95185 판결

3. 제3차 모의시험 제3문

목 차

[문제 1. 해설]

Ⅰ. 문제의 소재 (2점)

A회사 이사 乙이 B회사에 취임했다가 물류사업을 개시하기 전에 사직을 하였는바, 이사의 겸직금지의무를 위반을 이유로 하는 해임결의 여부가 문제된다.

Ⅱ. 乙의 B회사 이사의 취임이 적법한지 여부 (15점)

1. 경업금지의무 위반여부

(1) 의의

이사는 이사회의 승인이 없이 자기 또는 제3자의 계산으로 회사의 영업 부류에 속한 거래(거래금지)를 하거나, 동종 영업을 목적으로 하는 다른 회사의 무한책임사원이나 이사(겸직금지)가 되지 못한다(제397조 제1항). 설문은 겸직금지에 관한 사항이다.

(2) 동종영업인지 여부

가. 학설[1)]

1) 형식설 : 정관에 사업목적으로 기재된 경우 장차 사업을 수행할 가능성이 있으므로 동종영업에 해당한다.

2) 실질설 : 영업을 개시할 필요는 없지만, 적어도 영업에 착수(개업준비행위)를 하여야 한다.

나. 판례

경업의 대상이 되는 회사가 영업을 개시하지 못한 채 공장의 부지를 매수하는 등 **영업의 준비작업을 추진하고 있는 단계**에 있다 하여 위 규정에서 말하는 "동종영업을 목적으로 하는 다른 회사"에 해당한다.[2)]

다. 검토

설문의 경우 B회사는 물류사업을 목적으로 토지임대차계약을 제결하였으므로, 영업을 개시하지 않더라도, '형식설'이나 '실질설'에 의하더라도 **경업의 대상이 되는 동종 업종에 해당한다**.

2. 의무 위반의 해소여부

판례에 의하면 "이사가 이사회의 승인 없이 그 회사와 영업목적이 같은 회사를 설립하고 그 회사의 이사 및 대표이사로 있다가 그 **회사가 영업활동을 개시하기 전에 이사 및 대표이사의 직을 사임**하였다고 하더라도 이는 분명히 제397조 제1항의 경업금지의무에 위반한 행위에 해당한다"고 한다.[3)]

---

1) 채점기준표에 있는 학설이다.
2) 대법원 1993. 04. 09, 선고 92다53583 판결
3) 대법원 1990. 11. 02. 90마745 결정.

Ⅲ. 결론 (3점)

乙이 이사회 승인없이 B회사의 이사로 취임한 행위는 겸직금지의무 위반에 해당한다. 이에 따라 A회사 주주총회의 乙의 해임결의에 정당한 사유가 인정된다.[4)]

[문제 2.의 (1) 해설]

Ⅰ. 쟁점 (2점)

丙이 A회사가 D회사를 설립하여 실질적으로 경영하면서 C법인 제품을 수입판매한 행위와 C법인과 독점판매계약을 체결한 행위가 선관의무 내지 충실의무, 경업금지의무 또는 기회유용금지의무를 위반하였는지 문제된다.

Ⅱ. 선관의무 내지 충실의무 위반 여부 (3점)[5)]

이사는 회사와 위임관계에 있으므로 위임에 관한 민법 제681조에 따라 선관의무를 부담한다. 또한 이사는 법령과 정관의 규정에 따라 회사를 위하여 그 직무를 충실하게 수행하여야 할 충실의무를 부담한다(상법 제382조의3).

Ⅲ. 이사 丙의 거래금지의무 위반 여부 (12점)

1. 의의

이사는 이사회의 승인이 없이 자기 또는 제3자의 계산으로 회사의 영업 부류에 속한 거래를 하거나(거래금지), 동종 영업을 목적으로 하는 다른 회사의 무한책임사원이나 이사(겸직금지)가 되지 못한다(제397조 제1항). 설문은 거래금지의무에 관한 사항이다.

2. 거래금지의무 위반여부

(1) 영업부류에 속하는 거래

'영업부류에 속하는 거래'의 범위에 대하여 '형식설'과 '실질설'의 대립이 있으나, 실질설에 의하더라도 A회사와 D회사는 각각 C법인의 제품을 수입하여 국내에 판매하고 있으므로 D회사는 **A의 영업부류에 속하는 거래**를 하고 있다.

(2) 제3자의 계산으로 인한 거래

본조의 '자기 또는 제3자의 계산'이란 손익의 귀속주체가 이사 또는 제3자인 것을 의미한다. **이사가 직접 영업을 하는 것이 아니라 이사가 지배하는 회사에 의해 영업이 이루어지는 경우 이는 '제3자의 계산에 의한 거래'**에 해당한다. 판례도 **"이사가 다른 회사의 지배주주가 되어서 그 회사의 의사결정과 업무집행에 관여할 수 있게 되는 경우에도 경업거래에 해당한다"**고 본다.[6)]

---

4) 대법원 1993. 04. 09, 선고 92다53583 판결
5) 채점기준표에 있는 목차이다.
6) 대법원 2013. 09. 12, 선고 2011다57869 판결 - 신세계 주주대표소송 사건.

(3) 이사회의 승인

1) 정보제공

상법에 정보제공의무가 명시되어 있지 않지만, 이사회 승인의 의미를 가지려면 **자기거래와 마찬가지로 구체적인 정보를 이사회에 제공**하여야 한다(통설).

설문의 경우 B회사는 A회사가 수입하는 제품(골프채)와 전혀 다른 제품(아동복)을 수입판매할 것이라고 병이 A회사 이사회에 설명하였고 C법인의 제품을 병행수입하여 판매한다는 것은 알리지 아니하였으므로, A회사 이사회에 사전에 정보제공을 하였다고 보기 어렵다.7)

2) 이사회의 결의방법

이사회는 서면으로는 할 수 없지만(통설), 정관에 달리 정하는 경우를 제외하고는, 이사의 전부 또는 일부가 직접 회의에 출석하지 아니하고 모든 이사가 음성을 동시에 송수신하는 **원격통신수단에 의하여 결의에 참가**하는 것을 허용할 수 있다(제391조 제2항). 본건의 이사회의 결의방법은 적법하다.

3) 이사회의 결의요건과 특별이해관계인

가. 특별이해관계인 해당여부

특별이해관계인은 이사회에서 의결권이 제한된다(제391조 제3항, 제368조 제3항). 특별이해관계인이란 **이사가 이사의 지위가 아닌 개인적인 지위에서 경제적 이해관계를 갖는 경우**를 말한다(개인법설, 판례). 丙의 경우 특별이해관계인에 해당되어 의결권이 없다.

나. 이사회의 결의요건 충족여부

이사회의 승인은 **과반수출석에 출석과 출석이사 과반수 찬성**에 의한다(제391조 제1항). 특별이해관계인의 경우 **의사정족수에는 포함되지만 의결정족수에는 포함되지 않는다**(제391조 제3항, 제371조 제2항).8)

설문의 경우 이사회에는 이사 전원이 참석하였고, 이해관계 있는 이사 丙을 제외한 **출석한 이사 甲, 乙, 丁 중 甲과 乙**이 찬성하였으므로, 상법 제391조에 따른 과반수 이상의 출석과 출석이사 과반수의 찬성이 있었다.9)

---

7) 대법원 2007. 05. 10, 선고 2005다4284 판결. 이사와 회사 사이의 이익상반거래가 비밀리에 행해지는 것을 방지하고 그 거래의 공정성을 확보함과 아울러 이사회에 의한 적정한 직무감독권의 행사를 보장하기 위해서는 그 거래와 관련된 이사는 이사회의 승인을 받기에 앞서 이사회에 그 거래에 관한 자기의 이해관계 및 그 거래에 관한 **중요한 사실들을 개시하여야 할 의무가 있고, 만일 이러한 사항들이 이사회에 개시되지 아니한 채** 그 거래가 이익상반거래로서 공정한 것인지 여부가 심의된 것이 아니라 단순히 통상의 거래로서 이를 허용하는 이사회의 결의가 이루어진 것에 불과한 경우 등에는 이를 가리켜 상법 제398조 전문이 규정하는 **이사회의 승인이 있다고 할 수는 없다**.

8) 대법원 2009. 04. 09, 선고 2008다1521 판결. 민법 제74조는 사단법인과 어느 사원과의 관계사항을 의결하는 경우 그 사원은 의결권이 없다고 규정하고 있으므로, 민법 제74조의 유추해석상 민법상 법인의 이사회에서 법인과 어느 이사와의 관계사항을 의결하는 경우에는 그 이사는 의결권이 없다. 이 때 의결권이 없다는 의미는 **상법 제368조 제4항, 제371조 제2항의 유추해석상 이해관계 있는 이사는 이사회에서 의결권을 행사할 수는 없으나 의사정족수 산정의 기초가 되는 이사의 수에는 포함되고, 다만 결의 성립에 필요한 출석이사에는 산입되지 아니한다**고 풀이함이 상당하다.

9) [찬성이사] 갑. 을. 병. - 병 = 2
[출석이사] 갑. 을. 병. 정. - 병 = 3

3. 소결

丙이 D회사를 설립하여 실질적으로 경영하면서 이사회 승인이 없이 C법인과 거래한 행위는 경업대상이 되는 거래에 해당하지만, 이에 대하여 이사회에 구체적인 정보를 제공하지 아니하여 거래금지의무에 위반한 사실이 인정된다.

Ⅳ. 사업기회 유용금지의무 위반 여부 (10점)

1. 사업기회 유용금지의 의의

이사는 이사회의 승인 없이 현재 또는 장래에 회사의 이익이 될 수 있는 회사의 사업기회를 자기 또는 제3자의 이익을 위하여 이용하여서는 아니 된다(제397조의2).

2. 사업기회 유용금지의 요건 [사/리/용]

1) 회사의 사업기회

회사가 수행하고 있거나 수행할 사업과 밀접한 관련이 있는 사업기회(제397조의2 제1항 제2호)와 회사의 수행할 사업이 아니더라도 회사의 정보를 이용한 사업기회(같은 항 제1호)에 해당하여야 한다.

설문의 경우 丙이 지배주주인 D주식회사는 A회사의 거래처인 C법인에 리베이트 제공 등 적극적으로 A회사 배제활동을 벌여 C법인과 독점판매계약에 이른 것으로 C법인과의 거래는 A회사가 수행할 사업과 밀접한 관련이 있는 사업기회에 해당한다.

2) 회사의 이익가능성 요건

판례에 의하면 "이사는 이익이 될 여지가 있는 사업기회가 있으면 이를 회사에 제공하여 회사로 하여금 이를 이용할 수 있도록 하여야 한다"고 판시한바 있다. 10)설문의 경우 A회사의 C법인과의 거래는 A회사에게 이익을 가져다줄 것이므로 본건의 경우 **이익가능성의 요건을 총족**한다.

3) 자기 또는 제3자의 이익을 위한 이용행위

이사가 사업기회를 직접 이용할 필요가 없고 제3자에게 제공하여 이용하게 할 수 있다. 설문의 경우 제3자인 D회사에 사업기회를 제공하여 이용하게 하였다.

4) 이사회의 승인

이사회의 승인은 **이사 3분의 2 이상의 수**로써 하여야 한다(제397조의2 제1항). 상법에 정보제공의무가 명시되어 있지 않지만, **이사회 승인의 의미를 가지려면 자기거래와 마찬가지로 구체적인 정보를 이사회에 제공하여야** 한다(통설). 설문의 경우 사전에 이사회에 기회유용관련 정보 제공을 하지 않았고 이사회의 승인도 없었다.

3. 소결

설문의 경우 丙이 지배주주인 D주식회사가 A회사의 이사회의 승인도 없이 C법인과 독점판매계약을 체결한 행위가 **이사의 사업기회유용금지의무 위반**에 해당한다.

---

10) 대법원 2013. 09. 12, 선고 2011다57869 판결

V. 결론 (3점)

丙이 D회사를 설립하여 실질적으로 경영하면서 이사회 승인이 없이 C법인과 거래한 행위는 경업대상이 되는 거래에 해당하지만, 이에 대하여 이사회에 구체적인 정보를 제공하지 아니하여 거래금지의무에 위반한 사실이 인정된다. 그리고 丙이 지배주주인 D주식회사가 C법인과 독점판매계약을 체결한 행위가 이사의 사업기회유용금지의무 위반에 해당한다.

[문제 2.의 (2) 해설]

Ⅰ. 문제의 소재 (2점)

A회사가 취할 수 있는 조치로, 이사 병을 **해**임, 경업금지의무 위반에 기한 **개**입권 행사, 그리고 의무 위반에 기한 **손**해배상 청구가 가능한지 문제된다.

Ⅱ. 이사의 해임 (3점)

A회사는 언제든지 주주총회 특별결의로 이사를 해임할 수 있다. 다만 정당한 이유 없이 이사의 임기만료 전에 이를 해임한 때에는 그 이사는 해임으로 인한 손해의 배상을 청구할 수 있다(제385조 제1항).

Ⅲ. 거래금지의무위반의 경우 개입권 행사 (8점)

1. 의의

이사가 **거래금지 의무를 위반하여 거래(去來)**를 한 경우, 회사는 이사회의 결의로 그 이사의 거래가 (i) 자기의 계산으로 한 것인 때에는 이를 회사의 계산으로 한 것으로 볼 수 있고 (ii) 제3자의 계산으로 한 것인 때에는 그 이사에 대하여 이로 인한 이득의 양도를 청구할 수 있다(제397조 제2항).

2. 절차

개입권 행사를 위하여는 **이사회의 결의**가 있어야 한다(제397조 제2항). 개입권은 형성권(形成權)이므로 이사에 대한 의사표시만으로 효력이 발생한다. 개입권은 거래가 있는 날로부터 **1년을 경과**하면 소멸한다(제397조 제3항).

3. 효과

(1) 이득의 양도청구

개입권 행사의 효과로 회사는 이사에 대하여 관련 이익을 이전할 것을 청구할 권리를 갖게 된다. ① **이사의 계산의 경우**, 회사는 이사에게 당해 거래에서 취득한 이득에서 거래비용을 공제한 나머지를 이전할 것을 청구할 수 있다. ② **제3자의 계산의 경우**, 이사가 계산의 주체인 제3자로부터 받은 보수 상당액의 반환을 청구할 수 있다.

(2) 검토

설문의 경우 ① A회사는 거래일로부터 1년을 경과하기 전에는 개입권을 행사하여 丙이 위반기간 동안 D회사로 받은 **이득 상당액의 반환을 청구**할 수 있다. ② 만약 D회사가 실질적으로 丙의 회사라고 한다면 丙 자신의 계산으로 볼 수 있고 이 경우에는 **회사의 계산으로 한 것으로 볼 수도** 있다.

Ⅳ. A회사의 이사에 대한 손해배상 청구 (12점)

1. 문제점

A회사는 이사 丙에게 ① C법인과 독점판매계약이 있는 기간 동안에는 거래금지의무 위반으로 인한 손해배상을, ② 그 이후에는 기회유용금지의무 위반으로 인한 손해배상을 청구할 수 있는지, ③ 정관으로 책임이 감경이 가능한지 문제된다.

2. 손해배상청구 요건(제399조)

1) 이사 丙의 고의 또는 과실에 기한 법령위반

丙은 A회사에 대하여 경업거래금지의무와 기회유용금지의무 즉 상법상의 의무를 위반하였으며, 의무 위반에 대하여 丙의 고의 또는 과실이 인정될 수 있다. 통상적인 주의의무 위반과 달리 법령 위반의 경우 경영판단의 원칙이 배제된다.[11)]

2) 회사의 손해 발생

이사 丙의 의무 위반으로 인한 A회사는 손해를 보았으며 이때 **A회사의 손해는 매출액 감소에 따른 영업수익 상실액 상당**이다.[12)] 특히 丙의 기회유용에 따른 C법인과의 독점판매계약이 단절됨으로 인하여 발생한 손해의 경우 D회사의 독점판매계약에 따른 매출로 인한 이익은 손해로 추정한다(제397조의2 제2항).

3) 인과관계의 존재

이사 丙이 A회사에 대하여 손해배상책임을 지기 위해서는 법령위배 행위와 회사의 손해 사이에 상당인과관계가 있어야 한다.[13)] 丙의 법령 위배와 A회사의 손해 사이에 상당인과관계가 인정된다.

---

11) 대법원 2005. 10. 28, 선고 2003다69638 판결

12) 대법원 2018. 10. 25, 선고 2016다16191 판결. 갑은 을 주식회사의 이사로 재직하던 중 병 주식회사를 설립하여 이사 또는 실질주주로서 병 회사의 의사결정과 업무집행에 관여할 수 있는 지위에 있었는데, 병 회사가 을 회사와 정 외국법인이 체결한 정 법인 제품에 관한 독점판매계약의 기간이 종료하기 전부터 정 법인 제품을 수입·판매하는 사업을 하다가 위 계약 기간 종료 후 정 법인과 독점판매계약을 체결하여 정 법인의 한국 공식총판으로서 위 제품의 수입·판매업을 영위하고 그 후 이를 제3자에게 양도하여 영업권 상당의 이득을 얻자, 위 사업기회를 상실한 후 운영에 어려움을 겪다가 해산한 을 회사의 주주 무가 갑을 상대로 **경업금지의무 및 기회유용금지의무 위반**에 따른 손해배상을 구한 사안에서, 갑은 경업금지의무를 위반하고 사업기회를 유용하여 을 회사의 이사로서 부담하는 선량한 관리자의 주의의무 및 충실의무를 위반하였으므로 을 회사의 손해를 배상할 책임이 있고, **을 회사가 갑의 경업행위와 사업기회 유용행위로 입은 손해는 을 회사의 매출액 감소에 따른 영업수익 상실액** 상당이며, **을 회사의 매출액 감소분은 병 회사가 판매한 정 법인 제품의 매출액 상당이라고 봄이 타당하다**고 판단한 다음, 병 회사는 갑이 유용한 을 회사의 사업기회를 이용하여 직접 사업을 영위하면서 이익을 얻고 있다가 이를 제3자에게 양도하면서 영업권 상당의 이익을 얻었는데, 그 영업권 속에는 병 회사가 직접 사업을 영위하여 형성한 가치 외에 갑의 사업기회 유용행위로 을 회사가 상실한 정 법인과의 독점판매계약권의 가치도 포함되어 있고, 위 사업 양도 후 수개월이 지나 을 회사가 해산하였다고 하여 해산 전에 을 회사가 입은 손해와 상당인과관계가 단절되지도 않으므로, 병 회사가 받은 양도대금 중 **병 회사가 을 회사의 사업기회를 이용하여 수년간 직접 사업을 영위하면서 스스로 창출한 가치**에 해당하는 부분을 제외하고 **을 회사가 빼앗긴 사업기회의 가치 상당액을 산정하는 등의 방법을 통해 이를 을 회사의 손해로 인정**하여야 한다고 한 사례.

13) 대법원 2007. 09. 20, 선고 2007다25865 판결 참조.

3. 배상액의 감면 가부

(1) 총주주의 동의에 의한 면제

설문의 경우 총주주의 동의에 의한 책임면제 사실은 없다(제400조제1항).

(2) 정관에 의한 제한

회사는 '정관으로' 정하는 바에 따라 이사의 회사에 대한 손해배상책임을 감경할 수 있다. 즉 이사가 그 행위를 한 날 이전 **최근 1년간의 보수액의 6배**(**사외이사의 경우는 3배**)**를 초과하는 금액**에 대해서는 정관의 규정으로 면제할 수 있다(제400조 제2항 본문).

다만, 이사가 ① **고의 또는 중대한 과실**로 손해를 발생시킨 경우, ② **경업금지의무의** 위반(제397조)의 경우, ③ **자기거래금지의무의 위반**(제398조), ④ 사업기회유용금지의무 등의 경우에는 이와 같은 제한, 면제를 적용할 수 없다(제400조 제2항 단서). [고/대/경/자/기]

설문의 경우 이사 丙은 경업금지의무 및 기회유용금지의무를 위반하였으므로 **〈정관〉** 2.에 의한 최근 1년간 보수액의 3배를 넘는 손해배상액의 책임 면제를 주장할 수 없다(제400조제2항 단서).

Ⅴ. 사안의 적용 (5점)

이사 丙은 A회사에 대하여 선관의무 내지 충실의무, 경업금지의무, 기회유용금지의무 위반을 하였으며, 따라서 A회사는 丙의 의무 위반에 대하여 이사 해임조치, 개입권 행사 및 손해배상청구의 조치를 취할 수 있다.

[문제 3. 해설]

Ⅰ. 문제의 소재 (2점)

이사의 보수는 **정관에 그 액을 정하지 아니한 때에는 주주총회의 결의**로 이를 정한다(제388조). 설문의 경우, A회사의 퇴직임원 예우규정에서 정한 '퇴직위로금'과 '해직보상금'이 각각 보수에 해당하는지, 보수에 해당한다면 제388조의 요건을 충족하였는지가 문제된다.

Ⅱ. 퇴직위로금과 해직보상금의 법적성질 (6점)

1. 퇴직위로금

판례에 의하면 이사에 대한 퇴직위로금은 그 직에서 퇴임한 자에 대하여 그 재직 중 직무집행의 대가로 지급되는 **보수의 일종**으로서 상법 제388조에 규정된 보수에 포함된다.14)

2. 해직보상금

주식회사와 이사 사이에 이사가 그 의사에 반하여 이사직에서 해임될 경우 퇴직위로금과는 별도로 일정한 금액의 해직보상금을 지급받기로 약정한 경우, 그 **해직보상금은 형식상으로는 보수에 해당하지 않는다** 하여도 판례는 "**이사의 보수에 관한 상법 제388조를 준용 내지 유추적용**하여 이사는 해직보상금에 관하여도 정관에서 그 액을 정하지 않는 한 주주총회 결의가 있어야만 회사에 대하여

14) 대법원 2004. 12. 10, 선고 2004다25123 판결

이를 청구할 수 있다"고 한다.[15)]

Ⅲ. 퇴직위로금 및 해직보상금 지급요건 (10점)

1. 문제점

회사는 이사와 직접 보수약정을 체결할 수 있으나 이사의 보수를 이사회에서 승인하게 되면 이해상충이 발생할 우려가 있어서, 상법은 이를 정관 또는 주주총회에서 정하도록 하였는데(제388조), 설문의 퇴직위로금 및 해직보상금의 지급요건이 갖춰졌는지 문제된다.

2. 퇴직위로금 및 해직보상금 지급근거 여부

(1) 정관의 규정이 있는지 여부

A회사 **〈정관〉** 1 에는 "이사의 보수는 이사회의 결의로 정한다"고 규정되어 있고, 이에 근거하여 **〈퇴직임원 예우규정〉 1과 2**가 있는바, 해당 조항들의 효력이 문제된다.

전체 이사의 보수의 총액을 정하여 이사회 또는 대표이사에 위임하는 것은 가능하지만, 그러한 **제한이 없이 이사회에 위임하는 것은 무효**이다(통설, 판례)[16)]

설문의 경우 〈정관〉 1은 이사회에 보수지급에 대해 포괄위임을 하였는바 이는 무효가 되어 이사의 보수청구권의 근거가 될 수 없다. 따라서 무효인 정관 규정에 근거한 퇴직임원 〈예우규정〉 1과 2도 무효가 되므로 丁이 이를 원용하여 퇴직위로금 및 해직보상금 지급을 청구할 수 없다.

(2) A회사 주주총회 결의가 있었는지 여부

만일 A회사 주주총회에서 퇴직위로금 및 해직보상금 지급에 관하여 따로 결의된 바가 있었다면 丁은 이를 근거로 적법하게 A회사에 대하여 보수 지급을 청구할 수 있다.

설문의 경우 A회사 총회에서 해당 사항이 결의되었는지 **명확하지 않으므로** 경우의 수를 나눌 필요가 있다.[17)] 따라서 ① 퇴직위로금 및 해직보상금 지급에 관한 사항을 정한 **총회결의가 있었던 경우** 丁은 적법하게 이를 청구할 수 있으나, ② **총회결의가 별도로 없었던 경우**이거나 이사회에 지급액을 포괄위임하는 등 보수의 총액을 정하고 있다고 할 수 없는 경우에는 丁은 퇴직위로금 및 해직보상금을 A회사에 청구할 수 없다.

Ⅳ. 사안의 해결 (2점)

보수지급에 관한 정관규정의 효력이 없으므로 A회사의 주주총회에서 퇴직위로금 및 해직보상금에 관한 지급근거를 결의하였어야 하는데 사안에서 이점이 명백하지 않다. 따라서 경우의 수를 나누어[18)] A회사 주주총회에서 결의된 경우에는 丁이 A회사에 퇴직위로금 및 해직보상금 지급을 청구할 수 있으나 그렇지 아니한 경우에는 丁은 이를 A회사에 청구할 수 없다.

---

15) 대법원 2006. 11. 23, 선고 2004다49570 판결. 이사가 해임된 경우 받는 해직보상금은 ① 이사의 직무수행과 무관하고, ② 제385조 제1항의 취지에 비추어 손해배상금의 예정으로서의 성격을 가지므로 원칙적으로 388조 적용을 받지 아니한다. ③ 그러나 회사가 과도한 해직보상금을 정하는 경우 이를 통제할 방법이 없고, ④ 해직보상금이 지나치게 고액일 경우 사실상 주주총회가 이사를 해임하기 어려우므로 제388조 규정을 유추적용하여 통제함이 타당하다.
16) 서울중앙지법 2008. 07. 24, 선고 2006가합98304 판결 참조.
17) 채점기준표에 있는 내용이다.
18) 채점기준표에 있는 내용이다.

4. 제2차 모의시험 제1문

목 차

제1문의 1

Ⅰ. 녹음테이프의 증거능력과 검증조사

1. 문제점

통신비밀보호법 제14조 1항은 '누구든지 공개되지 아니한 타인간의 대화를 녹음하거나 전자장치 또는 기계적 수단을 이용하여 청취할 수 없다.'고 규정하고, 동조 2항과 제4조는 이를 위반한 녹음 또는 청취의 내용은 재판 또는 징계절차에서 증거로 사용할 수 없다고 규정하고 있다. 그러나 상대방과 대화를 하면서 동의 없이 녹음한 경우는 위법의 적용이 없으므로 이 경우 녹음테이프의 증거능력과 증거조사 방법으로서 검증을 살펴본다.

2. 녹음테이프의 증거능력

(1) 판례의 입장

대법원은 "자유심증주의를 채택하고 있는 우리 민사소송법 하에서 상대방 부지 중 비밀리에 상대방과의 대화를 녹음하였다는 이유만으로 그 녹음테이프나 이를 속기사에 의하여 녹취한 녹취록이 증거능력이 없다고 단정할 수 없고, 그 채증 여부는 사실심 법원의 재량에 속하는 것"이라고 하여 증거능력을 인정하고 있다(대법 2009. 09. 10. 2009다37138·37145).

(2) 검 토

이에 대해 자신이 상대방과의 대화를 비밀녹음한 경우에도 헌법 제18조의 통신의 비밀보호를 위하여 통신비밀보호법의 규정을 유추하여 증거능력을 부인하여야 한다는 견해와(이시윤), 원칙적으로 증거능력을 인정하되 인격권 침해 등의 경우에는 예외적으로 증거능력을 부정하자는(김홍규) 학설의 입장이 있다. 생각건대 보험회사 직원이 보험회사를 상대로 손해배상청구소송을 제기한 교통사고 피해자의 장해 정도에 관한 증거자료 수집을 목적으로 피해자의 일상생활을 촬영한 행위가 불법행위에 해당한다고 본 판례(대법 2006. 10. 13. 2004다16280)등을 참조할 때 이러한 위법수집증거의 증거능력을 부정하는 것이 타당해 보이나, 판례에 의하여 증거능력이 긍정된다 할 것이다.

3. 증거조사 방법

(1) 그 밖의 증거의 증거조사 방법

민소법 제374조는 "도면·사진·녹음테이프·비디오테이프·컴퓨터용 자기디스크, 그 밖에 정보를 담기 위하여 만들어진 물건으로서 문서가 아닌 증거의 조사에 관한 사항은 제3절 내지 제5절의 규정에 준하여 대법원규칙으로 정한다."고 규정하고 있다.

(2) 녹음테이프의 검증

민소규칙 제121조는 제2항에서 녹음테이프등에 대한 증거조사는 녹음테이프등을 재생하여 검증하는 방법으로 한다고 규정하고 있다. 검증이란 법관이 오관의 작용에 의하여 직접적으로 사물의 성질이나 상태를 검사하여 그 결과를 증거자료로 하는 증거조사를 말한다. 녹음테이프에 대한 증거조사를 신청하는 때에는 녹음등이 된 사람, 녹음등을 한 사람 및 녹음등을 한 일시·장소를 밝혀야 한다(동조 1항). 나아가 녹음테이프등에 대한 증거조사를 신청한 당사자는 법원이 명하거나 상대방이 요구한 때에는 녹음테이프등의 녹취서, 그 밖에 그 내용을 설명하는 서면을 제출하여야 한다(동조 3항).

4. 사안의 해결

判例에 의할 때 수소법원은 위 녹음테이프를 증거로 채택할 수 있고, 증거조사는 검증방법에 의한다.

제1문의 2

Ⅰ. 소구채권이 압류된 경우의 취급

1. 문제점

丁의 전부명령이 유효하다면 B채권은 乙로부터 丁에게 이전되므로, 甲이 제기한 대위소송은 피대위채권의 부존재를 이유로 청구기각될 것이다. 다만 丁의 전부명령이 대위소송이 제기된 사실을 채무자가 알고 있는 상태에서 이루어진 것으로 그 효력이 문제되고, 만일 전부명령이 무효라도 압류명령은 유효하므로 이 경우 피대위채권에 관한 대위소송에 대한 취급이 권리보호이익과 관련하여 문제된다.

2. 전부명령의 효력

(1) 판례의 입장

채권자대위소송이 제기되고 대위채권자가 채무자에게 대위권 행사사실을 통지하거나 채무자가 이를 알게 되면 민법 제405조 제2항에 따라 채무자는 피대위채권을 양도하거나 포기하는 등 채권자의 대위권 행사를 방해하는 처분행위를 할 수 없게 되므로, 민사집행법 제229조 제5항이 유추적용되어 피대위채권에 대한 전부명령은, 우선권 있는 채권에 기초한 것이라는 등의 특별한 사정이 없는 한, 무효라고 한다(대법 2016. 08. 29. 2015다236547).

(2) 검 토

대위채권자와 평등한 지위를 가지는 채무자의 다른 채권자가 피대위채권에 대하여 전부명령을 받는 것도 가능하다고 하면, ⅰ) 채권자대위소송의 제기가 채권자의 적법한 권리행사방법 중 하나이고 채무자에게 속한 채권을 추심한다는 점에서 추심소송과 공통점도 있음에도 그것이 무익한 절차에 불과하게 될 뿐만 아니라, ⅱ) 대위채권자가 압류·가압류나 배당요구의 방법을 통하여 채권배당절차에 참여할 기회조차 가지지 못하게 한 채 전부명령을 받은 채권자가 대위채권자를 배제하고 전속적인 만족을 얻는 결과가 되어, 채권자대위권의 실질적 효과를 확보하고자 하는 민법 제405조 제2항의 취지에 반하게 되므로 이러한 判例의 입장은 타당하다.

3. 甲의 대위소송에 대한 법원의 판단

(1) 압류명령의 효력

채권압류 및 전부명령이 다른 채권자의 가압류와 경합된 상태에서 전부명령이 발부된 것이므로 그 전부명령은 무효라 할지라도 채권압류의 효력은 유효히 지속된다는 것이 判例의 입장이다(대법 1976. 09. 28. 76다1145·1146).

(2) 소구채권이 압류된 경우의 취급

일반적으로 금전채권에 대한 가압류가 있더라도 이는 채무자가 제3채무자로부터 현실로 급부를 추심하는 것만을 금지하는 것일 뿐이므로, 채무자는 제3채무자를 상대로 그 이행을 구하는 소송을 제기할 수 있고 법원은 가압류가 되어 있음을 이유로 이를 배척할 수는 없는 것이 원칙이다. 왜냐하면 채무자로서는 제3채무자에 대한 그의 채권이 가압류되어 있다 하더라도 집행권원을 취득할 필요가 있고, 시효를 중단할 필요가 있는 경우도 있을 것이며, 또한 소송 계속 중에 가압류가 행하여진 경우에 이를 이유로 청구가 배척된다면 장차 가압류가 취소된 후 다시 소를 제기하여야 하는 불편함이 있는데 반하여 제3채무자로서는 이행을 명하는 판결이 있더라도 집행단계에서 이를 저지하면 될 것이기 때문이다(대법 2002. 04. 26. 2001다59033).

4. 설문의 해결

甲의 대위소송을 채무자 乙이 안 이후, 다른 채권자 丁의 乙의 丙에 대한 채권에 대해 전부명령을 받은 것은 무효이나 압류명령은 유효하고, 丁의 압류명령이 유효하여 집행이 불가능하더라도 甲의 대위소송에 대해서는 청구인용판결을 내려야 한다.

제1문의 3

Ⅰ. 공시송달과 추후보완의 적법요건

1. 문제점

항소가 적법하기 위해서는 ① 항소가 허용된 재판에 불복이 있어서, ② 항소의 당사자적격을 가진 자가, ③ 항소기간 내에 법정방식에 따라 제기하여야 한다. 그리고 ④ 항소이익이 있어야 하며, ⑤ 불상소합의, 상소권 포기 등의 항소장애사유가 없어야 한다. 설문에서 나머지 요건은 문제가 없으나 대상적격과 관련 1심 판결이 유효여야 하는데, 실종선고가 확정되어 소제기 이전에 부재자가 사망한 것으로 간주되는 경우 판결의 효력이 문제되고, 항소제기 기간과 관련하여 공시송달과 추후보완이 문제된다.

2. 항소의 대상적격 구비여부

(1) 1심 판결의 효력

제소전에 사망한 자를 상대로 한 판결은 무효이고, 무효의 판결의 경우 항소는 부적법하다는 것이 判例이다(대법 2015. 01. 29. 2014다34041). 그러나 실종자를 당사자로 한 판결이 확정된 후에 실종선고가 확정되어 그 사망간주의 시점이 소 제기 전으로 소급하는 경우에는 위 판결이 소급하여 당사자능력이 없는 사망한 사람을 상대로 한 판결이 되어 무효가 되는 것은 아니라는 것이 判例의 입장이다(대법 1992. 07. 14. 92다2455).

(2) 소 결

2018. 12. 29. 확정된 실종선고에 의해 甲은 2010. 04. 10.부터 실종기간이 만료되었을 때 사망한 것으로 간주되어, 乙의 제소시점인 2018. 01. 22.에는 이미 사망자로 간주된 상태이나, 실종기간이 아무리 오래되었다 하여도 실종선고가 내려지기 전까지는 甲은 생존추정 상태였으며, 따라서 이러한 판결이 사망자를 상대로 한 판결로 무효로 볼 수는 없으므로 항소의 대상적격은 갖추었다.

3. 항소기간 도과와 추후보완 항소

(1) 추후보완의 의의

법 제173조 제1항은 당사자가 그 책임질 수 없는 사유로 인하여 불변기간을 준수할 수 없었던 경우에는 그 사유가 없어진 후 2주일 내에 게을리 한 소송행위를 보완할 수 있다고 규정하고 있다.

(2) 공시송달과 추후보완

공시송달제도의 기능과 과실 없는 수송달자에게 불이익을 방지를 고려하여, 우리 判例는 수송달자의 공시송달에 대한 부지와, 그 부지에 대한 무과실을 추완의 요건으로 삼고 있다(대법 1999. 06. 11. 99다9622). 한편 수송달자의 부지에 대한 무과실의 판단에 대해서 判例는 당사자가 소송계속 사실을 알고 있었는지를 중요한 요소로 하고 있어, 소장부본 기타의 서류가 공시송달의 방법에 의하여 피고에게 송달되고 그 판결 역시 공시송달의 방법으로 피고에게 송달된 경우에 피고가 이러한 사실을 그 후에야 알게 되었다면 특별한 사정이 없는 한 피고가 상소제기의 불변기간을 준수치 못한 것이 피고에게 책임을 돌릴 수 없는 사유에 인한 것이다(대법 1987. 03. 10. 86다카2224).

(3) 추완보완 기간

추완은 장애사유가 종료된 후 2주일 내에 하여야 한다. 공시송달에 의하여 판결의 송달사실을 과실 없이 알지 못한 경우에는 당사자나 대리인이 단순히 판결이 있었던 사실을 안 때가 아니라, 그 판결이 공시송달의 방법으로 송달된 사실을 안 때, 즉 당해 사건기록의 열람을 한 때 또는 새로이 판결정본을 영수한 때이다(대법 2013. 01. 10. 2010다75044).

4. 설문의 해결

판결정본은 2018. 11. 16. 甲에게 공시송달되었고, 그 익일부터 기산하여 2주가 도과하는 날 1심 판결은 확정되었다고 할 것이나(제196조 1항 단서), 甲의 유일한 상속인인 丙은 2019. 01. 17. 위 소제기 및 판결선고 사실을 알게 되었으므로, 그날 현재 丙은 실종선고 확정 후의 실종자의 소송수계인으로서 위 확정판결에 대하여 소송행위의 추완에 의한 상소를 하는 것이 적법하다(대법 1992. 07. 14. 92다2455).

제1문의 4

Ⅰ. 처분권주의위반과 상소의 이익

1. 설문 1 : 처분권주의와 변론주의 위반여부

(1) 문제점

매매를 원인으로 한 이전등기절차를 이행할 것을 청구하였으나, 수소법원이 증여를 이유로 한 이전등기절차를 이행할 것을 명한 것이 처분권주의 위반인지 살펴보고, 만일 처분권주의를 위반한 것이 아니라면 피고 甲이 신청한 증거자료를 기초로 丙의 청구를 인용한 것이 변론주의 위반인지 살펴본다.

(2) 처분권주의 위반인지 여부

1) 처분권주의의 의의 : 법원은 당사자가 신청하지 않은 사항에 대하여는 판결하지 못한다(제203조). 법원의 심판의 한계는 소송물에 한하므로 그 소송물과 다른 소송물이나 그 소송물의 범위를 벗어난 사항에 대하여는 심판할 수 없다. 실체법상 권리마다 별개의 소송물로 보는 判例도 원고가 매매를 원인으로 소유권이전등기청구를 한 것에 대하여, 양도담보계약을 원인으로 소유권이전등기를 명함은 처분권주의에 반한다고 하였다(대법 1992. 03. 27. 91다40696).

2) 소 결 : 判例에 의하면 1심 판결은 처분권주의에 위반한 위법한 판결이나, 신청을 소송물로 보는 학설에 의하면 이전등기를 청구하는 원인은 공격방법의 차이에 불과한 것으로 이하 변론주의에 위반인지 살펴본다.

(3) 변론주의 위반인지 여부

신소송물이론에 의하면 매매나 증여 사실은 청구원인을 구성하는 요건사실로서 원고 丙이 주장책임을 부담하게 된다. 한편 변론주의하의 민사사건에서 사실자료와 증거자료는 준별된다. 즉 법원이 증거에 의하여 주요사실을 알았다고 하더라도 당사자가 법정변론에서 주장한 바 없으면 이를 기초로 심판할 수 없으며 또한 당사자의 주장과 달리 심판할 수도 없다. 다만 大法院은 사건의 타당한 해결을 위해 변론에서 당사자가 직접적으로 명시적인 주장을 아니하여도 ⅰ) 변론의 전체적인 관찰에 의해서나(대법 1995. 04. 28. 94다16083), 혹은 ⅱ) 증거신청을 한 것에 의하여 간접적 주장을 한 것으로 볼 수 있으며(대법 2002. 11. 08. 2002다38361), ⅲ) 이익으로 원용한 감정서나 서증에 기재가 있으면 주장을 한 것으로 의제(대법 1996. 12. 19. 94다22927)하려 하여 사실자료와 증거자료의 구별을 완화하려는 경향을 보이고 있다. 그러나 설문의 증거는 피고 甲이 제출한 것으로 丙이 이를 이익으로 원용한 바도 없으니 증거공통이 인정될 수 있다하더라도 간접적 주장이 인정될 수 없어 판결의 기초로 삼을 수 없다.

(4) 소 결

1심 법원의 판결은 처분권주의에 위반이며, 설사 처분권주의 위반이 아니라도 변론주의에 위반이다.

2. 설문 2 : 상소의 이익

(1) 문제점

항소가 적법하기 위해서는 ① 항소가 허용된 재판에 불복이 있어서, ② 항소의 당사자적격을 가진 자가, ③ 항소기간 내에 법정방식에 따라 제기하여야 한다. 그리고 ④ 항소이익이 있어야 하며, ⑤ 불상소합의, 상소권 포기 등의 항소장애사유가 없어야 한다. 설문에서 丙은 1심에서 전부승소한 자로서 이유중 판단에 대한 불만으로 항소이익이 존재하는지 문제된다.

(2) 판결이유에 대한 불만과 항소이익

1) 상소이익의 의의 : 상소의 이익이란 하급심의 종국판결에 대하여 불복신청함으로써 그 취소를 구하는 것이 가능한 당사자의 법적 지위를 말한다.

2) 판결이유에 대한 불만 : 상소는 자기에게 불이익한 재판에 대하여 자기에게 유리하도록 그 취소·변경을 구하는 것이므로 전부 승소한 원심판결에 대한 상고는 상고를 제기할 이익이 없어 허용될 수 없고, 이 경우 재판이 상고인에게 불이익한 것인지 여부는 원칙적으로 재판의 주문을 표준으로 하여 판단하므로 원심판결의 주문에서 상고인에 대한 전부 승소의 판결이 선고되었다면 판결이유 중의 판단에 불만이 있어도 상소의 이익이 없다(대법 2009. 06. 25. 2008후3384). 기판력은 주문의 판단에 대해서만 생기기 때문에 승소의 법률효과에는 차이가 없기 때문이다.

(3) 乙에 대한 판결에 대한 항소이익 부정

1심 판결의 기판력이 미치는 것은 甲의 乙에대한 말소등기청구권의 존부라 할 것이고 이에 관한 원고 丙의 청구가 인용되어 승소한 이상, 판결이유에서 원고의 피보전권리의 발생원인을 잘못 인정하였다 하더라도 이것은 판결이유에 대한 불만으로 그 사유만으로는 상소의 이익이 있다고 할 수 없다(대법 1992. 03. 27. 91다40696). 따라서 항소심은 항소를 각하한다.

(4) 甲에 대한 판결에 대한 항소이익 긍정

처분권주의에 위배된 판결은 당연무효라고는 할 수는 없고 이유중 판단에 불만으로는 항소이익을 인정할 수 없지만, 매매를 원인으로 한 소유권이전등기청구에 대해 1심 법원이 증여를 원인으로 인용한 것은 주문상으로는 원고가 전부 승소한 것으로 보이기는 하나, 원고가 주장한 매매를 원인으로 한 소유권이전등기청구에 관하여는 심판을 한 것으로 볼 수 없어 결국 이 부분 원고의 청구는 실질적으로 인용한 것이 아니어서 판결의 결과가 불이익하게 되었으므로 원고가 처분권주의를 위반한 위법을 들어 상고한 것은 상소의 이익이 인정된다(대법 1992. 03. 27. 91다40696).

제1문의 5

Ⅰ. 비법인 사단의 대표자가 보존행위에 관한 소제기 가부

1. 문제점

비법인사단은 자신 명의로 소송을 제기할 수 있는 것 외로도(제52조 참조), 총사원 전원명의로 제기할 수 있으며 이때의 공동소송형태는 총유물의 관리·처분권은 민법 제276조에 의해 구성원 전원에 귀속되므로 총유관계의 소송관계는 고유필수적 공동소송이 된다. 그런데 A 종중의 대표자 甲이 종중총회의 결의를 얻었다면 자신의 이름으로 보존행위에 해당하는 소송을 제기할 당사자적격이 있는지 문제된다.

2. A가 단독으로 총유재산에 대한 보존행위를 할 수 있는지 여부

(1) 견해의 대립

1) 긍정설 : 『총유물의 보존에 있어서는 공유물의 보존에 관한 민법 제265조의 규정이 적용될 수 없고, 특별한 사정이 없는 한 민법 제276조 제1항 소정의 사원총회의 결의를 거쳐야 하는 것인 바, 이러한 법리는 비법인사단인 주택조합이 대표자의 이름으로 소송행위를 하는 경우에도 마찬가지이다』라고 판시하여, 총회의 결의를 거친 경우 구성원 개인명의의 제소도 가능하다고 판시한 바 있다(대법 1994. 04. 26. 93다51591).

2) 부정설 : 『총유재산에 관한 소송은 법인 아닌 사단이 그 명의로 사원총회의 결의를 거쳐 하거나 또는 그 구성원 전원이 당사자가 되어 필수적 공동소송의 형태로 할 수 있을 뿐 그 사단의 구성원은 설령 그가 사단의 대표자라거나 사원총회의 결의를 거쳤다 하더라도 그 소송의 당사자가 될 수 없고, 이러한 법리는 총유재산의 보존행위로서 소를 제기하는 경우에도 마찬가지라 할 것이다』라고 판시하여 법인 아닌 사단의 대표자 개인 또는 구성원 일부가 총유재산의 보존을 위한 소를 제기할 수 있다고 판시한 기존의 判例들을 폐기하였다(대법(全) 2005. 09. 15. 2004다44971).

(2) 검 토

민법 제276조 제1항과 제2항은 "총유물의 관리 및 처분은 사원총회의 결의에 의한다." "각 사원은 정관 기타의 규약에 좇아 총유물을 사용·수익할 수 있다."라고 규정하고 있을 뿐 공유나 합유의 경우처럼 보존행위는 그 구성원 각자가 할 수 있다는 민법 제265조 단서 또는 민법 제272조 단서와 같은 규정을 두고 있지 아니한 바, 이는 법인 아닌 사단의 소유형태인 총유가 공유나 합유에 비하여 단체성이 강하고 구성원 개인들의 총유재산에 대한 지분권이 인정되지 아니하는 데에서 나온 당연한 귀결이라고 할 것이다. 따라서 이러한 민법의 규정태도로 볼 때 비법인사단의 구성원 개인은 총회의 결의를 얻었다 하여도 보존행위에 관한 소를 제기할 수 없다고 보는 것이 타당하다.

3. 설문의 해결

甲이 제기한 말소등기청구는 당사자적격의 흠결로 각하된다.

제1문의 6

Ⅰ. 문제 1. : 반사회적 2중양도 이론이 상속재산분할협의에 적용되는지, 무효의 범위, 제1매수인 구제방안

1. 쟁점

甲과 丁의 상속재산분할협의가 반사회적 법률행위인지, 반사회적 법률행위라면 무효로 되는 범위는 어떠한지, 乙이 丁을 상대로 말소를 청구하는 방법은 어떠한지 등이 쟁점이다.

2. 2017. 4. 7.자 甲과 丁의 상속재산분할협의의 효력

(1) 乙이 상속재산분할협의로부터 보호되는 제3자인지 여부

상속재산의 분할은 상속개시 된 때에 소급하여 그 효력이 있다 그러나 제3자의 권리를 해하지 못한다(제1015조). 상속재산분할의 소급효로부터 보호되는 제3자란 상속재산분할 전에 상속재산에 관하여 법률상 이해관계를 맺었고, 등기나 인도 등을 통해 완전한 권리를 취득한 자를 말한다.[1]

사안의 경우, 공동상속인 중 1인인 甲과 상속재산인 X아파트에 관한 매매계약을 체결하였을 뿐 그 명의로 등기를 마치지 않은 乙은 상속재산분할의 소급효로부터 보호되는 제3자에 해당하지 않는다.

(2) 甲과 丁의 상속재산분할협의가 반사회적 법률행위인지 여부

공서양속에 반하는 법률행위는 무효이다(제103조). 상속재산분할협의가 비록 상속법상 법률행위이지만, 제103조가 적용되는 법률행위이다. 판례는, 반사회적 2중양도의 법리는 매도인이 상속재산분할협의를 한 경우에도 적용된다고 한다. 공동상속인 중 1인이 상속재산을 매도한 사실을 알면서 매도인의 배임행위에 적극 가담하여 상속재산분할협의를 한 경우에는 그 상속재산분할협의는 매도인의 상속지분 범위에서는 반사회적 법률행위로서 무효라고 한다.[2]

사안의 경우, 사안의 경우, 丁의 적극적 만류에 따라 상속재산분할협의가 이루어진 것이므로 甲과 丁의 상속재산분할협의는 甲의 상속지분인 1/2 범위에서는 반사회적 법률행위로서 무효이다.

3. 乙의 丁에 대한 말소청구방법

판례는, 반사회적 2중 양도의 경우, 제1양수인은 제2양수인에 대하여 직접 소유권이전등기말소를 청구할 수 없고 양도인을 대위하여 말소를 청구할 수 있을 뿐이라고 한다.[3] 이 경우 피대위권리가 불법원인급여 반환청구 금지규정에 따라 제한되는 것은 아닌가의 의문이 있으나, 통설은 불법원인 행위자인 양도인에게 급부가 원상회복되는 것은 제1양수인의 이익을 위한 것으로 제746조의 취지에 비추어 대위에 의한 반환청구가 제한되는 것은 아니라고 한다.

1) 대법원 1996. 04. 26, 선고 95다54426·54433 판결
2) 대법원 1996. 04. 26, 선고 95다54426·54433 판결
3) 대법원 1983. 04. 26, 선고 83다카57 판결

4. 결론

법원은, 乙의 청구가 甲을 대위한 청구라면 甲의 상속지분인 1/2 범위에서 말소등기를 청구를 인용하여야 한다.

Ⅱ. 문제 2. : 상속재산인 가분채권이 상속재산분할의 대상인지

1. 결론

丁의 주장이 타당하다.

2. 이유

상속재산인 가분채권이 상속재산분할의 대상이 되는지가 쟁점이다.

판례는, 가분적 채권이나 채무는 상속개시와 동시에 법정상속분에 따라 각 공동상속인에게 분할되어 귀속되는 것이 원칙이므로 상속재산분할의 대상이 되지 않으나 가분적 채권이라도 공동상속인 중 특별수익자가 있거나 기여상속인이 있어 구체적 상속분이 법정상속분과 다른 경우에는 공동상속인 상호간 형평을 위한 상속재산분할의 대상이 될 수 있다고 한다.4)

사안의 경우, 甲의 특별수익을 고려하지 않고 甲과 丁에게 균등하게 예금채권이 분할되어 귀속하게 되면 형평에 반하는 결과가 생기므로 상속재산인 예금채권은 상속재산분할의 대상이 된다고 보아야 한다.

Ⅲ. 문제 3.

1. 쟁점

상속재산분할협의가 사해행위로 될 수 있는지 및 그 범위, 특별수익자가 있는 경우 구체적 상속분 산정방법이 쟁점이다.

2. 상속재산분할협의가 사해행위로 될 수 있는지 여부

채권자취소의 대상이 되는 사해행위가 되기 위해서는 ㉠채무자의 법률행위여야 하고, ㉡재산권을 목적으로 하는 법률행위여야 하며, ㉢책임재산을 감소시켜 취소채권자의 채권을 실질적으로 침해하는 행위여야 한다.

판례는, 상속재산분할협의는 잠정적 공유인 상속재산의 귀속을 확정하는 행위로서 재산권 목적의 법률행위에 해당하므로 사해행위가 될 수 있다고 한다.5)

3. 사해행위로서 취소되는 범위

판례는, 상속재산분할협의의 결과가 구체적 상속분에 상당하는 정도에 미달하는 과소한 것일 때에만 취소의 대상이 될 수 있고 사해행위로서 취소되는 범위는 그 미달하는 부분에 한정되어야 한다고 한다.6)

---

4) 대법원 2016. 05. 04. 자 2014스122 결정
5) 대법원 2001. 02. 09, 선고 2000다51797 판결
6) 대법원 2001. 02. 09, 선고 2000다51797 판결

사안의 경우, 채무자인 공동상속인 甲이 상속개시 전에 사업자금으로 1억 원을 증여받았으므로 이는 상속분의 선급인 특별수익으로 평가될 수 있다. 丙의 구체적 상속분이 얼마인지를 살펴보아야 상속재산분할협의의 결과가 사해행위에 해당하는지를 판단할 수 있다.

4. 丙의 구체적 상속분의 산정

공동상속인 중에 피상속인으로부터 재산의 증여 또는 유증을 받은 자가 있는 경우에 그 수증재산이 자기의 상속분에 달하지 못한 때에는 그 부족한 부분의 한도에서 상속분이 있다(제1008조).

사안의 경우, 상속개시 당시 상속재산인 X아파트의 시가는 3억 원이고, 甲의 특별수익액은 1억 원이므로 구체적 상속분 산정의 기초재산 가액은 4억 원이다. 甲의 추상적 상속분이 1/2이므로 甲의 구체적 상속분은 1억 원이다(4억 원 × 1/2 - 1억 원).

5. 결론

甲과 丁의 상속재산분할협의의 결과는 甲의 구체적 상속분인 1억 원에 미달하므로 그 범위에서 사해행위를 구성한다. 한편 丁은 상속부동산을 이미 己에게 양도하여 원물반환이 불가능하므로 1억 원의 가액배상청구는 전부 인용하여야 한다.

참고판례

Ⅰ. 문제 1.

① **공동상속인 중 1인이 상속 부동산을 처분한 후 이전등기 경료 전에 상속인 전원이 그 부동산을 다른 공동상속인의 단독 소유로 협의분할한 경우, 그 분할이 반사회질서 행위로서 무효로 되는 경우 및 그 범위** 공동상속인 중 1인이 제3자에게 상속 부동산을 매도한 뒤 그 앞으로 소유권이전등기가 경료되기 전에 그 매도인과 다른 공동상속인들 간에 그 부동산을 매도인 외의 다른 상속인 1인의 소유로 하는 내용의 상속재산 협의분할이 이루어져 그 앞으로 소유권이전등기를 한 경우에, 그 상속재산 협의분할은 상속개시된 때에 소급하여 효력이 발생하고 등기를 경료하지 아니한 제3자는 민법 제1015조 단서 소정의 소급효가 제한되는 제3자에 해당하지 아니하는 바, 이 경우 상속재산 협의분할로 부동산을 단독으로 상속한 자가 협의분할 이전에 공동상속인 중 1인이 그 부동산을 제3자에게 매도한 사실을 알면서도 상속재산 협의분할을 하였을 뿐 아니라, 그 매도인의 배임행위(또는 배신행위)를 유인, 교사하거나 이에 협력하는 등 적극적으로 가담한 경우에는 그 상속재산 협의분할 중 그 매도인의 법정상속분에 관한 부분은 민법 제103조 소정의 반사회질서의 법률행위에 해당한다. **[대법원 1996. 04. 26, 선고 95다54426·54433 판결]**

② **제1양수인의 소유권 취득방안** 매도인의 매수인에 대한 배임행위에 가담하여 증여를 받아 이를 원인으로 소유권이전등기를 경료한 수증자에 대하여 매수인은 매도인을 대위하여 위 등기의 말소를 청구할 수는 있으나 직접 청구할 수는 없다는 것은 형식주의 아래서의 등기청구권의 성질에 비추어 당연하다. **[대법원 1983. 04. 26, 선고 83다카57 판결]**

Ⅱ. 문제 2.

① **금전채권이 공동상속 된 경우 상속재산분할의 대상이 될 수 있는지(한정적극)** 금전채권과 같이 급부의 내용이 가분인 채권은 공동상속되는 경우 상속개시와 동시에 당연히 법정상속분에 따라 공동상속인들에게 분할되어 귀속되므로 상속재산분할의 대상이 될 수 없는 것이 원칙이다. 그러나 가분채권을 일률적으로 상속재산분할의 대상에서 제외하면 부당한 결과가 발생할 수 있다. 예를 들어 공동상속인들 중에 초과특별수익자가 있는 경우 초과특별수익자는 초과분을 반환하지 아니하면서도 가분채권은 법정상속분대로 상속받게 되는 부당한 결과가 나타난다. 그 외에도 특별수익이 존재하거나 기여분이 인정되어 구체적인 상속분이 법정상속분과 달

라질 수 있는 상황에서 상속재산으로 가분채권만이 있는 경우에는 모든 상속재산이 법정상속분에 따라 승계되므로 수증재산과 기여분을 참작한 구체적 상속분에 따라 상속을 받도록 함으로써 공동상속인들 사이의 공평을 도모하려는 민법 제1008조, 제1008조의2의 취지에 어긋나게 된다. 따라서 이와 같은 특별한 사정이 있는 때는 상속재산분할을 통하여 공동상속인들 사이에 형평을 기할 필요가 있으므로 가분채권도 예외적으로 상속재산분할의 대상이 될 수 있다. **[대법원 2016. 05. 04. 자 2014스122 결정]**

Ⅲ. 문제 3.

① **상속재산분할협의** [1] 상속재산의 분할협의는 상속이 개시되어 공동상속인 사이에 잠정적 공유가 된 상속재산에 대하여 그 전부 또는 일부를 각 상속인의 단독소유로 하거나 새로운 공유관계로 이행시킴으로써 상속재산의 귀속을 확정시키는 것으로 그 성질상 재산권을 목적으로 하는 법률행위이므로 사해행위취소권 행사의 대상이 될 수 있다. [2] 채무초과상태에 있는 채무자가 상속재산의 분할협의를 하면서 상속재산에 관한 권리를 포기함으로써 결과적으로 일반채권자에 대한 공동담보가 감소되었다 하더라도, 그 재산분할결과가 위 구체적 상속분에 상당하는 정도에 미달하는 과소한 것이라고 인정되지 않는 한 사해행위로서 취소되어야 할 것은 아니고, 구체적 상속분에 상당하는 정도에 미달하는 과소한 경우에도 사해행위로서 취소되는 범위는 그 미달하는 부분에 한정하여야 한다. 이때 지정상속분이나 기여분, 특별수익 등의 존부 등 구체적 상속분이 법정상속분과 다르다는 사정은 채무자가 주장·입증하여야 할 것이다. **[대법원 2001. 02. 09, 선고 2000다51797 판결]**

5. 제2차 모의시험 제2문

목 차

제2문의 1

Ⅰ. 문제 1. : 공유물의 보존행위, 대리권 존부에 관한 증명책임

1. 결론

법원은 乙의 청구를 모두 기각하여야 한다.

2. 논거

공유자 중 1인이 공유부동산에 마쳐진 원인무효 등기 전부의 말소를 청구할 수 있는지, 대리권 존부에 관한 증명책임 등이 쟁점이다.

소유자는 소유권을 방해하는 자에 대하여 방해의 제거를 청구할 수 있다(제214조). 공유물의 보존에 관한 행위는 각 공유자가 단독으로 할 수 있다(제265조 단서). 판례는, 원인무효의 등기에 의하여 지분권을 침해당한 공유자는 공유물에 관한 보존행위로서 원인무효의 등기 전부의 말소를 청구할 수 있다고 한다.[1)]

대리권 없는 자가 타인의 대리인으로 한 계약은 본인이 추인을 하지 아니하면 효력이 없다(제130조). 판례는, 대리행위에 의하여 부동산에 관한 물권을 취득한 자는 등기의 추정력에 의하여 정당한 대리인과 법률행위를 한 것으로 추정되므로 대리행위의 효력을 다투는 자가 대리권이 없음을 증명하여야 한다고 한다.[2)]

사안의 경우, 乙은 3/4 지분권자로서 공유물의 보존행위로서 원인무효인 丙과 丁의 각 등기의 말소를 청구할 수 있으나, 甲과 乙을 대리한 A에게 대리권이 없음이 증명되지 아니하였으므로 A가 甲과 乙을 대리하여 체결한 丙과의 매매계약을 무효라고 할 수 없으므로 乙의 말소등기청구는 허용되지 않는다.

Ⅱ. 문제 2. : 선의점유자의 사용이익반환의무, 공유자의 부당이득반환청구 범위

1. 결론

법원은, 丁은 乙에게 2015. 04. 01.부터 인도완료일까지 월 75만 원의 금원을 지급하라는 일부 인용판결을 하여야 한다.

2. 근거

(1) 쟁점

선의점유자가 사용이익반환의무를 부담하는지, 선의점유자가 악의로 의제되는 시점, 공유자가 무단점유자에 대하여 임료상당의 부당이득반환을 청구할 수 있는 범위 등이 쟁점이다.

(2) 乙의 丁에 대한 부당이득반환청구권의 발생

법률상 원인 없이 타인의 재산 또는 노무로 인하여 이익을 얻고 이로 인하여 타인에게 손해를 가한 자는 그 이익을 반환하여야 한다(제741조). 선의의 점유자는 점유물의 과실을 취득한다(제201조

1) 대법원 1993. 05. 11, 선고 92다52870 판결
2) 대법원 1992. 04. 24, 선고 91다26379·26386 판결

제1항). 판례는, 선의의 점유자란 과실수취권을 포함하는 권원이 있다고 오신한 점유자를 말하고, 다만 그와 같은 오신을 함에는 오신할 만한 정당한 근거가 있어야 한다고 하고,3) 사용이익은 과실에 준하는 것으로 선의점유자가 타인의 부동산을 사용하였더라도 사용이익을 반환할 의무는 없다고 한다.4) 한편, 선의의 점유자라도 본권에 관한 소에 패소한 때에는 그 소가 제기된 때로부터 악의의 점유자로 본다(제197조 제2항). 판례는, 제197조 제2항 소정의 '본권에 관한 소'란 소유권에 기하여 점유물의 인도나 명도를 구하는 소송은 물론 부당점유자를 상대로 점유로 인한 부당이득의 반환을 구하는 소송도 포함된다고 한다.5)

사안의 경우, 丁이 비록 선의점유자로서 사용이익에 관한 부당이득반환의무를 부담하지 않는다고 하더라도 乙이 제기한 등기말소청구소송에서 패소판결을 받았으므로 그 소가 제기된 2015. 04. 01.부터 악의점유자로 의제되어 그 이후의 사용이익에 관해서는 부당이득반환의무를 부담한다.

(3) 乙의 丁에 대한 부당이득반환청구의 범위

공유자는 공유물 전부를 지분의 비율로 사용 수익할 수 있다(제263조). 판례는, 공유자는 공유물을 배타적으로 사용·수익하는 공유자나 무단점유자를 상대로 지분에 따른 사용이익 상당액의 부당이득반환을 청구할 수 있다고 한다.6)

사안의 경우, 乙은 3/4 지분권자이고, 丁은 무단점유자이므로 월 임료상당액 중에서 3/4에 해당하는 월 75만 원의 부당이득반환을 청구할 수 있다.

Ⅲ. 문제 3. : 물권적 청구권 이행불능으로 인한 전보배상청구권 인정여부

1. 결론

법원은, 乙의 청구를 기각하여야 한다.

2. 근거

물권적 청구권의 이행불능을 원인으로 전보배상을 청구할 수 있는지가 쟁점이다.

판례는, 물권적 청구권은 그 권리자인 소유자가 소유권을 상실하면 그 발생의 기반이 아예 없게 되어 더 이상 그 존재 자체가 인정되지 아니하는 것이므로 이행불능을 이유로 전보배상청구권을 가진다고 할 수 없다고 한다.7)

사안의 경우, 乙의 丙에 대한 등기말소청구권은 소유권에 기초한 물권적 청구권이나, 丁의 등기부취득시효 완성으로 乙이 소유권을 상실하였으므로 물권적 청구권의 기초를 상실하였다. 채권관계 등의 존재를 전제로 본래급부청구권이 전보배상청구권으로 전환되는 법리가 물권적 청구권에는 적용된다고 할 수 없다. 이는 丙의 등기말소의무가 판결에 의하여 확정되었더라도 마찬가지이다.

---

3) 대법원 2000. 03. 10, 선고 99다63350 판결
4) 대법원 1996. 01. 26, 선고 95다44290 판결
5) 대법원 2002. 11. 22, 선고 2001다6213 판결
6) 대법원 2002. 10. 11, 선고 2000다17803 판결
7) 대법원 2012. 05. 17, 선고 2010다28604 전원합의체 판결

참고판례

Ⅰ. 문제 1.

① **공유자 1인의 제3자에 대한 말소등기청구** 부동산의 공유자의 1인은 당해 부동산에 관하여 제3자 명의로 원인무효의 소유권이전등기가 경료되어 있는 경우 공유물에 관한 보존행위로서 제3자에 대하여 그 등기 전부의 말소를 구할 수 있다. **[대법원 1993. 05. 11, 선고 92다52870 판결]**

② **대리권 존재의 추정** 전 등기명의인의 직접적인 처분행위에 의한 것이 아니라 제3자가 그 처분행위에 개입된 경우 현등기명의인이 그 제3자가 전 등기명의인의 대리인이라고 주장하더라도 현 소유명의인의 등기가 적법히 이루어진 것으로 추정된다 할 것이므로 위 등기가 원인무효임을 이유로 그 말소를 청구하는 전 소유명의인으로서는 그 반대사실 즉, 그 제3자에게 전 소유명의인을 대리할 권한이 없었다든지, 또는 제3자가 전 소유명의인의 등기서류를 위조하였다는 등의 무효사실에 대한 입증책임을 진다. **[대법원 1992. 04. 24, 선고 91다26379·26386 판결]**

Ⅱ. 문제 2.

① **선의점유자의 요건** 민법 제201조 제1항은 "선의의 점유자는 점유물의 과실을 취득한다"라고 규정하고 있는 바, 여기서 선의의 점유자라 함은 과실수취권을 포함하는 권원이 있다고 오신한 점유자를 말하고, 다만 그와 같은 오신을 함에는 오신할 만한 정당한 근거가 있어야 한다. 민법 제197조에 의하여 점유자는 선의로 점유한 것으로 추정되고, 권원 없는 점유였음이 밝혀졌다고 하여 곧 그 동안의 점유에 대한 선의의 추정이 깨어졌다고 볼 것은 아니다. **[대법원 2000. 03. 10, 선고 99다63350 판결]**

② **선의점유자의 사용이익 반환의무** 민법 제201조 제1항에 의하면 선의의 점유자는 점유물의 과실을 취득한다고 규정하고 있는 바, 건물을 사용함으로써 얻는 이득은 그 건물의 과실에 준하는 것이므로, 선의의 점유자는 비록 법률상 원인 없이 타인의 건물을 점유·사용하고 이로 말미암아 그에게 손해를 입혔다고 하더라도 그 점유·사용으로 인한 이득을 반환할 의무는 없다. **[대법원 1996. 01. 26, 선고 95다44290 판결]**

③ **본권에 관한 소의 의미** 민법 제201조 제1항에 의하면, 선의의 점유자는 점유물의 과실을 취득한다고 규정되어 있고, 민법 제197조 제1항에 의하면, 점유는 선의인 것으로 추정되도록 규정되어 있으나, 같은 조 제2항에는 선의의 점유자라도 본권에 관한 소에 패소한 때에는 그 소가 제기된 때로부터 악의의 점유자로 본다고 규정되어 있는 바, 위 민법 제197조 제2항의 취지와 부당이득반환에 관한 민법 제749조 제2항의 취지 등에 비추어 볼 때, 여기서의 「본권에 관한 소」에는 소유권에 기하여 점유물의 인도나 명도를 구하는 소송은 물론93 부당점유자를 상대로 점유로 인한 부당이득의 반환을 구하는 소송도 포함된다. **[대법원 2002. 11. 22, 선고 2001다6213 판결]**

④ **지분권 침해를 원인으로 한 제3자에 대한 공유물반환 또는 방해제거청구** 토지의 공유자는 각자의 지분 비율에 따라 토지 전체를 사용·수익할 수 있지만, 그 구체적인 사용·수익 방법에 관하여 공유자들 사이에 지분 과반수의 합의가 없는 이상, 1인이 그 전부를 배타적으로 점유·사용할 수 없는 것이므로, 공유자 중의 일부가 그 전부를 배타적으로 점유·사용하고 있다면, 다른 공유자들 중 지분은 있으나 사용·수익은 전혀 하지 않고 있는 자에 대하여는 그 자의 지분에 상응하는 부당이득을 하고 있다. **[대법원 2002. 10. 11, 선고 2000다17803 판결]**

Ⅲ. 문제 3.

① **물권적 청구권의 이행불능으로 인한 전보배상청구권이 인정되는지 여부(소극)** 소유자가 자신의 소유권에 기하여 실체관계에 부합하지 아니하는 등기의 명의인을 상대로 그 등기말소나 진정명의회복 등을 청구하는 경우에, 그 권리는 물권적 청구권으로서의 방해배제청구권(민법 제214조)의 성질을 가진다. 그러므로 소유자가 그 후에 소유권을 상실함으로써 이제 등기말소 등을 청구할 수 없게 되었다면, 이를 위와 같은 청구권의 실현이 객관적으로 불능이 되었다고 파악하여 등기말소 등 의무자에 대하여 그 권리의 이행불능을 이유로 민법 제390조상의 손해배상청구권을 가진다고 말할 수 없다. 위 법 규정에서 정하는 채무불이행을 이유로 하는

> 손해배상청구권은 계약 또는 법률에 기하여 이미 성립하여 있는 채권관계에서 본래의 채권이 동일성을 유지하면서 그 내용이 확장되거나 변경된 것으로서 발생한다. 그러나 위와 같은 등기말소청구권 등의 물권적 청구권은 그 권리자인 소유자가 소유권을 상실하면 이제 그 발생의 기반이 아예 없게 되어 더 이상 그 존재 자체가 인정되지 아니하는 것이다. 이러한 법리는 선행소송에서 소유권보존등기의 말소등기청구가 확정되었다고 하더라도 그 청구권의 법적 성질이 채권적 청구권으로 바뀌지 아니하므로 마찬가지이다(필자 주 : 국가 명의로 소유권보존등기가 경료된 토지의 일부 지분에 관하여 甲 등 명의의 소유권이전등기가 경료되었는데, 乙이 등기말소를 구하는 소를 제기하여 국가는 乙에게 원인무효인 등기의 말소등기절차를 이행할 의무가 있고 甲 등 명의의 소유권이전등기는 등기부취득시효 완성을 이유로 유효하다는 취지의 판결이 확정되자, 乙이 국가를 상대로 손해배상을 구한 사안에서, 소유권보존등기 말소등기절차 이행의무의 이행불능으로 인한 손해배상책임을 인정한 원심판결에는 법리오해 등 위법이 있다고 한 사례) **[대법원 2012. 05. 17, 선고 2010다28604 전원합의체 판결]**

제2문의 2

Ⅰ. 공유자 1인과의 계약에 따라 공유물 가치가 증가된 경우의 법률관계

1. 결론

법원은, 丙의 청구를 모두 기각하여야 한다.

2. 근거

(1) 乙의 지분비율에 따른 공사대금 지급청구의 당부

丙은 1/4 지분권자인 甲과 옹벽설치공사계약을 체결하였는데, 계약체결과정에서 乙의 동의가 없었으므로 丙과 甲이 체결한 계약의 효력은 丙과 甲 사이에서 효력을 가질 뿐이다. 옹벽을 설치하는 행위가 공유물의 가치를 증가시키는 결과를 초래하는 공유물의 관리행위에 해당하더라도 공유물의 관리에 관한 사항은 지분의 과반수로서 결정되어야 하는데(제265조), 3/4 지분권자인 乙의 동의 없이 옹벽설치공사계약이 체결되었으므로 공유물 관리행위로서 乙에게 그 효력이 미친다고 할 수도 없다. 丙은 甲에게 공사대금 전액의 지급을 청구할 수 있을 뿐 乙에게는 그의 지분비율에 상응하는 공사대금의 지급을 청구할 수 없다.

(2) 유익비상환청구의 당부

점유자가 점유물을 개량하기 위하여 지출한 금액 기타 유익비에 관하여는 그 가액의 증가가 현존한 경우에 한하여 회복자의 선택에 좇아 그 지출금액이나 증가액의 상환을 청구할 수 있다(제203조). 판례는, 점유자의 회복자에 대한 유익비상환청구권은 점유자가 계약관계 등 적법하게 점유할 권리를 가지지 않아 소유자의 소유물반환청구에 응하여야 할 의무가 있는 경우에 성립되는 것으로서[8] 도급계약에 기하여 수급인이 도급인으로부터 제3자 소유 물건의 점유를 이전받아 이를 수리한 결과 물건의 가치가 증가한 경우, 수급인은 제3자에 대하여 비용의 상환을 청구할 수 없다고 한다.[9]

---

8) 대법원 2003. 07. 25, 선고 2001다64752 판결
9) 대법원 2002. 08. 23, 선고 99다66564·66571 판결

사안의 경우, 丙은 甲과의 옹벽설치공사계약에 따라 공사에 따른 비용을 지출한 자이므로 수급인인 丙은 乙에게 제203조 제2항에 따른 유익비의 상환을 청구할 수 없다.

(3) 부당이득반환청구의 당부

계약의 일방이 상대방에 대한 채무의 이행으로 급부를 하였고, 그 급부에 따른 이득이 제3자에게 귀속된 경우, 급부를 한 계약의 일방이 계약상대방에 대하여 계약상의 반대급부를 청구하는 것 이외에 제3자에 대하여 부당이득반환청구를 할 수 있는지에 관하여 판례는 이를 부정한다.10) 계약상 급부청구권 실현을 위하여 제3자에 대한 부당이득반환청구권을 인정하는 것은 계약에 따른 위험을 제3자에게 전가시키는 것이 되어 계약법의 기본원리에 반하고, 계약당사자인 채권자를 계약상대방의 다른 채권자보다 우대하는 결과가 되어 채권자평등의 원칙에 반할 뿐만 아니라 제3자가 계약상대방에 대하여 가지는 항변권 등을 침해하는 결과가 되기 때문이다.

사안의 경우, 丙은 甲에 대하여 공사대금채권을 행사할 수 있으므로 옹벽설치에 따른 이익을 乙이 받았더라도 계약당사자가 아닌 乙에 대하여 부당이득반환을 청구할 수 없다.

참고판례

① **지출비용 상환에 관한 계약관계가 존재하는 경우** 민법 제203조 제2항에 의한 점유자의 회복자에 대한 유익비상환청구권은 점유자가 계약관계 등 적법하게 점유할 권리를 가지지 않아 소유자의 소유물반환청구에 응하여야 할 의무가 있는 경우에 성립되는 것으로서, 이 경우 점유자는 그 비용을 지출할 당시의 소유자가 누구이었는지 관계없이 점유회복 당시의 소유자 즉 회복자에 대하여 비용상환청구권을 행사할 수 있는 것이나, 점유자가 유익비를 지출할 당시 계약관계 등 적법한 점유의 권원을 가진 경우에 그 지출비용의 상환에 관하여는 그 계약관계를 규율하는 법조항이나 법리 등이 적용되는 것이어서, 점유자는 그 계약관계 등의 상대방에 대하여 해당 법조항이나 법리에 따른 비용상환청구권을 행사할 수 있을 뿐 계약관계 등의 상대방이 아닌 점유회복 당시의 소유자에 대하여 민법 제203조 제2항에 따른 지출비용의 상환을 구할 수는 없다. **[대법원 2003. 07. 25, 선고 2001다64752 판결]**

② **계약상 급부가 제3자의 이익으로 된 경우, 제3자에 대한 부당이득반환청구** [1] 계약상의 급부가 계약의 상대방뿐만 아니라 제3자의 이익으로 된 경우에 급부를 한 계약당사자가 계약 상대방에 대하여 계약상의 반대급부를 청구할 수 있는 이외에 그 제3자에 대하여 직접 부당이득반환청구를 할 수 있다고 보면, 자기 책임 하에 체결된 계약에 따른 위험부담을 제3자에게 전가시키는 것이 되어 계약법의 기본원리에 반하는 결과를 초래할 뿐만 아니라, 채권자인 계약당사자가 채무자인 계약 상대방의 일반채권자에 비하여 우대받는 결과가 되어 일반채권자의 이익을 해치게 되고, 수익자인 제3자가 계약 상대방에 대하여 가지는 항변권 등을 침해하게 되어 부당하므로, 위와 같은 경우 계약상의 급부를 한 계약당사자는 이익의 귀속 주체인 제3자에 대하여 직접 부당이득반환을 청구할 수는 없다고 보아야 한다. [2] 유효한 도급계약에 기하여 수급인이 도급인으로부터 제3자 소유 물건의 점유를 이전받아 이를 수리한 결과 그 물건의 가치가 증가한 경우, 도급인이 그 물건을 간접점유하면서 궁극적으로 자신의 계산으로 비용지출과정을 관리한 것이므로, 도급인만이 소유자에 대한 관계에 있어서 민법 제203조에 의한 비용상환청구권을 행사할 수 있는 비용지출자라고 할 것이고, 수급인은 그러한 비용지출자에 해당하지 않는다고 보아야 한다. **[대법원 2002. 08. 23, 선고 99다66564·66571 판결]**

---

10) 대법원 2002. 08. 23, 선고 99다66564·66571 판결

제2문의 3

Ⅰ. 문제 1. : 원인불명 화재로 임대목적 외 부분이 소실된 경우 임차인의 책임

1. 결론

법원은 甲의 청구 중 1층과 2층 부분의 소실에 관한 손해배상청구를 인용하고, 3층 부분의 소실에 관한 손해배상청구를 기각하여야 한다.

2. 이유

임대목적물에 원인불명의 화재가 발생하여 임대목적부분과 임대목적 외 부분이 모두 소실된 경우, 임차인의 손해배상책임이 인정되는지가 쟁점이다.

임차인은 임대목적물을 선량한 관리자의 주의로 보존하여야 하고(제374조), 임대차가 종료되면 임대목적물을 원상으로 회복하여 반환하여야 한다(제615조, 제654조). 판례는, 임대차목적물이 원인불명 화재로 소실된 경우 임차인의 반환채무는 이행불능이 된 것이므로 임차인이 손해배상책임을 면하려면 임차물 보존에 관하여 선량한 관리자의 주의의무를 다하였음을 증명하여야 한다고 한다.[11] 그러나 임대목적물 외의 부분이 소실됨에 따른 손해에 관해서는 ㉠임차인이 보존·관리의무를 위반하여 화재가 발생한 원인을 제공하는 등 임차인의 계약상 의무 위반이 있었음이 증명되고, ㉡의무 위반과 임차 외 부분의 손해 사이에 상당인과관계가 있으며, ㉢임차 외 부분의 손해가 통상손해에 해당하거나 임차인이 알았거나 알 수 있었을 특별한 사정으로 인한 손해에 해당한다고 볼 수 있는 경우라면 임차인은 채무불이행으로 인한 손해배상책임을 부담하게 된다고 한다.[12]

사안의 경우, 화재는 임대목적부분에서 발생하였고 비록 그 원인이 불명이나 임차인 乙이 선량한 관리자의 주의의무를 다하였음을 증명할 자료가 없으므로 임대목적부분에 발생한 손해에 관해서는 乙이 이행불능으로 인한 손해배상책임을 부담한다. 그러나 임대목적 외 부분인 3층에 발생한 손해에 관해서는 임차인의 계약상 의무위반 사실이 증명되지 않았으므로 乙이 손해배상책임을 부담하지 않는다.

Ⅱ. 문제 2. : 투숙객의 사망으로 인한 숙박업자의 손해배상책임 근거

1. 결론

甲은 丙에 대하여 숙박계약상 채무불이행으로 인한 손해배상책임을 부담하고, 일반불법행위에 따른 손해배상책임도 부담하며, 공작물 하자로 인한 손해배상책임도 부담한다.

2. 근거

(1) 숙박계약상 채무불이행으로 인한 손해배상청구

판례는, 숙박업자는 고객에게 위험이 없는 안전하고 편안한 객실 및 관련시설을 제공함으로써

---

11) 대법원 2001. 01. 19, 선고 2000다57351 판결; 대법원 2006. 01. 13, 선고 2005다51013·51020 판결; 대법원 2017. 05. 18, 선고 2012다86895 전원합의체 판결

12) 대법원 2017. 05. 18, 선고 2012다86895 전원합의체 판결. 종래 대법원은 임차부분과 임차 외 부분이 그 존립과 유지에 있어 불가분의 일체를 이루는 관계에 있는 때에는 임차인은 임차 외부분의 손해도 배상할 의무가 있다고 판단하였는데(대법원 1997. 12. 23, 선고 97다41509 판결), 이 판결을 폐기하였다.

고객의 안전을 배려하여야 할 보호의무를 부담하고 숙박업자가 보호의무를 위반하여 고객의 생명, 신체를 침해하는 손해를 입힌 경우 불완전이행으로 인한 채무불이행책임을 부담한다고 한다. 이 경우 피해자는 구체적 보호의무의 존재와 위반사실을 주장, 입증하여야 하고 숙박업자는 그 채무불이행에 과실이 없음을 증명하여야 한다고 한다.13)

사안의 경우, 甲은 가스보일러를 설치하는 과정에서 시공상 마감을 제대로 하지 아니한 결과 투숙객인 丙이 사망한 것이므로 甲은 구체적 보호의무 위반사실이 있고 이에 관한 과실도 있으므로 甲은 丙에 대하여 불완전이행으로 인한 손해배상책임을 부담한다.

(2) 공작물 하자로 인한 손해배상청구

공작물의 설치 또는 보존의 하자로 인하여 타인에게 손해를 가한 때에는 공작물점유자가 손해를 배상할 책임이 있다(제758조 제1항). 판례는, 공작물의 설치·보존상의 하자란 공작물이 그 용도에 따라 통상 갖추어야 할 안전성을 갖추지 못한 상태에 있음을 의미한다고 하고,14) 안전성을 구비하였는지 여부는 당해 공작물의 설치·보존자가 그 공작물의 위험성에 비례하여 사회통념상 일반적으로 요구되는 정도의 방호조치의무를 다하였는지를 기준으로 삼아 판단하여야 한다고 한다.15)

사안의 경우, 甲은 펜션의 점유자이고, 가스보일러는 공작물이며 공작물 설치과정에서 하자가 있었으므로 甲은 공작물점유자로서 손해배상책임을 부담한다.

(3) 일반불법행위로 인한 손해배상청구

고의나 과실로 인한 위법행위로 타인에게 손해를 가한 자는 그 손해를 배상할 책임이 있다(제750조). 판례는, 공작물책임은 위험책임의 법리에 따라 책임을 가중시킨 것이므로 제758조에 의하여 제750조의 책임이 배제되는 것은 아니라고 한다.16)

사안의 경우, 甲은 보일러설치과정에서 주의의무를 위반하여 丙을 사망에 이르게 하였으므로 불법행위로 인한 손해배상책임을 부담한다. 비록 甲이 공작물점유자로서 손해배상책임을 부담하더라도 일반불법행위자로서의 손해배상책임이 배제되지 않기 때문이다.

Ⅲ. 문제 3. : 생명침해로 인한 근친족의 위자료청구권 및 위자료청구권의 상속

1. 결론

丁은 불법행위를 이유로 고유의 위자료청구권을 행사할 수 있고, 丙의 위자료청구권을 상속받아 청구할 수 있으며, 戊는 불법행위를 이유로 고유의 위자료청구권을 행사할 수 있으나 丙의 위자료청구권을 상속받아 청구할 수는 없다.

2. 근거

(1) 丁, 戊의 고유한 위자료청구권

판례는, 숙박업자가 고객 보호의무를 다하지 못하여 투숙객이 사망하였더라도 투숙객의 근친족

13) 대법원 2000. 11. 24, 선고 2000다38718·38725 판결
14) 대법원 1992. 04. 24, 선고 91다37652 판결
15) 대법원 1998. 01. 23, 선고 97다25118 판결
16) 대법원 1996. 11. 22, 선고 96다39219 판결

은 숙박계약상 채무불이행을 이유로 위자료를 청구할 수 없다고 한다.[17] 한편, 불법행위로 생명이 침해된 경우, 생명침해자의 직계존속, 직계비속 및 배우자는 정신상 고통을 증명할 필요 없이 고유한 위자료청구권을 행사할 수 있고, 제752조가 규정하지 않은 친족도 그의 정신신상 고통을 증명하여 제750조, 제751조에 따라 위자료청구권을 행사할 수 있다.

사안의 경우 丁과 戊는 丙의 생명침해로 정신적 고통을 입었더라도 숙박업자 甲의 채무불이행을 원인으로 고유한 위자료청구권을 행사할 수는 없으나, 甲의 불법행위를 이유로 丁은 제752조에 따라, 戊는 제750조, 제751조에 따라 그 고유한 위자료청구권을 행사할 수 있다.

(2) 丙의 위자료청구권의 상속

판례는, 위법행위로 생명을 침해당한 자에게 위자료청구권이 인정되며, 위자료청구권은 재산적 손해배상청구권과 마찬가지로 당연히 상속의 대상이 된다고 한다.[18] 사실혼배우자는 배우자상속인이 될 수 없다. 한편 판례는, 생명침해자의 위자료청구권과 근친족의 고유한 위자료청구권은 별개의 청구권이라고 한다.[19]

사안의 경우, 丙은 甲의 위법행위로 생명을 침해당한 자로서 채무불이행 혹은 불법행위를 원인으로 위자료청구권을 취득하며, 丙의 위자료청구권은 丙의 사망과 동시에 혈족인 친모 丁에게 상속된다. 戊는 사실혼배우자로서 상속인이 될 수 없다. 丁은 丙의 위자료청구권을 상속받아 행사할 수 있다.

참고판례

Ⅰ. 문제 1.

① **원인불명의 하자로 목적물이 소실된 경우** 임차인의 임차물 반환채무가 이행불능이 된 경우 임차인이 그 이행불능으로 인한 손해배상책임을 면하려면 그 이행불능이 임차인의 귀책사유로 말미암은 것이 아님을 입증할 책임이 있으며, 임차건물이 화재로 소훼된 경우에 있어서 그 화재의 발생원인이 불명인 때에도 임차인이 그 책임을 면하려면 그 임차건물의 보존에 관하여 선량한 관리자의 주의의무를 다하였음을 입증하여야 한다. **[대법원 2001. 01. 19, 선고 2000다57351 판결]**

② **임차인이 임대인 소유 건물의 일부를 임차하여 사용·수익하던 중 임차 건물 부분에서 화재가 발생하여 임차 건물 부분이 아닌 건물 부분까지 불에 타 그로 인해 임대인에게 재산상 손해가 발생한 경우, 임차 외 건물 부분에 발생한 손해에 대하여 임대인이 임차인을 상대로 채무불이행을 원인으로 하는 배상을 구하기 위하여 주장·증명하여야 할 사항** 임차인이 임대인 소유 건물의 일부를 임차하여 사용·수익하던 중 임차 건물 부분에서 화재가 발생하여 임차 건물 부분이 아닌 건물 부분(이하 '임차 외 건물 부분'이라 한다)까지 불에 타 그로 인해 임대인에게 재산상 손해가 발생한 경우에, 임차인이 보존·관리의무를 위반하여 화재가 발생한 원인을 제공하는 등 화재 발생과 관련된 임차인의 계약상 의무 위반이 있었음이 증명되고, 그러한 의무 위반과 임차 외 건물 부분의 손해 사이에 상당인과관계가 있으며, 임차 외 건물 부분의 손해가 그러한 의무 위반에 따른 통상의 손해에 해당하거나, 임차인이 그 사정을 알았거나 알 수 있었을 특별한 사정으로 인한 손해에 해당한다고 볼 수 있는 경우라면, 임차인은 임차 외 건물 부분의 손해에 대해서도 민법 제390조, 제393조에 따라 임대인에게 손해배상책임을 부담하게 된다.

종래 대법원은 임차인이 임대인 소유 건물의 일부를 임차하여 사용·수익하던 중 임차 건물 부분에서 화재가 발생하여 임차 외 건물 부분까지 불에 타 그로 인해 임대인에게 재산상 손해가 발생한 경우에, 건물의 규모와

17) 대법원 2000. 11. 24, 선고 2000다38718·38725 판결
18) 대법원 1969. 4. 15, 선고 69다268 판결
19) 대법원 2013. 8. 22, 선고 2013다200568 판결

구조로 볼 때 건물 중 임차 건물 부분과 그 밖의 부분이 상호 유지·존립함에 있어서 구조상 불가분의 일체를 이루는 관계에 있다면, 임차인은 임차 건물의 보존에 관하여 선량한 관리자의 주의의무를 다하였음을 증명하지 못하는 이상 임차 건물 부분에 한하지 아니하고 건물의 유지·존립과 불가분의 일체 관계에 있는 임차 외 건물 부분이 소훼되어 임대인이 입게 된 손해도 채무불이행으로 인한 손해로 배상할 의무가 있다고 판단하여 왔다.

그러나 임차 외 건물 부분이 구조상 불가분의 일체를 이루는 관계에 있는 부분이라 하더라도, 그 부분에 발생한 손해에 대하여 임대인이 임차인을 상대로 채무불이행을 원인으로 하는 배상을 구하려면, 임차인이 보존·관리의무를 위반하여 화재가 발생한 원인을 제공하는 등 화재 발생과 관련된 임차인의 계약상 의무 위반이 있었고, 그러한 의무 위반과 임차 외 건물 부분의 손해 사이에 상당인과관계가 있으며, 임차 외 건물 부분의 손해가 의무 위반에 따라 민법 제393조에 의하여 배상하여야 할 손해의 범위 내에 있다는 점에 대하여 임대인이 주장·증명하여야 한다.

이와 달리 위와 같은 임대인의 주장·증명이 없는 경우에도 임차인이 임차 건물의 보존에 관하여 선량한 관리자의 주의의무를 다하였음을 증명하지 못하는 이상 임차 외 건물 부분에 대해서까지 채무불이행에 따른 손해배상책임을 지게 된다고 판단한 종래의 대법원판결들은 이 판결의 견해에 배치되는 범위 내에서 이를 모두 변경하기로 한다. **[대법원 2017. 05. 18, 선고 2012다86895 전원합의체 판결]**

Ⅱ. 문제 2.

① **숙박업자의 보호의무** [1] 공중접객업인 숙박업을 경영하는 자가 투숙객과 체결하는 숙박계약은 숙박업자가 고객에게 숙박을 할 수 있는 객실을 제공하여 고객으로 하여금 이를 사용할 수 있도록 하고 고객으로부터 그 대가를 받는 일종의 일시 사용을 위한 임대차계약으로서 객실 및 관련 시설은 오로지 숙박업자의 지배 아래 놓여 있는 것이므로 숙박업자는 통상의 임대차와 같이 단순히 여관 등의 객실 및 관련 시설을 제공하여 고객으로 하여금 이를 사용·수익하게 할 의무를 부담하는 것에서 한 걸음 더 나아가 고객에게 위험이 없는 안전하고 편안한 객실 및 관련 시설을 제공함으로써 고객의 안전을 배려하여야 할 보호의무를 부담하며 이러한 의무는 숙박계약의 특수성을 고려하여 신의칙상 인정되는 부수적인 의무로서 숙박업자가 이를 위반하여 고객의 생명·신체를 침해하여 투숙객에게 손해를 입힌 경우 불완전이행으로 인한 채무불이행책임을 부담하고, 이 경우 피해자로서는 구체적 보호의무의 존재와 그 위반 사실을 주장·입증하여야 하며 숙박업자로서는 통상의 채무불이행에 있어서와 마찬가지로 그 채무불이행에 관하여 자기에게 과실이 없음을 주장·입증하지 못하는 한 그 책임을 면할 수는 없다. [2] 숙박업자가 숙박계약상의 고객 보호의무를 다하지 못하여 투숙객이 사망한 경우, 숙박계약의 당사자가 아닌 그 투숙객의 근친자가 그 사고로 인하여 정신적 고통을 받았다 하더라도 숙박업자의 그 망인에 대한 숙박계약상의 채무불이행을 이유로 위자료를 청구할 수는 없다. **[대법원 2000. 11. 24, 선고 2000다38718·38725 판결]**

② **하자의 개념** 공작물의 설치보존상의 하자라 함은 공작물이 그 용도에 따라 통상 갖추어야 할 안전성을 갖추지 못한 상태에 있음을 말하는 것이고, 공작물의 설치 및 보존에 있어서 항상 완전무결한 상태를 유지할 정도의 고도의 안전성을 갖추지 아니하였다 하여 그 공작물의 설치보존에 하자가 있는 것이라고는 할 수 없으므로, 공작물의 설치보존자에게 부과되는 방호조치의무의 정도는 그 공작물의 위험성에 비례하여 사회통념상 일반적으로 요구되는 정도의 것을 말한다(필자 註 : 대학 5층 건물 옥상에서 그 대학 학생이 후배들에게 몸통을 좌우로 뒹굴게 하는 방법으로 기합을 주던 중, 그중 1인이 약 15미터 아래로 떨어져 사망한 경우 위 옥상은 그 설치용도와 관계있는 사람 이외에는 올라가지 않는 곳이라는 점 등을 이유로 위 건물의 설치보존상의 하자가 인정되지 않는다고 한 사례). **[대법원 1992. 04. 24, 선고 91다37652 판결]**

③ **안전성 구비여부의 판단기준** 민법 제758조 제1항에 규정된 공작물의 설치·보존상의 하자라 함은 공작물이 그 용도에 따라 통상 갖추어야 할 안전성을 갖추지 못한 상태에 있음을 말하는 것으로서, 이와 같은 안전성의 구비여부를 판단함에 있어서는 당해 공작물의 설치·보존자가 그 공작물의 위험성에 비례하여 사회통념상 일반적으로 요구되는 정도의 방호조치 의무를 다하였는지의 여부를 기준으로 삼아야 할 것이고, 따라서 공작물에서 발생한 사고라도 그것이 공작물의 통상의 용법에 따르지 아니한 이례적인 행동의 결과 발생한 사고라면, 특별한 사정이 없는 한 공작물의 설치·보존자에게 그러한 사고에까지 대비하여야 할 방호조치 의무가 있다고 할 수는

없다(필자 註 : 배수관이 설치된 여관 앞 골목길은 평소에 여관 내부를 엿보려고 하는 행인들이 있었고 그러한 사람들이 배수관을 잡고 올라가는 경우가 있어 배수관이 자주 훼손되므로 여관 주인이 이를 방지하기 위하여 보호벽을 설치하게 되었으며, 보호벽을 설치하면서 보호벽의 맨 윗부분에 여러 개의 못까지 박아 두었는데, 행인이 음주를 한 상태에서 여관의 내부를 들여다 보기 위하여 그 보호벽을 타고 올라가다가 보호벽이 무너지는 바람에 사고를 당하게 된 경우, 그 보호벽의 본래의 용도는 어디까지나 배수관이 훼손되는 것을 방지하기 위한 것이므로, 보호벽이 스스로 넘어지지 않을 만큼의 견고성을 갖도록 설치하였다면 이로써 보호벽은 일단 본래의 용도에 따른 통상적인 안전성을 갖추었다고 할 것이고, 그와 같이 보호벽 윗부분에 못을 박아 사람들이 보호벽 위로 올라가서 여관방을 들여다 보는 것을 방지하는 조치까지 취하였음에도 불구하고 행인들이 윗부분에 꽂혀 있는 못에 찔려 다칠 위험을 무릅쓰고 보호벽에 올라가 여관 내부를 들여다 보는 부정한 행위를 저지를 것까지 예상하여 보호벽을 설치·관리하는 여관 주인에게 이러한 경우까지 대비한 방호조치를 취할 의무는 없다는 이유로 그 보호벽의 설치·보존상의 하자를 부인한 사례). **[대법원 1998. 01. 23, 선고 97다25118 판결]**

④ **공작물책임 규정의 취지** 민법 제758조는 공작물의 설치·보존의 하자로 인하여 타인에게 손해를 가한 경우 그 점유자 또는 소유자에게 일반 불법행위와 달리 이른바 위험책임의 법리에 따라 책임을 가중시킨 규정일 뿐이고, 그 공작물 시공자가 그 시공상의 고의·과실로 인하여 피해자에게 가한 손해를 민법 제750조에 의하여 직접 책임을 부담하게 되는 것을 배제하는 취지의 규정은 아니다. **[대법원 1996. 11. 22, 선고 96다39219 판결]**

Ⅲ. 문제 3.

① **즉사자의 위자료청구권** 정신적 고통에 대한 피해자의 위자료 청구권도 재산상의 손해배상 청구권과 구별하여 취급할 근거없는 바이므로 그 위자료 청구권이 일신 전속권이라 할 수 없고 피해자의 사망으로 인하여 상속된다 할 것이며 피해자의 재산상속인이 민법 제752조 소정의 유족인 경우라 하여도 그 유족이 민법 제752조 소정 고유의 위자료 청구권과 피해자로 부터 상속받은 위자료 청구권을 함께 행사할 수 있다고 하여 그것이 부당하다 할 수 없고 피해자의 위자료 청구권은 감각적인 고통에 대한 것 뿐만 아니라 피해자가 불법행위로 인하여 상실한 정신적 이익을 비재산 손해의 내용으로 할 수 있는 것이어서 피해자가 즉사한 경우라 하여도 피해자가 치명상을 받은 때와 사망과의 사이에는 이론상 시간적 간격이 인정될 수 있는 것이므로 피해자의 위자료 청구권은 당연히 상속의 대상이 된다고 해석함이 상당하다. **[대법원 1969. 04. 15, 선고 69다268 판결]**

② **생명침해의 불법행위로 인한 피해자 본인의 위자료 청구권과 배우자 등 유족 고유의 위자료 청구권에 관한 소멸시효 완성 여부를 각각 별개로 판단하여야 하는지 여부(적극)** 생명침해의 불법행위로 인한 피해자 본인의 위자료 청구권과 민법 제752조에 의한 배우자 등 유족의 정신적 피해로 인한 그 고유의 위자료 청구권은 별개이므로 소멸시효 완성 여부도 각각 그 권리를 행사한 때를 기준으로 판단하여야 한다. **[대법원 2013. 08. 22, 선고 2013다200568 판결]**

6. 제2차 모의시험 제3문

목 차

[문 1. 해설]

> 사례풀이 가이드
> • 타인명의 주식인수의 경우 주주권의 귀속에 대한 것이다. 주주권의 행사의 문제가 아님에 유의해야 한다. 주주권의 귀속(歸屬)에 대해서 전합판례의 후속판례는 "이는 인수계약당사자의 확정문제라고 하면서 원칙상 명의주주이지만, 회사가 실질주주로 하기로 승낙하기로 하는 경우에는 실질주주"가 된다는 입장이라는 점을 적시해야 한다. 또한 명의개서 부당거절의 경우 거절당한 주주는 신의칙에 근거하여 주주권을 행사할 수 있다는 점이 중요하다.

1. 문제의 제기 (2점)

C가 D명의로 주식을 인수한 경우 주주권의 귀속과 C의 명의개서청구에 대한 부당거절 여부가 문제된다.

2. 타인명의의 주식인수에서의 주주권의 귀속 (8점)

(1) 문제점

타인명의인수의 경우 **누가 주식의 소유자로서 명의개서를 청구할 수 있는지** 문제된다.[1][2]

(2) 판례의 태도

판례는 "주주권의 귀속은 **'계약당사자 확정의 법리'**에 따라 결정되는 것이 원칙이라는 입장으로 **원칙적으로 명의자에게 주주권이 귀속된다**"고 판시하고 있다. 다만, "내부적으로 명의차용자와 명의대여자 사이에 **명의대여의 약정을 맺었고, 이를 회사가 알고 승낙하는 등의 특별한 사정**이 있으면, **명의차용자가 이를 증명하여 자신에게 주주권이 귀속**된다는 주장을 할 수 있다"고 보고 있다.[3]

(3) 검토 및 사안의 적용

설문의 경우 판례에 의하면, 명의차용자 C는 회사의 인식과 승낙을 증명하였으므로 C의 주장과 증명에 따라, 甲 회사는 **C로 명의개서를 해주어야 한다. 따라서 회사가 이를 거절함은 부당한 거절에 해당한다.**

3. 주주총회의 결의의 하자 (7점)

(1) 명의개서 부당거절과 C의 의결권 행사여부

명의개서청구를 부당하게 거절당한 경우 종래판례는 "주주명부의 기재 없이 주주권의 행사가 가능하다"고 하며, 최근 전합판례도 "명의주주 행사원칙의 예외로써 주주권행사를 인정한다"고

---

1) 타인명의 주식인수의 경우 누가 주식의 소유자인지(취득 = 귀속)와 누가 주주권의 행사자(행사)인지 구분해야 한다. 전합판례와 후속판례에 의하면 주주권 귀속의 문제는 **"인수계약의 당사자확정의 문제"**이고, 주주권행사의 문제는 **"주주명부"**를 기준으로 정해진다. **설문은 주주권의 귀속 즉 "누가 소유자인가의 문제"이다. 즉 누가 주식의 소유자로서 명의개서를 청구할 수 있는지의 문제이다. 누가 행사자인지 문제로 착각하여 형식설, 실질설 대립을 쓰는 문제가 아님에 유의해야 한다.**

2) 설문에서 "인수계약을 체결하기 전에 A에게 이 같은 명의차용사실을 설명하고 승낙을 얻었다"라는 문구에서 "주주권의 귀속"이라는 쟁점을 잡아야 한다. 별생각없이 전합판례, 명의주주원칙 … 이런 식으로 쓰게 되면 낮은 점수를 얻게 된다.

3) 대법원 2017. 12. 05, 선고 2016다265351 판결

한다. 이 경우 신의칙(信義則)을 근거로 한다는 것이 일반적인 견해이다.[4)5)6)7)]

(2) 주주총회의 결의의 하자

甲 회사의 거절은 부당거절에 해당한다. 따라서 甲 회사가 **명의개서청구를 부당거절**당한 C의 의결권행사를 차단하고, **명의주주 D가 의결권을 행사하도록** 하는 점은 **결의방법상의 하자**(제376조)에 해당하여 주주총회의결의 취소의 사유가 존재한다.

4. 결 론 (3점)

주식인수 계약에 대한 당사자 확정의 법리에 의해 주주권은 C에게 귀속되었는바, 甲 회사는 C에게 명의개서해 줄 의무가 있다. 그럼에도 불구하고 甲 회사가 이를 거부하고 있으므로 이는 **명의개서의 부당거절에 해당**하고 C는 명의개서 없이 의결권을 행사할 수 있는데, 甲 회사가 C의 의결권행사를 차단한 사실은 주주총회 결의는 취소사유에 해당한다.

[문 2. 해설]

> 사례풀이 가이드
> • 주주의 지위를 취득하는 시점에 관하여 최근판례는 "주식양도의 합의와 주권의 교부가 이루어지면 주식양도의 효력이 발생하며, 주식대금 지급여부는 주주의 지위 취득에 영향을 주지 아니한다"는 입장임에 유의한다. 또한 "정관변경의 효력"은 소급하지 않는다는 점도 유의해야 한다.

1. 문제의 제기 (2점)

설문의 경우 정관에 의한 주식양도제한과 관련하여 주식양도의 효력발생시기, 정관개정의 소급효가 문제되며. 주주권 행사에 있어 명의개서의 대항력도 문제된다.

2. 정관에 의한 주식 양도의 제한 (5점)

상법 제335조 제1항 단서에 의하면 '정관'이 정하는 바에 따라 '이사회의 승인'을 얻어야만 주식의 양도가 가능하도록 주식의 양도를 제한할 수 있게 하고 있다. 한편 이사회 승인이 없는 경우, 회사에 대하여 효력이 없기 때문에(제335조 제2항) 양수인이 회사에 대하여 주주임을 주장할 수 없을 뿐만 아니라 회사도 양수인을 임의로 주주로 인정할 수 없다(상대효).[8)9)]

3. F의 주주지위의 취득 여부 (10점)

(1) 주식양도의 방법

당사자 사이에서 양도의 합의와 주권의 교부에 의하여 이루어진다(제336조).

---

4) 대법원 1993. 09. 13, 선고 92다40952 판결.
5) 대법원 2017. 03. 23, 선고 2015다248342 판결
6) 명의개서 부당거절의 문제는 2017년 전합 판례를 통해 변경된 부분이 아님에 유의한다. 부당거절의 문제에 대하여 마치 판례의 변경이 있었던 것처럼 **전합 판례의 취지** 운운하는 것은 기본적인 논의에 대해 매우 잘못 이해하는 것이다.
7) **부당거절당한 주주의 지위에 대한 전형적인 문구이다. 암기하도록 한다.**
8) 대법원 2008. 07. 10, 선고 2007다14193판결
9) 정관에 의한 주식양도에 대한 일반론이다. 간략하게나마 서술할 필요가 있다.

(2) 주식양도의 효력발생 시기

주식양도의 합의(合意)와 주권의 교부(交付) 이외에 **주식대금이 지급되어야 주주의 지위를 취득하는지** 문제된다.

최근 판례는 **"주식양도의 합의와 주권의 교부가 이루어지면 주식양도의 효력이 발생하며, 주식대금 지급여부는 주주의 지위 취득에 영향을 주지 아니한다"**고 판시한바 있다.10)

설문의 경우 주식양도의 합의 및 주권 교부에 의하여 2018. 02. 10. 이미 양도의 효력이 발생되어 F는 甲 회사의 주주가 되었으며, 주식양도대금을 2018. 03. 20.에야 지급했다는 사정은 F가 주주의 지위를 취득하는 것에 방해가 되지 않는다.

(3) 정관개정 결의의 효력

개정된 정관규정의 소급효를 갖는지 문제된다. 최근의 판례에 의하면 **"정관 개정에 의하여 새로 도입된 주식양도제한 규정은 소급효를 갖지 않는다"**고 판시한 바 있다.11)

설문의 경우 F가 명의개서를 게을리하고 있는 사이에 위 정관 개정이 이루어졌다고 하더라도 정관 개정 당시에 이미 주주의 지위를 취득한 F에 대해서는 위 주식양도제한 규정이 적용되지 않는다. 따라서 甲 회사의 **F에 대한 명의개서 거절은 부당거절에 해당한다.**

4. F의 주주권의 행사와 주주총회 결의의 하자 (10점)

(1) 명의개서의 대항력(제337조 제1항)12)

명의개서를 하지 않으면 설사 주주권의 귀속이 인정된다고 하더라도 회사에 대하여 주주권을 행사할 수 없으며, 주주명부상의 기재는 회사도 구속하기 때문에(쌍면적 구속력) 회사는 원칙적으로 주주명부에 기재된 주주의 주주권 행사를 부인할 수 없는 것이 원칙이다.13)

(2) 명의개서 부당거절과 주주권행사

명의개서청구를 부당하게 거절당한 경우 종래판례는 "주주명부의 기재 없이 주주권의 행사가 가능하다"고 하며, 최근 전합판례도 "명의주주 행사원칙의 예외로써 주주권행사를 인정한다"고 한다. 이 경우 신의칙(信義則)을 근거로 한다는 것이 일반적인 견해이다.14)15)16) 따라서 F는 명의개서 없이

---

10) 대법원 2017. 08. 18, 선고 2015다5569판결. 소외 1이 원고 주식의 100%를 양수하여 주식 소유권을 이전받았다면, 소외 1은 특별한 사정이 없는 한 원고 주식에 대해서 주주로서의 권리를 행사할 수 있다. 소외 1이 주식매매계약에 따른 주식매매대금을 지급하지 않았다고 하더라도 주식매매대금 지급채무를 부담하는 것은 별론으로 하고 소외 1이 원고 주식의 주주가 아니라고 할 수 없다.

11) 대법원 2016. 03. 24, 선고 2015다71795 판결.
1. 사실관계 - 갑은 병 회사설립후 6월이 경과한 후 주권없이 을에게 주식을 양도하였는데, 그 후 병 회사가 "주식양도시 이사회 승인이 필요하다"는 내용의 정관을 신설하였다. 그 후 을이 명의개서를 청구하자 병회사가 양도인 갑의 통지가 없었고, 또한 위 정관을 위반했다는 이유로 명의개서를 거절한 사안이다.
2. 판시사항
이에 대해 대법원은 ⓐ 주권발행전 주식양도의 경우 양도인의 통지없이 양수인이 입증(立證)하여 명의개서 청구할 수 있고, ⓑ 개정정관은 소급하지 않음을 근거로 **병회사의 거절이 부당거절**이라는 취지의 판결을 하였다.

12) **채점기준표의 목차이다. 실질주주 F에게 소집통지를 하지 않은 점에 대해서 "주주명부 면책력"입장에서 생각해볼 여지도 있다. 이런 부분은 평소 어떻게 쓸지 준비를 하고 있어야 한다. 막연하게 어떻게 쓰면 되겠지라고 생각하면 시험장에서 시간을 허비하게 되다.**

13) 대법원 2017. 03. 23, 선고 2015다248342 전원합의체 판결

14) 대법원 1993. 09. 13, 선고 92다40952 판결.

주주권을 행사할 수 있다.

(3) 주주총회의 결의의 하자

甲 회사의 거절은 부당거절에 해당한다. 따라서 甲 회사가 F에게 소집통지를 하지 않고 주주총회를 개최한 사실은 **결의방법상의 하자**(제376조)에 해당하여 주주총회의결의 취소의 사유가 존재한다.

5. 결 론 : (3점)

F는 대금지급시기와 상관없이 2018. 02. 10.에 甲 회사 주주의 지위를 취득했으므로 甲 회사는 F에게 명의개서해 줄 의무가 있다. 그럼에도 불구하고 甲 회사가 이를 거부하고 있으므로 이는 명의개서의 부당거절에 해당하고 F에게 소집통지를 하지 않고 주주총회를 개최하였으므로 갑회사 주주총회 결의는 결의방법상의 하자로 취소의 사유가 존재한다.

[문 3. 해설]

> 사례풀이 가이드
> • 전형적인 문제로서 중요한 영업용 재산의 처분은 제374조의 주주총회 특별결의를 요하며, 이를 결하면 무효지만, 100% 주식을 보유한 1인주주가 승인하면 하자가 치유된다는 점이 중요하다. 설문의 경우 84%이며 1인주주가 아니므로 하자가 치유되지 않고, 또한 무효를 주장함은 신의칙에 반하지 않는다는 점도 유의해야 한다.

1. 문제의 제기 (2점)

회사의 중요한 영업용 재산의 처분에 대하여 제374조 제1항 제1호 유추적용되는지 여부와 관련하여 주주총회 특별결의의 흠결과 신의성실의 원칙이 문제된다.

2. 중요한 영업용 재산의 처분에 관한 주주총회 승인의 요부 (8점)

(1) 문제점

회사의 영업양도는 주주총회 특별결의가 있어야 한다(제374조 제1항 제1호). **<u>총칙상의 전형적인 영업양도</u>**(제41조)**<u>는 아니지만</u>** 회사의 중요한 영업재산을 양도하는 경우에도 주주총회특별결의가 있어야 하는지 문제된다.[17]

(2) 학 설

학설은 ① 불요설(형식설), ② 필요설(실질설), ③ **영업을 양도하거나 폐지한 것과 같은 결과**를 가져오는 경우에는 특별결의를요한다는 절충설이 있다.

(3) 판 례

판례는 ①"회사이익과의 조화를 위하여 **회사존속의 기초가 되는 중요한 영업용 재산을 양도하여**

---

15) 대법원 2017. 03. 23, 선고 2015다248342 판결
16) **명의개서 부당거절의 문제는 2017년 전합 판례를 통해 변경된 부분이 아님에 유의한다. 부당거절의 문제에 대하여 마치 판례의 변경이 있었던 것처럼 전합 판례의 취지 운운하는 것은 기본적인 논의에 대해 매우 잘못 이해하는 것이다.**
17) 여력과 시간이 되면 영업양도의 의의를 목차잡아쓴다. 목차를 잡는다는 것은 쟁점을 부각한다는 의미이다. 사례목차를 잡는 습관을 가져야 실제 답안작성시간이 덜 들어간다.

회사의 영업을 전부 또는 일부를 양도하거나 폐지하는 것과 같은 결과에는 특별결의를 요한다"는 입장이다.[18] 나아가, ②"회사존속의 기초가 되는 중요한 영업용 재산을 양도하는 경우라 하더라도 이미 **사실상 영업을 폐지한 상태**에서 재산을 처분한 경우라면 그러한 처분으로 인하여 새로이 영업이 중단되는 경우는 아니므로 주주총회특별결의를 요하는 것이 아니다"라고 한다.

(4) 검 토

회사의 이익과 거래안전을 고려한다는 점에서 판례의 견해가 타당하다. 설문의 경우 당해 부동산은 甲 회사의 유일한 영업용 재산이고 이를 처분한 후 영업이 중단되었는바, 이는 영업의 전부 또는 일부의 양도와 동일시 할 수 있으므로 주주총회의 특별결의가 필요하다.

3. 주주총회 특별결의의 흠결과 신의성실의 원칙 (7점)

학설, 판례는 대체로 법률에서 주주총회를 요하는 경우 이를 결하면 당연무효로 본다. 다만, 주주총회의 특별결의가 흠결되었어도 주주전원의 동의가 있었으면 회사가 사후에 무효를 주장하는 것은 신의성실의 원칙에 반한다고 판시한 바 있다.[19]

설문의 경우 甲 회사는 乙 회사와의 부동산 매매계약의 무효를 주장할 수 있다. 주주전원의 동의가 아니고 84%에 불과한 주주의 동의를 얻은 것에 불과하므로 그 무효주장이 신의칙에 반하지 않는다.

4. 결 론 (3점)

甲 회사의 乙 회사에 대한 부동산 양도는 상법 제374조 제1항 제1호가 유추적용 되는 사안이다. 따라서 甲 회사의 주주총회의 특별결의가 없으면 원칙적으로 무효가 된다. 단 주주전원의 동의가 있으면 신의칙상 무효주장이 제한될 수 있지만 총 주주의 84%에 불과한 동의만을 얻고 있으므로 甲 회사는 무효주장이 가능하다.

[문 4. 해설]

사례풀이 가이드

- 보조적 상행위이면서 일방적 상행위에도 상법상의 소멸시효 5년(제46조)이 적용된다는 점이 중요하고 회사의 보증(保證)과 관련되어 정관상 목적에 의한 권리능력의 제한, 이사의 자기거래, 대표권 남용 등이 문제된다는 점에 유의한다. 특히 이사의 자기거래와 관련하여 이사회의 승인절차를 충족하지만 거래내용이 공정하지 못한 경우 그 효력에 대하여 판례는 없지만, 학설이 대립한다는 점에 유의한다.

1. 문제의 제기 (2점)

A의 丙 은행에 대한 손해배상 채무와 관련하여 보조적 상행위로 인한 채권의 소멸시효가 문제된다. 甲 회사 보증행위의 유효성과 관련하여 정관상 목적에 의한 권리능력의 제한, 이사의 자기거래, 대표권 남용 등이 문제된다.

---

18) 대법원 2002. 04. 12, 선고 2001다38807 판결. 대법원 1998. 03. 24, 선고 95다6885 판결.
19) 대법원 2018. 04. 26, 선고 2017다288757 판결

2. A의 丙 은행에 대한 손해배상 채무의 소멸시효 (8점)

(1) 일방적 상행위를 기초로 한 변형채권의 소멸시효

기본적 상행위는 물론이고 보조적 상행위로 인한 채권도 상법 제64조가 적용되어 원칙적으로 5년이 경과하면 소멸시효가 완성된다. 또한 보조적 상행위를 기초로 한 **채권의 변형물(變形物)**로서 **동일성을 인정할 수 있는 채권인 채무불이행으로 인한 손해배상채권도 동일하게 제64조**가 적용된다.[20]

(2) 검토 및 사안의 경우

대표이사 A의 차금이 甲 회사의 운영자금으로 조달되었다고 하여 A의 차금행위가 보조적 상행위로 추정되지 않는다.[21] 그러나 丙 은행이 **상인으로서 금전을 대여한 것이므로 일방적 상행위**로 보아야 한다. 따라서 이 차금행위로 인한 채무는 상법 제64조에 따라 **5년의 시효로 소멸**하며, 이 차금행위를 원인으로 하는 채무불이행으로 인한 손해배상채권 역시 상법 제64조의 적용대상이라고 보아야 한다.

3. 甲 회사 보증행위의 유효성 (17점)

(1) 정관상 목적에 의한 권리능력의 제한 (3점)[22]

전자제품 제조회사의 보증행위가 권리능력 범위 내인지 문제된다.

이에 대해 학설은 제한설, 무제한설이 있고, 판례는 ① 목적범위 내의 행위를 판단함에 있어서 **정관에 명시된 목적** 자체뿐만 아니라 ② 그 **목적을 수행하는 데 직접·간접으로 필요한 행위를 모두 포함**시키고, ③ 나아가 어떤 행위가 목적수행에 필요한지 여부도 **행위자의 주관적·구체적 의사를 묻지 않고 행위의 객관적 성질에 따라 판단**함으로써, 결과에 있어서는 실제적으로 '무제한설'을 취하는 것과 큰 차이가 없다.[23]

설문의 경우 甲 회사의 보증행위는, 무제한설을 취하든 제한설 중에서도 정관의 목적 범위를 넓게 해석하는 판례 입장을 취하든, 정관목적에 의한 권리능력 제한 법리의 적용에 의하여 효력이 문제되지 않는다.

(2) 자기거래에 해당하는지 여부 (7점)

1) 이사의 자기거래

이사와 회사 간의 거래를 자기거래라고 하는데, 이는 이사에 유리하고 회사에 대해서 불리할 수 있으므로 상법은 **이사회 결의를 요하며, 거래내용의 공정**함을 요한다(제398조).

2) 적용범위

이사의 배우자에게 甲 회사가 보증을 제공한 것이므로(상법 제398조 제2호), **간접거래 방식의 자기거래**에 해당한다.

---

20) 대법원 1997. 08. 26, 선고 97다9260 판결
21) 대법원 2015. 03. 26, 선고 2014다70184 판결
22) **실제시험에서는 배점을 고려하여 좀 더 간략하게 써야 한다.**
23) 대법원 1999. 10. 08, 선고 98다2488 판결.

3) 거래내용이 불공정한 경우 효과

이사회의 승인절차를 충족하지만 거래내용이 공정하지 못한 경우 그 효력이 문제된다.

이에 대해 ⓐ 절차적 흠결의 경우와 동일하게 **상대적 무효설을** 채택하여 회사와 거래상대방사이에서는 무효이나, 제3자가 존재하는 경우 회사가 제3자의 악의, 중과실을 증명하지 못하면 무효를 주장할 수 없다는 견해와 ⓑ 거래 자체는 유효로 보고 이사의 손해배상책임을 통해 해결하는 견해로 나누어진다.

결론적으로 **명문으로 거래의 공정함을 요**하므로 ⓐ견해가 타당하다. 설문의 경우 제시한 계약의 내용은 불공정하므로, 甲 회사는 이를 이유로 보증의 무효를 주장할 수 있다.

(3) 대표권 남용의 법리가 적용되는지 여부 (7점)

1) 문제점

대표권의 남용행위도 객관적으로 대표이사의 권한범위 내의 행위이므로 대외적 관계에서는 유효이다. 다만, 회사입장에서 **거래의 효력을 부인할 수 있는 근거**가 무엇인지 문제된다.

2) 대표권 남용의 대외적 효력

가) 학설의 대립 [비/권/상/대]

① 비진의표시설, ② 권리남용설, ③ 상대적 무효설, ④ 대표권제한설 등이 대립한다.

나) 판　례

판례는 상대방이 대표이사의 진의를 알았거나 알 수 있었을 때에는 회사에 대하여 무효가 된다고 하여 **'비진의표시설'**의 입장을 취한 것이 다수[24]이지만, 드물게는 **'권리남용설'**을 취한 것도 있다.[25]

다) 검토 및 사안의 경우

회사의 이익과 거래안전의 조화를 꾀하는 판례의 '비진의표시설'이 타당하다. 甲 회사의 보증은 회사를 위한 것이 아니라 A의 배우자인 G의 개인 용도를 위한 것이었으므로 대표권 남용에 해당한다. 甲 회사는 거래 상대방인 丁 회사가 위 보증이 회사를 위한 것이 아니었음을 **알았거나 알 수 있었음을 증명**하여 거래의 무효를 주장할 수 있다.

4. 결　론 (3점)

丙 은행의 A에 대한 채권은 丙 은행에게 기본적 상행위가 되므로, A에게는 상행위가 되지 않아도 상법 제64조가 적용되는 채권이므로 그 채무의 불이행으로 인한 손해배상채권에도 상법 제64조가 적용되어 5년의 상사소멸시효가 적용된다. 한편 甲 회사의 보증행위는 정관목적에 의한 권리능력 제한 법리에 의하여 효력에 영향을 받지 않는다고 보아야 하나, 불공정한 자기거래에 해당하여 무효가 될 수 있다. 또한 대표권 남용의 법리가 적용되어 甲 회사가 거래 상대방인 丁 회사의 악의 또는 과실을 증명하여 거래의 무효를 주장할 수 있다.

---

24) 대법원 1997. 08. 29, 선고 97다18059 판결
25) 대법원 1987. 10. 13. 86다카1522 판결.

7. 제1차 모의시험 제1문

목 차

제1문의 1

Ⅰ. 소송계속 중 사망의 법리

1. 문제점

A소에서 乙의 사망에도 불구하고 선고된 판결이 유효하고 확정된 것이어서 기판력이 발생한다면, B소에 대해 전소의 기판력이 모순관계로 작용하므로 丁의 청구는 기각될 것이다. 따라서 A소에서 피고가 소송계속 중 사망한 경우 판결의 효력이 미치는 자가 누구인지, 대리인의 상소의 특별수권과 관련하여 판결이 확정된 것인지 살펴본다.

2. 乙의 사망이 소송에 미치는 영향

(1) 당사자지위의 당연승계 여부

당연승계를 부정하는 입장도 있으나, 判例는 일응 대립당사자구조를 갖추고 적법히 소가 제기되었다가 소송도중 어느 일방의 당사자가 사망함으로 인해서 그 당사자로서의 자격을 상실하게 된 때에는 그 대립당사자구조가 없어져 버린 것이 아니고, 그때부터 그 소송은 그의 지위를 당연히 이어받게 되는 상속인들과의 관계에서 대립당사자구조를 형성하여 존재하게 되는 것이라고 판시하여 당연승계긍정설입장이다(대법(전) 1995. 05. 23. 94다28444).

(2) 절차에 미치는 영향

당사자가 소송계속 중 사망하였다 하여도 소송대리인이 있으면 절차는 중단되지 않는다(제238조). 소송대리인이 있으면 당사자가 무방비 상태가 되는 것이 아니어서 상속인의 절차권이 보장되기 때문이다. 이때 소송대리인은 수계절차를 밟지 않아도 상속인 丁의 소송대리인이 된다. 따라서 상속인이 밝혀진 경우에는 상속인, 상속인이 누구인지 모를 때에는 亡人을 그대로 표시하여도 된다(대법 1992. 11. 05. 91마342). 따라서 당사자가 사망하였으나 그를 위한 소송대리인이 있어 소송절차가 중단되지 아니한 경우에는 그 소송대리인은 상속인들 전원을 위하여 소송을 수행하게 되는 것이며 그 사건의 판결은 상속인들 전원에 대하여 효력이 있는 것이라 할 것이다(대법 2016. 04. 02. 2014다210449).

3. A소의 기판력 발생 여부

(1) 丙에게 상소의 특별수권이 없었던 경우

그 심급의 판결정본이 당사자에게 송달되면 당해 소송대리인의 대리권은 소멸되고 따라서 소송절차는 중단된다(대법 1980. 10. 14. 80다623·624). 이 경우 항소는 丁이 소송수계절차를 밟은 다음에 제기하는 것이 원칙이다(대법 2016. 04. 29. 2014다210449). 따라서 A소는 확정된 것이 아니므로 기판력이 발생하지 않는다.

(2) 丙에게 상소의 특별수권이 있었던 경우

소송대리인에게 상소에 관한 특별한 수권이 있다면 판결정본이 송달되어도 중단되지 않는데, i) 소송대리인이 패소한 당사자를 위하여 상소를 제기하지 아니하면 상소기간의 도과로 당해판결은 확정되며(대법 2016. 09. 08. 2015다39357), ii) 상소를 제기하였다면 그 상소제기 시부터 소송절차가 중단되므로 항소심에서 소송수계절차를 거치면 된다(대법 2016. 04. 29. 2014다210449). 설문에서 판결정본 송달 후 30일이 도과된 상태이므로 A소는 확정되어 기판력이 발생하였다.

4. B소에 대한 취급

(1) 丙에게 상소의 특별수권이 없었던 경우

丁이 제기한 B소는 A소의 소송계속 중이고 당사자는 동일하지만 소송물이 달라 중복제소에 해당하는 것은 아니어서 적법하며, 甲의 소유권이전등기는 확정판결에 의하지 아니한 것이고 실체적 등기원인도 없으므로 수소법원은 청구를 인용한다.

(2) 丙에게 상소의 특별수권이 있었던 경우

수소법원은 甲에게 등기원인이 존재하지 않는다는 심증에도 불구하고, 判例의 모순금지설에 의할 때 A소의 기판력과 모순되는 丁의 청구를 기각하여야 한다.

제1문의 2

Ⅰ. 채권자대위소송의 원고적격과 기판력

1. 설문 (1) : 채권자대위소송의 성질과 원고적격

(1) 문제점

피보전채권이 존재하지 않는 경우의 채권자대위소송에 대한 취급이 그 성질론과 관련하여 문제된다.

(2) 채권자대위소송의 법적 성질

이에 대해 채권자대위소송은 ① 채권자가 자기 채권의 보전을 위하여 민법이 자신에게 인정한 대위권이라는 실체법상의 권리를 행사하여 소송을 수행하는 것이라는 독립한 대위권설과, ② 채권자대위소송에 있어서 채무자가 그 사실을 알기 전에는 채무자와 병행형 법정소송담당이나, 그 사실을 안 후에는 민법 제405조 2항과 비송사건절차법 제49조에 의하여 채무자는 그 권리를 처분할 수 없으므로 갈음형의 법정소송담당이라는 견해가 있으나, ③ 다수설과 判例는 채권자에게 관리처분권이 부여된 결과 채무자와 함께 소송수행권을 가지는 병행형 소송담당으로 보는 입장이다(대법 1992. 11. 10. 92다30016).

(3) 피보전채권 흠결의 취급

병행형 소송담당설에 따라 丙이 원고적격을 가지기 위해서는 ① 피보전채권이 존재하고, ② 보전의 필요성이 있으며, ③ 채무자가 권리를 행사하지 않았어야 한다. 우리 判例도 채권자대위소송에 있어서 대위에 의하여 보전될 채권자의 채무자에 대한 권리가 인정되지 아니할 경우에는 채권자가 스스로 원고가 되어 채무자의 제3채무자에 대한 권리를 행사할 당사자적격이 없게 되므로 그 대위소송은 부적법하여 각하할 수밖에 없다고 하였다(대법 1988. 06. 14. 87다카2753).

(4) 설문 1의 해결

독립한 대위권설에 의하면 丙의 청구를 기각하나, 判例에 따를 때 A소를 원고적격 흠결을 이유로 부적법 각하판결을 내린다.

2. 설문 (2) : 채무자에게 미치는 기판력의 범위

(1) 문제점

채권자대위소송에서 피보전채권 부존재에 관한 기판력이 채무자에게 미치는지 여부가 문제된다.

(2) 전소에 기판력이 발생하는지 여부

1) 소송판결에 대한 기판력 발생여부 : 기판력의 발생범위가 소송물의 판단범위와 동일하다면 기판력은 본안판결에만 적용되고 소송판결에는 적용이 없다는 견해가 나올 수 있다. 그러나 기판력에는 이미 성립한 판단이 거듭되는 것을 금지하는 소극적 작용과 종전의 판단내용을 기준으로 이에 따라야 한다는 적극적 작용이 있다. 소극적 작용면에서 볼 때 소송요건의 흠을 이유로 부적법 각하하는 소송판결도 본안판결과 같이 모두 반복을 금지하여야 한다는 점에서 구태여 기판력을 부정할 필요가 없다. 따라서 소송판결의 기판력은 주문에서 판단한 소송요건의 부존재에 발생한다.

2) 사안의 경우 : 소송판결의 주문은 "이 사건 소를 각하한다"라고 간략하게 표현되므로 기판력이 미치는 사항, 즉 어느 소송요건에 흠이 있는가를 파악하기 위하여서는 판결이유를 참작하여야 한다. 사안에서 전소의 기판력 발생부분은 "丙의 피보전채권의 부존재"이다.

(3) 채권자대위소송의 기판력이 채무자에게 미치는지 여부

이 경우에 권리귀속주체가 기판력을 전면적으로 받는다면 소송담당자의 불성실한 소송수행의 결과 그 자신 고유의 소송수행권이 제한되는 문제가 있으므로 문제되는데, 判例는 채권자대위소송과 관련하여 한때 채무자에게 기판력이 미치지 않는 것으로 보았으나, 그 후 채권자대위소송이 제기된 사실을 어떠한 사유로든 알았을 때에 한하여 채무자에게도 미친다고 판시하여(대법 1975. 05. 13. 74다1644), 절충설 내지 절차보장설로 바꾸었다.

(4) 기판력이 작용하는 범위

이때 채무자에게도 기판력이 미친다는 의미는 채권자대위소송의 소송물인 피대위채권의 존부에 관하여 채무자에게도 기판력이 인정된다는 것이고, 채권자대위소송의 소송요건인 피보전채권의 존부에 관하여 당해 소송의 당사자가 아닌 채무자에게 기판력이 인정된다는 것은 아니다. 따라서 채권자가 채권자대위권을 행사하는 방법으로 제3채무자를 상대로 소송을 제기하였다가 채무자를 대위할 피보전채권이 인정되지 않는다는 이유로 소각하 판결을 받아 확정된 경우 그 판결의 기판력이 채권자가 채무자를 상대로 피보전채권의 이행을 구하는 소송에 미치는 것은 아니다(대법 2014. 01. 23. 2011다108095).

(5) 설문 2의 해결

A소의 기판력은 B소에 미치는 것이 아니므로 수소법원은 丙의 청구를 인용할 수 있다.

제1문의 3

Ⅰ. 소송법상 양립불가와 예비적 공동소송인 추가

1. 대표자 지위확인의 소의 피고적격자와 문제점

단체의 대표자 지위확인을 구하는 소의 피고적격자에 대해 判例는 피고를 단체 내지 회사 자체로 하여야 하고 당해 결의에 의해 선출된 대표자 개인을 피고로 해서는 확인의 이익이 없다고 한다. 대표자 개인을 상대로 한 부적법한 확인의 소에 적법한 피고적격자를 예비적 피고로 추가하는 것이 제70조 공동소송의 형태로 허용되는지 문제된다.

2. 예비적 공동소송의 적법여부

(1) 예비적 공동소송의 요건

예비적 공동소송은 ① 공동소송의 일반요건을 갖추어야 함은 물론이요, ② 공동소송인 가운데 일부의 청구가 다른 공동소송인의 청구와 법률상 양립할 수 없거나 공동소송인 가운데 일부에 대한 청구가 다른 공동소송인에 대한 청구와 양립할 수 없는 경우이어야 한다(제70조). 사안에서는 제65조 전문의 권리의무의 발생원인이 공통한 경우이므로 주관적 요건은 갖추었고, 객관적 요건과 관련하여 동종절차에서 심리할 수 있으며, 제25조 제2항의 관련재판적도 갖출 수 있는 경우이므로 문제가 없으나, 법률상 양립불가능한 경우인지 여부가 문제된다.

(2) 법률상 양립불가의 의미

判例는 "여기에서 '법률상 양립할 수 없다'는 것은, ① 동일한 사실관계에 대한 법률적인 평가를 달리하여 두 청구 중 어느 한 쪽에 대한 법률효과가 인정되면 다른 쪽에 대한 법률효과가 부정됨으로써 두 청구가 모두 인용될 수는 없는 관계에 있는 경우나, 당사자들 사이의 사실관계 여하에 의하여 또는 청구원인을 구성하는 택일적 사실인정에 의하여 어느 일방의 법률효과를 긍정하거나 부정하고 이로써 다른 일방의 법률효과를 부정하거나 긍정하는 반대의 결과가 되는 경우로서, 두 청구들 사이에서 한 쪽 청구에 대한 판단 이유가 다른 쪽 청구에 대한 판단 이유에 영향을 주어 각 청구에 대한 판단 과정이 필연적으로 상호 결합되어 있는 관계를 의미하며, ② 실체법적으로 서로 양립할 수 없는 경우뿐 아니라 소송법상으로 서로 양립할 수 없는 경우를 포함하는 것으로 봄이 상당하다"고 하여 소송법상 양립불가한 경우도 포함하고 있다(대법 2007. 06. 26. 2007마515).

(3) 사안의 경우

생각건대 법인 또는 비법인 등 당사자능력이 있는 단체의 대표자 또는 구성원의 지위에 관한 확인소송에서 누가 피고적격을 가지는지에 관한 법률적 평가에 따라 어느 한 쪽에 대한 청구는 부적법하고 다른 쪽의 청구만이 적법하게 될 수 있으므로, 이는 민사소송법 제70조 제1항 소정의 예비적·선택적 공동소송의 요건인 각 청구가 서로 법률상 양립할 수 없는 관계에 해당하는 것으로 봄이 상당하다(대법 2007. 06. 26. 2007마515).

3. 추가요건 구비여부

사안에서 입주자대표회의의 추가는 소송이 제1심에 계속 중이고 변론종결전이므로 허용될 것이며, 피고 측의 추가이므로 추가되는 입주자대표회의의 동의는 필요치 않다. 공동소송인의 추가는 추가된 당사자와의 사이에 신소의 제기이므로 추가신청은 서면에 의하여야 하고, 추가결정이 있는 경우 처음 소가 제기된 때에 추가되는 당사자와의 사이에 소가 제기된 것으로 보기 때문에 시효중단·기간준수의 효과는 처음 제소시에 소급한다. 또한 추가 후에는 필수적 공동소송의 심판방법이 적용되므로 종전 乙의 소송수행의 결과는 유리한 소송행위의 범위 내에서 신당사자에게도 효력이 미친다고 할 것이다.

4. 결 론

설문은 乙에 대한 소는 부적법하고, 입주자대표회의에 대한 소는 적법하여 소송법상 양립불가능한 경우이며, 제1심 변론종결전까지는 예비적 공동소송인의 추가가 허용되므로 적법하다.

제1문의 4

Ⅰ. 제1문의 4 설문 1 : 날인사실의 증명책임

1. 문제점

사안에서는 명의인 乙이 아닌 제3자 丙이 날인한 사실에 관하여 당사자 사이에 다툼이 없으므로 1단계 추정은 복멸된다. 따라서 제358조의 추정이 성립되려면 그 전제사실인 '丙이 乙을 대신하여 날인할 권한이 있다는 사실'이 인정되어야 하는데 이에 대한 증명책임이 문제된다. 먼저 사문서의 진정성립의 추정에 관한 논의를 검토하고, 날인의 진정에 대한 증명책임을 소재를 검토하여 증거로 사용가능한지 살펴본다.

2. 사문서의 진정성립 추정

(1) 소위 2단계 추정

공문서는 제356조 1항에서 진정성립에 관해 전면적 추정력을 받으나, 사문서는 그것이 진정한 것임을 증명하여야 하는데(제357조), 判例는 "문서에 날인된 작성명의인의 인영이 작성 명의인의 인장에 의하여 현출된 인영임이 인정되는 경우에는 특단의 사정이 없는 한 그 인영의 성립 즉 날인행위가 작성명의인의 의사에 기하여 진정하게 이루어진 것으로 추정되고 일단 인영의 진정성립이 추정되면 민사소송법 제358조의 규정에 의하여 그 문서전체의 진정성립까지 추정된다."고 하여 사문서의 형식적 증거력에 관하여 2단계 추정의 법리를 인정하고 있다.

(2) 날인사실에 대한 증명책임

大法院은 "위와 같은 사실상 추정은 날인행위가 작성명의인 이외의 자에 의하여 이루어진 것임이 밝혀진 경우에는 깨어지는 것이므로, 문서제출자 甲은 丙의 날인행위가 작성명의인 乙로부터 위임받은 정당한 권원에 의한 것이라는 사실까지 입증할 책임이 있다"고 한다(대법 1995. 06. 30. 94다41324).

3. 사안의 해결

제358조의 추정이 성립하기 위하여서는 날인자인 丙이 乙로부터 위임받았음은 서증제출자인 甲이 증명하여야 한다. 그런데 사안에서 법원은 이에 관하여 확신을 얻지 못하였기 때문에 결국 2단계 추정은 성립하지 않는다. 따라서 매매계약서의 형식적 증거력은 부정되어 증거로 사용할 수 없으며, 원고가 증명책임을 부담하는 청구원인 사실인 매매계약을 입증할 다른 증거가 없으므로 甲의 주위적 청구는 기각될 것이다.

II. 제1문의 4 설문 2 : 예비적 병합의 심판방법

1. 문제점

주청구가 기각되고 예비적 청구가 인용된 것에 피고의 항소시 이심의 범위와 불이익변경금지 원칙상 항소심이 주위적 청구를 인용할 수 있는지 문제된다.

2. 이심의 범위

항소제기에 의한 확정차단의 효력과 이심의 효력은 원칙적으로 항소인의 불복신청의 범위에 관계 없이 원판결의 전부에 대하여 불가분적으로 발생한다. 이러한 상소불가분원칙상 주위적 청구도 확정이 차단되고 이심한다. 따라서 피고는 주위적 청구를 인낙할 수 있으며, 인낙하면 예비적 청구를 심판할 필요 없이 종결된다(대법 1992. 06. 09. 92다12032).

3. 주위적 청구가 심판의 대상인지 여부

(1) 학설의 입장

1) 소극설 : 이는 항소심의 심판대상이 불복신청의 범위에 국한되므로 항소심은 원고의 항소 또는 부대항소가 없는 한 주위적 청구에 대한 제1심의 판단의 당부를 심사의 대상으로 삼을 수 없다는 견해이다. 그 논거로는 ① 주위적 청구에 관해서 심판을 허용하게 되면 소송당사자의 일방의 이익을 위하여 그 상대방인 소송당사자에게 불측의 불이익을 입히게 되므로 사적 분쟁의 공평한 해결을 목적으로 하는 민소법의 기본이념에 비추어 상당하지 않은 점, ② 원고는 항소나 부대항소도 제기하지 않았으므로 주위적 청구를 심판하는 것은 이익변경금지의 원칙에 저촉된다는 입장이다.

2) 적극설 : 이는 항소심에서도 제1심에서의 예비적 청구에 관한 판단의 당부 이외에 주위적 청구에 관한 판단의 당부도 심사의 대상으로 삼을 수 있으므로 원고의 항소 내지 부대항소 없이 주위적 청구를 인용하더라도 불이익변경금지의 원칙에 어긋나지 않는다고 한다. 그 논거로는 ① 예비적 병합소송의 특성에 기하여 원판결은 1개의 전부판결이고 불복신청도 전부에 미치고 또한 양 청구의 분리판단은 적당하지 않고, ② 주위적 청구부분을 심판대상으로 하는 것은 사적분쟁의 합리적 해결을 목적으로 하는 민소법의 기본이념에 부합하는 점 등을 들고 있다.

(2) 判例의 입장

判例는 제1심 법원이 원고들의 주위적 청구와 예비적 청구를 병합심리한 끝에 주위적 청구는 기각하고 예비적 청구만을 인용하는 판결을 선고한 데 대하여 피고만이 항소한 경우, 항소제기에 의한 이심의 효력은 당연히 사건 전체에 미쳐 주위적 청구에 관한 부분도 항소심에 이심되는 것이지만, 항소심의 심판범위는 이에 관계없이 피고의 불복신청의 범위에 한하는 것으로서 예비적 청구를 인용한 제1심 판결의 당부에 그치고 원고들의 부대항소가 없는 한 주위적 청구는 심판대상이 될 수 없다고 판시하여 소극설의 입장이다(대법 2002. 12. 26. 2002므852).

(3) 검 토

생각건대, 적극설은 피고의 방어권·변론권을 침해하고 처분권주의에 위배되기 때문에 따를 수 없다고 하겠으며, 불복하지 않은 주위적 청구에 관한 부분은 이심은 되지만 항소심의 심판대상은 되지 않는다고 보는 소극설이 타당하다. 이는 불이익변경금지의 원칙상 당연하다.

4. 설문의 해결

이 경우 원고는 주위적 청구와 예비적 청구가 모두 기각되는 완패의 결과가 생기나, 주위적 청구 부분은 항소심 판결선고시에 확정되므로 상고를 제기할 수도 없고, 예비적청구가 기각된 것에 불복하여 상고할 수 있다.

제1문의 5

Ⅰ. 문제 1. : 담보지상권의 피담보채무 부존재확인청구의 확인의 이익

1. 결론

법원은 乙의 청구를 각하하여야 한다.

2. 근거

甲은행 명의의 지상권설정등기의 효력, 담보지상권의 피담보채무 부존재확인청구의 확인의 이익이 인정되는지, 확인의 이익이 없는 확인청구에 대한 법원의 조치 등이 쟁점이다.

지상권이란 타인의 토지에 건물 기타 공작물이나 수목을 소유하기 위하여 토지를 사용하는 권리를 말한다(제279조). 지상권은 용익물권이나, 저당권 등과 같은 담보물권의 실효성을 확보하기 위하여 설정될 수 있는데 이를 담보지상권이라고 한다. 판례는, 담보지상권은 당사자의 약정에 따라 담보권의 존속과 지상권의 존속이 연계되어 있을 뿐이고 담보지상권에 피담보채무가 존재하는 것으로 볼 수는 없다고 하며, 지상권설정등기의 피담보채무 부존재확인을 구하는 청구는 확인의 이익이 없는 부적법한 청구라고 한다.[1] 또한 확인의 이익이 인정되는 않는 경우 법원은 확인의 소를 각하하여야 한다고 한다.

사안의 경우, 甲은행의 지상권설정등기는 甲은행의 근저당권의 효력을 확보하기 위한 담보지상권이고, 담보지상권에는 피담보채무가 있을 수 없으므로 乙이 지상권설정등기의 피담보채무의 부존재확인을 구하는 청구는 확인의 이익이 없는 부적법한 청구에 해당한다.

1) 대법원 2017. 10. 31, 선고 2015다65042 판결

Ⅱ. 문제 2. : 권원에 의한 부속

1. 쟁점

사과나무가 권원에 의한 부속물로서 독립성을 유지하는지, 저당권의 효력이 미치는 부합물로 경매절차 매수인에게 그 소유권이 이전되는지가 쟁점이다.

2. 경매절차 매수인 丁의 소유권취득 범위

저당권의 효력은 저당부동산에 부합된 물건과 종물에 미치다 그러나 법률에 특별한 규정 또는 설정행위에 다른 약정이 있으면 그러하지 아니하다(제358조). 판례는, 저당권의 효력이 미치는 물건에 관해서는 경매절차에서 목적물로 평가되었는지를 불문하고 경매절차 매수인은 매각대금 완납에 의하여 당연히 그 물건의 소유권을 취득한다고 한다.2)

사안의 경우, 丙이 乙의 토지에 식재한 사과나무가 저당권의 효력이 미치는 부합물에 해당하는 때에는 丁이 사과나무의 소유권을 취득하지만, 제256조 단서가 규정하는 권원에 의한 부속물인 때에는 여전히 丙의 소유에 속한다.

3. 丙이 乙의 토지에 식재한 사과나무가 권원에 의한 부속물인지 여부

부동산의 소유자는 그 부동산에 부합한 물건의 소유권을 취득한다. 그러나 타인의 권원에 의하여 부속된 것은 그러하지 아니하다(제256조). 부속이란 주물과 분리되어도 경제적 가치가 있는 결합물을 의미하고, 권원이란 타인의 부동산에 자기의 동산을 부속시켜서 그 부동산을 이용할 수 있는 권리를 말한다.3) 판례는, 지상권을 설정한 토지소유자로부터 토지를 이용할 수 있는 권리를 취득하였더라도 지상권이 존속하고 있는 동안에는 제256조 단서의 권원에 해당하지 않는다고 하나, 지상권이 담보지상권인 때에는 담보지상권자가 지상권 목적 토지를 사용·수익할 수 있는 것은 아니므로 제256조 단서의 권원에 해당한다고 한다.4)

사안의 경우, 甲은행의 지상권은 담보지상권이고, 丙은 토지소유자 乙로부터 사용권을 부여받아 사과나무를 식재한 것이므로 권원을 가진 자이며, 사과나무는 토지로부터 분리되어도 경제적 가치를 가지므로 부속물에 해당한다. 결국, 丙이 식재한 사과나무의 독립성은 유지된다.

4. 결론

사과나무는 丙의 소유에 속한다.

Ⅲ. 문제 3. : 담보지상권자의 무단점유자에 대한 지료상당액의 부당이득반환청구

1. 결론

법원은 甲은행의 청구를 기각하여야 한다.

---

2) 대법원 2002. 10. 25, 선고 2000다63110 판결
3) 대법원 1989. 07. 11, 선고 88다카9067 판결
4) 대법원 2018. 03. 15, 선고 2015다69907 판결

2. 근거

부당이득반환청구권의 일반적 요건, 무단점유자의 점유로 담보지상권자에게 지료상당액의 손실이 있는지 등이 쟁점이다.

부당이득반환청구권이 인정되기 위해서는 ㉠수익자의 이익, ㉡손실자의 손실, ㉢이득과 손실 사이의 인과관계, ㉣법률상 원인의 흠결 등의 요건을 충족하여야 한다(제741조). 담보지상권은 담보권의 실효성을 확보하기 위하여 담보목적인 토지에 설정된 지상권으로 사용·수익을 내용으로 하지 않는다. 판례는, 담보지상권자가 목적 토지로부터 임료 상당의 이익이나 기타 소득을 얻을 수 있었다고 보기 어려우므로 임료 상당의 손해가 발생하였다고 볼 수 없다고 한다.[5)]

사안의 경우, 甲은행의 지상권은 근저당권의 실효성을 확보하기 위한 담보지상권이고, 甲은행이 X토지로부터 사용·수익에 따른 이익을 얻을 수 있었던 것은 아니므로 戊의 무단점유로 지료상당의 손실을 입었다고 할 수 없다. 지료상당액의 손실을 전제로 한 부당이득반환청구는 허용되지 않는다.

---

5) 대법원 2008. 01. 17, 선고 2006다586 판결

8. 제1차 모의시험 제2문

목 차

제2문의 1

Ⅰ. 문제 1. : 제366조 법정지상권의 성립요건

1. 결론

법원은 丙의 청구를 인용하여야 한다.

2. 근거

제366조의 법정지상권의 일반적 성립요건, 토지와 건물에 공동저당권이 설정된 후 건물이 철거되고 신축된 경우 신축건물을 위한 제366조의 법정지상권이 인정되는지 등이 쟁점이다.

토지소유자는 소유권에 기초한 방해배제청구로서 지상건물의 철거를 청구할 수 있다(제214조). 다만, 건물소유자가 토지를 점유할 권리를 가지고 있는 때에는 철거청구가 허용되지 않는다. 건물소유자에게 제366조의 법정지상권이 인정되기 위해서는, ㉠저당권실행으로 토지와 건물의 소유자가 달라져야 하고, ㉡최선순위저당권 설정 당시에 건물이 존재하거나 건물의 존재를 외형상 예상할 수 있어야 하고, ㉢저당권설정 당시 토지와 건물의 소유자가 동일하여야 한다(제366조). 판례는, 토지저당권설정 당시 건물이 존재하였으나 그 건물이 철거되고 새로운 건물이 신축된 후 토지저당권 실행으로 토지와 건물의 소유자가 달라진 경우, 토지에만 저당권이 설정되었던 경우에는 제366조 법정지상권이 인정되지만[1], 토지와 건물에 공동저당권이 설정되었던 경우에는 신축된 건물에 토지저당권과 동일한 순위 저당권이 설정되는 등으로 토지의 담보가치 하락분을 신축건물로부터 회수할 수 있다는 특별한 사정이 없는 한 제366조의 법정지상권은 인정되지 않는다고 한다.[2]

사안의 경우, 丙은 토지경매를 통하여 토지소유권을 취득한 현재 소유자이며, 甲은 신축건물인 Z건물의 소유자이다. 乙은 X토지와 지상의 Y주택에 공동저당권을 취득하였는데, Y주택이 철거되고 Z건물이 신축되었고, 신축된 Z건물에 乙을 위한 공동저당권이 설정되었다는 사정이 없으므로 X토지저당권 실행으로 토지와 건물의 소유자가 달라진 이상 제366조의 법정지상권은 인정되지 않는다. 甲의 항변은 이유 없다.

Ⅱ. 문제 2. : 물상대위의 객체인 구상금채권을 수동채권으로 한 상계대항 가능성

1. 쟁점

상계의 일반적 요건, 물상대위의 객체가 되는 물상보증인의 구상권을 수동채권으로 하는 채무자의 상계로 물상대위권자인 후순위저당권자에게 대항할 수 있는지가 쟁점이다.

2. 구상금채무자 丙이 상계권을 취득하는지 여부

상계권이 인정되기 위해서는 ㉠동종채권의 대립이 있어야 하고, ㉡자동채권은 그 실현에 아무런 장애사유가 없어야 하고, ㉢수동채권에는 상계를 제한하는 사유가 없어야 한다.

---

1) 대법원 2001. 03. 13. 선고 2000다48517·48531 판결
2) 대법원 2003. 12. 18. 선고 98다43601 전원합의체 판결; 대법원 2010. 01. 14. 선고 2009다66150 판결

사안의 경우, 채무자 丙은 물상보증인 甲에 대하여 구상금채무를 부담하고 있고, 丙은 甲에 대하여 대여금채권이 있으므로 동종채권의 대립이 있고, 대여금채권의 변제기가 도래하는 등 그 실현에 장애사유가 없으며, 구상금채무에 관한 상계금지규정 등이 존재하지 아니하므로 일응 상계가 가능하다.

3. 후순위저당권자 A가 물상대위를 할 수 있는지

판례는, 물상보증인이 설정한 공동저당권이 실행되어 그 부동산의 후순위저당권이 소멸한 경우 저당권설정자인 물상보증인은 변제자대위에 의하여 채무자나 다른 물상보증인이 설정한 공동저당권을 취득하는데, 후순위저당권자는 채무자나 다른 물상보증인이 제공한 공동저당권에 대하여 물상대위를 할 수 있다고 한다.[3)]

사안의 경우, 甲은 물상보증인으로 丁의 공동저당권 실행에 의하여 소유권을 상실한다. 甲은 채무자 丙에 대하여 구상권을 취득하고, 이를 확보하기 위하여 丙의 X토지에 있는 丁의 공동저당권을 취득한다. 甲이 취득한 丙에 대한 구상권과 변제자대위권은 근저당물인 Z건물의 가치변형물이므로 Z건물의 후순위저당권자 A는 甲이 취득한 구상권과 변제자대위권에 대하여 물상대위를 할 수 있다.

4. 물상대위의 객체인 구상금채권을 수동채권으로 하는 채무자의 상계대항가능성

판례는, 공동저당권의 목적인 물상보증인 부동산의 후순위저당권자가 물상보증인의 변제자대위권에 대하여 물상대위를 주장하는 경우, 채무자가 물상보증인에 대하여 반대채권을 가지고 있더라도 채무자의 상계에 대한 기대는 물상보증인 부동산에 경매가 개시되는 때에 비로소 생기므로 물상보증인 부동산의 후순위저당권자가 가지는 물상대위에 대한 기대에 우선할 수 없으므로 채무자는 물상보증인에 대한 반대채권으로 물상보증인의 구상금채권과 상계함으로써 물상보증인 소유의 부동산에 대한 후순위저당권자에게 대항할 수 없다고 한다.[4)]

채무자 丙이 물상보증인 甲에 대하여 상계권을 가지더라도 丙의 상계에 대한 기대는 물상보증인 甲의 Z건물에 관한 경매개시에 의하여 비로소 생긴 것이며, Z건물의 후순위저당권자 A의 물상대위에 대한 기대는 후순위저당권을 설정할 당시에 생긴 것이므로 丙은 상계로 구상금채권이 소멸하였음을 후순위저당권자 A에게 대항할 수 없다.

5. 결론

丙은 甲에 대하여 대여금채권을 자동채권으로 한 상계로 구상금채무가 소멸하였음을 후순위저당권자 A에게 대항할 수 없다.

Ⅲ. 문제 3. : 어느 공동근저당권의 확정으로 다른 공동근저당권도 확정되는지 여부

1. 결론

B의 주장은 이유 없다.

---

3) 대법원 2001. 06. 01, 선고 2001다21854 판결
4) 대법원 2017. 04. 26, 선고 2014다221777 판결

2. 근거

(1) 쟁점

근저당권의 확정사유 및 시기, 어느 공동근저당권이 확정된 경우 다른 근저당권도 확정되는지가 쟁점이다.

(2) Z건물에 관한 丁의 공동근저당권이 확정되는지 여부

판례는, 근저당권자가 스스로 경매를 신청한 때에는 경매신청 당시에 확정되지만,[5] 다른 채권자가 근저당물에 경매를 신청하여 매각이 이루어지는 때에는 근저당권자가 담보가치를 최대한 활용할 수 있도록 하기 위하여 매각대금 완납 당시에 근저당권이 확정된다고 한다.[6]

사안의 경우, Z건물에 대한 경매는 후순위저당권자 A에 의하여 개시된 것이므로 丁의 공동근저당권은 매각대금을 완납한 당시에 확정된다.

(3) X토지에 관한 丁의 공동근저당권이 확정되는 사유 및 시기

판례는, 공동근저당권자의 경매신청에 의하여 어느 공동근저당권이 확정되는 때에는 계속적 거래관계가 종료되었으므로 다른 공동근저당권도 경매신청 당시에 확정된다고 한다.[7] 그러나 공동근저당권자 적극적으로 경매를 신청한 것이 아니라 다른 채권자에 의한 경매신청으로 공동근저당권이 확정되는 때에는 계속적 거래관계가 해지 등으로 종료되었다고 할 수 없고, 다른 공동근저당권의 채권최고액은 공동근저당권자가 배당받은 금액만큼 감액되어 다른 공동근저당물에 이해관계를 맺은 제3자를 해할 여지가 없으므로 다른 공동근저당권은 확정되지 않는다고 한다.

사안의 경우, 공동근저당권자 丁은 후순위저당권자 A가 실행한 Z건물에 관한 임의경매에서 배당을 받았을 뿐이므로 이로 인하여 X토지에 설정된 丁의 공동근저당권이 확정된다고 할 수는 없고, X토지가 B의 강제경매로 인하여 매각되었으므로 매각대금 완납 당시인 2018. 12. 15.에 X토지에 관한 丁의 공동근저당권은 확정된다.

(4) 丁의 추가대출금채권 1억 원이 근저당권에 의하여 담보되는지 여부

근저당권이 확정되면 확정될 당시까지 발생한 피담보채권은 근저당권에 의하여 담보되지만, 그 후에 발생한 피담보채권은 근저당권에 의하여 담보되지 않는다. 丁의 추가대출금 1억 원은 丁의 근저당권이 확정되기 전에 발생한 채권이므로 근저당권에 의하여 담보된다.

제2문의 2

1. 결론

매각대금 8억 원은 甲에게 5억 원 배당되고, 丙에게 1억 8천만 원이 배당되며, 丁에게 1억 2천만 원이 배당된다.

---

5) 대법원 1993. 03. 12, 선고 92다48567 판결
6) 대법원 1999. 09. 21, 선고 99다26085 판결
7) 대법원 1996. 03. 08, 선고 95다36596 판결

2. 근거

근저당권 확정 후 연대보증인이 일부변제를 한 경우, 연대보증인에게 변제자대위권을 취득하는지, 연대보증인의 변제자대위권과 채권자의 잔존채권의 우열관계 등이 쟁점이다.

판례는, 근저당권자의 경매신청에 의하여 근저당권은 확정되고, 확정 후에 발생한 채권은 근저당권에 의하여 담보되지 않는다고 한다.8)

변제할 정당한 이익이 있는 자는 변제로 당연히 채권자를 대위한다(제481조). 대위변제자는 구상권의 범위에서 채권자의 채권 및 담보에 관한 권리를 취득한다(제482조 제1항). 판례는, 채권의 일부가 대위변제 된 경우에도 변제자대위가 인정된다고 하고, 일부대위변제자는 채권자와 함께 변제자대위권을 행사할 수 있으나, 그 경우에도 채권자는 일부대위변제자에 대하여 우선변제권을 가진다고 하며, 수인이 시기를 달리하여 채권의 일부씩을 대위변제한 경우, 그들은 그 변제한 가액에 비례하여 변제로 인한 대위권을 행사할 수 있다고 한다.9)

사안의 경우, 甲의 근저당권 실행으로 甲의 근저당권은 확정되고, 확정 당시 甲의 피담보채권액은 10억 원이며, 그 후 丙과 丁이 일부변제를 함으로써 甲의 근저당권은 甲, 丙, 丁이 준공유하게 되고, 그 준공유비율은 甲이 5/10, 丙이 3/10, 丁이 2/10이다. 근저당권의 채권최고액은 9억 원이므로 매각대금 8억 원은 전액 근저당권자에게 배당되어야 하는데, 채권자 甲의 잔존 채권액 5억 원은 일부대위변제자 丙, 丁에 우선하여 배당되어야 하므로 甲은 5억 원 전액을 배당받고, 잔존 매각대금 3억 원은 丙과 丁의 지분비율에 따라 배당된다.

제2문의 3

1. 甲의 항변의 당부

甲의 ①, ③항변은 부당하나, ②항변은 타당하다.

2. 근거

(1) 쟁점

특정물하자담보책임의 요건으로 매도인의 귀책성이 필요한지, 특정물하자담보책임의 제척기간의 기산점과 내용, 하자담보책임 내용인 손해배상청구권이 소멸시효의 대상이 되는지 및 시효기간 등이 쟁점이다.

(2) 甲의 ①항변의 당부

특정물하자담보책임이 인정되기 위해서는 ㉠매매 당시 매매목적물에 하자가 존재하여야 하고, ㉡매수인은 하자사실에 관하여 선의, 무과실이어야 하며, ㉢경매가 아니어야 한다(제580조). 매도인

8) 대법원 1993. 03. 12, 선고 92다48567 판결
9) 대법원 2006. 02. 10, 선고 2004다2762 판결; 대법원 2001. 01. 19, 선고 2000다37319 판결; 대법원 2014.05.16, 선고 2013다202755 판결

의 하자담보책임은 무과실책임으로서 매도인이 하자사실을 알지 못하였더라도 그러한 사정만으로 매도인의 담보책임이 배제되지 않는다. 甲의 ①항변은 부당하다.

(3) 甲의 ②항변의 당부

특정물하자로 인한 담보책임 규정에 따른 매수인의 권리는 매수인이 하자를 안 날로부터 6월 내에 행사하여야 한다(제582조). 판례는, 6월의 기간은 제척기간이나 그 기간 내에 반드시 소송을 제기하여야 하는 출소기간은 아니라고 한다.10)

사안의 경우, 乙은 2018. 11. 5. 丙의 통보로 폐기물이 매립되었던 사실을 알게 되었고, 2019. 6. 5. 이 사건 소송을 제기하였는데, 소송이 제기된 시점은 乙이 하자사실을 안 날로부터 6월을 경과한 이후이며, 소송 제기 전에 乙이 甲에게 하자담보책임에 따른 권리행사를 하였다는 사실이 없으므로 제척기간이 경과하였다는 甲의 항변은 타당하다.

(4) 甲의 ③항변의 당부

판례는, 하자담보책임에 따른 손해배상청구권이 제척기간의 대상이 되더라도 권리의 내용, 성질 및 취지에 비추어 소멸시효규정의 적용이 배제된다고 할 수 없고, 매수인의 손해배상청구권은 목적물을 인도받은 때로부터 10년의 소멸시효의 대상이 된다고 한다.11) 한편, 대지의 소유자로 등기한 자는 특별한 사정이 없는 한 등기할 때에 대지의 인도를 받아 점유한 것으로 보아야 한다고 한다.12) 민사채권은 10년의 소멸시효의 대상이 된다(제162조).

사안의 경우, 乙이 소유권이전등기를 마친 2009. 10. 5.에 乙이 대지를 인도받은 것으로 보아야 하므로 乙이 甲에 대하여 손해배상청구소송을 제기한 2019. 6. 5.은 소멸시효 완성 전이므로 甲의 ③항변은 부당하다.

제2문의 4

1. 쟁점

甲의 유언이 자필증서방식의 유언으로 효력이 있는지, 공정증서방식의 유언으로 효력이 있는지, 공유자 1인이 단독으로 임대차계약을 체결한 경우, 다른 공유자가 보존행위를 원인으로 임차인에 대하여 공유물의 인도를 청구할 수 있는지, 다른 공유자가 임대인인 공유자를 상대로 지분에 상응하는 부당이득반환을 청구할 수 있는지가 쟁점이다.

2. 甲의 유언의 효력

유언은 민법이 정한 방식에 의하지 아니하면 효력이 생기지 아니하고(제1060조), 자필증서에 의한 유언이 효력을 가지려면 유언자가 그 전문과 연원일, 주소, 성명을 자서하고 날인하여야 한다

10) 대법원 1985. 11. 12, 선고 84다카2344 판결
11) 대법원 2011. 10. 13, 선고 2011다10266 판결
12) 대법원 2001. 01. 16, 선고 98다20110 판결

(제1066조 제1항). 판례는, 자서가 필요한 주소가 반드시 주민등록법에 의하여 등록된 것이어야 할 필요는 없으나 생활의 근거가 되는 곳으로 다른 장소와 구별되는 정도의 표시를 갖추어야 한다고 한다.[13]

한편, 공정증서에 의한 유언이 유효하기 위해서는 ㉠증인 2인 이상의 참여가 있어야 하고, ㉡유언자가 공증인의 면전에서 유언의 취지를 구수하여야 하며, ㉢공증인이 유언자의 구수를 필기해서 유언자와 증인에게 낭독하여야 하고, ㉣유언자와 증인이 필기가 정확함을 승인한 후 각자 서명 또는 기명날인 하여야 한다.

사안의 경우, 甲의 유언서는 주소의 자서가 다른 장소와 구별되는 정도의 표시를 갖추었다고 볼 수 없어 자필증서에 의한 유언으로 효력을 가질 수 없고, 유언장을 공증받았지만, 증인 1인의 참여가 있었을 뿐이므로 공정증서에 의한 유언으로도 효력을 가질 수 없다. 甲의 유언은 무효이다.

3. 乙과 丁의 임대차계약의 효력 및 丙의 권리

乙과 丙은 공동상속인이고, 상속재산인 래미문 1004호를 각 1/2 지분으로 공유한다. 공유자는 공유물 전부를 지분비율로 사용·수익할 수는 있으나 배타적으로 사용·수익할 수는 없다(제263조 제1항). 공유물의 관리에 관한 사항은 공유자의 지분의 과반수로써 결정하나 보존행위는 각자가 할 수 있다(제264조). 판례는, 과반수 지분권자는 단독으로 공유물의 관리에 관한 사항을 결정할 수 있고 과반수지분권자가 공유토지의 특정부분이나 전부를 배타적으로 사용·수익할 것을 정하는 것은 공유물의 관리방법으로 적법하지만,[14] 1/2 지분권자는 과반수지분권자가 아니므로 배타적으로 사용·수익할 수는 없다고 한다.[15] 소수지분권자가 임대차계약을 체결하고 공유물 전부를 배타적으로 사용하는 경우, 다른 소수지분권자는 공유물의 보존행위로서 공유물의 인도나 명도를 청구할 수 있고,[16] 배타적으로 사용·수익하고 있는 공유자에 대하여 지분에 상응하는 차임 상당액의 부당이득반환을 청구할 수 있다고 한다.[17]

사안의 경우, 乙은 공동상속인으로 상속재산인 래미문 1004호의 1/2 공유지분권자이므로 乙과 丁의 임대차계약은 공유물의 적법한 관리행위로 볼 수 없다. 丁은 임차권의 효력을 丙에게 주장할 수 없으므로 丙은 丁에 대하여 공유물의 보존행위로서 인도를 청구할 수 있고, 丁을 통하여 공유물을 배타적으로 사용·수익하고 있는 乙은 丙의 지분에 상응하는 임료 상당액의 부당이득반환의무를 부담한다.

4. 결론

법원은 丙의 청구를 전부인용하여야 한다.

13) 대법원 2014. 09. 26, 선고 2012다71688 판결
14) 대법원 1991. 09. 24, 선고 88다카33855 판결
15) 대법원 2003. 11. 13, 선고 2002다57935 판결
16) 대법원 1994. 03. 22, 선고 93다9392·9408 전원합의체 판결
17) 대법원 2002. 10. 11, 선고 2000다17803 판결

9. 제1차 모의시험 제3문

목 차

[문 1. 해설]

Ⅰ. 문제의 제기

주주총회 소집절차상하자와 관련하여, ① 주주 C에 대하여 소집통지를 누락한 것, ② A의 차명주식 3%에 대하여 A에게 통지한 것이 문제되고, 결의방법상의 하자와 관련하여, ① 차명주식에 대하여 A의 의결권 행사가 적법한지, ② 주주 丁회사의 특별이해관계인 해당 여부 및 ③ 상호주의 행사가 문제된다.

Ⅱ. 총회 소집절차상의 하자

1. 주주 C에 대한 소집통지의 하자

(1) 소집통지 절차

총회의 소집은 ① 원칙적으로 **이**사회가 이를 결정하며(제362조), ② **대**표이사는 주주총회일의 **2**주 전에 모든 주주에게 서면으로 ③ '**통**지'를 발송하여야 하며(제363조 제1항), ④ 회의의 **목**적사항도 통지해야 한다. [이/대/2/통/목] 서면 또는 전자문서 이외에 구두, 전화 등 다른 방법은 불허된다.[1] ⑤ 다만, 정관으로 **명의개서대리인을 둔 경우**, 명의개서 대리인은 주주총회 소집통지도 대행할 수 있다(자본시장법 제366조). 이 경우 **회사의 이행보조자**로서 명의개서대리인이 한 행위의 효력은 회사에 미친다.[2][3]

(2) 소집통지의 하자 사유

① 일부 주주에게 소집통지를 하지 아니한 경우, ② 총회일 2주전까지 통지하지 못한 경우, ③ 구두나 문자메세지에 의한 통지는 결의취소사유가 된다는 것이 판례의 입장이다.[4] ④ 또한 소집통지의 하자가 일부 주주에게 한정된 경우 해당 주주의 동의로 하자가 치유될 수 있으나, 다른 주주들은 그 하자를 이유로 취소의 소를 제기할 수 있다는 것이 판례이다.[5][6]

(3) 검토 및 사안의 경우

설문의 경우 명의개서대리인 B의 행위는 甲 회사의 이행보조자로서 甲 회사에 미친다. 따라서

---

1) 채점기준표 - 상장회사가 주주총회를 소집하는 경우 1/100 이하의 주식을 소유하는 주주에게는 정관으로 정하는 바에 따라 주주총회일의 2주 전에 둘 이상의 일간신문에 각각 2회 이상 공고하거나 전자적 방법으로 공고함으로써 위 소집통지를 갈음할 수 있다(상법 제542조의4 제1항). 이는 강행규정으로 해석되므로 다른 방식에 의한 통지는 허용되지 않는다.

2) 채점기준표 - 소집통지는 대표이사가 하지만 상장회사에서는 명의개서대리인이 함. 이 경우 명의개서대리인은 회사의 이행보조자이므로 사안의 경우 C에 대한 소집통지 누락은 결국 甲 회사가 책임져야 함.

3) 상장회사는 명의개서대리인을 필요적으로 둘 것을 요한다.
유가증권 상장규정 제32조(주권의 신규상장심사요건) ① 주권의 신규상장은 다음 각 호의 요건을 구비한 법인이 발행한 주권이어야 한다.
15. 명의개서대행위탁
명의개서대행회사와 유가증권의 명의개서업무 등에 관하여 명의개서대행계약을 체결하고 있을 것. 다만, 은행법에 의하여 설립된 금융기관, 특별한 법률에 의하여 설립된 법인, 정부투자기관은 그러하지 아니하다.

4) 대법원 1993. 10. 12, 선고 92다21692 판결. 대법원 1981. 07. 28, 선고 80다2745 판결.

5) 대법원 2003. 07. 11. 선고, 2001다45584 판결

6) 채점기준표 - 주주총회 소집절차에 관한 규정은 **주주의 참석권**을 보장하기 위한 것이므로 이러한 경우에도 취소의 소를 제기할 수 있다는 것이 판례의 취지이다.

주주 C에게 소집통지를 누락한 것은 위법하다. 따라서 주주 G는 주주총회결의 취소의 소를 제기할 수 있다(제376조 제1항).

2. 실질주주 A에 대한 소집통지의 하자

(1) 쟁점

차명주식의 경우 형식주주가 아닌 실질주주 A에게 소집통지한 것이 적법한지 문제된다.

(2) 명의주주와 실질주주 중 누가 주주인지 여부

1) 학설

타인명의 주식인수 및 양수에 대하여 학설은 ① 명의상의 주식인수인을 주주로 보는 **형식설**, ② 명의차용자를 주주로 보는 **실질설(통설)**이 대립된다.

2) 판례

① 종래 '실질설'의 입장이었으나, ② 최근 전원합의체 판결에 의하면 **회사에 대한 관계**에서는 **주주명부상 주주만이 주주로서 의결권 등 주주권을 적법하게 '행사'**할 수 있다고 판시하여 **'형식설'의 입장**을 취한다. 즉 ⓐ 주주명부에 기재를 마치지 아니하면 주식의 양수를 회사에 **행사할 수 없고,** ⓑ 언제든 주주명부에 기재해 줄 것을 청구하여 주주권을 행사할 수 있는 자는 **적어도 주주명부상 주주가 회사에 대한 관계에서 주주권을 행사하더라도 이를 허용**하거나 받아들이려는 의사로 볼 수 있고 ⓒ 주주명부상 주주가 주식인수인의 의사에 반하여 주주권을 행사한다 하더라도, **신의칙에 반한다고 볼 수 없다**. [행/허/신][7]

3) 검토 및 사안의 해결

단체법적 획일적 처리를 위하는 전합판례가 타당한바, 명의주주인 지인만이 회사와의 관계에서 주주권을 행사할 주주에 해당한다. 판례에 따를 때 명의개서대리인이 실질주주 A**에게** 소집통지를 한 것은 소집절차상의 하자에 해당하는바 주주 G는 주주총회결의 취소의 소를 제기할 수 있다(제376조 제1항).[8]

Ⅲ. 주주총회 결의방법상의 하자.

1. 실질주주 A의 의결권의 행사

(1) 학설

상법 제337조 제1항 규정의 반대해석상 회사는 양수인의 권리행사를 인정할 수 있다는 편면적 구속설(긍정설)과 쌍면적 구속설(부정설)이 대립한다.

(2) 판례

판례는 종래 '긍정설'의 입장이었으나, 최근 전원합의체 판결은 ① 주주권 행사의 획일적 확정이라는 **주주명부 제도의 존재이유를 부정하게 된다는 점**, ② **회사의 잘못된 판단**으로 정당한 권리자가 아닌 자에게 권리행사를 인정할 우려가 있는 점, ③ **권리행사의 공백**이 생길 수 있는 점 등을 근거로

---

7) 대법원 2017. 03. 23, 선고 2015다248342 전원합의체 판결
8) 채점기준표에서는 단순히 실질주주에게 소집통지하면 부적법하다는 판례와 최근전합판례만을 근거로 제시하고 있다. 이러한 차명주주문제에 대해 ① 누가 주주인지, ② 주주명부의 면책력 또는 대항력 등의 문제로 접근했으면 하는 아쉬움이 있다.

쌍면적 구속설의 입장이다. ④ 따라서 **명의개서 부당거절을 제외하고는 주식양수인이 존재하는 사실을 알았든 몰랐든 간에** 주주명부상 주주의 주주권 행사를 부인할 수 없다고 판시하여 입장을 **변경**하였다. [제/잘/공/부/알]

(2) 검토 및 사안의 경우

주주명부의 단체법적인 획일적인 효과를 중시하는 최근 전합 판례가 타당하다. 회사가 명의주주의 존재에도 불구하고 실질주주 **A에게** 의결권행사를 허용한 것은 결의방법상의 하자에 해당하는바 주주 G는 주주총회결의 취소의 소를 제기할 수 있다(제376조 제1항).

2. 주주 정회사의 의결권 행사

(1) 특별이해관계 있는 주주

1) 의의 및 범위

총회의 결의에 관하여 특별한 이해관계가 있는 주주는 의결권을 행사하지 못한다(368조 제3항).

특별이해관계의 의미에 관하여 ① '법률상 이해관계설' ② '특별이해관계설'이 있지만, ③ 특정한 주주가 주주의 지위를 떠나 개인적으로 갖는 이해관계를 특별이해관계로 이해하는 '개인법설(個人法說)'이 의결권 남용방지를 위해서 타당하다.

특별이해관계의 범위와 관련하여, 주주 개인의 경제적 이익과 관련되는 ① **영업양도에서 상대방인 주주** ② **주주 겸 이사 보수의 결정** ③ **주주 겸 이사 및 감사의 책임면제**에 관한 결의는 의결권행사가 제한된다. [양/보/면] 그러나 회사지배와 관련되는 결의인 ① 이사 및 감사의 **선**임, **해**임 ② 재무제표의 **승**인 ③ 합**병**과 같은 결의는 주주에게 특별이해관계가 없는 것이다. [선/해/승/병]

2) 특별이해관계의 적용 및 위반시 효과

특별이해관계 있는 주주의 의결권 수는 발행주식총수에는 산입되나, 출석한 주주의 의결권의 수에는 산입되지 아니한다(제371조 제2항). 특별이해관계가 있음에도 불구하고 주주가 당해결의에 참석하면 그 결의는 결의방법상의 하자로 인한 취소사유가 있는 결의가 된다.

3) 소결

설문의 경우 甲 회사가 3% 주주인 丁 회사의 부동산을 100억 원에 매입하여 게스트하우스를 조성하려고 하기 때문에 丁 회사는 甲 회사의 주주총회에 대하여 특별이해관계인에 해당한다.[9] 丁 회사는 제368조 제2항에 의하여 당해 안건에 의결권을 행사할 수 없고 의결권을 행사한 위법이 있으므로 주주 G는 주주총회결의취소의 소를 제기할 수 있다.

(2) 상호주의 의결권 제한

1) 상호주의 의의

어느 회사가 다른 상대방 회사의 주식을 10%초과하여 보유하는 경우 상호주로서 의결권이 제한된다(제369조 제3항). **여기서 10%를 초과해서 보유하는 회사가 '참가회사', 상대방회사를 '피참가회사'라고 한다. 이는 출자 없는 지배의 방지를 위해 상법이 규제하고 있는 것이다.**[10]

---

9) 영업양도가 아닌 영업용 재산의 양수이지만, 매입가액이 100억 원이고, 건설회사인 갑회사가 게스트하우스 조성을 위하여 양수하는 것이고, 정관상 50억 원 이상의 매입이면 주주총회 사항으로 정한 점에 비추어, 이는 양수회사인 갑회사 입장에서 **중요한 영업재산의 양수**이고 이는 주주총회 특별결의사항에 해당한다.

2) 상호주 제한의 판단시기

학설은 ① 기준일설과 ② 주주총회개최일설이 대립한다.

판례는 상호주관계가 존재하는지 여부는 '기준일'이 아니라 '주주총회일'을 기준으로 실제로 소유하고 있는 주식수를 판단하고, 주주총회일에 제369조 제3항이 정하는 상호소유 주식에 해당하여 의결권이 없다고 판시한바 있다.[11) 12)]

결론적으로 기준일제도는 계쟁회사의 주주권을 행사할 자를 확정하기 위한 제도일 뿐, 상대방회사의 주주를 확정하는 제도가 아니므로 판례의 입장이 타당하다.

3) 모회사에 대한 의결권 행사여부

을 회사는 갑 회사의 자회사이며, 을 회사가 단독으로 정 회사의 주식 25%를 보유하고 있으므로, 을 회사는 정 회사에 대하여 '참가회사'가 되고 정 회사는 '피참가회사'가 된다(제369조 제3항). 따라서 '피참가회사' 정의 입장에서 참가회사 을과 참가회사의 모회사 갑에 대해서도 의결권을 행사할 수 없다.

4) 소결

설문의 경우 丁 회사는 甲 회사에 대하여도 의결권을 행사할 수 없다. 그럼에도 丁 회사는 甲 회사의 주주총회에 참석하여 의결권을 행사하였는바 위법한 의결권의 행사이고 이에 주주 G는 주주총회결의취소의 소를 제기할 수 있다.

Ⅳ. 결론

설문의 경우 명의개서대리인 B의 행위는 甲 회사의 이행보조자로 甲 회사에 귀속되는바, B가 소집통지를 누락한 점, 주주명부상의 주주가 아닌 실질주주인 A에게 소집통지를 한 점은 소집절차상의 하자에 해당한다. 실질주주인 A가 甲 회사의 주주총회에 참석하여 차명주식 3%의 의결권을 행사한 점과, 특별이해관계가 있는 丁 회사가 참석하여 의결권을 행사한 점, 상호주의 제한으로 의결권이 없는 丁 회사가 참석하여 의결권을 행사한 점은 결의 방법상의 하자에 해당한다. 따라서 갑 회사의 주식을 2% 보유한 G는 결의일로부터 2개월 이내에 위와 같은 하자를 이유로 주주총회결의 취소의 소를 제기할 수 있다.

[문 2. 해설]

Ⅰ. 문제의 제기

신주의 납입기일 후 6월 내에 주권없이 주식을 양도한 행위의 하자치유 여부와 이중양도의 경우 누가 주주임을 주장할 수 있는지, 배임행위에 적극가담한 경우 그 효력여부가 문제된다.

---

10) 제369조 ③ 회사(a1), 모회사(a2) 및 자회사(b) 또는 자회사(b)가 다른 회사(c)의 발행주식의 총수의 10분의 1을 초과하는 주식을 가지고 있는 경우 그 다른 회사가 가지고 있는 회사 또는 모회사의 주식은 의결권이 없다. 즉 ① c는 a1에 대해 의결권행사가 제한되고, ② a2와 b가 합쳐서 10%초과해 보유하는 경우 c는 a2에 대해서만 의결권행사 제한되고, ③ b가 단독으로 10 %초과해 보유하는 경우 c는 a2와 b에 대해 의결권행사 제한된다. ④ 또한 해석상 손자회사도 **제342조의2 제3항에** 의해 모회사의 자회사로 간주되므로 손자회사가 보유한 피참가회사의 주식도 참가회사의 주식으로 본다(이철송, 회사법 20판, 410면).

11) 대법원 2009. 01. 30, 선고 2006다31269 판결

12) 명의개서여부가 설문에 명확하게 나와 있지 않으므로 "명의개서 필요여부"는 본 설문과 큰 관련이 없다.

II. 주식양수인 E 와 F 중 주주임을 주장할 수 있는 자

1. 주권발행전 주식양도의 효력

(1) 주식양도의 효력

주권발행전에 한 주식의 양도는 회사에 대하여 효력이 없다(제335조 제3항). 주식의 효력이 발생하고 6월이 경과되기 전에는 주권발행 전 주식을 양도하더라도 당사자 사이에서만 채권적 효력이 있을 뿐 회사에 대하여는 무효라는 것이 판례이다(상대효).

(2) 하자 치유 여부

① 학설은 위 규정이 사문화되므로 하자치유를 부정하는 견해와 절차경제에 반하므로 하자치유를 긍정하는 견해가 대립하고, ② 판례는 '하자치유긍정설'의 입장에서 하자는 치유되어 회사에 대하여도 유효한 주식양도가 된다고 판시한 바 있다. ③ 결론적으로 동일한 계약을 강요하는 것은 절차경제에 반하므로 판례의 태도가 타당하다.

(3) 검토

D가 신주납입기일 후 6월 이전인 2016. 11. 1 주권없이 E에게 양도하였어도 이 양도의 효력을 갑 회사에 주장할 수 없다. F 역시 양수한 시점이 2016. 11. 30. 로 6월이 경과하기 이전이므로 갑 회사에 대하여 효력을 주장할 수 없다. 그러나 신주납입기일인 2016. 8. 10. 이후 6월이 경과한 2017. 2. 10.부터 하자가 치유되어 E와 F에게 한 양도의 효력이 甲 회사에게도 발생한다.

2. 이중양도의 경우 우열관계

(1) 이중양수인 간의 판단기준

양도인이 주권 없이 주식을 이중으로 양도하였다면 제1양수인과 제2양수인 간의 관계에서 누가 주식의 귀속주체가 될 것인지 문제된다. 이에 대해 민법 제450조 제2항에 따라 확정일자 있는 통지의 '도달'시점 또는 '승낙'일시를 기준으로 제3자에 대한 대항력이 결정된다는 것이 통설 및 판례의 입장이다.[13)]

(2) 검토 및 사안의 해결

설문에서 D는 자신의 주식을 F에 대하여 2016. 12. 5. 확정일자 있는 증서로 양도하고 갑 회사에 통지하였으며, 명의개서를 마쳤다. 그러나 E는 D로부터 먼저 주식을 양수받았음에도 갑 회사에 대하여 확정일자 있는 통지나 승낙의 대항요건을 갖추지 못하여, 일단은 **F가 E와 갑 회사에 대하여 주주임을 주장할 수 있다.**

3. 이중양도에서 적극 가담한 경우

(1) 제2양수인에 관한 양도행위의 효력

제2양수인 F는 D가 E에게 주식을 양도했음을 잘 알고 있음에도 D와 공모하여 자신이 D의 주식을 양도받고 2016. 12. 5. 확정일자 있는 증서로 회사에 통지하고 명의개서까지 마쳐 위와 같은 D의

13) 대법원 2006. 09. 14, 선고 2005다45537

E의 배임행위에 적극 가담하였다. 판례는 "양도인의 배임행위에 제3자가 적극 가담한 경우 제3자에 대한 양도행위는 **사회질서에 반하는 법률행위로서 무효**라고 판시하고 확정일자를 갖추었다 하여도 아무런 효력이 없다"고 하였다.[14)]

(2) 검토 및 사안의 경우

제2양수인 F는 D가 E에게 이미 양도한 사정을 잘 알고 있으면서 D와 공모하여 자신에게 다시 양도하도록 하여 D의 배임행위에 적극 가담하였으므로 D가 F에게 양도한 행위는 사회질서에 반하는 법률행위로 무효가 된다.

Ⅲ. 결론

D는 E와 F에게 주권발행 전 6월 이전의 양도로 인하여 회사에 대하여 유효함을 주장할 수 없으나 6월이 경과하여 하자가 치유되었다. E와 F에 대한 이중양도의 경우 확정일자에 의한 통지를 한 F가 일응 정당한 양수인으로 회사에 주장할 수 있으나, F는 D의 배임행위에 알고 적극 가담하여 D가 F에 주식을 양도한 행위는 사회질서에 반하는 행위로 무효이다. 그러므로 D가 E에게 행한 주식양도는 여전히 유효하다. 따라서 E는 갑 회사에 대하여 자신이 진정한 주주임을 주장하여 명의개서를 청구할 수 있다.

[문 3. 해설]

Ⅰ. 문제의 제기

I의 병에 대한 어음상 청구에 대하여, 어음상 주채무자 병이 무에 대한 인적 항변사유로 어음소지인 I에 대해 대항할 수 있는지 여부가 기한후배서의 효력과 관련하여 문제된다.

Ⅱ. 기한후배서의 효력

1. 기한후배서에 해당하는지 여부

기한후배서는 지급거절증서작성 후 또는 그 작성기간경과 후의 배서를 말하고, 민법상의 지명채권양도의 효력이 인정된다(어음법 제20조 제1항). 지급거절작성기간은 '지급을 할 날에 이은 2거래일'이다(어음법 제44조 제3항).

설문의 경우 戊 회사는 I 에게 2017. 6. 7. 배서하였고 어음의 만기는 2017. 5. 30.이므로 어음의 만기 및 거절증서 작성기간 모두 경과한 시점에서 이루어졌으므로 이 배서는 '기한후배서'에 해당한다.

2. 기한후배서의 효력

(1) 권리 이전 여부

기한후배서에 의해서도 권리이전적 효력은 인정된다. 그러나 어음법상 지명채권 양도의 효력만을 가지고 양도의 방식까지 지명채권양도방식을 요한다는 것은 아니므로 (어음법 제20조) 통지나 승낙까지는 요구하지 않는다.

---

14) 대법원 2006. 09. 14, 선고 2005다45537 판결.

(2) 인적 항변절단 여부

기한후배서는 인적 항변이 절단되지 아니하며, **지명채권 양도의 효력**만 갖는다(항변승계효). 이에 어음상 채무자는 그 배서 당시 이미 발생한 배서인에 대한 항변사실을 피배서인에 대하여도 대항할 수 있다. 그러나 그 배서 후 비로소 발생한 배서인에 대한 사유는 피배서인에 대하여 주장할 수 없다.[15]

Ⅲ. 결론

戊 회사의 배서는 기한후배서에 해당하는바, 인적항변이 절단되지 않고 丙 회사는 무에 대한 인적항변 사유로 어음소지인 I 에게 대항할 수 있다. 丙회사는 2017. 5. 20. 戊 회사에게 대금채무 전액을 변제하였고 戊 회사는 2017. 6. 7. I 에게 배서하였으므로 배서 이전에 이미 항변사유가 발생하였다. 그러므로 丙 회사는 I 의 어음금 지급청구에 대하여 어음금 지급을 거절할 수 있다.

[문 4. 해설]

Ⅰ. 문제의 제기

운송주선인이 지정가액을 위반한 경우 운송주선인의 보수청구권이 문제된다.

Ⅱ. 운송주선인의 보수청구권

1. 의의

운송주선인은 자기명의, 타인계산으로 '물건'의 운송을 주선하는 자를 의미한다(114조). 운송주선인은 위탁자에 대해서는 수임인의 지위에 있고, 운송인에 대해서는 화주의 지위에 있다. 따라서 운송주선인은 선량한 관리자의 주의를 다하여 주선계약을 이행해야 한다(민법 제681조).

2. 보수청구권의 발생 시기

운송주선인은 상인이므로 약정이 없더라도 보수청구권을 가진다(제61조). 보수청구권은 운송주선인이 운송인에게 운송물을 인도한 때에 행사할 수 있다(제119조 제1항: 후급 원칙).[16]

3. 검토 및 사안의 해결

설문의 경우 운송주선업자 K는 철제관류 전문운송인 L을 섭외하여 운송계약을 체결하고 운송물을 인도하여 운송을 시켰는바 전문운송인에게 의뢰하였다는 점에서 선관주의 의무를 다하였다고 볼 수 있고 운송의 종료여부와 무관하게 丙 회사에게 운송인에게 인도한 이후 丙 회사에게 보수를 청구할 수 있다.

Ⅲ. 운송주선인의 지정가액준수의무

1. 운송주선인의 지위

운송주선인은 별도의 규정이 없는 경우 위탁매매인에 관한 규정을 준용하도록 하고 있다.(제123조).

---

15) 대법원 1994. 01. 25, 선고 93다50543 판결
16) 즉 운송의 완료시점이 아니라 운송인이 운송할 수 있는 상태 이후에 보수를 청구할 수 있다.

2. 운송주선인의 지정가액준수의무

운송위탁자가 지정한 가액이 있는 경우 운송주선인은 그 지정한 운임을 준수해야 한다.(제123조, 제106조 제1항)

(1) 지정운임보다 고가로 계약한 경우

이 경우 운송위탁자는 손실을 자신이 부담할 이유가 없으므로 운송위탁자에게 효력이 없고, 다만 그 차액을 운송주선인이 부담한 때에만 위탁자에 대해 효력이 있다.(제123조, 제106조 제1항)

(2) 지정운임보다 염가로 계약한 경우

이 경우 이익은 운송위탁자의 이익으로 본다(제123조, 제106조 제2항). 운송계약이 운송위탁자의 계산으로 하는 것이므로 그 거래로 인한 이익 역시 운송위탁자에게 귀속되는 것이 타당하기 때문이다.

3. 검토 및 사안의 해결

설문의 경우 운송주선인 K는 운송위탁자 丙이 지정한 500만원의 운임을 준수하지 않으므로 丙회사에게 계약의 유효를 주장할 수 없고, 보수의 지급도 청구할 수 없다. 그러나 그 차액 100만원을 운송주선인이 부담한다면 丙 회사에 보수의 지급도 청구할 수 있다.

Ⅳ. 결론

K는 송하인 丙이 지정한 500만원의 운임을 준수하지 않고 600만원의 운임으로 계약하였으므로 丙회사에게 보수의 지급도 청구할 수 없다. K가 차손 100만원을 부담하는 경우 운송계약의 유효를 주장할 수 있고 보수의 지급도 청구할 수 있으며 **丙 회사는 거부할 수 없고 보수를 지급해야 한다**.

지은이 **이태섭(민법)**

[약 력]
한양대학교 법학과 졸업
한양대학교 민법 박사과정 수료
전 윌비스 한림법학원 민법 전임
현 베리타스 민법 전임

[저 서]
Rainbow 핵심 OX 민법(학연, 2021)
세무사 민법총칙 정론(학연, 2022)
세무사 민법총칙 객관식(학연, 2022)
진도별 변시 · 사시기출 민법 사례연습(학연, 2023)
민법정론(民法整論)(학연, 2023)
가족법정론(학연, 2023)
Rainbow 변시 기출해설 민사법 선택형(학연, 2024)
Rainbow 변시 모의해설 민사법 선택형(학연, 2024)
Rainbow 변시 기출·모의해설 민법 선택형[기출편](학연, 2024)
Rainbow 변시 기출·모의해설 민법 선택형[모의편](학연, 2024)
Rainbow 변시 기출해설 민사법 사례형(학연, 2024)

지은이 **이종훈(민사소송법)**

[약 력]
특허청 지식재산연수원 민사소송법 겸임교수
베리타스법학원 민사소송법 전임
메가공무원 민사소송법 전임
법무법인 우리 자문위원
경북대, 고려대, 동아대, 충북대, 한양대 로스쿨 특강강사

[저 서]
도표로 정리한 민사소송법(학연, 2021)
수험 민사소송법 입문(학연, 2022)
이종훈 민사소송법(학연, 2022)
민사소송법 Blackbox(학연, 2023)
민사소송법 최신판례 OX+사례문제(학연, 2023)
이종훈 민사소송법 기출지문 OX 문제집(학연, 2023)
Rainbow 핵심OX 민사소송법(학연, 2024)
진도별 변시 · 사시기출 민사소송법 사례연습(학연, 2024)
Rainbow 변시 기출해설 민사법 선택형(학연, 2024)
Rainbow 변시 기출 · 모의해설 민사소송법 선택형(학연, 2024)
Rainbow 변시 모의해설 민사법 선택형(학연, 2024)
Rainbow 변시 기출해설 민사법 사례형(학연, 2024)

지은이 **장원석(상법)**

[약 력]
서울대학교 경제학부 졸업
영남대학교 법학전문대학원 졸업
제4회 변호사시험 합격(변호사)
메가로이어스 상법 전임

[저 서]
상법의 정초(나눔에듀)
상법 작은 변사기(나눔에듀)
최근 5년 상법판례 OX(학연, 2023)
진도별 변시 · 사시기출 상법 사례연습(학연, 2024)
Rainbow 변시 기출·모의해설 상법 선택형(학연, 2024)
Rainbow 변시 기출해설 민사법 선택형(학연, 2024)
Rainbow 핵심OX 상법(학연, 2024)
Rainbow 변시 모의해설 민사법 선택형(학연, 2024)
Rainbow 변시 기출해설 민사법 사례형(학연, 2024)

Rainbow 변시 모의해설 민사법 사례형

발 행 일 : 2024년 03월 22일

저 자 : 이 태 섭 · 이 종 훈 · 장 원 석

저자와 협의하여 인지를 생략함

발 행 인 : 이 인 규
발 행 처 : 도서출판 (주)학연
주 소 : 충청북도 진천군 백곡면 명암길 341
출판등록 : 2012.02.06. 제445-251002012000013호
www.baracademy.co.kr / e-mail:baracademy@naver.com / Fax : 02-6008-1800

정 가 : 39,000원 ISBN : 979-11-5824-974-8(94360)

목 차

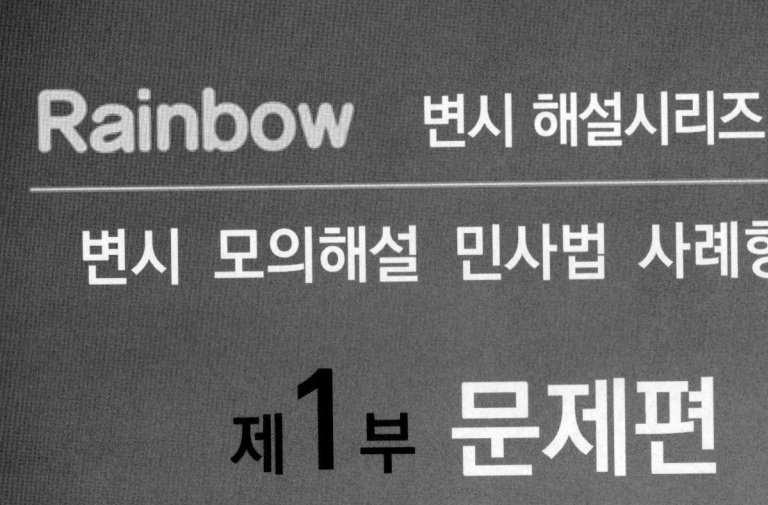

Rainbow 변시 해설시리즈

변시 모의해설 민사법 사례형

제1부 문제편

Chapter
01 2023년 모의시험

1. 제3차 모의시험 제1문

제1문의 1

甲은 乙로부터 X 토지를 2억 원에 매수하였는데 아직 소유권이전등기를 이전받지 못하고 있다. 乙은 甲과의 매매계약 후 더 유리한 매수예정자들이 나타나자 丙과 공모하여 X 토지에 관해 명의신탁해지를 원인으로 한 소유권이전등기를 丙 명의로 마쳐주었다. 이에 甲은 乙을 대위하여 丙을 상대로 丙 명의로 경료된 소유권이전등기는 원인무효라고 주장하면서 소유권이전등기의 말소를 구하는 소를 제기하고 乙에게 소송고지를 하였다. (다음 각 설문은 독립적인 것임)

문제 1.

제1심에서 청구기각의 판결을 받은 甲이 항소하여 항소심 계속 중 소송을 계속 진행시키는데 부담을 느껴 소를 취하하였다. 그 후 乙은 丙을 상대로 丙 명의의 소유권이전 등기가 원인무효라고 주장하면서 그 말소를 구하는 소를 제기하였다. 이러한 乙의 소는 적법한가? (15점)

문제 2.

이 소송에서 甲과 乙 사이의 매매계약이 甲의 잔금 미지급을 이유로 계약이 해제되었다는 것이 밝혀져 소각하 판결이 확정되었다(전소). 그 후 甲은 乙을 상대로 위 매매계약에 따른 소유권이전등기를 구하는 소(후소)를 제기하였다. 이에 법원은 전소 확정판결의 기판력이 후소에 미친다는 것을 이유로 청구기각 판결을 선고하였다. 이러한 법원의 판단은 타당한가? (15점)

문제 3.

위 丙명의의 소유권이전등기는 乙이 丙과 공모하여 X 토지에 관해 명의신탁해지를 원인으로 한 소유권이전등기절차를 이행한다는 내용의 제소전 화해에 기한 것이다. 그 후 甲의 丙에 대한 위 채권자대위소송이 제1심에서 甲의 소 취하로 종료되자 乙은 丙을 상대로 통정허위표시를 이유로 위 제소전화해조서의 효력을 다투면서 丙 명의의 소유권이전등기의 말소를 구하는 소를 제기하였다. 법원이 위 제소전 화해가 통정허위표시에 기한 것이라는 심증을 얻었다면 乙의 청구에 대해 어떻게 판단하여야 하는가? (15점)

제1문의 2

甲 주식회사는 전직 대표이사 乙을 상대로 손해배상청구의 소를 제기하면서 그 청구원인으로 ① A 부동산 취득업무와 관련한 배임행위로 인한 손해배상청구 10억 원, ② B에 대한 자금대여와 관련한 배임행위로 인한 손해배상청구 7억 원, ③ C 부동산 임차업무와 관련한 배임행위로 인한 손해배상청구 5억 원을 선택적 청구로 병합하여 총 손해액 중 일부로서 3억 원의 지급을 구하였다.

제1심 판결에서는 청구원인 중 위 ① 청구만을 심리·판단하여 원고가 구하는 일부청구 금액인 3억 원을 인용하고, 나머지 청구에 대하여는 원고가 어느 하나의 청구원인에서라도 청구금액이 전부 인용된다면 추가적인 판단을 원하지 않고 있다는 이유로 그 판단을 생략하였다. 이에 대하여 피고 乙만이 항소하였다.

항소심 법원은 원고 甲에게 손해배상 각 청구원인 별로 일부 청구하는 금액을 특정하도록 촉구하였고, 이에 甲은 이 사건 3억 원의 청구가 위 ① 청구에 기한 것으로 청구취지를 정리하면서, 만일 위 청구가 배척된다면 제1심에서 주장한 나머지 ②, ③ 청구도 심리하여 인용하여 줄 것을 구하는 청구변경신청서를 제출하였다.

항소심까지 제출된 주장과 증거에 의하면 위 ① 청구원인은 인정되나 나머지 ②, ③ 청구원인은 이를 인정할 증거가 없다.

문제.

이러한 경우 항소심 법원은 어떠한 판결을 하여야 하는가? (20점)

제1문의 3

甲과 乙은 丙으로부터 A토지를 매수하기로 하는 매매계약을 체결하고 丙에게 계약금 1억 원을 지급하였다. 이후 乙은 丙을 상대로 "위 매매계약이 무효이므로, 계약금 1억 원을 반환하라."라는 부당이득반환청구의 소를 제기하였다. 위 소에 대하여 甲은 자신이 위 매매계약의 단독매수인이라고 주장하면서 丙을 상대로 계약금 1억 원에 대한 부당이득반환을 구하는 독립당사자참가를 하였다. 위 소송의 제1심 법원은 "甲과 乙이 공동으로 토지를 매수하였고, 위 매매계약은 무효가 아니다."라는 이유로 甲과 乙의 각 청구를 모두 기각하는 판결을 선고하였다. 이에 대하여 乙은 항소하였고, 甲은 항소하지 않았다.

항소심에서 乙은 원고와 甲이 위 매매계약의 공동매수인이라는 제1심 판결 내용을 반영하여, 청구취지를 5,000만 원의 지급을 구하는 것으로 감축하였다. 이에 항소심 법원은 甲의 청구에 대해서는 아무런 판단을 하지 않고, 乙의 청구에 대해서는 "위 매매계약은 무효이므로, 丙은 공동매수인으로서 계약금 상당의 부당이득반환채권을 甲과 균등하게 준공유하고 있는 乙에게 계약금의 절반인 5,000만 원을 반환할 의무가 있다."라는 이유로 제1심 판결 중 乙의 패소 부분을 취소하고, 乙의 감축된 청구를 전부 인용하는 판결을 선고하였다(이하 이 사건을 '선행사건'이라 한다).

문제.

위 선행사건의 판결이 확정된 후 甲은 "위 매매계약은 무효이고, 甲은 매매계약의 공동매수인 지위에 있으므로, 丙은 甲에게 계약금의 절반인 5,000만 원을 부당이득으로 반환할 의무가 있다."고 주장하면서 丙을 상대로 부당이득반환청구의 소를 새롭게 제기하였다. 이 소송의 변론종결 당시 제1심 법원은 甲의 위 본안에 관한 주장이 타당하다는 심증을 갖게 되었다. 제1심 법원은 어떠한 판결을 선고해야 하는가? (15점)

제1문의 4

甲은 그 소유의 미술품을 乙에게 매도하였다가 매매계약을 해제한 후 乙을 상대로 주위적으로 미술품의 반환을 구하고, 예비적으로 미술품의 원물반환이 불가능하다면 그 가액반환으로 해제 당시 미술품의 시가인 7억 원의 지급을 구하는 소를 제기하였다. 이에 대해 乙은 매매계약 해제는 부적법하므로 甲의 청구는 모두 기각되어야 하고, 만일 매매계약 해제가 적법하다면 매매대금 5억 원의 반환과 동시이행으로만 미술품 원물반환 또는 가액반환 의무가 있다고 주장하였다.

제1심 심리 결과 매매계약의 해제는 적법하고 미술품의 원물반환이 가능하며 반환될 매매대금은 5억 원이라는 점이 인정되었고, 제1심 법원은 "乙은 甲으로부터 5억 원을 지급받음과 동시에 甲에게 미술품을 인도하라."는 판결을 선고하였다. 이에 대해 乙만이 항소하였고, 甲은 항소나 부대항소를 하지 않았다.

항소심에서 甲과 乙이 제1심에서 제출한 위의 주장 외에 새롭게 추가한 주장이나 항변은 없었고, 심리 결과 매매계약의 해제는 적법하나 미술품의 원물반환은 불가능하고, 해제 당시 미술품의 시가는 7억 원이며, 반환될 매매대금은 4억 원이라는 점이 인정되었다. 항소심 법원은 乙이 甲에게 지급할 가액배상금 7억 원에서 甲으로부터 반환받을 매매대금 4억 원을 공제한 3억 원만을 지급하면 된다고 보아, 제1심 판결을 취소하고 "乙은 甲에게 3억 원을 지급하라."는 판결을 선고하였다.

문제.

이러한 항소심 판결은 타당한가? (20점)

제1문의 5

〈기초적 사실관계〉

甲은 비영리 공익사업을 영위하는 A 재단법인의 대표자이다. A 법인의 정관에는 법인의 대표자가 법인의 재산을 처분하는 때에는 이사회의 결의를 거치도록 하였다. 2019. 5. 6. 甲은 이사회의 결의를 거치지 않은 채 A 법인 소유의 X 주택을 乙에게 매도하고 乙 앞으로 이전등기를 마쳐 주었다(乙은 이사회 결의가 필요한 사실 및 이를 거치지 않은 사실을 알고 있었다.).

한편, 위 X 주택은 본래 乙의 형인 丙이 매수하려던 것이나 丙 명의로 재산을 취득하는 경우 강제집행을 당할 우려가 있어, 乙과 丙은 명의신탁약정을 체결하고 乙 명의로 X 주택을 매수한 것이었다.

문제 1.

A 법인은 甲이 이사회 결의를 거치지 않은 점 및 명의신탁사실을 주장하며, 乙에 대하여 X 주택에 관한 소유권이전등기의 말소를 청구하였다. A 법인의 청구는 인용될 수 있는가? (대표권제한에 대한 등기여부 및 명의신탁사실에 대한 A 법인의 선의여부는 확인되지 않았다) (20점)

〈추가된 사실관계〉

직장동료인 丁과 戊는 출퇴근 시간 및 주거비용을 아끼기 위하여 직장 근처에서 공동으로 주택을 임차하고 함께 거주하기로 하였다. 丁과 戊는 2021. 2. 1. 공동임차인으로서 乙과 乙 명의의 X 주택에 관하여 보증금 2억 원, 임대차기간은 2021. 3. 1.부터 2년으로 하는 임대차계약을 체결하였다. 丁과 戊는 2021. 3. 1. 乙에게 보증금 2억 원을 지급하였고, 같은 날 戊는 X 주택으로 이사한 후 전입신고까지 마쳤다. 반면 丁은 기존에 거주하고 있는 주택의 임대차기간 만료 후에도 보증금을 돌려받지 못하여 X 주택으로의 이사 및 전입신고를 하지 못하였다.

한편 A 법인의 명의신탁사실에 대한 악의를 이유로 A 법인의 乙에 대한 등기말소청구의 소가 인용되었고, 2022. 12. 24. X 주택에 대한 乙 명의의 소유권이전등기가 말소되고 A 법인 앞으로 소유권이전등기가 회복되었다.

그 이후 A 법인은 丙과 X 주택에 관하여 매매계약을 체결하고 丙에게 소유권이전등기를 마쳤다. 丙이 2023. 3. 1. 丁과 戊를 상대로 X 주택의 인도를 구하는 소를 제기하였다.

丁과 戊는 주택임대차보호법(이하 '주택임대차법')이 정한 바에 따라 대항력을 취득하여 丙은 임대인의 지위를 승계하였으므로 보증금을 반환받을 때까지는 X 주택을 인도할 수 없다고 주장하였다. 이에 대해 丙은 (1) 공동임차인 중 1인인 戊가 대항력을 갖춘 것만으로는 주택임대차법상 대항력을 취득할 수 없고, (2) 설사 대항력이 인정된다 하더라도 자신은 주택임대차법에 따른 양수인이 아니라고 주장하였다.

문제 2.

丙, 丁, 戊의 위 각 주장이 타당한지 설명하고, 丙의 청구에 대한 결론(각하, 청구전부인용, 청구일부인용, 청구기각)을 서술하시오. (30점)

2. 제3차 모의시험 제2문

제2문의 1

〈기초적 사실관계〉

2019. 1. 5. 甲은 사업자금을 마련하기 위해 A 은행과 여신거래약정을 체결하고 A 은행에 자기소유 X 토지에 대하여 채권최고액을 6억 원으로 하는 근저당권을 설정해 주었다. 2019. 5. 6. 甲은 B 은행으로부터 2억 원을 차용하면서(변제기 2020. 5. 6.) X 토지에 대한 저당권을 설정해 주었다.

※ 이하의 추가된 사실관계 및 질문은 상호 무관하고 독립적임.

〈추가된 사실관계 1〉

A 은행이 甲에게 추가 담보의 설정을 요구하자 2019. 2. 16. 甲은 자기소유의 Y 토지에 대하여 채권최고액을 6억 원으로 하는 공동근저당권을 설정해 주었다. 그 후 2020. 10. 20. 甲에게 1억 원의 임금채권을 가지고 있는 C가 Y 토지에 대한 강제경매를 신청하였고 그에 따라 강제경매절차가 개시되어 D가 매각대금 3억 원을 지급하고 이를 매수하였다(매각대금 납부 시까지 여신거래약정에 따른 甲의 A 은행에 대한 채무는 5억 원이다). A 은행이 위 Y 토지에 대한 매각대금에서 2억 원을 우선 배당받은 후인 2021. 6. 7. 甲은 위 여신거래약정에 따라 A 은행으로부터 2억 원을 추가로 대출받았다. 甲이 B은행에 대한 채무를 계속 변제하지 않자, 2021. 10. 20. B의 신청에 의한 X 토지에 대한 임의경매절차가 개시되어 F가 매각대금 5억 원에 매수하였다.

문제 1.

X 토지에 대한 매각대금 5억 원이 A 은행과 B 은행에게 각각 얼마씩 배당되는지 구체적인 이유와 함께 서술하시오. (25점, 이자, 지연손해금 및 경매비용 등은 고려하지 않음)

〈추가된 사실관계 2〉

2020. 2. 3. 甲은 X 토지 위에 주유소를 운영하고자 하는 戊와 보증금 1억 원, 임대기간을 2년(2020. 2. 4. ~ 2022. 2. 3.)으로 하는 임대차계약을 체결하였다. 戊는 X 토지 위에 주유소 건물을 신축한 후 주유기(f)를 설치하고 토지에 유류저장조(g)를 매설하였다. 甲이 A 은행에 대한 채무를 변제하지 않자, 2022. 2. 6. X 토지에 대한 근저당권실행경매절차가 개시되어 E가 X 토지를 매수하였고 그 매각대금은 A 은행의 피담보채권에 모두 충당되었다(매각물건명세서에는 X, f, g 등이 포함되어 있으며, 유류저장조는 사실상 토지와 일체를 이루는 구성 부분이 되었다고는 보기 어려우나 토지로부터 분리하는 데에 과다한 비용을 요한다).

문제 2.

戊가 X, f, g를 점유하고 있는 E에 대하여 f, g에 대한 소유권을 주장하면서 반환을 청구하였다. 이에 대해 E는 "(1) 본인이 경매를 통해 유효하게 소유권을 취득하였다. (2) 설사 소유권을 취득하

지 못하였다고 하더라도 그에 합당한 경락대금을 돌려받기 전에는 인도할 수 없다"고 항변하였다. E의 항변을 고려하여 戊의 E에 대한 청구의 결론{각하, 기각, 인용, 일부 인용(필요한 경우 구체적 액수 및 내용까지 기술)}을 그 법리적 논거와 함께 구체적으로 서술하시오. (25점)

제2문의 2

〈기초적 사실관계〉

2019. 5. 6. 甲은 X 토지와 그 위 Y 주택을 상속재산으로 남긴 채 사망하였다. K 은행은 甲에 대한 5억 원의 채권을 담보하기 위하여 2019. 5. 4. X 토지에 관한 저당권등기를 마친 상태였다. 한편 甲은 사망 당시 배우자 乙과의 슬하에 자녀 A와 B를 두고 있었으며, A는 C와 결혼하여 자녀 D, E를 두고 있고 B는 미혼이며 甲의 모 丙이 존재한다. 2019. 6. 7. A와 B는 모두 적법하게 상속을 포기하였다.

2020. 5. 9. 乙은 Y 주택을 개량하기 위한 건물 리모델링 공사를 위해 丁을 수급인으로 하는 공사도급계약을 체결하였다. 공사대금 2억 원은 丁이 공사를 마무리한 날 지급하기로 하였고 2021. 1. 2. 丁은 공사를 마무리 하였다.

丁은 공사대금을 받지 못하게 되자 乙의 승낙을 얻어 Y 주택에 관하여 F와 사이에 임대기간은 2021. 2. 2.부터 2023. 2. 1.까지로 하고 월 차임은 9백만 원으로 하는 임대차계약을 체결하였고, 그 이후에 6개월 간 지급 받은 차임은 모두 丁의 공사대금에 충당하였다. 2022. 2. 2. 丁은 F의 차임채무 불이행을 이유로 위 임대차계약을 해지하였는데 그 이후에도 현재(2023. 4. 26.)까지 F가 계속 Y 주택을 점유·사용하고 있다. 甲의 채권자 G의 Y 주택에 대한 강제경매신청에 따라 2022. 1. 8. 경매개시결정 기입등기가 경료되었고, 그 경매절차에서 2022. 7. 3. 戊가 3억 원에 Y 주택을 매수하였다(이하 '1차 경매').

※ 이하의 추가된 사실관계 및 질문은 상호 무관하고 독립적임.

〈추가된 사실관계 1〉

2023. 4. 26. 戊가 F에게 건물의 인도를 청구하자 F는 丁의 공사대금채권을 피담보채권으로 하는 유치권을 원용하였다. 이에 대해 戊는 "(1) 丁과 공사도급계약을 체결한 도급인 乙은 소수지분권이므로 丁은 공사대금채권을 피담보채권으로 하여 유치권을 행사할 수 없다. (2) 丁이 유치목적물을 임대하였으므로 乙이 丁의 유치권소멸을 청구할 수 있다. (3) 丁이 F로부터 지급받은 6개월 간의 차임으로 변제충당하고, 戊가 丁에게 종래부터 가지고 있던 1억 5천만 원의 채권을 자동채권으로 변제충당하고 남은 잔액과 상계하였으므로 피담보채권은 소멸하였다. (4) F와의 임대차계약이 해지되어 丁의 점유가 인정되지 않으므로 丁의 유치권은 소멸하였다. (5) 丁이 유치권이 있다고 하더라도 경매에서의 매수인 戊에게 대항할 수 없다."는 것을 이유로 丁의 유치권행사는 타당하지 않다고 주장하였다.

문제 1.

戊의 주장의 타당성을 그 법리적 논거와 함께 구체적으로 서술하시오. (30점)

〈추가적 사실관계 2〉

甲의 또 따른 채권자 H의 X 토지에 관한 강제경매신청에 따라 2022. 9. 8. 경매개시결정 기입등기가 마쳐졌고, 그 경매절차에서 W가 2023. 2. 3. 4억 5천만 원에 X 토지를 매수하였다(이하 '2차 경매'). W가 戊를 상대로 Y 건물 철거 및 X 토지의 인도를 구하는 소를 제기하자 戊가 제1차 경매 및 제2차 경매에 의해 법정지상권을 취득하였다고 주장하였다.

문제 2.

W의 戊에 대한 청구의 결론{각하, 기각, 인용, 일부 인용}을 그 법리적 논거와 함께 구체적으로 서술하시오. (20점)

3. 제3차 모의시험 제3문

제3문의 1

甲주식회사는 결산기를 연 1회로 정하고 있으며, 발행주식총수의 70%는 乙주식회사가, 30%는 丙주식회사가 각 보유하고 있다. 정관에 "주주에게 금전으로 중간배당을 할 수 있으며, 이는 이사회의 결의로 한다"는 규정을 두고 있던 甲회사는 임시주주총회를 개최하여 주주들에게 중간배당을 실시하기로 결의하고, 그 결의에 따라 2015. 7. 15. 乙회사에 7억원, 丙회사에 3억원을 각 배당하였다. 2014. 12. 31. 기준 甲회사의 대차대조표상 배당가능이익은 존재하지 않았다.

문제 1.

甲회사에 대하여 5억원의 채권을 가지고 있던 A는 2023. 3.경 乙회사와 丙회사를 상대로 위 중간배당이 무효임을 이유로 배당금을 甲회사에게 반환할 것을 청구하였다. A의 주장은 타당한가? (35점)

문제 2.

乙회사와 丙회사가 "A의 부당이득반환청구권에는 5년의 상사시효가 적용되는바, 두 회사가 배당금을 지급받은 2015. 7.경부터 5년이 경과하여 반환을 청구하였으므로 해당 부당이득반환청구권은 시효로 소멸하였다"고 주장하는 경우 이는 타당한가? (15점)

제3문의 2

컴퓨터 부품제조업 및 조립판매업을 영위하는 甲주식회사는 전체 자산의 3분의 1을 차지하고 유일하게 지속적으로 흑자를 보여 왔던 컴퓨터 조립판매영업의 양도를 결정하였다. 甲회사는 2022. 12. 15. 그 영업과 관련된 일체의 영업용 재산(영업상 채무 제외)을 자신의 부품공급업체인 乙주식회사에게 양도하는 계약을 체결하였고, 그 후 乙회사는 위의 양도받은 재산을 그대로 이용하여 甲회사가 영업하던 것과 동일한 영업을 개시하였다. 또한 乙회사는 甲회사가 조립판매업을 하면서 사용하던 '토끼와 거북이'라는 영업표지도 그대로 사용하고 있다. 한편 A는 2020. 4. 9. 甲회사의 조립판매업에 관한 자금의 대출채무에 보증을 하였는데, 甲회사가 위 대출채무를 갚지 못하자 A는 2023. 4. 10. 채권자에게 대출금 5억원을 대위변제하였다.

문제 3.

甲회사의 대표이사는 주주총회 승인 없이 이사회 결의만으로 위 양도계약을 체결하였는데, 甲회사의 주주 B는 이를 문제 삼으면서 위 양도계약의 무효를 주장한다. B의 주장은 타당한가? B는 乙회사를 상대로 위 양도계약의 무효확인을 구하는 소를 제기할 수 있는가? (20점)

문제 4.

A는 乙회사를 상대로 대위변제한 5억원에 대하여 구상금을 청구할 수 있는가? (10점)

제3문의 3

甲주식회사는 2020. 8. 11. 乙주식회사로부터 공급받은 부품에 대한 대금지급을 위하여 만기 '2020. 11. 11.'인 약속어음을 금액란을 백지로 하여 乙회사에게 발행·교부하였고, 어음금액의 보충범위는 3억원으로 약정하였다. 그런데 乙회사의 대표이사는 2021. 5. 11. 위 어음의 만기를 '2021. 11. 11.'로 임의 변경한 후, 이러한 사정을 전혀 모르는 A에게 거절증서작성을 면제하여 배서양도하였고 백지보충권의 범위를 6억원으로 고지하였다. 다만 A는 위 어음을 교부받으면서 甲회사에게 백지보충권의 범위를 확인하지 않았다. 2021. 11. 12. A는 금액을 6억원으로 기재하여 甲회사에 지급제시하였으나, 甲회사는 그 지급을 거절하였다.

문제 5.

A는 乙회사에 대하여 상환청구를 할 수 있는가? 2023. 10. 11. 현재 甲회사는 A에게 6억원의 어음금을 지급할 책임이 있는가? (20점)

4. 제2차 모의시험 제1문

제1문의 1

임대인 甲은 임차인 乙과의 사이에서 X건물에 관하여 임대차계약을 체결하였는데, 乙이 6개월치 차임을 연체하여 甲은 乙을 상대로 연체차임을 청구하는 소(전소)를 제기하였다. 전소의 제1심 계속 중 甲의 채권자인 丙이 위 연체차임채권에 대하여 압류 및 전부명령을 받아 확정된 후, 법원은 위 압류 및 전부명령을 이유로 전소를 각하하였는데, 자신의 당사자적격을 부정한 법원의 판단에 불복하여 甲만이 항소하였다. 항소심 도중 甲은 어차피 승소판결을 얻을 수 없다고 생각하여 전소를 취하하였는데, 丙은 그 후 乙을 상대로 전부금청구의 소(후소)를 제기하였다.

문제.

乙은 후소에서 후소가 재소금지규정에 위반하여 부적법하다고 주장한다. 이 주장에 대해 법원은 어떻게 판단할 것인가? (15점)

제1문의 2

甲은 X토지를 소유하고 있었는데, 매매를 원인으로 乙 앞으로 소유권이전등기가 이루어진 후, 그 후 乙이 X토지를 丙에게 다시 양도하여 丙 명의로 소유권이전등기가 이루어졌다. (아래 각 문제는 상호 무관함)

문제 1.

甲은 乙 명의의 소유권이전등기가 위조된 매매계약서에 기하여 이루어진 것으로서 무효이고 이에 기초하여 이루어진 丙 명의의 등기 또한 무효라고 주장하면서, 乙과 丙을 공동피고로 하여 각 소유권이전등기의 말소를 구하는 소를 제기하였다. 소송계속 중 乙은 자신이 위 매매계약서를 위조한 사실을 자백하였으나 丙은 甲의 서류위조사실에 대하여 다투었다. 丙이 제출한 증거를 조사한 결과 법원은 위 매매계약서가 진정하게 작성된 것으로 판단하였다. 이때 법원은 어떻게 판결하여야 하는가? (15점)

문제 2.

甲은 乙 명의의 소유권이전등기가 원인무효라는 이유로 丙 명의의 소유권이전등기 또한 무효라고 주장하면서 丙을 상대로 丙 명의 소유권이전등기의 말소를 구하는 소를 제기하였고, 이에 丙은 A를 소송대리인으로 선임하면서 상소제기의 권한까지 수여하였다. 그 소송 계속 중 丙이 사망하였는데, 그 당시 丙에게는 丁, 戊라는 두 명의 상속인이 있었다. 법원은 丙의 사망사실을 간과한 채 甲의 청구를 인용하는 판결을 선고하였는데, 이 판결에 대하여 A는 항소를 제기하지 않았으나, 丁은 항소기간 내에 소송수계신청과 동시에 항소를 제기하였다. 이러한 丁의 항소는 戊에게도 효력이 있는가? (10점)

제1문의 3

甲은 乙의 대리인 A와 乙 소유의 X토지를 매수하기로 하는 계약을 체결하면서 5천만 원의 위약금약정을 하였는데, 그 후 乙은 丙에게 X토지를 매도하고 丙 앞으로 소유권이전등기를 마쳐 주었다. 이에 甲이 乙을 상대로 위약금 5천만 원의 지급을 구하는 소를 제기하자 乙은 A가 무권대리인이라는 이유로 매매계약 체결사실과 위약금 약정사실을 부인하였는데, 제1심법원은 甲의 청구를 전부 인용하는 판결을 선고하였고, 이에 대하여 乙만이 항소를 제기하였다. (아래 각 문제는 상호 무관함)

문제 1.

항소심에서 甲은 "매매계약 당시 甲이 乙의 계좌로 계약금 5천만 원을 송금한 사실이 있다."라고 주장하면서 부당이득금 5천만 원의 지급을 구하는 청구를 추가하였다. 이에 대해 乙은 "1심에서 전부승소한 甲이 항소심에서 청구를 추가하는 것은 부적법하다."라고 주장하였다. 항소심법원은 본안심리 결과 甲과 乙 사이에 매매계약과 위약금약정이 체결되었다고 볼 수 없으므로 乙은 甲에게 부당이득으로서 5천만 원을 지급할 의무가 있다고 판단하였다면, 항소심법원은 어떻게 판결하여야 하는가? (15점)

문제 2.

항소심에서 甲이 "甲은 A를 통해 乙에게 계약금과 중도금으로 1억 원을 지급한 사실이 있다."라고 주장하면서 부당이득금 1억 원의 지급을 구하는 청구를 추가하였다. 乙은 이에 대하여 답변을 하지 아니한 채 항소심 변론종결 후 법원에 항소취하서를 제출하였다. 변론종결 당시 결석하여 변론종결 사실과 그 후 乙의 항소취하서 제출 사실을 알지 못한 甲은 변론기일이 지정되지 않음을 이유로 기일지정신청을 하였다. 법원은 이에 대하여 어떻게 처리하여야 하는가? (15점)

제1문의 4

甲은 乙로부터 乙 소유인 X부동산을 매수한 사실이 없음에도 乙을 상대로 매매를 원인으로 하는 소유권이전등기청구의 소를 제기하였다. 甲은 소장에 乙의 주소를 허위로 기재하였는데, 甲의 지인인 A가 그 주소에서 소장 부본을 수령하였다. 乙이 답변서를 제출하지 아니함에 따라 제1심법원은 자백간주를 이유로 청구인용 판결을 선고하여, 그 판결정본도 위와 같은 방법으로 송달되었다. 그 후 甲은 위 판결에 기하여 자기 앞으로 X부동산에 관하여 소유권이전등기를 마쳤다.

문제.

乙이 X부동산에 관하여 甲 명의로 이루어진 소유권이전등기를 말소하기 위하여 취할 수 있는 소송법상 구제방법들을 서술하시오. (15점)

제1문의 5

甲은 乙로부터 "丙 소유의 X토지를 매수하여 건물을 신축, 분양하는 사업을 하고자 하는데, 자금이 필요하다."라는 말을 듣고 乙에게 10억 원을 빌려주었다. 乙이 약속한 기일까지 위 돈을 반환하지 않아 甲은 乙을 상대로 주위적으로는 대여금반환을, 예비적으로는 乙의 말이 거짓이었다는 이유로 불법행위에 따른 손해배상을 주장하면서 10억 원의 지급을 청구하는 소를 제기하였다. 제1심 법원은 대여금반환청구를 전부 기각하고 불법행위에 따른 손해배상청구에 관하여 과실상계를 적용하여 5억 원의 지급을 명하는 판결을 선고하였는데, 이에 대하여 乙만이 항소를 제기하였다.

문제.

항소심 법원이 심리한 결과 10억 원의 대여금반환청구 전부가 이유 있는 반면, 불법행위는 성립하지 않는다고 판단하였다면 항소심 법원은 어떻게 판결하여야 하는가? (15점)

제1문의 6

〈사실관계〉

2019. 6. 1. 甲과 乙은 A로부터 2억 원을 빌리면서 각각 2분의 1씩 공유하고 있는 X건물(서울 소재)에 관하여 A에게 피담보채권을 2억 원으로 하는 저당권을 설정해 주었다. 2019. 9. 1. 甲과 乙은 丙에게 X건물을 보증금 5천만 원에 임대하였고, 丙은 甲과 乙에게 그 보증금을 지급하였다. 丙은 사업자등록을 마치고 임대차계약서에 확정일자를 받은 후 2019. 9. 15.부터 X건물에서 식당 영업을 시작하였다. 한편 2019. 12. 1. B는 甲에게 5천만 원을 대여하였다.

X건물에 대한 지분 이외에 달리 재산이 없던 甲은 2019. 11. 10. 丁으로부터 빌린 1억 원의 채무 이행을 담보하기 위하여 2020. 1. 10. X건물에 대한 자신의 지분에 가등기를 하여 주었다. X건물의 가액은 수년 동안 변동 없이 3억 원이었다.

문제.

2020. 5. 15. 甲의 채권자 B는 甲이 X건물의 지분에 대해 담보가등기를 마친 것이 사해행위에 해당한다는 이유로 담보가등기설정계약의 취소 및 원상회복을 구하는 소를 제기하였다. B의 청구에 대하여 법원이 내릴 판단(각하, 인용, 일부인용, 기각)을 그 법리적 논거와 함께 구체적으로 서술하시오. (20점)

제1문의 7

〈기초적 사실관계〉

2018. 6. 15. A는 임대인 乙 소유의 X주택을 임대차기간 4년(2018. 6. 15. 부터 2022. 6. 14.), 임차보증금 8,000만 원에 임차하였고 같은 날 X주택을 인도받고 전입신고를 마쳤다. 그 보증금을 마련

하기 위하여 2018. 7. 16. A는 甲으로부터 6,000만 원을 차용하였고, 위 차용금의 이행을 담보하기 위하여 자신의 乙에 대한 임차보증금반환채권 중 6,000만 원 부분에 대하여 甲 명의로 질권을 설정하였다. 2018. 7. 29. A는 乙에게 확정일자 있는 증서로 위 질권설정 사실을 통지하였고, 이 통지는 다음날 乙에게 도달하였다.

※ 이하의 추가된 사실관계 및 질문은 상호 무관하며 독립적임.

〈추가적 사실관계 1〉

2022. 4. 15. 丙은 A를 상대로 청구금액 1억 원의 지급명령을 받고 이를 집행권원으로 하여 A의 乙에 대한 임차보증금반환채권에 관하여 채권압류 및 전부명령을 받았다. 그 명령은 2022. 6. 15. 乙에게 도달하였고, 2022. 6. 22. 확정되었다. 이후 乙은 2022. 6. 23. A로부터 X주택을 인도받음과 동시에 丙에게 임차보증금 8,000만 원 전부를 지급하였다.

문제 1.

甲이 乙을 상대로 6,000만 원을 지급할 것을 청구한 경우에 법원이 내릴 판단(각하, 인용, 일부인용, 기각)을 그 법리적 논거와 함께 구체적으로 서술하시오. (15점)

〈추가적 사실관계 2〉

2018. 9. 15. 乙은 X주택을 丁에게 매각하여 소유권이전등기를 마쳐주었다.

문제 2.

2022. 7. 29. 甲이 丁에게 보증금 중 질권설정액 6,000만 원을 지급할 것을 청구한 경우에 법원이 내릴 판단(각하, 인용, 일부인용, 기각)을 그 법리적 논거와 함께 구체적으로 서술하시오. (15점)

5. 제2차 모의시험 제2문

제2문의 1

〈기초적 사실관계〉

2017. 3. 21. 甲은 乙과 사이에 乙 소유의 X주택을 임대차보증금 2억 원, 임대차기간 2017. 4. 1.부터 2019. 3. 31.까지로 임차하는 내용의 임대차계약(이하 '이 사건 임대차'라 한다)을 체결하였다. 2017. 4. 1. 甲은 乙에게 임대차보증금 2억 원을 지급한 후, X주택을 인도받아 당일 전입신고를 하고 임대차 계약서에 확정일자를 받았다. 2017. 4. 3. 乙은 丙으로부터 1억 4천만 원을 이자 없이 변제기 2018. 3. 31.로 정하여 차용(이하 '이 사건 차용금'이라 한다)하였다. 2018. 5. 6. 乙이 사망하였고 유족으로 배우자 A, A와의 사이에서 태어난 자녀 B, C가 있다.

※ 이하의 추가된 사실관계 및 질문은 상호 무관하며 독립적임.

〈추가적 사실관계 1〉

A, B, C는 상속재산을 분할하기 위해 협의하였다. 먼저 乙의 丙에 대한 모든 채무는 A가 상속하기로 협의하였다. 그러나 X주택에 대한 상속재산분할협의는 결렬되었고 이에 법원에 상속재산분할의 소를 제기하였으며, 2019. 4. 20. 丁이 X주택을 경락받았다.

문제 1.

임대차기간이 만료되었음에도 불구하고 보증금을 반환받지 못한 甲이 2019. 4. 21. 丁에게 임대차보증금 2억 원의 반환을 청구한 경우, 그 청구의 결론(각하, 인용, 일부인용, 기각)을 그 법리적 논거와 함께 구체적으로 서술하시오. (15점)

문제 2.

丙이 B를 상대로 1억 4천만 원의 지급을 청구한 경우, 그 청구의 결론(각하, 인용, 일부인용, 기각)을 그 법리적 논거와 함께 구체적으로 서술하시오. (10점)

〈추가적 사실관계 2〉

2018. 6. 17. 상속인 A, B, C는 각자의 법정상속분에 따라 X주택에 대한 소유권이전등기를 마쳤다. 2018. 7. 27. A, B, C는 戊에게 X주택을 매도하기로 하는 매매계약을 체결하였다. 계약의 내용에 따르면 戊는 X주택을 매매대금 6억 원(계약금 7천만 원, 중도금 2억 원, 잔금 3억 3천만 원)에 매수하기로 하였다(A, B, C는 수령한 매매대금은 법정상속분에 따라 분배하기로 약정하였다). 계약금은 계약 당일 戊가 A에게 지급하였고 계약금은 법정상속분에 따라 분배되었다.

문제 3.

2018. 10. 4. 戊가 위 매매계약을 적법하게 해제하였다. 2018. 10. 12. 戊가 A를 상대로 계약금의 반환을 청구하자, A가 계약금 일부인 2천 1백만 원을 戊에게 반환하였다. 이 경우에 A는 B, C에게 얼마씩을 구상할 수 있는지 구체적인 이유와 함께 서술하시오(이자 및 손해 등은 고려하지 말 것). (15점)

제2문의 2

〈기초적 사실관계〉

X건물의 소유자인 A에게 1천만 원의 금전채권을 가지는 B는 2021. 5. 6. X건물을 가압류하고 가압류등기를 마쳤다. 2021. 6. 8. A는 C로부터 5천만 원을 차용하면서 X건물에 C 명의의 저당권을 설정하여 주었다. 2021. 12. 12. A가 서류를 위조하여 X건물에 설정된 C의 저당권을 말소시켰다.

※ 이하의 추가된 사실관계 및 질문은 상호 무관하며 독립적임.

문제 1.

2022. 3. 5. A는 C명의 저당권의 불법말소에 대하여 선의·무과실인 E에게 X건물을 매도하고 그에게 소유권이전등기를 마쳐주었다. 2022. 5. 6. C가 E를 상대로 말소된 저당권설정등기의 회복을 구하는 소를 제기한 경우, 그 소의 결론(각하, 인용, 일부인용, 기각)을 그 법리적 논거와 함께 구체적으로 서술하시오. (10점)

〈추가적 사실관계〉

C의 저당권이 말소된 상태에서 A에게 확정판결에 따른 4천만 원의 채권을 가지는 F가 X건물에 대해 강제경매를 신청하였고, 경매절차에서 8천만 원에 매각되었다. 한편 가압류채권자인 B가 집행권원을 취득하여 적법하게 배당요구를 하였다. 배당금 8천만 중 B에게 1천만 원, 일반채권자 F에게 4천만 원이 각각 배당되었고, 소유자 A에게 나머지 3천만 원이 반환되었다.

문제 2.

C는 부당이득을 근거로 누구에게 얼마씩의 반환을 청구할 수 있는가? (15점, 이자나 지연손해금과 경매비용 등은 고려하지 않음)

제2문의 3

〈기초적 사실관계〉

2018. 2. 1. 甲은 자기 소유의 X건물을 乙에게 임대기간 2018. 2. 1.부터 2020. 1. 31.까지, 임대차보증금 1억 원, 월 차임 1천만 원으로 하여 임대하였다. 乙은 甲으로부터 X건물을 인도받고 임대차보증금 1억 원을 지급하였다. 2018. 2. 2. 乙은 甲에 대한 임대차보증금반환채권을 담보하기 위하여 X건물에 관하여 전세금 1억 원, 전세기간 2018. 2. 2.부터 2020. 1. 31.까지로 정한 전세권설정등기를 마쳤다. 그 후 2019. 10. 8. 乙은 채권자 丙으로부터 1억 원을 차용하면서 위 전세권에 대하여 저당권설정등기를 마쳐주었다(丙은 위 전세권설정등기의 경위에 대하여는 알지 못하였음). 2020. 3. 15. 丙은 전세기간이 만료한 후 위 전세금반환채권에 대하여 물상대위권에 기초하여 압류 및 추심명령을 받았고 甲에게 송달되었다.

※ 이하의 추가된 사실관계 및 질문은 상호 무관하며 독립적임.

〈추가적 사실관계 1〉

2020. 2. 2. 乙은 甲에 대한 전세금반환채권 1억 원을 丁에게 양도하는 내용의 계약을 체결하고 2020. 2. 4. 이 같은 취지를 확정일자부 증서를 통해 甲에게 통지하여 그 당일 도달하였다. 한편 乙은 甲에 대한 차임지급을 연체하였고 그 금액은 1억 원에 이른다.

문제 1.

丙이 2020. 4. 5. 甲에게 추심금 1억 원의 지급을 청구하자, 甲은 "① 丙의 압류 및 추심명령 이전에 전세금반환채권이 丁에게 양도되었다. ② 乙의 甲에 대한 연체된 차임채무가 1억 원에 이르므로 반환해야 할 전세금은 존재하지 않는다."는 이유로 지급을 거절하였다. 丙과 甲의 주장을 고려하여 법원이 내릴 판단(각하, 기각, 인용, 일부 인용)을 그 법리적 논거와 함께 구체적으로 서술하시오. (구체적인 금액은 고려하지 말 것) (20점)

〈추가적 사실관계 2〉

丙이 2020. 4. 5. 甲에게 추심금 1억 원의 지급을 청구하자, 甲은 乙과의 거래관계에서 발생한 채권[① 甲의 乙에 대한 제1차 대여금 채권 5천만 원(대여일 2018. 1. 5, 변제기 2019. 12. 31.), ② 甲의 乙에 대한 2차 대여금 채권 5천만 원(대여일 2018. 5. 1, 변제기 2020. 3. 31.)]을 자동채권으로 하여 상계항변 하였다.

문제 2.

甲의 상계항변이 타당한지에 대해 그 법리적 논거와 함께 구체적으로 서술하시오. (15점)

6. 제2차 모의시험 제3문

비상장 甲주식회사의 대표이사이자 주주인 A는 2018. 3.경 주주총회 특별결의서를 작성하여 자신이 소유한 甲회사 주식 중 일부를 감자 처리하고 그 대금을 甲회사로부터 지급받았다. 위 자본금 감소로 인한 변경등기는 2018. 4. 5. 완료되었다. 甲회사의 주주 B는 2018. 6.경 A가 상법상 적법한 감자절차를 이행하지 않음으로써 법령을 위반하였다는 이유로 이사해임청구를 하여 2019. 2.경 승소판결을 받아 그 무렵 확정되었다. 이후 B는 2019. 4.경 '甲회사가 배당가능이익이 없는 상태였음에도 A가 개인적 이익을 위해 2018. 3.경 주주총회결의도 거치지 않고 독단적으로 보유 주식을 甲회사에 처분하여 손해를 입혔다. A는 상법 제341조 제4항에 따른 손해배상책임이 있으므로 甲회사는 A를 상대로 소송을 제기하라.'는 내용의 제소청구서를 甲회사에 보냈다. 그러나 甲회사는 A의 책임을 물으려면 자본금 감소를 위한 주식소각 절차에 하자가 있음을 이유로 감자무효의 소를 먼저 제기해야 하는데, 해당 소의 제소기간이 도과하여 A에 대한 소송을 진행할 수 없다고 답변하였다. 이에 B는 甲회사를 위해 2019. 6. 20. 상법 제399조 제1항에 따른 손해배상청구의 소를 A에게 제기하였다.

A의 뒤를 이어 甲회사의 대표이사로 선임된 B는 2022. 3. 10.자로 이사의 임기가 만료되었으나, 새로운 이사 및 대표이사 선임이 이루어지지 않았다. 보통주식과 의결권 있는 우선주식을 발행한 甲회사는 정관에 다음과 같은 조항을 두고 있다.

> **제5조(이사의 선임)** 회사의 이사는 발행주식총수의 과반수에 해당하는 주식을 가진 주주가 출석하여 그 의결권의 과반수로 선임한다.
>
> **제8조(배당에 있어서 우선권)** ① 우선주주는 우선주식 1주당 회사의 당기순이익 중 100,000분의 1을 우선적으로 현금으로 배당받는다.
>
> ② 우선주식에 대한 배당은 정기주주총회(결산승인의 총회)일로부터 7일 이내에 지급한다.

2022. 7. 12. B는 甲회사 대표이사 자격으로 주주들에게 회의의 일시·장소·목적사항('이사 4명 선임의 건')과 신임이사 후보 7명의 주요이력을 첨부하여 임시주주총회 소집통지를 하였다. 2022. 8. 18. 甲회사의 주주 9인 가운데 B(주식 42% 보유), C(주식 3% 보유), D(주식 2% 보유)만이 참석하여 임시주주총회가 개최되었는데, 의장인 B는 이사 선임안건을 상정하고 아울러 소수주주의 집중투표청구가 있었음을 고지하였다. C와 D는 위 안건 상정을 거부하는 의사를 표시한 채 투표를 하지 아니하였고, B만이 집중투표의 방법으로 투표하였다. 그 결과 최다수를 얻은 자부터 순차적으로 4명의 후보를 이사로 선임하는 결의가 이루어졌다. 이후 甲회사는 2023. 3.경 개최된 정기주주총회에서 당기순이익이 포함된 재무제표를 승인하면서도 이익배당에 관하여는 아무런 결의를 하지 않았다.

문제 1.

B가 2019. 6. 20. A에게 제기한 손해배상청구의 소는 적법한가? (30점)

문제 2.

2022. 9.경 C가 ① 위 이사선임을 위한 총회결의는 대표이사 자격 없는 자에 의한 소집통지 및 회의진행이 이루어졌음을 이유로 결의부존재확인의 소를 제기하고, ② 해당 총회결의시 집중투표가 정관상 의사정족수의 충족 없이 이루어졌음을 이유로 예비적으로 결의취소의 소를 제기하는 경우 승소할 수 있는가? (30점)

문제 3.

우선주식을 보유한 D가 甲회사를 상대로 정관에 따라 2022년도 회계결산에 따른 배당금을 지급할 의무가 있음을 주장하며 소를 제기하는 경우 승소할 수 있는가? (10점)

〈추가적 사실관계〉

종로구에서 문구점을 운영하던 X는 2021. 4. 무렵 경업금지약정 없이 Y1에게 동 영업을 양도하였는데, Y1은 2022. 6.경 Y2에게, Y2는 2023. 4. 무렵 Y3에게 해당 문구점을 순차 양도하였다. X는 2023. 5.경부터 종로구에서 다시 문구점을 운영하기 시작하였다. 한편 X는 乙보험회사와 자신을 피보험자로 하여 질병보험계약을 체결하였다. 위 계약체결당시 X는 보험청약서상 질문사항에 "피보험자의 암 진단 여부 등 병력사항"이 포함되어 있었으나 작년에 위암 판정을 받았음을 알면서 적지 않았고, 乙보험회사는 X에게 보험약관을 교부하였으나 그 약관의 중요한 사항을 설명하지는 않았다.

문제 4.

Y3는 X를 상대로 문구점 영업을 중단할 것을 청구할 수 있는가? (15점)

문제 5.

X와 乙보험회사는 양자간 체결한 질병보험계약을 해지하거나 취소할 수 있는가? (15점)

7. 제1차 모의시험 제1문

제1문의 1

농사를 짓는 30호의 가구로 구성된 甲 마을은 마을 총회로 규약을 정하여 甲 마을 이름으로 자신들이 생산하는 농작물을 공동으로 가공하여 판매하고 있는데, 이와 관계된 모든 사항은 A가 마을 주민들을 대표하여 진행하고 있다. 그런데 농작물의 분류와 포장을 위해 구입한 작업기계가 자꾸 고장을 일으켜 생산 및 판매회사인 乙 법인에 대해 계약에 따른 완전한 수리를 해주거나, 수리가 불가능하면 환불을 해달라고 요구하였으나, 乙 법인은 이미 사용한 기계라서 반품해 줄 수 없다고 거절하여, A는 甲 마을의 이름으로 乙 법인을 상대로 해당 기계의 매매계약을 해제하고 대금의 반환을 구하는 소를 제기하였다.

문제.

이 소송에서 乙은 "① 甲 마을은 소송상 당사자가 될 수 없고, ② A는 이 소송에서 대표자가 될 수 없고, ③ 마을 총회를 거쳐서 소를 제기한 것이 아니므로 소는 부적법하다."라고 주장한다. 법원은 위 각 주장에 대하여 어떻게 심리·판단하여야 할 것인가? (20점)

제1문의 2

甲이 乙로부터 금원을 차용하기 위하여 丙에게 丙 소유인 X부동산에 근저당권을 설정하여 줄 것을 부탁하였다. 이에 丙은 乙과 채권최고액을 금 3억 원으로 하는 근저당권설정계약을 체결하였으며, X부동산에 관하여 근저당권설정등기도 경료되었다.

그 후 丙은 甲이 피담보채무 전액을 변제하였음을 주장하면서 乙을 상대로 근저당권설정등기 말소청구의 소를 제기하였다.

(아래 각 문제는 서로 무관함)

문제 1.

이 소송에서 乙은 아직 피담보채무의 일부가 남아있음을 주장하였다. 법원의 심리결과 금 1억 원의 채무가 아직 남아있음을 확인하였다면 법원은 어떻게 판단하여야 하는가? (15점)

문제 2.

이 소에서 丙은 피담보채무부존재확인의 청구를 추가적으로 병합하였다. 이에 대해 乙은 ① 채무자도 아닌 丙이 채무부존재확인의 소를 제기하는 것은 부적법하고, ② 근저당권을 말소하는 것 외에 별도로 확인을 구할 필요도 없으므로 부적법하다고 주장하였다. 법원은 위 각 주장에 관하여 어떻게 심리·판단하여야 하는가? (15점)

제1문의 3

동업자들인 甲, 乙, 丙은 A로부터 3억 원 상당의 X토지를 매수하여 이를 임대함으로써 그 이익을 상호 분배하기로 약정하고, 甲, 乙, 丙이 공동명의로 A와 X토지에 대한 매매계약을 체결하였다. 甲, 乙, 丙은 매매대금을 모두 지급하였음에도 불구하고 A는 X토지의 소유권을 이전해 주지 않고 있다.

(아래 각 문제는 서로 무관함)

문제 1.

甲, 乙, 丙은 A를 상대로 X토지의 소유권이전등기절차의 이행을 구하는 소를 제기하였는데, 丙은 甲과 乙의 동의를 얻어 제1심 계속 중에 자신의 동업지분 중 2분의 1을 丁에게 양도하였다. A는 위 소송에서 이 사건 소는 동업자 전원이 원고로 되지 않아서 부적법하다고 주장한다. 이 사건 소가 적법한 것으로 판단받을 수 있는 소송법상의 방법을 모두 서술하시오. (25점)

문제 2.

甲과 乙은 甲을 선정당사자로 선정하였고, 甲은 선정당사자로서 丙과 함께 A를 상대로 소유권이전등기절차의 이행을 구하는 소를 제기하였다. 소송계속 중 甲은 丙과 상의 없이 A와 X토지의 소유권이전등기를 넘겨받는 대신 금 2억 원을 지급받는 것으로 소송상 화해를 하였다. 위 선정이 적법한지, 소송상 화해가 효력이 있는지에 관해 서술하시오. (15점)

제1문의 4

甲은 자신의 소유인 X 건물에서 음식점 영업을 하고 있는 乙을 상대로 5천만 원의 부당이득반환청구의 소를 제기한 결과 제1심에서 전부 승소판결을 선고받았고, 이에 대하여 乙이 항소하였다.

문제.

항소심 계속 중 甲은 X 건물의 불법점유를 원인으로 하여 5천만 원의 손해배상청구를 선택적으로 병합하였다. 법원은 심리한 결과 부당이득반환청구는 이유 없는 반면, 손해배상청구가 모두 이유 있다고 판단하여 항소기각판결을 선고하였다. 이 판결은 적법한가? (10점)

제1문의 5

〈기초적 사실관계〉

2015. 1. 21. 甲은 자기 소유의 X주택을 임대차보증금 2억 원, 임대차기간 2015. 2. 1.부터 2019. 1. 31.까지 임대하는 내용의 임대차계약(이하 '이 사건 임대차'라 한다)을 임차인 A와 체결하였다(차임은

매달 말일에 500만 원을 지급하기로 하였다). 2015. 2. 1. A는 임대차보증금 2억 원을 지급한 후, X주택을 인도받아 당일 전입신고를 하고 이 사건 임대차 계약서에 확정일자를 받았다.

※ 이하의 추가된 사실관계 및 질문은 상호 무관하며 독립적임.

〈추가적 사실관계 1〉

2018. 1. 13. 甲은 A를 상대로 연체한 차임 2015. 2월분의 임대료(이하 '차임채권')의 지급을 구하는 소(이하 '선행소송')를 제기하였고 소장부본은 2018. 2. 23. A에게 송달되었다. 한편 B는 선행사건 소송계속 중인 2018. 1. 25. 위 차임채권에 대하여 甲을 채무자, A를 제3채무자로 하는 채권압류 및 추심명령을 받았고 이는 2018. 2. 25. A에게 송달되었고 2018. 3. 15. 확정되었다. 2018. 5. 24. 甲은 위 선행소송은 각하되었고 그 무렵 확정되었다. 2018. 9. 3. B는 위 추심명령을 근거로 제3채무자인 A를 상대로 추심의 소를 제기하자, A는 추심의 소가 제기되기 이전에 위 차임채권은 시효완성으로 소멸하였다고 항변하였다. 이에 대해 B는 "① 주위적으로 B가 이미 차임채권에 대해 압류 및 추심명령을 받았으므로 차임채권의 소멸시효는 중단되었고, ② 예비적으로 위 선행소송이 각하된 날 때로부터 6개월 이내에 B가 소를 제기하였으므로 甲이 선행사건의 소를 제기한 것에 의해 차임채권의 소멸시효는 중단되었다."고 주장하였다.

문제 1.

A의 항변 및 B의 재항변을 고려하여 B의 A에 대한 추심의 소의 결론(각하, 인용, 일부인용, 기각)을 그 법리적 논거와 함께 구체적으로 서술하시오. (25점)

〈추가적 사실관계 2〉

2021. 7. 21. 甲은 A를 상대로 X주택 인도 및 미지급월차임 1억 2천만 원(2015. 2월분부터 2017. 1월분까지, 이하 '미지급차임채무')의 지급을 청구하는 소를 제기하였다. 이에 A는 미지급차임채무가 없다고 부인하면서 A는 자신의 임차보증금반환채권을 자동채권으로 하는 상계항변을 하였고, 그 다음 변론기일에는 소송 중에 A는 미지급차임채무가 시효소멸하였기 때문에 지급할 수 없다고 하면서 임차보증금 2억 원을 반환받을 때까지 X주택을 인도할 수 없다고 주장하였다. 이에 대해 甲은 "① 소멸시효가 완성되었다 하더라도 A는 이미 상계항변을 하였으므로 소멸시효이익을 포기하였다. ② 시효이익을 포기한 것으로 볼 수 없다 하더라도 민법 제495조에 기하여 이를 자동채권으로 하여 상계하겠다. ③ 설령 상계가 인정되지 않는다고 하더라도 위 차임채권은 모두 임차보증금에서 당연공제된다."고 주장하였다.

문제 2.

법원의 심리결과 미지급차임채무는 잔존한다고 확인하였다면, 甲과 A의 주장을 고려하여 법원이 내릴 판단(각하, 인용, 일부인용, 기각)을 그 법리적 논거와 함께 구체적으로 서술하시오. (25점)

8. 제1차 모의시험 제2문

제2문의 1

〈기초적 사실관계〉

2019. 1. 19. 甲은 X임야를 임의경매절차에서 매수하고 그 대금을 완납하였으며, 이에 관한 소유권이전등기를 마쳤다. X임야 가운데에는 Y도로가 이미 나 있다. 이 도로는 X임야 인근에 있는 A사찰로 출입하는 유일한 통행로로서 A사찰이 중건된 1920년 직후에 자연발생적으로 형성되었고, 사찰의 승려, 신도, 탐방객, 인근 주민들이 무상으로 이용하고 있다. 지방자치단체인 乙시(市)는 1980년경 Y도로에 시멘트 포장을 한 후 관련 법령에 따라 Y도로를 농어촌도로로 지정하고 40년 이상 관리하고 있다. 한편 甲은 위와 같은 이용상황을 알면서 X임야를 매수하였고, 특별히 X임야를 다른 용도로 개발하려는 구체적 계획을 세운 것은 아니지만, Y도로가 이와 같이 계속 이용되는 상황을 방치할 수 없다고 생각하였다.

※ 이하의 추가된 사실관계 및 질문은 상호 무관하며 독립적임.

〈추가적 사실관계 1〉

甲은 乙시를 상대로 Y도로의 철거 및 그 부지 부분의 인도를 구하는 소송을 제기하였다. 이에 대해 乙시는 "① Y도로의 개설 당시부터 甲이 X임야의 소유권을 취득하기 전까지 같은 임야를 소유하던 사람들이 Y도로를 배타적으로 사용·수익할 권리를 포기하였다. ② 설령 사용·수익할 권리를 포기하지 않았다 하더라도 甲에게 별다른 이익도 없으면서 A사찰의 내방객과 인근 주민들에게 막대한 피해를 주는 위와 같은 청구가 권리남용에 해당한다."고 주장하였다.

문제 1.

乙시의 항변을 고려하여 甲의 乙시에 대한 소송에 대해 법원이 내릴 판단(각하, 기각, 인용, 일부 인용)을 그 법리적 논거와 함께 구체적으로 서술하시오. (15점)

〈추가적 사실관계 2〉

甲은 2022. 3. Y도로 위에 X임야 관리사무소를 축조하고 개폐식 차단기를 설치하였다. 이후 甲은 현재까지 A사찰 방향으로 Y도로를 이용하려는 자동차 운전자들에게 행선지와 방문목적 등을 확인한 후 차단기를 열어 통행할 수 있게 하면서, 인근 주민 丙 등이 A사찰 내의 약수터를 이용하기 위해 자동차를 운행하는 경우에는 그 통행을 막고 있다.

문제 2.

丙이 A사찰 방향으로 자동차를 운행할 수 없게 되자, Y도로를 이용하기 위하여 甲을 상대로 불법행위를 주장하면서 그 효과로서 통행방해금지를 청구한 경우에 법원이 내릴 판단(각하, 기각, 인용, 일부 인용)을 그 법리적 논거와 함께 구체적으로 서술하시오. (15점)

제2문의 2

〈사실관계〉

甲은 약 20년간 한지(韓紙) 제조업체 직원으로 근무하다가 퇴직하고, 2020. 11.경 고향인 ○○군(郡)의 어촌지역으로 돌아가 건어물 유통업을 시작하였다. 그는 2023. 3. 9. 친구로부터 소개받은 마른오징어 제조업자 乙의 사업장을 방문하였다. 그 자리에서 乙로부터 시식용으로 받은 반건조오징어(특급, 1.5kg 내외)를 먹어본 후 甲이 만족해하였다. 이를 본 乙은 위 반건조오징어 1미(尾, 물고기를 개체별로 하나씩 세는 단위)당 2천원을 할인한 5천원에 甲의 점포로 공급하겠다는 제안('제1제안')을 하였다. 이에 甲은 乙에게 100축을 구매하겠다고 제안('제2제안')하였고 이에 대해 乙은 甲의 제2제안에 동의하였다. 두 사람은, 乙이 다음 날 14:00에 甲의 점포로 배송하고 甲이 이를 수령하면서 즉시 대금 전액을 송금해주기로 약정하였다. 이에 따라 乙은 2022. 3. 10. 14:00 직원 A를 시켜 위와 같은 반건조오징어 100축을 甲의 건어물 판매점포에 배송하였다.

그런데 甲은 배송된 위 오징어의 양을 보고는, "아차!"라고 하며 탄식하였다. 甲이 일했던 한지 제조업계에서는 1축을 한지 10권을 세는 단위로 사용하는 반면, ○○군의 어촌지역에서 마른오징어를 거래할 때 '1축'은 오징어 20미를 세는 단위로 사용한다. 甲은 평소 건어물 유통업을 하면서 위와 같은 차이를 알게 되었음에도, 그 전날에는 이를 착각한 나머지 2배 많은 반건조오징어 2,000미를 배송받게 된 것이었다.

문제 1.

甲은 乙에게 자신은 1,000미를 구매하였다는 것을 이유로 배송받은 반건조오징어 중 일부인 1,000미의 수령을 거절하면서 대금으로 500만 원(= 5천원 × 1,000)만 지급하겠다고 하였다. 이에 대해 乙은 계약에 따라 2,000미에 대한 대금 1,000만 원(= 5천원 × 2,000)을 지급할 것을 주장하였다. 甲과 乙의 매매계약에 의하면, 甲은 몇 미의 반건조오징어를 구매한 것으로 해석해야 하는가? (15점)

문제 2.

甲은 乙로부터 2,000미를 구매한 것에 대해서는 다투지 않고, 착오를 이유로 위 매매계약을 취소할 수 있는가? (10점)

제2문의 3

〈기초적 사실관계〉

A는 1970. 1.경 경기도 가평군 소재 X부동산을 취득하여 소유해 왔고, 이 X부동산은 A가 가진 유일한 재산이다.

※ 이하의 추가된 사실관계 및 질문은 상호 무관하며 독립적임.

〈추가적 사실관계 1〉

1985. 11. 25. A는 B에게 X부동산에 관하여 매매예약을 원인으로 한 소유권이전청구권가등기를 해주었지만, 10년이 넘도록 본등기는 해주지 않았다. 이후 A에 대해 이행기 도래한 금전채권을 가진 甲은 2005. 8. 29. X부동산에 관하여 가압류등기(이하 '이 사건 가압류등기'라 한다)를 하였다. 그러자 A와 B는 위 가등기를 활용하여 B에게 다시 매도하기로 합의하였다. 2005. 9. 15. B는 위 가등기에 기한 본등기를 하였고, 이로 말미암아 2005. 10. 24. 甲의 이 사건 가압류등기는 직권으로 말소되었다. B는 위 본등기 무렵 A로부터 X부동산을 인도받아 점유를 개시하였다. 2010. 7. 3. C는 B로부터 X부동산을 매수하고 X부동산에 관하여 매매를 원인으로 하는 소유권이전등기를 마쳤고, 그 무렵부터 현재까지 이를 점유하고 있다.

문제 1.

甲이 말소된 이 사건 가압류등기를 회복하기 위해 채무자 A를 대위하여 B를 상대로 X 부동산에 관한 위 본등기의 말소등기절차 이행을 청구한 경우에 법원이 내릴 판단(각하, 기각, 인용, 일부 인용)을 법리적 논거와 함께 구체적으로 서술하시오(甲의 채권자대위소송을 위한 소송요건은 모두 구비한 것으로 본다). (15점)

문제 2.

甲은 C를 상대로 말소된 이 사건 가압류등기의 회복등기절차에 대한 승낙의 의사표시를 구하는 소를 제기하였다. 이에 대해 C는 X부동산에 관한 등기부취득시효 완성을 주장하였다. C의 주장이 타당한지에 대해 그 법리와 함께 구체적으로 서술하시오. (15점)

〈추가적 사실관계 2〉

2021. 9. 21. A는 사망하였는데, 공동상속인으로 乙, 丙, 丁이 있다. 2021. 12. 29. 丁은 X부동산에 대한 자신의 지분을 戊에게 매도하였다. 2022. 3. 30. X부동산을 乙소유로 하고 乙이 나머지 공동상속인들에게 돈을 지급하기로 하는 등을 내용으로 하는 상속재산분할심판이 확정되었다(이하 '이 사건 상속재산분할심판'). 이 사건 상속재산분할심판이 있었음을 알고 있던 戊는 2022. 5. 13. 丁에 대한 소유권이전등기청구권을 피보전권리로 하여 X부동산 중 丁 지분에 관하여 처분금지가처분 결정을 받았다. 2022. 5. 15. 戊의 적법한 대위신청으로 丁의 지분에 관하여 乙, 丙, 丁 앞으로 상속을 원인으로 한 소유권이전등기를 마친 후 위 가처분등기가 이루어졌다. 2022. 5. 24. 戊는 X부동산 중 丁의 지분에 관하여 매매를 원인으로 한 소유권이전등기를 마쳤다.

문제 3.

2022. 6. 2. 乙이 戊를 상대로 乙의 지분이전등기의 말소등기절차 이행을 구하는 청구를 한 경우에 乙의 戊에 대한 청구의 결론[인용, 기각, 일부 인용, 각하]을 구체적 이유와 함께 서술하시오. (15점)

9. 제1차 모의시험 제3문

甲주식회사는 스포츠용품의 제조·판매를 목적으로 하는 자본금 50억 원의 비상장회사이다. 甲회사의 이사회는 A, B, C 3인으로 구성되어 있으며 이사회에서 A와 B를 공동대표이사로 하는 결의를 하고 이를 등기하였다. 甲회사의 총발행주식 1,000,000주 중에서 주주명부에는 A가 400,000주, B가 300,000주, X가 100,000주, 복수의 주주들이 나머지 주식을 소유하는 것으로 기재되어 있다. X명의의 주식은 Y가 X의 허락을 받고 X의 명의를 차용하여 인수한 것이며 그 인수대금도 Y가 납입한 것이다. 甲회사의 정관 제14조는 "이 회사는 사채의 액면총액이 30억 원을 초과하지 않는 범위 내에서 신기술의 도입, 긴급한 자금조달, 재무구조의 개선 등 회사의 경영상 목적을 달성하기 위한 경우 이사회 결의로 주주 외의 자에게 전환사채를 발행할 수 있다."라고 규정하고 있다.

B는 甲회사의 경영에 관여하지 않고 자신의 인감 및 명판을 A에게 보관시키고 자신의 대표이사로서의 권한 행사를 위임하였다. A는 D에 대한 자신의 개인채무의 보증을 위하여 甲회사의 명의로 D와 보증계약을 체결하면서 단독으로 "甲회사 대표이사 A"라고 서명하였다.

한편 A는 2023. 1. 10. 경영에 무관심한 B를 제외하고 C에게만 이사회 소집을 통지한 후, 2023. 1. 12. 개최한 이사회에서 "주주배정 방식으로 총 10억 원의 전환사채를 발행하되 인수되지 않은 전환사채는 이사회 결의로 처리하며, 청약일 및 납입일은 2023. 2. 1.로 한다."는 내용의 결의를 하였다(이하 '1차 이사회 결의'). 2023. 2. 1. A, B, X를 제외한 나머지 주주들이 청약과 납입을 하지 않자, 그 다음날 개최된 이사회에서 B의 반대에도 불구하고 A, C의 찬성으로 청약이 되지 않은 전환사채를 A의 사위가 대표이사로 있는 乙주식회사에 배정하기로 결의하였다(이하 '2차 이사회 결의'). 乙회사는 2023. 2. 10. 전환사채 인수대금을 납입하였고, 전환사채 발행절차가 완료되었다. 乙회사가 2023. 8. 30. 전환권을 행사하자 甲회사는 신주를 발행하였다.

문제 1.

甲회사의 보증책임의 성립 여부와 D가 甲회사에 보증채무의 이행을 청구한 경우 이를 거절할 수 있는 사유를 검토하시오. (35점)

문제 2.

2023. 3. 30. X는 전환사채 발행의 무효를 구하는 소를 제기한 경우, 그 청구는 인용될 수 있는가? (30점)

문제 3.

2023. 9. 20. 乙 회사의 전환권 행사로 발행된 신주에 대하여, B는 전환사채 발행하자를 주장하면서 신주발행의 무효를 구하는 소를 제기할 수 있는가? (10점)

문제 4.

甲회사는 丙회사와 2022년 동계스포츠 시즌에 대비하여 스키복 제작에 필요한 원단의 매수계약을 체결하고 원단은 2022. 8. 31.에 반드시 인도되어야 한다는 것을 약정하였으나 丙회사가 이를 인도하지 못하였다. 甲회사가 2022. 9. 15.에서야 위 매수계약에 근거하여 丙회사에게 2022. 9. 20.까지 원단을 인도해 줄 것을 요구한 경우 丙회사는 인도의무가 있는가? (15점)

문제 5.

C는 2022. 10. 1. 22세인 자신의 아들 E가 사망하는 경우 자신이 보험금을 지급받는 내용의 계약을 丁생명보험회사와 체결하였다. C는 E에게 알리지 않고 자신이 피보험자 성명란에 E라고 기재하였다. 보험기간 중 E가 교통사고로 사망한 경우, C는 丁회사에 보험금을 청구할 수 있는가? (10점)

Chapter
02 2022년 모의시험

1. 제3차 모의시험 제1문

제1문의 1

〈공통된 사실관계〉

A는 2022. 3. 15. 원래 알고 지내던 변호사 B에게 2억 원의 대여금 반환청구의 소제기를 위임하였고, 이들은 위임계약을 체결함에 있어서 추가로 증거를 수집한 후 2달 이내에 소장을 제출하기로 약정하였다. 그런데 A가 2022. 4. 5. 교통사고로 사망하였고 유족으로 16세의 아들 C만 있다. C의 법정대리인은 조부인 D이다. B는 2022. 4. 7. A의 사망사실을 모른 채로 A를 원고로 기재하여 소를 제기하였다.

문제 1.

위 소제기는 적법한가? 판례의 입장을 설명하고 이를 비판해 보라. (15점)

문제 2.

1심 소송계속 중 C는 어떤 조치를 해야 하는가? 만약 1심 소송계속 중에 아무런 C의 조치 없이 원고가 A로 기재된 채로 판결이 선고되었다면, 그 판결의 효력이 어떠한가? C측이 위 판결에 불복할 경우 어떤 조치를 취해야 하는가? (10점) (B에 대한 상소제기의 특별수권은 없었음을 전제로 함)

제1문의 2

〈공통된 사실관계〉

甲은 의류판매업을 하는 乙로부터 丙에 대한 4억 원의 매매대금 채권을 양수하였다고 주장하면서, 丙을 상대로 양수금 청구의 소를 제기하였다. 甲이 소장에 첨부한 乙과 丙 명의의 매매계약서(이하 "갑제1호증"이라고 한다)에 의하면, "乙은 丙에게 티셔츠 40,000매를 인도하고, 丙은 乙에게 대금으로 금 4억 원을 지급한다."고 기재되어 있었으며, 乙과 丙의 인장이 각각 날인되어 있었다.

※ 추가된 사실관계는 각 별개임.

〈추가된 사실관계 1〉

제1차 변론기일에서 진행된 성립인부절차에서 丙이 갑제1호증에 대해서 부지(不知)로 답하자, 법원은 그 인영의 인정여부를 물었으며, 丙은 "도장은 내 것이 맞으나, 매매계약서에 날인한 적은

없다."고 답하였다. 또한 丙은 "그 도장은 사무실에서 항상 보관하고 있는 것이며, 직원들이 업무상 수시로 사용하고 있으므로 인장의 도용가능성이 있다."고 주장하며, 도장을 사무실에서 보관한 사실을 증명하기 위해 직원 丁에 대한 증인신문을 신청하였고, 법원은 그 증인신문을 실시하였다.

문제 1.

법원이 증거조사를 완료하였음에도 인장의 도용 여부에 관하여 확신을 갖지 못하고 있는 경우, 법원은 갑제1호증의 진정성립에 관하여 어떻게 판단하여야 할 것인가? (15점)

〈추가된 사실관계 2〉

제1차 변론기일에서 진행된 성립인부절차에서 丙은 갑제1호증에 대해서 성립을 인정하였으나, 제2차 변론기일에서는 이를 번복하여 갑제1호증의 성립을 부인하였다. 丙은 갑제1호증의 기재내용도 거짓이라고 주장하였으나 이를 뒷받침할 만한 증거를 제출하지 못하였다. 법원이 갑제1호증의 진정 성립을 인정하면서도, 그 기재내용을 신뢰할 수 없다며 갑제1호증을 배척하면서, 별다른 배척사유를 설시하지 아니한 채 매매계약의 체결사실을 인정하지 않고 원고 청구를 기각하였다.

문제 2.

이러한 판결은 적법한가? (15점)

제1문의 3

〈공통된 사실관계〉

甲은 2017. 12. 28. 야간에 대리운전 업체 乙 주식회사(이하 '乙'이라고 한다) 소속 기사 A가 운전하는 차량을 타고 귀가하던 중 차량이 도로 옆 가로수에 부딪히면서 그 충격으로 약 12주의 치료를 요하는 요추 골절상을 입고 병원에 입원하였다. 입원 치료를 마치고 2018. 4. 1. 퇴원한 甲은 2020. 9. 30. 대리운전 업체인 乙을 상대로 사용자책임에 기하여 불법행위를 원인으로 한 적극적 손해의 배상금으로 2억 원의 지급을 구하는 소를 제기하였다.

※ 추가된 사실관계는 각 별개임.

〈추가된 사실관계 1〉

甲이 제출한 소장에는 청구금액을 위 2억 원으로 하되, 향후 치료 경과에 따라 청구금액이 확장될 수 있으며 2억 원은 전체 손해배상액 중 일부라는 기재가 있었다. 그런데 甲은 2020. 11. 1. 제출한 청구취지 및 청구원인 변경신청서에서 위 2억 원 중 퇴원 시 구입한 보조구 구입비 2천만 원을 청구범위에서 제외한다는 의사를 밝히고 청구금액을 1억 8천만 원으로 감축하였다. 그런데 甲은 2021. 11. 2. 제출한 청구취지 및 청구원인 변경신청서에서 추가로 소요된 치료비를 포함하여 청구금액을 3억 원으로 증액하면서 여기에는 위 보조구 구입비 2천만 원이 포함된다고 기재하였다. 이에 대하여 乙은 2021. 12. 1. 자 준비서면에서 보조구 구입비 2천만 원 부분은 채무자 및 손해를 안 날(보조구 구입일인 2018. 4. 1.)로부터 3년이 지나 청구한 것이므로 소멸시효가 이미 완성된 것이라고 항변하였다.

문제 1.

乙의 위 소멸시효 항변은 타당한가? (15점)

〈추가된 사실관계 2〉

甲은 제1심 소송 도중인 2021. 1. 30. 청구취지 및 청구원인 변경신청서를 제출하면서, 기존의 불법행위(사용자책임)에 기한 손해배상청구를 주위적 청구로 하고, 주위적 청구가 인정되지 않을 경우에 대비하여 대리운전 계약상 채무불이행에 기한 손해배상으로 2억 원의 지급을 구하는 예비적 청구를 추가하였다. 제1심법원은 주위적 청구를 전부 기각하고, 예비적 청구만 인용하였는데 이 판결에 대하여 乙만 항소를 제기하였다.

문제 2.

만일 항소심법원이 제1심법원과 달리 불법행위에 기한 손해배상청구는 이유 있으나, 채무불이행에 기한 손해배상청구는 이유 없다는 심증을 가지게 되었다면 어떤 판결을 해야 하는가? (15점)

제1문의 4

A가 乙에 대하여 부담하는 물품대금 채무를 담보하기 위하여 甲이 자신의 소유 부동산에 乙 명의의 근저당권설정등기를 경료해 주었다. 그 후 甲은 乙을 상대로 근저당권설정등기말소등기청구의 소를 제기하면서 그 청구원인으로서 다음의 1), 2)를 주장하였다.

"1) A가 乙에 대한 채무 외에도 다액의 채무를 부담하여 변제자력이 충분하지 않은 사실을 乙은 알면서도 甲에게 그러한 사실을 숨기고 오히려 A가 충분한 자력이 있는 사람이라고 甲을 기망하여, 이를 잘못 믿은 甲으로 하여금 위 근저당권설정계약을 체결하게 한 것이다. 따라서 위 계약은 乙의 사기에 의한 하자 있는 의사표시에 기한 것이므로 이를 취소하고 그 근저당권설정등기의 말소를 구한다.

2) 위 근저당의 피담보채무인 A의 乙에 대한 물품대금채무가 모두 변제되어 위 근저당권설정등기는 피담보채무가 존재하지 아니하므로 그 말소를 구한다."

제1심이 원고 패소 판결을 선고하자 甲은 이에 불복하여 항소를 제기하였고, 항소심 제2차 변론기일에서 '위 청구원인 1) 부분을 유지하고, 위 청구원인 2) 부분을 철회한다'고 진술하였다. 그 후 甲은 다시 항소심 제3차 변론기일에서 '위 청구원인 2) 부분을 다시 추가한다'고 진술하였다. 항소심 변론종결시까지 제출된 주장과 증거를 종합해 보면, 사기에 의한 의사표시의 취소를 원인으로 한 근저당권설정등기말소 주장은 이를 인정할 증거가 없고, 피담보채무 부존재를 원인으로 한 근저당권설정등기말소 주장은 인정된다.

문제.

이러한 경우 항소심 법원은 어떠한 판결을 선고하여야 하는가? (15점)

제1문의 5

A는 2020. 11. 1. 甲에게 5,000만 원을 변제기 2021. 10. 31.로 정하여 무이자로 대여하였다. 甲은 채무초과 상태에 있던 2021. 3. 7. 처인 乙, 처제인 丙, 처남인 丁에게 각 그들에 대한 차용금의 변제로 1억 원씩 계좌이체의 방법으로 송금하였다.

A는 2022. 1. 20. 乙, 丙, 丁을 상대로 채권자취소권을 행사하여 위 각 변제를 전부 취소하고, 원상회복으로서 각 1억 원씩의 지급을 구하는 소를 제기하였다. 증거조사 결과 乙, 丙, 丁은 실제로 2020년경 甲에게 각 1억 원씩 대여한 사실이 있으나, 자신들 외에 다른 채권자들이 다수 있고 그 채권액을 합하면 30억 원에 이르지만, 甲에게는 위 3억 원 외에 다른 재산이 전혀 없는 사실을 알고 있었고, 그럼에도 불구하고 자신들의 채권을 우선적으로 변제받기 위해 甲을 재촉하여 각 변제를 받은 사실이 인정되었다.

문제 1.

법원은 A의 청구에 대하여 어떠한 판결을 선고하여야 하는가? (30점)

〈추가되는 사실관계〉

소송 중에 밝혀진 바에 의하면, 甲의 또 다른 채권자인 B는 2021. 4. 20. 乙을 상대로 乙에 대한 변제가 사해행위임을 이유로 그 취소와 원상회복을 구하는 소를 제기하여 2022. 2. 25. 원고 승소 판결이 선고되었고, 이에 대해 乙이 항소하여 현재 항소심이 계속 중이다. 乙은 "채권자 B가 먼저 자신을 상대로 사해행위취소소송을 제기하여 승소판결을 받았음에도 A가 동일한 사해행위취소 소송을 제기하는 것은 중복제소에 해당하고 권리보호이익도 없으므로 이 사건 소는 부적법하다."고 주장하였다.

문제 2. (문제1과는 독립적이다.)

乙의 위 주장은 타당한가? (20점)

2. 제3차 모의시험 제2문

제2문의 1

〈공통된 사실관계〉

甲은 2022. 1. 10. 乙에게 "온라인 도박장을 개설하기 위한 사업자금이 필요하다."고 설명하고 乙로부터 5억 원을 차용하였다.

문제 1.

甲은 이 차용금채무의 담보를 위하여 X 부동산에 乙 명의의 저당권설정등기를 해 주었다. 乙이 2022. 6. 15. 위 대여금의 지급을 구하는 소를 제기하자, 甲은 위 대여 약정이 무효이므로 이행할 수 없다고 주장하는 한편, 乙을 상대로 X 부동산의 저당권설정등기의 말소를 구하는 소를 제기하였다. 甲과 乙의 각 청구에 대하여 법원은 어떤 판단을 하여야 하는가? (10점)

문제 2.

乙이 2022. 3. 1. 위 차용금의 용도를 알고 있는 丙에게 甲에 대한 채권을 양도하고 甲이 이에 대하여 이의를 보류하지 않은 승낙을 한 경우, 丙은 甲에 대하여 양수금의 지급을 청구할 수 있는가? (5점)

제2문의 2

A는 甲으로부터 건물 소유를 목적으로 하여 甲 소유 X 토지를 임차하고, 위 토지상에 Y 건물을 신축하여 자신 명의의 소유권보존등기를 마쳤다. A는 B 은행으로부터 금원을 차용하면서 Y 건물에 저당권을 설정하여 주었다. 저당권 설정등기를 마친 후 A는 건물의 유지에 필요한 에너지의 공급을 위하여 乙로부터 태양광발전설비에 관한 설치 및 렌탈계약을 체결하였다. 위 계약에 따르면 乙이 Y 건물에 태양광발전설비를 설치 대여하되, 렌탈기간은 5년으로 하고, 렌탈기간 종료 후에는 계약을 갱신하거나 잔존가치를 평가하여 A가 이를 매입하기로 하였다. 위 태양광 발전설비는 태양광 패널 부분과 패널에서 생산된 전기를 저장하는 축전설비 부분으로 나뉘는데, 그 중 태양광패널 부분은 분리하면 훼손되어 경제적 가치를 상실할 정도로 건물 외벽에 고착(固着)되었고, 축전설비는 이를 용이하게 분리하여 다른 건물에도 설치하여 사용할 수 있는 상태로 유지되었다. A가 B 은행에 대한 차용금을 변제하지 못하자 B 은행은 법원에 저당권 실행을 위한 경매를 신청하였고 그 신청이 받아들여져 Y 건물의 경매절차가 개시되었다. 丙은 이 경매절차에서 Y 건물을 경락받아 매각대금을 납부하고 태양광 발전설비가 부속된 상태로 Y 건물을 인도받아 현재까지 사용하고 있다.

문제 1.

甲은 A에 대하여 채무불이행을 이유로 X 토지 임대차계약의 해지를 통지하고 丙에 대하여 Y 건물의 철거와 X 토지의 인도를 구하는 소를 제기하였다. 이에 대하여 丙은 甲의 해지는 부적법하고

만약 위 해지가 적법하다면 甲에 대하여 토지 임대차에 기한 건물매수청구권을 행사한다고 주장하였다. 甲의 청구와 丙의 주장의 타당성을 검토하시오. (15점)

문제 2.

乙은 丙에 대하여 태양광패널 및 축전설비의 반환과 丙의 Y 건물 소유권취득 시부터 위 태양광패널과 축전설비를 반환할 때까지 그 사용으로 인한 부당이득의 반환을 구하는 소를 제기하였다. 乙의 청구에 대하여 丙은 위 태양광패널 및 축전설비를 선의취득하였다고 주장한다. 乙의 청구와 丙의 주장의 타당성을 검토하시오. (15점)

제2문의 3

문제.

다세대주택인 X 건물의 소유자 甲은 2010. 10. 7. 이 건물의 203호에 입주하고자 하는 乙과 보증금 2억 원, 임대차기간 2010. 10. 25.부터 2년으로 하는 임대차계약을 체결하였다. 이 무렵 乙은 위 203호에 이주한 다음 전입신고를 마치고 임대차계약서상의 확정일자도 갖추었다.

乙은 2012. 10. 24. 임대차 기간 만료에 즈음하여 甲에게 자신은 곧 이사를 나갈 것이라고 하면서 임대차보증금의 반환을 요구하였다. 그러나 자력이 부족했던 甲은 乙에게 임대차보증금을 돌려주지 못하고 있었다. 회사 근무지 변경으로 상황이 다급해진 乙은 2012. 11. 30. 丙과 전대차계약을 체결하고, 乙 자신은 다른 곳으로 이주하고 전입신고도 마쳤다. 丙은 2012. 11. 30.경 위 203호에 입주하면서 전입신고를 마치고 거주하여 왔다. 甲은 丙이 乙로부터 위 203호를 전차하여 거주하고 있는 사실을 알게 되어 2013. 5.경 乙에게 위 임대차의 해지를 통지하였다. 한편 甲은 2011. 12. 10. 丁 은행으로부터 10억 원을 대출을 받으면서 그 담보로 X 건물에 위 은행 앞으로 저당권을 설정해 준 바 있었다. 甲이 피담보채무를 변제하지 않자 2013. 10.경 丁 은행은 담보권 실행을 위한 경매를 신청하였고, 이 경매절차에서 X 건물은 10억 원에 매각되었다. 乙은 위 임대차보증금채권 2억 원의 배당요구를 하였다. 경매법원은 매각대금을 누구에게 얼마씩 배당하여야 하는가? 집행비용과 각 채권의 지연손해금은 고려하지 않고, 매각대금을 배당받을 다른 채권자는 존재하지 않는다고 가정한다. (30점)

제2문의 4

A는 1994. 2. 20. 그 소유의 X 부동산에 관하여 배우자 乙에게 같은 날 증여를 원인으로 한 소유권이전등기를 마쳐 주었다. A는 2017. 5. 1. 그 소유의 유일한 재산인 Y 부동산을 乙과 사이에서 출생한 丙에게 증여하는 내용의 유언장을 비밀증서의 방식으로 작성하였다. A는 이 때 유언장의 전문과 연월일, 주소, 성명을 자서하고 날인한 다음 이를 엄봉 날인하고 이를 乙과 A의 친구인 C의 면전에 제출하여 자기의 유언서임을 표시한 후, 그 봉서 표면에 제출연월일을 기재하고 A와 乙, C가 각자

서명날인하였다. A는 그 다음날 공증인에게 위 유언봉서를 제출하여 그 봉인상에 확정일자인을 받았다. A는 2017. 7. 30. 사망하였고, 사망 당시 유족으로는 乙과 丙, 전처 B와 사이에서 출생한 甲이 있었다. 丙은 2017. 9. 1. Y 부동산에 관하여 자기 앞으로 유증을 원인으로 한 소유권이전등기를 마쳤다.

문제 1.

A의 유언은 유효한가? (10점)

문제 2.

甲은 2017. 10. 1. 乙, 丙을 상대로 X, Y 부동산에 관하여 유류분 부족액 상당의 지분 이전을 구하는 소유권이전등기청구의 소를 제기하였다. 이 소장은 2017. 10. 21. 乙, 丙에게 송달되었다. 乙, 丙은 답변서와 준비서면을 통해 원고청구의 기각을 구하였다. 증거조사 결과 사망 당시 A에게는 적극재산과 소극재산이 없었고, 甲은 A로부터 증여받은 재산이 전혀 없으며, X, Y 부동산의 기간별 시가는 다음 표와 같은 사실이 인정되었다.

부동산	1980년-2000년	2000년-2017년	변론종결일(2020년) 현재
X	3억 원	6억 원	14억 원
Y	14억 원	22억 원	28억 원

甲의 청구에 대하여 법원은 어떻게 판단하여야 하는가? (A의 유언이 유효함을 전제로 한다.) (15점)

3. 제3차 모의시험 제3문

A는 인쇄업을 하기로 결심하고, 2020. 3. 20. 필요한 사무실과 공장건물을 매입할 것이라고 말하면서 자신의 친구인 B로부터 5억원의 자금을 차용한 다음, 며칠 후 "신일인쇄"라는 상호로 개인사 업체를 개업하였다. A는 세금 목적상 자신의 형인 C의 묵인 하에 공동명의로 사업자등록을 하였고 대외적 거래행위 역시 C와 공동명의로 하였으나, 실제 C는 사업에 전혀 관여하지 않았다. A는 2020. 7. 20. 같은 방식으로 D로부터 인쇄기 2대를 매입하였는데, 매입대금 가운데 3억 원이 미지급 된 상태이다.

사업이 궤도에 오르자 A는 신일인쇄의 폐업신고를 하고, 2021. 6. 20. 인쇄업을 목적으로 하는 비상장 주식회사 "(주)선진인쇄"를 설립하면서 신일인쇄의 영업재산 일체를 (주)선진인쇄에 현물출자 하는 형식으로 법인전환을 하고 그 대표이사에 취임하였다. A는 현물출자의 대가로 (주)선진인쇄의 주식 70%를 취득하였고, 나머지 30% 주식은 C가 보유하고 있다. C는 법인등기부상 이사로 등기되어 있으나, 이번에도 (주)선진인쇄의 사업에는 관여하고 있지 않다. A의 D에 대한 매입대금 채무는 (주)선진인쇄가 인수하지 않았다.

문제 1.

B의 A에 대한 대여금채권의 소멸시효는 몇 년인가? (10점)

문제 2.

D는 C에게 인쇄기 매매대금의 지급을 청구할 수 있는가? (20점)

문제 3.

D는 (주)선진인쇄를 상대로 인쇄기 매매대금의 지급을 청구할 수 있는가? (15점)

〈추가적 사실관계〉

甲주식회사는 철강제조 및 건설업을 영위하는 상장회사로서, A는 2011. 3. 20. 이후로 그 대표이사로 근무하고 있다. 甲회사는 2011년부터 2017년까지 7년간 철강납품단가를 담합하였다는 이유로 2019. 10. 7. 공정거래위원회로부터 약 200억 원의 과징금 부과처분을 받았다. 甲회사는 내부사무분장에 따라 각 임원이 자신의 분야를 전담하여 처리하고 있었고, 위 철강납품단가의 결정은 담당임 원의 전결로 처리하게 되어 있었다. A는 철강납품단가의 결정 또는 담합행위를 지시하거나 보고받은 사실이 없다.

甲회사는 2018. 7. 건설업과 관련된 사업부문을 주주총회 특별결의를 거쳐 상장회사인 乙주식회사에 양도하였다. 乙회사(자본금 500억 원, 총자산 1,500억 원)는 주주총회결의 없이 영업양수계약을 체결하고 양수대금 1,000억 원 가운데 일부인 500억 원만 우선 甲회사에 지급하였다. 그런데 乙회사는 2020. 8. 부실공사로 인하여 막대한 손해배상금을 지급하게 되었고, 이에 50억 원의 당기순손실이 발생하여 결손상태가 되었다. 乙회사의 대표이사 B는 2020. 9. 고정자산가액을 과대평가

하고 부채를 과소계상하는 방식으로 분식회계를 하여 이 당기순손실이 드러나지 않도록 하였고, 주식시장에는 계속 이에 기초하여 분기보고서 등을 제출하였고, 2020. 12. 기준으로 정기적인 이익배당도 실시하였다. 그러나 2021. 8. 분식회계 사실이 언론을 통해 알려지면서 주가가 크게 하락하였고, 이어 2021. 10. 금융감독원의 조사에 따라 위 분식회계가 사실로 확정되었다. 乙회사는 甲회사에 대하여 잔금 500억 원의 지급을 미루고 있는 가운데 건설업 불황 등으로 경영상황이 악화되자, 2022. 7. 乙 회사가 영업양수 당시 주주총회결의를 거치지 않았다는 이유로 위 영업양수계약의 무효를 주장하고 있다.

문제 4.

A는 과징금으로 인하여 甲회사가 입은 손해에 대하여 배상책임을 지는가? (15점)

문제 5.

C는 2020. 1.부터, D는 2021. 6.부터, E는 2022. 6.부터 乙회사 주식을 각 2%씩 취득하여 2022. 8. 현재 보유하고 있다. C, D, E는 乙회사 대표이사 B를 상대로 분식회계와 관련하여 회사 또는 자신에 대한 손해배상을 청구할 수 있는가? (부실공사로 인한 손해배상금의 지급은 책임원인으로 고려하지 말고, B가 회사 또는 각 주주에 대한 손해배상책임을 지는지에 대한 설명을 포함하라) (30점)

문제 6.

乙회사는 영업양수계약의 무효를 이유로 甲회사에 대하여 영업양수대금 500억 원의 부당이득 반환을 청구할 수 있는가? (10점)

4. 제2차 모의시험 제1문

제1문의 1

甲은 乙로부터 X 건물을 대금 10억 원에 매수하였다. 계약 내용은 다음과 같다.

"계약금 1억 원은 당일 지급하고, 중도금 및 잔금은 6개월마다 1억 원씩 9회에 걸쳐 분할 지급한다. 甲이 30일 이상 대금의 지급을 지체한 때에는 乙이 계약을 해제할 수 있다. 매매대금을 전액 지급하기 전이라도 甲은 乙의 승낙을 얻어 X 건물을 점유·사용할 수 있다. 甲의 귀책사유로 매매계약이 해제되는 경우 甲은 乙에게 지체 없이 X 건물을 인도하고 그 점유·사용기간에 대한 점유사용료를 지급한다."

이에 따라 甲이 乙의 승낙을 얻어 X 건물을 사용하였는데, 甲이 5회차 중도금을 2개월 연체하자 乙은 매매계약을 해제하고 甲을 상대로 X 건물의 인도를 구하는 소(이하 "전소")를 제기하였다. 甲은 '乙에게 지급한 계약금과 중도금 일부를 반환받음과 동시에 건물을 인도할 의무가 있다'는 내용의 동시이행항변을 하였다. 이에 대해 乙은 '甲으로부터 지급받아야 할 X 건물에 대한 점유사용료가 甲이 동시이행항변으로 주장한 계약금 및 중도금 반환채권액을 초과하였다'고 주장하면서 상계의 재항변을 하였다. 법원은 상계의 재항변을 인정하여 甲에게 무조건의 인도판결을 선고하였으며, 이 판결은 그대로 확정되었다.

이후 甲은 乙을 상대로 위 매매계약에 따라 기지급된 계약금 및 중도금의 일부인 2억 원의 반환을 구하는 소(이하 "후소")를 제기하였는데, 후소 법원은 '후소가 전소 판결의 기판력에 저촉된다'고 판단하여 甲의 청구를 기각하였다.

문제.

후소 법원의 판단은 적법한가? (15점)

제1문의 2

〈공통된 사실관계〉

甲과 A는 乙(주택재개발정비사업조합)이 실시하는 건축설계도급 입찰에 참가하기 위하여 민법상 조합에 해당하는 공동수급체를 구성하였다. 乙은 임시총회에서 위 공동수급체의 경쟁업체인 B를 낙찰자로 선정하고, B와의 건축설계계약 체결을 승인하는 결의(이하 '이 사건 결의')를 하였다. 그러자 甲이 乙을 상대로 위 결의에 대하여 무효확인을 구하는 소를 제기하였다.

※ 추가된 사실관계는 각 별개임.

〈추가된 사실관계 1〉

위 소송에서 乙은 '1) 조합인 공동수급체의 구성원 중 1인인 甲이 단독으로 이 사건 소를 제기한

것은 부당하고, 2) 이 사건 결의는 乙과 B 사이의 권리관계에 관한 것인데 제3자에 불과한 甲이 그 효력 유무의 확인을 구하는 것은 부당하다'고 주장하였다.

문제 1.

乙의 위 각 주장은 타당한가? (20점)

〈추가된 사실관계 2〉

甲과 A는 위 입찰절차에서 乙에게 '乙이 정한 업체 선정방법, 乙의 총회에서의 낙찰자 및 계약자 선정 결과에 대하여 민·형사상 어떠한 소송도 제기하지 않고 이를 따르기로 한다'고 약정하였고, 이 약정 사실은 법원에 제출된 입찰관련 서류에 포함되어 있다. 그런데 甲이나 乙이 소송에서 위 약정의 성격이나 효력을 쟁점으로 삼아 소의 적법 여부를 다툰 바는 없다.

문제 2.

이 경우 법원은 어떠한 조치를 취하여야 하는가? (15점)

제1문의 3

甲은 乙을 상대로 공사대금채권 1억 원의 지급을 구하는 소를 제기하였다. 제1심 소송 진행 중 丙은 甲의 乙에 대한 공사대금채권 1억 원에 관하여 채권압류 및 전부명령을 신청하여 법원으로부터 결정을 받은 후 乙에 대하여 위 전부금의 지급을 구하면서 제1심 법원에 승계참가신청을 하였다. 甲은 丙의 승계 여부에 대하여 다투지 않았으나 乙을 상대로 한 공사대금 청구의 소를 취하하지 아니하였다. 甲은 제1심 소송 계속 중 공사대금 채권을 뒷받침할 수 있는 증거를 제출하였다. 반면 丙은 재판에 출석하기는 하였지만 공사대금 채권에 관한 아무런 증명을 하지 아니하였다.

문제.

제1심 소송에서의 甲의 증명은 丙에게 효력이 있는가? (15점) (채권압류 및 전부명령은 적법하고 유효함을 전제로 하고, 공동소송의 성격에 관한 판례변경 전후를 비교하여 설명할 것)

제1문의 4

A는 서울 관악구 신림동 소재 단층 주택을 소유하고 있었다. A는 2018. 4. 1. 乙로부터 1억 원을 차용하면서 위 주택에 채권최고액 1억 2천만 원의 근저당권을 설정하였다. 甲은 2019. 10. 10. A와의 사이에, 甲이 A로부터 위 주택을 3억 원에 매수하는 내용의 매매계약을 체결하였는데, 위 매매계약 이후에도 乙의 근저당권은 계속 유지하면서 A가 乙에 대한 잔존 차용금 채무를 변제하기로 약정하였다. 이후 甲은 A에게 위 매매대금 3억 원을 지급하고, 2019. 11. 1. 甲 명의로 위 주택에 관한 소유권이전등기를 마쳤다. 이후 A는 乙에 대한 잔존 차용금 채무를 변제하지 못하였다. 위 주택의 매매계약 체결 당시 A는 채무 초과 상태에 있었고, 위 매매대금 3억 원은 수령 즉시 기존의 다른 채무변제에 모두 사용되었다.

甲은 2020. 6. 1. 乙을 상대로 위 근저당권의 채권최고액 1억 2천만 원을 변제공탁하였다며 소유권에 기한 방해배제청구로서 위 주택에 관한 乙 명의 근저당권의 말소등기청구의 소를 제기하였다. 이에 乙은 2020. 9. 20. 甲과 A 사이의 2019. 10. 10.자 매매계약이 사해행위에 해당함을 이유로 그 취소와 함께 원상회복으로 위 주택에 관한 甲 명의의 소유권이전등기의 말소등기청구를 반소로 구하였다.

乙의 반소 청구원인에 대하여, 甲은 위 주택매매계약이 사해행위에 해당하지 않는다고 주장하였다. 또한 사해행위 취소소송 중 취소 부분은 형성의 소로서 그 판결이 확정되어야 권리변동의 효력이 발생하므로, 제1심법원이 甲과 A 사이의 위 주택매매계약을 사해행위로 판단하여 취소하는지 여부와는 관계없이 甲의 본소 청구는 인용되어야 한다고 주장하였다. 심리결과 제1심법원은 甲과 A 사이의 위 주택매매계약이 사해행위에 해당한다는 심증을 가지게 되었고, 한편 甲이 乙에 대한 채권최고액 1억 2천만 원을 변제 공탁하였다는 사실도 증거에 의해 확인하였다.

문제.

이 경우 제1심법원은 위 본소와 반소 각 청구에 대하여 어떤 판결을 하여야 하는가? (15점) (각 청구별로 인용, 기각, 일부 인용 등으로 결론을 내리고 이유를 적을 것)

제1문의 5

甲(종중)은 1980. 2. 1. 종중원인 乙에게 X 토지를 명의신탁하여 乙 명의로 소유권이전등기를 하였는데, 丙이 2015. 3. 3. 乙로부터 위 토지를 매수하였음을 원인으로 丙 명의로 소유권이전등기를 마쳤다. 이후 甲은 2020. 8. 25. 명의신탁 해지를 원인으로 乙을 대위하여 丙을 상대로 소유권이전등기 말소등기청구의 소를 제기하였다.

제1심 법원은, 甲이 乙에게 X 토지를 명의신탁한 사실을 인정하고, 그 후 丙이 乙로부터 위 토지를 매수하였다는 점에 관해서는 乙과 丙 사이의 위 2015. 3. 3.자 매매계약이 통정허위표시에 기한 것으로 무효라고 판단하여, 2021. 2. 25. 甲의 청구를 인용하는 판결을 선고하였다. 이에 대하여 丙이 항소하였으나 항소심 법원도 2021. 8. 25. 제1심과 같은 이유로 丙의 항소를 기각하였다.

이에 대하여 피고 丙이 상고하였는데, 대법원에서는 乙과 丙 사이의 위 2015. 3. 3.자 매매계약이 유효하다고 판단하여 2022. 2. 1. 위 항소심 판결을 파기 환송하였다. 그런데 환송 후 항소심에서는 甲이 X 토지를 乙에게 명의신탁하였음을 인정할 증거가 없다는 이유로 2022. 6. 3. 甲의 소를 각하하는 판결을 선고하였고, 이에 대하여 甲이 상고를 제기하였다.

문제.

이에 대해 대법원은 어떤 판결을 선고해야 하는가? (20점) (상고 각하, 상고 기각, 파기 환송, 파기 자판(자판 시 자판 내용 포함) 등 결론을 기재하고 그 이유를 적을 것)

제1문의 6

〈공통된 사실관계〉

甲은 2019. 1. 30. A로부터 원금 3억 원을 변제기 2021. 1. 30.로 정하여 무이자로 차용하고, 이를 담보하기 위하여 2019. 2. 1. 甲 소유 X 부동산에 채권최고액 3억 6천만 원으로 하는 A 명의의 근저당권을 설정하여 주었다.

甲은 A에 대한 변제기 이후에도 위 차용금 채무를 변제하지 않던 중, 2021. 2. 10. 乙에게 X 부동산을 10억 원에 매도하되, A에 대한 채무 3억 원을 공제하고, 나머지 7억 원을 지급받기로 약정하였다. 甲과 乙은 매매계약 체결 당시 특약사항으로 "위 7억 원과는 별개로 乙은 X 부동산에 관한 등기서류를 교부받는 잔금 지급기일인 2021. 6. 10.까지 A에 대한 차용금 채무를 대신 변제한다."고 약정하였다. 乙은 매매계약 체결 시부터 甲의 A에 대한 위 차용금 채무의 미변제를 알고 있었고 위 7억 원을 甲에게 모두 지급하였다.

※ 추가된 사실관계는 각 별개임.

〈추가된 사실관계 1〉

甲은 잔금지급기일에 X 부동산의 소유권이전등기에 필요한 일체의 서류를 법무사에게 맡겨 두어 등기이전에 관한 이행제공을 하였고, 2022. 2. 15.까지도 이행제공 상태를 유지하면서 乙에게 지속적으로 위 차용금 변제를 요구하였다. 그럼에도 乙이 변제하지 않자 A는 2022. 8. 5. X 부동산에 대하여 위 근저당권에 기하여 경매를 신청하였다. 그러자 甲은 스스로 위 차용금을 모두 변제하여 경매를 취하시켰다.

문제 1.

甲은 乙이 A에게 차용금을 변제하지 않았음을 이유로 X 부동산에 대한 매매계약을 해제할 수 있는가? (30점)

〈추가된 사실관계 2〉

甲의 乙에 대한 소유권이전등기가 이루어지지 않고 있던 중, 乙은 2022. 2. 16. 甲(주소 : 서울 서초구 서초동)이 변제할 것을 요구한 차용금의 원리금을 모두 A에게 변제하였다. 이때 甲과 乙은 X 부동산(소재지 : 대전 서구 둔산동)에 대한 매매계약서를 다시 작성하면서 2021. 2. 10. 체결한 매매계약서에 '甲은 乙에게 X 부동산의 소유권이 원만히 이전될 수 있도록 협조한다. 이후 X 부동산의 소유권 귀속 및 소유권에 기한 각종 청구에 관하여는 서울중앙지방법원을 관할법원으로 한다.'라는 특약을 추가하였다. 이후 乙은 2022. 2. 17. X 부동산 소유권이전등기를 경료한 다음, 2022. 2. 25. 丙에게 X 부동산을 매도하고, 2022. 2. 27. 丙 앞으로 소유권이전등기를 마쳐주었다. 그럼에도 甲이 X 부동산을 인도하지 않자 丙은 甲을 상대로 2022. 3. 31. 소유권에 기한 X 부동산의 인도청구의 소를 대전지방법원에 제기하였다. 이에 대하여 甲은 서울중앙지방법원에 전속적 합의관할이 있으므로 관할위반이라고 주장하였다.

문제 2.

甲의 주장은 타당한가? (20점)

5. 제2차 모의시험 제2문

제2문의 1

A는 2021. 8. 1. 甲으로부터 사업자금 1억 원을 이자는 월 5%, 변제기는 6개월 후로 정하여 차용하고 6개월분 선이자 3천만 원을 공제한 7천만 원을 수령하였다. A가 만기가 도래하여도 원금을 변제하지 않자 甲은 A의 집으로 찾아가 대여금을 당장 반환하지 않으면 사기죄로 고소하겠다고 위협하면서 이에 항의하던 A를 폭행하여 전치 4주의 상해를 입혔다. 이로 인해 병원에 입원 치료 중이던 A는 치료비 1천만 원을 병원에 지급하고 퇴원한 후 도주하여 가족과도 연락이 두절되었다. 그러자 甲은 A의 처(B)와 그 자녀 乙(만 18세)에게 채무의 변제를 독촉하였다. 이에 B와 乙은 甲이 제시한 "B와 乙은 2021. 8. 1.자 약정에 기한 A의 채무를 A와 함께 부담하겠다."는 문구의 지급각서에 각자 자신의 이름을 기재하고 서명 날인하여 주었다. 甲은 2022. 8. 1. 성년이 된 乙에 대하여 위 지급각서에 기하여 대여원금 1억 원 및 그에 대한 지연손해금의 지급을 구하는 소를 제기하였다. (아래 각 질문은 독립적이다.)

문제 1.

2021. 8. 1.자 소비대차에서 정한 변제기에 甲이 받을 수 있는 금액은 얼마인가? (10점)

문제 2.

甲의 청구에 대하여 乙은 위 지급각서 작성 당시 자신이 미성년자였음을 이유로 위 지급각서에 의한 합의를 취소한다고 주장하였다. 이에 대하여 甲은 친권자의 동의가 있었다고 다투고, 乙은 친권자의 적법한 동의가 없었다고 반박하였다. 乙의 취소 주장은 타당한가? (10점)

문제 3.

A의 치료비 상당 손해배상청구권으로 乙이 甲의 채권과 상계를 주장하는 경우 그 타당성에 관하여 검토하시오. (10점)

제2문의 2

문제 1.

甲 종중은 그 명의로 등기된 X 부동산에 대하여 乙과 명의신탁약정을 맺고 乙 명의로 소유권이전등기를 마쳐 주었다. 甲 종중은 그 후 乙을 상대로 "소장 부본 송달로써 위 명의신탁약정을 해지한다."고 주장하며, 명의신탁 해지를 원인으로 한 소유권이전등기절차 이행을 구하는 소를 제기하였다. 법원은 甲 종중의 청구를 인용하는 판결을 선고하였고, 위 판결은 그 무렵 확정되었다. 甲 종중은 위 판결에 따른 소유권이전등기를 마치지 아니한 채 丙에게 X 부동산을 매도하기로 하는 매매계약을 체결하고, 甲 종중이 乙에 대하여 가지고 있는 'X 부동산에 관한 명의신탁 해지를 원인으로 한 소유권이전등기청구권'을 丙에게 양도한 후 乙에게 위 채권양도의 통지를 하였다.

丙이 乙에 대하여 X 부동산에 관하여 丙 명의로의 소유권이전등기절차 이행을 청구하는 소를 제기하자, 이에 대하여 乙은 甲 종중이 아닌 丙에게는 소유권이전등기를 해줄 수 없다고 다투었다. 丙의 청구에 대하여 법원은 어떻게 판단하여야 하는가? (10점)

문제 2.

甲은 2018. 1.경 Y 부동산에 관하여 소유자인 丁과 매매계약을 체결하여 丁에게 매매대금 5억 원을 모두 지급하고, Y 부동산의 소유권이전등기는 甲과 乙의 명의신탁약정에 따라 丁으로부터 바로 乙 앞으로 마쳤다. 乙은 그 후 A 은행으로부터 3억 원을 대출받으면서 Y 부동산에 채권최고액 4억 원인 근저당권을 설정하였다.

甲은 (1) 丁을 대위하여 乙에 대하여 丁에게 진정한 등기명의 회복을 위한 소유권이전등기절차의 이행을 구하고, (2) 명의수탁자인 乙이 위 근저당권을 설정하고 대출을 받음으로써 피담보채무액 상당의 이익을 얻었고 그로 인하여 甲에게 같은 금액의 손해를 가하였다고 주장하면서, 乙을 상대로 위 이익 상당액의 부당이득반환을 청구하는 소를 제기하였다. 변론종결 당시 위 근저당권설정등기는 말소되지 않았다. 甲의 각 청구에 대한 결론을 그 근거와 함께 서술하시오. (15점)

제2문의 3

甲 은행은 2015. 4. 20. 乙에게 사업자금을 대출하면서 乙과 그 처인 丙이 공유하고 있던 X부동산(각 ½ 지분) 전체에 대하여 채권최고액 12억 원으로 하는 근저당권을 설정하였다. 당시 X 부동산의 시가는 15억 원이고 그 후 변동이 없다. 丁은 2017. 8. 10. 乙에게 1억 원을 변제기 2020. 8. 10.로 정하여 빌려주었다. X 부동산 외에 별다른 재산이 없던 乙은 2019. 6. 5. X부동산에 대한 자신의 지분을 처인 丙에게 증여하고 그 무렵 소유권지분이전등기도 마쳐 주었다. 丁은 2020. 2.경 乙의 X부동산에 대한 지분이 처분되었다는 사실을 알게 되었다. 그 후 丁은 2021. 3.경 乙에게 X부동산에 대한 지분 외에 별다른 재산이 없다는 사실을 알게 되어 2021. 4. 1. 丙을 상대로 위 증여가 사해행위임을 이유로 취소 및 원상회복을 구하는 소를 제기하였다.

문제 1.

丙의 사해행위 취소권 행사는 제척기간이 경과되었는지 여부를 판단하시오. (5점)

문제 2.

乙의 증여행위가 사해행위인지 여부를 판단하시오. (20점)

제2문의 4

문제.

X건물의 소유자 甲은 2010. 10. 7. 乙에게 위 건물을 월 차임 300만 원, 임대차 기간 2010. 10. 25.부터 2012. 10. 24.까지의 2년으로 정하여 임대하였다. 乙은 4천만 원의 비용을 들여서 위 건물에 고급재 바닥 난방 시설과 특수 창호를 설치하였다. 위 임대차는 그 후 여러 차례 갱신되었다. 乙은 2020. 10. 24. 임대차기간 만료일에 즈음하여 이제 계약을 연장하지 않겠다는 의사를 甲에게 전달하였다. 그러면서 乙은 자신이 위 건물에 투자한 비용 4천만 원의 상환도 함께 요구하였다. 한편, 乙은 2012. 8. 7. 甲으로부터 자신이 운영하는 운송업의 영업자금으로 5천만 원을 변제기 2013. 8. 7.로 정하여 빌린 바가 있었다. 乙의 비용상환 요구에 대하여 甲은 위 대여금채권과 상계하겠다고 하였다. 乙이 투자한 비용은 건물의 객관적인 가치 증가에 기여하였고, 그 현존 가치는 2천만 원이다. 甲의 주장의 법적 타당성을 검토하시오. (지연손해금은 고려하지 않음) (20점)

6. 제2차 모의시험 제3문

〈사실관계〉

비상장회사인 甲주식회사의 발행주식총수는 보통주 10만주이고, 그 중 A가 4만주, B가 3만주, C와 D가 각각 1만5천주를 소유하고 있으며 명의개서도 완료된 상태이다. 甲회사의 이사회는 대표이사 A와 이사 B, C로 구성되어 있으며 감사직은 D가 맡고 있다. 甲회사의 정관에는 "주주는 주식을 양도하고자 할 경우 이사회의 승인을 얻어야 한다."는 규정을 두고 있다. B는 최근 甲회사의 경영방침을 두고 A와 갈등이 발생하자 자신이 소유한 주식 3만주 전부를 乙주식회사에 매도하는 내용의 계약을 2022. 6. 7. 체결하고 당일 주권의 교부까지 완료하였다. 乙회사는 2022. 6. 8. 甲회사 주식 3만주의 양수를 승인해 줄 것을 甲회사에게 서면으로 청구하였다. 이에 A는 B를 제외한 C, D에게 이사회 소집을 통지하였고 2022. 7. 5. 개최된 이사회에 참석한 A와 C는 만장일치로 주식양도를 승인하지 않기로 결의하였다. 하지만 주식양도 승인거부 결의는 乙회사에게 통지되지 않았다. 甲회사로부터 아무런 승인 여부의 통지를 받지 못한 乙회사는 2022. 7. 14. 주권을 제시하여 甲회사에게 명의개서를 청구하였지만 甲회사는 이를 거부하였다.

甲회사 이사회는 아직 임기가 남아 있는 B를 이사에서 해임하는 의제를 다룰 임시주주총회를 2022. 8. 17. 개최하기로 결의하고, 이를 의제로 기재한 주주총회 소집통지서를 총회 개최 3주 전에 A, B, C, D에게 발송하였다. A, B, C, D가 참석한 주주총회에서는 B의 반대에도 불구하고 나머지 주주들 모두의 찬성으로 B를 이사직에서 해임하는 결의가 이루어졌다.

문제 1.

B로부터 乙회사로의 주식양도의 승인을 거부하는 2022. 7. 5. 甲회사 이사회결의는 유효한가? (15점)

문제 2.

乙회사는 B를 이사직에서 해임하는 2022. 8. 17. 甲회사 주주총회 결의의 효력을 다툴 수 있는가? (25점)

문제 3.

만약 乙회사가 2022. 7. 14. 甲회사에게 명의개서를 청구하지 않고 甲회사 주식 3만주를 매수할 것을 청구하였다면, 甲회사는 이에 응하여야 하는가? (10점)

〈추가적 사실관계 1〉

甲주식회사는 현재 사용하지 않는 창고 일부를 개인상인 A에게 임대 중이다. A가 임대료 1억원을 이행기에 납입하기 어려울 것으로 예상되자 A의 1개뿐인 영업소의 직원인 B(A는 지배인을 두고 있지 않음)는 A의 묵인하에 임의로 지급기일 2022. 8. 2, 어음금 1억원, 발행인란에 '영업주 A, 지배인 B'라고 기재한 후 자신의 도장을 날인하여 약속어음을 甲회사에게 발행하였다. 甲회사의 대표이사는

위 약속어음을 수취할 때 B가 지배인이 아니라는 사실은 알고 있었다. 한편 甲회사는 가전제품의 운송을 맡아 오던 乙주식회사에 지불해야 할 운임 1억원을 지불하기 어렵게 되자 자신이 소지한 위 약속어음을 2022. 8. 3. 乙회사에게 배서하여 교부하였다. 乙회사는 약속어음을 취득할 당시 B가 A의 지배인이 아님을 알 수 없었다.

문제 4.

乙회사는 2022. 8. 3. A 또는 B에게 어음금 1억원의 지급을 청구할 수 있는가? (20점)

문제 5.

乙회사가 2022. 8. 3. 어음금 1억원을 지급받지 못하였다면 그 약속어음을 가지고 甲회사에게 상환청구권을 행사할 수 있는가? (15점)

〈추가적 사실관계 2〉

운수업을 행하는 乙주식회사는 2015년부터 1년 단위로 丙주식회사와 건설장비에 대한 운송계약을 체결하여 장비 등을 운송하여 오던 중 2020년 9월부터 2021년 10월까지의 丙회사에 대한 운임채권액이 2억원에 이르게 되었다. 그리고 乙회사는 2021년 11월 丙회사로부터 丁주식회사 소유의 강철재 190톤을 운송하기로 계약을 체결하였다. 乙회사는 먼저 100톤의 운송 · 하역을 마치고 아직 운임을 지급받지 못한 채 나머지 90톤을 운송하던 중 의뢰인인 丙회사의 부도소식을 듣게 되었다. 이에 乙회사는 운임채권을 담보하기 위하여 운송 중이던 90톤의 강철재를 유치하였다. 丁회사는 乙회사에 대해 丙회사에 대한 운임채권은 자신과 관계없는 것이므로 90톤의 강철재를 자신에게 인도할 것을 요구하였다.

문제 6.

乙회사의 유치권행사는 정당한가? 상법에서 정하고 있는 유치권에 한해서 논하시오. (15점)

7. 제1차 모의시험 제1문

제1문의 1

〈공통된 사실관계〉

서울 강남구에 본점이 있는 甲 은행은 2020. 5. 1. 대구 수성구에 주소를 두고 거주하는 乙에게 1억 원을 대여하면서 약관에 의한 대출계약을 체결하였다. 위 약관에는 향후 대출 관련 분쟁이 발생할 경우 '甲 은행의 영업점 소재지 법원'을 관할법원으로 한다는 조항이 포함되었다. 甲 은행의 영업점은 서울, 부산, 대구, 광주에 있었는데, 위 대출계약은 대구 수성구에 있는 영업점에서 체결되었다.

<아래 추가된 사실관계는 상호 독립적임>

〈추가된 사실관계 1〉

위 대출계약 체결 이후인 2021년 상반기에 甲 은행의 영남 지역 소송 관련 업무는 부산 영업점에서 전담하는 것으로 업무조정이 이루어졌다. 이후 乙이 대출원리금을 변제하지 못하는 상황에 이르자, 甲 은행은 2022. 4. 30. 乙을 상대로 대출금반환청구소송을 제기하면서 부산 영업점 소재지를 관할하는 부산지방법원에 소장을 제출하였다. 소장 부본을 송달받은 乙은 관할위반을 주장하면서 대구지방법원으로의 이송을 신청하였다.

문제 1.

법원은 乙의 관할위반을 이유로 한 이송신청에 대하여 어떻게 처리하여야 하는가? (15점)

〈추가된 사실관계 2〉

甲 은행은 乙에 대한 대출금채권을 자산유동화업무를 하는 丙 유한회사에게 2021. 8. 1. 양도하고 그 무렵 乙에게 채권양도 통지를 하였다. 서울 중구에 본점이 있는 丙 유한회사는 2022. 5. 1. 서울중앙지방법원에 양수금청구소송을 제기하였다. 소장 부본을 송달받은 乙은 관할위반을 주장하며 대구지방법원으로의 이송을 신청하였다.

문제 2.

乙의 관할위반 주장은 타당한가? (10점)

제1문의 2

문제 1.

甲은 2011. 10. 13. A 토지의 소유권을 취득하였는데, 乙은 그 이전부터 위 지상에 B 건물을 소유하고 있었다. 乙은 甲과의 사이에 위 건물의 소유를 목적으로 A 토지에 관하여 기간의 정함이 없는 임대차계약을 체결하고 甲에게 연간 3,000,000원의 차임을 지급하여 왔다.

甲은 乙을 상대로 B 건물의 철거 및 A 토지의 인도를 구하는 소를 제기하였고, 그 소장 부본이 2020. 11. 23. 乙에게 송달되었다. 이 소송의 변론에서 乙은 위 건물에 대한 매수청구권을 행사하였다.

이러한 경우 법원은 어떻게 재판하여야 하는가? (15점)

문제 2.

甲이 A 토지의 각 1/2 지분 공유자인 乙과 丙을 상대로 A 토지를 소유의 의사로 평온·공연하게 점유함으로써 취득시효가 완성되었다는 것을 이유로 각 공유지분에 관한 소유권이전등기를 구하는 소를 제기하였다. 2018. 7. 16. 甲의 청구를 모두 기각하는 제1심판결이 선고되었다. 이에 甲이 같은 해 8. 13. 항소를 제기하였고, 같은 해 8. 30. 丙이 항소심 소송대리인을 선임하지 아니한 상태에서 사망하였다. 그런데 丙의 단독 상속인 乙은 그 소송수계절차를 밟음이 없이 丙이 생존하여 있는 것처럼 같은 해 10. 11. 乙과 丙 명의로 변호사 B를 소송대리인으로 선임하여 그 변호사에 의하여 소송절차가 진행되었다.

항소심 법원은 丙이 사망한 사실을 모른 채 변론을 종결한 후 2019. 5. 4. 제1심 판결을 취소하고 甲의 청구를 인용하는 판결을 선고하였으며, 그 판결정본이 B에게 송달되었다. 그러자 乙은 같은 해 5. 30. 丙도 상고인의 한사람으로 표시하여 항소심 판결에 대하여 불복한다는 취지의 상고장을 제출하였다. 乙은 같은 해 7. 5.에 이르러 비로소 丙이 사망하였다고 하면서 대법원에 소송수계신청을 함과 동시에 항소심 판결의 절차상 흠에 관하여는 상고이유로 삼지 아니하고 본안에 관하여만 다투는 내용의 상고이유서를 제출하였다.

위 丙의 패소 부분에 관한 상고가 적법한지를 그 논거와 함께 서술하시오. (10점)

제1문의 3

甲은 강원도 춘천시에 X토지를 소유하고 있는데 乙이 이를 점유하고 있다. 이에 甲은 乙을 상대로 乙이 X토지를 불법으로 점유하고 있으므로 토지소유권에 기하여 X토지의 인도를 구하는 소(전소)를 제기하였다. (각 설문은 독립적임)

문제 1.

위 소송에서 甲은 승소판결을 받았다. 乙이 항소심에서 X토지를 매수하겠다고 약속하자 甲은 이를 믿고 위 소를 취하하였다. 그 뒤 乙이 X토지를 매수하는 것에 소극적인 태도를 보이자 甲은 X토지를 위 소에 관해 알지 못하는 丙에게 매도하였다. 소유권이전등기를 경료받은 丙은 바로 乙을 상대로 X토지의 인도를 구하는 소(후소)를 제기하였다. 변론에서 乙은 丙의 소는 재소금지의 원칙에 반하여 부적법하다고 주장하고 있으며, 법원은 乙의 점유가 권원 없이 이루어진 것으로 판단하고 있다. 법원은 어떠한 재판을 하여야 하는가? (20점)

문제 2.

위 소송에서 甲은 패소판결을 받았으며 이는 그대로 확정되었다. 그 뒤 甲은 X토지를 丙에게 매도하고 소유권이전등기를 경료해 주었다. 그 뒤 丙은 乙을 상대로 X토지의 인도를 구하는 소(후소)를 제기하였다. 이에 乙은 丙의 후소는 전소 기판력에 저촉되어 부적법한 소라고 주장하였다. 법원이 丙의 본안에 관한 주장이 모두 이유 있다고 인정하는 경우 어떠한 재판을 하여야 하는가? (15점)

제1문의 4

문제 1.

甲은 이웃동네에 사는 乙로부터 폭행을 당하였다는 이유로 乙에 대해 손해배상을 청구하는 소를 제기하였다. 그런데 심리 중 乙은 甲이 폭행당하였다고 하는 시간에 전혀 다른 장소에 있었기 때문에 자신이 불법행위를 할 수 없다고 주장하여 관련된 증거를 조사한 결과 甲을 폭행한 사람은 乙의 동생인 丙으로서 甲이 丙을 乙로 착각한 것으로 밝혀졌다. 이에 甲은 피고 乙을 丙으로 경정하는 신청을 하였다. 법원은 이러한 甲의 피고경정신청을 받아들일 수 있는가? (15점)

제1문의 5

〈기초적 사실관계〉

전자기기 판매업을 하고 있는 甲은 2014. 3. 10. 乙에게 사무용 컴퓨터 100대를 대당 100만 원씩 총 대금 1억 원에 매도하면서, 위 컴퓨터는 모두 2014. 3. 31. 인도하고, 2014. 4. 30. 위 물품대금을 지급받기로 약정하였다. 甲은 2014. 3. 31. 乙에게 컴퓨터 100대를 모두 인도하였으나, 물품대금지급기일이 지났음에도 물품대금을 지급받지 못하였다. 한편, 乙은 2014. 3. 31. 甲으로부터 인도받은 컴퓨터는 100대가 아니라 80대라고 주장하였다. 甲은 2016. 8. 5. 乙을 상대로 물품대금의 지급을 청구하는 소를 제기하면서 소장에 '일부청구'라는 제목 하에 "원고는 피고에게 1억 원의 물품대금채권을 가지고 있으나 정확한 금액은 추후 관련 자료를 확인하여 계산하고 우선 이 중 일부인 8,000만 원에 대하여만 청구합니다."라고 기재하였다. 甲은 위 소송이 종료될 때까지 청구금액을 확장하지 아니하였다. 법원은 2017. 3. 12. '피고는 원고에게 금 8,000만 원 및 이에 대한 지연손해금을 지급하라'는 판결을 선고하였고, 위 판결은 2017. 3. 28. 확정되었다.

※ 추가된 사실관계는 각각 별개임.

〈추가적 사실관계 1〉

위 판결이 확정된 이후 甲은 乙이 2014. 3. 31. 컴퓨터 100대를 모두 수령하였음을 확인하는 내용으로 작성한 서류를 찾아내었다. 甲은 2017. 8. 10. 乙을 상대로 나머지 물품대금 2,000만 원 및 이에 대한 지연손해금을 지급하라는 소송을 제기하였다. 이 소송에서 乙은 '위 물품대금채권 2,000만 원은 시효로 소멸하였다'고 항변하였다.

문제 1.

위 소송에서 법원은 어떠한 판단을 하여야 하는지 1) 결론(소 각하/청구 기각/청구 인용/청구 일부 인용-일부 인용의 경우에는 인용 범위를 특정할 것)과 2) 논거를 기재하시오. (25점)

〈추가적 사실관계 2〉

乙은 2018. 2. 20. 컴퓨터 100대를 모두 인도받았음을 인정하며 甲에게 나머지 물품대금 2,000만 원 중 500만 원을 우선 지급하였다. 그 후 甲은 2020. 10. 15. 乙에게 물품대금 1,500만 원의 지급을 요청하였으나 乙이 차일피일 미루며 나머지 물품대금을 지급하지 아니하였다. 甲은 2021. 3. 15. 乙을 상대로 위 1,500만 원을 지급하라는 소를 제기하였다가 이를 취하하였다. 甲은 2021. 7. 15. 乙을 상대로 물품대금 1,500만 원을 지급하라는 소를 다시 제기하였고, 이 소송에서 乙은 '위 물품대금채권 1,500만 원은 시효로 소멸하였다'고 항변하였다.

문제 2.

위 소송에서 법원은 어떠한 판단을 하여야 하는지 1) 결론(소 각하/청구 기각/청구 인용/청구 일부 인용-일부 인용의 경우에는 인용 범위를 특정할 것)과 2) 논거를 기재하시오. (25점)

8. 제1차 모의시험 제2문

제2문의 1

甲은 2014. 4. 2. 乙로부터 4억 9,000만 원을 이율 연 6%, 변제기 2018. 4. 1.로 정하여 차용하고 같은 날 위 차용금 채무를 담보하기 위하여 자신이 소유한 X 토지에 관하여 乙 명의로 근저당권을 설정하여 주었다('제1채무'). 한편, 甲은 2015. 4. 2. 乙로부터 무담보로 1억 원을 이율 연 5%, 변제기 2018. 4. 1.로 정하여 추가로 차용하였다('제2채무').

甲은 2019. 4. 1. 乙에게 5억을 변제하면서 원본에 먼저 충당해 달라고 부탁하였으나 乙은 거절하였다. 甲이 위와 같이 변제할 당시 '제1채무'는 원금 4억 9,000만 원과 500만 원의 지연손해금채무가, '제2채무'는 원금 1억 원과 1,500만 원의 지연손해금채무가 남아 있었다.

甲이 2021. 7. 29. 乙을 상대로 X 토지에 설정된 근저당권설정등기의 말소를 구하는 소를 제기하였다. 이 소송에서 乙은 '근저당권의 피담보채무가 모두 변제되지 않아 근저당권의 말소등기절차에 응할 수 없다'고 주장하였다.

문제 1.

위 소송에서 법원은 어떠한 판단을 하여야 하는지 1) 결론(소 각하/청구 기각/청구 인용/청구 일부 인용-일부 인용의 경우에는 인용 범위를 특정할 것)과 2) 논거를 기재하시오. (15점)

제2문의 2

〈기초적 사실관계〉

건축자재 중개업자인 甲은 乙을 직원으로 고용하여 건축자재 중개업을 하고 있다. 乙은 건축자재 공급업자 丙으로부터 건축자재 공급계약의 체결 및 물품대금의 수령에 관한 대리권을 수여받은 후 甲의 사무소에서 丙을 대리하여 丁과 건축자재 공급계약을 체결하였다. 乙은 丁으로부터 甲 명의의 업무용 은행계좌로 건축자재 공급계약에 따른 물품대금 5억 원을 지급받았으나 甲이 모르게 위 5억 원을 인출한 이후 자신(乙)의 채권자인 戊에 대한 채무변제에 위 5억 원을 모두 사용하였다. 戊는 변제받을 당시 위 5억 원이 乙이 횡령한 금원이라는 것을 전혀 알지 못하였고 이를 알지 못한 것에 대한 주의의무 위반의 사정도 없었다.

문제 1.

丙이 戊에게 5억 원을 부당이득으로 반환하라고 청구할 수 있는지 여부를 그 근거를 들어 설명하시오. (10점)

〈추가적 사실관계 1〉

乙의 횡령 사실을 알게 된 丙은 甲을 상대로 물품대금 상당액인 5억 원을 지급하라는 손해배상 청구소송을 제기하는 한편, 乙로부터 1억 원을 지급받은 후 乙에 대해서는 채무를 면제해 주었다. 위 손해배상청구소송에서 丙은 乙에게 물품대금의 수령권한을 주면서도 그 사실을 甲에게 알리지 않았으며, 乙은 이러한 점을 악용하여 甲 모르게 5억 원을 횡령한 사실이 드러났다. 丙의 과실 비율은 50%로 인정되었다.

문제 2.

丙이 甲을 상대로 제기한 손해배상청구소송에서 법원은 어떠한 판단을 하여야 하는지 1) 결론 (소 각하/청구 기각/청구 인용/청구 일부 인용-일부 인용의 경우에는 인용 범위를 특정할 것)과 2) 논거를 기재하시오(지연손해금 등은 고려하지 말 것). (20점)

제2문의 3

〈기초적 사실관계〉

乙은 2012. 9. 1. 망부(亡父) A로부터 X 토지와 Y 토지를 단독으로 상속받았다. 乙은 2018. 3. 1. X 토지와 Y 토지에 대하여 각각 상속을 원인으로 소유권이전등기를 마쳤다. 乙은 서로 인접한 토지인 X 토지와 Y 토지를 일체로서 이용하다가 X 토지만을 甲에게 매도하였다. 甲은 2019. 9. 1. X 토지에 대하여 소유권이전등기를 마치고 인도받았다.

※ 추가된 사실관계는 각각 별개임.

〈추가적 사실관계 1〉

X 토지에서는 乙 소유 Y 토지나 丙 소유 Z 토지를 통과하지 않고서는 공로(公路)로 출입할 수 없다. 甲은 X 토지를 인도받은 이후부터 Y 토지를 경유하여 공로로 출입하였다. 甲은 X 토지에 관하여 丁에게 건물의 소유를 위한 지상권을 설정하여 주었다. 丁은 甲과 마찬가지로 Y 토지를 공로로 나가기 위한 통로로 이용하였다. 그런데 얼마 되지 않아 乙은 丁이 통행로로 사용하던 Y 토지 상의 통로에 콘크리트 장애물을 설치하는 등 丁의 통행을 계속해서 방해하였다.

이에 丁은 丙과 협의하여 丙 소유 Z 토지를 통행로로 사용하면서, 乙을 상대로 통행을 방해하는 Y 토지 상의 장애물의 철거 및 Y 토지 중 통행로 부분의 인도를 구하는 소를 제기하였다. 이 소송에서 乙은 다음과 같이 주장하였다. "① 丁은 X 토지의 소유자가 아니므로 통행에 관한 권리를 주장할 수 없다. ② 丁이 이미 丙과 협의하여 丙으로부터 통행로에 관한 권리를 확보하였으므로 자신을 상대로 통행권을 주장할 수 없다. ③ 설사 통행권이 인정되더라도 통행로 부분 토지의 인도를 구할 수 없고, ④ 통행로로 사용되는 토지 부분에 대하여 임료 상당의 손해를 보상하여야 한다."

문제 1.

丁의 청구에 대한 결론과 근거를 乙의 주장의 당부와 관련하여 검토하시오. (13점)

문제 2.

丁이 Y 토지를 통행로로 사용하던 중 乙이 Y 토지를 이러한 사정을 알고 있는 戊에게 양도한 경우, 丁은 戊에 대하여 계속해서 Y 토지에 통행할 권리를 주장할 수 있는지 검토하시오. (7점)

〈추가적 사실관계 2〉

A 사망 당시 A에게는 인지(認知)하지 않은 혼외자(婚外子) B(당시 20세)가 있었다. 혼외자 B는 2020. 9. 1.에 父 A가 사망하였다는 사실과 유일한 상속재산인 X 토지와 Y 토지에 대하여 乙 단독 명의의 상속등기를 거쳐 X 토지가 甲에게 처분된 사실을 알게 되었다.

문제 3.

B가 X 토지와 Y 토지와 관련하여 상속인으로서의 권리를 주장할 수 있는 방법에 대하여 검토하시오. 단, X 토지와 Y 토지는 상속 개시 당시 각각 시가(市價) 5억 원이었으나 甲에게 매도시 7억 원이었고, 그 후 지가(地價)가 지속적으로 상승하고 있다. (20점)

제2문의 4

甲은 2019. 6. 1. X 토지를 매입하여 같은 날 소유권을 취득하였다. 甲이 X 토지의 개발을 위하여 측량을 하던 중, 망(亡) A의 봉분(封墳)을 발견하였고, 망 A에게는 공동상속인으로 장남(長男) 乙과 차남(次男) 丙이 있다는 것을 알게 되었다. 甲은 2021. 6. 1. 乙을 상대로 위 봉분의 이장(移葬)과 2019년 6. 1.부터 위 봉분의 이장시까지 분묘기지의 사용에 대한 지료의 지급을 청구하는 소를 제기하였다. 이에 乙은 위 "봉분은 전부 개정된 장사 등에 관한 법률이 시행된 2001. 1. 13. 이전인 2000년 3월경에 설치되어 현재까지 관리되어 온 것"(소송 중 사실로 인정됨)으로 분묘기지에 관한 소유권이 시효로 취득되었으므로 봉분의 이장을 이행하거나 지료를 지급할 의무가 없다고 항변하였다.

문제 1.

위 소송에서 甲의 청구의 당부를 乙의 항변과 관련하여 검토하시오. (10점)

문제 2.

만약, 소송 계속 중 공동상속인 乙과 丙의 협의에 의하여 봉분의 관리와 제사를 차남 丙이 주재하여 왔다는 사실을 주장·증명된 경우, 법원은 어떻게 판결해야 하는지 검토하시오. (5점)

9. 제1차 모의시험 제3문

〈사실관계〉

甲주식회사(이하 '甲회사'라 한다)의 대표이사 A는 사업자금 조달에 어려움을 겪게 되자 丙주식회사(이하 '丙회사'라 한다)의 대표이사 C에게 자금 대여를 부탁하였고, 2021. 4.경 丙회사는 甲회사에 30억 원을 대여하였다. 한편, 乙주식회사(이하 '乙회사'라 한다)의 대표이사 B는 A와의 개인적인 친분때문에 甲회사를 돕기 위해 보증에 대한 대가를 받지 않고 이사회 결의 없이 甲회사의 위의 대여금 채무에 대해서, 乙회사의 명의로 丙회사와 보증계약을 체결하였다. 乙회사의 이사회 규정은 '10억 원 이상의 차입 및 보증행위'를 이사회 결의사항으로 정하고 있다. 丙회사는 보증계약 체결 시에 B가 乙회사의 이사회 결의를 거치지 아니하였음을 알지 못하였을 뿐 아니라 이사회 결의가 필요하다고 의심할만한 특별한 사정도 없었다. (甲, 乙, 丙회사는 비상장회사이다)

문제 1.

丙회사는 변제기가 도래하였음에도 대여금을 받지 못하자, 乙회사를 상대로 대여금 30억 원을 청구하였다. 丙회사의 청구는 받아들여질 것인지 설명하시오. (30점)

〈추가적 사실관계 1〉

D는 2022. 4.경 상장회사인 丁주식회사(이하 '丁회사'라 한다) 발행주식총수의 1%의 주식을 취득하였다. 丁회사는 乙회사 발행주식총수의 51%를 보유하고 있다. 乙회사가 위 보증채무의 이행으로 손해를 입자, D는 乙회사에게 B에 대한 손해배상청구를 할 것을 서면으로 요청하였으나, 乙회사는 2개월이 지나도록 아무런 조치를 취하지 않고 있다.

문제 2.

D는 2022. 6.경 B를 상대로 乙회사가 입은 손해를 배상할 것을 청구하는 소송을 제기할 수 있는가? (15점)

〈추가적 사실관계 2〉

상장회사인 丁회사의 대표이사 E는 2021. 5. 1. 개인적으로 자금이 필요하여, F로부터 금 20억 원을 빌렸고, 이에 대해서 丁회사는 F와 연대보증계약을 체결하였다.

문제 3.

E가 20억 원의 대여금을 변제하지 않는 경우, F는 丁회사를 상대로 연대보증채무의 이행을 청구할 수 있는가? (15점)

〈새로운 사실관계〉

'경기인쇄소'라는 상호로 인쇄·출판업을 하던 A는 2017. 9. 20. B로부터 5억 원 상당의 인쇄기계를 구입하였다. A는 2017. 10. 20. 자신의 인쇄공장에서 작업차량을 운행하던 중 운전 부주의로 마침

납품을 위하여 A의 공장을 방문하였던 B를 충격하여 B에게 치료비 등 1,000만 원의 손해가 발생하였고, 2018. 1. 20. 그 손해배상책임이 확정되었다. A는 사고 전인 2017. 2. 1. 甲손해보험회사와 자신을 피보험자로 한 자동차종합보험계약을 체결하였고, 그 계약은 2018. 1. 31. 만료되었다. A는 2018. 9.경 위 인쇄영업 전부를 출자하여 '경기인쇄주식회사'를 설립하였다.

문제 4.

B는 2020. 11.경 A와 경기인쇄주식회사를 상대로 5억 원의 물품대금과 손해배상금 1,000만 원의 지급을 청구하였다. B의 청구가 받아들여질 것인지 설명하시오. (30점)

문제 5.

B는 2020. 3.경 甲손해보험회사를 상대로 치료비 등 1,000만 원의 지급을 청구하였다. 甲손해보험회사는 B에게 위 금원을 지급할 책임을 지는가? (10점)

Chapter 03 2021년 모의시험

1. 제3차 모의시험 제1문

제1문의 1

甲으로부터 2010. 10. 27. 3,000만 원을 차용한 乙이 2016. 4. 7. 사망하자, 망인의 1순위 단독 상속인인 자녀 丙이 상속포기신고를 하여 2016. 7. 6. 수리되었다. 그러므로 망인의 형인 丁이 그 2순위 단독 상속인으로서 위 차용금채무를 상속하게 되었다.

甲은 2020. 10. 23. 위 1순위 상속인인 丙을 피고로 하여 대여금반환청구의 소를 제기하였다가 2021. 6. 19. 피고를 위 2순위 상속인인 丁으로 바꾸는 피고경정신청서를 법원에 제출하였다.

이에 丁은 피고의 경정이 있는 경우 시효중단의 효과는 경정신청서를 제출한 때에 발생하며, 이 사건 대여금채권은 甲이 위 피고경정신청서를 제출하였을 당시에 이미 10년의 소멸시효기간이 지나 시효로 소멸한 것으로 보아야 한다고 항변을 하였다.

문제 1.

위와 같은 丁의 시효항변이 정당한지를 그 논거와 함께 서술하시오 (10점).

제1문의 2

乙 종중(대표자 회장 甲)은 2020. 5. 15. 丙을 상대로 매매에 기한 부동산 소유권이전등기청구의 소를 제기하였다. 그런데 甲은 같은 해 7. 31. 乙 종중 회장직에서 해임되었으며, 乙 종중은 丙에게 甲의 대표권 소멸사실을 통지하지는 않았지만, 같은 해 8. 18. 법원에 乙 종중의 새로운 대표자 丁이 대표자변경신고서를 제출하였다. 甲은 같은 달 19. 자신의 해임에 앙심을 품고 乙 종중 명의로 위 소를 취하하는 소취하서를 법원에 제출하였으며, 그 소취하서의 부본은 같은 달 25. 丙에게 송달되었고, 丙이 같은 달 31. 위 소취하에 동의하였다.

문제 1.

甲이 한 乙 종중 명의의 소취하는 유효한지를 그 논거와 함께 서술하시오 (10점).

제1문의 3

〈기초적 사실관계〉

甲과 乙 법인은 2층으로 된 X 건물을 2분의 1 지분씩 공동으로 소유하고 있는데, 건물 구입 당시 함께 추진하기로 한 사업이 여의치 않게 되어 甲은 이 건물을 매각하고 그 자금으로 다른 사업을 하고자 하나, 甲에 비하여 자금사정이 좋은 乙 법인은 시장상황이 좋아지기를 기다리며 매각을 반대하고 있다. 이에 甲은 乙 법인을 상대로 X 건물의 분할청구의 소를 제기하였다. (각 설문은 독립적임)

문제 1.

甲이 제출한 소장에는 乙 법인의 대표로 A가 기재되어 있으나, 막상 소장에 첨부된 乙 법인의 등기부 등본에는 B가 대표자로 등재되어 있다. 이에 재판장은 甲에게 소장을 보정하도록 명하였다.

이후 재판장은 보정명령으로 정해진 기간이 지났음에도 甲이 보정하지 않으므로 소장을 각하하였다. 이러한 재판장의 소장각하명령은 적절한가? (10점)

문제 2.

위 소송을 심리한 법원은 매각분할을 구하는 甲의 청구취지와 1층의 확보를 원하는 乙 법인의 요구를 고려하여, 乙 법인은 1층 전부의 소유권을 취득하고, 2층 전부의 소유권은 甲에게 부여하되, 乙 법인이 甲에게 각 층의 가치의 차액에 상당하는 5억 원을 배상하는 것이 합리적이라고 판단하고 있다. 법원은 위와 같은 분할판결을 할 수 있는가? (10점)

제1문의 4

X 부동산과 Y 부동산에 관해 그 소유자인 甲으로부터 乙 앞으로 소유권이전등기가 각 경료되었다. 甲은 2015. 1. 5. 자신은 X, Y부동산을 乙에게 매도한 바 없는데도 乙이 등기에 필요한 매매계약서 등 서류를 위조해 그 각 등기를 경료한 것이라고 주장하면서 乙을 상대로 그 각 등기의 말소등기를 청구하는 소('A소')를 제기했다. 이 소송사건의 변론이 2015. 9. 24. 종결되어 甲의 청구를 모두 인용하는 판결('A판결')이 선고되었고, 그 판결은 2015. 10. 15. 확정되었으며, 그 판결에 기해 그 각 소유권이전등기가 2015. 10. 30. 말소되었다. 甲은 2015. 11. 2. ① X부동산에 관해 2015. 9. 17.자 매매(유효한 계약임을 전제로 한다)를 원인으로 하는 소유권이전등기를 丙 앞으로 경료하고, ② 자신이 2015. 10. 20. 차용한 5,000만 원의 원리금 반환 채무를 담보하기 위해 Y부동산에 관해 채권최고액이 1억 원인 근저당권 설정등기를 丁 앞으로 경료했다. 그런데 乙은 자신이 A소송에서 패소한 것은 억울하고, 정당하게 작성된 매매계약서 등 증거를 발견했으므로 자신은 X, Y 부동산의 정당한 소유자라고 주장하면서 ① 丙을 상대로 X 부동산에 관해 진정한 등기명의 회복을 위한 소유권이전등기 청구의 소('B소')를 제기하고, ② 별소로 丁을 상대로 Y 부동산에 관해 근저당권 설정등기의

말소등기 청구의 소('C소')를 제기했다. B소와 C소의 청구원인에는 A소의 변론 종결 후에 발생한 새로운 사유의 주장은 없다.

문제 1.

법원은 B소와 C소에 관해 어떻게 판결하여야 하는가? (30점)

제1문의 5

甲은 乙을 상대로 소를 제기하면서 그 청구원인으로 ① 건물매매업무와 관련된 손해배상 10억 원 ② 부동산 임차업무와 관련된 손해배상 8억 원을 선택적 청구로 병합하여 청구하였다. (각 설문은 독립적임) (30점)

문제 1.

제1심 법원은 위 청구원인 중 건물매매업무와 관련된 손해배상청구만을 심리·판단하여 원고가 구하는 청구금액을 전부인용하고, 나머지 청구에 대해서는 원고가 어느 하나의 청구원인에서라도 전부인용판결을 받으면 추가적인 판단을 원하지 않는다는 이유에서 그 판단을 하지 않았다. 이 판결에 대해 피고만 항소한 경우 항소심 법원은 제1심에서 판단하지 않은 위 부동산 임차업무와 관련된 손해배상청구에 관해 심리·판단할 수 있는가? (15점)

문제 2.

제1심 법원은 ① 건물매매업무와 관련된 손해배상청구에 대해서는 청구기각, ② 부동산 임차업무와 관련된 손해배상청구에 대해서는 5억 원을 인용하는 판결을 선고하였다. 이 판결에 대해 피고만 항소한 경우, 항소심 법원은 위 건물매매업무와 관련된 손해배상청구 부분에 대해 심리·판단할 수 있는가? (15점)

제1문의 6

甲과 乙은 X부동산에 관하여 1/2 지분씩을 공유하고 있었다. 甲은 2018. 6. 8. 자신의 사업 자금을 융통하기 위하여 A은행으로부터 금전을 차용하면서 乙의 동의를 받아 X부동산 전체에 채권최고액을 1억 3,000만 원으로 하는 A은행 명의의 근저당권을 설정하여 주었다.

甲은 2019. 3. 15. 채무초과 상태에서 자신의 유일한 재산인 X부동산 중 1/2 지분을 乙에게 증여하고 소유권이전등기를 마쳐주었다. 당시 X부동산 전체의 시가는 1억 5,000만 원, A은행에 대한 甲의 피담보채무액은 9,000만 원이었다.

丙은 2019. 8. 14. 甲에 대한 물품대금채권 2,000만 원(변제기 2019. 1. 5.)을 피보전채권으로 하여 乙을 상대로 甲과 乙 사이의 X부동산 중 1/2지분에 대한 증여계약을 취소하고 지분권이전등기를 말소하라는 사해행위취소의 소를 제기하였다.

문제 1.

乙은 피담보채권액이 목적물 가액을 초과하므로 X부동산의 1/2지분에 대한 증여계약은 사해행위에 해당한다고 할 수 없다고 주장하고, 이에 대해 丙은 甲의 부동산 지분이 부담하는 피담보채권액은 각 공유지분의 비율에 따라 분담된 금액이므로 피담보채권액이 목적물 가액을 초과한다고 볼 수 없다고 주장하였다.

법원은 어떠한 판단을 하여야 하는지, 1) 결론(소각하/청구기각/청구전부인용/청구일부인용 - 일부 인용의 경우 인용범위를 특정할 것)과 2) 논거를 기재하시오. (X부동산의 시가는 사실심 변론종결시까지 변동이 없다고 가정하고, 丙의 물품대금채권에 대한 지연손해금은 고려하지 말 것) (20점)

제1문의 7

〈기초적 사실관계〉

甲은 2018. 6. 8. A은행으로부터 금전을 차용하며 자신이 소유한 X부동산에 대하여 채권최고액을 1억 2,000만 원으로 하는 A은행 명의의 근저당권설정등기를 마쳐주었다.

甲은 2019. 4. 15. 채무초과 상태에서 자신의 유일한 재산인 X부동산을 甲의 채권자인 乙에게 대물변제하고 소유권이전등기를 마쳐주었고, 같은 날 乙은 이미 설정되어 있던 근저당권의 피담보채무 8,000만 원을 변제하고 이를 말소하였다. 이후 乙은 2019. 10. 17. B은행으로부터 1,000만 원을 대출받으며 X부동산에 대해 채권최고액을 1,500만 원으로 하는 B은행 명의의 근저당권을 설정하여 주었다.

※추가된 사실관계는 각각 별개임.

〈추가적 사실관계 1〉

丙은 2018. 10. 5. 甲에게 5,000만 원을 무이자로 대여해 주고 변제받지 못하고 있었는바, 2020. 2. 10. 乙을 상대로 대물변제계약의 취소 및 소유권이전등기의 말소를 구하는 사해행위취소의 소를 제기하였다.

소송의 변론기일에서 乙은 ① 자신이 X부동산의 소유권을 취득한 이후 A은행의 근저당권이 말소되고 B은행의 근저당권이 설정되는 등의 사정이 있었으므로 원물반환은 불가능하여 丙의 청구는 부당하고, ② 가사 丙의 원상회복 청구가 받아들여진다고 하더라도, 乙 자신도 대물변제계약 당시 甲에 대한 4,000만 원의 물품대금채권을 가지고 있었으므로 이를 상계한 잔액만을 배상할 의무가 있을 뿐이라고 항변하였다.

문제 1.

乙이 이러한 채권을 보유하고 있음이 확인된다면, 법원은 丙의 청구에 대해 어떠한 판단을 하여야 하는지, 1) 결론(소각하/청구기각/청구전부인용/청구일부인용 - 일부 인용의 경우 인용범위를 특정할 것)과 2) 논거를 기재하시오. (X부동산 전체의 시가는 대물변제 약정 당시부터 사실심변론종결시까지 변함없이 1억 5,000만 원이었다고 가정하고, 지연손해금은 고려하지 말 것) (20점)

〈추가적 사실관계 2〉

사무기기 매장을 운영하는 丁은 2017. 1. 26. 甲에게 복사기 등의 사무용 물품을 공급하였으나, 대금 중 일부만 변제기인 2017. 3. 30.에 지급받았을 뿐, 잔여 대금 2,000만 원에 대해서는 아직까지 지급받지 못하고 있었다.

丁은 甲의 사정을 고려하여 이에 대해 아무런 조치를 취하지 않고 있었으나, 甲이 그 유일한 재산인 X부동산을 乙에게 대물변제한 사실을 알고 2020. 4. 2. 乙을 상대로 사해행위 취소의 소를 제기하였다.

문제 2.

재판 과정에서 乙이 피보전채권인 丁의 대금채권은 이미 시효로 소멸하였다고 항변한다면, 이에 대해 법원은 어떠한 판단을 하여야 하는지, 1) 결론(소각하/청구기각/청구전부인용/청구일부인용 – 일부 인용의 경우 인용범위를 특정할 것)과 2) 논거를 기재하시오. (X부동산의 시가는 사실심 변론종결시까지 변동이 없다고 가정하고, 지연손해금은 고려하지 말 것) (10점)

2. 제3차 모의시험 제2문

제2문의 1

〈기초적 사실관계〉

甲은 건설업자 乙에게 건축공사를 의뢰하면서, 착공일 2020. 3. 10., 준공예정일 2020. 9. 1.로 정하여 도급계약을 체결하였다. 이 도급계약에는 공사대금채권을 제3자에게 양도하지 못한다는 특약이 명시되어 있었고, 공사대금 3억 원은 계약 당일 계약금으로 3,000만 원, 지하실, 1층, 2층, 3층, 4층의 각 골조공사 완성 후 각 1,000만 원씩, 공사 완료 후 잔금 2억 2,000만 원을 지급하기로 하였다. 한편, 乙은 건축공사와 관련하여 丙은행으로부터 5,000만 원의 대출을 받았고, 乙의 부탁을 받은 丁은 이 대출금채무에 대해 연대보증하였다.

이후 乙은 4층까지의 골조공사를 완성하였고, 甲으로부터 계약금 3,000만 원과 골조 공사에 대한 대금 5,000만 원을 지급받았다.

※ 추가된 사실관계는 각각 별개임.

〈추가적 사실관계 1〉

乙은 계속 공사를 진행하다가 자금이 부족하여 완공하지 못하였고, 이에 甲은 최고 등의 적법한 절차를 거쳐 2020. 8.경 계약을 해제하였다. 이후 乙은 2020. 10. 19. 甲을 상대로 공사를 중단할 때까지 자신이 지출한 2억 8,000만 원의 공사비 중 이미 지급받은 8,000만 원을 제외한 2억 원을 지급할 것을 청구하는 소를 제기하였다.

이 소송에서 甲은 乙의 귀책사유로 도급계약이 해제되었으므로 자신은 더 이상 공사대금 지급의무가 없고, 가사 공사대금을 지급해야 한다고 하더라도 전체 공사대금에서 기성고 비율을 적용한 금액만을 지급할 의무가 있을 뿐이라고 주장하였다. 감정 결과 공사 중단 당시 기성고 비율은 70%임이 확인되었다.

문제 1.

법원은 어떠한 판단을 하여야 하는지, 1) 결론(소각하/청구기각/청구전부인용/청구일부인용 – 일부인용의 경우 인용범위를 특정할 것)과 2) 논거를 기재하시오. (지연손해금은 고려하지 말 것) (15점)

〈추가적 사실관계 2〉

乙은 계속 공사를 진행하여 준공예정일에 맞추어 공사를 완료하였으나, 甲으로부터 잔금을 지급받지 못하였다.

丁은 2020. 10.경 丙은행의 청구를 받고 乙의 대출금채무에 대한 보증채무를 이행하였고, 곧바로 乙에게 구상금을 청구하여 이에 대한 원고 승소판결이 확정되었다. 이를 기초로 丁은 2021. 5. 17. 乙의 甲에 대한 공사대금 채권 중 5,000만 원에 대해 압류 및 전부 명령을 신청하였고, 같은 달 21.

甲과 乙에게 송달된 후, 그 무렵 확정되었다. 한편, 乙은 2021. 5. 18. 戊에게 도급계약서 사본을 교부하면서 도급계약에 따른 잔금채권을 양도하였는데, 그 당시 戊는 계약서 내용을 살펴보지 않았다. 그 후 乙은 甲에게 내용증명우편으로 채권양도통지를 하였고, 이 통지는 2021. 5. 20. 도달하였다.

丁의 甲에 대한 전부금 청구소송에서 甲은 2021. 5. 20. 채권양도 통지를 받았으므로 전부 명령은 무효이고 따라서 丁에게는 지급의무가 없다고 항변하였다. 이에 대해 丁은 乙의 甲에 대한 공사대금 채권과 관련하여 양도금지 특약이 있었으므로 이러한 채권양도는 무효라고 주장하였고, 甲은 양도금지 특약의 효력이 당사자 간에만 미칠 뿐이므로 丁이 채권양도의 무효를 주장할 수는 없다고 반박하였다.

문제 2.

법원은 어떠한 판단을 하여야 하는지, 1) 결론(소각하/청구기각/청구전부인용/청구일부인용 - 일부인용의 경우 인용범위를 특정할 것)과 2) 논거를 기재하시오. (이자 및 지연손해금 등은 고려하지 말 것) (15점)

제2문의 2

丙은 2019. 5. 3. 3억 원을 丁으로부터 차용한 후 자신 소유의 X토지에 대하여 2019. 5. 6. 채권최고액 2억 원으로 하는 근저당권을 丁에게 설정해 주었다. 한편 丁은 위 3억 원을 확실하게 변제받기 위하여 추가로 2019. 5. 9. 甲 소유의 Y토지에 대하여 채권최고액 2억 원으로 하는 근저당권을 설정받았다. 丙은 2019. 7. 7. 乙에 대한 자재대금채무(2억 원)를 담보하기 위하여 X토지에 대하여 채권최고액 2억 원으로 하는 근저당권을 乙에게 설정해 주었다. 이후 丁은 2020. 5. 3. Y토지에 대한 협의취득보상금에 대하여 물상대위권을 행사하여 2억 원을 수령하였다. 한편 X토지에 대한 담보권 실행을 위한 경매절차가 진행되어 2020. 10. 5. 丁은 1억 원, 乙은 2억 원, 甲은 2억 원을 채권액으로 신고하였다. 법원은 2020. 11. 25. 매각대금에서 집행비용을 제외한 금액인 2억 원을 丁에게 1억 원을 乙에게 1억 원을 배당하고, 甲에게 전혀 배당하지 않았다. 이에 甲은 2021. 6. 5. 乙에 대한 배당액에 대해 이의하고 2021. 6. 9. 배당이의의 소를 제기하였다.

〈문제〉

법원은 어떠한 판단을 하여야 하는지, 1) 결론(소각하/청구기각/청구전부인용/청구일부인용 - 일부인용의 경우 인용범위를 특정할 것)과 2) 논거를 기재하시오. (이자, 지연손해금은 고려하지 말 것) (20점)

제2문의 3

乙은 2013. 3. 15. X건물에 대한 신축공사 중 전기배선공사를 완료하여 丙에 대하여 1억 원의 공사대금채권(변제기 2013. 5. 15.)을 갖게 되었다. X건물에 대한 2013. 11. 5. 담보권 실행을 위한

경매절차가 개시되어 그 경매절차에서 매수인 甲이 2015. 7. 19. 매각대금을 모두 납부하였다. 甲은 2016. 1. 12. X건물 내의 현장사무실에서 숙식하고 있던 乙을 강제로 쫓아내고 건물출입을 막았다. 乙은 2017. 1. 5. 甲을 상대로 점유회수의 소를 제기하여 2017. 9. 6. 승소판결을 받고, 甲으로부터 X건물의 점유를 반환받았다. 乙은 2014. 9. 1. 공사대금채권에 대한 지급명령을 신청하여 2014. 9. 25. 지급명령이 확정되었다. 甲은 2020. 2. 14. 乙에게 X건물의 인도를 청구하는 소를 제기하였다. 乙은 유치권을 주장하면서 인도를 거부하였다.

〈 문제 〉

법원은 어떠한 판단을 하여야 하는지, 1) 결론(소각하/청구기각/청구전부인용/청구일부인용 - 일부인용의 경우 인용범위를 특정할 것)과 2) 논거를 기재하시오. (지연손해금은 고려하지 말 것) (20점)

제2문의 4

丙은 2017. 4. 27. 丁으로부터 丁 소유의 X건물을 임대차보증금 5억 원, 임대차기간 2017. 4. 27.부터 2019. 4. 26.까지 2년으로 정하여 임차하고, 丁에게 임대차보증금 5억 원을 지급하였다. 丙은 2018. 10. 29. 戊가 甲에 대해 부담하는 대여금채무 5억 원을 담보하기 위하여 임대차보증금 반환채권을 담보로 제공하여, 甲과 사이에 위 임대차보증금 반환채권에 관하여 담보한도액을 5억 원으로 하는 근질권설정계약을 체결하였다. 丙은 2020. 3. 21. 임대차보증금 반환채권을 담보하기 위하여 X건물에 관하여 채권최고액 5억 원, 채무자 丁, 근저당권자 丙으로 된 근저당권을 설정받았다. 丁은 2020. 6. 7. 乙에게 X건물을 매도하였고, 2020. 7. 6. 乙 명의의 소유권이전등기가 마쳐졌다.

丙과 乙은 2020. 12. 27. 해지를 원인으로 근저당권설정등기의 말소를 신청하였고, 丙 명의의 근저당권설정등기가 2020. 12. 28. 말소되었다. 甲은 2021. 5. 6. 근질권자의 동의 없이 근저당권을 말소한 것은 위법하다고 주장하면서 근저당권설정등기의 회복등기절차의 이행을 구하는 소를 제기하였다. 법원의 심리결과 임대차계약과 근질권설정계약에는 근저당권설정에 관한 내용이 없었고, 근저당권설정등기에 관하여 근질권의 부기등기는 마쳐지지 않았다.

〈 문제 〉

법원은 어떠한 판단을 하여야 하는지, 1) 결론(소각하/청구기각/청구전부인용/청구일부인용 - 일부인용의 경우 인용범위를 특정할 것)과 2) 논거를 기재하시오. (15점)

제2문의 5

토지 X, Y, Z는 원래 乙의 소유였는데, 乙은 2010. 1. 29. 사망하기 직전인 같은 달 8. 공증담당 변호사와 증인 2인을 입회시킨 가운데 '자신의 명의로 등기되어 있는 일체의 부동산 및 기타 동산과 재산권을 포함한 일체의 재산을 배우자 甲의 소유로 하며, 권리이전에 관한 일체의 권한을 甲에게

부여한다'는 유언의 취지를 구수하고 공증인이 이를 필기낭독하여 유언자와 증인이 그 정확함을 승인한 후 각자 서명 또는 기명날인하였다. 甲과 乙 사이에는 자녀 丙이 있었는데, 丙은 甲이 유증에 의한 등기를 지체하자 2010. 12. 5. 서류를 위조하여 토지 전부에 관하여 乙로부터 상속을 원인으로 丙 명의의 소유권이전등기를 경료하였고, 丁에게 매도하여 2011. 11. 5. 丁 명의로 소유권이전등기가 경료되었다. 甲은 2020. 4. 5. 토지 X, Y, Z에 대한 등기부를 열람하고, 2021. 1. 5. 丁을 상대로 진정명의 회복을 위한 이전등기를 청구하는 소를 제기하였다.

〈문제〉

법원은 어떠한 판단을 하여야 하는지, 1) 결론(소각하/청구기각/청구전부인용/청구일부인용 – 일부인용의 경우 인용범위를 특정할 것)과 2) 논거를 기재하시오. (15점)

3. 제3차 모의시험 제3문

〈사실관계〉

A와 B는 발행주식총수 10만 주인 甲주식회사(이하 '甲회사'라 한다)를 설립하면서, A가 5만 주, B가 4만 주를 인수하고, 나머지 1만 주는 주주를 모집하기로 하였다. 甲회사의 정관에는 A와 B가 발기인으로 되어 있고 발기인 대표는 A이다. C는 주식 1만 주에 대하여 자신의 명의로 주식청약서를 작성하여 A에게 주었으나, 실제로 C는 주식인수의 의사가 없었고 A도 이를 알고 있었다. 그 후 주식청약서에 따라 C에게 1만 주가 배정되었다. 한편, A는 공장부지에 사용할 목적으로 D 소유의 부동산을 10억 원에 회사성립 후 양수하기로 약정하는 계약을 설립중의 회사의 명의로 체결하였다. 甲회사의 정관에는 공장부지 매입에 대한 사항이 기재되지 않았다. 그 후 10만 주의 인수대금 전액이 납입된 것으로 설립등기가 이루어졌으나, 실제로는 A와 B가 인수한 9만 주의 주금만이 납입되었고, C에게 배정된 1만 주에 대해서는 주금이 납입되지 않았다.

문제 1.

가. C는 1만 주에 대해서 주금을 납입할 의무를 부담하는가? (10점)

나. A와 B는 미납입된 1만 주와 관련하여 어떠한 책임이 있는가? (10점)

문제 2.

설립등기 후에 甲회사 또는 D는 상대방에게 공장부지 매매계약의 무효를 주장할 수 있는가? (15점)

〈별개의 사실관계 1〉

비상장회사인 甲주식회사(이하 '甲회사'라 한다)의 자본금은 30억 원이며, 발행주식총수 30만 주를 A, B, C가 각각 10만 주씩 보유하고 있다. 甲회사의 이사회는 6억 원을 조달하기 위하여 발행할 신주 6만 주, 1주당 발행가액 1만 원, 납입기일은 2021. 6. 1.부터 6. 10.까지로 결정하였다. 이사회는 B와 C에게는 각각 1만 주의 신주를 배정하고, 정관에 근거하여 신기술도입의 목적으로 A로부터는 첨단기계를 출자받기로 하고 4만 주를 배정하였다. A는 법원이 선임한 검사인의 가격평가를 거쳐서 2021. 6. 5.에 그 기계를 甲회사에게 인도하였다. B는 2021. 6. 5. 현금 1억 원을 납입하였으며, C도 2021. 6. 5.에 액면금액 1억 원, 수취인 甲회사, 지급인 乙은행, 발행일 '2021. 6. 15.'로 기재되어 있는 당좌수표를 발행하여 건네주었다.

문제 3.

A, B, C에 대한 신주배정과 신주대금의 납입은 유효한가? (25점)

문제 4.

甲회사는 乙은행에 대하여 2020. 6. 9.에 수표금의 지급을 청구할 수 있는가? (15점)

〈별개의 사실관계 2〉

甲주식회사(이하 '甲회사'라 한다)는 2021. 9. 1. 乙주식회사(이하 '乙회사'라 한다)에게 액면금 1억 원, 수취인 乙회사인 약속어음 1매를 발행·교부하였다. 乙회사는 2021. 9. 20. 丙은행에 어음금의 추심을 위임하면서 그 어음을 교부하였다. 한편, 乙회사의 丙은행에 대한 금 2억 원의 대출금 채무의 이행기가 도래하였다. 이 대출금 약정의 내용으로 편입된 丙은행의 여신거래기본약관 제6조는 "채무자가 은행에 대한 채무의 이행을 지체한 경우에는 은행이 점유하고 있는 채무자의 동산, 어음 기타의 유가증권을 담보로서 제공된 것이 아닐지라도 은행이 계속하여 점유하거나 추심 또는 처분할 수 있다."고 규정하고 있다.

문제 5.

가. 乙회사가 대출금을 상환하지 않는 경우 丙은행은 위 어음에 대해 상사유치권의 성립을 주장할 수 있는가? (15점)

나. 乙회사는 어음의 교부는 어음금의 추심을 위임하기 위한 것이므로 묵시적 상사유치권 배제 특약이 있었다고 항변한다. 乙회사의 항변은 받아들여질 수 있는가? (10점)

4. 제2차 모의시험 제1문

제1문의 1

〈공통된 사실관계〉

甲은 乙에게 2020. 1. 1. 5,000만 원을, 2020. 3. 1. 1억 원을 각 무이자로 대여하여 주었는데, 乙은 2020. 4. 1. 甲으로부터 차용한 위 금원 중 5,000만 원을 다시 丙에게 대여하여 주었다. 甲은 위 각 채권의 변제기가 도래하였음에도 불구하고 乙로부터 1억 5천만 원을 변제받지 못하자, 2020. 5. 1. 위 채권 중 2020. 1. 1.자 5,000만 원의 대여금 채권을 피보전채권으로 하여 무자력자인 乙을 대위하여 丙을 상대로 "丙은 甲에게 2020. 4. 1.자 대여금 5,000만 원을 지급하라"는 취지의 소(전소)를 제기하였다. 한편 甲은 전소 계속 중인 2020. 7. 1. 乙에게 소송고지를 하였다. (아래 각 질문은 독립적임)

문제 1.

제1심 법원은 甲의 청구를 기각하는 판결을 선고하였고 甲이 이에 대하여 항소를 하였는데, 甲은 항소심 계속 중 전소를 취하하였다. 그 이후 乙이 丙을 상대로 2020. 4. 1.자 대여금 5,000만 원의 지급을 청구하는 소를 제기하였다면, 법원은 이에 대하여 어떤 판결을 하여야 하는가? (20점)

〈추가된 사실관계 1〉

전소에서 제1심 법원은 2020. 1. 1.자 5,000만 원의 대여금 채권이 변제로 소멸하였다는 이유로 소각하 판결을 선고하였고, 그 판결은 그대로 확정되었다.

그 이후, 甲은 乙을 상대로 2020. 1. 1.자 대여금 5,000만 원과 2020. 3. 1.자 대여금 1억 원, 합계 1억 5,000만 원의 지급을 구하는 소(후소)를 제기하였다.

문제 2.

후소 계속 중 乙은 甲의 대여금 청구 전체가 전소 확정판결의 기판력에 저촉되는 것이라고 주장하였다. 이러한 乙의 주장은 타당한가? (20점)

〈추가적 사실관계 2〉

전소에서 제1심 법원은 2020. 10. 24. 청구인용 판결을 선고하였고 그 판결은 2020. 11. 13. 확정되었다. 한편, 丁은 乙에 대한 1억 원의 집행력 있는 지급명령 정본에 기초하여 2020. 10. 20. 乙의 丙에 대한 5,000만 원의 대여금 채권에 대하여 채권압류 및 전부명령을 받았다. 이 명령은 丙에게 송달되고 2020. 11. 21. 확정되었다.

문제 3.

丁이 丙을 상대로 위 채권압류 및 전부명령에 따라 5,000만 원의 지급을 구하는 전부금 청구의 소를 제기하였다. 법원은 어떤 판결(각하, 기각, 인용)을 하여야 하는가? (10점)

제1문의 2

〈공통된 사실관계〉

甲 종중(대표자 A)은 2009. 8. 7. 乙에게 3억 원을 변제기 1년으로 하여 대여하였는데, 乙이 변제기가 지나서도 변제하지 않자, 2019. 6. 11. 乙을 상대로 3억 원의 대여금 청구의 소를 제기하였다. 위 소송에서 乙은 소송대리인 B를 선임하였고, B는 제1회 및 제2회 변론기일에서 대표자 A가 甲종중의 적법한 대표자가 아니고 또한 乙이 위 3억 원을 대여 받지 않았다고 주장하였다. (아래 각 질문은 독립적임)

문제 1.

제1심 법원은 심리 결과 甲 종중 대표자 A가 적법한 대표자인지에 대하여는 확신을 갖지 못하였으나 甲의 대여금 청구에 대하여는 이유 없다는 확신이 들었다. 이러한 경우 법원이 바로 청구기각 판결을 할 수 있는가? (10점)

〈추가된 사실관계 1〉

제3회 변론기일 직전에 乙이 사망하였고 그 상속인으로는 C와 D가 있었으나 C만이 소송절차를 수계하였다. 제1심 법원은 乙의 상속인이 2명인 사실을 알지 못한 채 피고를 C로만 표시한 원고청구 일부 인용 판결을 선고하였고 그 판결문은 2021. 1. 7. B에게 송달되었다. B에게는 상소제기에 관한 특별수권이 없다.

문제 2.

C는 2021. 1. 15. 자신의 명의로만 항소를 제기하였다. 위 제1심 판결 및 항소제기의 효력은 D에게도 미치는가? (15점)

〈추가된 사실관계 2〉

甲은 위 소송계속 중 丙에게 위 대여금채권을 양도했다고 주장하면서 소송인수를 신청하였다. 제1심 법원은 2020. 9. 30. 丙을 원고 인수참가인으로 하여 소송인수결정을 하였고, 같은 날 甲은 乙의 승낙을 받아 소송에서 탈퇴하였다. 제1심 법원은 2021. 2. 8. 甲과 丙 사이의 채권양도가 소송행위를 하게 하는 것을 주된 목적으로 이루어져 무효라는 이유로 丙에 대해 소각하 판결을 선고하였다. (아래 각 질문은 독립적임)

문제 3.

이에 대해 丙만 항소하였는데, 항소법원의 심리결과 甲과 丙 사이의 채권양도는 유효하나 위 대여금채권이 변제로 소멸한 사실이 인정되었다. 항소심 법원은 제1심 판결을 취소하고 丙의 청구를 기각하는 판결을 할 수 있는가? (15점)

문제 4.

위 소각하 판결에 대해 어느 쪽도 항소하지 않아 2021. 3. 7. 판결이 확정되자 甲은 2021. 4. 8. 乙을 상대로 위 2019. 6. 11.자 전소와 동일한 소(후소)를 다시 제기하였다. 이에 후소 법원은 위

대여금 채권은 소멸시효가 완성되었고 원고가 전소를 제기함으로써 발생한 시효중단의 효력도 원고가 전소에서 탈퇴한 2020. 9. 30.에 소멸하였다고 판단하여 甲의 청구를 기각하는 판결을 선고하였다. 이러한 법원의 판단은 정당한 것인가? (10점)

제1문의 3

〈기초적 사실관계〉

甲은 자기 소유 X 토지가 있는 지역이 곧 상업지역으로 전환되어 용적률이 대폭 상향 조정된다는 정보를 입수하였다. 이에 甲, 乙, 丙은 공동으로 낡은 건물을 재건축하여 판매하는 사업을 진행하기로 하면서 먼저 X 토지 위의 낡은 건물을 고층으로 재건축하는 공동사업을 진행하기로 합의하였다. 甲, 乙, 丙 사이의 합의에 따라 甲은 시가 50억 원 상당의 X 토지를 출연하고, 乙과 丙은 재건축에 필요한 소요자금으로 각각 50억 원씩 출연하기로 합의하였다. 위 약정에 따라 甲은 X 토지를 출자하고 乙은 50억 원을 출자하였으나 丙은 자금 부족으로 25억 원만을 출자하였다.

甲, 乙, 丙은 건축업을 영위하는 A 회사와 공사계약을 체결하고 공사대금은 100억 원, 공사기간 1년, 공사대금지급방법은 기성고에 따라 매 2개월마다 10억 원씩 5회 지급하고 나머지 공사대금 50억 원은 공사완료 후 즉시 지급하기로 약정하였다.

위 건물 신축 공사계약에 따라 甲, 乙, 丙은 공동명의로 건축허가를 받아 A 회사가 공사를 개시하고 10개월 동안 기성고에 따라 50억 원의 공사비가 지급되었다.

(※ 아래 각 문항의 기재 사실은 별도의 제시가 없는 한 상호 무관함)

문제 1.

모든 공정이 종료되고 그 주요 구조 부분이 약정된 대로 시공되어 건물로서 완성되었으나 건물의 일부에 하자가 발생하였다. 그런데 하자는 중요하지 않아 하자로 인한 건물의 교환가치 감소액은 3억 원이지만 하자를 보수하는 데에 드는 비용은 45억 원이다. A 회사는 건물에 하자가 남아 있는 상태에서 甲, 乙, 丙에게 공사대금의 잔금 50억 원의 지급을 청구하였다.

이에 대하여 甲, 乙, 丙은 ① 위 하자 보수가 끝나지 않아 공사대금청구권은 발생하지 않았고, ② 설사 공사대금청구권이 발생했더라도 하자의 보수가 완료될 때까지는 잔금을 지급할 수 없으며, ③ 하자를 이유로 계약을 해제하겠다, ④ 하자 보수에 드는 45억 원의 비용을 손해배상채권으로 하여 공사대금과 상계하겠다고 각각 주장하였다. 甲, 乙, 丙의 주장이 타당한지 검토하시오. (30점)

문제 2.

건물신축공사 완료 후 A 회사는 甲만을 상대로 미지급 공사대금 50억 원의 지급을 구하는 소를 제기하였다. 이에 대하여 甲은 청구금액의 3분의 1에 대해서만 책임이 있다고 항변하였다. A 회사의 청구가 타당한지 甲의 항변을 고려하여 판단하시오. (20점)

5. 제2차 모의시험 제2문

제2문의 1

〈기초적 사실관계〉

甲은 2016. 3. 6. 乙과 4년간의 여신거래약정을 체결하면서 현재 및 장래에 발생할 채권을 담보하기 위해 채무자 乙 소유의 X 부동산에 채권최고액 12억 원의 근저당권을 설정하였고 丙과 丁이 연대보증하였다. 甲은 변제기가 도래하자 확정된 피담보채권액 10억 원을 변제할 것을 보증인들에게 요청하였고 이에 丙은 3억 원을, 丁은 2억 원을 甲에게 지급하였다. 그 후 丙과 丁은 근저당권 일부이전의 부기등기를 마쳤다. 일부만 변제받은 甲은 乙이 잔존채무(5억 원)를 변제하지 않자 X 부동산에 대해 근저당권에 기한 경매신청을 하였다(이하 경매비용 및 이자 등은 고려하지 않음).

(※ 아래 각 문항의 기재 사실은 별도의 제시가 없는 한 상호 무관함)

문제 1.

위 경매를 통해 A가 8억 원에 X 부동산을 매수하였다. 8억 원의 매각대금은 누구에게 얼마씩 배당될 것인지 구체적으로 서술하시오. (15점)

〈추가된 사실관계〉

丙은 대위변제한 3억 원에 상응하는 비율로 甲으로부터 근저당권의 일부를 이전받으면서, '丙이 배당·회수금으로부터 甲보다 먼저 충당받기로 하는 특약(우선회수특약)'을 甲과 체결하였다. 한편 戊는 丙의 乙에 대한 구상채권을 보증하였다. 이에 따라 戊가 丙에게 보증채무를 이행한 후, 변제자대위에 기하여 丙으로부터 근저당권을 이전받았다.

위 경매에서 B가 5억 원에 X 부동산을 매수하였다. 그 5억 원은 모두 甲에 대한 채무변제에 충당되었다.

문제 2.

戊는 ① 甲을 상대로는 우선회수특약을 근거로 3억 원의 부당이득반환을, ② 丙을 상대로는 戊가 변제자대위로 취득한 권리에 관한 보존의무위반을 이유로 3억 원의 손해배상을 청구하였다. 戊의 甲과 丙에 대한 청구가 타당한지 판단하시오. (20점)

제2문의 2

〈기초적 사실관계〉

甲은 2017. 12. 24. 乙 소유의 X 토지를 3억 원에 매수하기로 하는 매매계약을 체결하면서 당일 계약금 3천만 원을 지급하였고, 잔금 2억 7천만 원은 2018. 3. 19.에 지급하기로 하였다.

(※ 아래 각 문항의 기재 사실은 별도의 제시가 없는 한 상호 무관함)

〈추가된 사실관계 1〉

X 토지는 매매시에 부동산 거래신고 등에 관한 법률(구 국토이용관리법)상 관할관청의 허가가 필요하므로, 甲과 乙은 허가를 배제하고자 계약서에 '매매'가 아닌 '증여'로 표기하였고, 2018. 3. 19. 증여를 원인으로 이전등기를 마쳤다. 2020. 3. 4. X 토지에 대한 허가구역 지정이 해제되었다.

문제 1.

乙이 甲을 상대로 위 계약이 무효임을 주장하면서 소유권이전등기의 말소를 청구한 경우, 그 청구가 타당한지 판단하시오. (15점)

〈추가된 사실관계 2〉

甲은 X 토지 위에 Y 건물을 짓고자 X 토지를 매수하였는데, 잔금채무를 담보하기 위하여 신축하려는 건물의 건축허가 명의를 乙명의로 받았고, 甲은 2019. 6. 8. 신축한 Y 건물에 대해 乙명의로 소유권보존등기를 마쳤다.

문제 2.

乙은 2019. 10. 4. 임의로 Y 건물을 丁에게 매도하고 등기를 이전해 주었다(丁은 매입 당시부터 Y 건물의 신축과정과 등기와 관련된 사정을 모두 알고 있었다). 甲은 乙에게 잔금을 지급한 후 丁에게 이전등기를 말소할 것을 청구하였다. 甲의 丁에 대한 청구가 타당한지 판단하시오. (10점)

제2문의 3

〈기초적 사실관계〉

甲은 2018. 2. 5. 자기 소유 X 토지 위에 단독주택인 Y건물을 신축하기 위하여 공사대금 10억 원, 준공일을 2019. 2. 5.로 정하여 乙과 도급계약을 체결하였다. 그리고 乙이 공사비용을 마련하기 위하여 K 은행으로부터 5억 원을 대출받는 과정에서, 乙의 부탁을 받은 甲은 乙의 K 은행에 대한 채무를 담보하기 위하여 X 토지에 대한 근저당권을 K 은행 명의로 마쳤다. 乙은 도급계약서를 제시하면서 甲을 대리하여 丙과의 자재공급계약을 체결하였고(대금 3억 원), 丙으로부터 2018. 3. 5.부터 2018. 9. 5.까지 공사에 필요한 골재(철근, 시멘트 등)를 공급받았다. 한편 丙은 자재대금의 완납 시까지 자재의 소유권을 자신에게 유보하였다(甲은 乙과 丙사이에 있었던 위와 같은 사실을 전혀 알지 못하였고 모르는데 과실이 없다). 乙은 2018. 12. 31. 자금사정이 곤란하여 건물의 외관은 갖추지 못한 상태에서 외부 골조공사 60%의 공정만을 이행한 채 중단하였다. 이에 甲은 2019. 5. 29. 도급계약의 해제를 통보하고 나머지 공사를 완료하여 Y 건물을 완공하였다.

(※ 아래 각 문항의 기재 사실은 별도의 제시가 없는 한 상호 무관함)

문제 1.

3억 원의 자재대금채권을 가진 丙이 2020. 3. 5. 甲을 상대로 ① 자재공급계약에 따라 대금 3억 원을 지급할 것을, ② 민법 제261조에 따라 3억 원 상당을 보상해 줄 것을 청구하였다. 丙의 甲에 대한 청구가 타당한지 판단하시오. (15점)

〈추가된 사실관계〉

丁이 乙에 대한 3억 원의 대여금채권을 피보전채권으로 하여 2018. 9. 15. 발생한 乙의 甲에 대한 공사 관련 채권에 대하여 2018. 12. 5. 압류 및 전부명령을 신청하였고, 위 압류 및 전부명령의 효력은 2019. 1. 5. 발생하였다. 乙이 대출금의 이자지급을 지체하자, K 은행은 X 토지에 대한 근저당권 실행을 위한 경매를 신청하였고, 이에 甲은 2019. 2. 5. 5억 원을 변제하고 K 은행 명의의 근저당권을 말소하였다.

문제 2.

丁은 甲에게 3억 원의 전부금을 청구하였고, 甲은 이에 대하여 구상금채권을 자동채권으로 하고 丁의 전부금채권 3억 원을 수동채권으로 하여 상계항변을 하였다. 丁의 甲에 대한 전부금청구의 인용여부를 금액을 고려하여 구체적인 논거와 함께 서술하시오(이자 및 지연손해금 등을 고려하지 말 것). (25점)

6. 제2차 모의시험 제3문

〈사실관계 1〉

2000년에 설립된 창고업을 목적으로 하는 비상장회사인 甲주식회사의 자본금은 20억원이며 대차대조표상 자산총액은 100억원 내외이다. 甲회사는 주권을 발행하지 않았다. 甲회사는 乙주식회사 발행주식총수의 60%와 丙주식회사 발행주식 총수의 20%를 가지고 있다. 乙회사는 丙회사 발행주식 총수의 40%를 가지고 있다. 甲회사의 정관상 대표이사의 정원은 1인이고 주주총회에서 선임하도록 되어있다.

甲회사 대표이사 A의 임기는 2021. 2. 15.에 만료되었고, 2021. 3. 11.에 개최하는 정기주주총회에서 신임 대표이사를 선임할 예정이었다. A는 2021. 2. 25.에 甲회사 소유의 영업에 이용하지 아니하는 부동산을 B에게 시가인 25억원에 매도하는 부동산 매매계약을 이사회결의와 주주총회결의 없이 체결하였다. 그런데 甲회사의 이사회규정은 이사회에 부의할 사항으로 '자산총액의 30% 이상에 상당한 주요 자산의 취득 또는 처분하는 경우'를 규정하고 있다.

丙회사는 C의 자금난을 해소해 줄 목적으로 C가 소유한 甲회사 주식 10,000주를 양수하였고, 1개월 후에 이를 모두 D에게 양도하였다.

문제 1.

가. 甲회사는 B에 대하여 위 부동산 매매계약의 무효를 주장할 수 있는가? (25점)

나. D가 甲회사에 명의개서를 청구하는 경우, 위 주식양도와 관련한 구체적 사실을 알게 된 甲회사는 명의개서를 거절할 수 있는가? (15점)

〈사실관계 2〉

甲주식회사는 건설업을 행하는 비상장회사이며 보통주만을 발행한 회사이다(주권을 발행하였음). 甲회사의 발행주식총수는 100만주이고 1주의 액면금액은 1만원이며, 주주는 A와 B 뿐이다. A와 B는 69만주와 31만주를 각각 소유하고 있으며 명의개서를 완료하였다. 甲회사의 이사는 대표이사 C를 포함하여 총 3인이다. 甲회사는 정관에 제3자 배정 신주발행의 근거규정을 두고 있다. 영업실적이 악화되자 甲회사 이사회는 정기주주총회에서 의결권 있는 이익배당우선주 발행의 근거를 마련하기 위한 정관변경안을 상정하기로 결의하였다. C는 정기총회일 2주 전 A, B에게 정기주주총회 소집통지서를 발송하였지만 그 소집통지서에 정관변경건에 관하여는 아무런 기재도 하지 않았다. A와 B가 참석한 정기주주총회에서는 B가 정관변경 의안의 상정에 반대하였음에도 A의 찬성에 의하여 정관변경 결의가 성립되었다. 甲회사 이사회는 의결권 있는 이익배당우선주를 A의 친구인 D와 E에게 각각 5만주씩 1주당 2만원(공정한 시장가액)에 발행하였고, 이후 甲회사와 주식인수계약을 체결한 D와 E는 인수금액 납입을 완료하였다.

문제 2. 가

B는 D와 E에게 의결권 있는 이익배당우선주를 발행한 행위의 효력을 다툴 수 있는가? 다툴 수 있다면 그 방법은 무엇인가? (25점)

〈사실관계 2의 추가적 사실관계〉

의결권 있는 이익배당우선주를 발행한 후 별다른 다툼 없이 2년이 경과한 후 甲회사 이사회는 주가관리를 위하여 주식을 병합하기로 하였다. 이를 위하여 소집된 주주총회에서는 A, B, D, E가 참석하였고, D와 E의 반대에도 불구하고 A와 B의 찬성으로 '보통주는 2주를 병합하여 신주 1주를 발행하되 신주의 액면가는 1만원으로 하고, 의결권 있는 이익배당우선주는 4주를 병합하여 신주 1주를 발행하되 신주의 액면가는 1만원으로 하는 내용의 결의'가 이루어졌고, 이후 주식병합 절차가 진행되어 변경등기까지 완료되었다.

문제 2. 나

D 또는 E는 주식병합의 효력을 다툴 수 있는가? 다툴 수 있다면 그 방법은 무엇인가? (20점)

〈사실관계 3〉

A는 甲주식회사가 영업으로 운영하는 커피숍에 가서 음료를 주문하기 전에 먼저 화장실에 가면서 가지고 있던 고가의 최신형 노트북의 종류와 가액을 말하면서 커피숍 직원에게 맡겼다. 그러나 특별히 비싸지 아니한 외투는 좌석 테이블 위에 놓아 둔 채 화장실에 다녀왔다. 화장실에 다녀온 후 노트북과 외투 모두가 분실된 것을 알게 되었다.

문제 3.

甲회사는 A에게 노트북과 외투 분실에 따른 상법상 책임을 부담하는가? (15점)

7. 제1차 모의시험 제1문

제1문의 1

乙은 丙에게 4,000만 원을 대여하여 주고 이를 돌려받지 못하고 있다. 이에 乙은 위 채권을 甲에게 양도하였고, 그 후 甲은 丙을 상대로 양수금청구의 소(전소)를 제기하여 2008. 6. 4. 전부승소 판결을 받았고 이 판결은 같은 달 20. 확정되었다.

판결 확정 후에도 丙으로부터 전혀 변제를 받지 못한 甲은 2018. 5. 25. 채권 소멸시효중단을 위해 다시 丙을 상대로 위 양수금의 지급을 구하는 소(후소)를 제기하였다. (아래의 각 문제는 독립적임)

문제 1.

후소는 적법한가? (10점)

문제 2.

후소에서 법원은 甲이 乙로부터 채권을 양도받아 2008. 6. 4. 판결을 선고받은 사실은 인정하면서도, 乙이 丙에게 위 채권의 양도사실을 통지하였거나 채권양도에 대한 丙의 승낙을 인정할 아무런 증거가 없다고 판단하였다. 법원은 甲이 위 채권의 적법한 양수인이라 할 수 없다는 이유로 甲의 청구를 기각할 수 있는가? (15점)

문제 3.

후소의 소송계속 중 제2회 변론기일에서 甲이 후소의 소장 송달 하루 전에 이미 가정법원으로부터 성년후견개시심판을 받은 사실이 밝혀졌다. 법원은 어떠한 조치를 취해야 하는가? (10점)

제1문의 2

乙은 甲을 상대로 甲 소유의 토지에 관한 소유권이전등기청구의 소를 제기하였다. 이 소송에서 乙은 甲의 주소를 알고 있음에도 불구하고 甲이 마치 행방불명된 자인 것처럼 허위의 주소를 기재하여 재판장으로부터 공시송달명령을 받아 낸 다음, 제3자로 하여금 자신이 甲 소유의 토지를 매수한 것이라는 취지의 허위 증언을 하게 함과 아울러 위조된 매매계약서 등을 증거로 제출하여 승소판결을 받았다. 그 후 이 판결은 재판장의 명에 따른 공시송달의 방법에 의하여 확정되었고 乙은 자신의 명의로 소유권이전등기를 마쳤다. 그 후 위와 같은 사실을 알게 된 甲은 乙을 상대로 하여 위 토지에 관한 소유권이전등기가 원인무효임을 이유로 말소등기절차의 이행을 구하는 소를 제기하였다.

문제 1.

이 경우 법원은 어떤 판결을 하여야 하는가? (15점)

문제 2.

만약 甲이 위 소유권이전등기 말소등기청구소송에서 패소 확정된 후, 다시 乙을 상대로 위 토지에 관한 진정명의회복을 원인으로 한 소유권이전등기청구의 소를 제기하였다면, 법원은 어떤 판결을 하여야 하는가? (10점)

제1문의 3

건축업을 하는 甲은 乙로부터 수급을 받아 X건물을 건축하고 공사대금 10억 원을 지급받지 못하였다며 2020. 5. 10. 乙을 상대로 10억 원의 공사대금 청구의 소를 제기하였다. 한편 丙은 같은 해 6. 20. 甲의 乙에 대한 위 공사대금 채권 중 8억 원에 대하여 채권압류 및 전부명령을 받았고, 위 공사대금 청구 소송 계속 중 제3채무자인 乙에 대하여 8억 원의 전부금의 지급을 구하면서 승계참가신청을 하였다. 甲은 승계참가인의 승계 여부에 대해 다투지 않았으나 전부된 부분의 청구를 감축하지도 않았고 소송탈퇴도 하지 않았다.

문제 1.

甲과 丙 사이의 공동소송형태에 관해 설명하시오. (10점)

〈추가된 사실관계〉

제1심 법원은 2020. 11. 8. 甲의 청구를 기각하고 丙의 乙에 대한 청구 중 6억 원을 지급하라는 판결을 선고하였다. 乙과 丙은 각 2020. 11. 20. 제1심판결 중 자신의 패소 부분에 대해 항소하였고 甲은 항소하지 않았다. 항소심 계속 중 乙이 丙의 전부명령이 다른 가압류와 경합된 상태에서 발령되어 무효라고 다투자 甲은 2021. 3. 5. 부대항소를 제기하였다. 또한 乙은 甲이 제1심에서 패소한 뒤 불복하지 않아 甲에 대한 판결은 분리 확정되었고 그에 따라 甲이 제기한 부대항소는 부적법하다고 주장하였다. 항소심 법원의 심리결과 丙의 압류 및 전부명령이 乙에게 송달되기 전에 甲에 대한 또 다른 채권자 丁이 甲의 乙에 대한 공사대금 채권에 대하여 5억 원의 가압류를 한 사실, 乙의 甲에 대한 미지급 공사대금이 6억 원이라는 사실이 인정되었다.

문제 2.

항소심 법원은 어떤 판결을 하여야 하는가? (15점)

제1문의 4

甲은 A 법인의 대표인 乙로부터 폭행을 당하여 乙을 상대로 불법행위로 인한 손해배상청구의 소를 제기하였다. 甲이 乙의 주소지를 알지 못하였기 때문에 법원은 소장 부본을 A 법인에 있는 乙의 사무실로 송달하게 하였다. 그런데 乙이 부재중인 사실을 확인한 우편집배원이 통상 우편물을 수령하던 A 법인의 총무과 직원 C에게 소장부본의 수령을 요구하였으나 C가 수령을 거부하므로,

우편집배원은 C의 책상에 위 소장부본을 두고 간 후 법원에 해당 내용이 담긴 송달보고서를 제출하였다. 이에 법원은 30일이 경과된 후 답변서가 제출되지 않았음을 이유로 변론 없이 원고승소 판결을 선고하였다.

문제 1.

위와 같은 법원의 판결은 적법한가? (15점)

제1문의 5

〈기초적 사실관계〉

甲은 2013. 1. 5. A상호신용금고(이하 'A 금고'라 한다)로부터 1억 원을 빌리면서 변제기는 2014. 1. 5.로 하고 이자는 월 1%로 매월 말일 지급하기로 하였다. 甲은 이 대출금채무를 담보하기 위하여 자신의 X 부동산(시가 1억 2천만 원) 및 乙 소유의 Y 부동산(시가 1억 원)에 대해 저당권 설정등기를 마쳐주었다. 그런데 甲은 乙에게 변제기가 지난 대여금채권 1억 원을 가지고 있었다.

그 후 乙은 2016. 4. 1. 丙으로부터 1억 원을 차용하면서 Y 부동산에 대해 2번 저당권을 설정해 주었고, 甲은 2016. 5. 1. 丁으로부터 5천만 원을 차용하면서 X 부동산에 대해 2번 저당권을 설정해 주었다.

(※ 아래 각 질문은 상호 독립적이고 서로 무관함)

〈추가된 사실관계 1〉

甲이 A금고에 대해 이자만 지급하고 대출 원금은 변제하지 않자, A 금고는 2018. 5. 3. Y 부동산에 대해 임의경매를 신청하였다. 이후 진행된 경매절차에서 Y 부동산이 1억 원에 경매되어 A 금고는 대출원금 1억 원 전액을 우선 배당받았다(이하 경매비용과 지연이자 등은 고려하지 말 것).

문제 1.

2019. 10. 10. X 부동산이 1억 2천만 원에 경매되었고 乙, 丙, 丁이 채권을 전혀 변제받지 못하여 채권 전액으로 배당신청한 경우, 그 매각대금은 누구에게 어떻게 배당되는지 판단하시오. (10점)

문제 2.

丙은 乙을 대위하여 A 금고에게 X 부동산에 대한 1번 저당권 설정등기의 이전을 구하였다. 그러자 오히려 甲은 乙의 甲에 대한 구상금 채권과 甲의 乙에 대한 대여금채권의 상계를 주장하면서 A 금고에게 1번 저당권 설정등기의 말소를 구하였다. 甲의 주장이 타당한지 판단하시오. (10점)

〈추가된 사실관계 2〉

甲은 A 금고에게 원금은 물론 변제기 이후 이자조차 전혀 지급하지 못하고 있었다. 이에 A 금고는 2020. 10. 5. X 부동산에 대하여 임의경매를 신청하였고, 이에 따라 임의경매절차가 개시되어 2020. 12. 5. 배당기일에서 A 금고가 매매대금 중 1억 원을 배당받는 것으로 배당표가 작성되었다. 甲은 경매절차의 진행사실을 알고도 아무런 이의를 제기하지 않았다.

문제 3.

A 금고는 위 경매절차에서 매매대금 중 1억 원을 배당받아 그때까지의 이자 및 원금 일부의 변제에 충당하였다. A 금고는 2021. 1. 15. 다시 나머지 원금을 변제받기 위하여 Y 부동산에 대해 임의경매를 신청하였는데 乙은 소멸시효 완성의 항변을 하였다. 乙의 주장이 타당한지 판단하시오. (15점)

문제 4.

위 경매절차에서 甲의 일반채권자 戊는 배당절차에서 A 금고의 배당에 대해 이의를 제기한 후, 甲을 대위하여 소멸시효 완성의 항변을 하였다. 이에 대하여 A 금고는 ① 甲은 배당절차에서 아무런 이의를 제기하지 않았으므로 더 이상 소멸시효 완성을 원용할 수 없고, ② 설사 원용할 수 있더라도 제3자인 戊는 이를 대위할 수 없다고 주장하였다. A 금고의 주장이 타당한지 판단하시오. (15점)

8. 제1차 모의시험 제2문

제2문의 1

〈기초적 사실관계〉

甲과 乙은 1997. 11. 1. X 토지에 대하여 각 1/2의 지분으로 하는 공유등기를 마쳤다. X 토지의 관리는 乙이 하였다. 한편 甲은 사업자금을 마련하기 위해 A 은행으로부터 5억 원을 차용하면서 2010. 1. 5. X 토지에 대한 자신의 1/2지분에 근저당권을 설정해 주었다.

(※ 아래 각 질문은 상호 독립적이고 서로 무관함)

문제 1.

乙은 甲 소유 지분에 대해 처분권이 없음에도 불구하고 甲의 동의를 얻은 것처럼 하여 1999. 3. 5. X 토지 전체를 丙에게 매도하였다. 丙은 소유권이전등기는 경료하지 않은 채 같은 날부터 현재까지 X 토지를 점유해 왔다. 한편 甲이 채무를 변제하지 않자 A 은행은 저당권 실행의 경매를 신청하여 2018. 10. 1. 경매개시결정을 받아 당일 기입등기를 마쳤다. 2019. 5. 15. 丙은 甲으로부터 취득시효 완성을 원인으로 하여 그 지분에 관한 소유권이전등기를 받은 후 A 은행을 상대로 근저당권등기의 말소를 구하는 소를 제기하였다. 이에 대해 A 은행은 X토지 중 甲의 지분에 대한 압류에 의해 시효가 중단되었다고 항변하였다.

丙의 A 은행에 대한 청구가 타당한지 A 은행의 항변을 고려하여 판단하시오. (20점)

문제 2.

甲이 A 은행에 대한 대여금채무를 변제하지 못한 채 X 토지가 2015. 5. 10. 공유물분할절차에 따라 X1, X2로 분할되었다. 乙은 2018. 5. 10 丙으로부터 1억 원을 차용하면서 자기의 단독 소유가 된 X2 토지에 대해 저당권을 설정해 주었다. 甲이 A 은행에 대한 채무를 변제하지 않자, 2020. 10. 20. X2 토지에 대한 임의경매절차가 개시되어 2021. 1. 5. 배당기일에서 A 은행이 X2 토지의 매각대금 2억 원 전부를 우선변제받는 것으로 배당표가 작성되었다. 이에 대하여 丙은 A 은행에게는 X2 토지의 매각대금에 대하여 우선변제권이 없다고 이의를 제기하였다. 丙의 주장이 타당한지 판단하시오. (15점)

제2문의 2

〈기초적 사실관계〉

甲은 1997. 5. 28. 乙로부터 그 소유 X 부동산을 매수하여 1997. 7. 28. 소유권이전등기를 마치고 당일부터 X 부동산을 점유하고 있다. 丙은 乙에 대하여 가지고 있는 5억 원의 채권을 피보전권리로 하여 甲을 상대로 위 매매계약에 대한 사해행위취소 및 원상회복을 구하는 소를 제기하였다. 이에

법원은 위 매매계약을 취소하고 甲은 丙에게 위 소유권이전등기의 말소등기절차를 이행하라는 판결을 선고하였고, 이는 1999. 2. 3. 확정되었다. 丙은 1999. 4. 6. 소유권이전등기 말소등기청구권을 보전하기 위하여 X 부동산에 대한 처분금지 가처분등기를 마쳤다.

(※ 아래 각 질문은 상호 독립적이고 서로 무관함)

문제 1.

그 후로 별다른 조치를 취하지 않았던 丙이 2015. 3. 12. 위 판결에 기하여 X 부동산에 대한 甲 명의의 소유권이전등기의 말소를 청구하자, 甲은 그 소유권이전등기 말소등기청구권이 시효가 완성되어 소멸하였음을 항변하였다. 丙의 甲에 대한 청구가 타당한지 판단하시오. (10점)

〈추가된 사실관계〉

그 후로 별다른 조치를 취하지 않았던 丙은 2015. 3. 12. 위 판결에 기하여 X 부동산에 대한 甲 명의의 소유권이전등기를 말소하여 소유자 명의를 乙로 환원하였다. 그 후 丙은 경매신청을 하여 2015. 4. 18. X 부동산에 대해 경매개시결정의 기입등기가 이루어졌다.

문제 2.

위 압류에 기하여 경매가 진행되었고 丁이 2017. 9. 19. X 부동산을 취득하였다. 丁이 현재의 X 부동산의 점유자인 A에게 소유권에 기하여 점유의 반환을 주장하자, A는 2016. 3. 5. 甲과의 계약으로 X 부동산을 수리하여 공사대금 채권 2억 원을 취득하였음을 이유로 유치권을 행사하면서 인도를 거절하였다. 丁의 A에 대한 청구가 타당한지 판단하시오. (15점)

제2문의 3

〈기초적 사실관계〉

甲은 2021. 1. 1. 乙 소유의 X 토지를 10억 원에 매수하는 계약을 체결하였다. 약정에 따라 계약금 2억 원은 계약 당일에, 중도금 4억 원은 같은 해 2월 1일, 잔금 4억 원은 같은 해 3월 1일 각각 지급하기로 약정하였다. 다만 甲은 계약 당일 1억 원만 乙의 계좌에 입금하고 나머지 계약금 1억 원은 1월 4일 입금하기로 합의하였다.

(※ 아래 각 질문은 상호 독립적이고 서로 무관함)

〈추가된 사실관계 1〉

계약 다음날 乙은 X 토지 인근지역의 개발정보를 접하고 甲에게 매매대금 인상을 위한 재협상을 요구하였다. 甲이 거절하자, 乙은 甲에게 수령한 계약금 1억 원의 배액인 2억 원을 제공하며 계약의 해제를 통지하였다. 甲이 그 수령을 거절하고, 2021. 1. 4. 나머지 계약금 1억 원을 乙의 계좌에 입금하자, 乙은 그 다음날 다시 해제의 의사표시를 하면서 계약금의 배액인 4억 원을 2021. 1. 17.에 반환하겠다고 통지하였다. 그러자 甲은 2021. 1. 15. 중도금 4억 원을 乙의 계좌에 입금하였다. 그러자 乙은 2021. 1. 17. 약정한 계약금의 배액인 4억 원 및 중도금 4억 원의 반환을 위한 이행의 제공을 하면서 해제의 의사표시를 하였다.

문제 1.

乙에 의한 계약의 해제 여부를 판단하시오. (20점)

〈추가된 사실관계 2〉

甲이 乙에게 계약금과 중도금을 지급하였으나 그 일대의 토지 가격이 급등하자, 乙은 丙에게 접근하여 X 토지를 18억 원에 매도하겠다고 제안을 하였고, 丙은 당해 토지가 이미 다른 사람에게 매각된 것임을 잘 알면서도 이를 승낙하였다. 이에 따라 乙과 丙은 X 토지에 대한 매매계약을 체결하고, 乙은 2021. 2. 15. 丙에게 소유권이전등기를 마쳐주었다.

문제 2.

甲이 丙을 상대로 소를 제기하기 전에 변호사에게 ① 乙과 丙 사이의 X 토지에 대한 매매계약이 반사회질서 법률행위로 무효인지, ② 乙과 丙 사이의 매매계약을 사해행위로 취소할 수 있는지를 자문하였다. 甲의 위 자문에 대한 변호사의 적절한 답변을 검토하시오. (20점)

9. 제1차 모의시험 제3문

甲주식회사는 자동차 부품을 제조하는 비상장회사로 자본금 총액이 5억원이고, 甲회사의 이사는 A, B 2인이며, A는 대표이사이다. 甲회사의 주주명부에 따르면 의결권 있는 발행주식 총수 100,000주 중 乙주식회사는 65%, B는 5%, C는 15%, D는 10%를, 나머지 주식은 甲회사가 3%, 기타 주주 들이 2% 정도 보유하고 있다. A는 乙회사의 대표이사이기도 하다. A는 2019. 6. 23.에 乙회사의 승인만을 받아 甲회사가 보유하고 있던 자기주식 3%를 개인적으로 양수하는 계약을 체결하고 주권까지 교부받았다.

B가 자기 소유 주권을 사무실에 보관하던 중 2019. 12. 23.에 E가 권한 없이 B의 대리인이라고 하면서 F에게 이 주식을 양도하고 주권을 인도하였다. F는 양도계약체결 당시 특별히 의심할 만한 사정이 없어 E를 대리인으로 신뢰하였다. B는 3일 뒤에 주권이 절취되었음을 주장하며 F에게 주권의 반환을 요구했으나 F는 이를 무시하고 甲회사에 주권을 제시하며 명의개서를 청구하였다. B로부터 그 주권이 절취되었다는 사실을 통지 받았던 甲회사의 대표이사 A는 F의 명의개서 청구를 거절하였다.

한편, 甲회사는 2017. 3. 11.에 상환우선주 및 제3자 배정에 관한 적법한 정관 규정에 근거하여 의결권있는 상환우선주 1,000주를 발행하면서 주당 10,000원으로 계산하여 G가 총 1천만원에 인수하는 내용의 상환우선주 인수계약을 체결하면서 다음과 같이 정하였다.

상환우선주 인수계약
제5조 ① G가 인수일로부터 3년이 되는 날부터 7일 이내에 서면으로 甲회사에게 조기상환을 청구할 수 있고, 이때 상환 대금은 조기상환권 행사를 통지한 날의 공정시장가격에 의한다.

G는 상환주식을 인수하였고(甲회사의 주주명부에 상환주주로 기재되었음), 그로부터 3년이 되는 날인 2020. 3. 11.에 甲회사에게 서면으로 상환주식에 대한 조기상환을 청구하였다. 甲회사는 공정가액이 3천만원임에도 불구하고 G에게 상환금액으로 2천만원을 제안하였다. 이에 G는 상환금액의 수령을 거절하였다. 甲회사는 G가 상환청구권을 행사하였기 때문에 주주명부에서 G의 명의를 말소하였다. 그 후 甲회사는 2020. 5. 30.에 이사 선임을 안건으로 하는 정기주주총회를 개최하면서 F와 G에게는 주주총회의 소집통지를 하지 않았다. 乙회사, C, D가 출석한 주주총회에서 만장일치로 D가 이사로 선임되었다.

문제 1.

甲회사의 A에 대한 주식양도계약은 유효한가? (15점)

문제 2.

G는 2020. 5. 30.에 개최된 정기주주총회의 이사선임 결의의 하자를 다툴 수 있는가? (35점)

〈추가적 사실관계 1〉

서울에서 백화점을 운영하는 甲주식회사(최근 사업연도 말 현재의 자산총액이 1조원인 상장회사이고 의결권 있는 보통주식만 발행)는 2020. 1. 3.에 부산에서 백화점 운영을 위해 100% 출자하여 乙주식회사를 설립하였다. 乙회사는 신주를 발행하였는데 부채가 많았던 甲회사는 이사회의 결의를 통해 신주인수를 포기하였고, 대신에 甲회사의 주식 53%를 가지고 있던 甲회사의 지배주주의 아들이고 甲회사의 이사인 A가 甲회사 이사회에 알리지 않고 2021. 1. 1.에 甲회사가 포기한 실권주를 인수하여 그 결과 乙회사에 대한 A의 지분율이 60%가 되어 최대주주가 되었다. A는 乙회사의 경영상 결정에 실질적으로 관여를 하였다.

甲회사는 족벌경영에 반대하는 소수주주의 요구로 이사 A의 해임안을 상정한 주주총회를 2021. 6. 10.에 개최하였으나 그 해임안은 부결되었다. 2021. 1. 15.에 甲회사 주식 3%를 취득하고 명의개서를 완료한 B는 2021. 7. 7.에 이사 A의 해임을 청구하는 소를 제기하였다.

문제 3.

A는 甲회사에 대해 상법상 어떠한 의무를 위반하였는가? (15점)

문제 4.

이사 A의 해임을 청구하는 B의 제소는 적법한가? (15점)

〈추가적 사실관계 2〉

매수인 A는 매매대금 지급을 위해 2018. 10. 23.에 매도인 B에게 만기가 2019. 1. 23.이고 어음금액이 1억원인 약속어음을 발행하여 교부하였는데, 매매목적물에 중대한 하자가 있어 매매계약을 해제하고 어음의 반환을 요구하였다. 그러나 B는 어음을 반환하지 않고 만기를 2019. 4. 23.로, 어음금액을 1억 5천만원으로 변경한 후 A와 B사이의 매매계약이 해제된 사실을 과실로 알지 못한 C에게 2019. 1. 20.에 배서양도 하였다. C는 2019. 4. 25.에 A에게 지급제시를 하였으나 A는 지급을 거절하였다(B가 기재한 거절증서작성면제 문구가 있음).

문제 5.

2019. 12. 26.을 기준으로 할 때 C와 A 및 B사이의 어음상 권리의무 관계를 검토하시오. (20점)

Chapter
04 2020년 모의시험

1. 제3차 모의시험 제1문

제1문의 1

甲은 2020. 4. 5. 丁, 丙을 상대로, "甲은 2010. 1. 5. 乙에게 1억 원을 변제기 2010. 3. 4. 이자 월 0.5%(월 50만 원, 매월 4일 지급)로 정하여 대여하였고, 丙은 乙의 위 채무를 연대보증하였다. 乙은 2016. 9. 30. 사망하였고, 그 유일한 상속자로는 아들 丁이 있다. 따라서 丁, 丙은 연대하여 위 채무를 변제할 의무가 있다."고 주장하면서, '丁, 丙은 연대하여 甲에게 1억 원 및 이에 대하여 2010. 1. 5.부터 갚는 날까지 월 0.5%의 비율로 계산한 돈을 지급하라.'는 소를 제기하였다.

丁에 대하여는 2020. 4. 20. 소장 부본이 적법하게 교부송달되었으나, 丙에 대하여는 이사불명으로 송달불능이 되었고, 법원은 2020. 5. 15. 공시송달명령을 하였다. 丙은 변론기일에 출석하지 않고, 甲, 丁만 출석하였는데, 丁은 "甲이 2010. 1. 5. 乙에게 1억 원을 변제기 2010. 3. 4. 이자 월 0.5%, 매월 4일 지급 조건으로 대여한 사실, 乙이 2016. 9. 30. 사망하여 丁이 乙을 단독상속한 사실은 다툼이 없으나, 위 대여금과 이자, 지연손해금은 민사채무로서 그 소멸시효기간은 10년이므로, 각 그 변제기로부터 10년이 도과하여 시효소멸하였다."고 항변하였다. 甲은 이에 대하여 "위 대여금과 이자, 지연손해금의 소멸시효기간이 10년인 사실은 다툼이 없으나, 甲은 2016. 9. 25. 乙을 채무자로 하고 위 대여금, 이자, 지연손해금을 피보전채권으로 하여 乙 소유의 X부동산에 관하여 부동산가압류신청을 하였고, 2016. 10. 4. 법원이 가압류결정을 하였으며, 2016. 10. 7. X부동산에 관하여 가압류기입등기가 마쳐졌으므로, 위 대여금과 이자, 지연손해금 채무의 시효는 중단되었다."고 재항변하였다.

법원은 심리 결과, 甲이 주장하는 대여일, 변제기, 이율은 인정되나 다만 대여금의 액수는 1억 원이 아니라 8,000만 원만 인정되고, 한편 위 가압류 관련 甲의 주장사실은 모두 진실하다는 확신을 갖게 되었다.

법원은 어떠한 판결을 하여야 하며(소 각하/청구 기각/청구 인용/청구 일부 인용, 단 일부 인용 시 피고별로 인용범위를 정확하게 기재), 그 근거는 무엇인가? (40점)

제1문의 2

甲은 주택을 신축하려고 2019. 2. 2. 乙로부터 그 소유의 X토지를 12억 원에 매수하였는데, 잔금지급 및 토지인도는 2019. 3. 3.에 하기로 하되, 甲의 세금관계상 이전등기는 위 잔금일 후 甲이 요구하는 날에 마치기로 했으며(통지는 7일 전에 하기로 함), 위 3. 3.에 인도 및 잔금지급을 마쳤다.

세금문제가 해소되어 甲이 2019. 9. 9. 乙에게 이전등기를 요청했으나 乙이 응하지 않았고 그 후에도 몇 차례 독촉했으나 乙의 반응이 없다. (이하의 각 사실관계는 독립적임)

문제 1.

甲이 확인한 결과, 乙은 이미 2019. 12. 1.에 X토지를 丙에게 매도하고 丙 앞으로 소유권이전등기를 마쳤다. 甲은 乙을 상대로 ① 丙 앞으로 마쳐진 소유권이전등기의 말소등기 및 ② 2019. 2. 2. 매매를 원인으로 한 소유권이전등기를 구하는 소를 제기하려 한다. 甲이 乙을 피고로 삼아서 위 ① 또는 ②의 소를 제기하는 경우, 각 소는 소송절차상 적법한가? (20점)

문제 2.

丙 앞으로 이전등기가 마쳐지지는 않은 경우임.] 甲은 乙을 상대로 X토지에 관하여 2019. 2. 2. 매매를 원인으로 한 소유권이전등기청구의 소를 제기하였는데, 乙은, 위 2019. 2. 2. 매매계약은 자신은 모르는 일이고, 평소에 X토지를 관리하던 자신의 동생인 丁이 아무런 권한 없이 乙의 대리인임을 자처하면서 甲과 매매계약을 체결하였다고 주장했다. 그래서 甲은 乙의 위 주장이 받아들여질 경우에 대비하여, 丁에 대하여 손해배상을 구하는 예비적 청구를 추가하였다.

가. 법원이 심리한 결과 丁에게 乙을 대리할 권한이 없다고 판단된다면, 법원의 판결주문은 어떠해야 하는가? (15점)

나. 乙을 주위적 피고로, 丁을 예비적 피고로 한 위 소송에서 乙에 대한 청구기각 및 丁에 대한 청구인용의 제1심판결이 선고된 후에, 丁만 항소를 하고 甲은 항소를 하지 않았다. 그런데 항소심은 위 매매계약 당시 丁에게 대리권이 있었다는 확신을 갖게 되었다. 항소심이 제1심 판결을 변경하여 甲의 乙에 대한 청구를 인용할 수 있는지 여부 및 그 논거를 설명하시오. (25점)

제1문의 3

〈공통된 사실관계〉

甲과 乙은 공유하고 있던 X건물에 관하여 2018. 1. 10. 丙과 임대차계약을 체결하면서, 보증금을 3억 원, 임대기간을 2020. 1. 9.까지로 약정하였다. 甲 · 乙과 丙은 임대기간이 만료되는 즉시 임대목적물의 반환과 상환하여 보증금을 반환하기로 하고, 만일 甲과 乙이 보증금반환채무를 이행하지 않는 경우 월 1%의 지연손해금을 丙에게 지급하기로 하였다. 그런데 甲과 乙의 신용상태가 2019. 9.말경 심각하게 악화되자 丙은 甲과 乙에게 보증금 반환을 확보하기 위하여 담보 제공을 요구하였고, 이에 A, B, C가 위 보증금반환채무를 담보하기 위하여 丙과 연대보증계약을 체결하는 한편 B 소유인 시가 2억 원인 Z토지에 관하여 丙 명의의 근저당권을 설정해주었다. 한편 丙은 위 임대차계약에 관하여 자세하게 설명하면서 2019. 11. 15. 보증금반환채권을 丁에게 양도하였고 이에 대하여 같은 날 甲과 乙은 이의 없이 승낙하였다. 임대차계약기간이 만료되었지만 甲과 乙은 보증금을 반환하지 않고 있고, 이에 따라 丙은 X건물을 인도하지 않고 있다.

〈추가된 사실관계〉

丁은 2020. 2. 10. 甲과 乙을 상대로 각각 "양수금 3억 원 및 그에 대한 2020. 1. 10.부터 다 갚는 날까지 월 1%의 비율로 계산된 지연손해금을 지급하라."는 내용의 소를 제기하였다. 이에 대하여 甲과 乙은 ① "丙에 대하여 행사할 수 있었던 항변권으로 丁에게 대항할 수 있으므로 丙이 X건물을 인도하지 않는 한 이에 응할 의무가 없다.", ② "丁의 청구에 응하더라도 보증금반환채무는 분할채무로서 각각 양수금 1억 5,000만 원을 부담할 뿐이고, 丁이 청구한 지연손해금 역시 지급할 의무가 없다."고 항변하였다.

문제 1.

丁의 청구에 대한 결론(소 각하, 청구 전부인용, 일부인용, 기각, 일부인용의 경우 구체적인 금액과 내용을 기재)을 그 근거와 함께 서술하시오. (25점)

〈별도의 추가된 사실관계〉

A가 2020. 2. 10. 丁에게 연대보증채무를 이행한 후 2020. 3. 9. B와 C를 상대로 각각 "구상금 1억 원 및 이에 대한 2020. 1. 10.부터 다 갚는 날까지 월 1%의 비율로 계산된 지연손해금을 지급하라."는 내용의 소를 제기하였고, 위 소장은 2020. 3. 20. B와 C에게 송달되었다. 이에 대하여 C는 "B가 보증인과 물상보증인의 지위를 겸하는 지위에 있으므로 자신은 B에 비하여 1/2의 금액만 지급하면 되므로 A의 청구액 전부를 지급할 의무가 없다."고 항변하였고, 나아가 B와 C는 ① "甲과 乙로부터 부탁받지 않은 공동보증인으로서 구상채무는 그 이익을 받은 한도에 불과하므로 이자나 지연손해금을 지급할 의무가 없다.", ② "설령 지연손해금을 지급하더라도 2020. 1. 10.부터 A가 청구한 월 1%로 계산된 돈을 지급할 의무는 없다."고 항변하였다.

문제 2.

A의 청구에 대한 결론(소 각하, 청구 전부인용, 일부인용, 기각, 일부인용의 경우 구체적인 금액과 내용을 기재)을 그 근거와 함께 서술하시오. (25점)

2. 제3차 모의시험 제2문

제2문의 1

〈기초적 사실관계〉

甲은 고서화 소매업을 운영하는 사람이다. 甲이 마침 단원 김홍도 선생의 산수화 1점을 보유하고 있음을 알게 된 乙법인(전통 문화예술품의 수집, 보존, 전시 등을 목적으로 하는 비영리법인이다)의 대표이사 A는 위 산수화를 전시하기 위하여 2014. 3. 1. 甲의 화랑을 방문하여 乙명의로 위 산수화를 대금 1억 원에 매수하는 내용의 매매계약을 체결하였다. 甲은 다음 날 A로부터 대금 전액을 지급받으면서 그 산수화를 인도하였다. 다음 각 독립한 물음에 답하시오.

문제 1.

乙법인의 정관에 법인 명의로 재산을 취득하는 경우 이사회의 심의, 의결을 거쳐야 한다는 규정이 있었음에도 A가 이를 무시하고 그와 같은 이사회를 소집하지도 않은 채 위 산수화를 매수하였으며, 甲 또한 乙법인과 빈번한 거래로 말미암아 위 정관 규정을 알고 있었음에도 이를 문제 삼지 않았다. 乙법인과 甲 사이에 매매계약은 유효한가? (15점)

〈아래 문제 2에 적용되는 추가되는 사실관계〉

A는 甲과 위 매매계약을 체결할 당시 위 산수화가 단원의 진품이라고 감정된 한국고미술협회의 감정서를 甲으로부터 제시받았다. 甲과 A는 한국고미술협회의 권위를 믿고 위 산수화가 진품이라는 것에 대하여 별다른 의심을 하지 않았다. 그런데 위 작품의 진위 여부에 관하여 우연한 기회에 의구심을 갖게 된 A는 2019. 2. 28. 한국미술품감정평가원에 그 감정을 의뢰하였고, 2019. 3. 3. 위 산수화가 위작이라는 회신을 받았다.

문제 2.

2019. 7. 1.을 기준으로 乙법인이 甲과의 매매계약의 구속력으로부터 벗어날 수 있는 방법에 관하여 검토하시오. (20점)

〈아래 문제 3에 적용되는 추가적 사실관계〉

乙법인은 甲으로부터 단원산수화를 구입한 후 금전을 차용할 필요가 있어서 2014. 5. 1. 丙으로부터 3개월 후 상환하기로 하면서 5,000만 원을 차용하였다. 그러면서 乙법인은 丙에게 차용금채무의 담보로 위 단원산수화를 양도하기로 하되, 乙법인이 전시를 위해 계속 소장하기로 하였다. 그 후 乙법인은 2014. 7. 15. 이러한 사정을 알 수 없었던 丁에게 위 단원산수화를 1억 2,000만 원에 팔기로 하면서 매매대금을 지급받고 그림을 즉시 인도해 주었다. (乙법인의 행위는 적법한 것으로 간주한다.)

문제 3.

2014. 8. 15. 乙법인로부터 차용금을 상환받지 못하고 있던 丙은 丁이 단원산수화를 보관하고 있는 것을 알게 되었고, 이에 丁을 상대로 그림의 인도를 구하고 있다. 丙의 인도청구에 대한 법원의 판단과 그 근거를 서술하시오. (15점)

제2문의 2

〈기초적 사실관계〉

1. 甲은 2005. 5. 10. 丙에게서 X토지를 2억 원에 매수하는 매매계약을 체결하였다. 甲은 위 매매계약에 따라 2005. 5. 20. 丙에게 매매대금 2억 원을 지급하였고, 같은 날 X토지 중 1/2지분은 甲명의로, 나머지 1/2지분은 동생 乙에게 부탁하여 乙명의로 소유권이전등기를 각각 경료하였다.
2. 그 후 X토지는 2018년 경 X1토지와 X2토지로 분할되었으며, LH공사는 2020. 1월 경 X2토지를 협의취득 방식으로 수용하면서 소유명의자인 甲과 乙에게 수용보상금으로 각각 1억 원을 지급하였다. 甲은 2005. 5. 30. 丙으로부터 X토지를 인도받은 후 위와 같이 수용되기 전까지 주차장 등의 용도로 사용하여 왔다.

문제 1.

甲은 2020년 2월 경 X1토지의 소유 명의를 이전받기 위하여 ① 乙에 대하여는 X1토지 중 1/2 지분에 관하여 2005. 5. 20.자 소유권이전등기의 말소를 구하고, ② 丙에 대하여는 위 1/2 지분에 관하여 2005. 5. 10. 매매를 원인으로 하는 소유권이전등기를 구하였다. 위 청구에 대하여 乙과 丙은 "甲은 매매대금에 대한 반환을 구할 수는 있어도 부동산 자체의 반환을 구할 수 없다."고 주장한다. 甲의 위 청구가 인용될 수 있는지를 그 근거와 함께 설명하시오. (20점)

문제 2.

甲은 乙에게 LH공사로부터 지급받은 수용보상금 1억 원을 자신에게 반환하라고 청구할 수 있는가? (10점)

제2문의 3

- 甲은 2015. 2. 1. 자기소유의 X부동산에 관하여 채권자 乙에게 채권최고액 2억 5,000만 원의 1순위 근저당권 설정등기를 경료해 주었다.
- 甲은 2015. 8. 1. 자신의 유일한 재산인 시가 5억 원의 X부동산을 丙에게 2억 원에 매도하고, 같은 날 丙 명의로 소유권이전등기까지 마쳤다. 丙은 2016. 4. 2. X부동산에 설정되어 있던 근저당권의 피담보채무 전액 2억 원을 乙에게 변제하고 근저당권을 말소하였다.

- 甲에 대하여 5,000만 원의 대여금채권을 가지는 채권자인 丁은 2017. 1.경 甲의 乙에 대한 근저당권설정 사실을 알게 되었고, 2017. 2. 2. 乙을 상대로 사해행위취소 및 원상회복 청구의 소를 제기하였다. 이후 2017. 10.경 丁은 승소확정판결을 받았다.
- 甲에 대한 채권자 戊(총 채권액 7억 원)는 2018. 2.경 甲이 X부동산을 丙에게 매도한 사실을 알게 되었고, 2018. 3. 1. 丙을 상대로 '1. 피고와 소외 甲 사이에 X부동산에 관하여 2015. 8. 1.에 체결된 매매계약을 취소한다. 2. 피고는 원고에게 5억 원 및 이에 대하여 매매계약일부터 다 갚는 날까지 연 5%의 비율에 의한 돈을 지급하라.'라는 소를 제기하였다.
- 丙은 ① 2015. 8. 1. 매매계약은 사해행위가 아니고, ② 설령 사해행위이더라도 자신은 5억 원을 반환할 의무가 없으며, ③ 가액반환의무에 대한 지연손해금의 발생시점은 소장부본 송달 다음날이라고 주장하였다.
- 법원의 심리결과, 甲은 2015. 1. 1.부터 변론종결시까지 계속 채무초과상태이고, 변론종결당시 X부동산의 시가는 5억 원으로 동일하며, 乙의 피담보채권액은 2억 원으로 근저당권 설정 당시부터 丙이 변제할 때까지 변동이 없다고 밝혀졌다.

丙에 대한 戊의 청구에 대한 결론[각하, 전부인용, 일부인용(일부 인용되는 경우 그 구체적인 금액 또는 내용을 기재할 것), 기각]을 그 논거와 함께 서술하시오. (20점)

3. 제3차 모의시험 제3문

甲주식회사(이하 '甲회사'라 함)는 자본금 100억 원의 비상장회사로서 甲회사의 주주명부에 따르면 발행주식 총수 중 A는 30%, B는 20%, C는 10%, 丙주식회사(이하 '丙회사'라 함)는 12%, 丁주식회사(이하 '丁회사'라 함)는 10%를, 나머지 주식은 기타 주주가 보유하고 있다. 경영에 무관심하던 C는 A에게 위임사항에 관한 특별한 언급이 없이 보유한 주식의 의결권 행사를 위임하고 위임장을 교부하였는데, 甲회사의 정관에는 의결권 대리행사의 경우 대리인의 자격을 주주로 한정하는 규정을 두고 있다.

甲회사는 乙주식회사(이하 '乙회사'라 함)의 발행주식총수의 60%와 丙회사의 발행주식총수의 5%를 보유하고 있고, 乙회사는 丙회사 발행주식총수의 3%를 보유하고 있다(각 회사는 의결권 있는 보통주만을 발행하였음). 그리고 丙회사는 甲회사의 발행주식총수의 12%와 乙회사의 발행주식총수의 5%를 가지고 있고 해당주식은 명의개서가 마쳐진 상태이다 甲회사는 거래처 D로부터 물품을 매수하고 그 매수대금의 지급을 담보하기 위하여 발행지를 백지로 한 액면금 50억 원의 약속어음을 발행하여 D에 교부하였고, D는 다시 거래처 E와 매매계약을 체결하고 거래대금의 지급을 위하여 그 약속어음을 배서·교부하였다.

한편, 甲회사의 대표이사 A는 이사 B가 경영에 불만을 품자 이사회를 열어 이사B 해임을 위한 임시주주총회를 개최하기로 결의하고 주주명부상의 주주에게 소집통지를 하였다. 그 후 주주총회 개최일 전 乙회사는 丙회사의 발행주식총수의 4%를 추가로 매수하였으나 명의개서를 마치지는 않았다. 주주총회 당일 A는 C의 의결권을 대리 행사하였고, 丁회사가 그의 직원인 F를 그 총회에서의 대리인으로 선임한 후 위임장을 교부하여, F는 丁회사의 의결권을 대리행사하였다.

문제 1.

甲회사와 D사이의 매매계약과 D와 E사이의 매매계약이 모두 해제되었음에도 그 약속어음을 반환하지 아니한 E가 어음의 발행지를 기재하지 않은 채 만기에 甲회사에 지급제시를 한 경우 甲회사는 어음금을 지급하여야 하는가? (30점)

문제 2.

임시주주총회에서의 A와 F의 각 의결권 대리행사는 유효한가? (20점)

문제 3.

丙회사는 甲회사의 임시주주총회에서 의결권을 행사할 수 있는가? (20점)

〈추가적 사실관계〉

전기부품 제조업 및 조명기구 제조·판매업을 하는 하던 丁주식회사 (이하 '丁회사'라 함)는 전기부품 원자재를 납품하던 G에게 거래대금 7억 원의 지급을 지체하였다. 이에 G는 그 대금 및 지연이자의 지급을 구하는 소를 제기하였고, G의 청구를 모두 인용한 판결이 선고되어 그 판결은 2012.

6. 9. 확정되었다. 그 후 丁회사는 적법한 절차를 거쳐 전기부품 제조업부문을 분할하고 戊주식회사(이하 '戊회사'라 함)에 출자하여 분할합병을 하였고, 丁회사는 2015. 5. 6. 분할등기를, 戊회사는 같은 달 11. 분할합병 등기를 각 경료하였다. 2020. 9. 2. G가 丁회사와 戊회사를 상대로 원자재 거래대금의 지급을 청구하자, 분할합병을 이유로 丁회사는 채무가 戊회사에게 이전되었다고 주장하고, 戊회사는 분할합병 등기 후 5년의 상사소멸시효가 경과하였으므로 대금의 지급의무가 없다고 주장한다.

문제 4.

丁회사와 戊회사에 대한 G의 청구는 인용될 수 있는가? (30점)

4. 제2차 모의시험 제1문

제1문의 1

〈기초적 사실관계〉

甲은 2010. 1. 5. 乙에게 1억 원을 변제기 2010. 3. 4.로 정하여 무이자로 대여하였다(아래의 각 설문은 독립적임. 지연손해금은 고려하지 말 것.).

문제 1.

甲은 乙을 상대로 2020. 2. 11. 위 대여금의 지급을 구하는 소를 제기하였고, 그 소장은 2020. 2. 22. 乙에게 송달되었다. 한편 甲의 채권자 丙은 강제집행을 승낙하는 취지가 기재된 소비대차계약 공정증서를 집행권원으로 하여 2020. 3. 10. 甲의 乙에 대한 위 대여금 채권에 관한 채권압류 및 추심명령신청을 하여, 2020. 3. 15. 채권압류 및 추심명령이 내려지고, 2020. 3. 20. 乙에게 위 추심명령이 송달되었다. 丙은 甲의 乙에 대한 소송의 변론기일이 계속 진행 중인 상태에서 2020. 5. 1. 乙을 상대로 추심금 청구의 소를 제기하였다.

가. 丙의 소는 적법한가? (15점)

나. 甲은 2020. 5. 10. 乙에 대한 위 대여금 청구의 소를 취하하였고, 乙도 같은 날 소취하에 동의하였다. 한편 丙의 乙에 대한 위 추심금 청구 소송에서 乙은 '위 대여금은 변제기 2010. 3. 4.로부터 10년이 지나 시효소멸하였다.'고 항변하였고, 이에 대하여 丙은 '甲이 소멸시효 완성 전에 재판상 청구를 하였고, 甲이 그 후 소를 취하하기는 하였지만 丙이 별도로 추심금 청구를 하였으므로 위 대여금 채무의 시효는 중단되었다.'고 재항변하였다. 법원은 그 상태에서 변론을 종결하였다.
쌍방 주장사실이 모두 인정되는 경우, 법원은 어떠한 판결을 하여야 하며(소 각하/청구 기각/청구 인용), 그 근거는 무엇인가? (15점)

문제 2.

甲에 대하여 공사대금채권을 가지는 甲의 채권자 丙은 甲을 대위하여 乙을 상대로 위 대여금의 지급을 구하는 소를 제기하여, 자백간주로 승소판결을 받았고, 위 판결은 그대로 확정되었다. 丙은 판결 직후 甲에게 위 확정판결문 사본을 등기우편으로 송부하여 甲이 수령하였다.

그 후 甲의 다른 채권자 丁은 강제집행을 승낙하는 취지가 기재된 소비대차계약 공정증서를 집행권원으로 하여 甲의 乙에 대한 위 대여금 채권에 관한 채권압류 및 전부명령신청을 하여, 채권압류 및 전부명령이 내려지고, 그 결정문이 甲, 乙에게 각 송달되었다. 甲, 乙 모두 즉시항고 기간 내에 항고하지 않았다.

丁은 乙을 상대로 전부금 청구의 소를 제기하였는데, 乙은 이미 甲의 다른 채권자 丙이 채권자대위소송을 제기하여 승소확정판결을 받고 甲도 그러한 사정을 알고 있으므로, 丁의 채권압류 및 전부명령은 무효라고 주장하였다.

법원은 어떠한 판결을 하여야 하며(소 각하/청구 기각/청구 인용), 그 근거는 무엇인가? (20점)

제1문의 2

〈기초적 사실관계〉

乙은 甲에게 자기 소유의 X토지와 Y건물을 매도하였으나 X토지와 Y건물에 대한 소유권이전등기 의무를 이행하지 않고 있던 중 丙에게 X토지를 매도하였고, 丙은 자신의 명의로 X토지에 관하여 소유권이전등기를 마쳤다.(추가적 사실관계는 각각 별개임)

〈추가적 사실관계 1〉

甲은 乙과 丙을 상대로 乙에게는 X토지에 대한 매매를 원인으로 한 소유권이전등기를, 丙에게는 X토지에 관한 乙과 丙 사이의 매매가 통정허위표시에 의한 것이어서 무효라는 이유로 乙을 대위하여 X토지에 대한 소유권이전등기말소를 청구하는 소를 제기하였다.

문제 1.

제1심 법원은 ① 甲의 乙에 대한 청구는 '乙은 甲으로부터 매매잔대금을 지급받음과 동시에 甲에게 X토지에 관하여 위 매매를 원인으로 한 소유권이전등기절차를 이행하라'는 내용으로 일부 인용하고, ② 丙에 대한 청구는 기각하였다. 甲은 丙에 대한 청구 부분에 대하여만 항소를 제기하였다. 항소심 법원은 甲의 乙에 대한 청구 부분도 심리한 후 '甲의 乙과 丙에 대한 항소를 모두 기각한다'고 판결하였다. 항소심 법원의 판단은 타당한가? (15점)

〈추가적 사실관계 2〉

丁은 乙에 대해 3억 원의 채권을 주장하면서 乙의 명의로 남아 있던 Y건물을 가압류하였다. 丁은 이 가압류에 관한 본안소송으로 乙에 대하여 3억 원의 지급을 구하는 소를 제기하였다.

문제2.

甲은 '丁이 승소하면 Y건물에 대한 강제집행에 나설 것이고 그렇게 되면 甲은 Y건물의 소유권을 취득하지 못하게 되는 손해를 입게 된다'고 주장하면서 乙의 보조참가인으로 참가하였는데 丁과 乙은 甲의 보조참가신청에 대하여 이의를 신청하지 않았다. 乙은 변론기일에 출석하지 않고 丁이 주장하는 사실을 명백히 다투지도 않았으나 甲은 변론기일에 출석하여 丁의 乙에 대한 위 3억 원의 채권이 변제로 소멸하였다고 항변하였다. 법원이 심리 결과 채권의 존재 및 변제 사실 모두에 관하여 확신을 갖게 된 경우, 법원은 어떻게 판결하여야 하는가? (15점)

제1문의 3

X토지에 관하여는 甲의 명의로 소유권이전등기가 마쳐져 있다가 그 후 다시 乙의 명의로 소유권이전등기가 마쳐졌다. 甲은 乙을 상대로 乙의 등기가 원인무효라고 주장하면서 X토지에 관한 소유권이전등기말소청구의 소를 제기하였다. 제1심 법원은 甲의 청구를 인용하는 판결을 선고하였고 위 판결은 그대로 확정되었다. 이에 甲은 乙 명의의 X토지에 관한 소유권이전등기를 말소하였다.

그 후 丙은 甲으로부터 X토지를 매수하여 소유권이전등기를 마쳤고, 丁에 대한 채무를 담보하기 위하여 X토지에 관하여 丁에게 근저당권설정등기를 마쳐 주었다. 그러자 乙은 자신의 소유권이전등기가 원인무효가 아님에도 잘못 말소된 것이므로 자신이 여전히 X토지의 소유자라고 주장하면서, 丙을 상대로는 X토지에 관하여 진정한 등기명의의 회복을 원인으로 하는 소유권이전등기청구의 소를 제기하는 한편, 丁을 상대로는 X토지에 관한 근저당권설정등기말소청구의 소를 제기하였다.

법원이 심리 결과 乙의 등기가 원인무효가 아니고 乙이 진정한 소유자라는 확신을 가지게 된 경우, 乙의 각각의 청구에 대해 어떤 판결을 하여야 하는가? (소 각하/청구 인용/청구 기각) (20점)

제1문의 4

〈사실관계〉

A농협은 2005. 12. 23. 甲에게 3억 5천만 원을 대출하면서, 甲, 乙과 사이에 甲소유의 X토지와 乙소유의 Y토지에 관하여, 근저당권자를 A농협으로, 채무자를 甲으로, 채권최고액을 4억 9천만 원으로 각 정하고 甲이 A농협에 대하여 현재 및 장래에 부담하게 될 여신거래, 신용카드거래 등 모든 채무를 포괄하여 담보하는 내용의 근저당권 설정계약을 체결하였고, 같은 날 X토지 및 Y토지에 관하여 위 토지들을 공동담보로 하여 A농협 명의의 근저당권설정등기가 경료되었다.

한편 甲은 2007. 1. 23. 丙에 대한 자신의 채무의 변제를 담보하기 위하여 丙에게 X토지를 소유권이전등기청구권가등기 형식으로 담보로 제공하고 丙 명의로 가등기를 마쳐주었다.

Y토지에 관하여 A농협보다 후순위 근저당권자인 丁이 2006. 8. 18. 담보권실행을 위한 경매를 신청함에 따라 진행된 경매절차에서, A농협은 2007. 3. 26. 위 근저당권에 기하여 甲에 대한 2005. 12. 23.자 대출원리금 합계 3억 7천만 원을 전액 우선배당받았다. A농협이 근저당권의 피담보채무를 전액 변제받음에 따라 Y토지에 관하여는 근저당권설정등기가 말소되었으나, 경매목적물이 아니었던 X토지에 관하여는 근저당권설정등기가 말소되지 않았다.

A농협은 위 근저당권을 담보로 2007. 10. 31. 甲에게 추가로 8천만 원을 대출하였고 그 후 甲과의 여신거래 관계는 종료되었다.

그 후 丙은 A농협을 상대로 가등기담보권에 기한 방해배제청구권의 행사로써 또는 채권자대위권의 행사로써 X토지 위 A농협 명의의 근저당권설정등기의 말소를 구하는 소를 제기하였다.

丙은 "위 경매절차에서 A농협 명의의 근저당권설정등기의 피담보채무가 모두 변제되어 근저당권설정등기는 무효가 되었고, A농협은 甲에게 8천만 원을 대출하면서 무효가 된 근저당권설정등기를 유용한 것으로 이는 그 전에 등기부상 이해관계를 가지게 된 丙에 대하여 효력이 없다."고 주장하였다.

이에 대하여 A농협은 "근저당권자가 아닌 제3자가 공동저당물의 일부인 Y토지 등에 대하여 경매신청을 한 경우 경매목적물이 아닌 X토지에 관하여는 근저당권설정등기의 피담보채무가

확정되지 않으므로, 피담보채무가 전액 배당되어도 X토지의 근저당권설정등기는 유효하다."고 주장하였다.

문제 1.

丙의 주장을 검토하고 丙의 청구에 대하여 법원이 어떻게 판단하여야 하는지 설명하시오. (20점)

문제 2.

X토지에 대하여 경매가 이루어진 경우 A농협, 乙, 丙이 어떠한 순서로 배당받을 수 있는지 설명하시오. (10점)

제1문의 5

甲은 2018. 9. 1. 丙으로부터 X부동산을 2억 원에 매수하면서, 같은 날 丙에게 계약금 2,000만 원을 지급하고 잔금 1억 8,000만 원은 2018. 10. 13. 지급하기로 약정하였다. 甲은 위 매매계약에 따라 丙에게 계약금과 잔금을 지급하고, 2018. 10. 15. 丙으로부터 甲명의로 X부동산의 소유권이전등기를 경료받았다. 甲은 乙과의 명의신탁약정에 따라 乙로부터 제공받은 자금으로 위 계약금과 잔금을 지급한 것이고, 丙은 위와 같은 사정을 알지 못하였다.

X부동산은 甲의 유일한 재산이다. 자금사정이 나빠진 甲은 2018. 12. 2. 자신의 처남인 戊와 X부동산에 대한 매매계약을 체결하고 戊에게 소유권이전등기를 경료하였다.

甲은 2018. 1. 5. 丁으로부터 1억 원을 변제기 2018. 11. 5.로 차용하였다. 2019. 5. 5. 甲이 戊에게 X부동산을 매도한 사실을 알게 된 丁은 2019. 5. 10. 戊를 상대로 甲이 X부동산을 戊에게 소유권을 이전한 것은 丁에 대하여 사해행위에 해당하므로 甲과 戊와의 위 매매계약을 취소하고 소유권 이전등기의 말소를 구하는 소를 제기하였다. 甲은 戊와의 매매계약시부터 변론종결 당시까지 채무초과상태에 있었다.

丁의 청구에 관한 결론을 그 논거와 함께 서술하시오. (20점)

5. 제2차 모의시험 제2문

제2문의 1

〈사실관계〉

X토지는 1970. 5. 1. A명의로 소유권이전등기가 마쳐지고, 1993. 5. 1. B명의로 소유권이전등기가 마쳐졌다가, 그 중 1/2 지분에 관하여는 2012. 5. 1. 나머지 1/2 지분에 관하여는 2014. 5. 1. 각각 甲명의로 소유권이전등기가 마쳐졌다. B에 대한 금전채권자 丁은 자기채권을 보전하기 위해 X토지에 대하여 2010. 3. 10. 가압류등기를 마쳤고, 위 가압류등기는 현재까지 존속하고 있다.

乙은 1972. 7. 1. X토지 지상에 Y건물을 신축하여 그 명의로 소유권보존등기를 마쳤고, 乙이 1980. 8. 9. 사망한 이후에는 乙의 단독상속인인 丙이 소유명의를 가지고 있다.

甲은 2015. 9. 5. 丙을 상대로 "丙은 甲에게 Y건물을 철거하고, X토지를 인도하며, X토지에 대한 차임 상당 부당이득금으로 2014. 5. 1.부터 인도완료일까지 월 500만 원의 비율에 의한 돈을 지급하라."는 내용의 소를 제기하여 그 소장부본이 같은 해 9. 12. 丙에게 송달되었다.

〈소송의 경과〉

o 이에 대하여 丙은 "① 乙이 1972.경 A로부터 X토지를 증여받았으나 X토지에 대한 소유권이전등기를 마치지 아니한 채 그 지상에 Y건물을 신축한 것이어서 X토지에 대한 점유는 적법하고, ② 설령 증여사실이 인정되지 않더라도 乙이 1972. 7. 1.부터 X토지를 점유하여 그로부터 20년이 경과한 1992. 7. 1. X토지에 대한 점유취득시효가 완성되었으며, ③ 그렇지 않다 하더라도 B가 X토지의 소유권을 취득한 1993. 5. 1.부터 20년 동안 X토지를 점유하여 2013. 5. 1. X토지에 관한 점유취득시효가 완성되었다."고 주장하였다.

o 그러자 甲은 "① A가 乙에게 X토지를 증여한 사실이 없이 乙의 점유는 타주점유에 해당하고, ② 1992. 7. 1. X토지에 관한 점유취득시효가 완성되었다 하더라도 그 이후에 X토지에 관하여 소유권을 취득한 B 및 甲에 대하여는 그로써 대항할 수 없고, ③ 취득시효 진행 중에 소유자가 변경된 경우에는 점유기간의 기산점을 임의로 선택할 수 없으므로 1993. 5. 1.을 점유취득시효의 기산점으로 삼을 수 없으며, 설령 1993. 5. 1.을 기산점으로 삼을 수 있다고 하더라도 그로부터 20년이 경과하기 이전에 X토지에 관한 등기부상 소유명의자가 다시 변경되고 丁의 가압류등기가 X토지에 경료됨으로 인하여 시효가 중단되었고, ④ 적어도 1/2 지분에 관하여는 丙이 주장하는 시효완성일인 2013. 5. 1. 후에 甲이 그 소유권을 취득하였으므로 丙은 시효완성으로 甲에게 대항할 수 없다."고 주장하였다.

o 심리 결과, 乙이 A로부터 X토지를 증여받았다는 점을 증명할 뚜렷한 증거가 제출되지 아니하였고, X토지 전체가 Y건물의 사용·수익에 필요하고, X토지의 차임은 2014. 5. 1.부터 현재까지 월 300만 원임이 인정되었다.

문제 1. 위 사안에서 甲의 丙에 대한 청구 중,

1. Y건물의 철거 및 X토지의 인도 청구에 대한 결론[각하, 전부인용, 일부인용(이 경우 구체적인 인용범위를 기재할 것), 전부기각]을 그 논거와 함께 서술하시오. (35점)
2. 부당이득금 반환청구에 대한 결론[각하, 전부인용, 일부인용(이 경우 구체적인 인용범위를 기재할 것), 전부기각]을 그 논거와 함께 서술하시오. (15점)

제2문의 2

甲은 2013. 7. 1. 乙에게 물품을 공급하고 5억 원의 물품대금채권(변제기 2014. 6. 30.)을 취득하였다. 乙의 부탁을 받은 丙은 乙의 甲에 대한 위 물품대금채무를 연대보증하였다. 乙은 물품대금채무의 변제기 이후에도 채무를 변제하지 못하였다.

甲은 乙의 요청으로 물품대금채무의 변제기를 2015. 12. 31.로 연장해 주었다. 丙은 2018. 12. 1. 甲에게 연대보증인으로서 물품대금채무 원금 및 지연손해금 전액을 지급하였다.

한편 丁은 乙과의 건물신축에 관한 공사도급계약에 따른 건물을 완공하여 乙에게 2017. 2. 1. 인도하였음에도 공사대금을 지급받지 못하고 있던 중 2017. 9. 1. 乙을 상대로 공사대금 3억 원의 지급을 구하는 소를 제기하였다. 이 소송에서 丁은 2018. 7. 1. '乙은 丁에게 3억 원 및 그에 대하여 2017. 2. 1. 다음날부터의 지연손해금을 지급하라'는 취지의 승소판결을 받았고 그 무렵 확정되었다. 한편 乙은 丙에게 자기 소유의 부동산을 매도하고 소유권이전등기를 마쳐주었으나 丙으로부터 받지 못한 3억 원의 매매대금채권(변제기 2017. 6. 1.)을 가지고 있었다.

丁은 2018. 9. 15. 乙에 대한 위 승소판결에 기하여 乙의 丙에 대한 위 매매대금채권에 대하여 채권압류 및 추심명령을 받았고 이는 2018. 9. 20. 丙에게 송달되었다. 이후 丁은 2018. 10. 1. 丙을 상대로 추심금의 지급을 구하는 소를 제기하였다. 이 소송에서 丙은 다음과 같이 주장하였다.

(1) 丙은 乙의 甲에 대한 물품대금채무를 연대보증한 사람으로 2018. 12. 1. 甲에 대하여 보증채무를 이행하였으므로 乙에 대하여 구상권을 취득하였고 이 구상권을 자동채권으로 하여 乙의 丙에 대한 매매대금채권과 상계함으로써 乙의 丙에 대한 채권은 소멸하였다.

(2) 丙이 연대보증한 乙의 甲에 대한 물품대금채무의 변제기가 2014. 6. 30. 도래함으로써 丙이 乙에 대하여 취득한 사전구상권과 乙의 丙에 대한 매매대금채권은 丁의 신청에 의한 乙의 丙에 대한 매매대금채권에 대한 압류 및 추심명령이 丙에게 송달될 당시인 2018. 9. 20. 이미 상계적상에 있었던 바 상계함으로써 乙의 丙에 대한 채권은 소멸하였다.

丙주장의 타당성에 대하여 검토하시오. (30점)

제2문의 3

A의 단독상속인 甲은 한정승인 신고를 마쳤다. 그 후 甲은 상속재산인 X부동산에 대하여 자신의 채권자인 乙에게 근저당권설정등기를 마쳐주었다. 또한 甲의 일반채권자 丙은 위와 같이 근저당권설정등기가 경료된 이후 X부동산에 대하여 가압류등기를 경료하였다. 그 외 A의 일반채권자 丁이 있었다. X부동산에 대한 경매절차에서 배당이 이루어질 경우 丁과 乙, 丙 사이의 우열관계에 관하여 설명하시오. (20점)

6. 제2차 모의시험 제3문

식품가공업을 영위하는 자본금 30억 원 규모의 비상장회사 X주식회사(이하 'X회사'라 함)는 발기설립과정에서 甲 20%, 乙 20%, 丙 15% 및 丁 45%로 각각 지분비율을 정하고, 2017. 3. 10. 주식인수대금의 납입이 완료되었다. 동년 4. 2. 발기인대표 甲은 '설립중의 X회사 발기인대표 甲'의 명의로 자금 1억 5천만 원을 A로부터 빌려 성립 후 X회사가 사용할 공장 부지를 임차하였다. 동년 4. 10. X회사의 설립등기가 경료되었고, 甲은 대표이사, 乙과 丙은 이사로 취임하였다. 甲은 공장 건물을 신축하고 기계 설비를 도입하면서 자본금을 모두 지출하였고, 그로 인하여 회사 설립 전 A로부터 빌린 1억 5천만 원을 갚지 못하고 있다.

甲은 사업 확대를 위하여 전국적인 영업조직망의 구축을 주장하였고, 乙은 사업 확장보다는 내실 있는 경영을 주장하였다. 특히 甲과 乙은 신규지점의 설립 건으로 서로 다투었는데, 乙은 자신의 의사가 반영되지 않을 경우 회사를 떠나겠다고 말하였다. 甲은 乙의 반대에도 불구하고 이사회의 논의를 거치지 아니한 채 지점을 전국에 개설하였다. 이에 乙은 이사직을 사임하면서 나머지 주주들에게 자신이 소유한 주식을 매수할 것을 요구하였고, 2017. 11. 15. 대표이사 甲은 이사 丙의 동의를 얻어 회사명의와 회사자금으로 乙의 주식을 취득하였다.

2018. 7.경 종래부터 경영에 관여해 왔던 주주 丁은 한류의 영향으로 인하여 장차 치킨소스가 유행할 것으로 생각하고 甲에게 소스의 개발 및 생산을 위한 공장의 증설(치킨소스 개발사업)을 강력히 요구하였다. 그러나 甲은 업체의 난립으로 장래 사업전망이 어두울 것으로 예상되었지만, 대표이사 및 이사직의 연임에는 丁의 협력이 절대적으로 필요하다고 생각하여 다른 이사들의 의견을 묻지 않은 채 丁의 지시대로 생산설비를 증강하기 위한 자금조달에 착수하여 25억 원을 차입하였다. 이후 설비를 증강하여 제품을 생산하였지만 예상만큼 해외 수요가 발생하지 않아서 X회사는 큰 손해를 입게 되었고, 얼마 지나지 않아 甲의 대표이사직은 임기가 만료되었다.

한편 2018. 3.경에 X회사는 돈육냉동식품의 보관 및 공급을 위하여 화성시에 냉동창고만을 설치하였는데, 해당지역에는 지점이 없음에도 불구하고 창고관리 업무를 총괄하는 B는 'X회사 화성지점 지점장 B'의 명의를 회사 몰래 임의로 사용하여 戊와 돈육냉동식품 공급계약을 체결하였다. 그런데 戊는 위 공급계약에 따르는 제품을 적시에 공급받지 못하고 있다.

문제 1.

A가 1억 5천만 원의 채권을 X회사에게 청구하는 경우 X회사는 그 지급 의무를 부담하는가? (15점)

문제 2.

2017. 11. 15. X회사의 주식 취득은 유효한가? (20점)

문제 3.

X회사에 새로 취임한 대표이사 C가 위 치킨소스 개발사업의 실패에 따른 책임에 관하여 상법상 취할 수 있는 조치 및 그 인용 가능성에 관하여 서술하시오. (45점)

문제 4.

2020. 8. 1. 戊가 X회사에 대하여 상법상 위 돈육냉동식품 공급계약의 이행을 청구하였다면 이 청구는 인용될 수 있는가? (20점)

7. 제1차 모의시험 제1문

제1문의 1

부산광역시 동래구[토지관할 법원은 부산지방법원임]에 거주하는 甲은 경상남도 양산시[토지관할 법원은 울산지방법원임]에 있는 영업소 겸 공장에서 각종 자동차 부품을 생산해 자동차 제조 회사에 납품하는 기업을 경영하는 사람이고, 乙 주식회사는 자동차 부품을 생산하는 데 필요한 각종 기계·기구를 제조·판매하는 회사로서 주된 사무소는 경기도 수원시[토지관할 법원은 수원지방법원임]에 있다. 甲은 부산광역시 강서구[토지관할 법원은 부산지방법원 서부지원임]에 있는 乙 주식회사의 부산영업소에서 乙 주식회사가 제조·판매하는 공작기계를 구입했는데 그 기계에 중대한 하자가 있어 그것으로 생산한 자동차 부품에 많은 하자가 발생해 막대한 손해를 입었다는 취지로 주장하면서 부산지방법원에 乙 주식회사에 대한 손해배상 청구의 소를 제기했다. 乙 주식회사는 그 사건의 관할법원에 관해서는 아무런 언급도 하지 않은 채 乙 주식회사가 甲에게 제조·공급한 기계에는 아무런 하자도 없다고 주장하는 답변서를 부산지방법원에 제출했다. 그 후 부산지방법원은 민사소송법 제34조 제1항의 규정에 의해 이 소송을 수원지방법원으로 이송하는 결정을 했다. 그 이송결정은 법률상 타당한가? (20점)

제1문의 2

〈기초적 사실관계〉

甲은 자신의 X 토지를 2015. 3. 2.부터 乙이 무단 점유하면서 이를 도로로 사용하고 있다는 사실을 알게 되었다. 甲은 乙과 합의하여 일정한 액수의 배상액을 받기를 원했으나 둘은 합의에 이르지 못하였다. 이에 甲은 2017. 7. 25. 乙을 상대로 X 토지에 관하여 월 200만 원의 차임 상당의 부당이득반환을 구하는 소를 제기하였다. 제1심 법원은 X 토지의 월차임을 150만 원으로 인정한 뒤, 乙은 甲에게 2015. 3. 2.부터 2017. 7. 25.까지는 차임 상당의 부당이득(기존 차임)을 반환하고, 2017. 7. 26.부터 피고의 점유종료일까지는 월 150만 원의 부당이득금을 정기금으로 지급하라는 취지의 판결을 선고하였다(아래의 각 설문은 독립적임).

문제 1.

원고는 이에 불복하여 항소를 제기하였으나 정기금 지급을 명한 부분에 대해서는 항소취지를 누락하였다. 항소심은 이 사건 토지가 '도로'가 아닌 '대지'임을 전제로 위 기존 차임 부분에 대해 월 500만 원의 비율로 산정한 차임 상당의 부당이득을 반환하라고 판결하였으나 정기금 청구 부분은 항소가 없었으므로 이를 변경하지 않았으며, 이 판결은 상고심에서 그대로 확정되었다. 그 후 원고는 전소 항소심에서 항소취지를 누락하지 않았다면 위 정기금 청구 부분에 대해서도 월 500만 원을 지급하라는 판결이 선고되었을 것이라는 이유로 변경의 소를 제기하였다. 법원은 어떠한 판결을 해야 하는가? (10점)

문제 2.

위 제1심 판결은 그대로 확정되었고, 판결확정 후 丙은 甲으로부터 이 사건 토지를 매수하여 소유권이전등기를 넘겨받았다. 丙은 위 제1심 판결의 확정 후 이 사건 토지의 시가 및 차임 상당액이 10배 이상 앙등하였다고 주장하면서 월차임을 1,000만 원으로 변경하는 변경의 소를 제기하였다. 이 소는 적법한가? (15점)

제1문의 3

〈기초적 사실관계〉

甲은 2018. 4. 1.경 丙으로부터 X 점포를 매수하고 같은 날 이에 관한 소유권이전등기를 마쳤는데, 乙은 丙으로부터 X 점포를 임대차보증금 1억 원, 임대차기간 2018. 1. 1.부터 2018. 12. 31.까지, 차임 월 500만 원(매월 1일 지급)으로 정하여 임차하고 위 임대차보증금을 丙에게 교부한 후 사업자등록을 마치고 음식점을 운영하고 있었다. 甲은 2018. 11. 말경 자신이 X 점포를 사용할 계획이어서 임대차계약의 갱신을 거절한다는 취지를 乙에게 통지하였다. 乙은 2018. 12. 31.이 지나도록 X 점포를 인도하지 않고 계속 음식점을 운영하면서 2019. 1.부터는 차임을 지급하지 않고 있다.

문제 1.

甲은 乙을 상대로 채무불이행과 불법행위를 원인으로 하여 2019. 1. 1.부터 乙이 X 점포를 甲에게 인도할 때까지 월 500만 원의 지급을 구하는 소를 병합하여 제기하였다. 법원은 甲의 청구에 대하여 어떠한 판결을 하여야 하는가(20점).

〈추가된 사실관계〉

甲이 乙을 상대로 임대차계약의 종료를 원인으로 X 점포의 인도를 구하는 소를 제기하자 乙은 변론기일에 출석하여 자신이 丙에게 1억 원의 보증금을 지급하였으므로 그 반환을 받을 때까지는 X 점포를 甲에게 인도할 수 없다고 주장하였다. 甲이 乙의 보증금 지급사실을 다투자 乙은 1억 원의 보증금반환채권의 존재확인을 구하는 반소를 제기하였다.

문제 2.

법원의 심리 결과 乙이 丙에게 보증금 1억 원을 교부한 사실이 인정된 경우 법원은 甲의 본소와 乙의 반소에 대하여 어떠한 판결을 하여야 하는가? (15점)

제1문의 4

甲은 자신이 乙에게 2억 원을 대여하였고 丁이 丙을 대리하여 甲에 대한 乙의 채무를 연대보증하였다고 주장하면서 주위적으로 乙과 丙은 연대하여 甲에게 2억 원의 지급을 구하고, 예비적으로 丁이 무권대리인이라는 이유로 丙에 대한 청구가 기각될 경우에 대비하여 丁은 무권대리인

으로서 丙의 연대보증의무를 이행하여야 한다고 주장하면서 예비적으로 乙과 丁은 연대하여 甲에게 2억 원의 지급을 구하는 소를 제기하였다.

제1심은 乙과 丁에 대한 청구를 인용하면서, 丙에 대한 청구는 기각하였고, 이에 丁만이 항소하였다. 항소심 법원은 甲의 丙에 대한 청구 부분은 제1심 판결이 확정되었으므로 항소심의 심판대상은 丁에 대한 청구 부분으로 한정된다고 인정하여, 丁의 항소를 기각하면서 丙에 대한 청구 부분에 대하여는 아무런 판단도 하지 아니하였다.

위와 같은 항소심 판단은 정당한가? (소제기의 적법 여부도 검토할 것) (20점)

제1문의 5

〈공통된 기초사실관계〉

甲은 2017. 3. 21. 乙과 사이에 乙 소유의 X 아파트를 임대차보증금 2억 원, 임대차기간 2017. 4. 1.부터 2019. 3. 31.까지 임차하는 내용의 임대차계약(이하 '이 사건 임대차'라 한다)을 체결하고, 2017. 4. 1. 임대차보증금을 2억 원을 지급하고서 X 아파트를 인도받아 당일 전입신고를 하고, 이 사건 임대차 계약서에 확정일자를 받았다.

甲은 2017. 4. 3. 丙으로부터 1억 5,000만 원을 이자 없이 변제기 2018. 3. 31.로 정하여 차용(이하 '이 사건 차용금'이라 한다)하면서 丙에게 이 사건 임대차에 기한 임대차보증금반환채권 중 1억 5,000만 원에 대하여 질권(이하 '이 사건 질권'이라 한다)을 설정해 주었다.

乙은 2017. 4. 4. 甲과 丙을 만나 이 사건 질권 설정을 승낙하고, 이 사건 임대차 종료 등으로 임대차보증금을 반환하는 경우 질권이 설정된 1억 5,000만 원은 丙에게 직접 반환하기로 약정하였다.

<아래의 각 추가된 사실관계는 상호 독립적임>

〈추가된 사실관계 1〉

乙은 2019. 3. 20. X 아파트를 丁에게 매도하면서 丁이 이 사건 임대차관계를 승계하는 특약을 체결하였고, 같은 날 丁 명의로 소유권이전등기를 마쳤다. 이 사건 차용금의 변제기가 지나도 甲이 변제를 하지 아니하자 丙은 2019. 5. 1. 乙을 상대로 질권이 설정된 1억 5,000만 원의 지급을 구하는 소를 제기하였다. 이에 대하여 乙은 1) 「민법」 제347조(설정계약의 요물성)에 근거해 이 사건 임대차 계약서가 채권증서에 해당함에도 불구하고, 丙이 이를 甲으로부터 교부받지 못해 유효한 질권을 취득하지 못하였다고 주장하고(실제 丙이 변론과정에 甲의 교부사실을 증명하지 못하였다), 2) 임대차 승계 특약을 하였으므로 자신이 면책되고, 3) 그것이 아니더라도 주택임대차보호법에 따라 丁이 임대인 지위를 승계하였으므로 자신은 면책된다고 항변하였다.

문제 1.

丙의 청구의 타당성 여부를 먼저 검토한 후, 乙의 위의 각 항변의 당부를 판단하여 위 청구에 대한 법원의 결론(인용, 일부인용, 기각, 각하)을 그 이유를 들어 검토하시오(30점).

〈추가된 사실관계 2〉

乙은 2019. 3. 20. 기존에 거주하던 임차인 甲에게 X 아파트를 3억 원에 매도하는 내용의 매매계약을 체결하면서 매매대금 3억 원 중 2억 원은 이 사건 임대차에 따른 임대차보증금 2억 원과 상계하기로 합의하고, 나머지 1억 원은 甲이 乙에게 당일 직접 지급하고서 2019. 3. 21. 乙은 甲 명의로 소유권이전등기를 마쳐 주어 당일 이 사건 임대차계약을 해지하였다.

이 사건 차용금의 변제기가 지나도 甲이 변제를 하지 아니하자 丙은 2019. 5. 1. 乙을 상대로 질권이 설정된 1억 5,000만 원의 지급을 구하는 소를 제기하였다. 이에 대하여 乙은 1) X 아파트를 이미 甲에게 매도하였으므로 자신은 면책되었고, 2) 甲과 사이에 한 상계합의로 이 사건 임대차에 따른 보증금반환채무는 소멸되었다고 주장한다.

문제 2.

乙의 위 각 항변의 당부를 판단하여 丙의 청구에 대한 법원의 결론(인용, 일부인용, 기각, 각하)을 그 이유를 들어 검토하시오(20점).

8. 제1차 모의시험 제2문

제2문의 1

〈공통된 기초사실관계〉

甲은 1994. 9. 21. 사망하였는데, 당시 상속인으로 처인 乙, 자녀 A, B가 있었다. 乙은 2009. 1. 17. 사망하였고, 乙의 상속인으로는 1) 甲과의 사이에서 태어난 자녀 A, B, 2) 甲과 혼인하기 전에 丙과의 사이에서 태어난 자녀 C가 있었다. 한편 사망 당시 甲은 자신 명의로 X 임야의 소유권이전등기를 마쳐두고 있었다.

<이하의 각 추가된 사실관계는 상호무관하고 독립적임>

〈추가된 사실관계 1〉

甲이 사망한 이후 甲의 상속인들 중 A를 제외한 나머지 상속인들은 X 임야를 장남인 A의 단독 명의로 해 두기 위하여 각 상속포기 신고를 하여 1994. 11. 1. 가정법원으로부터 이를 수리하는 심판을 받았다. 그런데 1996. 5. 22. 乙이 공유물의 보존행위로서 공동상속인 모두를 위하여 상속등기를 신청하였다. 이에 상속인들의 법정상속분에 따라 A, B 명의로 각 2/7지분, 乙명의로 3/7지분에 관하여 각 소유권이전등기가 마쳐졌다. 그 후 A는 乙과 B로부터 X 임야의 각 지분을 매수한 사실이 없는데도 불구하고 보증서와 확인서를 위조하여 2007. 3. 4. 乙과 B의 위 각 지분에 관하여 1995. 5. 31. 매매를 원인으로 하여 구 「부동산소유권 이전등기 등에 관한 특별조치법」(이하 '특별조치법'이라 한다)에 의하여 A 명의로 소유권이전등기(이하 '이 사건 소유권이전등기'라 한다)를 마쳤다.

문제 1.

2010. 5. 6. C는 A를 상대로 위 부동산에 관한 乙의 지분(X 임야의 3/7지분) 중 A의 상속분을 제외한 나머지 지분(X 임야의 2/7지분)의 원인무효를 이유로 이 사건 소유권 이전등기말소를 청구하는 소를 제기하였다. C의 A에 대한 청구의 결론[인용, 기각, 일부 인용, 각하]을 구체적 이유와 함께 적시하시오. (20점)

〈추가된 사실관계 2〉

1975. 3. 4.부터 丁이 소유의 의사로 평온·공연하게 X 임야를 점유하기 시작하였는데, 1991. 4. 5. 甲은 X를 A에게 증여하기로 약정하였다. 甲과의 증여계약에 따라 1996. 12. 3. 공동상속인들로부터 X 임야전부에 대한 이전등기를 A 명의로 마쳤다.

문제2.

1998. 5. 4. 丁이 취득시효를 이유로 A에게 X 임야에 대한 이전등기 청구의 소를 제기한 경우, 丁의 A에 대한 청구의 결론[인용, 기각, 일부 인용, 각하]을 구체적 이유와 함께 적시하시오. (15점)

〈추가된 사실관계 3〉

1976. 3. 4.부터 丁이 소유의 의사로 평온·공연하게 X 임야를 점유하고 있었다. 한편 1990. 5. 6. 甲은 등기서류를 위조하여 X 임야에 대한 소유권 이전등기를 마쳤는데, 1997. 3. 2. X 임야의 진정한 소유자인 戊가 진정명의회복을 위한 이전등기청구권을 보전하기 위하여 甲의 공동상속인들을 상대로 X 임야에 대한 처분금지가처분을 하였다. 1998. 3. 4. 丁이 甲의 공동상속인들로부터 점유취득시효를 원인으로 하여 이전등기를 마쳤다. 戊가 가처분의 본안소송에서 甲의 공동상속인들에 대해 승소판결을 받고 그 확정판결에 따라 2000. 3. 2. 진정명의회복을 원인으로 한 소유권이전등기를 하였고, 2001. 4. 5. D에게 매도한 후 이전등기를 마쳤다.

문제 3.

현재까지 X 임야를 점유하고 있던 丁이 戊와 D를 상대로 각 이전등기의 말소를 구하는 소를 제기한 경우, 丁의 戊와 D에 대한 청구의 결론[인용, 기각, 일부 인용, 각하]을 구체적 이유와 함께 적시하시오. (15점)

제2문의 2

〈공통된 기초사실관계〉

A(女)는 B(男)와 1996. 11. 5. 혼인신고를 마치고 2000. 2. 6. 슬하에 쌍둥이 甲과 乙을 낳은 다음 2012. 5. 2. 이혼하였다(친권과 양육권은 B가 가지기로 함). 2016. 3. 13. A가 사망하자, 甲과 乙이 A가 남긴 X 부동산을 상속하였고, B는 甲과 乙의 친권자로서 이들을 대리하여 2016. 6. 30. 丙에게 시가 10억 원 상당의 X 부동산을 3억 원에 매도하였고(이하 '이 사건 매매계약'이라고 한다), 丙은 B가 사리(私利)목적으로 이러한 매매행위를 한다는 사실을 알고 있었다. 2016. 7. 1. B는 X 부동산에 관하여 甲과 乙앞으로 2016. 3. 13. 상속을 원인으로 하는 각 1/2 지분의 소유권이전등기를 마친 다음, 같은 날 丙 앞으로 소유권이진등기를 마쳐주었다. 丙은 이러한 사실을 숨긴 채 X 부동산을 丁에게 매도한 후 2018. 8. 26. X 부동산에 관하여 丁 앞으로 소유권이전등기를 마쳐주었다.

문제 1.

甲과 乙은 2020. 6. 4. 이해상반행위 또는 친권남용을 이유로 丙을 상대로 그 명의의 소유권이전등기의 말소를 구하는 소를 제기하였다. 甲과 乙의 丙에 대한 청구의 결론[인용, 기각, 일부 인용, 각하]을 구체적 이유와 함께 적시하시오. (10점)

문제 2.

甲과 乙은 2020. 6. 14. 丁 명의의 소유권이전등기 역시 원인무효라고 주장하면서 丁을 상대로 그 말소를 구하는 소를 제기하였다. 甲과 乙의 丁에 대한 청구의 결론[인용, 기각, 일부 인용, 각하]을 구체적 이유와 함께 적시하시오. (10점)

제2문의 3

〈공통된 기초사실관계〉

甲은 A 은행 지점장과 공모하여 자신의 모(母)인 B명의의 대출거래약정서, 근저당권설정계약서 등을 위조하고 이를 행사해서 B 소유의 Y 토지에 대하여 2019. 5. 18. A 은행 앞으로 채무자 B, 채권최고액 4억 원인 근저당권설정등기(이하 '제1근저당권설정등기'라 한다)를 하고 3억 3,000만 원을 대출받았다. 제1근저당권설정등기가 된 후 A 은행은 2019. 5. 21. B에게 등기완료통지를 하였다. A 은행은 제1근저당권설정등기의 담보대출금 3억 3,000만 원에 대한 이자 납입이 연체되자, 2019. 8.경 B에게 대출금채무와 관련하여 기한의 이익 상실 예고통지를 하였고, 그 이후에도 연체가 계속되자 B에게 대출금 이자납입을 독촉하고 2019. 11. 16. 이 사건 제1근저당권설정등기에 기한 임의경매 실행예정 통지를 하였으며, B는 2019. 11. 19. 이를 직접 수령하였다. B는 2019. 12. 31. 직접 A 은행에 방문하여 새로운 대출 및 근저당설정계약을 위해 관련 서류(대출거래약정서, 근저당권설정계약서)에 자필 서명한 다음 Y 토지에 관하여 A 은행 앞으로 채무자 B, 채권최고액 1,600만 원인 근저당권설정등기(이하 '제2근저당권설정등기'라 한다)를 하고 1,400만 원을 대출받아 그 중 1,300만 원을 제1근저당권설정등기의 피담보대출금의 이자로 납부하였다.

문제 1.

만약 2020.6.3. B가 A 은행을 상대로 제1근저당권설정등기의 말소를 구하는 소를 제기한 경우, B의 A 은행에 대한 청구의 결론[인용, 기각, 일부 인용, 각하]를 구체적 이유와 함께 적시하시오. (15점)

〈추가된 사실관계〉

2020. 1. 23. B로부터 C가 Y 토지를 매매대금 10억 원(계약금 1억 원, 중도금 4억 원, 잔금 5억 원)에 매수하기로 하였다. 계약금은 계약 당일 C가 B에게 지급하였고, 2020. 4. 6. 지급하기로 한 중도금 4억 원에 대해서는 C가 Y 토지에 관한 각 근저당권의 확정된 피담보채무의 합계인 4억 원을 인수하는 것으로 갈음하였고, 2020. 6. 7. 잔금 5억 원의 지급과 Y부동산에 대한 소유권이전등기는 동시에 이행하기로 약정하였다. 그러나 매수인 C가 근저당권의 피담보채무의 변제기가 도래하였음에도 불구하고 이를 변제하지 않아 Y부동산에 관하여 근저당권의 실행으로 임의경매절차가 개시되고 B가 경매절차의 진행을 막기 위하여 C가 인수한 확정된 피담보채무 4억 원을 변제하여 A은행의 각 근저당권을 말소하였다.

문제 2.

2020. 6. 7. C가 B에게 잔금 5억 원을 지급하면서 Y부동산에 관한 등기의 이전을 청구한 경우, B가 취할 수 있는 법적 항변이나 조치를 구체적으로 검토하시오. (15점)

9. 제1차 모의시험 제3문

자본금 10억원의 비상장 A주식회사의 이사는 甲, 乙, 丙 3인이며, 甲은 대표이사로서 이사회 소집권자이다. A회사는 설립 후 3개월이 경과하기까지 주권을 발행한 바 없으나, 이때 A회사의 주주명부상 주주인 丁은 자신이 소유한 A회사 주식을 丙에게 양도하는 주식양도계약서를 작성하고 그 주식을 丙에게 양도하였다. 그 후 A회사는 회사설립 후 1년이 경과한 시점에서 주권을 작성하여 주주명부상 주주들에게 교부하였고, 이때 丁은 A회사로부터 수령한 자신의 주권을 丙에게 교부하였다. 丙은 A회사에 주권을 제시하면서 명의개서를 청구하였으나 A회사는 이를 거절하였다.

그 후 甲이 적법하게 소집한 A회사 이사회에 이사 甲, 乙만 출석하였고, ① A회사 소유의 중요한 자산인 건물을 B회사에 양도하는 계약(甲의 아들 戊는 B회사의 대표이사이고, B회사의 의결권 있는 주식의 50%를 소유하고 있다), ② A회사가 신기술 도입을 목적으로 C회사에 전환사채를 발행하려는 계획 등 2개의 안건을 출석이사 전원의 찬성으로 승인하였다. B회사와 C회사는 A회사의 주식을 전혀 보유하고 있지 않다. 甲은 위 승인내용에 따라 A회사 소유 해당 건물을 B회사에게 양도하였다.

또한 甲은 전환사채의 발행을 위하여 주주총회를 개최하기로 하고, 총회 소집을 위한 이사회의 결의 없이 총회 개최일 2주전에 A회사 주식의 60%를 소유하고 있는 주주들에게만 소집을 통지하였고 나머지 주주들에게는 총회소집통지서를 발송하지 않았다. 개최된 주주총회에서는 C회사와의 관계를 고려하여 각 전환사채는 20주의 주식으로 전환될 수 있도록 전환비율을 정하였다. 그러나 총회결의 당시 A회사의 자산과 수익을 기초로 산정한다면 각 전환사채를 2주로 전환하는 것이 타당하다. A회사는 주주총회 특별결의 후 상법상 절차에 따라 C회사에 전환사채를 발행하였다.

문제 1.

A회사가 丙의 명의개서 청구를 거부한 행위는 적법한가? 명의개서가 되지 않은 丙이 전환사채 발행을 위한 위 주주총회에서 의결권을 행사할 수 있는가? (30점)

문제 2.

상법상 A회사가 B회사를 상대로 위 건물의 반환청구를 할 수 있는가? (戊는 A회사의 이사회가 위 건물을 양도하는 계약에 대한 승인이 있었는지 여부에 대하여 알지 못하였고, 그 알지 못한데 대하여 중대한 과실은 없지만 경과실이 있었다고 가정한다). (30점)

문제 3.

다음 질문에 답하시오.

(1) A회사의 주주가 전환사채 발행의 효력에 대하여 상법상 다툴 수 있는가? (20점)

(2) 전환사채의 발행과 관련하여 A회사가 甲과 C회사 각자에 대하여 상법상 행사할 수 있는 권리는 무엇인가? (20점)

Chapter
05 2019년 모의시험

1. 제3차 모의시험 제1문

제1문의 1

〈기초적 사실관계〉

甲은 2018. 4. 1. 그 소유의 2층 건물 중 1층 부분 100㎡(이하 '이 사건 건물' 이라고 함)를 乙에게 임대보증금 2억 원, 월차임 200만 원, 임대차기간 2년으로 정하여 임대하면서 같은 날 임대보증금을 수령함과 동시에 이 사건 건물을 인도하였고, 乙은 이 사건 건물에서 음식점 영업을 하고 있다.

2019. 5. 1. 24:00경 이 사건 건물 내부에서 원인불명의 화재가 발생하여 이 사건 건물이 불에 타 소실되는 사고가 발생하였다.

이 사건 화재의 발화지점은 1층 음식점 내로 추정되나, 발화원인에 관하여는 이 사건 화재를 진압한 서울서초소방서는 전기적 요인이 많아 보이나 명확한 증거를 찾을 수 없다는 이유로 원인미상으로 판정하였고, 화재현장을 감식한 서울지방경찰청 화재감식반은 전기합선이나 누전에 의한 발화가능성을 배제할 수 없으나, 화재로 인하여 전선을 지지하는 석고보드가 소실되었고 전선의 배선상태를 파악하기 곤란하여 구체적인 발화원인은 미상이라고 판정하였다.

甲이 乙을 상대로 불법행위에 기한 1억 원의 손해배상청구의 소를 제기하였다. 위 소송에서 甲은 乙의 과실로 화재가 발생하였다고 주장하였으나, 乙은 평소 이 사건 건물에 관하여 전기안전공사의 정기안전점검을 받아왔고, 이 사건 화재가 발생한 당일에도 안전점검을 마치고 전기 스위치를 내린 후 잠금장치를 하고 퇴근하였으므로 乙은 이 사건 화재에 아무런 책임이 없다고 주장하고 있다. 甲은 제1심 소송계속 중 불법행위의 요건사실을 모두 증명하기 어려워 패소할 수도 있다는 생각이 들자, 채무불이행에 기한 손해배상청구를 예비적으로 추가하였다(아래의 각 설문은 독립적임).

문제 1.

제1심 법원은 甲이 붙인 심판의 순위에 따라 판단하여 甲의 청구 중 불법행위에 기한 청구를 기각하고 채무불이행에 기한 청구에 대하여는 판단을 하지 않았다. 甲이 청구기각 부분에 대하여 불복하여 항소를 제기하였다. 항소심 법원의 심리결과 불법행위에 기한 손해배상청구가 이유 없다는 심증을 얻었다면 어떠한 판결을 선고할 것인가? (15점)

문제 2.

제1심 법원은 주위적 청구인 불법행위에 기한 손해배상청구는 기각하고 채무불이행에 기한 청구를 인용하는 판결을 선고하였다. 위 제1심 판결에 대하여 乙만 항소하였다. 항소심 법원의

심리결과 불법행위에 기한 손해배상청구가 이유 있다는 심증을 얻었다면 어떠한 판결을 선고할 것인가? (15점)

제1문의 2

가전제품 판매상인 甲은 2015. 6. 30. 乙에게 300만 원 짜리 TV 1대를 판매·인도하고 대금은 2015. 12. 31.에 받기로 약정했다. 甲은 그와 같은 사실을 잊고 지내다가 2018. 12. 26. 乙에 대해 그 300만 원의 지급을 청구하는 내용의 소장을 법원에 제출했다. 그런데 乙은 2018. 12. 1. 사망했고, 丙이 단독으로 乙의 권리·의무를 상속했는데도, 甲은 그러한 사정을 모르고 乙로부터 그 TV 판매대금을 받기 위해 그 소를 제기했다. 소장부본이 송달되는 과정에서 甲이 위와 같은 사정을 비로소 알고 2019. 3. 20. 피고를 丙으로 바꾸어 달라는 피고경정 신청서를 법원에 제출했다.

문제 1.

법원은 甲의 피고경정 신청에 대해 어떤 조치를 할 수 있는가? (10점)

문제 2.

甲의 채권에 관한 소멸시효는 중단되었는가? 중단되었다면 그 중단 시점은 언제인가? (20점)

제1문의 3

〈기초적 사실관계〉

A가 사망하자 A 명의의 X 토지를 乙(妻)과 丙(子, 27세)이 공동상속하여 그에 관한 상속등기를 마쳤다. 乙과 丙이 상속재산의 분배·관리 등과 관련하여 갈등을 겪던 중, 乙은 X 토지를 丙의 동의 없이 甲에게 매도하였다. 乙은 X 토지를 甲에게 매도할 당시 丙의 인감도장, 인감증명서, 위임장 등을 제시하지 않은 채 甲과 매매계약을 체결하였다(아래의 각 설문은 독립적임).

문제 1.

甲은 乙과 丙을 상대로 위 매매를 원인으로 한 소유권이전등기절차의 이행을 구하는 소를 제기하였다. 그 소제기 당시 丙은 해외에 근무하고 있었는데, 丙은 해외에 근무하기 전까지 乙과 주소를 함께 하면서 같은 곳에서 생활하였다. 乙은 丙에 대한 소송서류를 수령한 다음 丙에게 그 수령사실을 알리지 아니하여 丙은 甲이 자신을 상대로 소를 제기한 사실을 알지 못하였다. 법원은 甲의 청구를 인용하는 판결을 선고하였다. 乙은 2019. 5. 10. 위 판결정본을 송달받고도 丙에게 그 사실을 알리지 않았고, 항소를 제기하지도 아니하였다. 甲은 그 판결에 기해 그의 명의로 소유권이전등기를 마쳤다. 丙은 휴가차 집에 돌아와 있던 중, 2019. 6. 10.경 X 토지에 관한 등기기록을 열람해 보고 甲 명의로 소유권이전등기가 되어 있는 것을 발견하고, 乙에게 확인해 본 결과 甲이 소를 제기한 사실, 乙이 소장부본 이하 판결정본을 송달받은 사실을 알게 되었다. 위와 같은 사실을 알게 된 丙은 2019. 6. 17. 자신의 지분에 관한 판결에 대하여 항소장을 제1심 법원에 제출하였다. 丙은

항소장에 자신은 소제기 사실은 물론 판결이 송달된 사실을 전혀 몰랐으므로 2019. 6. 17.에 이르러서야 비로소 항소를 제기하게 되었다고 기재하였다. 丙의 항소는 적법한가? (15점)

문제 2.

甲은 乙과 丙을 상대로 위 매매를 원인으로 한 소유권이전등기절차의 이행을 구하는 소를 제기하면서 乙과 통모하여 소장의 丙의 주소란에 乙의 주소를 기재하였고(乙과 丙의 주소는 다르다), 그 후 乙은 丙에 대한 소송서류를 직접 송달받고도 그러한 사실을 丙에게 알려주지 아니하였다. 피고들은 법원이 지정한 변론기일에 출석하지 않았고, 법원은 甲의 청구를 인용하는 판결을 선고하였으며, 乙과 丙에 대한 판결정본은 2019. 7. 4. 乙에게 송달되었다. 乙은 2019. 7. 10. 교통사고로 사망하였고, 2019. 7. 29.경 乙의 유품을 정리하던 丙은 甲이 乙과 丙을 상대로 소유권이전등기청구의 소를 제기하여 승소한 사실을 알게 되었다. 丙은 乙과 丙에 대한 甲의 청구를 인용한 위 판결에 대하여 소송상 어떠한 조치를 취할 수 있는가? (25점)

제1문의 4

〈공통된 기초사실관계〉

乙은 甲에게 매매대금을 지급하고 2001. 5. 1. 유효하게 X토지의 소유권을 취득했다. 무자력 상태인 乙이 아무런 대가없이 2015. 2. 6. 기존의 채권자들 중 1인(채권액 2억 원)인 A에게 X 토지에 관해 저당권(이하 '이 사건 저당권'이라 한다)을 설정하자, 2015. 2. 10. 乙의 채권자 B(乙에 대해 1억 원의 채권을 가지고 있음)가 A를 피고로 하여 이 사건 저당권설정계약의 취소와 이 사건 저당권설정등기의 말소를 구하는 소를 제기하였다. 법원이 2016. 10. 8. B 승소판결(이하 '이 사건 판결'이라 한다)을 선고하였고 판결은 그 무렵 확정되었다. 한편 이 사건 저당권설정등기가 말소되지 않은 상태에서 A에 의한 이 사건 저당권 실행을 위한 경매신청에 의하여 2016. 5. 6.부터 경매절차가 개시되어 2016. 11. 3. X 토지는 C에게 1억 500만 원에 매각되었다. 한편 경매비용을 제외한 매각대금 1억 원은 2016. 11. 10. 모두 채권자 A가 위 저당권에 기해 배당받았다.

문제 1.

B는 2016. 11. 30. A를 상대로 원물반환의 불능을 이유로 1억 원의 가액반환을 구하는 소를 제기하였다. 이에 대한 법원의 결론[인용, 일부 인용, 기각, 각하]을 구체적인 논거와 함께 서술하시오. (10점)

문제 2.

B는 2016. 11. 24. 대상청구권에 근거하여 A를 상대로 A가 지급받은 배당금 1억 원의 지급을 구하는 소를 제기하였다. 이에 대한 법원의 결론[인용, 일부 인용, 기각, 각하]을 그 구체적인 논거와 함께 서술하시오. (15점)

〈추가된 사실관계〉

X 토지를 매각 받아 소유권을 취득한 C는 X 토지의 시가가 크게 상승하자 그 위에 건물을 짓기 위해 2018. 1. 6. 丙에게 2억 원을 차용하였고, 이를 담보하기 위하여 X 토지(시가 4억 원)에 저당권을 설정하였다. D에게 2억 원의 채무를 부담하고 있는 등 이미 채무초과상태에 있는 C는 다른 2억 원의 채권자인 E로 하여금 D에 대한 채무를 대신 변제하게 하는 조건으로 E에게 자신의 유일한 재산인 X 토지를 대물변제하고 2018. 6. 25. 소유권이전등기를 마쳐 주었다. E는 2018. 7. 10. 丙에게 2억 원의 피담보채권을 변제하여 X 토지에 있던 저당권을 말소시켰다. 2018. 11. 20.에 뒤늦게 대물변제사실을 알게 된 D가 E를 상대로 사해행위취소 및 가액반환으로 2억 원의 지급을 구하는 소를 제기하였고 이에 법원은 사해행위 취소를 인정하고 E에게 원상회복으로 가액 2억 원을 D에게 반환할 것을 명하여 그 판결이 확정되었다. 한편 그 이전에 E는 D에게 3억 원의 대여금채권의 지급을 구하는 소를 제기하여 2015. 8. 1. 승소하여 그 무렵 그 판결(이하 E가 D에게 가지는 3억 원의 채권을 '이 사건 판결금 채권'이라 한다)이 확정되었다.

문제 3.

2억 원의 지급을 명하는 판결에 따라 D가 E에게 2억 원의 지급을 요구하자 E는 C에 대한 2억 원의 채권을 자동채권으로 하여 상계를 주장하였다. E의 주장의 타당성 여부를 구체적으로 판단하시오. (15점)

문제 4.

E가 D에 대해 가지는 이 사건 판결금 채권을 집행채권으로 하여 법원에 D의 E에 대한 2억 원의 가액반환채권에 대해 압류 및 전부명령을 신청하였다. 이에 대한 법원의 판단을 구체적인 논거와 함께 서술하시오. (10점)

2. 제3차 모의시험 제2문

제2문의 1

〈공통된 사실관계〉

甲은 2017. 4. 21. A 은행으로부터 1억 원을 이자율 월 1%, 변제기 2018. 4. 20.로 하여 대출받으면서 甲 소유의 X 건물에 채권최고액 1억 2,000만 원으로 하여 근저당권을 설정해주었다. 그 후 甲은 2017. 12. 10. 乙에게 X 건물을 3억 원에 매도하는 계약을 체결하였다. 이 계약에 따르면, 乙은 계약금 3,000만 원은 계약 당일 지급하고, 중도금 1억 2,000만 원은 2018. 1. 10. X 건물의 인도와 동시에 지급하며, 잔금 1억 5,000만 원은 2018. 3. 10. X 건물에 관한 소유권이전등기에 필요한 서류의 수령과 동시에 지급하되, 위 근저당권에 의하여 담보되는 甲의 A 은행에 대한 대출원리금 채무 전액을 乙이 갚기로 하고 나머지 금액을 甲에게 지급하기로 하였다. 위 매매계약에 따라 甲은 乙로부터 계약 당일 계약금 3,000만 원을 수령하였고, 2018. 1. 10. 중도금 1억 2,000만 원을 수령함과 동시에 乙에게 X 건물을 인도하였다.

한편, 甲으로부터 X 건물을 인도받은 乙은 2018. 1. 15. 무인 세탁소를 운영하고자 하는 丙과의 사이에 2018. 2. 1.부터 12개월 간, 보증금 1억 원, 월 차임 100만 원(이 금액은 당시의 차임 시세액으로서 이후 변동이 없다)으로 정하여 임대차계약을 체결하였다. X 건물을 인도받은 丙은 2018. 2. 15. 철제 섀시, 방화 셔터 등 1,000만 원의 유익비를 지출하고 사업자등록을 하지 않은 채 기계들을 들여 놓고 운영하기 시작하였다. 유익비에 대하여는 공사가 완료되는 대로 乙이 丙에게 지급하기로 약정하였다.

※ 아래 각 문제는 서로 독립적임.

문제 1.

乙은 2018. 3. 10. 甲이 X 건물의 소유권이전등기에 필요한 서류들을 제공하였음에도 불구하고 잔금을 지급하지 않았다. 이에 甲은 몇 차례 기한을 연장해 주며 독촉을 하였지만 乙이 계속하여 잔금지급을 하지 않자 2018. 6. 1. 매매계약을 해제하고 丙을 상대로 X 건물의 인도 청구의 소를 제기하였다. 이에 대하여 丙은 甲이 해제로 자신에게 대항할 수 없으며, 설령 인도하더라도 보증금을 돌려주면 인도하겠다고 항변하였다. 이 경우 법원의 결론(인용, 기각, 일부 인용, 각하)을 근거와 함께 설명하시오. (25점)

문제 2.

乙은 잔금을 지급하고 X 건물의 소유권이전등기를 마친 후 2018. 9. 1. 丁에게 매도하고 소유권이전등기를 마쳤다. X 건물의 임대차가 2019. 1. 31. 기간만료로 종료된 후, 丁이 X 건물 인도를 요구하자 丙은 자신이 지출한 비용만큼 가치가 현존하고 있는 1,000만 원 상당의 유익비 상환 또는 부당이득반환을 丁에게 구하고 있다. 1,000만 원 상당의 유익비가 존재하고 있다는 점은 인정되었다. 丙의 주장의 법적 타당성 여부를 검토하시오. (20점)

〈추가된 사실관계〉

2018. 4. 2. 丙은 임대차보증금과 월 차임은 그대로 유지하되, 임대차기간을 2021. 1. 31.까지로 연장하기로 乙과 약정하고 같은 날 사업자등록을 하였다. 한편 乙은 A 은행에 대하여 갚기로 한 대출원리금 채무 전액을 제외한 나머지 금액의 지급과 함께 소유권이전등기는 넘겨받았지만 A 은행에 대한 채무를 변제하지 못하였다. 이에 A 은행은 2018. 6. 22. X 건물에 관한 근저당권 실행을 위한 경매신청을 하였고, 그 다음 날 경매개시결정 기입등기가 이루어졌다. 이후 경매절차에서 戊는 2018. 8. 25. 매각대금을 완납하였고, 2018. 8. 28. 소유권이전등기가 마쳐졌다. 戊가 丙을 상대로 X 건물의 인도를 구하였으나, 丙은 이를 거절하고 차임도 지급하지 않은 채 X 건물을 계속하여 점유하면서 보존을 위하여 사용하여 왔다.

문제 3.

戊는 2019. 6. 25. 丙을 상대로 X 건물의 인도 및 2018. 8. 26.부터 X 건물의 인도완료일까지 월 임료 100만원 상당의 부당이득반환을 구하는 소를 제기하였다. 이에 대해 丙은 1) 주위적으로 2021. 1. 31.까지 임대차관계가 존속한다고 다투었고, 2) 예비적으로 자신이 X 건물에 들인 비용을 반환받을 때까지 인도할 수 없다고 유치권의 항변을 하였다. 이에 대하여 戊는 丙의 주장을 모두 부인하면서 설령 유익비가 인정된다고 하더라도 丙이 지급해야 할 점유기간 동안의 임료상당의 금액과 상계하겠다고 주장하였다. 법원의 심리 결과 1,000만 원 상당의 유익비가 존재하고 있다는 점이 인정되었다. 丙과 戊의 항변과 재항변에 대한 법적 타당성 여부를 검토하시오. (25점)

제2문의 2

甲 종중은 1995. 5. 15. 자신 소유의 X 토지를 종중의 대표자 丙에게 명의신탁하였다. 乙은 1995. 5. 25. X 토지를 점유하면서 위 토지를 야적장으로 이용하고 있었다. 乙의 점유 개시 당시의 상황은 명확하게 밝혀지지 않았다. 甲 종중은 2017. 1. 15. 명의신탁계약을 해지하고 丙으로부터 X 토지에 대한 소유권이전등기를 마쳤다. 甲 종중은 乙이 X 토지를 점유·사용하고 있는 사실을 확인하고, 2019. 8. 3. 乙을 상대로 X 토지의 인도를 구하는 소를 제기하였다. 이에 대하여 乙은 시효취득을 주장하며 甲의 청구에 대항하고 있다. 甲의 청구에 대한 법원의 결론(인용, 기각, 일부 인용, 각하)을 근거와 함께 설명하시오. (15점)

제2문의 3

甲은 丙으로부터 丙 소유의 X 토지를 매수하고자 하면서 친구 乙과 명의신탁 약정을 체결하였다. 丙은 甲과 乙 사이의 명의신탁약정을 알면서 乙과 매매계약을 체결하고 매매대금을 지급받음과 동시에 乙 앞으로 X 토지의 소유권이전등기를 마쳐주었다. 이후 乙은 丁에게 X 토지를 매도하고 丁에게 소유권이전등기를 마쳐주었다. 그 후 丙은 乙이 X 토지를 임의로 丁에게 처분하여 丙의 소유권을 상실시킨 것은 자신에 대한 불법행위를 구성하므로 X 토지의 시가 상당액을 배상할 의무가 있다고 하면서 乙을 상대로 법원에 손해배상청구의 소를 제기하였다. 이에 대한 법원의 결론(인용, 기각, 일부 인용, 각하)을 근거와 함께 설명하시오. (15점)

3. 제3차 모의시험 제3문

전국을 대상으로 물류사업 및 골프채수입판매업을 영위하고 있는 A주식회사(이하 "A회사", 대표이사 甲, 비상장회사)의 이사회는 甲, 乙, 丙, 丁 총 4명의 이사로 구성되어 있으며, 丙만 사외이사이다. 식품사업을 영위하는 B주식회사(이하 "B회사", 대표이사 戊, 비상장회사)는 물류사업에 진출하기 위하여 인천공항 부근에 물류보관창고 건립을 목적으로 토지임대차계약을 체결하였다. B회사의 대표이사 戊는 친구인 乙에게 물류사업 총괄을 부탁하자, 乙은 A회사에 알리지 않고 B회사의 이사로 취임하였다. 乙은 B회사의 이사로서 총괄하여 물류사업 개시를 준비하던 중 영업 개시 직전에 B회사의 이사직에서 사임하였다.

A회사는 C외국법인(이하 "C법인")과 C법인의 제품(골프채)에 관한 독점판매계약을 체결하여 골프채를 수입하여 국내에 판매하고 있었다. 丙은 수입판매업을 목적으로 하는 D주식회사(이하 "D회사")를 설립하여 이사가 아닌 지배주주가 되어 D회사의 의사결정과 업무집행에 관여하기 위하여 A회사 이사회의 승인을 요청하자, 甲은 적법한 소집통지 절차에 의하여 임시이사회를 소집하였다. 해외출장 중인 이사들이 과반수가 넘는 관계로 A회사의 이사회는 전화에 의한 컨퍼런스 콜을 이용하여 개최되었고 이사 전원이 컨퍼런스 콜에 참여하였다. 丙은 이사회에서 D회사의 정관상 목적이 A회사가 취급하지 않는 상품(아동복)을 수입판매할 것으로만 설명하였다. 이사회에서 丙이 승인을 요청한 위 안건에 대하여 甲, 乙, 丙 3명의 이사가 찬성하였고 丁은 반대하였다. 이러한 이사회 승인을 얻은 丙은 D회사의 지배주주가 되어 해당 회사의 업무 전반에 실질적으로 관여하였다. D회사는 설립이후 A회사와 C법인 간의 독점판매계약이 종료하기 전부터 C법인으로부터 A회사가 수입하는 것과 동일한 제품(골프채)을 병행수입하여 판매하는 사업을 하다가 위 독점판매계약 기간이 종료될 즈음 A회사를 배제하고자 C법인에 리베이트를 제공하는 등 적극적으로 유치활동을 한 결과 C법인과 독점판매계약을 체결하는데 성공하였고, C법인의 한국 공식 총판으로서 위 제품의 수입판매업을 영위하는 데에 이르렀다. A회사는 C법인과의 독점판매계약에 따른 사업기회를 상실한 결과 막대한 영업손실을 입게 되었다.

이후 甲은 丁이 D회사 설립 안건에 반대하였다는 이유로 A회사의 주주총회를 적법한 절차를 거쳐 소집하여 특별결의로 丁을 이사직에서 해임하였다.

※ 이 사안과 관련된 A회사의 '정관' 및 이사회가 제정한 '퇴직임원 예우규정'의 내용은 다음과 같다.

<정관>

1. 이사의 보수는 이사회의 결의로 정한다.
2. 사외이사가 회사에 대하여 배상책임을 지는 경우, 사외이사가 그 행위를 한 날 이전 최근 1년간의 보수액의 3배를 초과하는 금액에 대하여 그 책임을 면제한다.

<퇴직임원 예우규정>

1. 해임 등으로 퇴직하는 이사에게는 최근 1년간 보수액을 퇴직위로금으로 지급한다.
2. 임기 만료 전에 이사직에서 해임된 이사에 대하여 퇴직위로금과 별도로 최근 1년간 보수액의 20배를 해직보상금으로 지급한다.

문제 1.

A회사는 乙이 B회사의 이사로 취임하였다는 이유로 乙을 이사직에서 정당하게 해임할 수 있는가? (20점)

문제 2.

다음 질문에 답하시오.

(1) 이사 丙은 A회사에 대하여 상법상 어떠한 의무를 위반하였는가? (30점)

(2) A회사는 丙의 의무위반 행위에 대하여 상법상 어떠한 조치를 취할 수 있는가? (30점)

문제 3.

丁이 A회사에 대하여 '퇴직임원 예우규정'에 따른 퇴직위로금과 해직보상금 지급을 청구할 수 있는가? (20점)

4. 제2차 모의시험 제1문

제1문의 1

〈기초적 사실관계〉

甲은 친구인 乙에게 1억 원을 대여하였다. 약정 반환기일이 지났음에도 乙이 위 1억 원을 반환하지 않자, 甲은 乙을 상대로 위 1억 원의 지급을 청구하는 소를 제기하였다. 乙은 변론기일에서 甲의 주장에 대하여 "자신은 甲으로부터 돈을 차용한 적이 없다."라고 진술하였다.

제1심 소송이 진행되던 중, 乙은 법정 밖에서 甲을 만나 대화를 나누면서 "내가 너한테서 1억 원을 차용한 것은 인정한다. 내가 요즘 경제사정이 너무 어려워서 어쩔 수 없이 법정에서 거짓말을 했다. 미안하다."는 말을 하였는데, 甲은 乙이 알지 못 하는 사이에 이러한 乙의 말을 테이프에 녹음하여, 위 녹음테이프를 증거로 제출하였다.

〈문제〉

제1심 법원이 위 녹음테이프를 甲의 대여사실을 인정하기 위한 증거로 채택할 수 있는지 여부와 만일 증거로 채택할 수 있다면 어떠한 방법으로 증거조사를 하여야 하는 지를 논하시오. (15점)

제1문의 2

〈기초적 사실관계〉

甲은 乙에 대한 2억 원의 대여금채권(이하 'A채권'이라고 한다)을 가지고 있었고, 乙은 丙에 대한 1억 원의 대여금채권(이하 'B채권'이라고 한다)을 가지고 있었는데, A채권과 B채권은 모두 그 이행기가 도래하였다. 乙이 채무초과 상태에 있으면서 B채권을 행사하지 않자, 甲은 乙을 대위하여 丙을 상대로 B채권액인 1억 원의 지급을 청구하는 소를 제기하였고, 그 무렵 乙은 이러한 소제기 사실을 알게 되었다.

그 후 乙의 또 다른 대여금 채권자 丁이 B채권에 대하여 채권압류 및 전부명령을 받아 그 명령이 丙에게 송달된 후 확정되었다.

〈문제〉

제1심 법원은 어떠한 판결을 해야 하는가? (20점)

제1문의 3

〈기초적 사실관계〉

甲은 2010. 04. 10. 이래 그 생사를 알 수 없게 되었다. 법원은 2018. 12. 10. 甲에 대한 실종선고를 하였고, 이는 2018. 12. 29. 확정되었다.

한편 乙은 2018. 01. 22. 甲을 상대로 甲 소유의 X 토지에 관한 소유권이전등기청구의 소를 제기하고 甲에 대한 소장 등의 소송서류를 공시송달되게 하여 2018. 11. 15. 제1심에서 청구인용 판결을 선고받았는데, 그 판결정본은 2018. 11. 16. 甲에게 공시송달되었다(이상의 공시송달은 모두 유효하다).

甲의 유일한 상속인인 丙은 2019. 01. 17. 위 소제기 및 판결선고 사실을 알게 되었다.

〈문제〉

2019. 01. 17. 현재 丙은 추후보완 항소를 할 수 있는가? (20점)

제1문의 4

〈기초적 사실관계〉

甲 소유인 X 토지에 관하여 乙 앞으로 매매를 원인으로 한 소유권이전등기(이하 '이 사건 등기'라고 한다)가 마쳐졌다. 丙은 "丙은 甲으로부터 X 토지를 매수하였으므로 甲에 대하여 X 토지에 관한 소유권이전등기청구권을 갖는다. 그리고 乙은 甲으로부터 X 토지를 매수하지 않았음에도 등기관련 서류를 위조하여 이 사건 등기를 마쳤으므로 이 사건 등기는 원인무효이다. 따라서 丙은 甲에 대한 위 소유권이전등기청구권을 보전하기 위하여 甲을 대위하여 乙을 상대로 이 사건 등기의 말소를 청구할 수 있다."라고 주장하면서, 甲과 乙을 공동피고로 하여, 甲에 대하여는 丙에게 X 토지에 관하여 매매를 원인으로 한 소유권이전등기절차를 이행할 것을 청구하고, 乙에 대하여는 甲에게 이 사건 등기의 말소등기절차를 이행할 것을 청구하는 소를 제기하였다.

소송과정에서 甲, 乙, 丙 중 누구도 "甲이 丙에게 X 토지를 증여하였다."라는 주장을 하지 않았는데, 제1심 법원은 甲이 제출한 증거를 통하여 '甲이 丙에게 X 토지를 매도한 것이 아니라 증여하였다.'는 확신을 갖게 되었다. 이에 제1심 법원은 甲에 대하여는 丙에게 X 토지에 관하여 증여를 원인으로 한 소유권이전등기절차를 이행할 것을 명하고, 乙에 대하여는 甲에게 이 사건 등기의 말소등기절차를 이행할 것을 명하는 판결을 선고하였다(乙에 대한 판결에 있어, 법원은 丙의 甲에 대한 증여를 원인으로 한 소유권이전등기청구권을 피보전권리로 인정하였다).

〈문제〉

1. 제1심 판결 중 甲에 대하여 증여를 원인으로 한 소유권이전등기절차의 이행을 명한 부분은 타당한가? (15점)
2. 丙은 甲과 乙을 상대로 하여 제1심 판결에 대하여 항소를 할 수 있는가? (20점)

제1문의 5

〈기초적 사실관계〉

A 종중의 대표자 甲은 종중총회의 결의를 거치지 않고 A 종중을 대표하여 A 종중 소유의 X 토지를 乙에게 매도하고 乙 명의로 소유권이전등기를 경료해 주었는데, 그 당시 A 종중의 규약에는 종중재산 처분에 관한 내용이 없었다.

그 후 A 종종의 대표자로 선임된 丙은 "위와 같은 X 토지의 처분은 종중총회의 결의 없이 이루어진 것이므로 위 소유권이전등기는 원인무효이다."라고 주장하면서 자신을 원고로 하여 乙을 상대로 위 소유권이전등기 말소등기청구의 소를 제기하였다. 위 소제기 전에 A 종중의 총회에서는 위 소제기에 찬성하는 결의가 있었다.

〈문제〉

제1심 법원은 어떠한 판결을 해야 하는가? (10점)

제1문의 6

〈기초적 사실관계〉

丙은 2017. 04. 01. 사망하였고, 丙의 상속인으로 그의 자(子) 甲과 丁이 있다.

〈문제〉

1. 甲은 2017. 02. 01. 乙에게 甲의 부(父) 丙의 소유인 X아파트에 관하여 자신을 매도인으로 하는 매매계약을 체결하면서, 2017. 05. 01. 소유권이전등기를 마치기로 약정하고 이후 계약금 및 중도금을 지급받았다. 甲은 X아파트에 관하여 매매계약을 체결한 사실을 2017. 04. 05. 丁에게 말하였다. 이를 들은 丁은 "최근 주택경기 활성화의 영향으로 주택가격이 급등하고 있으므로 X아파트를 계속 가지고 있는 것이 좋겠다"면서 X아파트의 소유권 이전을 적극 만류하였다. 甲은 이를 받아들여 2017. 04. 07. 丁과 상속재산인 X아파트를 丁의 단독소유로 하기로 상속재산 분할협의를 하였고, 丁 명의로 X아파트에 관하여 상속을 원인으로 한 소유권이전등기를 마쳤다. 乙은 상속재산 분할협의가 사회질서에 반하여 무효라고 주장하면서 丁 명의의 소유권이전등기의 전부 말소를 청구하였다.

   乙의 청구에 대한 법원의 결론(각하, 기각, 전부 인용, 일부 인용) 및 그 결론에 이르게 된 근거를 설명하시오. (20점)

2. 丙 사망 당시 상속재산으로 A은행에 대한 1억 원의 예금채권이 전부였고, 甲에게 6,000만 원의 특별수익분이 있었다. 丁은 甲에 대하여 위 예금채권에 관한 상속재산 분할협의를 제안하였고, 甲은 가분채권은 분할협의의 대상이 되지 않는다고 하면서 이를 거절하였다. 누구의 주장이 타당한가? (10점)

〈변형된 사실관계〉

戊는 2016. 05. 01. 甲에게 1억 원을 대여하였다. 丁은 2018. 05. 01. 그 당시 甲이 이미 채무초과 상태임을 알면서도 유일한 상속재산인 X아파트(시가 3억 원)를 丁의 단독 소유로 하기로 甲과 상속재산 분할협의를 하였고, 丁은 위 아파트를 3억 원에 己에게 매도하고, 己에게 소유권이전등기를 경료하였다.

〈문제〉

3. 戊는 甲과 丁의 상속재산분할협의가 사해행위에 해당한다고 보아 1억 원의 한도에서 상속재산분할협의를 취소하고 丁에게 1억 원의 가액배상을 청구하였다. 이에 대하여 丁은 丙이 2015. 04. 01. 甲에게 사업자금으로 1억 원을 증여한 것을 고려하여 甲이 X아파트에 대한 권리를 포기한 것이라고 주장하였다. 가정법원의 기여분 결정절차에서 甲에게 피상속인을 특별히 부양하거나 피상속인의 재산의 유지 또는 증가에 특별히 기여한 사정이 인정되지 않았다.

   戊의 청구에 대한 법원의 결론(각하, 기각, 전부 인용, 일부 인용) 및 그 결론에 이르게 된 근거를 설명하시오. (20점).

5. 제2차 모의시험 제2문

제2문의 1

〈기초적 사실관계〉

甲과 乙은 각각 1/4, 3/4의 지분으로 X토지를 공유하고 있다. A는 2003. 02. 01. 甲과 乙을 대리하여 X토지에 대해 丙과 매매계약을 체결하고, 丙으로부터 매매대금을 수령한 다음, 2003. 04. 01. 丙의 명의로 소유권(공유지분)이전등기를 마쳐주었다. 丙은 2004. 03. 01. X토지에 대해서 丁과 매매계약을 체결하였고, 2004. 04. 01. 丁에게 X토지의 인도 및 소유권이전등기를 마쳐 주었다.

乙은 2015. 04. 01. 丙과 丁을 상대로 X토지에 관한 각 이전등기 전부의 말소를 구하는 소를 제기하였다. 변론절차에서 乙은 甲·乙이 A에게 대리권을 수여한 적이 없으므로 甲·乙과 丙 사이에 체결된 매매계약은 무효이며, A가 등기관련서류를 위조하여 마쳐진 丙과 丁명의의 등기도 무효라고 주장하였다.

〈문제〉

1. 심리결과 A에게 甲과 乙을 대리할 수 있는 대리권이 있는지 여부가 증명되지 않았다. 법원은 乙의 丙과 丁에 대한 청구에 대하여 어떤 결론(각하, 기각, 전부 인용, 일부 인용)을 내려야 하는지와 그 결론에 이르게 된 논거를 설명하시오. (10점)

〈추가된 사실관계〉

乙이 丙과 丁을 상대로 제기한 소송의 1심에서 A가 대리권이 없음에도 불구하고 甲과 乙을 대리하여 丙과 매매계약을 체결하였고, 등기관련서류를 위조하여 丙의 명의로 소유권이전등기를 마쳐주었다는 점이 인정되었다. 따라서 丙명의의 공유지분이전등기와 丁명의의 소유권이전등기의 말소청구는 인용되었다.

〈문제〉

2. 乙이 제기한 소송의 판결이 2016. 02. 01. 확정되었다. 乙은 丁이 X토지를 인도받아 점유사용한 2014. 04. 01.부터 丁이 X토지를 반환하는 시점까지 월 임료 상당의 부당이득반환을 청구하였다. 심리결과 丁은 丙명의의 등기가 무효라는 점을 알지 못하였고, 그 오인에 정당한 이유가 있었으며, X토지의 월차임은 100만 원이었다. 乙의 청구에 대한 결론(각하, 기각, 전부 인용, 일부 인용) 및 결론에 이르게 된 논거를 설명하시오(이자 및 지연손해금은 고려하지 않음). (20점)

〈추가된 사실관계〉

乙의 청구가 1심법원에서 모두 인용된 후에 丙이 항소를 하지 아니하여 丙에 대한 판결은 확정되었지만, 丁은 X토지에 대한 등기부 취득시효가 완성되었다는 취지로 항소하였다. 항소심법원은

등기부 취득시효가 완성되어 丁명의의 등기가 실체관계에 부합하는 등기라는 이유로 청구기각 판결을 선고하였고, 이 판결은 2016. 08. 01. 확정되었다.

〈문제〉

3. 乙은 丙에 대해 공유지분이전등기의 말소가 불능이 되었음을 이유로 민법 제390조를 근거로 X토지에 대한 자신의 지분의 시가에 상응하는 전보배상을 청구하였다. 이에 대한 법원의 판단(각하, 기각, 전부 인용, 일부 인용)과 그 근거를 설명하시오. (10점)

제2문의 2

〈기초적 사실관계〉

甲과 乙은 X토지를 공유하고 있다. 甲의 지분은 1/4이었고, 乙의 지분은 3/4이다. 甲은 2017. 03. 01. 乙의 동의 없이 丙과 X토지의 옹벽설치공사를 공사대금 2억 원, 공사기간 2017. 03. 01.부터 같은 해 05. 01.까지, 공사대금은 공사완료일에 지급하기로 하는 도급계약을 체결하였다. 丙은 2017. 05. 01. 위 공사를 마쳤으나 甲은 丙에게 공사대금 중 1억 원을 지급하지 못했다. 丙은 공사대금을 모두 지급받지 못하였지만 乙이 당장 토지를 인도하라는 요구를 하는 바람에 乙에게 X토지를 인도해주었다. 위 공사로 X토지의 가치는 종전보다 2억 원 증가하였다.

〈문제〉

丙은 자력이 있는 乙을 상대로 ① 乙의 지분비율에 따른 공사대금의 지급청구, ② 유익비상환청구, ③ 부당이득반환청구를 하였다. 丙의 각 청구에 대한 법원의 결론(각하, 기각, 전부 인용, 일부 인용)과 그 결론에 이르게 된 근거를 설명하시오. (20점)

제2문의 3

〈기초적 사실관계〉

甲이 스키장 인근에 신축하여 소유하고 있는 3층 건물 중 1층과 2층을 乙이 임차하여 펜션으로 운영하고 있었다. 2018. 01. 20. 밤 펜션에 딸린 1층 주방에서 원인을 알 수 없는 화재가 발생하여, 2층과 3층으로 옮겨 붙었고 결국 위 건물 전부가 소실되고 말았다. 이에 甲은 乙을 상대로 건물 전부의 소실을 이유로 임대차계약상 의무불이행으로 인한 재산상 손해배상을 청구하였다. 乙은 위 건물 중 임차목적물인 1층과 2층 펜션에 대해서는 임대차계약상 관리, 보존의무의 위반을 인정하지만, 3층 부분에 대해서는 그러한 계약상의 의무가 없으므로 배상책임을 지지 않는다고 항변하였다. 법원의 심리결과 화재발생의 원인이 밝혀지지 않았다.

〈문제〉

1. 甲의 청구에 대한 법원의 판단(각하, 기각, 전부 인용, 일부 인용)을 근거와 함께 기술하시오. (10점)

〈계속된 사실관계〉

甲은 불타 없어진 건물을 재축하여 2018. 07.부터 펜션으로 직접 운영하여 왔다. 丙은 스키를 타기 위해 甲이 운영하는 펜션 201호를 계약하고 2018. 12. 17. 투숙하였다. 甲은 펜션 재축시 가스보일러 신제품을 직접 구입하여 시공을 하였으나, 201호 보일러 배관과 배기가스 연통이음새의 내연실리콘마감을 하지 않은 등 마감처리를 잘못하였다. 이로 인해 마감이 불량한 연통이 이탈되어 보일러 배관과 연통의 이음새가 벌어짐으로써 가스가 누출되었고 잠자던 丙이 일산화탄소가스에 중독되어 사망하였다.

〈문제〉

2. 丙의 유족은 甲을 상대로 망인 丙의 손해배상청구권을 행사하고자 한다. 甲의 丙에 대한 손해배상책임의 성립 여부에 관하여 근거를 들어 설명하시오. (15점)

3. 丙의 유족으로는 친모인 丁과 사실혼배우자 戊가 있다. 丁, 戊가 甲을 상대로 채무불이행 또는 불법행위를 이유로 위자료를 청구하고자 할 경우 인용될 수 있는지, 丙의 甲에 대한 위자료청구권이 丁, 戊에게 상속되는지 각각 근거를 들어 설명하시오. (15점)

6. 제2차 모의시험 제3문

〈기초적 사실관계〉

A와 B는 발기인으로서 전자제품을 생산·판매하는 甲 주식회사(이하 '甲 회사'라고 함)를 모집설립 방식으로 설립하기로 합의하고, A가 발기인 대표를 맡아 설립절차를 진행하였다. 설립중의 甲 회사가 발행한 액면주식 10,000주 중 A와 B가 각각 4,000주씩 인수하였다. 그리고 주주모집에 참여한 C는 나머지 주식 2,000주를 D의 동의를 얻어 D의 명의로 인수한 후 인수대금 전액을 납입하였는데, 인수계약을 체결하기 전에 A에게 이 같은 명의차용사실을 설명하고 승낙을 얻었다. 그 후 A는 대표이사로 선임되었고, 2017. 04. 10. 甲 회사의 설립등기가 완료되었다. 그 후 甲 회사가 추가로 이사를 선임하기 위한 주주총회를 2017. 05. 25. 개최하기 위하여 소집절차에 들어가자, C는 명의차용사실 및 A의 승낙 등을 증명하며 甲 회사에게 자신으로 명의개서를 해 줄 것을 청구하였다. 그러나 甲 회사는 C의 명의개서 청구를 거절하고 C의 의결권 행사를 차단하면서 그 주식에 대해서는 D가 의결권을 행사하도록 하였고, 2017. 05. 25. 주주총회에서 E가 이사로 선임되었다.

甲 회사가 2018년 1월에 주권을 발행하자, A는 2018. 02. 10. 자신의 지분 중 1,000주를 F에게 양도하는 계약을 체결하고 해당 주권을 교부하였다. 그런데 비상장회사인 甲 회사는 2018. 02. 25. 정기주주총회에서 정관을 개정하여 "주식을 양도할 경우 이사회 승인을 요한다"는 규정을 신설하였다. 그런데 양수한 주식의 대금지급을 미뤄온 F는 2018. 03. 20.에 이르러서야 A에게 대금지급을 완료하고, 주권을 제시하면서 甲 회사에 대하여 명의개서를 청구하였다. 그러나 甲 회사는 F의 주식 양수를 승인하지 않겠다면서, 이를 이유로 명의개서를 거절하였다. 그 후 甲 회사는 2018. 04. 20. 개최되는 임시주주총회를 소집하면서 F에게 소집통지를 하지 않았다.

甲 회사의 대표이사 A는 회사의 영업 종류를 전환하기로 다른 이사들과 함께 뜻을 모으고, 甲 회사가 보유한 유일한 재산인 공장부지와 건물을 乙 주식회사(이하 '乙 회사'라고 함)에게 매각하는 방안을 마련하였다. A는 이같은 매각방안에 대하여 이사회 승인을 거쳐 발행주식총수의 84%에 해당하는 주식을 보유한 주주들로부터 매각에 동의하고 적극적으로 협조하겠다는 확인서를 받은 후, 乙 회사와 매매계약을 체결하였다. 이러한 부동산 매각 후 甲 회사는 전자제품의 생산 및 판매를 중단하였다.

〈문제〉

1. E를 이사로 선임한 주주총회의 결의에 상법상 흠결은 없는가? (20점)
2. 甲 회사가 2018. 04. 20. 개최되는 임시주주총회를 소집하면서 F에게 소집통지를 하지 않은 것은 상법상 위법한가? (30점)
3. 甲 회사는 乙 회사와의 부동산 매매계약의 무효를 주장할 수 있는가? (20점)

〈추가적 사실관계〉

甲 회사는 새롭게 유통업계로 진출하기 위한 계획을 수립하였는데 이 같은 계획을 실질적으로 주도한 甲 회사의 대표이사 A는 개인 명의로 丙 은행으로부터 1억 원을 차입한 후, 그 금전을 甲 회사가 창고를 임대하고 냉장시설 등을 설치하는데 사용하였다. 또한 A는 자신의 배우자 G가 자녀의 결혼자금 용도로 丁 은행으로부터 1천만원을 대출받는 것을 도와주기 위하여 甲 회사 명의로 보증계약을 체결하였다. 甲 회사의 보증계약 내용은 보통 금융거래의 관행에 비추어 볼 때 보증인에게 지나치게 불리한 계약내용을 담고 있었지만 甲 회사의 이사회에서 미리 해당 거래에 관한 중요사실을 밝혔고 이사 전원의 찬성으로 위 보증계약의 체결이 승인되었다.

〈문제〉

4. A가 변제기가 도래하였음에도 채무를 이행하지 않아 丙 은행이 채무불이행으로 인한 손해배상청구권을 행사하려 할 경우 丙 은행의 손해배상채권은 몇 년이 경과하면 시효로 소멸하는가? 또한 丁 은행에 대한 甲 회사의 보증행위는 유효한가? (30점)

7. 제1차 모의시험 제1문

제1문의 1

〈기초적 사실관계〉

甲은 乙을 상대로 乙 소유로 등기되어 있던 X 토지에 관하여 매매를 원인으로 한 소유권이전등기를 청구하는 소(이하 'A소'라고 한다)를 제기하였다. 소송계속 중 乙은 변호사인 丙에게 소송대리를 위임한 후 사망하였는데, 丁이 그 유일한 상속인이었다. 乙의 사망 사실을 알지 못 한 법원은 乙을 피고로 하여 청구인용 판결을 선고하였고, 판결정본이 甲과 丙에게 송달된 때로부터 30일이 경과한 후 甲은 위 판결에 기하여 자신 앞으로 X 토지에 관한 소유권이전등기를 마쳤다.

그 후 丁은 위 소유권이전등기가 원인무효라고 주장하면서 그 말소를 청구하는 소(이하 'B소'라고 한다)를 제기하였다. 심리 결과 "甲은 乙로부터 X 토지를 매수한 적이 없고, 다른 실체법상 등기원인도 존재하지 않는다."는 점이 밝혀졌다.

〈문제〉

乙이 사망 전에 丙에게 상소제기의 수권을 한 경우와 위 수권을 하지 않은 경우를 나누어, 각 경우에 B소 법원이 어떠한 판결을 해야 하는지 논하시오. (30점)

제1문의 2

〈기초적 사실관계〉

甲은 乙에게 토지를 대금 1억 원에 매도한 후 위 대금의 지급기일이 도래하였음에도 채무초과 상태에서 위 대금 채권을 행사하지 않았다(이러한 사실은 아래 각 소송절차에서 모두 주장·증명되었다). 그 후 丙은 자신이 2016. 5. 4. 甲에게 2억 원을 변제기일은 2017. 5. 3.로 정하여 대여하였다는 사실(이하 '이 사건 대여사실'이라고 한다)을 주장하면서 위 2억 원의 대여금채권을 피보전채권으로 하여 甲을 대위하여 乙을 상대로 위 대금 1억 원의 지급을 청구하는 소(이하 'A 소'라고 한다)를 2018. 7. 2. 제기하였다. 甲은 같은 날 A 소의 제기 사실을 알게 되었다.

제1심법원은 이 사건 대여사실이 존재하지 않는다는 이유로 A 소를 각하하는 판결을 선고하였고, 이 판결은 그대로 확정되었다. 그 후 丙은 甲을 상대로 대여금 2억 원의 반환을 청구하는 소(이하 'B 소'라고 한다)를 제기한 후 그 소송절차에서 이 사건 대여사실이 존재한다는 진술을 하고 A 소의 소송절차에서는 제출되지 않았던 새로운 증거를 제출하여 B소 제1심법원으로 하여금 이 사건 대여사실이 존재한다는 확신을 갖게 하였다.

〈문제〉

1. A 소를 각하한 위 판결은 타당한가? (이 사건 대여사실이 존재하지 않는다는 법원의 판단에는 아무런 문제가 없음을 전제로 할 것) (15점)
2. B 소에 대하여 제1심법원은 어떠한 판결을 선고하여야 하는가? (15점)

제1문의 3

〈기초적 사실관계〉

Y 아파트는 제1동부터 제10동까지의 10개동으로 구성되어 있고, 甲과 乙은 Y 아파트 제2동의 입주자로서 Y 아파트 입주자대표회의의 구성원이다. 甲은 乙을 상대로 '乙이 위 제2동 동대표 지위에 있지 않다.'는 확인을 청구하는 소를 제기하였다.

〈문제〉

甲은 위 입주자대표회의를 위 확인청구에 대한 예비적 피고로 추가할 수 있는가? (15점)

제1문의 4

〈기초적 사실관계〉

甲 소유의 X 토지에 관하여 乙 앞으로 매매를 원인으로 한 소유권이전등기가 마쳐졌다. 甲은 "甲이 乙에게 X 토지를 대금 10억 원에 매도하는 내용의 매매계약(이하 '이 사건 계약'이라고 한다)을 체결한 후 위 소유권이전등기를 마쳤는데, 乙은 아직 대금을 지급하지 않았다."라고 주장하면서 乙을 상대로 주위적으로는 대금 10억 원의 지급을 청구하는 한편, 이 사건 계약 체결 사실이 인정되지 않을 것에 대비하여 예비적으로는 위 소유권이전등기의 말소를 청구하는 소를 제기하였다(아래 각 설문은 서로 별개이다).

〈아래 문제 1에 적용되는 추가적 사실관계〉

제1심 소송과정에서 乙이 이 사건 계약을 체결한 적이 없다고 진술하자, 甲은 이 사건 계약 체결 사실에 대한 증거로 이 사건 계약 내용이 기재된 매매계약서를 제출하였다. 이에 乙은 "위 매매계약서의 매수인란에 날인된 인영은 乙의 인장에 의한 것이지만, 乙은 위 인영을 날인한 적이 없다." 라고 진술하였다. 심리 결과 위 인영은 丙이 날인한 것으로 밝혀지자, 甲은 "丙이 乙의 위임을 받아 위 인영을 날인하였다."라고 진술하였고, 乙은 "날인을 위임한 사실이 없다."라고 주장하였다.

법원은 乙이 丙에게 날인을 위임을 하였는지 여부에 대해 확신을 갖지 못 하였고, 위 매매계약서 외에 달리 이 사건 계약 체결 사실을 인정할 만한 증거가 없는 상태이다.

〈문제〉

1. 제1심 법원은 주위적 청구에 대하여 어떠한 판단을 하여야 하는가? (15점)

〈아래 문제 2에 적용되는 추가적 사실관계〉

제1심 법원은 이 사건 계약이 체결되지 않은 것으로 판단하여 주위적 청구를 기각하고 예비적 청구를 인용하는 판결을 선고하였고, 이에 乙만 항소하였다. 항소심 법원은 심리 결과 이 사건 계약이 체결되었다는 확신을 갖게 되었다.

〈문제〉

2. 항소심 법원은 어떠한 판결을 선고하여야 하는가? (10점)

제1문의 5

〈기초적 사실관계〉

甲 은행은 2017. 2. 9. 乙과 乙 소유의 X토지에 채무자 乙, 채권최고액 1억 3,000만 원, 근저당권자 甲 은행으로 한 근저당권설정계약을 체결하여 甲 은행 앞으로 근저당권설정등기를 마쳤고, 이어서 乙과 乙 소유의 X토지에 지료 없이 존속기간 2017. 2. 9.부터 만 10년으로 한 지상권설정계약을 체결하여 甲 은행 명의의 지상권설정등기를 마쳤다. 甲 은행은 2017. 2. 10. 乙에게 이율 연 5%, 변제기 2020. 2. 10.로 정하여 1억 원을 대출하였다.

〈문제〉

1. 乙은 지상권설정등기에 관한 피담보채무의 부존재 확인의 소를 제기하였다. 乙의 청구에 관한 법원의 판단(각하, 기각, 전부 인용, 일부 인용)을 근거와 함께 서술하시오(15점).

〈추가된 사실관계〉

〈문제〉

2. 丙은 2018. 2. 15. 乙과 X토지에 대한 사용대차계약을 체결한 후 X토지에 사과나무를 식재하였다. 甲 은행은 乙이 대출금에 대한 이자를 연체하자, 담보권 실행을 위한 경매를 신청하였고, 丁은 2019. 6. 5. 경매절차에서 최고가매수인으로 X토지에 대한 매각대금을 완납하였다.
사과나무의 소유권 귀속에 관하여 설명하시오(20점).

〈변형된 사실관계〉

〈문제〉

3. 乙은 甲 은행에 대한 대출금 이자를 연체하지 않고 있다. 한편 戊가 무단으로 X토지에 창고를 설치하여 자신의 물건을 보관하고 있다. 甲 은행은 戊를 상대로 지료 상당의 부당이득을 청구하였다. 甲 은행의 청구에 관한 법원의 판단(각하, 기각, 전부 인용, 일부 인용)을 근거와 함께 서술하시오(15점).

8. 제1차 모의시험 제2문

제2문의 1

〈기초적 사실관계〉

甲은 자신의 X토지 위에 Y주택을 소유하고 있다가 乙로부터 2억 원을 차용하면서 2016. 3. 10. X토지와 Y주택에 乙명의의 공동저당권을 설정해주었다. 그 후 甲은 2017. 2.경 Y주택을 헐고 그 위치에 Z건물을 신축하기 시작하여 같은 해 10.경 완공하였다. 그런데 甲이 乙에 대한 채무를 변제하지 않아 乙이 2018. 1. 20. X토지에 대해서만 경매를 신청하고 그 경매절차에서 丙이 매수하고 매각대금을 완납하였다. 丙은 甲을 상대로 Z건물의 철거소송을 제기하였고, 甲은 법정지상권의 취득을 근거로 항변하였다.

〈문제〉

1. 丙의 청구에 관한 법원의 판단(각하, 기각, 전부 인용, 일부 인용)을 근거와 함께 서술하시오. (15점)

〈계속된 사실관계〉

甲과 丙의 화해로 甲이 Z건물을 X토지 위에 유지할 수 있게 되었다. 丙은 丁은행으로부터 3억 원을 차용하면서, 2018. 2. 1. 丙 소유 X토지와 甲에게 부탁하여 甲 소유 Z건물에 관하여 丁명의의 공동근저당권이 설정되었다. 그 후 甲은 A로부터 1억 5,000만 원을 차용하면서 Z건물에 관하여 2018. 3. 10. A 명의의 제2순위 근저당권을 설정해 주었다.

〈문제〉

2. 丁은행은 丙이 채무를 변제하지 않음을 이유로 Z건물에 대한 경매를 신청하였고 경매절차가 진행되어 매각대금으로부터 2018. 5. 2. 丙의 위 채무가 전액 변제되었다. 이에 A가 甲 소유의 부동산에 대한 후순위저당권자로서 甲에게 이전된 근저당권으로부터 우선하여 변제받을 수 있다고 주장하며 丁 은행을 상대로 근저당권설정등기의 이전을 구하였다. 이 경우 丙이 甲에 대한 대여금채권(변제기 2018. 4. 19.)을 자동채권으로 하여 甲의 구상금채권과 상계할 수 있는지를 근거와 함께 서술하시오. (20점)

〈계속된 사실관계〉

甲이 A의 피담보채무에 대한 이자를 연체하자, A는 2018. 7. 10. Z건물에 대하여 경매를 신청하였고, 丁은행이 2018. 9. 2. 배당에 참가하여 Z건물로부터 피담보채권액 3억 원을 우선 배당받았다. 그 후 B가 2018. 10. 6. X토지에 대하여 경매를 신청하여 2018. 12. 15. 매각대금이 완납되었다. 배당기일에 丁은행은 채권최고액의 범위 내에서 2018. 10. 26. 丙에게 1억 원을 추가로 대출하였으므로 X토지로부터의 우선변제권을 주장하였고, B는 丁은행이 Z건물의 배당에 참가하였으므로 X토지에 대해서도 그 당시 이미 피담보채권이 확정되었다고 주장하였다.

〈문제〉

3. B의 주장에 대한 법원의 판단을 근거와 함께 기술하시오. (15점)

제2문의 2

甲은 2017. 3. 6. 乙과 4년간의 여신거래약정을 체결하고, 현재 및 장래에 발생할 채권을 담보하기 위해 채무자 乙 소유의 X부동산에 채권최고액 9억 원의 근저당권을 설정하였고, 이 채무를 담보하기 위하여 丙과 丁이 공동으로 甲과 연대보증계약을 체결하였다. 상환기일에 乙이 채무를 상환하지 않자, 甲은 X부동산에 대해 근저당권에 기한 경매를 신청하였다. 경매절차가 진행되던 중 丙은 3억 원을, 丁은 2억 원을 甲에게 변제하였다. 丙과 丁이 대위변제액에 상응하는 비율로 甲으로부터 근저당권 일부의 이전등기를 받은 후 경매를 통해 A가 X부동산을 8억 원에 매수하였다. 경매신청시 甲의 乙에 대한 채권액은 10억 원이었으나 A가 매각대금을 완납할 당시 채권액은 12억 원이었다.

〈문제〉

매각대금 8억 원은 甲, 丙, 丁에게 얼마씩 배당되는지 근거와 함께 서술하시오.(비용, 이자 및 지연배상은 고려하지 않음) (15점)

제2문의 3

甲은 2009. 4. 5. X토지를 乙에게 1억 원에 매도하기로 하였고, 乙은 2009. 10. 5. 매매대금을 모두 甲에게 지급하고, 같은 날 甲으로부터 소유권이전등기를 경료받았다. 乙은 2018. 4. 5. X토지를 丙에게 2억 원에 매도하기로 하였고, 丙은 2018. 10. 5. 매매대금을 모두 乙에게 지급하고, 같은 날 乙로부터 소유권이전등기를 경료받았나. 丙은 위 토시 위에 건물을 신축하기 위하여 지반평탄화 작업을 하던 중 폐기물이 다량 매립된 것을 확인하여 2018. 11. 5. 이 사실을 乙에게 통보하였고 乙은 비로소 이 사실을 알게 되었다. 乙은 2019. 3. 5. 丙에게 폐기물처리비용으로 1억 원을 지급하고, 乙은 2019. 6. 5. 甲에게 1억 원 상당의 하자담보책임에 기한 손해배상의 소를 제기하였다. 이에 대하여 甲은 ① X토지의 매도 당시 폐기물 매립 사실을 몰랐으므로 하자담보책임이 성립하지 않으며, ② 6개월의 제척기간이 경과하였고, ③ 10년의 소멸시효기간이 경과하였다고 항변하였다.

〈문제〉

1. 甲의 항변의 당부를 근거와 함께 서술하시오 (15점).

제2문의 4

처와 사별한 甲에게는 자녀 乙, 丙이 있다. 甲은 "본인은 상속재산으로서 아파트 래미문 제1004호를 乙에게 물려준다. 사후에 자녀 간에 불협화음을 없애기 위하여 이것을 남긴다."는 내용의 유언장을 자필로 작성하였다. 유언장의 말미에 작성연월일, 주민등록번호, 성명을 자서한 후 날인하였고, 작성연월일 옆에 "암사동에서"라고 기재하였다. 甲은 위 유언장을 공증법인에서 공증을 받았고, 여기에 증인 1인의 참여가 있었다. 乙은 단독으로 상속재산인 래미문 1004호를 월 임대료 100만 원에 丁에게 임대하였고, 6개월이 지났다.

〈문제〉

丙은 乙에게 임료의 1/2에 관하여 부당이득반환을 청구하였고, 丁에게 건물의 명도를 청구하는 소를 제기하였다. 丙의 청구에 관한 법원의 판단(각하, 기각, 전부 인용, 일부 인용)을 근거와 함께 서술하시오. (이자는 고려하지 않음) (20점)

9. 제1차 모의시험 제3문

〈기초적 사실관계〉

甲 주식회사(상장회사. 이하 '甲 회사'라고 함)는 건설회사로서 지분 22%를 보유한 대주주 A가 대표이사를 맡고 있고, 골프장을 운영하는 乙 주식회사(상장회사. 이하 '乙 회사'라고 함)와 아연관 등 건축자재를 생산·판매하는 丙 주식회사(비상장회사. 이하 '丙 회사'라고 함)를 자회사를 두고 있으며, 乙 회사는 부동산개발업체인 丁 주식회사(비상장회사. 이하 '丁 회사'라고 함)의 주식 25%를 보유하고 있다. 2016. 5. 10. 개최된 甲 회사의 이사회는 丁 회사의 부동산 중 일부를 매입하여 게스트하우스 단지를 조성하기로 하고(부동산 매입가액 100억원), 그 승인을 위한 주주총회의 소집을 결의하면서 세부절차는 모두 A에게 위임하였다(甲 회사의 정관상 50억 이상인 부동산 매입거래 등은 주주총회의 승인사항임). 그런데 주주총회를 소집하는 과정에서 甲 회사의 명의개서대리인 B는 주주 C(주식 2% 보유)에 대한 소집통지가 누락된 것을 발견하고는 급히 주주총회일 5일 전에 휴대폰 문자메시지로 C에게 소집통지를 하였고(다만 C는 이를 인용하고 주주총회에 참석하여 의결권을 행사하였음), 주주명부에 지인의 이름으로 등재된 A의 차명주식 3%에 대해서는 A에게 주주총회 소집통지를 하였다. 그리고 2016. 6. 10. 소집된 甲 회사의 주주총회에서는 A의 25%와 우호세력 40% 주식의 찬성으로 丁 회사의 부동산 매입 건이 승인되었다(당시 丁 회사는 甲 회사의 주식 3%를 보유하고 있었고, B로부터 주주총회 소집통지를 받은 丁 회사의 대표이사가 주주총회에 참석하여 안건에 찬성하였음).

한편 甲 회사의 이사회는 부동산 매입자금이 부족하자 신주를 발행하여 부족액 30억원을 조달하기로 결의하고 세부절차는 대표이사 A에게 위임하였다(甲 회사의 정관에는 신주발행에 관한 특별한 정함이 없음). 신주의 납입기일인 2016. 8. 10. 이후 신주발행절차를 모두 마치고 부족액 30억원을 마련하였지만 주권을 발행하지는 않았던 甲 회사는 2017. 3. 10. 비로소 주권을 발행하여 주주명부에 등재되어 있는 신주의 주주들에게 교부하였다. 한편 甲 회사의 신주를 인수한 주주 D는 보유하고 있던 주식 전부를 2016. 11. 1. 지인 E에게 양도하였다. 그런데 D는 甲 회사에 주식양도의 사실을 통지함으로써 양수인 E가 대항요건을 갖출 수 있도록 해주어야 함에도 불구하고 아무런 조치 없이 2016. 11. 30. 이러한 사정을 잘 아는 F와 공모하여 보유주식을 다시 F에게 양도하였고, F에 대한 주식양도사실을 甲 회사에게 2016. 12. 5. 확정일자 있는 증서로 통지하였으며, 이에 따라 F는 甲 회사의 주주명부에 자신의 이름으로 명의개서까지 마쳤다.

〈문제〉

1. 甲 회사의 주주 G(주식 2% 보유)가 부동산 매입 승인에 관한 주주총회결의의 효력을 다투기 위하여 주장할 수 있는 하자의 유형별로 그 성립 여부를 논증하시오. (40점)
2. 2017. 3. 10. 甲 회사가 주권을 발행할 때 양수인 E와 F가 각각 주주임을 주장하며 다투고 있다. 이 경우 甲 회사에 대한 관계에서 누가 진정한 주주인가? (25점)

〈추가적 사실관계〉

戊 주식회사(비상장회사. 이하 '戊 회사'라고 함)로부터 원자재를 납품받은 丙 회사의 대표이사 H는 회사의 유동성이 부족하자 납품대금의 지급을 위하여 2017. 3. 1. 약속어음(만기 2017. 5. 30.)을 戊 회사에 발행하였다. 그런데 얼마 후 丙 회사의 유동성이 좋아지자 H는 2017. 5. 20. 위 어음 발행의 원인인 납품계약상 대금채무 전액을 戊 회사에 변제하였다. 그런데 丙 회사가 변제 당시 미처 동 어음을 회수하지 못한 것을 기화로 戊 회사는 동 어음을 2017. 6. 7. 평소 거래관계에 있던 I 에게 배서 양도하였다.

〈문제〉

3. I 는 위 약속어음의 취득 당시 丙 회사가 이미 납품대금의 전액을 戊 회사에게 지급한 사실을 알지 못하였다. I 가 어음금의 지급을 청구한 경우 丙 회사는 이미 戊 회사에게 납품대금 전액을 지급하였음을 이유로 어음금의 지급을 거절할 수 있는가? (15점)

〈추가적 사실관계〉

2017. 6. 20. 丙 회사의 대표이사 H 는 도매업자 J로부터 주문받아 생산한 아연관 100톤의 운송을 운송주선업자 K에게 의뢰하며 운임은 500만원 이하로 할 것을 요구하였다. 이에 운송주선업자 K는 철제관류 전문운송인 L을 섭외하여 운임 600만원에 운송계약을 체결하고 운송물을 인도하여 운송을 시킨 후에 丙 회사에 보수의 지급을 요구하였다.

〈문제〉

4. 丙 회사는 운송주선업자 K에게 보수를 지급해야 하는가? (20점)